可怕的战争

美国内战及其创伤

（第三版）

[加] 迈克尔·费尔曼　[美] 莱斯利·J.戈登　[美] 丹尼尔·E.萨瑟兰／著
Michael Fellman　　Lesley J.Gordon　　Daniel E.Sutherland

刘畅／译

This Terrible War

The Civil War and Its Aftermath　Third Edition

上海社会科学院出版社

前　言

应广大同学的要求,我们编写了这本书。我们发现,目前有关美国内战的著作或多或少都存在着一些局限性或留有些许遗憾,而同学们的呼声也让我们更加关注这些问题。我们认为,现有教学用书的编写方式并不适合师生阅读学习,书中所配的插图也并不能对史实起到辅助说明作用。大部分著作对普通战士和平民百姓鲜有提及,却用大量的笔墨集中描述功勋卓著的战争领袖和意义非凡的战役。尽管我们认为很多历史事件同样具有重要意义,但大部分著作却对这些史实只字不提。有时有的著作即便有所提及,诠释历史事件发展的角度也与我们截然不同。很多著作在讲述内战史实时立场有所偏颇,不是跟南方站在同一战壕里,就是跟北方站在同一阵营里。有的著作甚至将内战作为一种历史经验从美国长期存在的诸多问题中剥离出来,尤其倾向于将内战与种族关系问题及政府在解决某些社会问题时所使用的方法上的变化发展等分开探讨。

我们对于现有的相关著作普遍感到大失所望,同学们对此也颇有同感。首先,他们发现书中的配图令人匪夷所思,难以理解。他们希望看到的是对某些史实更加精准的诠释,对于那些颇具争议的问题做出更尖锐、更客观的分析。他们发现,现有的相关著作太过追求细枝末节,追求琐碎事件,在叙述上缺乏吸引力。于是,学生们怨声载道,我们牢骚满腹。接着,他们便提出了疑问:"那你们为什么不自己编写一本书?"就这样,这本书应运而生。

编写此书的过程中,我们一直都将师生共同关心的问题铭记于心。当然,有些教师跟我们别无二致,也一直在致力于寻找一种新方法可以取代描述战争问题的传统方法。因此,我们认为本书不仅满足了学生的需求,也满足了那些教师的要求。此外,我们认为,即便是一般读者也会发现我们的叙述方式引人入胜。因为在编写此书的过程中,我们并没有将其视为一本百科全书,因此,不会将诸多细节一一罗列在读者面前,使读者感到沉重的负担。相反,我们致力于边叙述边分析,当然,还要边叙述边论证。在大部分章节里,我们在按照清晰的时间线索推进的同时,也会注重以某些主题的发展变化为重点进行分析探讨,因为我们始终认为这些主题对于理解美国内战及其影响发挥了不可或缺的作用。

我们在编写《可怕的战争——美国内战及其创伤》这本书时，尽可能弱化其适用于教学的这一特点。不过，我们还是按照教学用书所惯常采用的结构方式对其进行编排，不但令其适合大学一个标准学期所用，而且仍然保留了诸如序言，12个章节等结构安排。叙述部分给读者提供了大量的摘录节选，分别来自同时代的信件、日记、报纸、歌曲和诗歌等。

本书序言部分记载的历史从1859年开始，也就是约翰·布朗（John Brown）袭击哈珀斯费里（Harpers Ferry）的那一年。这一暴力行动以及随后布朗被公开处决使已经酝酿10年之久的南北方紧张的政治局势更加白热化。这一事件产生了巨大的、难以估量的影响，使美国人民内部出现了出前所未有的分裂状态。北方人曾经对暴力手段嗤之以鼻，认为南北地区之间之所以存在差异，是因为双方对奴隶制的态度迥然相异，还认为暴力行动并非解决这一差异的手段。然而，如今他们也不得不完全承认布朗领导下的行动及其目标颇具正义感。袭击事件发生后，北方人一直犹豫不决、举棋不定，这令南方人大为担心。因此，南方奴隶主相信，如果不废除奴隶制，北方人绝不会善罢甘休。一年后，北方选民的投票结果令共和党控制了联邦政府。绝大部分南方人发现自己已经别无选择，只好脱离联邦。

本书共分为三大部分。在第一部分，我们追溯历史，分析国家如何被逼入绝境，为何针对奴隶制所进行的慷慨激昂的辩论会导致南方脱离联邦。其中，有一个辩论主题涉及战前南北方社会的相同和不同之处，对于这一主题我们必须加以重视。我们发现南北双方在语言、宗教价值观、政治、经济等很多方面都有共同之处。因此，双方不可能各自为营，形成两个独立存在的、截然不同的文化——新封建主义的南方和工业化或"逐步实现现代化的"北方。然而，与北方相比南方确有其不同之处：南方的确对奴隶劳动的依赖性很强。此外，即便奴隶制体系日益走向没落且远远落后于时代的发展，南北双方也不可能就这一体系的发展趋势达成一致意见。奴隶制的阴云笼罩在美利坚合众国的上空，令南北方的共同之处变得晦暗不清的同时，还放大了双方之间存在的巨大差异。

南北方就奴隶制问题争论不休。当时，恰逢整个社会的发展处在巨大的压力之下，因此处处彰显着不和谐之态，令整个事态的发展变得更加错综复杂。到了1848年，奴隶制所带来的麻烦接踵而至。当时，战前的美国正处在快速发展时期，整个社会喧哗躁动，社会、经济和技术等方面都在发生着变化，但其结果却难以预料。目睹着整个社会因此而开始走上发展和进步的道路，大部分美国人都喜形于色。然而,面对着目不暇接的种种变化以及变化所带来的各种影响,他们却又显得焦虑不安,甚至开始对一些变化产生了反感。

19世纪50年代,有关奴隶制的争论还在如火如荼地进行之际,一个稍显稚嫩的政府和政治体系破壳而出,因而,原本对旧社会秩序和旧经济秩序只产生轻微影响的种种威胁因素如今已经进一步恶化。此外,还有很多其他问题也是旧秩序土崩瓦解的原因,而这些问题也都与令人眼花缭乱的社会变化有着直接关系。不过,其核心问题仍然是奴隶制以及南北方在经济利益上的巨大分歧。过去,南北方之间的联盟看上去非常牢固,双方的政治领袖们也能运筹帷幄,通过谈判手段可以解决所有问题,但如今,整个联邦土崩瓦解,南北双方要么夸大其辞,要么巧舌如簧,使双方实现妥协和解的机会化为乌有。联邦国家机构软弱无力,面对双方存在的重大分歧束手无策。

由此,我们在第一部分得出结论,尽管战争的爆发出乎预料,但并不是不可避免的。双方矛盾冲突的焦点原本只是奴隶制不断扩张的问题,而不是奴隶主的存在。南方人认为奴隶是自己的私有财产,因此,他们有权带着奴隶到广袤的西部地区发展。北方人则对此提出异议。当双方将财产权这一政治问题转化为道德问题时,当双方之间的争执开始变成正义和邪恶之间的冲突时,事态的发展就开始整体失控。我们从北方人对于约翰·布朗袭击事件所做出的不同反应中可以看出,即便大部分北方白人在谈论此事时仍然本着继续容忍奴隶制存在下去的立场,还是有一些人早就已经将眼光投向了摧毁整个奴隶制的最终结果。他们虽然为数不多,但颇具影响力。

在第二部分的开头,我们先描述了南方人对亚伯拉罕·林肯(Abraham Lincoln)当选总统一事的反应。不过,在接下来7章里,我们将绝大部分篇幅聚焦于美国内战本身。这部分的主题是:美国联邦政府和南部联盟各州政府为了迎战全员动员,调兵遣将,但整个过程像是一时兴起,不但混乱不堪,没有章法可言,而且完全是业余水准。不过,随着战争的深入发展,双方都开始采用更加有效的方法和途径掌控战争,而双方之间的冲突也逐渐演化为我们惯常所称的"现代"战争,不但有大量的人员伤亡,而且产生了巨大的破坏力。

与描述战争其他方面的做法一样,我们在探讨主要战役时也并没有把过多的笔墨浪费在发动这些战役所使用的战术细节上。相反,我们将普通战士的经历和话语与对战略技巧及军事领导才能的评论巧妙地融合到了一起。传统观点认为,最具有战略意义的战役全都发生在美国东部地区。对此,我们不敢苟同。我们认为,西部战场爆发的几场战役对内战的最终结果起到了决定性作用。在这一版中，我们还新增加了几个部分的内容，主要讲述了海上战役，强调了海陆联合作战的重要性。我们充分暴露了战争所特有的混乱不堪、单调乏味的本质，还就人类为什么要进行战争这一有趣问题进行了深入探讨。

第二部分探讨的另一个主题是美国内战时期的后方。对于绝大部分美国人而言，他们都是在后方经历了战争。因此，我们展示了为什么地方化和分散化的战争性质意味着大部分的战争暴力和痛苦并不是来自前线战场，而是源自南部联盟战线的后方。游击战、彼此敌对的毗邻两州之间爆发的冲突、北军对叛乱地区发起的袭击和占领，这一切都将无辜的平民百姓卷入战争暴力和破坏之中。从某种程度上来说，这一点的确令人始料未及。相对而言，北方社会经历的战争暴力行为较少，但北方人同样也遭受着痛苦的折磨，政治上也出现了动荡不安、摇摇欲坠的局面。男女老少无一例外都被卷入战争的冲突中。他们既是战争的参与者，也是战争的受害者。美国内战导致千家万户妻离子散，家破人亡，人与人之间的关系也因此留下了深深的创伤。这场残酷野蛮的内战充满了各种血腥暴力，令人不寒而栗。

美国内战爆发的主要原因是奴隶制。自始至终我们都不会对这一诱因漠然视之。此外，我们还追溯了在内战期间，无论是在疆场上冲锋陷阵还是在战场之外提供服务，非裔美国人都发挥了不可或缺的作用，阐释了美国联邦政府对待废除奴隶制问题所采取的态度逐渐产生变化的原因。最后，我们得出结论，北方人之所以取得内战的胜利，主要是因为他们在人数上和资源上都占据绝对优势。当然还有一些因素发挥了重要的作用，例如，北方强大的政治领导能力、经济发展的均衡，以及浓烈的民族忠诚感等。然而，真正发挥主导作用的却是北方拥有武器配备精良、人数众多的大规模军队。此外，南部联盟各州之所以在内战中以失败告终，主要原因就是缺乏北方所占据的那些优势。南部联盟同样拥有民族团结感及身份认同感，但若与北方进行对比相差甚远。因此，随着北军前所未有地占据了南方的大部分土地，随着南方经济开始变得支离破碎，随着南军持续不断地损失战斗人员但又没有新的战斗力补充进来，南部联盟的民族自豪感根本无法阻止公众士气的土崩瓦解。南部联盟社会的民众认为政府和军队在阻止内战爆发上早已经变得无能为力，因此都大失所望，士气也随之一蹶不振。

第三部分包括3个章节，主要讲述战后影响。在这部分，我们强调的是"影响"，而不是大家更为耳熟能详的表达方式"重建"。因为内战的整个过程并没有以北方在政治和社会两个方面试图重建南方的失败而告终。实际上，战后多年，北方活动的主题都是为实现种族正义而做出努力，只不过这一努力时断时续，后来便半途而废了。为了实现种族间的正义,北方联邦政府的确在早期采取了一些重大举措,主要包括颁布《宪法第十三条修正案》《宪法第十四条修正案》《宪法第十五条修正案》等,然而,联邦政府无法将自己的意志付诸实施。事实证明,不论在北方还是在南方,美国白人优先考虑的问题始终都是追求财富和政治权利而不是美国黑人的命运。南部地区的白人领袖破坏了战后重建,将权力牢牢把控在本州的范围内,并开始实施种族隔离制度,即种族歧视制度。总的来说,相较于民族和平,美国白人更加欢迎社会变革,因此,最初承诺建立的种族融合的社会成了一纸空文。1896年,美国最高法院(Supreme Court)对种族隔离社会的存在模式做出了官方认可。由此,我们记述的历史也在那一年戛然而止。同年,一败涂地的南部联盟支持者及他们的后世子孙在全国范围内得到认可,成为他们占据的辽阔土地的真正领主。

最后一部分是尾声,主要讲述美国人如何在随后的岁月里逐渐开始回忆美国内战。相较于现实中的战争,留存在记忆中的战争总显得不那么惊心动魄,概莫能外。最容易让人遗忘的就是战争的复杂起因和令人痛苦不堪的南北分裂。南方人付出的努力早已注定了失败的结局,但他们还在打造相关的神话故事,北方人则忙着欢庆自己在实现种族正义方面所取得的胜利。然而,时间的流逝早已令导致冲突发生的痛苦情感变得困顿麻木。对于大多数美国人而言,内战早已经成为整个国家的一则伟大的心灵鸡汤性质的故事,不但展示出民众对伟大的事业充满了信任,更体现出为了"正义事业"而战的重要性。于是,在人们的记忆中,战争变成了一场充满了浪漫气息的露天表演,参与其中会让人感到无上光荣。然而,与当时那些可怕的时刻相比,却再也找不到一丝一毫的相似之处。

第三版的改动

自第二版出版至今,已经过去了6年。自那时起,实际上应该说自第一版付梓的那一刻起,我们就一直满怀热情,不断听取学生们和同事们提出的建议,以期令这本书精益求精。不幸的是,在本次修订工作中,迈克尔·费尔曼(Michael Fellman)的突然辞世致使进度减缓。最早提出编写《可怕的战争——美国内战及其创伤》一书的人就是迈克尔,本书的基本框架及论点的主旨无一不是迈克尔的创意。因此,在第三版中对于这部分我们给予保留。不过,新版本与之前的两版相比在很多方面大不相同。当然,我们丝毫也没有忘记迈克尔对这本书的厚望,我们也不会改变我们对内战时期描述的集体智慧的结晶。出于上述原因,迈克尔的名字仍然保留在封面上,我们也想以新版向他表达我们的敬意。

本版新增的部分包括:

- 增加3篇新出版的史学论文,主要探讨战争的起因、结束的原因,以及战后岁月动荡不安的原因。
- 增加大事年表,突出内战前、内战期间,以及内战结束后几年内所发生的事件。
- 增加更多有关内战前的政治活动的内容。
- 着重分析了纪念内战的活动是如何影响我们对战争的起因、发展及影响的理解的。
- 增加更多摘录自官方和私人著作的资料。

总之,我们相信这些变化不但给《可怕的战争——美国内战及其创伤》一书带来了崭新的面貌,而且并没有弱化整体叙述力量,却仍然保持着我们看待那个时代的锐利视角。在第三版中,我们使用了很多匿名作者的手稿,对此我们深表谢意。我们的成功也属于你们。

莱斯利·J.戈登

丹尼尔·E.萨瑟兰

目　录

前言 001

内战的序曲 001

第一章　共性与冲突：奴隶制与美利坚合众国　　001

共性 / 001
市场革命 / 002
地方主义的各种观念 / 004
战前的北方 / 005
战前的南方 / 007
奴隶制使国家分裂 / 009
北方的奴隶制 / 010
南方的主要农业 / 011
非洲奴隶贸易 / 011
中央航路 / 012
美国的奴隶制 / 012
奴隶制和美国独立革命 / 013
制宪会议上的论战 / 014
公谊会教徒与废奴运动 / 015
第二次大觉醒运动 / 016
宗教改革运动 / 017

北方奴隶制的衰落 / 018
南方社会 / 019
南方的自由黑人 / 022
奴隶的生活 / 023
棉花王国 / 024
奴隶制向西部地区发展 / 026
驱赶印第安人 / 027
《密苏里妥协案》 / 027
拒行联邦法危机 / 029
奴隶起义 / 031
废奴主义运动 / 032
抵制废奴主义 / 035
废奴主义者的分裂 / 037
为支持奴隶制度辩护 / 038
美国境内的奴隶制 / 040
吞并得克萨斯 / 041

第二章　战争及政局瓦解
1846—1860 年

- 波尔克总统与天命论 / 044
- 墨西哥战争 / 044
- 奴隶制及其扩张 / 046
- 扩张的压力 / 047
- 政党制度 / 048
- 政治文化和宗教 / 049
- 女性的政治角色 / 050
- 地区性的紧张局势 / 051
- 财产问题 / 051
- 1848 年大选 / 052
- 泰勒的妥协计划 / 054
- 顾虑重重的南方 / 054
- 菲尔莫尔当选美国总统 / 055
- 《1850 年妥协案》/ 056
- 纳什维尔大会 / 057
- 1852 年大选 / 058
- "年轻美国"运动 / 059
- 反对《逃亡奴隶法》/ 060
- 《汤姆叔叔的小屋》/ 061
- 女性政治角色的变化 / 062
- 皮尔斯的失误 / 063
- 《堪萨斯—内布拉斯加法案》的由来 / 064
- 反对《堪萨斯—内布拉斯加法案》/ 065
- 对政客的不信任 / 066
- 前景黯淡的民主党和辉格党 / 067
- 内战综合体 / 068
- 文化问题和民族问题 / 068
- 一无所知党 / 069
- 共和党 / 070
- 政党重组 / 071
- 堪萨斯内战 / 072
- 萨姆纳—布鲁克斯事件 / 074
- 波塔沃托米大屠杀 / 075
- 在古巴实施的外交政策 / 075
- 《奥斯坦德宣言》/ 076
- 1856 年的大选 / 078
- 共和党的新战略 / 078
- 对拥护奴隶制度派的攻击 / 079
- 德雷德·史考特 / 080
- 堪萨斯州的政局与勒孔普顿的论战 / 081
- 1857 年恐慌 / 082
- 地方气氛日趋紧张 / 083
- 威廉·H.西沃德和无法遏制的冲突 / 084
- 林肯的崛起 / 084
- 1860 年民主党大会 / 086
- 共和党大会 / 087
- 立宪联邦党 / 088
- 地方竞选活动 / 088
- 南方的情绪 / 089
- 选举结果 / 090
- 大事记 / 092
- 史学论文的主要观点 / 094

第三章　南方人脱离联邦　非职业军人参战
1860 年 12 月—1861 年 12 月　　　　　　　　　　　097

  南方人对林肯大选获胜的反应 / 097
  南方腹地诸州脱离联邦 / 098
  南部联盟宪法 / 099
  杰佛逊·戴维斯的就职演说 / 099
  亚力山大·斯蒂芬斯的"奠基石演讲" / 100
  布坎南总统对分裂的反应 / 100
  尝试做出妥协 / 101
  南部偏北地区推迟脱离联邦的步伐 / 102
  林肯发表第一次就职演说 / 102
  萨姆特堡危机 / 104
  林肯对萨姆特堡第一枪的回应 / 105
  南部偏北地区脱离联邦 / 106
  美国南部的联邦主义 / 107
  美国民众与武装力量 / 107
  南北方备战 / 109
  平民参军 / 110
  志愿兵 / 110
  陆军组织结构 / 111
  部队身份 / 111
  炮兵 / 112
  骑兵 / 112
  入伍的各种动机 / 113
  士兵的动机 / 114
  平民百姓与战争 / 119
  对战争的期待 / 121
  蟒蛇计划 / 122
  战场的划分 / 122
  欧文·麦克道尔 / 123
  南部联盟的军事领导者 / 123
  战略的选择 / 124
  布尔伦河战役 / 125
  布尔伦河战役的影响 / 128
  乔治·麦克莱伦执掌帅印 / 129
  西弗吉尼亚战役 / 130
  《波托马克河的河边寂静无声》 / 131
  南部联盟的外交 / 132
  美利坚合众国及其外交策略 / 134
  南部联盟的海军 / 136
  海军新技术 / 138
  南部联盟海军面临的问题 / 139
  北方联邦的海军 / 140
  吉迪恩·威尔斯 / 141
  联邦海军的发展 / 142
  招募新水手所遭遇的问题 / 142
  早期海战 / 144
  "特伦特号"事件 / 145

第四章　确定作战范围
1861—1862 年　　　　　　　　　　　　　　　　147

  西部边疆地区的战略措施 / 148
  密苏里州的战役 / 148

爱荷华州和堪萨斯州的反应 / 149
密苏里州的分裂 / 150
肯塔基州的战事发展 / 152
西部河流的重要性 / 153
亨利堡和唐纳尔逊堡 / 153
北方联邦在中心地区的收益 / 155
远西地区的战争 / 156
新墨西哥州战役 / 157
皮里奇战役 / 160
北美原住民的作用 / 161
南部联盟在西部战场遭遇挫折 / 163
南部联盟的新战略 / 163
夏伊洛战役 / 163
北方联邦的额外收获 / 165
南部联盟征兵 / 166
乔治·麦克莱伦 / 167
联邦战争委员会 / 168
半岛会战 / 168
罗伯特·E. 李将军挂帅 / 169

杰克逊在谢南多厄河谷 / 170
七天战役 / 170
北方联邦的新战略 / 171
哈勒克担任总司令 / 173
约翰·波普 / 173
第二次布尔伦河战役 / 174
安提坦战役 / 175
安提坦战役的政治影响 / 177
《解放黑人奴隶宣言》 / 177
"安提坦战役的死亡"图片展 / 178
肯塔基州战役 / 179
布雷斯顿·布拉格 / 179
军事影响 / 181
政府权力下放所造成的问题 / 182
战争的物资成本 / 182
南部联盟经济的弱点 / 182
北方联邦的经济响应 / 183
工业发展面临的挑战 / 184
北方工业 / 186

第五章 废除奴隶制，直面自由 188

共和党对待黑人的矛盾态度 / 188
林肯对奴隶制的态度 / 189
飞向自由 / 191
杂乱无章的联邦政策 / 192
主张废奴主义的联邦官员 / 192
1862 年：联邦战争目标的深化 / 194
国会解放奴隶的措施 / 194
林肯和逐步解放政策 / 195
《第二充公法案》 / 195

《解放黑人奴隶宣言》 / 196
对《解放黑人奴隶宣言》的普遍欢迎 / 197
《解放黑人奴隶宣言》的影响 / 198
黑人应征入伍以及南部联盟的态度 / 198
《解放黑人奴隶宣言》在国外的影响 / 199
《解放黑人奴隶宣言》的局限性 / 199

黑人难民 / 200
北方联邦虐待自由民 / 201
黑人抗议联邦虐待 / 201
黑人难民的流浪生活 / 202
废弃土地上的实验 / 203
海群岛上的实验 / 203
另一个实验：戴维斯本德半岛 / 205
路易斯安那州的劳动力关系 / 205
重新分配土地的方案 / 206
自由民局 / 206
联邦蓄奴州奴隶制的瓦解 / 207
北军中的非裔美国人 / 208

白人军官和黑人战士 / 209
勉为其难接受黑人军团 / 210
联邦官员的歧视 / 212
谢尔曼的政策 / 213
林肯的政策 / 213
战争中的黑人士兵 / 214
皮洛堡大屠杀 / 216
被俘虏的黑人士兵再次沦为奴隶 / 216
互换战俘失败 / 217
黑人的胜利 / 218
黑人老兵要求得到自由 / 219

第六章　进攻和死亡
1862 年 11 月—1863 年 1 月　　　　　　　　220

安布罗斯·埃弗雷特·伯恩赛德执掌帅印 / 220
弗雷德里克斯堡战役 / 222
威廉·S. 罗斯克兰斯 / 226
石头河战役 / 228
战争所造成的破坏 / 229
南部地区的后方 / 230
士兵与后方 / 232
女人和战争 / 234

军旅生活 / 235
士兵的健康状况 / 237
士兵们的日常饮食 / 238
南部联盟物资匮乏 / 239
军装 / 240
士兵们的装备 / 241
武器装备 / 241
战术 / 244

第七章　第二战场　　　　　　　　　　　　　　246

游击战 / 247
游击战的不同形式 / 248
第三种形式的游击战 / 250
游击战的影响 / 251
南部联盟的官方态度 / 252

《游击队管理法案》/ 253
北方联邦的反应 / 253
北方联邦的新军事政策 / 254
联邦士兵的种种偏见 / 256
南部联盟的暴行 / 257

后方的持不同政见者 / 257
"铜头蛇" / 258
林肯的反应 / 259
瓦兰迪加姆事件 / 260
北方其他地区的抗议风潮 / 260
戴维斯对抗议的反应 / 261
比较林肯和戴维斯 / 261
戴维斯糟糕的健康状况 / 262
南部联盟的各个政党 / 263
个人反对戴维斯 / 263
南方的联邦主义者 / 264
反政府的南部联盟成员 / 265

南部联盟普遍存在的意见分歧 / 266
南部联盟的爱国主义 / 267
南方的难民 / 269
向西部移民 / 273
女性战士和女性间谍 / 275
慈善工作 / 276
护理行业 / 278
给军属提供帮助 / 279
女性就业问题 / 280
不断变化的女性地位 / 281
不变的一面 / 282

第八章 无果的一年
1863 年

283

南部联盟的士气 / 284
约瑟夫·胡克 / 285
胡克为钱瑟勒斯维尔战役制订作战计划 / 286
罗伯特·E.李的问题 / 286
罗伯特·E.李大胆做出回应 / 287
杰克逊之死 / 288
钱瑟勒斯维尔战役的后果 / 288
葛底斯堡战役的开始 / 289
乔治·戈登·米德 / 290
葛底斯堡战役 / 290
葛底斯堡战役的结果 / 292
维克斯堡战役 / 294
格里尔森的袭击 / 295
彭伯顿的困境 / 296
围攻战 / 297
维克斯堡战役的影响 / 298

南部联盟的外交政策 / 299
南部联盟的后方 / 301
1863 年的选举活动 / 302
北方人的情绪 / 304
北方的征兵情况 / 304
北方的抗议活动 / 305
纽约暴乱 / 306
摩根的突袭 / 307
洗劫劳伦斯市 / 308
奇卡莫加战役 / 308
奇卡莫加的战斗 / 309
围攻查塔努加 / 310
卢考特山战役 / 311
传教士岭战役 / 312
查塔努加战役的影响 / 313
葛底斯堡演说 / 313
葛底斯堡演说的重要意义 / 315

哀悼仪式 / 315
宗教的作用 / 318
逃兵 / 320

社会发挥的作用 / 321
家庭的作用 / 322

第九章　消耗战
1864—1865 年　　　　　　　　　　　　　　　　　　　　324

格兰特回到华盛顿 / 324
伟大的军事战略 / 325
消耗战 / 325
红河战役 / 327
北方联邦停滞不前 / 328
莽原之役 / 329
欧弗兰战役 / 330
斯波齐尔韦尼亚战役 / 331
笨重的内战陆军 / 332
拒绝作战 / 332
冷港大屠杀 / 333
围攻彼得斯堡 / 334
北方的失败主义论调 / 335
南部联盟的政治问题 / 336
谢尔曼攻克亚特兰大 / 336
谢尔曼的心理战 / 338
谢尔曼向海洋进军 / 340
胡德和托马斯在田纳西州 / 342
纳什维尔战役 / 343
南部联盟的士气 / 344
罗伯特·E.李的军队的崩溃 / 345

南部联盟后方的士气大跌 / 346
南部联盟女性的烦恼 / 346
1864 年美国大选 / 347
南方逃兵现象日趋严重 / 348
和平试探：汉普顿锚地会议 / 349
南部联盟组建黑人军队的实验 / 349
罗伯特·E.李对游击战争的否定态度 / 351
林肯发表第二次就职演说 / 352
南军土崩瓦解 / 353
里士满陷落 / 354
南军在阿波马托克斯投降 / 354
败局命定理论的出现 / 355
约翰斯顿投降 / 355
刺杀林肯 / 356
林肯与战后重建 / 357
南部联盟投降 / 357
北军解散 / 358
大事记 / 360
史学论文的主要观点 / 363

第十章　北方的政策与南方的战后重建
1863—1870 年　　　　　　　　　　　　　　　　　　　　365

对和平的复杂反应 / 365

战后审判 / 366

北方的痛苦 / 368
林肯的百分之十计划 / 369
各种有关战后重建的激进观点 / 371
林肯关于战后重建的后期思想 / 372
安德鲁·约翰逊 / 374
约翰逊的重建计划 / 376
前南部联盟的反抗 / 377
重建国会 / 378
撒迪厄斯·史蒂文斯及激进派的重建计划 / 380
国会对抗总统 / 381
《宪法第十四条修正案》/ 382
1866 年大选 / 385
激进的重建计划 / 385
弹劾 / 387
约翰逊最后的日子 / 389
1868 年大选 / 390
总统尤利西斯·S. 格兰特 / 391
《宪法第十五条修正案》/ 391

第十一章　白人与黑人　南方重建
1865—1872 年　　394

前南部联盟成员的情绪 / 395
南方的基本状况 / 396
种族关系 / 397
劳动力短缺 / 397
联邦主义者的复仇 / 399
南部联盟成员大批离开南方 / 399
白人重新调整希望 / 401
黑人的期望和不安 / 402
向城市进发 / 403
寻求经济自由 / 404
北方的援助 / 404
黑人教堂 / 406
黑人学校 / 407
黑人的失望情绪 / 407
劳动力问题 / 408
对黑人施加的暴力 / 409
共和党在南方建立同盟 / 410
掮客 / 410
南赖子 / 411
黑人在政治上的作用 / 411
对黑人政治角色的种种限制 / 412
黑人的领导能力 / 414
共和党南派的分裂 / 414
共和党南派面临的困境 / 415
共和党南派的衰落 / 416
镀金时代 / 416
政府权力的扩大 / 418
共和党南派的各项计划弄巧成拙 / 418
南方的经济问题 / 420
地区经济上存在的种种差异 / 420
交谷租种制和佃农制 / 422
南方铁路——一个关键因素 / 423
南方民主党的复兴 / 425

第十二章　破坏南方重建　427

白人优越主义的规矩 / 427
对黑人独立的畏惧心理 / 429
私刑 / 429
家长式管理的温柔一面 / 430
囚犯出租制度 / 430
政治暴力 / 431
三K党 / 432
白线组织 / 433
波旁民主党人的政治 / 434
北方的分歧 / 436
北方在执行重建政策时的矛盾心理 / 436
北方的民主党人 / 437
北方民主党人反对南方重建 / 439
1868年总统大选 / 439
共和党人在重建问题上步履蹒跚 / 441
北方商业的发展 / 442
重视商业发展的共和党人 / 443
格兰特政府的丑闻 / 443
共和党自由派 / 444
1872年大选 / 445
1873年经济衰退 / 446
最高法院削弱南方重建 / 447
救赎者东山再起 / 448
1876年大选 / 449
《1877年妥协案》 / 450
海斯终结重建计划 / 451
当权的救赎者 / 452
愈演愈烈的南方贫困 / 453
种族隔离合法化 / 454
私刑致死案例不断增加 / 455
艾达·B.威尔斯领导下的反私刑运动 / 455
不断涌现的种族歧视行为 / 457
北方默许白人优越主义行为 / 458
最高法院接受种族隔离政策 / 458
令人烦恼的重建时期遗产问题 / 460
大事记 / 461
史学论文的主要观点 / 463

尾声　牢记内战，忘却内战
1865年至今　466

1913年纪念葛底斯堡战役 / 466
战争变成神话 / 467
败局命定理论 / 467
南部联盟退伍军人 / 469
南方之女联合会与南部联盟退伍军人之子联合会 / 470
女性与败局命定理论 / 470
北方的回忆 / 471
北军退伍军人 / 471
上将之妻 / 472
建立纪念碑 / 472
非裔美国人的回忆 / 473
阵亡将士纪念日 / 474
纪念林肯 / 475

记忆政治学 / 475
在1948年总统竞选期间与民主党
　　持不同政见的美国南部民主党
　　人 / 476
战争纪念与大众文化 / 477
内战百年纪念 / 478
南部联盟军旗 / 480
内战150周年纪念 / 481
纪念重建时期 / 483
忘却内战 / 483
内战持久的影响 / 484

索引 486

内战的序曲

约翰·布朗突袭哈珀斯费里

就在法官即将宣布对约翰·布朗实施绞刑之际，布朗站在这位法官面前对全国人民说："诸位，在我们这个奴隶制国家里，各项法令、法规都无比邪恶、残忍，不但毫无公正性可言，而且置奴隶的各项权利于不顾。如果说为了实现正义的目标，我将不得不付出生命的代价，抛洒热血，那么，就让我的鲜血跟子孙后代的鲜血汇流到一起，就让我的鲜血跟数以百万计的奴隶的鲜血汇流到一起。既然这一结局不可避免，那么，我将心甘情愿地接受惩罚。该来的就让它来吧！"

那天是 1859 年 11 月 2 日。6 个月前，在新英格兰反奴隶制协会（New England Antislavery Society）召开的一次大会上，正当所有人都昏昏欲睡时，布朗站起身来，大声说道："一纸空谈！纸上谈兵！空话连篇！光说不练永远也不能解放奴隶……我们现在需要的是行动！——马上采取行动！"

突袭哈珀斯费里

1859 年 10 月 16 日，星期日，夜。布朗率领敢死小分队潜入哈珀斯费里攻下了一座联邦军火库后，打算发起一场大规模的奴隶暴动。可以说，布朗实现了一次重大的飞跃，将义愤填膺的夸夸其谈升华为一场革命行动。尽管布朗的行动最终以失败告终，但他的所作所为令长久以来酝酿在南北双方之间的敌对情绪渐趋白热化。双方矛盾的焦点就是南方实行奴隶制，而北方反对奴隶制。自布朗发起暴动的那一刻起，民众的愤怒情绪愈发高涨，18 个月后，南北双方之间的深仇大恨愈积愈深，最终导致了内战的爆发。实际上，各种矛盾日积月累，早就已经将整个国家置于这种发展轨迹上。但战争并不是这种结构的先决条件。在约翰·布朗突袭军火库事件之前，美国的经济体制、社会体制和政治体制的发展已经相当完善，其凝聚力足以将全国人民聚合到一起。不过，当布朗采取了革命行动后，美国几乎是马不停蹄地朝着战争的方向疾驰而去。

军事上的失败；政治上的胜利

　　约翰·布朗失败了，但他在军事上的失败及他的个人牺牲只不过是他获得最终胜利的序幕。长期以来，布朗一直坚信奴隶不仅有能力也迫不及待地想要发动一场暴动，他的使命就是让这一切成真。为了准备这场起义，布朗委托别人制作了1000根长矛。此外，他还打算用从军火库缴获的步枪作为辅助武器。布朗相信，奴隶们听说了他的大胆设想后，就会冲到军火库与他会合；接着，在崇山峻岭的掩护下，向南朝着奴隶人多势众的地区进发；最后，形成一场自发的全面的革命。在这场起义之初，布朗率领手下的21名敢死队队员——其中包括他的3个儿子和6个黑人——夺取了军火库，俘虏了30名人质。在这30名人质中，有10人是不明就里的奴隶。然而，没有一个奴隶赶到哈珀斯费里加入布朗的敢死队。布朗的设想和计划完全落空，所有人呆若木鸡。见此情景，布朗和他的敢死队只能躲进了铜墙铁壁的消防车库，并设路障。结果，先是当地民众将他们团团包围，上校罗伯特·E. 李(Robert E. Lee)率领着一个连的海军陆战队员随后赶来，将他们包围在车库里。第二天，联邦战士破门而入，布朗手下的几个敢死队队员被当场打死，布朗自己也身受重伤。

　　从军事角度来说，这次突袭可以说是一次灾难，关于这一点布朗自己随后也承认。布朗被投入监狱后，在不到6个星期的时间里就被带上法庭接受审判，最后被处以绞刑。然而，在就义前，他引经据典的高谈雄辩使他的庭审和行刑变成了轰动全国的大事件。

　　布朗宁可死守消防车库，也不愿意逃跑躲藏在周围的崇山峻岭里。部分原因是他自己的心理原本就极其矛盾。实际上，他不仅预见而且策划了这场大屠杀。在这场突袭行动的3天后，布朗对抓捕自己的人说："我本可以一走了之，但我手里还有30名人质，他们的妻儿老小因担忧他们的安危而以泪洗面。对于他们，我感同身受。此外，有些民众认为我们行动的目的就是将一切烧光杀光，我也想消除他们的恐惧。"就在其慷慨激昂的最后陈述结束之前，布朗指出，法庭对他的判决就意味着他的鲜血将与数以百万计的奴隶的鲜血汇流到一起。布朗坚称，他采取行动的目的是解放奴隶，将奴隶带到北方，而且"我从来没有打算使用谋杀、背叛、刺激或煽动等手段促使奴隶发动叛乱或制造暴乱"。布朗此言并不属实，但足以证实布朗对受压迫者的深切同情之心，甚至在对待人质及那些差点儿就成为他手下牺牲品的奴隶主们,他也一样心存怜悯。当然,这并不是说布朗不会实施血腥的杀戮。实际上,1856年5月24日,在堪萨斯州(Kansas)的波塔瓦托米河(Pottawatomie Creek)以北地区,布朗率领一批人砍死了5个拥护奴隶制的当地白人后,将这5具尸体也砍得血肉模糊,难以辨认。然而,哈珀斯费里起义失败后,布朗便开始打着实现更加伟大崇高的人道主义目标的旗号,矢口否认了自己的谋杀企图。

布朗欣然就义

回顾当时的场景可以发现,布朗的辩护词升华了自己的行动动机。这其实是他所实施的更加直观的全局战略的一部分,其目的是将自己打造成像耶稣一样的殉道者。在这场引人入胜的道德表演盛会中,布朗欣然赴死成为高潮,而这场盛会的主题就是揭露奴隶制的种种邪恶。布朗并不打算殉道,但他深知自己被捕后将会面临何种命运。布朗对妻子说,虽然"因为没有全面实现(军事)计划而感到大失所望",但如今自己"完全顺从了上帝的安排",这样的结果反倒让他觉得更加完美。伟大的非裔美国废奴主义者弗雷德里克·道格拉斯(Frederick Douglass)虽然早就听说了布朗的计划,但不愿意与他为伍。布朗在辩护词中反复提及道格拉斯创作的《圣经》形象,他写道,"如果参孙(Samson)①下定决心,不告诉大利拉(Delilah)②自己的神力到底来自何处,他可能永远都不会摧毁整座大衮神殿"。布朗的愚行让自己深陷敌人之手,但上帝的智慧却向他展示出生命的真正意义和道德的终极意义。

有人打算利用布朗家族遗传的疯癫之症为他辩护,但布朗断然拒绝;任何劫狱行动也因警卫严密而无法实施,到了行刑当天,看守布朗的警卫增至1500人之多。在这种情况下,布朗在给北方一位牧师的信中写道,"让我倍感安慰的是,我竟可以获准为了一项伟大的事业做出牺牲,而不仅仅是(像所有人那样)撒手归西而已"。他早就清晰地预料到自己死亡的意义。布朗在给妻儿的信中写道:"我并没有虚度此生。无论是何时撒手人寰,还是将以何种方式离开人间,我都深信上帝会为我做出安排。在有生之年,我一直致力于推动废除奴隶制这一伟大事业的发展。我相信,正如现在我在做辩护时所怀揣的信念一样,上帝和人

---

① 参孙是《旧约·士师记》中的一位犹太大士师,生于前11世纪的以色列,玛挪亚的儿子。参孙凭借上帝所赐的极大力气,徒手击杀雄狮并只身与以色列的敌人非利士人争战周旋而著名。——译者
② 《旧约·士师记》中诱惑大力士参孙的妇人。——译者

性将会令这一事业突飞猛进,蓬勃发展。"还有一点布朗也深信不疑,即正是失败这种结果净化了他发起行动的动机——各种暴力的手段都已经烟消云散,就好像从来都不曾存在过一样,但行动的目标因此变得高尚纯洁。"对于那些深受束缚的穷苦之人我深表同情,没有人愿意对他们伸出援手:这就是为什么我会站在这里,心中不存任何个人恩怨,也从没有任何恶意复仇之心",面对那些拥有公诉人身份的奴隶主,布朗侃侃而谈。"对于那些深受压迫之人及饱受冤屈之人,我心存怜悯,因为在上帝眼中,他们跟你们别无二致,同样心地善良,同样值得珍视。"

当布朗走向将带他前往刑场的马车时,他内心平静,面带微笑,将一封短函递给了他的抓捕者。在信中他坚持认为要想终止残暴的奴隶制,仅凭他所发起的起义还远远不够。只有一场波澜壮阔的内战才可以令奴隶制戛然而止。他写道:"我,约翰·布朗,现在坚信只有用鲜血才能涤清这个罪孽深重的国家。"

涤罪仪式

布朗的事迹和言论通过电报、报纸等媒介很快传遍全国,而北方民众对此事件则反应不一,有人惊讶,有人反感。与此同时,所有人却又都对这个口才出众的囚犯充满了敬畏和钦佩之情。布朗发表言论的时机选择极佳,而且他洞察世事的能力简直不可思议。此前没有人如此关注奴隶制问题——对于他所关注的大多数民众而言,他的行动和言论已经成为一种影响力巨大的灵魂净化仪式。拉尔夫·瓦尔多·爱默生(Ralph Waldo Emerson)[①]在多数情况下都表现得非常矜持保守,但当他得知这一消息后表现得异常激动。他在波士顿(Boston)和康科德(Concord)发表演说时对听众说,布朗"犹如新圣,是一位最纯洁、最无畏的圣贤之人……等待着殉道的新圣……他……一定会让绞刑架像十字架一样熠熠生辉"。就在布朗被处以绞刑的当天,费城(Philadelphia)召开了一次会议。在这次会议上,面对着观众发出的嘘声和掌声,牧师西奥多·蒂尔顿(Theodore Tilton)表示:"弗吉尼亚州(Virginia)的那座绞刑架……将会被视为那位基督徒的纪念碑永远保留下来,因为他曾经英雄般地存活于世,离开世间时又化身为殉道者。"威廉·洛伊·盖瑞森(William Lloyd Garrison)既是一个满怀热忱的和平主义者,也是一个激进的废奴主义者。在过去的30年里,盖瑞森一直保持着

[①] 拉尔夫·瓦尔多·爱默生(1803—1882),美国散文作家、思想家、诗人。——译者

不抵抗的立场。如今,对于布朗以暴制暴的做法他不但深表赞同,而且还为布朗鼓掌喝彩,因为布朗"将原本用来维护专制统治的武器夺过来,用来争取自由"。

亨利·戴维·梭罗(Henry David Thoreau)①也是一位爱好和平的废奴主义者。他在布朗身上看到了品行高尚的先验论者(Transcendentalist)的影子,认为布朗是个"为了理想可以将生死置之度外的人"。在此梭罗似乎承认,尽管布朗跟自己一样都是无政府主义者,但布朗早已经超越了自己所崇尚的和平主义,转而推崇具有净化灵魂且令人变得更加高尚的暴力行动。此外,为了反对腐败堕落的国家和有失公正的法律,布朗也会心甘情愿地付出生命的代价。"纵观美国,除了他,从来没有任何人曾经为了人性的尊严站出来,如此坚持不懈且富于成效。因为他知道作为普通民众中的一员,自己跟任何人及所有政府成员别无二致,同样都拥有平等的地位。"弗吉尼亚州的传教士孟科·康威(Moncure Conway)此前逃离了美国南部地区,并加入了北方废奴主义者的行列。康威揭示了布朗不惜付出生命代价的举动所蕴含的政治意义:"一场革命必将从殉道者的骨灰中涅槃而出。"

布朗发起的袭击事件也令北方的非裔美国人群情激昂。纽约州的亨利·海兰德·加尼特(Henry Highland Garnet)是位颇具影响力的牧师,负责主持非洲人卫理公会教堂(African Methodist Episcopal Church)的事务。在他主持召开的一次集会上,加尼特直言不讳地宣布,从今往后,12月2日也就是布朗的受刑之日将会成为众所周知的"殉难日"(Martyr's Day)。在场的黑人教众对他的大声呼吁深表赞同。在加尼特主持召开的会议上,牧师桑普森·怀特(Sampson White)坚称,布朗遵循了美国革命者的传统,这一传统的宗旨即"反抗暴君就是顺从上帝的旨意"。接着,怀特提出全体黑人都要对布朗的军事行动采取肯定和认可的态度,"我有一条臂膀——上帝赐予我力量。无论何时,无论何地,只要上帝赋予我的权力遭到了侵犯,我就坚信我有责任、有义务奋起反抗"。

总而言之,约翰·布朗已经为北方激进派观点的发展指明了方向。尽管当时激进派的羽翼可能尚未丰满,但他们已经意识到有必要通过战争实现整个民族的救赎。实际上,当布朗还在为起义做准备时,6位年轻的废奴主义者就已经为他四处筹集资金,支持他的行动。几位主张废奴运动的政界领袖人物也已经与布朗建立了深厚的友谊,其中包括纽约富有的赫里特·史密斯(Gerrit Smith)

---

① 亨利·戴维·梭罗(1817—1862),美国作家、哲学家、废奴主义者。他最著名的作品有散文集《瓦尔登湖》(又译为《湖滨散记》)和《公民不服从》(又译为《消极抵抗》《论公民抗命》《公民不服从论》)。——译者

和黑人废奴主义者领袖弗雷德里克·道格拉斯。尽管道格拉斯当时已经得知布朗率领着敢死队员所撤退防守的地点正是自己所称的"捕兽夹",但他没有勇气赶到哈珀斯费里加入布朗的阵营。后来,道格拉斯为此后悔不已。1859年12月2日,主张采用非暴力手段反对奴隶制的道德论证终于销声匿迹,因为布朗坚持必须以暴制暴。显然,为了实现净化灵魂这一过程,为了体现出"男子气概",必须采用战争手段,而这已经逐渐成为反对奴隶制过程中的紧迫任务。布朗提出这个主张颇具石破天惊之势,让以盖瑞森、爱默生、梭罗及赫里特·史密斯等为代表的很多大人物都感到心惊肉跳,他们的思想也都因此而变得更加激进。

政治清算

尽管与激进的废奴主义者相比,很多共和党人看上去更传统、更保守,然而,面对布朗发动的起义和他的殉道,大多数共和党人都对布朗肃然起敬,敬畏有加。如果共和党希望当选为执政党,当然就得否认并公开谴责这种颠覆性的破坏行动,而且还不能表现出丝毫支持之意。于是,很多人便开始纷纷谴责布朗,称他为疯子。来自俄亥俄州(Ohio)的萨蒙·波特兰·蔡斯(Salmon P. Chase)[①]是一个反对奴隶制的资深政界领袖。他在竞选共和党总统候选人时对布朗采取的行动做出了如下的诠释:"可怜的老家伙!他竟然被自己的想象力误导了,可悲可叹!发动这场起义太过鲁莽草率!简直丧失理智!大错特错!如果这场起义大功告成,那我国必然会出现血染疆土的局面,而人类最美好的愿望也会因此而化为泡影!"然而,即便蔡斯公开指责布朗的行动罪孽深重,但他仍然情不自禁地赞扬布朗,而且颇有一种自轻的意味。在蔡斯看来,布朗"无私地想要解放那些遭受压迫的民众,彰显了他的英雄气概;对待令他计划挫败的人质,他也表现出人道主义的情怀!……人们将会谴责他的行为,但人们永远都会对他的遭遇充满同情之心"。接着,蔡斯又进一步对南方人将要遭受的命运做出了预测,他的预言与布朗明确提出来的言论不谋而合。"人们一定会严厉谴责那些支持奴隶制的政客,严厉抨击奴隶制,因为奴隶制是万恶之源。"蔡斯强调遭到天谴或许难以避免,不过他又暗示说,只要有人的力量参与进来,哪怕是一个疯子,也会加快天谴到来的速度。

---

① 萨蒙·波特兰·蔡斯(1808—1873),美国政治家,曾任美国参议员(1849—1855年)、俄亥俄州州长(1856—1860年)、美国财政部部长(1861—1864年)和美国首席大法官(1864—1873年)。——译者

伊利诺伊州（Illinois）的共和党人亚伯拉罕·林肯一向以小心谨慎、温和稳健著称，然而他并没有将布朗排除在自己的政局规划之外。林肯曾多次谈到布朗，一直认为他行动不当，有时甚至会说他精神错乱。林肯说布朗是个"狂热分子，对那些遭受压迫的人民一直念念不忘，直到有一天他感觉上帝赋予了他重大的使命，让他去解放那些民众……结果却以他自己被处绞刑而告终"。面对民主党人接二连三发起的抨击，林肯多次否认有任何一个共和党人曾经支持布朗。1859年12月5日，林肯在堪萨斯州发表演说时对在场的听众说道："老约翰·布朗犯下了叛国罪，刚被处以绞刑。对他的判决我们没有异议。诚然，他的观点和我们的观点一致，都认为奴隶制大错特错。然而，即便如此，这并不能成为他采取暴力行动的借口，也不能为他制造的流血事件及其叛国行为开脱。或许布朗认为自己所采取的行动乃正义之举，但这也并不能为他个人谋得任何好处。"林肯不断提及约翰·布朗，认为他的行为起到了一种警示作用。1860年2月27日，当他在库伯联盟学院（Cooper Union）①发表著名演说时，也表达出类似的意思。当时他还做出预测，如果民主党人利用约翰·布朗一事抨击共和党并使共和党自此分崩离析的话，那么，大多数反对奴隶制的民众就将"放弃投票表决这一和平渠道"，转而直接采用布朗及其追随者所倡导的暴力手段。

　　林肯巧妙地表达出自己的意图，但同时流露出真情实感。可见，面对一个因为痛恨奴隶制而自愿选择以死警世的行动者，林肯并没有对他进行全面否定，因为在林肯的灵魂深处，他同样心有戚戚。他发现布朗的死对他而言大有可用之处。他可以将布朗视为一个异类，用布朗的死向选民们发出警告，如果选民选择不追随共和党的温和政策，那么，他们完全可以预见事态发展的结果。林肯在提出警告的同时，对布朗也极尽抨击之能事。即便如此，林肯还是从布朗袭击事件中获得了巨大的动力：当林肯最后在表达自己对奴隶制的厌恶痛恨之情，在陈述自己反对奴隶制这一更伟大的政治目标时，他根本无法将布朗与自己完全割裂开来。实际上，在布朗所处的更加广阔的时代政治的大背景下，他已经使各种矛盾更加激化。不久以后，出身背景各不相同的北方战士将会聚到一起，迈开大步朝着南方前进，齐声高唱着"约翰·布朗葬身坟墓，躯体或许会消失不见，他的真理却会在世间永远流传"。

---

① 库伯联盟学院（全名为 The Cooper Union for the Advancement of Science and Art，库伯高等科学艺术联盟学院），是一所位于美国纽约州纽约市曼哈顿地区的著名私立大学，曾因向全部学生提供全额奖学金而知名。——译者

南方人对布朗袭击事件的反应

令南方人心惊肉跳且怒火中烧的不仅包括布朗的言行,还包括北方人对此的种种反应。透过由废奴主义者的愤怒和共和党的中庸所构成的烟雾迷障,南方白人发现约翰·布朗之流才是自己真正的敌人。毫无疑问,这些人将掀起第一波奴隶起义的高潮。这些反对奴隶制的人既不甘心坦然面对西部地区奴隶制的不断发展,也不满足于在理论上公开指责奴隶主的道德准则;相反,他们选择阔步行军,直抵南方心脏地带,对掀起起义的黑人伸出援手,进而摧毁奴隶制,捣毁社会等级制度,彻底毁灭南方的白人种族。

现如今,整个局势看上去危如累卵,因此,南方人对发生在哈珀斯费里的袭击事件及其后续影响所做出的反应的确发自肺腑,他们已经怒不可遏。路易斯安那州(Louisiana)的詹姆斯·邓伍迪·布朗森·德鲍(J. D. B. De Bow)是位著名的期刊编辑,他公开声称,"对于盗窃、谋杀及叛国等行为,北方虽然会加以惩罚,但同时大唱赞歌……如此一来,将不会——而且不可能出现和平的局面。如果说解放奴隶和使用血腥暴力迫使南方屈服注定是一场惊天悲剧的话,那么很明显,约翰·布朗的所作所为就是这出戏的第一幕……企图使我们屈服的军队前锋已经越过南方的边界,屠杀南方人"。为了"拯救我们的妻子儿女于水火之中",唯一的解决方法就只有南方独立成国。

对于北方人而言,布朗的袭击行动无异于一场净化灵魂的仪式,然而,对于南方白人而言,却成了一场令人毛骨悚然的精神污染。尽管布朗领导的袭击事件功败垂成,但约翰·布朗已经唤醒了埋藏在南方人内心深处的恐惧,而大部分南方人对此做出的反应都是以牙还牙、以毁灭对抗毁灭。例如,在弗吉尼亚州福基尔县(Fauquier County),年仅20岁的大农场主的女儿阿曼达·弗吉尼亚·埃德蒙兹(Amanda Virginia Edmonds)在报纸上看到布朗被处死的消息后,在日记中写道:"我仿佛看到有人点起一把火。在熊熊大火中,点火的那些人先是皮肤被烤成焦炭,接着就烧成火球,鲜血干涸,尸骨无存,最后只剩下一堆灰烬。天哪!实际上我什么都没有看到!我始终认为,对于那些残忍无情、毫无感恩之心的恶棍,我绝不会有任何怜悯之心。"实施绞刑的现场"令人心驰神往,围观的民众一定感到无上荣光,口中啧啧称赞"。对于这个年轻美丽的女子来说,她也许会因为自己对此事的反应以及由此产生报复心理感到有些震惊,但在她的内心深处,只有采取以牙还牙的行动,才会重新净化遭到污染的南方大地。

约翰·布朗具有非同寻常的远见卓识。被捕后，布朗既直接对抗恐惧，又充分利用恐惧。当南方的公诉人盘问他到底是受谁的指派才做出如此举动时，布朗绝口不提任何人的姓名。如此一来，不但布朗可以将自己的可怕程度无限放大，而且这些公诉人也将不得不充分发挥自己的想象力，认为他们将要面临的是一场通天阴谋。而且，布朗回答说："没有人指派我。如果说有的话，那就是我自己主动为之，或者说是造物主上帝让我这样做，或者也可以说是魔鬼指使我做出如此举动，——你们觉得是谁就是谁。"如果说在布朗眼中自己是复仇之神的使者，那么，至此布朗也接受了南方人对自己的看法。南方人认为布朗是反基督者，而且源自内心深处的恐惧使他们觉得布朗有意识地担当魔鬼的传教士。按理说，南方的反应应该是接受布朗的理想主义和坦白的胸襟，应该让他成为北方反对南方生活方式的总代表，让他成为预言未来种族主义灾难的先知。然而，事实并非如此。

南方·北方

在这种情况下，南方白人认为，如果北方人无法自圆其说，那么所有北方人就都是邪恶之徒。一位举止优雅、彬彬有礼的弗吉尼亚州少女朱丽娅·加德纳·泰勒（Julia Gardiner Tyler）在布朗被处以绞刑的 6 天后，在给她母亲的一封信中写道："如果北方对南方不做出任何表示，我认为最后的结局将会是整个国家一分为二。"然而，如果布朗一直心胸坦荡，如果他在北方大受欢迎，哪里还需要北方做出任何表示呢？因此，南方最常见的反应就是呼吁南方人在面对入侵者时实现武装统一。南军未来的司令詹姆斯·L. 肯珀（James L. Kemper）在弗吉尼亚州议员大会（Virginia General Assembly）上指出："全体弗吉尼亚人一定要团结一心，勇往直前，用我们自己的方式对那些盲信狂热的家伙发出警告：无论何时，只要你们心怀敌意，胆敢踏上我们的土地半步，我们必将以血迎战。"议员 O. G. 梅明杰（O. G. Memminger）随后做了补充，他的发言更加言简意赅："南北双方都已经严阵以待。"

南方人当然知道，他们即将迎战的并不仅仅是约翰·布朗，也不仅仅是他那些神秘莫测、无名的合谋者，而是整个"北方"。北方的代表就是他们口中的黑人共和党（Black Republican Party），因为南方人相信约翰·布朗既是共和党的先锋，也是该党推出的用来打掩护的候选人。尽管亚伯拉罕·林肯及其代表的共和党一直都在竭力洗清该党与布朗之间的关系，不过，在接下来的几个月里，南方人依然怒气难消,认为布朗及其发起的袭击绝对与共和党人脱不了干系。正如北卡罗来纳州(North Carolina)州长约翰·W. 埃利斯(John W. Ellis)在1860年初所说:"在约翰·布朗这件事上,共和党有帮助和唆使之嫌。既然如此,南方又怎能指望与刺客和谋杀犯为伍的政党出面保护自己的财产安全呢?"密西西比州(Mississippi)的一位政客就此事发表了一篇社论。文中称共和党人"和我们相互为敌。既然(他们)已经对我们宣战,那么,我必将战斗到底,绝不退缩"。

约翰·布朗的预言很快就得以应验。就在布朗死后不到一年的时间里,联邦瓦解,美国内战爆发。随之发生的大规模人员死伤到底能否让整个国家得到净化我们不得而知,但那惨烈的场面必定会让人不寒而栗、毛骨悚然。

第一章 共性与冲突：奴隶制与美利坚合众国

在约翰·布朗发动的袭击以失败告终后，美利坚合众国便开始陷入了长期分裂。南北双方除了对共和国的未来都充满了担忧、焦虑之情，似乎就再没有其他任何相同之处。此前，南北分裂初见端倪，而内战的威胁也如影相随。自从制宪会议（Constitutional Convention）召开以来，美国的政治言论就不断提及南北分裂问题。然而，尽管地方分裂主义的愤怒言论从未停歇，即便在1859年，美国南北方民众依然有很多共同之处。奴隶制在美国存在的历史比共和国本身的历史还要长。正是奴隶制最终让整个国家笼罩在乌云之中，它遮蔽了南北之间的共性，使双方朝着两极化的方向发展，还使原本复杂的各种问题简单化。奴隶制使整个国家陷入分裂，使美国南方11州脱离联邦，并最终导致血腥暴力的美国内战。

共性

19世纪中叶的美国人生机勃勃，历史、语言、宗教等各方面不断发展，市场经济欣欣向荣，而这些丝毫没有所谓的南北方之分。让美国人引以为豪的事物不胜枚举，如革命传统、共和国的理想以及基督教的信仰，尤其是影响深远的新教信仰等。不论是身处南方还是身处北方的美国人，都对社会的进步充满了信心，都期盼着整个国家不断向前发展。大部分民众除了推崇努力工作、克己忘我，还都崇尚节俭、恪守美德以及自我约束。不过，他们当然经常也都无法达到自己所设定的目标。同时，美国人也酗酒成性，主张福音派教会的复兴。美国人的家庭规模普遍很大，而且父权当道。在这样的家庭里，男性身份的存在使女性的身份陷入无形。美国人的衣着品位也大体相同，喜欢欣赏的是蕴含着同样情感的音乐、艺术和诗歌等形式，对于喧闹的政治和冗长的演说也都一样情有独钟。绝大部分美国人是农民,他们耕种土地,蓄养家畜,艰难谋生。

市场革命

19世纪上半叶,一系列经济革命席卷了美国这个农业大国,不但引入了更多的产业,而且将美国人民更紧密地团结到了一起,还为创建独特的美国身份起到了辅助作用。

截至1815年,在美国东北部地区,一场工业革命正在悄然发生。到19世纪50年代,工业革命的发展已经波及了很多产业,包括纺织制造业、鞋帽制造业以及机械制造业等,而且开始朝着美国中西部地区扩展,甚至影响到了南部的几个州,不过,其效果不甚明显。当时的美国若想成为工业大国尚需时日,而且大部分北方劳动者宁可选择在农场和农村里劳作、生活,也不愿意跑到工厂里和城市里去做苦工。然而,到1860年,已经有130万名美国人加入了制造业的大军。尽管他们中的绝大部分人都是在作坊式的车间里工作,这种小型作坊的雇工一般只有10人左右,有时甚至更少,但足以说明美国劳动力的分工及经济发展的未来都开始出现了倾斜。

技术革命使很多工业领域发生了变化,也改变了美国生活的方方面面。电报的出现缩短了时间和空间的距离,不但加快了贸易发展的速度,而且使各种消息和新闻在短时间内就可以传遍全国。农业机械被广泛应用到作物种植和庄稼收割上,因此也减少了对农业劳动力的需求。新颖别致的"冰箱"(冰箱内部的主要材料是锌和锡)及越来越多的加工食品改变了人们的饮食习惯。查尔斯·古德伊尔(Charles Goodyear)找到了一种新方法,可以使橡胶弹性十足且经久耐用。同样值得一提的是,各种变化的速度之快令人咋舌。从1820年到1830年,美国专利局(U. S. Patent Office)平均每年颁发535项专利。在19世纪50年代,获批的专利项目平均每年增加到了2525项。

技术的迅猛发展给交通运输革命提供了强大的驱动力。一开始,交通运输革命的发展速度缓慢,崎岖不平的道路向美国西部不断延伸,将大西洋沿岸地区的民众聚居区联系到了一起。不过,很快人们就开始对大量主干道进行等级划分,并开始使用碎石铺路。一条条运河将河流、湖泊连接起来,因此,水上交通发展的规模变得越来越大,变得更安全可靠,但更经济。蒸汽机的出现给大型船只提供了足够的动力,不但可以使船只在内河主干道上航行,而且可以沿着海岸线航行,甚至使远洋航行也成为可能。蒸汽机也促生了铁路运输。铁路是19世纪最重要的技术和交通方式的革新成果。1815年,全美铁路干线总长只有23英里。1860年,铁路总长已经超过3万英里,将整个国家的各个地区进一步联系到一起。由此,贸易的发展也出现了横贯东西发展的趋势,即位于东西方向的芝加哥(Chicago)和纽约(New York)在发展贸易时都占据了铁路交通的优势,但位于南北方向的圣路易斯(St. Louis)和新奥尔良(New Orleans)则明显处于劣势。

工业化的发展和新技术的出现都与管理革命密不可分。银行业的规模不断发展壮大,所覆盖的地域也越来越广,因而使贸易的触角延伸到处于发展阶段的农村地区。银行吸引了广大农民参与贸易网络,从而促进了商业中心的不断发展。与此同时,银行通过积累(其中一部分是从欧洲人手中得到)前所未有的大量资金,并将资金提供给贸易商和制造商使用,也使商业中心蓬勃发展起来。在账目管理、产品销售以及广告促销等方面的不断改善不但提高了生产效率,也促进了消费。同时,很多商人将工艺流程进行细化分工,有些生产步骤即便是非熟练工人也可以顺利完成。因此,制造商经常将一些商品的零部件交由穷苦的平民百姓在自己家里或公寓里完成,如此一来,制造商的生产成本就大大降低。因此,管理方面出现的改革不但提高了生产效率,而且降低了生产成本。

随着变革在全美各地各个领域呈现出风起云涌之势,城市革命也随之问世。1820年,全美只有6%的人口生活在城市地区。当时,人口统计局将总人口为2500人或以上的地区定义为城市。至1860年,城市人口的百分比已经增加到了20%。1845年后,一股新的移民潮使城市人口再次大量增加,其中大多数移民来自爱尔兰和德国。

各种新技术的不断涌现也使文学革命成为可能,而文学革命不但使全体美国人进一步紧密联系在一起,而且使美国人成为世界上最见多识广的民族之一。早在1840年,在全美的自由人口中,有78%的民众具有识文断字的能力。如果单独统计白人人口,那么其百分比高达91%。从1830年到1860年,美国出版的报纸种类翻了一番,多达3000种。至1850年,全美出版的各种杂志将近700种,内容几乎涵盖了从国家政治到女性时尚等各个领域,所谈论的话题也五花八门。电报的广泛使用及国家电报网的设立使"各种消息"的传达更加及时。现代化的造纸过程和以蒸汽机作为动力的印刷机的广泛使用大幅度地降低了出版行业的成本,而铁路网的建设则使印刷文字传播的速度更快,范围更广。

整个美国甚至整个世界都变得越来越小,人口的流动性变得越来越大,人们也更加见多识广。随着制造业、通信业、种植业以及交通运输业等行业的效率不断提高，商业革命或者说市场革命也随之出现。市场革命潜移默化但又持续地改变了日常生活的经济基础。以前，小农场主很少会在自己的生活范围之外出售或购买商品，如今他们的触手也开始延伸到美国其他地区。商品交换已经在全国范围内出现，而东部沿海地区的港口甚至可以更便捷地与欧洲进行贸易往来，赚取利润。交通运输网使北部地区的城市和中西部地区甚至南方的农场联系到了一起，而整个国家也因此变得日益团结和统一起来。美国人不断从东部地区向西部地区拓展，寻找新的土地及新土地上涌现出来的新机遇。19世纪上半叶美国因此而获得了巨大的领土利益。唯利是图已经变成一种司空见惯的现象。

来到美国的外国旅行者发现，美国人无论做什么、想什么或者说什么都体现出来一种无所畏惧、"急不可耐"的态度。当一位名叫特丽萨·帕儿斯基(Theresa Pulsky)的匈牙利游客质疑美国人怎么能直接饮用浑浊不堪的密西西比河(Mississippi River)水时，一个南方人如此作答："我们都在忙着开拓创新，没时间过滤河水。"英国游客、演员范妮·肯布尔(Fanny Kemble)相信美国人在进行内部改造的问题上显得非常"浮躁"，就像"一群孩子在尝试一件新生事物一样毫无耐心，就像在完成一件作品时抱有急于求成的心理一样，干活的速度太快反而极大地延缓了整个工作的进程，或者当作品尚未完成、还处在危险状态时就使用它们"。

地方主义的各种观念

随着美国各个领域的变革和强烈的爱国主义情怀不断涌现，地方主义的情感也开始初见端倪。美国民众坚信，从根本上来说，"北方"和"南方"分属两种截然不同的文明，彼此之间在利益上相互抵触。随着产业主义、大规模移民及城市化的发展，越来越多的南方人对此做出强烈的反应，声称尽管他们并没有受到这些变化无常而且让人紧张不安的改革力量的任何影响。至1861年，佐治亚州(Georgia)的种植园主小查尔斯·科尔科克·琼斯(Charles Colcock Jones, Jr.)声称，"目前我国已经出现了两个种族。虽然这两个种族声称具有相同的血脉，但所处的气候条件、所具备的道德水准及所信奉的宗教有着天渊之别，再加上构成人们所推崇的荣誉、真理及男子气概的因素也截然相反，因此，这两个种族根本无法在同一个政府的领导下继续共存下去"。

诚然，某些因素的存在的确将南北方区分开来。面对着席卷整个美国的具有革命性的经济转型,东北部地区和中西部地区所产生的变化确实要比南部地区大得多。相较于南部地区,东北部和中西部地区在工业革命、人口增长及移民流动等几方面的发展明显更加迅猛。在美国南部地区,不但城市数量较少,而且城市的规模也很小。1860 年,全美共有 25 座大城市。其中,纽约市(包括布鲁克林区在内)的总人口数量为 110 万,费城(Philadelphia)的人口数量为 56.5万。相反,在南部地区,只有新奥尔良和巴尔的摩(Baltimore)的人口数量超过 10 万。在里士满(Richmond)、查尔斯顿(Charleston)及路易斯维尔(Louisville)等 3 座城市,人口数量少的只有 3.5 万,多的也不超过 10 万。北部地区有着分布广泛的公路网、运河运输网和铁路网,而南部的密西西比河流域附近则基本上踪迹难寻。至 1860 年,全美只有 30% 的铁路运输延伸到俄亥俄河(Ohio River)以南地区。

还有一些因素也使南北方产生分裂、使美国人内部出现了不团结的问题。绝大部分的居民聚居区都设有邮局和为数不多的海关部门,不过,在广阔的西部地区,尤其是在新开辟的定居点,就连这些小型的联邦机构也没有设立。技术改革所取得的成果的确令人瞩目,但稳定的国家货币体系没有随之而生。1828年,诺亚·韦伯斯特(Noah Webster)编写的《美国词典》(*American Dictionary*)对南北方通用的书面语言给出了定义,但忽略了不计其数的区域性语言和方言。绝大部分美国人都认为美国的历史光辉灿烂,但可笑的是,美国的历史虽然短暂,但没有对各个地区的区域性记录或阐释进行过统一。同样,全国性的风俗习惯和传统与区域性、地方性的风俗习惯大相径庭,甚至在庆祝像独立日(Independence Day)和圣诞节等节日时也是如此。新教教徒虽然占据着宗教统治地位,但持不同意见者一直反对各种宗教的陈规戒律。天主教徒虽然属于少数派,但一直都在不断发展,而且教众规模也开始变得越来越大。

战前的北方

北方的市场经济充满活力,蓬勃发展。因此,从整体来看,相较于美国南部地区,北方的生活更加富足。此外,美国新增人口中的绝大部分被吸引到了北方。在北方人口中,尽管绝大部分仍然保留着小农场主的身份,然而,随着交通运输系统的快速扩张以及金融业的不断完善,大规模的市场营销开始进入新兴的城市地区,生活在城区的是有着巨大需求的顾客群体,因此,北方人与市场经济的关系也变得愈发密不可分。北方人将资本投入内部改造上,兴建了大量的工厂、学校。此外，还将大量资金用于开拓新的农用耕地。公共教育面向普通大众开放，普及的范围也越来越广泛。新英格兰地区（New England）的公共教育更是卓见成效，这一地区具备读写能力的人口比例在全美居于首位。财富的不断积累、人口的持续增长、工业化的实现及教育的普及不但使阶级结构的划分日益明显，而且使贫富之间的差距越来越大。北方的中产阶级有意识地在职业选择、服饰搭配、家庭生活及消费习惯等方面与工人阶层区分开来。北方的资产阶级开始将自己的住所和女人视为逃避"冷酷无情的世界的避风港"。

处在工人阶层中的男女老少、不断增长的移民以及到城市中心寻找工作的农民全都在空气污浊、肮脏不堪的工厂车间里辛苦工作。此外，未成年人与父母一起在工厂里做工。所有工人的工作时间都超长，但所获得的薪资微乎其微。尽管如此，各个阶层的北方人仍然自以为是，认为与在北方人眼中懒散的南方相比，北方社会的发展更加先进。北方人崇尚自由劳动的理念，他们相信，今天的劳动者就是未来的工厂主。也就是说，只要他们努力工作，生活得有节制并通过储蓄的方式积累资金，那么，有朝一日他们就可以雇用工人，成为工厂主。大多数移民在写给家人的信中很少会提及自己的奋斗经历，更多的是讲述自己在新的环境里不断积累的财富，并鼓励其他人加入自己的行列。于是，几十万名移民便蜂拥而至。1832年，一个英国移民给留在国内的朋友写了一封信，信中写道："我们现在在费城，住在儿子安德鲁（Andrew）的家里。我们都非常喜欢这个国家。这里的工人收入比你们的报酬要好得多。纺织工一个星期就可以轻而易举地赚上五六美元。"12年后，一个生活在俄亥俄州农村地区的移民给他的家人和朋友们写了一封信，描述了自己来到美国后好运不断的生活。他写道："在英国我根本就没有办法过上心满意足的生活，因为那里的工人阶级和富人之间存在着巨大的差距，而且那么多人都处在饥饿状态，只能靠挨门挨户乞讨为生。"19世纪20年代末，一个德国人见到密苏里州（Missouri）价格低廉的大片优质土地后不禁大感惊奇，连声赞叹："在这里，人们可以进行自由选择。这里的一切都充满魅力，都在极力诱惑你留下来，使你不忍离开。苍翠欲滴的群山，潺潺不息的泉水，大小河道纵横交错。想要在哪里定居完全由你自行决定，根本不必考虑价格的问题。"

北方人不但对自己所取得的成就引以为豪，而且经常认为自己比南方人更先进。实际上，当他们心存此念时，就已经完全对自身存在的问题采取了视而不见的态度。北方多数农村地区仍然封闭落后，农民生活穷困潦倒，对变革存在抵触情绪。偏见、狭隘的思想在北方非常盛行，因此，绝大部分北方白人跟南方白人相比别无二致,对于种族平等的理念同样心怀敌意。北方工人在反对黑人的问题上经常表现出更强烈的情绪。很多北方工人除了担心黑人工人给自己带来竞争,还会因为所有人都倾向于将重体力劳动与奴隶劳动联系在一起的观念而怒火中烧,因此,他们都更愿意和白人建立兄弟会,以寻找兄弟情谊。就连贫穷的移民很快也都发现了种族主义的力量,开始选择与其他白人建立联系,使自己的社会地位至少能够比处在美国社会底层的绝大多数民众高一些。

然而,在美国,人们对国外劳动力多半采取的是回避的态度,而不是张开双臂欢迎的姿态。美国本土主义运动的基础是对外国人的恐惧和仇恨,其目的是减少移民。对于一些本土主义者而言,他们的目的是将外国人赶回欧洲。北方各州对本土主义运动一般持支持的态度,尤其在那些移民人口比例最高的城市地区,情况更是如此。北方社会内部出现的隔离状态不仅包括种族隔离,甚至还出现了以阶级、民族和宗教为基础的隔离。特别是天主教徒,包括数量众多、一贫如洗的爱尔兰移民在内,都遭到了严重的歧视和骚扰。很多土生土长的白人新教徒不但认为他们是违反基督教教义的离经叛道者,而且认为自己的工资之所以减少就是因为这些人来到了美国。1831 年,马萨诸塞州(Massachusetts)的一座城市街道上曾经张贴过一张这样的海报,上面写着:"凡天主教徒及所有支持天主教会的家伙都是卑鄙无耻的江湖骗子、恶棍、胆小懦弱但又嗜血成性者。"在房屋招租广告和工作招聘广告中经常可以看到类似的补充说明,"爱尔兰人除外"。这样的社会氛围导致了不计其数的反天主教暴力事件的发生,包括焚烧教堂、骚乱以及殴打事件等。北方工厂的工人(其中绝大部分是移民)都聚集在城市中心地区,那里人口密度过大,环境肮脏污秽,犯罪率居高不下,而工人个个生活拮据。有些工人通过努力奋斗加入了工会组织,以此保护自己免受贪婪雇主的剥削,避免直接面对市场经济带来的残酷现实。因为在这个国家里,市场经济的发展一直处在繁荣与萧条交替循环的过程中。1860 年前,北方的确也有屈指可数的工会组织,但绝大多数工会组织处于管理不善的状态,不但本身软弱无力,无法保障工人的工作和各项权利,而且无法使工作场所产生持久的变化。大量季节工像流浪汉一样在农村地区四处游荡,或者蹲坐在田间地头,希望能勉力为生。

战前的南方

"南方"也并非坚如磐石。对于整个南部地区而言,地理因素和气候因素在各个地方都大同小异,然而,从弗吉尼亚州连绵起伏的蓝岭山脉(Blue Ridge Mountains)到路易斯安那州遍布沼泽的河道支流,土地状况和气候条件的变化非常大。田纳西州(Tennessee)的大烟山(Smoky Mountains)终年积雪,佛罗里达州(Florida)的沿海地区则经常遭到热带飓风的袭击。实际上,战前的南方可以说是由很多各具特色的"南部地区"组成的,既包括位于美国南方腹地的佐治亚州、南卡罗来纳州、亚拉巴马州(Alabama)、密西西比州、路易斯安那州、得克萨斯州(Texas)和佛罗里达州,也包括位于南部偏北地区的田纳西州、北卡利罗来纳州(North Carolina)、弗吉尼亚州和阿肯色州(Arkansas),还包括靠近南部边境地区的肯塔基州(Kentucky)、密苏里州、马里兰州(Maryland)和特拉华州(Delaware)。

南方大地广袤无垠,生活在这里的人们也形形色色,各不相同。北美原住民的人口虽然日渐减少,却仍然生活在南部地区。绝大部分白人都具有凯尔特人(Celtic)①的血统,但在路易斯安那州、北卡罗来纳州、亚拉巴马州和佛罗里达州等地,从殖民地时期就一直存在的德国人、西班牙人和法国人的文化影响也延续了下来。大多数南方人都是福音派新教徒(Evangelical Protestants),他们深受18世纪末19世纪初席卷南部地区、倡导宗教复兴的第二次大觉醒运动的影响。然而,南方人中间也有犹太人和天主教徒,他们大多集中在诸如萨凡纳(Savannah)和查尔斯顿这样的港口城市。当然,南方更不乏非裔美国人,他们中的绝大多数都是奴隶。

不过,南方地区的确有其独特之处。南方经济主要以农业为主,将人们紧密联系在一起的除了亲属血缘关系,还有社会关系和宗教关系。至1860年,不到10%的南方人生活在有2500人及其以上人口的中心城市。相比之下,东北部地区有36%的人口、中西部地区有16%的人口生活在城市地区。与东北部地区相比,南方的人口密度也更加稀疏。北方一位名叫弗雷德里克·劳·奥姆斯特德(Frederick Law Olmsted)的记者在弗吉尼亚州采访时如此写道:"人们骑着马穿过森林时就会发现这里的森林无边无际,在几个小时的路途中,目光所及无不是遮天蔽日的参天大树,犹如绿色的屏障。脚下的道路狭窄崎岖,一看就知道在

---

① 凯尔特人是公元前2000年活动在中欧的一些有着共同文化和语言特质的有亲缘关系的民族的统称,是一个由共同语言和文化传统凝合起来的松散族群,应属古代型的民族集团。主要分布在当时的高卢、北意大利(山南高卢)、西班牙、不列颠与爱尔兰,与日耳曼人并称为蛮族。这种族群不完全等同于现代民族,现代民族是在古代民族集团经过长期的演化,不断分解、融会、重组的基础上形成的。如今凯尔特人主要指不列颠群岛、法国布列塔尼地区语言和文化上与古代凯尔特人存在共同点的族群,很多时候用来指代爱尔兰人。——译者

开辟道路时并没有花费太多的人力,道路很窄,仅容一辆马车通行。有时候甚至接连走上好几天也看不到几户人家,而且两户人家也相隔甚远。"南方人独特的口音也足以将他们与大部分美国人区分开来(当然,新英格兰地区的情况也大体相同)。南方人更喜欢口语表达而不喜欢书面表达。此外,与北方人相比,南方人对正规教育的重视程度相形见绌。在南方白人中,绝大部分是朴实无华的农民。与北方人相比,他们似乎更享受休闲时光,更沉溺于声色犬马,更喜欢酗酒、吸烟、打斗和狩猎。这些普通百姓反而更加独立:对他们而言,成功的定义就是拥有自己的土地,按照自己喜欢的方式生活。南方与北方之间竟然具有如此显著的差异,这让奥姆斯特德不禁目瞪口呆:"南方人对劳动丝毫没兴趣。他们更享受生活,享受目前所处的状态。这就是南方与北方最大的差别。相比之下,北方人喜欢发展进步,喜欢实干,并从实干中体会到幸福感。在北方人看来,休闲就其本身而言会让他们感到难以容忍,甚至令人作呕。"

奴隶制使国家分裂

南北方之间存在着巨大差异,然而,这些差异并非必然使整个国家产生分裂或者导致战争。相反,奴隶制度的存在,尤其当奴隶制不断向西部地区扩张时,才真正促使整个国家产生分裂。不论是在社会关系、种族关系,还是在经济结构及政治结构上,奴隶制都对南方产生了深刻的影响。奴隶制破坏了整个国家的政治结构,因此,在北方与南方的斗争中,奴隶制起到了决定性的作用。

然而,我们很难精确地追溯奴隶制的开端。早期的证据表明,1619年,一艘荷兰军舰将20个非洲人从加勒比海(Caribbean)地区运到了殖民地詹姆斯敦(Jamestown)。然而,似乎这些初来乍到的非洲人并没有马上被视为终生依附于奴隶主的奴隶。相反,一开始,这些早期的非洲人作为签约劳工与白人共处。签约劳工群体主要由一贫如洗的未婚男性构成,这些人签署了长达7年的契约出卖自己的劳动以换取一条前往新世界(New World)的道路。一旦他们的服务期满,不管他们是白人还是黑人,这些劳工都将会重获自由。在理想的情况下,这些劳工甚至可以得到自己的一块土地。(实际上,尽管从理论上说,签约劳工可以重获自由,但他们中几乎没有人能够获得自由身份。)在种族奴隶制法典尚未完成编纂之前,奴隶和签约劳工在社会地位和经济地位上的界限一直处在模糊不清的状态。不论是具有自由身份的非洲人还是遭到奴役的非洲人,都直接参与迅速发展的市场经济。他们和拥有各种不同肤色的人进行贸易往来和商品买卖。

烟草种植是将大规模奴隶制引入切萨皮克湾(Chesapeake)附近地区殖民地的巨大动力。虽然詹姆斯一世(King James I)将烟草称为"毒草",但弗吉尼亚州掀起了一股烟草种植的狂潮,后来烟草种植扩展到北卡罗来纳州和马里兰州。在英国,吸烟被视为一种成本高昂但发展势头猛烈的流行时尚。就像从世界东方流传过来的茶及从印度运来的香料一样,人们对烟草这种产品的需求似乎永远都无法得到满足。种植烟草的工作艰苦繁重,属于劳力密集型产业。至少在最初,烟草种植非常有利可图。殖民者想要奴役北美大陆的印第安人,但这一努力失败了。事实证明,原住民是个很难被掌控的民族,威胁逼迫等手段也无济于事。17世纪末,重获自由的签约劳工的人数越来越多,殖民地的精英人士开始感到焦虑不安,因为这些劳工通常都是年轻的白人单身男性,他们收入微薄,只有少量财产,掌握的生产技术也非常有限。1676年,纳撒尼尔·培根(Nathaniel Bacon)在弗吉尼亚州发动了一场起义。他率领一支由躁动不安、渴求土地的白人组成的军队,意图推翻殖民者的统治。尽管培根领导的起义最终功亏一篑,却让殖民地的精英们更加确信相较于签约劳工,遭受奴役的非洲人似乎更加安全可靠。到17世纪80年代,引入殖民地的签约劳工的数字呈现不断下降的趋势。当时,欧洲其他国家的殖民者早已开展了非洲奴隶贸易,而英国殖民者也意识到买进奴隶不失为一个长期的良性投资方向。白人殖民者认为,非洲人的肤色更易于辨识。同时,由于这些奴隶被贩卖至一个对他们而言完全陌生的新大陆,因此,奴隶主相信他们应该更容易被驯服。实际上,因为他们是非洲人,绝大部分欧洲人认为他们原始落后、野蛮粗俗,属于劣等的异教徒,因此,欧洲殖民者就认为自己有理由通过残酷统治对黑人进行剥削。到了17世纪下半叶,越来越多的非洲奴隶开始取代签约劳工,种植烟草及其他经济作物。

北方的奴隶制

北方的奴隶制同样根深蒂固。在18世纪中期的那几十年里,劳动力短缺使非洲奴隶变成切实可行的劳动力商品。到18世纪40年代,费城的工人中有15%是奴隶。到了18世纪70年代,在纽约市的总人口中,14%是黑人。在波士顿(Boston)、费城、罗德岛州(Rhode Island)的纽波特(Newport)、纽约市、查尔斯顿及威廉斯堡(Williamsburg)等地,城市精英人士拥有奴隶的数量成为辨识个人社会地位的公认标准。此外,非洲奴隶为奴为仆,辛勤劳作。在手工艺车间,在船舶码头,在北方的农场,到处都可以看到非洲黑奴的身影,他们和白人共同劳作。有时候白人对他们恨之入骨,有时候又赞赏有加。

南方的主要农业

两个原因使美国殖民地奴隶制的性质发生了极大的改变:一是南方主要种植有利可图的作物。起初,南方主要的作物包括烟草、水稻和靛蓝;后来又增加了蔗糖和棉花。二是对劳动力持续不断的需求。奴隶制的发展日趋规范化,对奴隶的管理也愈发严格。奴隶制几乎成为南部地区的专属制度,而且种族歧视问题也变得更加严重。1640年,马里兰州制定的法律法规对奴隶的待遇做出详细规定。1641年,弗吉尼亚州的法律对黑人奴隶和白人签约劳工的社会地位做出明确划分。1664年,马里兰州宣布,一旦为奴,终身为奴。自此,各项新法不断出炉,明确禁止白人和黑人之间通婚,防止混血人种的出现。至1705年,奴隶制法典的编纂工作完成。自此,奴隶主和奴隶之间的关系也发生了变化,变得日渐疏远,毫无私人感情可言。截至当时,在这个世界上,具有奴隶的身份意味着具有非洲人的血统。随着奴隶制在殖民地社会中变得越来越根深蒂固,自由黑人与黑奴之间的界限也开始变得模糊不清。

非洲奴隶贸易

在签约劳工制度在英属南部地区殖民地戏剧性地转化为奴隶制度很久以前,欧洲其他列强就已经开始从事非洲奴隶贸易了。荷兰人、葡萄牙人和西班牙人不但将奴隶制引入他们建立的殖民地,而且目睹着奴隶制在加勒比海和拉丁美洲地区蓬勃发展起来。英国在海洋运输上所占据的优势正好契合了殖民地对非洲奴隶的需求,于是英国也加入了欧洲其他殖民势力的行列,从事奴隶这一动产的交易。奴隶成为利润丰厚的三方贸易的一部分,这三方包括新英格兰地区的殖民者、非洲贸易商和阿拉伯贸易商。

在大部分情况下,生活在非洲内陆地区的非洲男女青壮年和儿童被其他非洲人抓获后,押解到非洲西海岸,接着就被强行塞进开往新世界的轮船。虽然非洲人具有不同的地理背景,但欧洲白人几乎不会关注非洲人之间的地区差异。所有的奴隶都被视为有利可图的财产、颇具价值的工人,所有人都被贴上了"非洲人"的标签。

中央航路

然而，正如一位历史学家所说，"如果说同属于非洲这一地理背景无法让非洲奴隶具有任何共性，那么，共同遭受奴役的过程却可以达到这一目的"。在跨越大西洋的航程中，成千上万的非洲人，尤其是非洲年轻人发现运奴船的条件极为恶劣，船上拥挤不堪，环境肮脏污秽，而且疾病肆虐。绝大部分奴隶被运往加勒比海和拉丁美洲地区，运往北美大陆的奴隶却屈指可数。那些在通往新世界的路途上没有一命归西的奴隶在抵达目的地后，却发现自己将要面对的只有辛苦劳作和剥削压迫，别无其他。

有关"中央航路"的资料最著名的是奥拉达·艾奎亚诺（Olaudah Equiano）所做的记载。艾奎亚诺撰写的自传初版于1789年。根据艾奎亚诺的描述，当他和他姐姐在从今尼日利亚（Nigeria）的家中被强行带走时，他只有10岁。当他首次意识到自己将被装上一艘运奴船，从此开始背井离乡的生活时，艾奎亚诺的内心充满了不安和恐惧。"在运奴船上，我环顾四周，目光所及是一个大熔炉，里面的铜水正在上下翻滚。我身边全都是容貌各异的黑人，他们全都被铁链串在一起。每个人脸上的表情不是忧郁沮丧，就是痛苦悲伤。心中的恐惧和痛苦令我无法呼吸视听，根本无暇质疑命运的安排，接着我便倒在地上，晕了过去。"实际上，艾奎亚诺有可能出生在南卡罗来纳州。他将自己打造成一个生于非洲的奴隶形象，描绘了一幅自己经历过中央航路种种磨难的生动画面，引人入胜，令人难忘。尽管如此，他的文字不但捕捉到了那些真正经历过中央航路的黑奴的真情实感，而且让读者也感同身受。

美国的奴隶制

从历史的角度看，奴隶制并不是什么新生事物。然而，欧洲殖民者使奴隶制在整个美洲大陆发展起来。与非洲及很多其他地方的奴隶制相比，美洲奴隶制虽然有很多相似之处，但也有很多不同的地方。美洲奴隶制发展的重点体现在触目惊心的种族差异和集体劳动上。如果将奴隶制放在其他时间或空间里就会发现，奴隶制并不单单是一个实施强制劳动的制度，种族差异也是可以将奴隶主及其动产奴隶区分开来的重要特征；当然，在很多地区，尤其是中东地区情况的确如此。例如，在古罗马、奥斯曼帝国（Ottoman Empire）、非洲、近东及亚洲等地，奴隶可以成为勇士、姬妾、政府官员和太监等。然而，与美国南部的情况类似，在罗马帝国(Roman Empire)广袤的大地上，大土地所有者在田地里也使用集体劳动生产经济作物，尤其是小麦。穆斯林及基督徒被当作"异教徒"，遭受着奴隶制的束缚。非洲相互交战的部落也把抓获的战俘视为奴隶。然而，欧洲人在美洲实施的奴隶制是一种强制劳动的体系，主要为了生产经济作物，促进工业革命和市场革命的发生。虽然在个别情况下，有些印第安奴隶及屈指可数的黑人自己也拥有一些奴隶，但绝大部分的奴隶都具有非洲血统，而且几乎所有奴隶主都是欧洲白人。

奴隶制和美国独立革命

美国奴隶制的独特性与美国独立战争期间主张的自治理想产生了冲突。尽管托马斯·杰斐逊(Thomas Jefferson)及其他独立革命的著名领导者都是奴隶主，但杰斐逊的"人人生而平等"这一提法似乎与将他人私有化的这一理念相互抵触，产生了矛盾。直到美国独立革命爆发时，不论是社会的精英人士还是一贫如洗的平民百姓，不论是识文断字之人还是目不识丁之辈，不但都接受了奴隶制存在的这一事实，而且都促进了该制度的发展。事实证明，不论在美国的北部地区还是在南部地区，奴隶制可以适应各种各样的环境。然而，法国大革命、海地(Haiti)革命、美国独立革命被证明是奴隶制历史发展的重要的转折点和地方主义的起点。这几场政治革命放松了对各种新思想的束缚，为人类获得自由开辟了新的途径。启蒙运动(Enlightenment)哲学强调个人主义和自治，美国的《独立宣言》(Declaration of Independence)和法国的《人权宣言》(Declaration of the Rights of Man)与启蒙运动的哲学思想遥相呼应，明确规定"所有人"都拥有具体的"不可剥夺的权力"，包括言论自由、出版自由、宗教信仰自由，以及在法律面前人人平等。

如此强势的革命口号让奴隶主们倍感不适。他们意识到将奴隶视为私人财产并不符合共和制政体——这是一种由自由平等的人们自愿达成一致的协议——的理想。杰斐逊一开始便在《独立宣言》中将自己的不满情绪表达出来。他指控乔治(King George)国王"发起的是一场灭绝人性的残酷战争，违背了人类最神圣的生命权和追求自由的权力，而这些黑人与国王相距甚远，从来都没有做出任何冒犯国王之举。国王命人对他们进行抓捕，长途跋涉地将他们运到另一个半球，使他们沦为奴隶。甚至从运输过程开始的那一刻起，这些黑人就已经不得不开始面对痛苦的死亡"。不过，在南方人的强烈要求下，杰斐逊将这一段话从宣言中抹去了。

即便杰斐逊最终把抨击奴隶制的语句从《独立宣言》中删除，但美国独立战争爆发后所展示的强度、所显示的脱离英国管辖的特点仍然促使奴隶开始挑战凌驾于自己之上的执政精英的政治权威。与前线战场相距较近的奴隶发现，他们更容易获得自由身份。1775年，英国任命的弗吉尼亚州殖民总督邓莫尔勋爵（Lord Dunmore）发表宣言，公开表示凡打击殖民地捍卫者的奴隶都可以获得自由。此时奴隶主发现整个奴隶制正面临一场严峻的挑战。为了应对这一局面，美国殖民地的民兵武装也提出应对措施，宣布凡打击英国人的奴隶也都将获得自由。据估计，在美国军队一方作战的黑奴和自由黑人总数为5 000人，与英国人站在同一阵营里的黑人则多达3万人左右。

独立战争结束后，蓄奴各州，尤其是南部边疆各州都修改了解放奴隶的相关法律，为奴隶主解放奴隶打开了方便之门。现在很多人都百思不得其解：一个崇尚自由意志的共和国如何能在保留奴隶制的情况下继续良性发展？西方世界历史上存在的废奴主义原本还属于相对较为激进的新观念，如今也开始越来越为人们所接受。

制宪会议上的论战

在1787年召开的制宪会议上，各位与会代表公开就机构设立问题进行辩论，但南方与北方之间的界限很快就被划分出来。以乔治·华盛顿（George Washington）和托马斯·杰斐逊为代表的美国开国元勋们本身就是大奴隶主，却都已经表达出对奴隶制未来走向的担忧之情，思考着奴隶制最终灭亡的命运。〔还有一点也不容忽视，即当华盛顿在遗嘱里恢复了所有奴隶的自由时，杰斐逊却只解放了一部分奴隶，而且还以很多其他方式继续实行奴隶制，例如，保留了一个名叫莎莉·海明斯（Sally Hemmings）的女奴充当情妇；他所撰写的《弗吉尼亚杂记》（Notes on Virginia）为"科学种族主义"提供了最初的论据之一。〕参加制宪会议的一位代表抨击了国际奴隶贸易，认为这种贸易令那些"真正想要让国家变得繁荣富强的"白人移民心灰意冷。绝大部分南方人，尤其是那些来自美国南方腹地的南方人对此表达出不同见解，而且希望新政府能够从国家层面为他们的财产和劳动力体系提供更大的保障。有些南方人虽然承认奴隶制体系在对黑人的奴役方面的确存在着很大的问题，但同时他们认为无论从社会角度还是从经济发展角度而言，实施奴隶制都有其必要性，因此，都不愿意支持有关奴隶大解放的讨论。结果南北双方达成了第一个区域性妥协方案，而新国家的领导者也要使这一折中方案付诸实施。在美国宪法（Constitution）中自始至终都没有出现奴隶这一字眼，但在保护奴隶制的问题上，北方人对南方人做出了几处重大让步。美国宪法第四条第二款针对如何引渡逃亡奴隶做出了规定：无论任何人，只要"属于服务部门和劳动组织"的成员，一旦逃跑，"都必须按照当事方的要求交还给该服务部门或劳动组织"。美国宪法也批准在1808年终止大西洋的奴隶贸易，但对此并没有做出强制规定。不过，根据"五分之三条款"的规定，南方人也并没有全面获胜。根据第一条第二款的规定，除了自由人和印第安人的"其他所有人等"在决定缴纳直接税的税额以及众议院（House Representatives）的代表人选时可以按照五分之三的人口比例进行折算。对于南方人而言，这已经是重大的让步，因为南方人希望将每个奴隶都算作完整的人，这样他们就可以在众议院中占有更多的席位。美国宪法的一些起草者，包括很多奴隶主在内，都将奴隶制视为一种"必要的邪恶"，因为他们根本无法想象，一旦黑人获得了自由的身份，他们应该如何与黑人打交道。这或许就是1808年的相关条款制定的原因——很多人希望，通过终止奴隶贸易，国家变得越来越开明、进步，人们会目睹奴隶制自行衰落。

公谊会教徒与废奴运动

很多公谊会教徒齐心协力，不断奋斗，最终令美国宪法成为反对奴隶制的纲领性文件。基督教公谊会（Society of Friends）一直以来都在向美国各州和联邦国会请愿。公谊会教徒认为既然美国与英国的敌对状态已经终止，那么，他们要求禁止将黑人视为私人动产。公谊会教徒反对奴隶制的历史可以追溯到17世纪，他们也是最早在美国出现的白人废奴主义者。1775年，他们在费城建立了世界上第一个反奴隶制的协会。公谊会教徒既是虔诚恭敬的行动主义者，也是满腔热忱的开拓创业者，更是热情洋溢的平等主义者。他们相信每个人的内心深处都存在光明，相信博爱的力量，还认为强制劳动是邪恶的。1688年，一个信徒曾经公开吵嚷着要进行"人口交易"，"将人当作牲口一样处置"，公谊会教徒对此予以谴责。公谊会教徒遵循启蒙运动所提出的观点，认为西方社会正在朝着美好的方向不断发展，因此，他们希望终止奴隶制，也想要亲自消除奴隶的身份，并将奴隶送回非洲。公谊会教徒将全部希望寄托在本·富兰克林（Ben

Franklin)的身上,将他视为代言人。富兰克林既是制宪会议的代表,也是宾夕法尼亚州废奴协会(Pennsylvania Abolition Society)的会长。公谊会教徒认为他们的时刻终于到来了。然而,富兰克林在最后关头却扣下了请愿书,因为他害怕此举可能会引发南方代表的愤怒反应。费城的公谊会教徒虽然在废奴运动中功亏一篑,但反对奴隶制的圣战才刚刚打响。

第二次大觉醒运动

在影响美国人对奴隶制和地方主义所持有的态度问题上,像公谊会那样的宗教组织发挥了主要作用,但这并不出乎人们的意料。在新成立的美利坚合众国里,宗教是日常生活不可或缺的一部分。从18世纪末到19世纪30年代,福音派基督教的影响遍布整个国家,任何人都可以成为基督教的信徒。历史学家们将其称为第二次大觉醒运动。不论男女老少、富人还是穷人,也不论白人还是黑人,都可以接受来自个人或集体的布道,救赎灵魂的福音永远那样激动人心。人类与生俱来的原罪或许在道德范畴里只是暂时性的小错,每个人在选择灵魂救赎时,内心都具备自我救赎的能力。巡回牧师和主张复兴运动的布道者声称,在上帝眼中人人生而平等,而且每个人都是兄弟姐妹的守护者。在此过程中平等主义的观念得以加强,而且由于独立革命的影响,社会行动主义也开始发展起来。人类道德水准的提升为大众救赎时代的出现提供了必要的社会条件,而耶稣基督也会因此而回归人间。这种千禧年前论(*premillennialism*)[1]显示出一种积极主动而又激进的活力,与在随后几十年里(以及我们这个时代)流行的千禧年后论(*postmillennialism*)[2]有着显著区别。千禧年后论显得更加消极被动,强调人类内心的邪恶,强调如果耶稣心愿所致,就有必要为基督再临(Second Coming)[3]做好准备。此外,基督再临并不是为了协助社会改革,而是为了授予天启——与其说是为了促进人类的进步,还不如说是为了让整个社会

---

[1] 千禧年前论是指基督在千禧年之前复临世界,千年太平盛世即因他的复临而建立。千禧年前论相对来说比较激进,期待基督立即降临,而基督降临之日就是世俗列国毁灭之时,世人面临大灾难,唯有立即皈依才是出路。——译者

[2] 千禧年后论是指基督在千禧年之后复临世界,千禧年时期魔鬼受到捆锁,福音较易传播,为基督降临准备好条件,基督复临后马上主持审判,然后天国降临人间,成为新天新地。千禧年后论比较温和,认为基督不会马上降临,而在人间弘扬基督的精神,让和平、正义、兄弟之爱充满人间,恰是人类得救的机会。——译者

[3] 基督教关于耶稣基督将要第二次降临,在地上建立千年王国,进行最后审判。新天新地来临的教义,集中反映在《新约·启示录》中。当时基督教遭到罗马帝国的残酷迫害,教徒将希望寄托于基督再临的拯救上。《新约·启示录》描绘了第二次降临的基督的形象。——译者

面临即将到来的重大灾难。

宗教改革运动

第二次大觉醒运动唤起了整个国家的道德热情，而崇尚个人主义的浪漫精神也促使很多美国人不仅开始寻求自身的完美，还开始寻求社会的完美状态。然而，第二次大觉醒运动在南方与北方造成的影响迥然相异。在北方，新涌现出来的北方中产阶级完全接受福音派教义及福音派所传播的灵魂救赎的启示。到了1815年，中产阶级就开始将教义付诸实施，不但自己亲身实践，而且试图改变周边的世界。这些改革者在追求自身完美的同时也追求社会的完美状态，他们活力四射地投入各种各样的事业和运动，包括克己节制、改革监狱和学校、实施乌托邦式的社群主义、推进废奴运动的发展等。在这些改革者眼中，所有政客似乎都是腐败堕落的代名词；而移民和穷人似乎个个都愚昧无知，很容易被引入歧途。对于很多改革者而言，奴隶制是一种野蛮、落后的制度，与他们所信奉的基督教总体精神相抵触。绝大部分人都为了改变现有社会而努力奋斗，但有些心怀"乌托邦理想"的改革者则相信社会的发展进步必须仿照一些模范社会，如印第安纳州的新哈莫尼（New Harmony）、①纽约州西部的奥奈达（Oneida），以及波士顿附近的布鲁克农场（Brook Farm）②等。

然而，南方的新教徒认为生活中最主要的任务是保护并改善自己根深蒂固的生活方式，因此他们更倾向于从更加私人化的角度阐释第二次大觉醒运动的要旨，即每个人都应该将自己从原罪中解脱出来；每个人在对待他人时都应该友好善良，要善于鼓励他人。这种主张或许会促使人们找到对待奴隶的良方，但永远不会让人们产生解放奴隶的念头。实际上，当废奴主义者强调奴隶制的存在就是一种原罪，奴隶主就是特殊的罪人时，新教徒便认为废奴主义者太自以为是。新教徒认为自己并非罪人，相反，对于可怜的奴隶而言，他们无疑就是上帝的管事；他们并不邪恶，不论对他们自己而言还是对奴隶而言，他们所实施的奴隶制是"具有积极意义的好事"，因为他们将奴隶视为自己人，而不仅仅是手下的

---

① 新哈莫尼是美国印第安纳州沃巴什河畔的一个小镇，只有900人，但它在美国历史上有重要意义，它是19世纪初以乔治·拉普为首的德国移民去耶路撒冷途中开拓的居留地，是英国著名空想社会主义者罗伯特·欧文进行社会改革实验的地方。——译者
② 布鲁克农场，是1841年在马萨诸塞州西罗克斯伯里建立的合作公社，全称为布鲁克农业和教育协会农场。布鲁克农场可能是1900年之前美国最著名的社会主义实验的产物，目的在于实践一种文学和哲学理论，即超越主义。——译者

工人（这一点与北方拿着微薄工资的奴隶形成了鲜明的对比）。对各方面都加以改善或许尚属可行之事，但浊骨凡胎的普通人不应该试图改变经过上帝完美设计的基础或打破宇宙间存在的微妙平衡。因此，福音派基督教不但完全融入实施奴隶制的农业社会，而且还强化了传统保守主义的倾向。对于很多南方人而言，这是一项美德而不是什么缺点。到了18世纪中叶，对于一些奴隶主而言，奴隶制似乎起到了一种防卫措施的作用，令他们感觉危险的社会激进主义无法渗透进来。1850年，国会议员E.卡林顿·卡贝尔（E. Carrington Cabell）向北方人发布警告称："在奴隶制的问题上持有保守主义的态度很有必要，因为这种态度可以将你们从影响北方社会组织结构的成千上万个具有破坏性的主义中解脱出来。"南方也在发生着变革，只不过重点是改善奴隶制度，使奴隶制变得更加"人性化"以对抗废奴主义者所提出的挑战。

北方奴隶制的衰落

独立革命后，美国经济发展所带来的种种变化不但使整个国家产生分裂，而且使奴隶制成为更具有争议的问题。从根本上来说，奴隶制就是一种经济体制。不过，在北方，随着资本和劳动力变得越来越活跃，越来越适应快速变化的生产模式，奴隶制这种劳动力形式就变得越来越行不通。相反，在南方，奴隶制变得越来越根深蒂固。民众对财产的观念发生了变化：南方白人将奴隶视为可以量化的财产，但很多北方人对这一观点感到困惑不解。在一个建立在财富积累基础上的社会里，只有拥有自由身份而且想要自我实现的工人才能既参与市场经济发展的行列，又融入倡导民主的社会。在北方，拥有奴隶一直就处于一种并不合适的状态：大部分北方农场都以家庭为单位，规模很小，而且北方的庄稼种植和气候特点也都不适合大规模使用奴隶劳动。至1800年，蓄奴的北方人日渐稀少。到了19世纪20年代，东北地区的经济出现多样化发展的趋势，种植业、商业和工业都蓬勃发展起来。呈现在北方人面前的是无可辩驳的事实，即不实行奴隶制的社会同样可以发展壮大，同样可以走向成功，因此，北方白人调整了自己对周边世界的态度和价值观，认为国家经济发展的未来要以自由劳动为基础。1777年的佛蒙特州（Vermont）、1780年的马萨诸塞州及1783年的新罕布什尔州（New Hampshire）都在制定宪法时将分步骤解放奴隶的相关条款加入其中。宾夕法尼亚州在1780年、罗德岛州和康涅狄格州（Connecticut）在1784年、纽约州在1799年及新泽西州（New Jersey）在1804年都分别通过了分步骤废除奴隶制的法律。根据1787年《西北条例》(Northwest Ordinance)的规定,北方新成立的几个州,包括俄亥俄州、伊利诺伊州、印第安纳州、密歇根州(Michigan)、威斯康星州(Wisconsin)及明尼苏达州(Minnesota)的部分地区都禁止实行奴隶制。纽约州根据之前所采取的措施,朝着解放奴隶的终极目标又迈进了一步——在1817年宣布:1827年7月4日是奴隶制全面废止的最后日期。就这样,随着国家的发展进步,北方各州一步步地阻止了奴隶制的蔓延。

南方社会

奴隶制虽然在北方的发展日渐萎靡,气息奄奄,但在南方蓬勃发展起来。种植园主阶层的总人数虽然不多,但相当自信,财富不断增长,他们是南方社会的顶级阶层。1860年,南方白人的总人口大约为800万。在这些人中,只有25%蓄奴,而且绝大部分奴隶主拥有的奴隶不超过5个。只有12%的奴隶主可以被称为种植园主,因为当时种植园主的标准是至少拥有20个奴隶。作为一个新兴阶层,种植园主住的都是高档豪宅,吃的都是珍馐美味,穿的都是锦衣华服,受到的教育也都是顶级教育。有些人生活在舒适的农舍里,还有些人住在奢华的公馆里,但几乎所有人在查尔斯顿或新奥尔良等地都拥有漂亮的城市住房。他们认为自己是整个社会的监护人,有责任关心那些身处无权无势阶层的民众,不仅要关心自己蓄养的奴隶,还要照顾在他们的管辖范围内生活的普通白人。他们认为自己并不是压迫者,而是如同大家长一般的监护人,不论对待白人还是黑人都一样乐善好施。不过,这些种植园主一般都认为自己的身份是商人,因此都感觉自己精明强干,与时俱进,也都很以此为荣。一个典型的种植园主可能在第一天会明白无误地显示出资本家的精明特质,仔细地计算着每项投资,而第二天又显示出资本主义出现以前的传统商人特质,跟邻居进行物物交换,彼此交换劳动力,相互提供各种服务,几乎不会涉及现金交易。实际上,绝大部分种植园主具有这两种特质。种植园主阶层与市场经济的繁荣发展密不可分。他们自觉地致力于将自己及自己的"南方"从产业制度中解脱出来,从产业制度所造就的社会消极副产品中解脱出来,因为他们认为令北方人备受折磨的就是这种产业制度。

种植园的女主人享受着种族和阶层给她们带来的种种好处,但她们的丈夫、父亲和兄弟享有最高统治权。这些女性掌管着家庭生活的方方面面,既要关心孩子的成长,也要经常照顾生病的奴隶,不过,所有家务劳动在很大程度上依赖于奴隶的劳动。还有一点也不容忽视，即很多白人男性经常和黑人女奴发生性关系。玛丽·切斯纳特（Mary Chesnut）是南卡罗来纳州声名显赫的詹姆斯·切斯纳特（James Chesnut）的太太。她曾经愤怒地写道："男人们就像是一族之长一样，家里妻妾成群，在每个家庭都随处可见的黑白混血儿长得跟白人儿童别无二致。——此外，每个女主人都可以明白无误地告诉你别人家那些混血儿的生身父亲到底是谁，但自己家的那些混血孩子在她看来似乎是从天而降，或者假装不知道这些混血儿到底从何处而来。"一个后来获得自由身份的奴隶回忆说，生活在种植园里的孩子们之间经常相互交流。这些孩子都是奴隶主的后代，经常声称他们拥有"同一个爸爸"。"他就是我们的爸爸"，这些肤色稍浅的青少年宣称，"当他来我家看望我们的妈妈时，我们就叫他爸爸"。

南方白人人口的绝大部分是由小农场主和牧民构成的。南方农民有时被称为自耕农、穷酸白人，或者就被简单地称为忠厚老实的家伙。他们几乎都不蓄养奴隶，拥有的土地面积也不过从大约80英亩到160英亩不等。与北方农民一般无二，很多南方农民拥有自己的土地，基本上能够做到自给自足。因此，南方农民大多能独立自主，自力更生，并且以此为荣。然而，他们与北方农民相比有一点截然不同：他们不但希望自己能够蓄奴，而且愿意蓄奴。很多南方农民早就已经通过血缘关系或者婚姻的纽带与种植园主们产生了千丝万缕的联系。在大多数情况下，农民还要依赖附近种植园里的轧棉机给他们种植的棉花去籽，并将自己富余下来的玉米、猪或者其他农产品出售给种植园。有些农民还在大型的种植园里担任监工，他们骑着马四处巡视，对黑人奴隶进行监管。如果他们积累了足够的财富，他们中的很多人就会效仿种植园主的做法，先是迫不及待地购买奴隶，接着就扩大庄稼种植的规模以增加自己的私人财产。由于受到第二次大觉醒运动的深刻影响，南方的小农场主接受了人类灵魂普遍堕落因而需要上帝救赎的布道，也接受了平等主义的思想，但他们在自己家中复制了种植园主的社会等级制度。男人们对妻子、孩子以及零星的几个奴隶实行家长式的完全控制和管理。

与种植园主一样，自耕农也将资本主义与非资本主义融合到了一起。有些自耕农生活在边疆地区，与实行市场经济的社会相距甚远，生产出来的粮食仅够勉强度日；有此自耕农则根据棉花的价格变化调整自己种植的作物，迫切希望能够从农作物中获利。约翰·弗林托夫（John Flintoff）是北卡罗来纳州的一个自耕农。弗林托夫"急不可耐地想要在这个世界上大显身手"，为了创造自己的财富，先后前往路易斯安那州和密西西比州。后来，他又回到北卡罗来纳州当了监工。在这里,弗林托夫获得了一定数量的奴隶和土地,使自己摆脱了负债的窘境。他甚至计划将自己的儿子们送出去接受高等教育。不过,弗林托夫一直没能实现自己的远大理想,即成为富裕的棉花种植园主。从北卡罗来纳州出发寻求发财致富的还有一个人,名叫费迪南德·L. 斯蒂尔(Ferdinand L. Steele),只不过他是朝着美国西部地区进发。斯蒂尔工作努力,先是当了一阵子帽匠,接着在运河的轮船上当水手,后来到了密西西比州开始从事种植业,希望能够通过种棉花、摘棉花赚取利润。然而,斯蒂尔无法使家人摆脱贫困的生活状态。因此,虔信宗教的斯蒂尔只好逆来顺受。他说道:"我的生活困顿劳累,但我希望上帝能够让我的生活好起来。"

与北方相比,南方也出现了可以被称为"中产阶级"的一群人。这些人包括制造商、商人、银行家、医生、牧师、律师和教师等。在这一阶层中,很多人也蓄养奴隶,或者从别人那里租用奴隶。一般说来,他们这样做是因为需要劳动力做工,但有时候蓄奴仅仅是为了显示自己拥有财产。

南方的种植园里还有一小部分是没有土地的白人。各个州没有土地的白人人数不等,但南方的大部分地区至少有10%—15%的白人没有土地。有些白人就在种植园里担任监工,有的则充当佃农,还有的就打零工,做完一些专门的活计以换取报酬。很多人都相当年轻。还有些人是来自爱尔兰的移民,这些人全都涌到南方寥寥可数的中心城市里。奥姆斯特德看到他们出现在城市里时惊讶得目瞪口呆。别人告诉他这些贫穷的白人"几乎在各个方面都无法跟奴隶相提并论"。奥姆斯特德评论道:"他们中的一些人有时候会在社会地位和行为习惯上进行自我提升,使自己成为有用之才,并得到别人的尊重。因此,如果按照黑人的标准来衡量,这些贫穷的白人所处的条件距离不幸的生活还相差甚远,这一点毋庸置疑。"然而,上层社会的白人对这些贫穷的白人却一直都是负面消极的评价,谴责他们利用白酒引诱黑人,使他们变得"腐坏堕落",而且还跟黑人保持着淫乱放荡的关系。奥姆斯特德就此得出结论称:"相较于社会上的其他人群,他们(贫穷白人)似乎更加痛恨黑人、鄙视黑人。"

南方似乎一直都是集等级制度和平等主义于一身的矛盾复合体。南方白人在农业发展、亲属血缘的纽带关系、地方主义的种种情感以及顽固的独立意识等方面有着共同的兴趣。种族意识将所有白人凝聚到了一起,因此,就连最穷困潦倒的白人也会因为肤色在社会和政治等方面获得利益。随着黑人人口数量的不断增加,白人开始担心黑人发动叛乱。因此,即便对于那些从经济角度来说与奴隶制没有丝毫关系的白人而言,为了掌控那些可能会制造危险的黑人,奴隶制也成为至关重要而且不可或缺的控制手段,这一点显而易见。不过,决定普通人际交往的重要因素除了荣誉、名声和地位,还包括各种个人关系。种植园主都希望别人对自己的财富和地位表现出尊重和顺从,富裕的奴隶主阶层则不断以贬抑的口吻谈论社会地位较低的阶层。

南方的自由黑人

处在南方等级制度最底层的是自由黑人和奴隶。自17世纪中叶起,自由黑人一直就生活在南方,虽然为数不多但其人口数量也一直保持稳定。有的人自从抵达新世界的那一刻起就拥有自由人的身份,有的人是在签约劳动服务期满后重获自由,还有的人则是因为奴隶主撒手归西后,自己便随之获得自由。美国独立革命和第二次大觉醒运动接连引发了一波又一波的黑奴解放狂潮,由此自由黑人的人口数量也在不断增加,在南部偏北地区,情况更是如此。从1790年到1810年,自由黑人的人口数量增加了3倍多,从3.2万增加到了10.8万以上。1860年,生活在南方的自由黑人总共有261 918人。在这些黑人中,绝大部分都是佃农,向附近的白人出卖自己的劳动。其中大约有1/3的自由黑人生活在城市地区,要么做技术娴熟的工匠,要么在该地区有限的工厂里做工人。尽管自由黑人可以拥有自己的财产,自行签订合同,但由于受到肤色的制约,他们所享有的权利仍然非常有限。为数不多的一些自由黑人拥有土地,或经营着自己的生意,甚至屈指可数的一些人还蓄养着几个奴隶。有些黑人还通过赎回自己的妻子儿女而成为"主人",自由黑人通常使用这一方法使自己的妻子儿女获得自由,或者防止家人被转卖给其他白人。然而,自由黑人仍然遭受着源自白人的种族歧视,无法享受各项合法权利,甚至就连最贫穷的白人所享有的权利他们也无法享有。无论何时,只要奴隶主担心奴隶会发动起义,自由黑人首先会成为奴隶主的攻击目标。1859年,一个名叫露西·安德鲁斯(Lucy Andrews)的自由黑人妇女在南卡罗来纳州请愿,希望自己成为黑奴。她的请愿书里写道,她"对于自己目前所处的状况非常不满,因为她为了能够找到工作以养活自己,被逼无奈只能不断地从一个地方搬到另一个地方。主要是因为无论她走在哪里,一次最多只能在该地区停留一到两个星期,因此,根本就没有人愿意雇用她干活"。于是,她宁可选择变身为奴,也不愿意继续享受她"处处遭到孤立的自由状态"。

1858年,南卡罗来纳州参议员詹姆斯·亨利·哈蒙德(James Henry Hammond)在参议院(Senate)发表演说时解释道,"任何社会制度"都需要有"处在社会最底层的一群人从事所有卑贱的粗活,从事生活中的苦工贱役"。"幸运的是,对于南方而言,"哈蒙德强调说,"有一个种族在这方面可以助南方人一臂之力,因为这一种族非常适合实现这些目标。相较于南方白人,这一种族属于劣等民族,但他们温良顺从的脾气秉性、他们的精神活力,以及他们忍受当地气候的能力都足以帮助南方白人实现所有的目标。他们为我们所用,我们称他们为奴隶。"

白人利用奴隶当然是为了实现自己的目的,不过,根据所处的时代、地区和场所的不同,奴隶内部也存在着显著的差异。美国南方腹地实施的奴隶制与南部偏北地区及中部地区相比,就存在差别。有的奴隶生活在像新奥尔良或莫比尔(Mobile)这样的城市中心,有的奴隶则生活在南卡罗来纳州广阔的水稻种植园中,他们之间就存在着天壤之别。

奴隶的生活

尽管美国各地奴隶的生活千差万别,但我们仍然可以做一番归纳总结。在内战前夕,绝大部分奴隶生活在美国南方腹地,他们成群结队地在田野里种植棉花、水稻、蔗糖,以及烟草等作物。有些奴隶学会了某些需要熟练技术的行当,还有的当家仆,做一些烹饪、清洁或者替白人奴隶主看护孩子之类的杂活。首先也是最重要的一点,奴隶都是劳动者,因此他们日常生活的核心就是辛勤劳作,从早到晚,一刻不停。在南卡罗来纳州盛产水稻的地区,奴隶根据一个任务分配体系进行劳作——一旦他们完成了某些具体任务,他们就可以随心所欲地支配剩余的时间。通常说来,大部分奴隶都利用这段时间整治自己的小菜园。出现这种不同寻常的劳动力安排格局主要是因为那几个月恰逢炎热的夏季,而且疟疾横行肆虐,于是,水稻种植园主们便都躲到了种植园以外的地区。然而,其他地区的绝大部分奴隶无法遵循这一任务分配体系。相反,他们在白人监工的监视下,从早到晚一直辛苦劳作。这些白人监工手持皮鞭,骑着马,不断在奴隶中间来回巡视。尽管庄稼种植和收割等农活都有季节性,但种植园里还有很多其他杂活足以让奴隶一直处在忙忙碌碌的状态,片刻不得空闲。一般说来,奴隶的生活条件非常简陋艰苦。奴隶们全都挤在只有一间房间的小木屋里,房间里光线暗淡,四面透风,一点也不舒适。因此,很多奴隶都努力奋斗,想要摆脱奴隶主的控制,打算创造出自己的世界。奴隶生活的方方面面,不论是家庭关系,还是宗教信仰,都留下了他们遭到奴隶制束缚的深刻烙印。奴隶们长期生活在恐惧之中,他们唯恐自己在身体上和精神上遭到奴隶主的虐待,害怕被转卖给其他奴隶主而不得不离开自己深爱的家人。正如一位历史学家最近所做出的评论:"使奴隶制错上加错的并不是因为奴隶制本身普遍流行,而是因为奴隶制永远都不会让奴隶有丝毫安全感。"

伊桑·艾伦·安德鲁(Ethan Allen Andrew)是北方的一位拉丁语教师,19世纪30年代,安德鲁来到南方参观,目睹这种情况后将其比作睡在"火山边缘"。奴隶主经常热切地谈及自己家里的"白人和黑人",对奴隶也表达出明显的爱意,但在奴隶主和奴隶的关系上一直笼罩着一种不信任的畏惧之情。正如安德鲁所说的,"对于任何一个白人而言,想要搞清楚黑人对自己处境的真实感觉简直困难重重;对于任何一个陌生人而言,就更是难上加难"。安德鲁发现,无论何时,只要白人向奴隶打听他们的处境,"他们马上就摆出一副全面戒备的状态,有时会给出含糊不清的、不确定的答复,有时就言不由衷,心口不一"。这种不信任的情感使奴隶"将所有白人,尤其是白人陌生人视为奴隶主的朋友,因此,他们不敢将自己神圣的期许托付给那些或许马上就会背叛他们的人"。

棉花王国

与此同时,复杂的利益分配使奴隶制出现了地区化的趋势,这一趋势不但增强了奴隶制的盈利能力,而且创造了一个棉花王国。在18世纪70年代以前,棉花只在南卡罗来纳州和佐治亚州的海群岛(Sea Islands)[①]上小规模种植。在大多数情况下,奴隶们在自己的小菜园里种植棉花,以便给制作家纺布提供原料。美国独立战争的爆发打断了布料进口贸易,尤其是英国出产的毛料更是出现了供应短缺的问题。国内的棉花产量不断增加,但棉花种植的过程劳神费力,而产生的经济效益又非常有限。长纤维棉只在南方的一些沿海地区种植,而短纤维棉在南方各地都有种植,繁荣发展,但缺点是很难将棉花与棉籽分开。于是,在这种情况下,伊莱·惠特尼(Eli Whitney)就发明了他举世闻名的轧棉机(cotton gin)(gin是发动机engine的简化写法)。惠特尼出生于美国北方,毕业于耶鲁大学。他头脑灵活,悟性极佳。因为这一发明,惠特尼不但从此声名显赫,而且获得了巨额的利润。虽然追溯到几个世纪以前,人们也曾经使用过各种方法尝试将棉绒和棉籽分离开来,但一直没有成功。1794年,惠特尼和他的生意伙伴

[①] 美国南卡罗来纳、乔治亚和佛罗里达州沿海一系列低沙岛。在桑蒂(Santee)和圣约翰斯河口之间,当大西洋沿岸航道。1568年被宣布为西班牙所有,17世纪末成为英国殖民地,19世纪全部归属美国。——译者

菲尼亚斯·米勒(Phineas Miller)共同为这一装置申请了专利权。这个装置主要就是一个装有丝牙的圆筒绕着棉花滚筒旋转。但惠特尼发明的轧棉机会使棉花纤维纠缠到一起或者会撕裂纤维,甚至会导致棉花几乎无法使用。根据他的宣传,每天只需要两个工人就可以生产出2 500磅重的棉花,这一说法鼓励人们提高棉花的生产。于是,棉花生产的目标也从注重质量转向注重数量。至18世纪90年代初,短纤维棉的生产迅速发展。

这一变化非同寻常。到了19世纪20年代,英国和美国新英格兰地区出现了高度机械化的纺织厂后,对南方棉花的需求量越来越大。轧棉机的使用及打包方法的改善使种植园主也能与纺织厂保持同步的发展速度。到19世纪50年代,美国南方地区不但可以给在全世界都蓬勃发展的廉价棉布生产提供原材料,而且其棉花产量也在全世界棉花总产量中占了较高比重,达到70%。棉花从奴隶私下在自家菜园里种植的一种普通农作物变成了美国南方一种主要的农产品。棉花种植园在路易斯安那州、密西西比州、亚拉巴马州、佐治亚州以及南卡罗来纳州等南部各州蓬勃发展起来,后来还扩展到了得克萨斯州、田纳西州、阿肯色州、肯塔基州、弗吉尼亚州以及北卡罗来纳州等地。

很多南方人声称,"棉花主宰一切",而事实也的确如此。南部地区的气候条件和地理条件非常适合棉花种植,而且棉花在其他地区的适应能力也很强。用轧棉机将棉籽去除后,棉铃可以保持几个月不变质。相比之下,水稻却只在非常有限的地区才能茁壮成长,最著名的莫过于南卡罗来纳州及佐治亚州的海群岛。然而,棉花与水稻不同,其种植过程并不需要设计复杂的堤坝、水闸或者运河等水利设施。随着时间的推移,在南方农民所种植的所有农作物中,棉花开始占据最重要的地位。可以肯定的是,南方农民种植的不是只有一种农作物:他们还种植各种蔬菜、饲养家禽,并在当地社区交换其他商品。对于南方农民而言,相较于蓄奴或者棉花种植,更加普遍和广泛的做法是饲养家畜。不过,即便是一个普通的小农场主也可以在一小片土地上种植棉花,赚取利润,那也就难怪棉花种植可以让大种植园主腰缠万贯,成为美国的顶级富豪,使他们能够负担得起穷奢极欲的生活方式。正如一位历史学家所说的,不论对于生活富足之人而言,还是对于穷困潦倒之辈来说,"在战前的南方,棉花都是发家致富的契机,因此,南方人对种植棉花一事都是争先恐后,趋之若鹜"。世界纺织市场的中心原本在英国,但美国新英格兰地区和法国的纺织业不断发展,到19世纪50年代,跟之前的50年相比,不断扩大的世界纺织市场已经使美国南部的经济进入了高度发展的阶段。

纺织市场的发展似乎永远也不会停滞。为了满足市场对棉花的需求,棉花种植面积便不断扩大,很快就用光了现有耕地,奴隶制的集体劳作方式也非常适合棉花的大规模种植。例如,在19世纪50年代末期,种植园主们在阿肯色州东南部地区和得克萨斯州东部地区开垦出来大片广阔的新耕地。一般说来,这些新耕地是在美国南部诸州旧地块的附近开发出来的。多年前,在密西西比州和亚拉巴马州的黑人聚居区曾经出现过"亚拉巴马热(Alabama fever)",即当时的人们热衷于种植这种柔软的白色纤维。如今,棉花种植在这些地区又重新开始蓬勃发展起来。此外,亚拉巴马州、佐治亚州及南卡罗来纳州等地的山区也开始出现了棉花种植业。随着铁路运输业的不断发展,南方经历了棉花种植和棉花出口的快速发展时期。有权势的这批人更加坚定地致力于棉花生产及奴隶制的发展,他们先后经历了一夜暴富。这些人都是些较为年轻、更具有进取心的男人,包括那些最野心勃勃的贫穷白人。棉花种植业非常有利可图,因此,绝大部分种植园主都将大量的资金用于购置土地和购买奴隶,在这一领域创造出名副其实的棉花加工厂。在工厂里做工的大批奴隶虽然使用的工具较为简单,但在工作中能协调一致,组织得当。当然,在南方还有很多其他方法可以创造财富,不过,各个阶层的白人都将拥有土地和蓄奴作为发财致富的最佳途径。

奴隶制向西部地区发展

美国宪法的第一千八百零八条曾经暗示奴隶制会自动消亡。然而,奴隶主们在奴隶贩子有效的怂恿下,发现大力发展这种特殊制度并不存在任何障碍。随着美利坚合众国在西部地区获得更多的土地,奴隶主也开始向西部的新土地不断迁移。与此同时,奴隶主也将自己手下的劳动力驱赶到西部地区,因此,南方的奴隶制也开始蓬勃发展起来。在诸如弗吉尼亚州和北卡罗来纳州等东部沿海老州,可供开发利用的土地资源日渐枯竭,烟草市场也愈发萧条,使奴隶制变得无利可图,因此,农民就将全部精力投入玉米、小麦、大麻等作物的种植以及家畜的饲养方面,而盛产棉花的南部地区及诸如查尔斯顿、萨凡纳、莫比尔和新奥尔良等分散的港口城市都非常需要这些农产品。这样的农业生产并不属于劳动密集型生产,因此,就有一部分奴隶成为剩余劳动力。于是,奴隶主便将这些剩余奴隶贩卖到遥远的南方和西部地区,从而使国内奴隶贸易蓬勃发展起来。据估计,从1820年到1840年,涉及国内奴隶贸易的有200万人左右。此举也造成黑人家庭从此四分五裂。詹姆斯·W. C. 潘宁顿(James W. C. Pennington)从前也是奴隶,后来他做了牧师。潘宁顿观察到,"如果把奴隶制视为一个人,他的灵魂和肉体所生活和活动的范围都是在动产、不动产及销售账单等这几个主体里。遭受鞭打、承受饥饿甚至赤身裸体是奴隶在奴隶制中难以避免的遭遇"。奴隶贸易持续发展的另一个后果是奴隶制不断朝着美国西部地区扩张,这让北方人感到惊慌失措,因为他们将西部视为自由的土地,认为这些土地应该由自由劳动力和自由人随意取用。在北方人眼中,自由人指的是那些从来没有使用过黑奴的人,因为使用黑奴被认为是一种有辱人格的行为。自由人还可以指那些从来没有与外来的黑人种族有过任何接触的人。对他们而言,这并非另一种形式的土地竞争,而是一种至关重要的文化碰撞;因为这一碰撞涉及的是整个美国的未来。

驱赶印第安人

对于北方白人而言,在南方的不断扩张中似乎有一个因素并没有激发他们多大的兴趣,即南方各州政府与联邦政府采取一致行动,将印第安人从他们认为注定就该归他们使用的土地上赶走。1830 年,《印第安人迁移法》(Indian Removal Act)颁布实施后,尽管切罗基人早就已经成为信奉基督教的农民,但在 1838—1839 年,联邦军队还是将他们从佐治亚州赶了出去。切罗基人被逼无奈,只好沿着"血泪之路"(Trail of Tears)朝着俄克拉荷马州(Oklahoma)进发。在这一艰苦的行程中,遭到流放的印第安人总数为 1.6 万人,其中约有 4 000 人死于饥饿和疾病。有些战争虽然总体历时时间较长,但中间时断时续,比如塞米诺尔战争(Seminole Wars),虽然前后历时 40 多年,但战争的发展大致可以分为三段:第一段,1817 年到 1818 年;第二段,1835 年到 1842 年;第三段,1855 年到 1858 年。在这样的战争中,南部各州的民兵和联邦军队要么将印第安人从他们的土地上赶走,要么就将印第安人圈禁在保留地中。当北方人想象着原始大草原等着他们去开发时,他们当然希望南方人把非裔美国人和印第安人一并清除干净。

《密苏里妥协案》

1819 年,由于奴隶制向美国西部地区不断扩张,第一次由奴隶制引发的真正的政治危机爆发了。根据1803年的《路易斯安那购地案》（Louisiana Purchase），密苏里地区是美国向法国购买的土地的一部分，而且已经准备申请建州。当该地区还在西班牙人、法国人和美国人的统治之下时，奴隶制就已经存在，而且似乎这块土地将会以蓄奴州的身份加入联邦。然而，当纽约州国会议员小詹姆斯·塔尔米奇（James Tallmadge, Jr.）出乎意料地在密苏里建州法案增加了一条修正案后，原本在很多人眼中平稳顺利的建州过程一下子就变得困难重重，因为这条修正案不但禁止更多的奴隶进入该地区，而且还包括一项分步骤解放奴隶的计划。

在1819年前，不论是自由州还是蓄奴州，若想加入联邦相对来说几乎不会出现争议。实际上，到1819年，11个自由州和11个蓄奴州已经在美国构成了一种平衡局面，密西西比河成为具有这两种不同性质的州的自然分界线。然而，由于众议院就美国宪法的"五分之三"条款做出妥协，一些北方人意识到此举意味着南方人将日益掌控国会众议院，因此感到愤愤不平。他们认为有必要对奴隶主的政治权力加以限制。塔尔米奇提出的修正案激发了一场政治狂潮，一年后才渐渐平息。

美国国会就政治权利、地区利益及奴隶制的未来等问题进行了激烈的辩论，这些辩论的内容撼动了共和国建立的基础。支持蓄奴的派别开始推广奴隶制是"具有积极意义的好事"这一理论，声称为了保持自身的存活，奴隶制必须不断发展下去。双方争论的焦点是：国会在决定一个新州加入联邦的问题上到底拥有多大权力？托马斯·杰斐逊虽然年迈苍苍，但对政治问题依然非常敏感。杰斐逊将密苏里危机比作"深夜响起的火警警报"。他警告说，如果辩论双方的分歧日渐严重，就有可能会导致内战的爆发。塔尔米奇宣称："如果联邦分崩离析势在必行，那就顺其自然吧！如果各位绅士一直以发动内战相威胁，如果内战一定要爆发的话，那么，我可以说，该来的就让它来吧！"实际上，多亏了众议院发言人亨利·克莱（Henry Clay）努力从中斡旋，国会内部才达成了妥协。密苏里州以蓄奴州的身份加入联邦，不过，为了保持自由州和蓄奴州之间的平衡局面，缅因州虽然起初是马萨诸塞州的一部分，但这次以自由州的身份加入联邦。1820年签署的《密苏里妥协案》也禁止在北纬36°30′一线以北的地区再增设任何蓄奴州，在西部相当大的地区范围内"永远"禁止实施奴隶制。杰斐逊曾经听到的"火警警报"如今似乎已经变得模糊不清，而整个国家也重新开始了令世人瞠目结舌的发展和扩张。

拒行联邦法危机

密苏里危机结束后还不到10年的时间，地方主义就又重新抬头，脱离联邦的种种担忧又开始出现。1828年，南卡罗来纳州的州议会公布了《南卡罗来纳州说明与抗议》(The South Carolina Exposition and Protest)，抨击联邦政府1828年所实施的关税规定，提出任何州在认定任何联邦法律违反宪法的情况下都可以宣称此项法律无效。关税指的是对进口商品征收的一种保护税，实际上是对美国制造商的一种补贴，而且美国几乎所有制造商都以北方为发展重点。相反，在南方的蓄奴州，征收关税的举措却不得人心，因为与北方工业发达的各州相比，南方诸州对进口商品的依赖性更强。此外，由于征收关税，南方人不得不以更高的价格从北方人手中购买成品，而与此同时他们生产的棉花被销往不受关税保护的世界市场。1828年所征收的关税为美国史上最高，因此，奴隶主认为这一年的关税"令人深恶痛绝"，大声抗议要求降低关税。南卡罗来纳州的呼声最高，因为在美国南部各州中，该州是唯一奴隶人口超过白人人口的蓄奴州，因此，对于关税问题及抵制关税等问题尤为敏感。

《南卡罗来纳州说明与抗议》的作者是当时的美国副总统约翰·C.卡尔霍恩(John C. Calhoun)。卡尔霍恩，南卡罗来纳州人，具有丰富的从政经历，影响力巨大，且才智过人。英国的一位游客哈里特·马蒂诺(Harriet Martineau)将他描述为"铁人，一旦他来到了这个世界，就永远不可能被别人抹杀"。卡尔霍恩信念坚定，坚决维护南方各州的各项权力，因此南方人对他敬畏有加。在1828年即将到来的总统选举中，安德鲁·杰克逊(Andrew Jackson)选择将卡尔霍恩作为竞选伙伴。为了保护卡尔霍恩的竞选前景，他所撰写的《南卡罗来纳州说明与抗议》一开始是匿名发表。该文章后来被叫作"无效论"(Theory of Nullification)，是卡尔霍恩发布的第一个公开声明。在文章中，卡尔霍恩援引了杰斐逊和麦迪逊在涉及肯塔基州和弗吉尼亚州的各项决议中所提出的论据，断言联邦是南北各州自愿达成协议后组建而成，而宪法赋予联邦政府的权力则非常具体、有限。国会可以通过征税来增加财政收入，但不应该出于保护国内工业发展的目的而令其无法与外国企业进行竞争。如此的法律规定使南方人变成了"整个体制的奴隶——因为南方不但要提供劳动力，而且还要将赚得的利润上缴国库。南方人提供的资金使北方的制造商及其利益伙伴获得了丰厚的回报"。卡尔霍恩建议，如果任何州认为联邦政府制定的法律——例如《关税法》——超越了联邦宪法规定的范畴，都可以否决该项法律或者宣布其无效。卡尔霍恩后来又进行了详细阐述，称在两种情况下任何州都有权脱离联邦政府：第一，接受该州做出的不遵守该项法律的决定；第二，通过制定一条修正案令该项法律符合宪法的相关规定。然而，如果联邦政府不承认该州拥有否决权，卡尔霍恩认为该州就可以脱离联邦。

1828年，南卡罗来纳州虽然对卡尔霍恩的《南卡罗来纳州说明与抗议》表示赞同，但相信新任总统杰克逊将会跟他们一样采取反对关税的立场，因此便叫停了宣布法律无效的举动。然而，杰克逊虽然出生在南卡罗来纳州，但常年生活在田纳西州，而且并不支持南卡罗来纳州的立场。实际上，"无效论"的整体思想让杰克逊惊骇不已。1830年，正副总统之间发生了一次著名的正面对峙。在一次宴会上，杰克逊站起身来，提议为国家举杯。当时，他目光炯炯地盯着副总统卡尔霍恩大声宣布："我们的联邦制度——必须保留，而且一定会永远保留下去。"卡尔霍恩也站起身来直接给予正面反击，当时他手中的酒杯不停颤抖："联邦制度——与我们最珍视的自由相比只能位居其次。"很快，卡尔霍恩便辞去了副总统的职位，后来以南卡罗来纳州参议员的身份重新回到了华盛顿。不过，有关关税和南方各州权力的正面对峙却并没有因此画上句号。

关税之争只不过是争端的表面原因，奴隶制才是争端的核心原因。由于奴隶制的存在，相较于正在逐步实现工业化的北方，南方更加依赖制成品的进口，也更加依赖原材料的出口。卡尔霍恩在写给朋友的一封信中也同样承认了这一事实。1830年9月11日，他在给维吉尔·麦克西（Virgil Maxey）的信中写道："目前的局面的确令人不快，但我认为关税并不是造成该局面的真正原因。"他坦承："事实真相终将公之于众。南部各州目前的机构设置及南方的土壤和气候对其工业发展所造成的种种限制，已经在征收关税和拨款问题上将南方人置于与联邦绝大部分成员对立的立场上。"在卡尔霍恩心目中，实行奴隶制的南方属于少数派。他认为，南方被逼无奈将不得不寻找一些方法，对以发展制造业为重的北方多数派做出反击。

1832年11月24日，就在杰克逊宣布将再次竞选总统职位的几个星期后，南卡罗来纳州召开的一次大会通过了一项赞成宣布联邦法律无效的条例。该条例不但拒绝1828年联邦政府制定的征收关税的政策，也反对1832年制定的降低关税的政策。大会决定，如果联邦政府反对本次大会采取的行动，南卡罗来纳州将宣布脱离联邦政府。12月，州议会开始执行该条例，拨出专门款项用于购置武器、组建军队。

杰克逊很快就采取应对行动，打算让南卡罗来纳州的持不同政见者偃旗息鼓。他先是促使国会通过《军力动员法》(Force Act)，授权总统调用联邦军队在南卡罗来纳州维护联邦法律的实施。接着，他将大批的联邦军队调往位于查尔斯顿港的军事堡垒，并命令温菲尔德·史考特(Winfield Scott)做好军事对抗冲突的准备。内战似乎一触即发。

然而，多亏了亨利·克莱及其他政治领袖不断斡旋，军事对抗才得以避免。克莱等人相信，只要降低关税就可以终止这次危机。尽管南方奴隶主普遍对征收关税一事极为反感，但当南卡罗来纳州公然反对联邦政府时，却没有一个南方蓄奴州愿意与南卡罗来纳州站到同一阵营里。南卡罗来纳州属于孤军奋战。

最后，随着1833年《关税法》(Tariff Act)的通过，联邦政府逐步降低了令南方人切齿痛恨的关税，于是，支持"无效论"的那些人旋即偃旗息鼓。南卡罗来纳州随即又召开了一次大会，废除了该项赞成宣布联邦法律无效的条例。然而，最终南卡罗来纳州还是冒险否决了联邦政府通过的《军力动员法》。虽然危机得以解除，但关税问题所暴露出来的南北双方的冲突很难被人们忽视。

奴隶起义

当南卡罗来纳州正在撼动联邦政府这棵大树时，来自政治和经济领域外的各种力量也给关于奴隶制的辩论增加了些许紧张的气息。绝大多数奴隶除了从来不曾脱离奴隶制，也不曾强烈地反对过奴隶制。寥寥可数的几次大型奴隶起义全都功败垂成，且结局都很凄惨，因此，绝大多数具有反抗意识的奴隶都感到灰心丧气。查尔斯顿有一个自由黑人名叫丹马克·维齐(Denmark Vesey)，平日里靠做一些木工活为生。1822年，维齐计划组织一次由几千人参加的大规模奴隶起义，不过，他的计划还没来得及实施就被白人彻底粉碎。维齐及其他30多个非裔美国人遭到审判后便被处以绞刑，而当地法律也加强了对奴隶和自由黑人的管制。10年后，在弗吉尼亚州的南安普敦县(Southampton County)出现了一个名叫奈特·特纳(Nat Turner)的奴隶牧师。特纳不但个人魅力十足，而且能言善辩。他的宗教信仰和圣经的神秘主义使他相信自己听到了上帝的声音，感知到了上帝发出的信息，而且这一切都在指引着特纳，让他领导奴隶发起一场反对白人奴隶主的起义。特纳和他的追随者在农村地区打死了大约60个白人男女老少，在整个地区制造了一场大混乱。不过，他们最后同样难逃被抓获并处以极刑的厄运。在白人实施的报复性杀戮中，有400多个黑奴死于非命。

临死前，特纳曾经把自己的心声讲给当地一个名叫托马斯·格雷（Thomas Gray）的医生听。特纳说，"来自天堂的一个声音"响亮地告诉他，"颠倒世界、打破一切的时代马上就要到来了"。特纳一直都表现得都非常沉着冷静，而且对人坦诚相待，开诚布公，对此格雷感到震惊不已。格雷写道："我就这样看着他，感觉我的血管里的血液都快要凝固了。"

奈特·特纳领导的起义让南方的很多白人感到胆战心惊。在以佐治亚州和亚拉巴马州等为代表的盛产棉花的南方各州里，奴隶制的发展速度很快，而且都取得了成功。虽然跟美国南部偏北地区的各州相比，弗吉尼亚州也积极参与了国内的奴隶贸易，将奴隶贩卖到南部和西部新开拓的土地上，然而，如果跟盛产棉花的各州相比，弗吉尼亚州的奴隶制一直处于衰落的状态。奈特·特纳领导的起义直接导致弗吉尼亚州的州议会就解放奴隶问题进行了一系列辩论。然而，使弗吉尼亚州就此摆脱奴隶制的束缚又另当别论。州议会的代表们接连好几个星期就奴隶制的优点和缺点进行了严肃的辩论。几乎没有白人能够想象获得自由的黑人男女在本州范围内成为与自己毫无差别的平等公民的景象。实际上，绝大多数支持解放奴隶的议会代表也支持本州继续开展殖民扩张。最后，由于解放奴隶看上去太不切实际，而且由此导致的货币成本过高，州议会的辩论便无疾而终了。弗吉尼亚州议会出现的辩论标志着南方公开反对奴隶制讨论的终止。相反，一场主张废奴主义的复兴运动在北方蓄势待发。

废奴主义运动

在美国的总人口中，废奴主义者一直都属于少数派，而越来越多的南方人相信废除奴隶制是北方人所具有的特色，它在政治、社会及经济等方面给南方人的自治造成了威胁。1831年后，北方兴起了一场新废奴主义运动。不论从军事角度还是政治角度，这场废奴运动的影响力都显得更大，不但打击了实施奴隶制的南方，而且它大声呼吁要求立即废除奴隶制。

在1831年前，绝大多数废奴主义者都属于"渐进主义者"，他们赞成反对奴隶制，但主张慢慢终止奴隶制，并对奴隶主的经济损失做出补偿。很多渐进主义者甚至认为应该把奴隶遣返回非洲，认为应该慢慢地将奴隶制和黑人一起从美国社会中清除干净。1817年，美国殖民协会（American Colonization Society）成立。然而，该协会在解放奴隶及将奴隶重新安置到非洲等方面的作为却显得力不从心。非但如此，殖民扩张在奴隶主以及南北方的白人中非常受欢迎。有些人虽然在心里极端鄙视奴隶制，但始终认为白人和黑人绝对不能以平等公民的身份平静地生活在一起。有些人认为只要是黑人就应该清除干净，不管他到底是自由黑人还是黑奴。还有些人，尤其是南方的奴隶主所持有的想法跟杰斐逊别无二致。他们认为奴隶制只会制造麻烦，而且从制度本身而言一直问题百出。奴隶制存在的时间越长，对共和国所造成的伤害就会越大。

然而，在19世纪30年代初，渐进主义者的立场逐渐被另一种更激进、更感性的废奴主义——"及时行动主义者(*immediatists*)"所取代，后者主张马上采取行动废除奴隶制。他们认为，奴隶制是一种不可饶恕的重罪，对此，他们丝毫不愿意做出妥协。他们质疑，如果美国人没有摧毁罪恶的奴隶制，怎能声称拥有真正的民主？又怎能自称为基督徒？及时行动主义者认为美国人的幸福时代即将到来，但是为了迎接幸福时代的到来，他们不得不将维护奴隶制势力的摩洛克(Moloch)①连根拔起，将其摧毁，因为奴隶制无论发展到哪里都会令当地变得腐败堕落——他们会立刻采取行动，而不会等待遥遥无期的未来的到来。因而，这些废奴主义者将会用行动见证自己的信仰。在这场反对奴隶制的运动中，好战派一位最著名、最激进的成员威廉·劳埃德·加里森(William Lloyd Garrison)充满斗争的激情。他来自波士顿，是一名印刷工。加里森的父亲酗酒成性，当父亲抛妻弃子后，虔信宗教的母亲将加里森一手带大。在第二次大觉醒运动期间，加里森被千禧年主义②信徒的热情打动，从此下定决心，既要在道德上实现完美，也要在社会上得到认可。1831年，加里森公开指责实用性较强的渐进主义者，愤怒地指责他们说："你们不徐不疾地告诉一个人说，你家房子着火了；你们对妻子正遭到强奸的一个男人说，你从强奸犯的手中救出你的妻子时一定要不慌不忙；你们劝说一位母亲，把孩子从火场里抱出来时你一定要不紧不慢；然而，在当今的形势下，你们却劝我不必表现出克制的态度。""我郑重表示，"加里森说，"我不会做出丝毫让步——我要让全世界人都听到我的声音！"通过他主编的报纸《解放者报》(*The Liberator*)，加里森的确让世人都听到了他的声音，因为该报的报头上印有几个大字："打造奴隶主绝迹的联邦国家。"1833年，加里森为美国反奴隶制协会(American Anti-Slavery Society)撰写了《感伤宣言》(*Declaration of Sentiments*)。他写道："任何人都无权奴役或者残忍地对待他的手足兄弟；任

---

① 摩洛克又名迈拉克。在古老的闪族文化中，摩洛克是一个与火焰密切相关的神祇，因而常被翻译为火神。因为与其有关的迦南及巴比伦信仰伴随着将孩童烧死献祭的习俗，故其被后世称为邪恶丑陋的魔鬼。——译者
② 千禧年主义是某些基督教教派正式的或民间的信仰，这种信仰相信将来会有一个黄金时代：全球和平来临，地球将变为天堂。人类将繁荣，大一统的时代来临，以及"基督统治世界"。——译者

何人都无权将他人视为一件商品,无权持有或声称占有他人,哪怕只是暂时为之;任何人都无权使用各种欺诈手段雇用他人或剥夺他人在智力、社会、道德等方面进行自我提高的方法和手段,任何人都不能通过这样的方式对他人进行精神上的折磨。"加里森甚至公开烧毁了一本美国宪法,并称该宪法是"与死神达成的协议,与地狱签订的契约"。

及时行动主义者里也有黑人。随着黑人主办的新闻机构和黑人教堂的不断发展,在打破将黑人兄弟姐妹的手脚束缚起来的镣铐问题上,非裔美国人领袖所采取的态度越来越激进。大卫·沃克(David Walker)是个自由黑人,来自北卡罗来纳州的威尔明顿(Wilmington),后迁居到了波士顿。1829年,沃克在他撰写的《四篇文章的呼吁》(Appeals in Four Articles)中嘲笑《独立宣言》的措辞:"美国人!快看看你们的独立宣言吧!你们能看得懂自己的语言吗?"沃克在引述这份著名的文件后,指出奴隶制施加在无辜黑人身上的"种种惨无人道的行径和惨绝人寰的谋杀"。他大声疾呼:"现在,美国同胞们!我要坦率地问你们一个问题:当初你们在英国人手下受尽苦难,与如今你们对我们所施加的残酷暴虐相比,是否有我们承受的苦难的百分之一?"沃克公开谴责白人优越的理念,抨击黑人理应顺从的观点,敦促白人不要再将非裔美国人当作畜生对待,而当作平等的人。"同胞们!请你们不要忘记,"沃克宣称,"我们跟你们别无二致,我们一定而且必将得到自由的身份,必将取得进步和发展。上帝保佑我们!我们一定会通过使用毁灭一切的武力获得自由,你们愿意等待那一天的到来吗?"沃克对内战可能引发的令人毛骨悚然的人员伤亡和破坏也做出了预测,他质问道:"如果我们将不得不通过战争的手段才能争取到自由,你们愿意因此而及时停手吗?"如此激进的废奴主义思想虽然也在不断发展,但只吸引了一小部分北方人的注意力。然而,及时行动主义者所传达的信息让南方人将他们和所有反对奴隶制的人群混为一谈,从而放大了废奴主义者的影响力。以沃克和加里森为代表的及时行动主义者刊布的文章让南方人勃然大怒,因此,在南方诸州,不但很多类似的作品直接遭禁,而且一旦有些邮局看似有传播反对奴隶制出版物的嫌疑,就会遭到洗劫和破坏。美国总统安德鲁·杰克逊自己就是一个大奴隶主,因此支持联邦政府禁止将反对奴隶制的文学作品传播到南方。当废奴主义者的废奴请愿书如雪片般纷纷递交到国会时,联邦政府通过了一项从1836年持续到1844年的限制言论自由的规则(gag rule)。根据该规则,所有请愿书将被搁置一旁,人们不对其举行辩论。相应地,针对这项旨在剥夺权利的规定,已经成为马萨诸塞州国会议员的前总统约翰·昆西·亚当斯(John Quincy Adams)在众议院开展了一场探讨言论自由的论战。此举不但扩大了北方反对奴隶制诉求的影响范围，而且将奴隶主视为暴君一样的人物，因为奴隶主不仅对遭受奴役的工人大显淫威，还打着维护其野蛮制度安全的旗号破坏全体美国人民的自由。

抵制废奴主义

废奴主义思想在北方不断发展，奴隶制也日渐式微。不过，即便如此，北方白人中几乎没有人打算废除南方的奴隶制。在十九世纪三四十年代，面对废奴主义者的宣传，很多人不但发出了抵制的声音，而且努力想要让废奴主义者三缄其口，其中包括国会通过的那项限制言论自由的规则。在美国北方，反废奴主义的暴民袭击反对奴隶制的著名人士，破坏财物，甚至在某些情况下还杀死主张废奴主义的积极分子。对很多白人而言，解放奴隶及废奴主义者所传达的信息触到了他们的痛处，因为似乎解放奴隶就意味着重获自由的奴隶将在就业机会上与白人产生竞争并带来威胁，而整个国家的种族秩序和社会秩序就会因此而不得不重新做出调整。美国废奴主义者与英国废奴主义者之间千丝万缕的联系进一步加剧了北方人对外国煽动者的恐惧之情。似乎废奴主义者威胁到了北方联邦自身。对于社会贤达人士来说，只要他们一提到"种族融合"及跨种族婚姻，就可以轻而易举地使民众陷入一种疯狂状态。

废奴主义者的暴力行动在包括新英格兰地区在内的整个北方地区强势爆发。1833年，一位名叫普鲁登斯·克兰德尔（Prudence Crandall）的公谊会教师打算在康涅狄格州的小镇坎特伯雷（Canterbury）为黑人女童开办一所寄宿制学校。在加里森的帮助下，克兰德尔招收了15或20个儿童入学。当地社会对此火冒三丈，反应强烈，立刻开始想方设法关停该校。当地所有店主都拒绝将商品出售给克兰德尔；小镇上的居民不但对学生们进行恐吓威胁，而且在学校的大门和台阶上涂抹各种污物，甚至还在井水里下毒。1833年5月，康涅狄格州州议会宣布取缔专门招收黑人儿童的学校。大约一个月后，克兰德尔因违法办学被捕。接着，法院开始对克兰德尔进行审判，但并没有产生任何令人信服的庭审结果，不过，学校最终还是被永远关停，而克兰德尔也离开了康涅狄格州。

1835年10月，暴民的暴力行动再次在新英格兰地区爆发，只不过这次是在废奴主义运动的中心城市——马萨诸塞州的波士顿。造成暴力行动突发的原因有很多，其中包括：民众对于加里森直言不讳表露出来的各种观点的反感情绪与日俱增；一位来自英国的著名废奴主义者承诺将在公众面前露面；波士顿妇女反对奴隶制协会(Boston Female Anti-Slavery Society)按计划将要召开会议,但民众对此大为反感,甚至怒不可遏,因为此举意味着女性闯入了公共领域。大批民众聚集在会场外久久不肯离去,甚至当市长恳求民众散开时,人群依然无动于衷。暴乱分子试图破门而入,高喊着:"加里森!加里森!马上交出加里森!让他滚出来!绞死他!"加里森从后门溜出去后,躲进了附近的一家木匠铺里。然而,他仍然无法摆脱愤怒的暴民。暴民很快就找到了加里森,用一根绳子将他结结实实地捆牢后,就押着他游街示众。最终,加里森设法挣脱了绳子的束缚,后来,当地治安官和警员将他护送至安全地区。加里森事后回忆道:"当时我头上什么都没戴(因为我的帽子不见了),而他们就这样一路押着我穿过一望无际的人群,耳边传来的是人群不时发出的喊叫,'他不应该受到伤害!你们不应该伤害他!不准伤害他!他是美国人!'等诸如此类的话语。这种呼喊似乎激发了人群中绝大部分人的同情心,于是他们也开始重复类似的口号,'他不应该受到伤害!'"加里森先是被移交到市长办公室,接着就被转移到了波士顿城市监狱,因为波士顿的官员都认为只有监狱才能确保加里森的人身安全。法庭指控加里森破坏了和平环境,接着就把他关进了牢房,这样加里森就可以"远离那些对我横加迫害的暴民,陪伴我的是两个相处融洽的同事,我问心无愧,心情愉悦"。第二天上午,加里森在牢房的墙壁上写道:"1835年10月21日,星期三下午,为了将威廉·劳埃德·加里森从一群'受人尊敬且颇具影响力的暴民'手中救出来,当局将他关在这间牢房里。因为他宣传'人人生而平等'这一信条,宣传在上帝眼中,所有剥削压迫的行为都令人作呕,而这些暴民认为他的言论惹人生厌且危险至极,企图将他置于死地。"当天晚些时候,加里森被释放出狱,离开了波士顿。不过,几天后他就再次返回波士顿,继续开展废奴主义运动。

两年后,在反对废奴主义的暴力行动中,牧师伊莱贾·P. 洛夫乔伊(Elijah P. Lovejoy)成为最著名的受害者。1836年,洛夫乔伊开办了一份倡导废奴主义的报纸,名为《奥尔顿观察者报》(Alton Observer)。他还在家乡伊利诺伊州奥尔顿(Alton)的教堂及附近地区宣传自己的观点。洛夫乔伊的言论不但引发了民众的怒火,甚至还有人对他进行人身威胁。洛夫乔伊在1837年10月写给朋友的一封信中曾提到,为了保护怀有身孕的妻子和生病的孩子,他一直将一把装满子弹的火枪放在床边。一个暴民愤怒地指控洛夫乔伊,称就是在他的煽动下,有个黑人才强行奸污了这个暴民的妻子。"我觉得自己走在大街上时没有任何安全感,就算夜里躺下来睡觉都觉得不安稳,"洛夫乔伊写道,"那些在我身边、围绕着我的家伙都心怀坚定的信念,都想取我性命。"20多天后,洛夫乔伊工作的报社大楼起火。正当洛夫乔伊试图从火灾现场中夺门而出时,一个暴徒趁机将他置于死地。

废奴主义者的分裂

正当反废奴主义的暴力行动逐步升级时,废奴运动内部也出现了分裂的迹象。面对着北方反废奴主义者的满腔怒火,反对奴隶制的领袖们感到大为震惊,开始重新考虑他们的方法和目标。有些人认为他们应该建立政党,通过法律体系打击奴隶制;以加里森为代表的一些人则不希望废奴主义运动与政府机构产生任何联系,也不希望与任何有组织的教堂,尤其是那些支持奴隶制的教堂发生联系。虽然加里森奉行和平主义,认为世上邪恶的东西并非只有奴隶制,各种各样的强制压迫都可以归到邪恶之列,但其他人崇尚武力。渐进主义者仍然认为奴隶主应该得到补偿,奴隶制不可能也不应该在短时间内马上废除。在纽约州的中部地区,支持使用政治手段打击奴隶制的人们聚集在富裕的赫里特·史密斯(Gerrit Smith)周围。在纽约市,路易斯·塔潘(Lewis Tappan)领导着一批以教堂为活动中心的激进分子,这些人坚信在基督教的国度里根本没有奴隶制的容身之地。包括史密斯在内的废奴主义者虽然分散在全美各地,却创建了自己的政党——自由党(Liberty Party)。在1840年和1844年的大选中,自由党参选,角逐总统候选人。同时代的一个人注意到这个新党派的兴趣点不只放在关注奴隶的福利待遇上:"对于自由党人而言,他们合法讨论的主题包括黑人每星期采摘玉米的数量、黑人身上穿的条纹布衣服,以及黑人家庭四分五裂之类的问题,有可能到目前为止自由党人对白人的利益心存歧视。"

废奴主义者争论的问题还包括与他们处在同一社会等级的女性在社会中所发挥的作用、黑人积极参与社会活动,以及黑人的领导地位等。对于很多人而言,种族或性别而造成社会地位低下明显就是滥用权力的结果。因此,无论是女人还是黑人都应该享有自由和平等。实际上,第一次妇女运动的女性参与者都来自主张废奴主义的阶层。对于其他废奴主义者来说,为了避免废奴主义运动的精力被分散到其他问题或其他事情上,他们必须持续关注奴隶制问题,这一点至关重要。若非如此,废奴主义者在北方的行动基地必将缩小,很多有可能反对奴隶制的民众也会因此而举步不前。

查尔斯顿的两姐妹安吉丽娜·格里姆克(Angelina Grimkè)和莎拉·格里姆克(Sarah Grimkè)从自己出生的蓄奴家庭里逃出来后,成为直言不讳的及时行动主义者和虔诚的公谊会教徒。1837年,格里姆克姐妹发现自己腹背受敌。一方面,由于两姐妹提出女性有权在公共场所发表演说的主张,一些保守派牧师便大惊失色,开始对她们进行抨击;另一方面,一个名叫凯瑟琳·比彻(Catharine Beecher)的著名女性也对她们进行攻击。凯瑟琳·比彻是个性坦率的渐进主义者里曼·比彻(Lyman Beecher)的女儿,哈里特·比彻·斯托(Harriet Beecher Stowe)①的姐姐。面对着凯瑟琳的攻击,安吉丽娜发表了一封公开信,以此作为回应。在信中,安吉丽娜猛烈抨击了所有渐进主义者的主张:"对于奴隶制我了如指掌,因此,我不可能成为一个渐进主义者。鉴于奴隶制这一体系的特点,我不可能对奴隶主说'他根本没有能力解放他手下的奴隶'。相反,我要说,他有能力让所有遭到压迫的奴隶获得自由;我要说,如此胆大包天的暴行必须马上停止,从现在开始就停止,永远都不要再出现。哦!一个'缚手缚脚做着女红的'北方女性一边为奴隶主所谓的良心寻找借口,找到借口后再百般粉饰,一边却用手中同一支笔向民众坦承她将奴隶制视为一种原罪。见到这样的场景,我的灵魂都要替她感到伤心和酸楚。与其有这样一个见不得人的朋友,我宁愿选择一个跟我公开宣战的敌人。"

为支持奴隶制度辩护

当废奴主义者还在就成员组成和反对方法等问题争论不休时,奈特·特纳领导的起义所引发的恐惧却使奴隶主变得越来越激进好战,也在一定程度上促使奴隶制的支持者联合起来。当然,奴隶制在南方并没有表现出任何行将灭亡的迹象——恰恰相反,奴隶制仍然处在不断发展的状态。种族主义也没有丝毫减弱之势;实际上,几乎所有美国白人都认为黑人低人一等,而且坚称新成立的美利坚合众国是一个白人的共和国。1855年,一位英国游客注意到:"简而言之,在美国各地似乎有一个不容更改的理念,即不管是奴隶还是自由黑人,只要是有色人种,便天生就是低等种族,而且在任何情况下,有色人种都不能被视为与白人具有平等地位的种族。"为了替奴隶制辩护,奴隶制的支持者费尽心思,不但频繁提及得到民众广泛接受的种族态度,而且大量援引在历史、宗教和自然等领域出现的相关观念。即便对于最普通的奴隶主而言,奴隶制都非常有利可图,

---

① 哈里特·比彻·斯托(1811—1896),美国作家、废奴主义者,其最著名的作品《汤姆叔叔的小屋》成为美国内战的导火线之一。——译者

不过，替奴隶制辩护的那些人只字不提奴隶制的货币价值。相反，他们强调的是在历史上和宗教上曾经支持奴隶制存在的那些先例。他们从《旧约》(Old Testament)和《新约》(New Testament)中援引大量内容。例如，涉及该隐(Cain)遭到的诅咒(诅咒的内容是该隐变成了黑皮肤)、含(Ham)的后裔及保罗(Paul)苦苦哀求奴隶在活着的时候要保持忠诚、尽责，那么在来生就可以得到自由。奴隶制的支持者发现《圣经》中从来没出现过任何对奴隶制进行谴责的文字，就连耶稣基督自己也只字未提，因此，这些人便对废奴主义者进行抨击，称他们并没有按照《圣经》的文本行为做事。南卡罗来纳州的劳伦斯·基特(Lawrence Keitt)如此评论道："北方废奴主义者将伪造的福音律法和经过编辑的各种粗制滥造的注解强加到南方人身上，而仅凭着伪经文，实施奴隶制的南方就将陷入万劫不复的境地。"从历史角度而言，他们所引述的例子将古希腊和古罗马也涵盖在内，而这两个古老的共和国文明本身就存在着奴隶制，因此，他们辩称，如果不依赖于他人提供的劳动力，任何发达富裕的文明都不可能获得成功。

到19世纪30年代，一些奴隶主甚至在政治理论和社会理论中为奴隶制的存在寻找理由。有些奴隶主将自己的种植园视为模范社区，却对正在逐步工业化的北方及自由劳动的概念横加指责。以南卡罗来纳州国会议员、州长詹姆斯·亨利·哈蒙德为代表的奴隶主将自己刻画为心地善良、善解人意的一群人，而将奴隶描绘成无能的儿童。哈蒙德坚持认为："我可以毫不犹豫地说，正如男人们通常都是心地善良的丈夫、父亲和朋友一样，我们这些奴隶主也都是善良的主人，而且一般都更加心慈手软。任何一个蛇蝎心肠的奴隶主，包括那些让奴隶们过度劳动，让他们身染疾病，或者对奴隶严厉苛责的奴隶主，在很大程度上就像违反了他所肩负的社会义务和道德义务一样，根本无从得到别人的尊重和敬意。"南方一位名叫H.曼利(H. Manly)的出版商对哈蒙德的观点深表赞同。1836年，曼利提出了自己的理由："他(奴隶)从来没有过度劳动，从来没有因为食用不洁食品而染病，从不会因为缺吃少穿而夜不能寐。他从来没有体会过饥饿和寒冷的滋味。当他身染重病或年老体衰时，他知道自己的身边有一位保护者、一个干练的朋友愿意保护他，使他免遭各种苦难的折磨。"曼利强调，奴隶制"使全体白人在各方面实现平等"。他宣称，"在这里，白皮肤就像是进行人种划分的勋章，是贵族的真正标志。尽管白人所从事的行业各有不同，但所有白人一律平等"。

1854年，乔治·菲茨休(George Fitzhugh)将实施奴隶制的南方和北方与欧洲各国进行了一番比较后,得出结论:"在蓄奴的南方,一切都是那样平和、恬静,不但物资充足,而且人人都显得心满意足。那里没有暴民,没有工会组织,人们不会为了争取提高工资而举行罢工,也不会武装抗法。穷人对富人也几乎没有任何嫉妒之心。"根据他的观点,北方劳动制度不但落后,而且这一制度下的工人还要遭到剥削。在经济困难时期,工人们就会遭到解雇,被闲置一旁;当他们由于疾病或受伤而无法劳动时,其遭遇也只会大同小异。因此,原本应该是自由工人的劳动者就沦为"赚取周薪的奴隶"。相反,南方实施的奴隶制对工人实行家长式的关怀,从生到死,一直不变。

还有些人在研究了黑人和白人在体质上存在的差异后得出结论称,与白人相比,黑人不仅低人一等,而且属于一个截然不同的次要物种。这些奴隶制的支持者研究了人种学的最新领域后竟然声称,与白人相比,黑人不但脑容量更小,而且大脑也不够发达。他们甚至断言,奴隶的内脏器官和体液的颜色与白人的相比也更黑。虽然这些"科学种族主义"的观点与宗教教条主义者的主张发生了冲突,但结果可谓殊途同归。毫无疑问,在南方白人中,信奉宗教的教条主义者占据了大多数。他们认为《创世记》(Book of Genesis)里明白无误地写着上帝只创造出来一个人种,而不是两个或者多个。所有拥护奴隶制的理论家都断言,在这个世界上,黑人注定只能发挥从属作用,注定永远处在白人的保护和控制之下。奴隶制支持者的论证经历了认为奴隶制是一种必要的邪恶到赞扬奴隶制从自然、历史、道德等角度看具有积极的意义,并从科学和政治的角度为这种劳动制度的存在寻找理由的发展过程。废奴主义者和奴隶制支持者的观点出现了两极分化。

美国境内的奴隶制

随着有关奴隶制的辩论日趋白热化,整个国家也正在以令人咋舌的速度不断向西部地区发展扩张。自从 19 世纪初起,美利坚合众国就开始获得大片土地。联邦政府先是在 1803 年签署《路易斯安那购地案》,接着又得到了佛罗里达州的大片土地,1845 年吞并了得克萨斯地区。为了兴建农场,为了传播政治理念和宗教思想,为了开采金银等矿藏,为了抢夺"野蛮的"印第安人的土地,美国人选择不断开辟新的疆土。一位记者认为美国人注定要将自己的领土从大西洋沿岸拓展到太平洋沿岸,他将这一理念称为"天命论"(Manifest Destiny)。1845年,约翰·L. 奥沙利文(John O'Sullivan)评论道,"我们的民族是个不断进取的民族。不管任何人或者任何事都不能阻挡我们前进的步伐"。

然而,奴隶制的确阻碍了西进的步伐,尽管奴隶制无法阻止美国人获取更多土地的狂热情绪,但它使获取土地的过程变得不再那么轻而易举。几乎所有人都赞成这一观点,认为奴隶制必须通过不断地扩张才能存在,但南方人希望奴隶制向西扩张并不仅仅是出于经济原因;对他们而言,无论是从政治角度还是从种族主义角度来说,奴隶制的扩张都显得举足轻重。南方人的种植园经济蓬勃发展,而在西部地区得到更多的未开垦土地就可以确保他们有更多的机会,赚取更高的利润。南方人对于北方人的利益一直都持有小心戒备、满腹疑虑的态度,因此,在他们看来,在国会里保持蓄奴州与自由州之间的平衡至关重要。目睹着数量众多的黑奴人口聚集在自己周围,很多南方白人也产生了不安的焦虑感。如果想要保持政治平衡和种族平衡,关键方法就是促使棉花王国向西部地区扩张。与此同时,北方白人则希望新开拓的大片领土上再也不要出现奴隶制和黑人。北方工人和中产阶级的成员担心出现"奴隶主集团(slaveocracy)"。奴隶主集团指的是密谋掌控整个美国社会的"奴隶主政权",该集团越来越团结统一,实力也变得越来越强大。他们担心该集团里那些反美精英们将会摧毁雇佣劳动制度、扼杀经济发展的动力、重新诠释财产的概念,并迫使没有蓄奴的独立白人陷入贫困。他们并不属于废奴主义者,实际上,他们希望将西部的领土分配给白人劳动者,而不是分配给那些富甲一方的种植园主和他们手下的奴隶。

吞并得克萨斯

从政治角度来说,密苏里危机首次揭示了西部领土扩展和奴隶制之间存在的水火不容、一触即发的态势。美国吞并得克萨斯蓄奴州一事成为此次危机的另一个导火索。起初,得克萨斯地区在1836年通过发动武装革命从墨西哥手中获得了独立。然而,没过多久,得克萨斯共和国[①]的很多奴隶主——其中绝大部分奴隶主是美国人——认为如果得克萨斯共和国与美利坚合众国合并,将会给得克萨斯带来相当大的好处,包括保护自己免受墨西哥的侵略,因为当时墨西哥继续挑战得克萨斯的独立。得克萨斯人也可以为奴隶求得一份保障。1844年是美国大选之年,大选论战的主要问题虽然是吞并得克萨斯共和国的相关事宜,

---

① 得克萨斯共和国(1836—1845),旧国名,又名"孤星共和国",其领土范围涵盖现今美国得克萨斯州及部分的新墨西哥州、科罗拉多州、怀俄明州、奥克拉荷马州、堪萨斯州。——译者

但争论的焦点还是奴隶制向西部地区扩张的问题。1845年,得克萨斯州成为美利坚合众国的一个蓄奴州。然而,有关这个话题讨论的热度并没有随之冷却。

到了19世纪40年代中期,地方主义的思潮愈演愈烈,无人知晓整个国家将走向何方。起初,绝大部分美国白人都表示接受奴隶制的存在,而且在新共和国建立之初,奴隶制也一直处于长盛不衰的状态。如今,奴隶制不但越来越走向区域化、地方化,而且破坏了整个国家的团结统一。几乎没有人能够预测,当战争正在得克萨斯州南部靠近墨西哥边境地区酝酿发酵时,整个国家将要面临的是何种挑战。

第二章　战争及政局瓦解
1846—1860 年

1848 年夏,当美国军队从墨西哥凯旋时,热情洋溢的民众欢庆他们大获全胜。美国人将这场战争称为墨西哥战争(Mexican War),而这场战争本身就让人感觉不可思议。一个刚刚成立不久的共和国,凭借着由民选政府和平民组成的部队,不但迎头痛击墨西哥专制政府招募的军队,而且战争就在墨西哥本土上打响。这件事的确值得大肆宣扬一番。"那些阻碍美国崛起的头戴王冠的家伙们!现在轮到你们哀号啦!美国前进!前进!"一个战士扬扬得意地大声叫喊。在 17 个月的时间里,美国已经获得将近 50 万平方英里的土地,其范围从得克萨斯州西部边界到太平洋沿岸。最让美国人感到称心如意的是得到了加利福尼亚州。实际上,得到得克萨斯州早就如同探囊取物一般,相反,对于美国人而言,最想要做到的是替美国的捕鲸人和商人获得太平洋沿岸的港口。对于美国人吞并得克萨斯共和国一事墨西哥人已经感到怒不可遏,因此,当美国人在 1846 年初提出收购加利福尼亚地区时,墨西哥不假思索地直接予以拒绝。事态的发展陷入僵局后,战争便成为最佳的解决手段。1844 年,美国与英国签署协议,将俄勒冈地区(Oregon Territory)也划归到自己新的领土范围内。由此,美利坚合众国的领土总面积已经增加了将近 1/4。

然而,在接下来的 12 年里,这片广袤无垠的新增领土使美国陷入一片混乱。在墨西哥战争结束之前,美国民众就想知道奴隶制在那里是否行得通。对于南方人而言,奴隶制的扩张是再自然不过的事情,不过,在北方社会里,越来越多的民众有着截然不同的想法。在十九世纪三四十年代,北方民众反对奴隶制的呼声更加强烈。联邦国会和各级法院对这一问题的答复根本无法令所有人感到满意,这两个政府机构的无能促使美国的政党制度发生了巨变,使地方主义的热情发展到了危险的程度,人人都开始疑神疑鬼,结果造成绝大部分蓄奴州脱离联邦。所谓的领土问题一开始只是在财产权和政治权利的平衡上产生了争议,如今却上升成为道德问题。美国政治体制建立的基础是各方都愿意做出妥协并达成交易,因此,这类道德问题便成为该体制难以解决的死结。

波尔克总统与天命论

詹姆斯·K. 波尔克(James K. Polk)是美国第十一任总统。当他对墨西哥宣战时,不可能预料到将要发生的一切。波尔克身形清瘦,意志坚定,不论是在担任国会议员期间,还是担任田纳西州州长期间,从来都没有过任何种族偏见的想法。当民主党在党内推选总统候选人的问题上陷入僵局后,波尔克在一次党内大会上当选为本党总统候选人,成为美国政坛上的第一匹"黑马"。自此,波尔克开始活跃在美国的政治舞台上。大名鼎鼎的辉格党(Whig)人亨利·克莱来自肯塔基州,是波尔克的大选竞争对手。克莱曾语气颇为轻蔑地问道:"詹姆斯·K. 波尔克是谁?"不过,波尔克最终还是险中取胜,侥幸成功。绝大部分美国人都对波尔克心存好感,喜欢他自信十足地发表扩张主义的言论,乐于听他做出的种种承诺:推动美国解决俄勒冈边界问题、降低关税,以及恢复独立国库制。尤其当他承诺吞并得克萨斯地区时,民众更是欢喜有加。波尔克仅在一届总统任期内就几乎兑现了所有承诺。尽管最终波尔克还是在俄勒冈问题上做出了妥协,只占领了俄勒冈地区一半的领土,但赢得的墨西哥领土蔚为壮观。

墨西哥战争

波尔克早就已经下定决心在总统任期内为美国做出更大的贡献,因此,他秘密派遣约翰·斯莱德尔(John Slidell)用数百万美元现金购买包括加利福尼亚地区在内的土地,并解决里奥格兰德河(Rio Grande River)附近与得克萨斯地区边界的争端。当墨西哥人断然拒绝后,斯莱德尔宣称:"如果我们不把他们打得落花流水,我们就永远不可能与他们相处。"波尔克马上派遣扎卡里·泰勒(Zachery Taylor)[①]将军率军前往里奥格兰德地区,此举被墨西哥人视为美国对墨西哥宣战。"我们奉命前往该地区就是为了挑起一场战争,"尤利西斯·S. 格

[①] 扎卡里·泰勒(1784—1850),美国政治家、军事家,第十二任总统。这位戎马生涯近 40 载的将军,曾长期守卫着边疆阵地,拼杀于墨西哥战场。他没有任何政治经历,19 世纪 40 年代美国统治阶级扩张的热潮把他推到总统候选人的位置,后来他又以军功赢得竞选而入主白宫。尽管他在战场上屡屡获胜,被称为"机灵的大老粗""最大的英雄",政绩却不如人意。——译者

兰特(Ulysses S. Grant)①当时是泰勒手下的一名年轻军官。他后来回忆道:"不过,重要的是,这场战争要由墨西哥人先动手。"的确,墨西哥人跨越了里奥格兰德河,对泰勒率领的军队发起了袭击,结果造成 16 名美国士兵伤亡。1846 年 5 月 11 日,波尔克总统向国会发表演说:"墨西哥军队已经越过了美利坚合众国的边界,入侵了我国领土,让美国人的鲜血洒在了美国人的土地上。战争已经打响!尽管我们千方百计想要避免这场战争的爆发,但墨西哥人率先挑起了战争。"双方的军事冲突从墨西哥本土开始逐步升级,蔓延到美国西南部和加利福尼亚地区。这场战争血腥暴力,骇人听闻,导致美国军队的伤亡数字高达 1.7 万人左右。由于疾病肆虐,很多美军士兵都不治而亡。据估计,墨西哥的兵力损失至少有 2.5 万人之多。1847 年 9 月,温菲尔德·史考特将军率领由 1.3 万人组成的正规军和志愿军在韦拉克鲁斯(Vera Cruz)②登陆,经历艰难险阻,最后攻下了墨西哥城(Mexico City)。墨西哥战争基本上就此结束。

1848 年 7 月 4 日,上午,波尔克为建造华盛顿纪念碑(Washington Monument)举行了奠基仪式,并为纪念碑砌下了第一块大理石质地的奠基石;下午,波尔克签署了《瓜达卢佩—伊达尔戈条约》(Treaty of Guadalupe Hidalgo),品尝了墨西哥战争的胜利果实。在美国独立日当天发生的这两件大事表明美国在历史上已经占据了特殊的地位。美国独立战争结束后,在不到两代人的时间里,美国的领土面积不断扩大,国力不断增强,这种发展速度令人叹为观止。人们不禁由此而浮想联翩,认为美国的那些开国元勋们已经化身为守护天使。实际上,在华盛顿纪念碑的奠基仪式上,乔治·华盛顿的孙子和波尔克总统一起为这座大理石方尖碑砌下了奠基石。此外,流芳至今的多莉·麦迪逊(Dolley Madison)③和亚历山大·汉密尔顿(Alexander Hamilton)④的遗孀也出席了这一奠基仪式。难怪当时那几年美国人总是谈起天命论。对美国人而言,天命论已经成为一种坚定的信念。他们坚信自己肩负着在整个北美大陆传播民主和基督教的神圣

---

① 尤利西斯·S. 格兰特(1822—1885),美国军事家、将军和第十八任总统,是美国历史上第一位从美国军事院校(西点军校)毕业的军人总统。他在美国内战中屡建奇功,有"常胜将军"之称。——译者
② 韦拉克鲁斯位于墨西哥东南沿海坎佩切湾的西南岸,濒临墨西哥湾的西南侧,是墨西哥东岸的最大港口,素有墨西哥"东方门户"之称。——译者
③ 多莉·麦迪逊(1768—1849),是美国第四任总统詹姆斯·麦迪逊的妻子,华盛顿著名的"第一夫人"。当 1812 年战争期间英国人入侵华盛顿时,1814 年 8 月她为保卫华盛顿进行了杰出的战斗。她保住了许多政府文件和华盛顿的肖像。——译者
④ 亚历山大·汉密尔顿(1757—1804)是美国的开国元勋、宪法的起草人之一,财经专家,是美国的第一任财政部部长。是美国政党制度的创建者,在美国金融、财政和工业发展史上,占有重要地位。——译者

使命。

1848 年还发生了另外几件大事。1月，加利福尼亚发现了金矿。在墨西哥战争打响之际，没有人会预料到会有这样的发现。同年，欧洲各国纷纷爆发政治革命，局势动荡不安。这表明，随着旧世界的分崩离析，欧洲将不得不承认这个盛气凌人、生机勃勃的共和国的领导地位。美利坚合众国已经步入了"历史上的一个新纪元"，一份美国杂志如此写道，"从今年起，在国家的发展上，我们将重新起步；这意味着我们必须将世界历史的发展纳入我国发展的长河，这在历史上绝无仅有"。波尔克总统在同年年底宣布，美利坚民族是"世界上最受青睐的民族"。

奴隶制及其扩张

或许美国人真的颇受青睐，然而，上帝即便对自己的选民都要进行长时间的考验。1848 年，一个纽约人在日记的最后一页坦承，"对于未来，我不禁感到些许焦虑不安；对于过去，我又有一丝伤感哀怨。新年到来的时候总会激发一些悲观的情绪"。他最关心的问题莫过于"在奴隶制问题的影响下，南方与北方之间可能会产生分裂"。他的担心不无道理。1846 年 8 月，就在美国与墨西哥之间的战争打响后不久，宾夕法尼亚州一个名叫戴维·威尔莫特（David Wilmot）的年轻人当选了民主党国会议员。身形魁梧的威尔莫特提出的议案认为"不论是奴隶制，还是强制劳役"，都不应该出现在通过战争所赢得的领土上。南方的政客们对此纷纷给出了明确答复。佐治亚州的一个辉格党人认为这一限制性条款简直就是"鬼话连篇"。很多民主党国会议员公开抨击这一条款，称其"对南方而言无异于一大侮辱"，并认为这只是计划的第一步，其目的是将南方人排除在美国通过战争获得的任何土地之外。弗吉尼亚州的一位人士宣称，"（这一限制性条款）实际上就相当于对南方人说'滚！'你们根本无法跟我们相比，你们就应该被排除在外"。众议院的投票结果一边倒地倾向于地方主义的路线，而不是民主党的方针路线。最后，该议案在参议院遭到否决，这种状况令人感到不安。自从《密苏里妥协案》签署后，整个国家的气氛一直都很紧张。绝大部分美国人，当然也包括绝大部分政客都千方百计地避免谈及这个话题，然而，如今威尔莫特将这个话题提上了日程。

不过，在当时，除了那些反对废奴主义的人及为数不多的南方种植园主，几乎没有人意识到战争将会对奴隶制产生影响。天命论已经成为全民族的心声；

对混乱无序、多种语言混用、信奉天主教的墨西哥所进行的惩罚就是正当的。天命论的目标就是获得加利福尼亚地区的土地,当地人民都渴望有一个稳定的政府对当地采取民主的治理方式,至少当地为数不多的美国人心存此念。1845年,一个年轻的陆军中尉曾经预言,称不论对于军队还是对于国家,美墨之间的冲突"将会有百利而无一害"。"我国面临的分裂、地方主义问题,以及内部冲突都会迎刃而解,"他坚持认为,"共同的利益将会使全国人民团结起来。"屈指可数的几个非废奴主义者反对墨西哥战争,这些人大多数都是辉格党政客。他们反对奴隶制,但更反对赤裸裸的侵略。甚至很多南方人也都认为,奴隶制的发展范围不可能超越得克萨斯地区。美国人认为,加利福尼亚地区将会成为黄金海岸,哥伦布(Columbus)曾经心怀的梦想——与远东(Far East)进行贸易往来——将会实现。《威尔莫特附文》(*Wilmot Proviso*)的提出及人们对这一条款的反对意见在很大程度上是由以下几个原因造成的:对于关税政策的意见分歧,民主党内部存在的地方性不满情绪,以及吞并俄勒冈地区后在奴隶制问题上出现的不和谐音。

扩张的压力

然而,随着墨西哥战争的结束,对于奴隶制的支持者和反对者而言,原本在1846年模糊不清的局势开始变得日趋明朗。地域面积的急剧扩张不但需要政治和经济方面进行成熟配套的管理,而且需要一个稳定的制度基础,而这都是美利坚合众国所欠缺的。面对一些极端复杂的问题,美国需要做出明智的决策,但它还没有做好准备。当时美国的首都只不过是个小村庄,国会大厦(Capitol)尚处在建设中。华盛顿纪念碑将会成为美国第一座国家级别的纪念碑,然而,到了19世纪50年代中期,美国政坛的争吵纠纷导致该纪念碑的建设施工中断了25年。当时,华盛顿纪念碑反而变成了国家分裂的标志。直到1884年,纪念碑才得以竣工。

此外,整个时代和整个社会都在不断发展变化。至少从1815年起,美国生活的主导力量一直都是领土扩张。领土扩张意味着国家不断发展,而绝大部分人也认为国家发展是一件好事。领土扩张和国家发展还会带来变化,但变化——尤其是威胁到老方法、传统价值观,以及人们熟悉的生活方式的快速变化——却又让人们感到焦虑不安。这一点也不容忽视。1848年,美国因为最近频发的"革命"而感到心烦意乱,因为这场革命不但在美国的工业、技术、交通、城市和市场等各个领域、各个地区爆发,而且不断使这些领域发生变化。因此,社会变革的热情既让人们感到兴奋,又让人们感到惶恐。领土面积突然加速扩张的影响力不亚于一场革命。值得肯定的是,所有变化令人心潮澎湃,激动不已,而且使美国变成了一个繁荣富强、生机勃勃、具有巨大潜力的国家。然而,隐藏在种种变化之下的却是整个国家尚未成型的民族认同感,以及软弱无力的政府机构中心。因此,国家发展过程中经历的各种痛苦,不仅包括领土扩张速度过快产生的问题,还包括很多其他方面的问题。各种矛盾的累积终将使国民陷入分裂。

政党制度

美国尚不完善的政党制度是一切问题的核心。半个世纪前,美国的政党制度产生,而两大政党——民主党和辉格党——的发展历史都还不到25年。两个政党都郑重承诺要致力于发展民主政治(democracy)和共和主义(republicanism)。其中,民主政治指由"人民"来运作政府,而共和主义指社会对"人民"所做出的自由平等的承诺。不过,到底哪些方法才是实现这些令人仰慕的目标的最佳方法呢?两党对于这一问题的答案一直争议不断。民主党人声称自己是托马斯·杰斐逊所创建的民主共和党(Democratic-Republican Party)的继承者,主张保证州政府的权利,赞成严格解释宪法所规定的权力,反对任何形式的金融垄断行为(不管这些垄断机构是私人企业,还是政府指导的国家银行),憎恶对个人自由的限制。肯塔基州的亨利·克莱领导的辉格党认为,联邦政府既是社会变化的促进者,也是共和国自由的保护人,还是经济发展的发动者,因此联邦政府相对说来应该发挥更大的作用。就经济发展而言,辉格党人主张建立国家银行,由国家出资建设交通运输系统,并征收高额关税,以保护美国制造业的发展,保障美国工人的工资水平。

如果美国人仍然蜷缩在密西西比河以东有限的区域内,如果美国人将领土扩张仅仅局限在《路易斯安那购地案》的规定内,或者止步于吞并俄勒冈地区和得克萨斯地区而感到心满意足的话,那么,这种政治体制或许完全可以保证上述任务的顺利完成。两个政党的方针政策制定得同样含糊不清、模棱两可,因此在绝大部分问题上,甚至在奴隶制问题上,双方都可能会进行合作并做出妥协。然而,吞并墨西哥领土的问题必须马上解决,而且必须马上对新增领土做出安排,这给两党带来了巨大的压力。这种局面使两党的弱点暴露在民众面前:两者都不是真正的国家组织。相反，两党同属于地区性——甚至是地方性——的联盟组织。在这样的联盟里，党派内部的忠诚度非常脆弱，更多地依赖于相互的妥协。在真实的意义上，只有当两党每四年一次进行总统候选人的选举时，才成为国家级别的政党。当大选获胜者组建自己的内阁，并开始与国会打交道时，一切就又恢复了原状。十九世纪三四十年代，党派内部的忠诚度并没有遭遇任何挑战。因此，两党是否能够经受得住孤注一掷、不计后果的针锋相对尚需接受时间的考验。

政治文化和宗教

还有一点不容忽视，这种脆弱的政党联盟也受到了复杂多变的政治文化的影响，而政治文化通常是以人们所持有的不同信仰、各式价值观，以及各种臆断等方式表达出来的。以民主政治、共和主义，以及自由主义为代表的世俗理想构成了政治文化的重要组成部分，不过，宗教也不能被排除在外。十九世纪四五十年代，福音派宗教所表达出来的强烈情感使诸如克己节制、本土主义和奴隶制等最重要的改革问题实现了政治化。福音派信徒为那些在这几个问题上持有"正确立场"的候选人投赞成票。如果一个政党在道德、伦理及物质等方面所关注的问题与他们的关注点一致，福音派信徒也会表达出对该党的支持。辉格党人在改善社会方面对政府行动主义的依赖性更大，因此相较于民主党人，他们更加受益于福音派表现出来的热情。不过，当这两个政党处在险境中时，都会对地方神职人员和改革者的意见采取充耳不闻的态度。宗教甚至影响了美国政治的风格。自从19世纪20年代起，火炬游行、树桩演讲①、怪物集会、演唱歌曲、高呼口号及个人崇拜都已经将政治运动转化为世俗的复兴集会。

与此同时，教会还给政客们提供了一个危险的先例。1845年，在对待奴隶制的问题上，美国新教（Protestant）中最大的两个教派——卫理公会（Methodism）和浸信会（Baptist Church）——与美国北方与南方的态度一样也开始出现分道扬镳的局面。虽然直到1861年长老会（Presbyterians）才正式宣布内部分裂，但实际上自从十九世纪三十年代起，教会内部就已经出现了神学意义上的分裂，而这种分裂在对南北两个不同地区所表达出来的忠诚态度上体现出来。教会应该如

---

① 本意是"树桩上发表的演讲"，引申为政治家在竞选期间发表的演讲，风行于19世纪，一直延续至今。——译者

何促进社会变革？《圣经》到底是在替奴隶制和奴隶主辩护，还是在对两者进行谴责？教会内部的分裂表明，两派对这两个问题的理解方面存在着不同意见。在社会主流的宗教信仰中出现了有违信仰宗旨的问题，这表明新教教会已经参与美国政治辩论。但它们也孕育了一股新的政治反对力量。尽管民众对此经常采取视而不见的态度，但这股力量发出了警告，提醒他们党派内部即将发生巨变。

激动人心的竞选活动之所以能够成功，部分是因为合乎标准的选民人数越来越多。1800年，只有3个州宣布白人男性拥有选举权，而且不必受到拥有财产数量及纳税额度的限制。至1830年，已经有10个州允许白人男性拥有选举权。结果导致各党政客对越来越多的"普通人"，诸如雇工、职员、店主、工匠，以及工厂工人等趋之若鹜，频频示好。这种新的政治形势吸引了这些重新定义的选民，并使他们活力四射，而不管他们是否虔诚，也不管他们是否意识到了政治和福音派教义之间的关系。此外，每个新选民也都十分尽职尽责。十九世纪四五十年代总统大选的投票率比之前20年的投票率高出20个百分点。即便在非大选年的选举中投票率有些偏低，但投票选民的总数仍然可以保持在50%以上。这种现象足以证明美国人最喜欢的消遣活动就是参与政治、参加竞选活动，以及参加投票选举。

女性的政治角色

虽然法律仍然禁止女性拥有选举权，但教会让女性有机会为形塑政治文化出一份力。美国女性早已经被理想化为伦理道德的堡垒。多年以来，女性一直在家庭和教会中发挥自己的影响力，让男性举止文明，对儿童进行道德教育。19世纪初，慈善组织招募了成千上万的中产阶级女性，使她们在更广阔的范围内发挥同样的作用。目睹越来越多女性的身影出现在一些半公开的领域里，很多人感到大惊失色，但改革者认为女性的加入使他们所追求的事业变得更加崇高。此外，女性以更实际的方式发挥作用，例如，发放请愿书、筹集资金、公开发表演说支持她们喜欢的慈善组织和各种改革，为很多宣传改革的报纸和杂志撰写稿件等。

这些表明女性才刚刚开始发挥自己的政治角色。在为他人耗费了如此之多的精力后，有些女性开始为自己寻找更广阔的自由空间，希望在雇佣机会、工资、法律保护，以及政治权利等方面实现男女平等。这些早期的女权主义者在反对奴隶制的运动中所发挥的作用有目共睹；如今，她们又开始高喊革命口号，坚持认为男女生而平等。1848年7月，第一届全国女权大会在纽约州的塞尼卡福尔斯(Seneca Falls)召开。此次大会标志着女性新兴运动的开始，但相对来说并没有几个男性改革者表示支持。就像教会所发挥的作用一样，女性激进分子也将会成为即将到来的地方主义竞争中的一股力量。

地区性的紧张局势

在这样的混乱局面和四处迸射的激情的衬托下，新的领土问题看上去似乎只不过是无足轻重的额外负担，但实际上，该问题具有潜在的致命性。很多政客认为既然以往在政治问题上存在的分歧甚至有关奴隶制的纷争都已经在两党相互制衡的政治体制中得到了圆满解决，那么，该政治体制自然可以降低地区性争端发生的风险。然而，到了1848年夏，很多美国人都感觉到整体局势开始朝着危险的方向发展。民主党和辉格党以往在关税、国家银行及国内改善等方面的分歧已经开始逐渐消失，相反，两党对忠诚度的要求开始降低，却都将重点放在建立区域联盟和本地联盟上。诸如奴隶制扩张等问题原本就会使国内舆论由于所处地域的不同而产生分化，在这种新形势下，提出该问题就有可能会使原有的政党忠诚度彻底消失。"不管是谁，只要不愿意做出反对《威尔莫特附文》的承诺，南方人都将不会支持他竞选总统职位，"6月，费城一个名叫西德尼·乔治·费希尔(Sidney George Fisher)的富豪如此评论道，"一旦有人从公正的角度提出这些问题：到底应该由谁来管理整个国家？南方还是北方？联邦政府马上就会大难临头。"他继续说道，语气似乎更加不祥，"党派领袖不可能长时间控制公众舆论，新的组合方式必将形成，或者说正在形成之中。另外，我们有理由担心，要不了多久就会出现一个北方党派和一个南方党派，而且代表北方的党派……将试图全面废止奴隶制，这将会成为内战爆发的信号"。

财产问题

新领土问题的症结是因为奴隶制构成了南方经济、社会和法律体制的核心，而这恰好与北方有关财产的定义背道而驰。南方人声称，如果他们没有无论走到哪里都可以随身携带奴隶这一动产的权力，那么，他们就将在自己的国家里变成二等公民。"我们并没打算宣传推广奴隶制，但每个南方人的确都希望坚持在与北方人完全平等的基础上进入新的领土，"一个弗吉尼亚人声称，"南方人或许不会真正运用自己的权力，但他们不会放弃这项权力，（因为）如果放弃，就意味着他们承认了不平等的地位。"南方人永远不会放弃在共和政体中进行自我管理及掌控奴隶的权力。约翰·C.卡尔霍恩曾经一语道破南方所持有的无效论的本质，如今，他对这个问题的看法也直击要害。卡尔霍恩在1848年以如下的方式阐述了奴隶制扩张的问题："我们有权携带属于我们的财产前往新开辟的领土，这一点不但不容置疑，而且得到了我国宪法的支持和保护。新开辟的领土属于我们大家——属于美利坚合众国。"

1848年大选

1848年，随着总统大选日期的临近，有一点让人们的心中充满了希望，即民主党人和辉格党人都不愿意表现出自己受到地方主义利益的驱使。相反，双方都希望能够同时讨得南北方选民的欢心。辉格党推选出扎卡里·泰勒作为本党参选代表。辉格党曾经强烈反对美国与墨西哥开战，如今却提名泰勒作为本党的总统候选人，此举表明该党想要避免在总统选举中重提奴隶制问题。泰勒将军有"机灵的大老粗（Old Rough and Ready）"之称，是经历过墨西哥战争洗礼的一位战斗英雄。虽然他出生在弗吉尼亚州，但他是路易斯安那州的一个蓄奴的种植园主。泰勒身材不高，但健壮结实；诚实坦率，且直言不讳。不过，他从来都没有从政的经历，而且没有坚定的政治观点和政治主张。相反，他在向选民做自我介绍时自称为两党的共同代表，并称自己是个民主党人。他甚至非常坦率地说，辉格党的权力掮客希望他能讨得民主党普通党员的欢心。泰勒将成为辉格党版本的安德鲁·杰克逊，他将成为首位认为自己是"普通人"的美国总统。

与此同时，当波尔克总统坚守之前只担任一届总统的承诺时，真正的民主党人开始求助于刘易斯·卡斯（Lewis Cass）。① 泰勒和卡斯都曾经参加过1812年战争，② 不过，战后泰勒继续之前的军旅生活，卡斯则开始了自己的政治生涯。

---

① 刘易斯·卡斯（Lewis Cass，1782—1866），美国军官、政治家，曾任密歇根领地总督（1813—1831年）、美国战争部长（1831—1836年）、美国参议员（1845—1848年、1849—1857年）和美国国务卿（1857—1860年）。他是1812年美英战争的积极参加者和高级指挥官；主张对英国保持强硬态度，最终结束英国对海上船舶的检查与搜查权的要求；反对《威尔莫特附文》，主张由人们自由选择是否实行奴隶制；赞成"1850年妥协案"；反对西部诸州脱离联邦，极力主张运用武力捍卫联邦的统一。——译者
② 美国第二次独立战争又称1812年美英战争，是美国与英国之间发生于1812—1815年的战争，是美国独立后第一次对外战争。——译者

卡斯曾任职于俄亥俄州的州议会、担任过密西根州的地方长官、加入过安德鲁·杰克逊的内阁,担任驻法公使,后来又成为代表密歇根州的联邦参议员。卡斯才华横溢,演说才能令人敬畏。他是一个彻头彻尾的民族主义者和扩张主义者。如今,面对领土问题他提出了一个大胆却又切实可行的解决方法。泰勒暗示国会应该决定扩张政策,但卡斯的看法与他截然相反,卡斯认为生活在这片土地上的人民应该自己决定那里奴隶制的命运。卡斯说,解决问题的主体应该是人民主权,而不是将国会随心所欲划分出来的某些地理区域作为解决问题的依据。

第三个"民主党人"的加入让竞选事态变得更加复杂,因为又有一个总统候选人加入这场竞争中来。前总统马丁·范布伦(Martin Van Buren)①曾经担任过安德鲁·杰克逊的副总统,也是杰克逊的继任者。在过去20年的时间里,范布伦在"老山胡桃(Old Hickory)"②阴影的笼罩下从来不曾引起他人的注意,如今范布伦开始大胆发声,明确表示反对扩大奴隶制的范围。范布伦成为自由土地党(Free-Soil Party)的总统候选人。自由土地党堪称奇怪的组合,该党派主要由三部分人构成:反对奴隶制的民主党人、新英格兰地区的辉格党人(人称"有良知的"辉格党人),以及已经解散了的自由党(Liberty Party)的残余力量。1844年,自由土地党发起了全国第一次反对奴隶制的政治运动。这个反对奴隶制新党派的口号是"自由土地、自由言论、自由劳动和自由人"。该党反对奴隶制的扩张,支持《移居法》(Homestead Act)(给移民提供廉价的西部土地),痛恨"奴隶主集团的权力"。这一信条可以说明一些问题,但或多或少有些误导之嫌,因为在绝大部分自由土地党成员的想象中,新增领土应该由白人定居使用,而不应该受到任何类型的黑人劳动力的威胁。不过,该党成员的确提醒过移民,当心黑人劳动力的竞争。在接下来的10年里,市场不断扩张,经济持续发展,但有关奴隶制的辩论也一直都未曾停止过。对于处在这个时代里的所有劳动者而言,黑人劳动可能会带来竞争的问题已经成为他们最为关注的问题。

自由土地党人赤裸裸地推崇地方主义。虽然他们的做法并不符合时代的节拍,但他们对事态发展的影响程度远远超过他们微不足道的人员总数。泰勒获得了8个蓄奴州和7个自由州的支持后,赢得了大选,卡斯则分别赢得了7个蓄奴州和8个自由州的支持。尽管有"小魔术师(Little Magician)"之称的范布伦堪称一个老谋深算的政客,他也得到了非常可观的普选票(popular vote),占了

---

① 马丁·范布伦(1782—1862),美国第八任总统(1837—1841年),他是《美国独立宣言》正式签署后出生的第一位总统。——译者
② 因作法强硬而知名的杰克逊,绰号"老山胡桃"及"印第安人杀手"。——译者

总普选票的 10%，但没有赢得选举人票（electoral vote）。不过，范布伦在纽约州分散了大量的普选票，无异于将纽约州和大选拱手让给了泰勒。还有一点不容忽视，自命不凡的自由土地党在众议院赢得了 13 个席位，在拥有 112 个席位的民主党人和 109 个席位的辉格党人中间起到了平衡作用。看到这样的结果，范布伦一定恶作剧般地乐不可支，因为刘易斯·卡斯曾经在 1844 年否决范布伦担任民主党总统候选人一事中起到了推波助澜的作用。

泰勒的妥协计划

绝大部分北方人都担心，泰勒当选总统意味着"南方"在领土问题上取得了胜利，然而，随后的事实证明，经过艰苦斗争才签署的《1850 年妥协案》（Compromise of 1850）尽管使南北方之间产生了分裂的迹象，但合理地维持了南北方之间的平衡。从 1850 年 1 月到 9 月，为了确保从墨西哥手中赢得土地，国会一直都在激烈地辩论，这在美国历史上也堪称最伟大的系列辩论之一。参议院动用了卡尔霍恩、克莱和丹尼尔·韦伯斯特（Daniel Webster）等 3 员老将组成了三头政治同盟，在论战中抢尽了风头，不过，让所有人惊讶的是，泰勒总统最终成为论战中的关键人物。1849 年 12 月，泰勒总统提出必须马上批准加利福尼亚加入联邦，而且"要不了多久"新墨西哥（New Mexico）就会步入后尘。因为早在前一年夏天，泰勒就已经制订计划，敦促加利福尼亚人选举出自己的州政府并起草宪法提交国会批准。泰勒总统对此信心十足，于是国会便批准了总统的计划。

到 12 月，新墨西哥也建立了准州政府（territorial government）。至于奴隶制，泰勒建议，新建州的所有居民——而不是国会——应该有权自行决定自己的事务。对于卡斯所提出的人民主权论的信条，泰勒虽然并没有直接加以引用，但他巧妙地表达了自己的欣赏之情。

顾虑重重的南方

南方人感觉泰勒背叛了自己。尽管北方人对奴隶制不断抨击指责并表达出焦虑之情，但几乎没有南方人指望种植园奴隶制会在得克萨斯州以外的地区同样有利可图。只有为数不多的人注意到奴隶劳动在加利福尼亚州的金矿里具有潜在价值，然而，美国远西地区（Far West）的土壤和气候不适合种植经济作物。

不过，仍然有一部分南方人坚信奴隶制只有进行扩张才可以继续存在下去。随着美国不断获取新领土，随着新的州接二连三地加入联邦，南方人愈发坚信保持蓄奴州和自由州在国会内部的权利平衡至关重要。这一问题自国家建立之初就已经存在，至当时仍未解决。自从1816年起，为了解决该问题，美国宪法里出现了"五分之三"条款，《密苏里妥协案》得以签署，总统下令接纳新州加入联邦。1850年，美国蓄奴州和自由州的个数持平，都是15个。不过，加利福尼亚州已经投票表决禁止实施奴隶制，而种种迹象表明新墨西哥州也将如法炮制，这种情况必将严重破坏原有的平衡局面。当时，北方人口增长速度更快，经济发展势头更猛，俄勒冈地区及根据《路易斯安那购地案》所得到的尚未分配的土地都不太可能实施奴隶制。鉴于上述因素，如果南方人遇到一些他们认为与自己的利益密切相关的问题，尤其是那些涉及财产权的问题，他们就不能在国会拉到足够的选票。有些北方人认为，这种情况对南方人而言似乎还不够糟糕，于是，他们坚决要求在解决新增领土问题时必须参考《威尔莫特附文》中的相关条款。

菲尔莫尔当选美国总统

南北双方之间的辩论持续升温，直到7月9日泰勒总统的离世令全体国民震惊，双方的辩论也随即告一段落。独立日当天，时年65岁的泰勒总统在尚未完工的华盛顿纪念碑前举行庆祝仪式。仪式结束后，泰勒总统返回白宫（White House）时感到极度口渴，便先喝了大量的冰牛奶，又吃了很多生鲜水果和蔬菜，结果导致突发急性肠胃炎。4天后，副总统米勒德·菲尔莫尔（Millard Fillmore）继任总统之职。菲尔莫尔曾经担任过纽约州的国会议员，但政绩并不突出。泰勒之所以让菲尔莫尔担任副总统是为了让他在纽约州（Empire State 或 New York State）治理党内的混乱局面。就这样，尽管泰勒曾经扬言要通过夯实自己的计划以解决令国会陷入僵局的问题，但如今该问题只能通过双方做出妥协才能加以解决。

事实证明，菲尔莫尔升任总统之职对国会而言堪称因祸得福。在新总统任职后的最初几个月里，国会为了找到泰勒计划的替代品，匆忙将一系列妥协案拼凑到一起，没想到新总统对这些妥协案大加赞赏。实际上，新总统出身卑微，原本是个目不识丁的裁缝学徒工，但他持重大方的举止和温文尔雅的态度将这一切掩饰得恰到好处。人们一直都对他估计不足，如今他再次令所有人都惊异不已。与来自南方的前任总统迥然相异的是，菲尔莫尔不但反对奴隶制，而且并不坚持让新墨西哥地区建州。扫清了这一障碍后,事情的发展就开始变得井然有序、按部就班起来。亨利·克莱早些时候曾经提出一个涵盖了各种各样妥协措施的"综合性"法案。其中,有些措施得到南方人的欢迎,有些则得到了北方人的青睐。国会就这项综合性法案进行了一揽子投票,但法案遭到否决。这一结果让这位73岁高龄的肯塔基人克莱精疲力竭。为了将养身体,他便在8月离开首都华盛顿。此后,史蒂芬·A.道格拉斯(Stephen A. Douglas)[1]介入此事。道格拉斯来自伊利诺伊州,是民主党首届参议员。道格拉斯所制定的妥协案与克莱的综合性法案大同小异,不过,他选择将妥协案一份一份地递交给国会辩论,结果悉数获得通过。

《1850年妥协案》

在菲尔莫尔的支持下,道格拉斯转换了战术。南北方之间所具有的不同特点曾经让克莱陷入困境,但道格拉斯成功地扭转了局势。道格拉斯并没打算鼓励南北方实现和谐共处,相反,他充分利用一方的力量以对抗另一方的力量。1850年9月,系列妥协案中最重要的部分获得国会批准,其主要内容如下:第一,批准加利福尼亚作为自由州加入联邦;第二,新墨西哥地区在以州的身份加入联邦之前是否继续实行奴隶制,联邦政府不会加以限制。加入联邦后,由当地居民自行投票决定是否继续实行奴隶制。此外,确定新墨西哥地区与得克萨斯之间颇具争议的西部边界;第三,犹他地区加入联邦后,在解决有关奴隶制的问题时参照新墨西哥地区所实施的方针;第四,在整个联邦范围内实施《逃亡奴隶法》(Fugitive Slave Law),确保将所有逃跑的奴隶交还给原奴隶主;第五,哥伦比亚特区(District of Columbia)废除公开的奴隶买卖行为(但并不废止奴隶制)。

在奴隶制的问题上双方达成妥协后,举国上下的确出现了欢欣鼓舞的局面,但随之出现的问题让美国人感到有些灰心丧气。一位观察者宣称:"所有人都认为这个问题已经得到了解决,因此,对于在北方和南方出现的各种运动都不再人心惶惶。"然而,如果考虑到人们对于妥协所下的定义,《1850年妥协案》并没有真正达到人们的期望值。南北方之间的确实现了暂时性休战,甚至可以说达成了一份停火协议,但双方实际上只是同意了在新增领土是否实施奴隶制的问题

---

[1] 史蒂芬·A.道格拉斯(Stephen A. Douglas)生于1813年。人们叫他"小巨人"。虽然他的身材比较矮小,但是史蒂芬·A.道格拉斯在国会的影响力很大。他曾担任美国众议员、参议员,以及总统候选人。——译者

上保留自己的意见而已。正如来自俄亥俄州的自由土地党首届参议员萨蒙·波特兰·蔡斯(Salmon P. Chase)所称,"双方对于新增领土是否实施奴隶制的问题避而不谈。实际上,这个问题并没有得到解决"。

不过,考虑到几个星期前双方剑拔弩张的状态,如今人们可以稍微松一口气了。国会里虽然还有很多人仍然倡导地方主义,但就像在1819年到1820年及1832年到1833年一样,政治手段已经开始奏效。如果有人建议整个国家应该通过发动战争一分为二,那么,绝大多数美国人都将会对其嗤之以鼻。全体国民的情绪走向表明民众已经不再相信这样一个可怕的预测。

纳什维尔大会

1850年6月,在田纳西州的纳什维尔举行的大会颇具有象征意义,不但引起了民众的注意,而且进一步证明了国家不可能产生分裂,更不用说爆发破坏力十足的战争了。由于无法确定联邦国会将会在辩论中采取何种行动,美国15个蓄奴州中有9个州选派代表参加在纳什维尔举行的大会以讨论妥协案可能带来的种种益处。以南卡罗来纳州的罗伯特·巴恩韦尔·瑞德(Robert Barnwell Rhett)和弗吉尼亚州的埃德蒙·鲁芬(Edmund Ruffin)为代表的南方激进民族主义者或称"吞火者(fire-eaters)"[①]希望南方的辉格党和民主党能够在维护南方权力及反对妥协等问题上联合起来,一致对外,然而,面对绝大多数态度温和的与会代表,他们未能得到更多的支持。与绝大部分南方人一样,参加纳什维尔大会的代表在保护自己利益的问题上都能够达成一致意见,但对于应该采取何种方式保护自己的利益,代表中间却出现了重大分歧,他们对于吞火者所极力主张的解决方案一边倒地予以否定,因为这些激进的民族主义者主张脱离联邦。

参加纳什维尔大会的代表所做的无非是批准了一项议案。根据该议案,将《密苏里妥协案》里规定的分界线延伸到太平洋。代表还同意等到联邦国会对新增领土采取行动后再召开会议商讨对策。11月,第二次大会召开,但只有7个州的代表参加了会议。吞火者主导了整个大会后通过了一项决议案。该决议案谴责了妥协案的相关规定,并强调各州都有脱离联邦的权力。不过,对于吞火者而言,这次胜利毫无意义。绝大部分南方人都对国会妥协案规定的内容感到满

[①] "吞火者"被用于指代极端而又强硬的一伙政客,他们主张不惜代价保护美国南方的蓄奴制度,而让蓄奴制度流传下去的最佳方式,就是脱离联邦,另立门户。这个绰号本身也暗指他们"态度傲慢,言辞激烈"。——译者

意，因此，团结统一的情绪在南方占据主导地位。至少就当时而言，吞火者仍然是被边缘化了的政治演员，而且可以说已经名誉扫地。

1852 年大选

1852 年举行的总统大选似乎令民族复兴和民族统一的脆弱意识得到了加强。在这次选举中，民主党重掌白宫。48 岁的民主党人富兰克林·皮尔斯（Franklin Pierce）是一位来自新罕布什尔州的律师。虽然皮尔斯此时在政界相对来说似乎毫不起眼，但他英俊潇洒，优雅迷人而且口才出众。由于个人生活习惯恣意放纵，他已经在 10 年前退出了参议院。不过，为了推选出党内总统候选人，民主党内部举行的选举简直就像一场消耗战一般令人精疲力竭。在这种情况下，皮尔斯在依次击败了卡斯、道格拉斯及宾夕法尼亚州的詹姆斯·布坎南（James Buchanan）等民主党的忠实拥趸者后才当选本党总统候选人。尽管卡斯和道格拉斯与人民主权论有着千丝万缕的关系而令自己的名声受损，但在党内举行第 49 轮投票后，皮尔斯还是在党内选举中脱颖而出。

辉格党的总统候选人是墨西哥战争中的大英雄温菲尔德·斯科特（Winfield Scott）。[①] 事实证明，皮尔斯与斯科特竞选总统的难度要比竞选党内候选人小得多。斯科特骄傲自大，但在政治上表现得天真幼稚，根本不是皮尔斯的对手。自从 1832 年安德鲁·杰克逊当选总统以来，皮尔斯比任何一位总统所获得的民众投票率都高，而且高出将近 7 个百分点。同样不容忽视的还有一个征兆，该征兆预示着地方和平有希望实现，即自由土地党在这次选举中销声匿迹，而马丁·范布伦也重新回到了民主党的阵营，但选民的投票率是自 1836 年以来最低的，只有 70% 的选民投票。不过，这或许可以反映当时国家并没有发生什么重大事件，也就是说，国家并没有面临任何危机。

然而，辉格党所遭受并不仅仅是一次大选失败，1852 年大选后留下来的后遗症也令其深陷烦恼之中。实际上，斯科特与皮尔斯一般无二，都经历了艰苦的党内候选人竞争。斯科特在党内第 53 轮投票后才击败了米勒德·菲尔莫尔，当选辉格党总统候选人。对斯科特表示支持的辉格党人绝大多数来自北方。在接下来的几年里，辉格党在奴隶制扩张的问题上采取了反对态度，因此，很多南方

[①] 温菲尔德·斯科特（1786—1866），美国历史上任期最长的军队统帅。早年参加 1812 年美英战争，深感美军素质低下，因此厉行改革，1846 年指挥美军击败墨西哥，为美国夺得大片领土；战后竞选总统未成功，1861 年内战爆发后出任总司令，制订了击溃南方的战略计划并最终获得胜利。

的辉格党人都感到大失所望,转而投奔了民主党。南方人认为,相较于北方的辉格党,民主党北派中"支持联邦的成员"虽然占了多数,但愿意"根据南方的要求行使自己的权利"。面对着地方组织的各自为政,辉格党总部无计可施,而整个国家也将很快自食恶果。为了维护两党之间达成的共识,避免混乱局面的出现,两党制在地方层面上实现平衡就显得不可或缺,然而,这一平衡早已经遭到了严重的破坏。如果民主党也出现类似的问题,那么未来将变得难以预测。

"年轻美国"运动

然而,当时的民主党已经逐渐强大起来。皮尔斯一直致力于将奴隶制问题排除在政治问题之外,在很大程度上他所体现出来的是一种民主运动精神,世人将这一民主运动称为"年轻美国"运动。该运动兴起于19世纪40年代中期,脱胎于蓬勃发展的扩张主义,主张天命论、自由贸易,支持在1848年爆发令整个欧洲动荡不安的主张自由的大革命。该运动的支持者并不理会辉格党在1848年到1852年的再度兴起,认为这种回潮不但令人感觉不可思议,而且是一种暂时性的倒退。相反,该运动的支持者打算重新踏上促使美国繁荣富强、和谐发展的道路,这也是美国在与墨西哥发动战争之前所制定的发展道路。对于这场战争,皮尔斯与辉格党所持的态度截然相反。皮尔斯骄傲地宣称墨西哥战争"不但是一场正义之战,而且是必要之举"。19世纪中叶,"年轻美国"运动夸下海口,提醒国外"那些腐朽的君主"及国内"那些思想守旧的老家伙们"要谨言慎行。加入我们英勇无畏的行列便拥有了未来,否则就将被时代淘汰。我们已经做好成为世界领导者的准备。

"年轻美国"运动实力强大,信心十足,该运动还推崇文化民族主义。在几十年前的艺术作品和文学作品中,这种文化民族主义的理念深受更加广义的"浪漫主义"的影响。特别值得一提的是,各种文学作品不但由于"民主精神"的注入而变得生机勃勃,而且由于采纳了适合"生活在新时代的新人类"的各种美国主题和价值观而变得活力四射。在美国主要的文学巨匠中,很多男性文学大家的早期写作生涯受到了这种民主精神的极大影响,其中包括拉尔夫·瓦尔多·爱默生、纳撒尼尔·霍桑(Nathaniel Hawthorne)[①]和赫尔曼·麦尔维尔(Herman

---

[①] 纳撒尼尔·霍桑(1804—1864),19世纪前半期美国最伟大的浪漫主义小说家。其代表作品有:短篇小说集《古宅青苔》《重讲一遍的故事》等,长篇小说《红字》《七角楼》《福谷传奇》《玉石人像》等。——译者

Melville），①而沃尔特·惠特曼（Walt Whitman）②更是受其深刻影响。该运动的主要喉舌杂志是《民主评议》（Democratic Review），兼具文学和政治的双重功用。该杂志的总部设在纽约，主编为约翰·L.奥沙利文。1845年，奥沙利文首次提出"天命论"这一说法。同年，皮尔斯任命他为美国驻葡萄牙公使。当时的皮尔斯拥有一种类似于传教士的蓬勃热情，紧接着便任命南卡罗来纳州的埃德温·德莱昂（Edwin DeLeon）担任美国驻埃及总领事。而德莱昂正是"年轻美国"运动的创始者。皮尔斯希望德莱昂将这一运动精神带到海外，并发扬光大。

反对《逃亡奴隶法》

实际上，对于"年轻美国"运动所迸发出来的民族主义热情，并非所有人都做出了积极响应。反对奴隶制的人们，以南方的吞火者为例，不愿意接受国会对奴隶制尤其对《逃亡奴隶法》做出的让步。根据该法律的规定，不但联邦政府要负责将逃亡奴隶送回南方，而且强制北方居民协助该项工作，违者轻则罚款，重则监禁。此外，这项法律还具有追溯效力：那些在1850年前逃往北方的奴隶以及那些可能已经以自由人的身份在北方生活多年的奴隶都将遭到逮捕并予以遣返。对于那些无法证明自己出生情况的非裔美国人，即便他们在出生时就已经拥有自由人的身份，该法律仍然对他们享有的自由形成了威胁。成千上万的自由黑人由于担心遭到绑架，最终纷纷逃往加拿大。威廉·劳埃德·加里森、西奥多·帕克（Theodore Parker）以及其他著名的废奴主义者都毫不留情地猛烈抨击了该法律，帕克甚至煽动北方人使用武力阻挠该法律的实施。在纽约州、马萨诸塞州、宾夕法尼亚州、密歇根州以及俄亥俄州等地，民众英勇无畏，纷纷对那些北方的逃亡黑奴采取了救援行动，有时甚至会导致大规模暴动的发生。

1854年爆发的一个事件得到了各大媒体的广泛报道。当时，弗吉尼亚州有一个名叫安东尼·伯恩斯（Anthony Burns）的逃亡黑奴在波士顿被捕。为了表示抗议，帕克召开了一次群众性集会。在集会上，他对与会民众说道："波士顿市

---

① 赫尔曼·麦尔维尔（1819—1891），19世纪美国最伟大的小说家、散文家和诗人之一，与纳撒尼尔·霍桑齐名，麦尔维尔身前没有受到应有的重视，但他在20世纪20年代声名鹊起，被普遍认为是美国文学的巅峰人物之一。英国作家毛姆认为他的《白鲸》是世界十大文学名著之一，其文学史地位更在马克·吐温等人之上。麦尔维尔也被誉为美国的"莎士比亚"。——译者
② 沃尔特·惠特曼（1819—1892），美国诗人、散文家、新闻工作者及人文主义者。他身处超验主义与现实主义间的变革时期，著作兼并了两者的文风。惠特曼是美国文坛中最伟大的诗人之一，有"自由诗之父"美誉。他的文作在当代实具争议性，著有《草叶集》。——译者

曾经存在过,可现如今却已经成为亚历山德里亚市(Alexandria)北部的一个郊区。"听闻此言,在场民众交头接耳,纷纷表达出内心的痛惜之情,并对帕克的话语深表赞同。不过,帕克所期望得到的反应可远不止这些,他需要的是民众采取行动。"以前,我曾经多次听到人们因为重获自由而爆发欢呼声、喝彩声,"他继续说道,"然而,我从没有看到人们为了争取重获自由而主动采取行动。现在,我要问一下大家,除了在口头上进行声援,我们是不是也应该采取行动、主动争取自由呢?……我是个牧师,我主张和平;更热爱和平。然而,我们如果想要达到某个目标就必须采用合适的方法:实现自由是我们的目标,但有时和平并不是实现自由的方法。"帕克的鼓动卓有成效。民众不但采取行动袭击羁押伯恩斯的法院,在此过程中还打死了一名警察。以帕克为代表的废奴主义者义愤填膺,不但公开表示痛恨奴隶制的罪恶,而且公开表达了对"追捕奴隶者、蓄养奴隶者(以及)奴隶主"之流的切齿仇恨。这些废奴主义者早已经放弃了非暴力的抵抗方式。他们所采取的行动使19世纪50年代的狂热气氛变得愈发白热化。

《汤姆叔叔的小屋》

然而,一位大学教授妻子对《逃亡奴隶法》的反应影响更为深远。这个人就是哈里特·比彻·斯托。斯托生活在新英格兰地区,说起话来轻声细语。1851年6月15日,废奴主义者的喉舌杂志——《民族时代》(*National Era*)刊登了斯托撰写的连载小说《汤姆叔叔的小屋》的第一部分。到了富兰克林·皮尔斯开始执政时,该书已经分上、下两册结集出版。当时仅在美国,该书的销售量就已经超过30万册,而且在英国、法国及德国等国家也开始发行各自不同的版本。到1852年8月,该小说经过改编后被搬上舞台,在美、英两国同时上演。这本小说的发行激发了一股与农舍相关的产业热潮,出现了一系列的衍生产品,包括小说、歌曲、宣传手册及诗歌等。斯托称,她撰写此书就是"为了阐明奴隶制度的残酷性"。不出所料,她大获成功。她对奴隶制的暴虐和不平等毫不留情地予以抨击,此举令日渐衰落的废奴主义运动出现了回潮。北方发行的一份杂志撰文评论道:"自从《汤姆叔叔的小屋》这部小说出版后,任何一部作品都无法超越它所取得的巨大成功;纵观整个文学史,与其相比,任何一部作品都无法与之相媲美,甚至无法望其项背。"

斯托的成功令"年轻美国"运动以及整个南部地区紧张不安。有些南方人甚至将她的书视为"废除奴隶制的有力工具……以及破坏共和党各机构影响力的政治工具"。南方白人毫无例外地都将这本书视为洪水猛兽。南方的书评家也对斯托大肆嘲讽,原因有二:一是斯托对南方社会的猛烈抨击;二是在北方的女权主义者中,斯托堪称最恶劣的一种类型。"在管理公共事务的过程中……",这个女人竟然想要"像男人一样在政治上获得平等,还想寻求一个立足点"。尽管书评家并没有大肆渲染,但很明显最让他们感到反感的除了斯托对奴隶制所进行的拟人化处理,还包括她非但没有维护奴隶制,相反她还引经据典,充分利用基督教对该制度大肆抨击。随后,大约有30部"反汤姆叔叔"的小说相继问世,其中将近一半是在斯托的小说出版两年之内开始发行的。在这些维护奴隶制的小说中,最早的一本是弗吉尼亚州的玛丽·伊斯门(Mary Eastman)所撰写的小说《菲莉丝阿姨的小屋:南方的生活》(Aunt Phillis's Cabin; Or, Southern Life as It Is)。

女性政治角色的变化

从女性的角度对奴隶制进行抨击颇具一些讽刺意味,因为该举动表明当时白人女性在公共生活中所发挥的作用已经产生了细微的变化。19世纪40年代,包括成千上万的中产阶级女性在内的那些改革者们对于仅凭"道义上的劝告"就可以改变社会的想法早已经丧失了信心。于是,他们不再沉溺于这个崇尚慈善为上的社会,转而在政治上表现出激进的态度。辉格党一直就走在很多社会改革运动的前沿。因此,这股新势力的加入令辉格党受益颇多。当时,女性并没有选举权,也不能从事任何公职工作。不过,她们可以筹措资金、散发请愿书、在公众集会上发表演说、加入各种游行示威活动,以及参加各种集会等。女性在改革运动中所做的一切证明她们认可并支持党派的领导,以及党派所制定的各项目标。城府颇深的党派领袖也充分利用女说客所发挥的巨大力量。他们认为女性可以对自己的丈夫施加强大的影响力,而这一点也是众所周知的事实。因此,在1852年举行的总统竞选活动中,辉格党人满心欢喜地吟唱道:

优雅的女士们长袖善舞,
引导着情郎们加入;
她们在他们的耳畔柔声细语,
给斯科特投票吧,我就从了你!

在欢迎女性参政议政的过程中,民主党人不仅姗姗来迟,而且不情不愿。不过,1852年大选过后,两党都对女性激进分子采取了一些限制措施。尤其是南方女性几乎一度销声匿迹,不再以政治发言人的身份现身。对于辉格党人而言,当在1852年大选中功亏一篑后,这种局面的出现只不过是党派内部开始面临分崩离析的前景而已。对于共和党人而言,美国北方兴起了一种更加激进的女权主义运动形式,而女性废奴主义者在社会上的高调现身也引发了激烈反应。对此,共和党人表面上虽然不动声色,但成功地说服了女性激进分子,让她们在政治上保持低调。尽管为了替南方辩护,为了捍卫奴隶制,女性仍然不断发表各种文学作品,不过,相较于过去,她们在公共场合发表演说时的言论不再聒噪刺耳,也不再"失之偏颇"。实际上,很多美国人都认为,在任何情况下,女性都应该促进地区和谐发展,用更加自然的方式发挥女性独特的作用。然而,事实证明,即便是南方女性也只不过是暂时受到了限制。在约翰·布朗发动的袭击之后,政治上的无政府主义状态便开始盛行,党派之争反而成为一种美德。不过,在19世纪50年代中期,各个党派都开始关注自己的党派形象。这种情况表明地区间的紧张局势重新开始抬头。

皮尔斯的失误

皮尔斯不但单纯稚嫩,而且知识浅薄。他在政治上所做出的一连串错误决定导致地区间的局势变得愈发紧张。究其原因是面对北方人在新增领土问题上的敏感态度,皮尔斯的看法太过天真。为了能让国会批准加兹登购地(Gadsden Purchase),①皮尔斯在1853年底与国会展开了一场明争暗斗。为了能够在美国南部修建一条横贯东西的铁路,总统皮尔斯打算买下一片土地。这片土地分属于今亚利桑那州和新墨西哥州的一部分,位于这两个州的南部地区。北方的参议员认为花费1500万美元购买土地的价格过高,同时反对收购更多的土地,因为这意味着实施奴隶制的地域面积会相应地变得越来越大。在这场博弈中,皮尔斯获胜,然而,当他在组织实施完成《路易斯安那购地案》的相关条款时遭遇了更大的阻力。推进完成该法案的最初目标也是基于修建铁路这一原因,但此举激起了一系列的连锁反应,不但令原本就不堪一击的1850年停火协议功亏一篑,而且颠覆了美国的政党体系,甚至还引发了流血事件。

---

① 加兹登购地是美国驻墨西哥公使J.加兹登以购买方式兼并墨西哥领土的事件。——译者

《堪萨斯—内布拉斯加法案》的由来

生活在美国中西部和西南部的绝大多数美国人都已经意识到了一条将加利福尼亚州与美国东部地区联系起来的铁路对他们的益处。但他们一直因为最佳路线到底如何设置的问题争论不休,而且个个怒气冲冲。原因其实很简单:北方人希望修建一条靠近北方的路线,而南方人恰恰相反。到1853年,联邦政府已经对在南方修建铁路所需土地做出了一定的规划。不过,根据《路易斯安那购地案》的规定,如果美国得到那部分土地,就有可能将该铁路线的设置挪到北方。联邦政府虽然还没有对北方的铁路用地进行过规划,但据预测,该线路的始发站要么是芝加哥,要么是圣路易斯。因此,这种紧迫感使中西部地区的一些政客开始积极声援,希望能获得这块他们称为内布拉斯加州(Nebraska)的新领地。史蒂芬·A. 道格拉斯在伊利诺伊州和密歇根州拥有大片土地。如果铁路线横穿内布拉斯加州,那么这两个州的土地价格必将飙升。巧的是,道格拉斯当时正担任参议院领地委员会(Senate Committee on Territories)主席一职。于是,他答应运用国会的影响力引导立法的走向。然而,就是从这时候起,整个局势开始变得复杂起来。时至今日,在这场大戏中,很多关键人物的动机及其所采取的行动仍然是难解之谜。

道格拉斯虽然身材矮小,只有5.4英尺,但生性好斗,因此有"小巨人"之称。他原本可以从个人角度出发,为了自己固定的私人领土争取利益,然而,他却以"年轻美国"运动中的英雄形象傲然于世,所代表的是伊利诺伊州全体选民的意愿。此外,自从19世纪40年代中期起,道格拉斯就开始主张缓慢而有序地发展美国西部地区的经济(包括修建横贯美洲大陆的铁路、架设电报线、发展陆路邮政服务,以及给自耕农提供免费土地等)。由于双方在获取利益方面并没有任何矛盾冲突,再加上修建一条将芝加哥和密西西比河联系起来的铁路更是双赢,因此,道格拉斯支持《1850年妥协案》。如今,道格拉斯面对的难题有二:一是南方反对在美国西部修建一条横贯北方的铁路线,二是密苏里州爆发的一场地区性政治冲突威胁到了内布拉斯加新计划的实施。因此,道格拉斯便开始了新一轮停战谈判。他提议,国会废止原来的《密苏里妥协案》,而将根据《路易斯安那购地案》所购得的土地划归到人民主权的控制之下。原来的《密苏里妥协案》曾经保证在密苏里州南部边界(北纬36°30′)划出一条分界线,该界线以北地区不实行奴隶制。此外,道格拉斯还建议将内布拉斯加州的土地一分为二,允许南半部分土地组建新州,并定名为堪萨斯州。

就其本身而言,该计划非常具有逻辑性。正如道格拉斯所指出的,《1850年妥协案》的签署早已经使《密苏里妥协案》所武断规划的分界线"失效"。在同一块土地上,为了解决奴隶制的问题而遵循两种截然不同的法律原则根本就不合逻辑。对这两份妥协案进行比对就可以发现,《密苏里妥协案》置殖民者的意愿于不顾而直接禁止实施奴隶制,相比之下《1850年妥协案》则显得合情合理,即将决定权交给民众而不是国会里的政客。道格拉斯宣布:"本法案的实施既不强制这些地区依法实施奴隶制,也不强迫这些地区依法废除奴隶制,而是由人民大众自行做出决定。"

反对《堪萨斯—内布拉斯加法案》

然而,针对《堪萨斯—内布拉斯加法案》的实施,形形色色反对奴隶制的力量竟然群起而攻之。北方的辉格党人、民主党人、自由土地党人(Free Soilers),以及快速崛起的新党派——一无所知党(Know-Nothings)的成员都强烈谴责该计划,并将其视为蓄奴州所制定的阴谋。他们抨击道格拉斯野心勃勃,指控他冒充为奴隶主的代言人,其目的是确保在将来的总统大选中得到奴隶主的支持。在接下来的3个月里,国会大厦内的议员们唇枪舌剑、明争暗斗,从暗箱操作、故作姿态到激烈地辩论,甚至以武力相威胁,各种戏码不断上演。当开始投票表决时,23个蓄奴州和14个非蓄奴州的参议员对该法案投了赞成票;2个蓄奴州和12个非蓄奴州的参议员则投了反对票。在众议院里,69名蓄奴州的代表和44名非蓄奴州的代表表示赞成,9名蓄奴州的代表和91名非蓄奴州的代表则表示反对。

世界上没有一种语言可以用来描述投票结果所导致的混乱局面。1850年的握手言和从此踪迹全无,双方短暂的微笑示好也戛然而止。反对奴隶制的各种力量发誓要阻挠《堪萨斯—内布拉斯加法案》、逃亡奴隶法,以及所有标志着奴隶制扩张的法律规定的实施。起初,人民主权论的原则看似合理,因此被视为解决奴隶制问题的一个方法,但如今该原则也饱受指摘,并被视为鼓吹奴隶力量的阴谋的组成部分。

就像南方人总是夸大废奴主义者的影响力一样,反对奴隶制的支持者也错误地估计了形势。道格拉斯满脑子想的都是有关修建铁路的问题,可直到民众开始攻击道格拉斯并称他为南方的大骗子时,南方民众才真正开始关心堪萨斯州的问题。然而,鉴于1854年整个社会气氛都处于一种随时都会爆发的状态,在这样的背景下,此类问题便都显得无足轻重了。道格拉斯希望自己的提议可以"摧毁所有地方派别,地方性骚动也可以因此戛然而止"。然而,不论在南方还是在北方,民众的思想都开始变得日益偏执,双方满腹狐疑的情绪也有增无减。

对政客的不信任

美国民众原本就对政客存在着普遍的不信任感,而《堪萨斯—内布拉斯加法案》的提出更使这种情况变得雪上加霜。美国的政客们擅长讨价还价,善于达成各种交易,因此普通民众早就已经对他们唯恐避之不及,有关国会和州议会大面积腐败的连续报道则更使民众相信各级政府官员所寻求的只是想大肆劫掠民众的财富。幸好美国选民个个火眼金睛、目光如炬,很容易就识别出各种阴谋诡计,因此他们都认为所有政客无不将自己的最佳利益置于共和国的利益之上。1855年12月,纽约的一份报纸直截了当地对这种情况做出评论:"他们使用各种鬼蜮伎俩,重新洗牌,利用各种遁词借口逃避,他们的领导者也是各种推诿躲闪,谎话连篇,骗术不断,这些早就已经激起了民众的极大反感。在民众心目中,不论新出现的是何种组织机构,只要承诺不重蹈他们的覆辙,民众就会随时欢迎该机构取而代之。"

贿赂、欺诈甚至操纵选举——腐化堕落似乎已经发展到了永无休止的地步。各路说客纷纷涌到华盛顿特区(Washington, D.C.),涌向从缅因州到得克萨斯州的州政府所在地。国会调查委员会的日程安排得满满当当,国内越来越多的报纸不断将每一条涉及最新逃避伎俩和政治骗局的消息告知民众,并做出相关的深度报道。如果放在平时,各种事件所引发的种种后果可能会被轻描淡写,一笔带过。然而,在19世纪50年代,整个国家都被吞噬在一种为害颇深的怀疑氛围内,因此,各种事件本身必然也将带有悲剧性的色彩。如果一个政客已经收受了贿赂,而且面对腐败行为还睁一只眼闭一只眼,那么民众怎么可能去信赖他?又怎么可能认为这种人会讲真话,会信守承诺?当人人都将荣誉踩在脚下,各个党派在面对类似于奴隶制及领土扩张等敏感问题时又怎么可能信赖彼此?在这些问题上又如何能达成妥协?"与极端腐败的政治体制达成妥协的时代已经一去不复返。"一位反对《堪萨斯—内布拉斯加法案》的北方民众如此回应。一个弗吉尼亚人反驳道:"国会里绝大部分南方议员都腐化堕落。总的来说,跟他们相比,绝大部分北方议员也一样腐败成性,缺乏个人诚信。"

民主党和辉格党的党内领导职位都处于空缺状态，因此这种情况似乎变得尤其严重。包括波尔克、泰勒、菲尔莫尔及皮尔斯在内的4位总统在过去的岁月里一直表现得软弱无力，他们同属于不温不火的妥协派候选人。以克莱、韦伯斯特为代表的政党领袖则态度硬朗强势、活力四射，甚至就连范布伦和道格拉斯也都可以归到这类领导者的行列里。然而，由于他们积累了太多的政治包袱，结果导致民众对他们也产生了怀疑。到了1852年底，卡尔霍恩、克莱和韦伯斯特相继离世。在他们的政治继承者中，除了不太走运的道格拉斯，绝大多数还没有机会证明自己的实力。不仅如此，越来越多的美国人开始认为，两大政党都无法富有成效地解决与民众休戚相关的诸多问题。面对国民的不同需求，原有的解决方案及东拼西凑的妥协案都显得苍白无力，鲜有成效。

前景黯淡的民主党和辉格党

在1854年举行的州级选举及1855年的国会选举中，美国民众纷纷表达出自己的不满情绪。在这种情况下，虽然两大主要政党的实力都遭到了进一步打击，但也促成了几次明显的政治改组。民主党表现出支持奴隶制扩张的倾向，因此，北方民主党人在本党中比以往任何时候都显得格格不入，于是在民意调查中就已经一败涂地。1854年，在联邦级别的选举中，民主党丢掉了2/3的国会席位。辉格党在1852年到1853年就已经失去了绝大部分南派成员的支持。从1854年到1855年，面对诸如禁酒和本土主义等文化问题及民族问题时，北派也开始从内部出现了土崩瓦解的状况，此时的辉格党更加溃不成军。一个不知所措的辉格党人哀叹道："我们已经彻底完了，要想让辉格党再现辉煌简直如痴人说梦。辉格党已经病入膏肓，药石无灵。"

在北方各州的选举中，获胜者是两个如狼似虎的新政治联盟，即一无所知党和共和党。若非这两大新政治联盟早就已经开始争取得到前景暗淡的辉格党人和民主党人的支持，那么这两个老牌政党的境况就不会如此急转直下，衰落得也不会如此迅速。在接下来的6年里，一无所知党和共和党将会带领整个国家走上一条崭新的道路。那条道路与美国在从1848年到1854年所走的道路截然不同。当然，在1855年，那条道路到底会通向何方无人知晓，而且并非不可逆转。正如一个北方人在1854年底所做出的评论："如今各个党派都处于一种无组织的混乱状态——或者说完全处在一种无政府状态。至于这种状况到底会产生何种后果，没有人能够预料。"实际上，走上新道路的悲惨旅程将会在南北分裂中终结，但如果我们对其前因后果加以分析的话，却也只能用"复杂多变"和"颇具争议"两个词加以表述了。

内战综合体

　　研究战争的学者一直以来都无法理解整个战争过程的复杂性，因为所谓的内战综合体强调民族问题——尤其是那些与奴隶制直接相关的问题——并将其视为内战无法避免的预兆。相反，对很多重要的地方性问题采取了置之不理的态度或者认为这些问题根本就无关紧要。如果我们无法公平对待过去的历史，那么当我们试图理解19世纪50年代各个政党改组所产生的问题时必然就会有失公允，因为那10年一直被认为是国家走向南北分裂的关键10年。有一点不容忽视，政党改组不仅源自全国各地爆发的局部战争，也是在这一过程中逐渐发展起来的。同样，还有一点我们也不应该忘记：现有政党体系的分裂、削弱和崩溃的过程并不是在全国各地同时发生的，也不是转眼之间就全部结束的。相反，其发展变化的过程没有任何规律可言，整个过程极其缓慢地在各州相继进行。

文化问题和民族问题

　　一般来说，各级选举的结果往往取决于候选人对涉及当地的关税、铁路和土地改革等方面问题的解决方案。但在选举中真正发挥明显作用的则是文化问题和民族问题，尤其是涉及禁酒运动和本土主义的问题。很久以前，许多人就已经预言，相较于奴隶制的扩张，美国社会的道德腐败将会更加迅速地摧毁整个国家，这一点毋庸置疑。到19世纪30年代，美国人均年饮酒量有7加仑之多。根据这一数字估算，可以说美国全民饮酒成瘾，而这也成为最早的道德沦丧的标志之一。很久以前，当废奴主义运动尚未成型时，禁酒运动就已经开始，而且很多席卷全国的道德改革运动也都将禁酒运动纳入运动纲领。尽管自由土地党的名字、党派形象以及大力推广的问题都饱受争议，但该党巧妙地通过推行禁酒令而将辉格党中很多强烈拥护禁酒运动的党员拉进自己的阵营。

　　本土主义运动也转而将禁酒运动吸收进来。1854年后，各个党派都开始出现重新洗牌的状况。在大多数情况下，党派重组之所以发生完全取决于是否将这两大问题综合到一起加以考虑。自从19世纪40年代中期起，欧洲各地接连爆发战争、饥荒和革命，因此蜂拥至美国的外国移民数量呈现出激增的态势。仅在1848年到1855年，就有260万外国人移民至美国。虽然在1851年到1855年间移民总数开始缓慢降低，但所引发的种种后果早已经彰显出来。这些移民中的大多数都是一贫如洗的爱尔兰天主教徒。因此，美国本土白人害怕这些移民，认为他们要么是酒鬼，要么是罗马教皇的宗教代理人。美国白人还担心，当这些移民充当廉价劳动力时，本地人的工资就会随之下降，移民甚至会抢走本地人的工作机会。早在19世纪30年代，美国本土白人就已经将自己的不满情绪表达出来。到了19世纪40年代初，为了反对天主教徒和外国移民，他们便采取了暴力行动，甚至发动极具破坏力的暴乱。到19世纪40年代中期，美国本土白人更多采取了政治抗议的方式。

一无所知党

就在《堪萨斯—内布拉斯加法案》所引发的轩然大波接近尾声时，美国党（American Party）即众所周知的一无所知党开始了党派重组的工作。从19世纪40年代末到50年代初，在纽约州、宾夕法尼亚州以及马萨诸塞州等地，美国人联合社（Order of United Americans）、美利坚之子联合社（United Sons of America）以及星条旗社（Order of the Star-Spangled Banner）等组织先后发布了具有兄弟会特色的反移民指令，这些指令的发布较为分散而且只处于半公开状态，而一无所知党就是在这些组织的基础上慢慢发展起来的。即便如此，直到1854年，该党在采取行动时都更像是那种老派的禁酒协会，看上去不过是个政治压力集团而已。当一无所知党开始在各种选举中充分利用各地在民族问题和文化问题上的焦虑情绪，并在长达10年的时间里在禁酒问题和本土主义问题上如同传播福音一样煽动民意后，该党的实力开始在政界凸显出来。

据说，民众之所以给该党取了个"一无所知党"的绰号是因为该党在发展之初，当有人问及促生这一运动的党派组织基地到底设在何处时，早期成员总是称一无所知。虽然这种说法一直都没有得到证实，但有一点众所周知，到了1854年，很多对本党不再抱有幻想的辉格党成员都转而投入一无所知党的怀抱。一无所知党第一份全国性纲领就号召清除公职部门中的天主教徒和移民，并要求移民必须经过长达21年的等待期才能加入美国籍。该党提出如此强势的诉求使每一个美国人都目瞪口呆。"辉格党人已经走到了穷途末路——竟然随时准备跟任何党派结盟，"一位观察家在1854年6月如此评论道，"到目前为止，这个新的组织尚属秘不可宣且无法确定,因为他们虽然会经常谈及自己的各项原则方针,但从不公开宣布。然而,不管是出于畏惧还是有表达赞同的意愿,就连经验丰富的政客竟也追随他们的脚步而去。"不过,一无所知党对南方人而言却没什么吸引力,因为南方人在推行禁酒问题上所持有的态度并不狂热,而且几乎没有天主教移民涉足南部地区。尽管如此,密西西比州的一个民主党人还是如此抱怨道:"一无所知主义就像是麻疹一样毫不费力地蔓延开来。"简而言之,南方的辉格党人转而加入一无所知党的数字远远超过了人们的预期,主要就是因为这些党员对民主党仍然持有怀疑态度。如果让这些辉格党人选择的话,至少一无所知党看上去更像是一个最"保守"的党派。

共和党

在新崛起的各个党派中,共和党属于第二大党。与一无所知党相比,该党在获得政治权力方面采取了一种截然不同的方法。1854年夏,为了直接应对《堪萨斯—内布拉斯加法案》,自由土地党的老党员、主张反对奴隶制的民主党人、辉格党良知派(Conscience Whigs)[①]以及其他持不同政见者联合起来,组建了共和党。让共和党人感到义愤填膺的与其说是爱尔兰移民问题,还不如说是新增领土问题。共和党提出的政治纲领包括:要求废除《逃亡奴隶法》并废除华盛顿特区的奴隶制。美国民众在中西部地区所举行的一系列集会已经明确表达出对这些政纲的支持之意。与本土主义者不同的是,共和党人无法吸引南方的支持者。鉴于此,与一无所知党相比,他们似乎更没有什么胜算。很明显,《堪萨斯—内布拉斯加法案》早已经使很多民众怒火中烧,因此它似乎无法得到全国民众的支持。正如一个共和党人在1855年11月郁闷地承认说,"没有人会相信共和党掀起的这场运动会成为一个党派稳定发展的基础"。

共和党成功的主要障碍是其对奴隶制所采取的暧昧立场。绝大多数共和党人都持有同样的种族主义观点,即主张剥夺北方黑人的选举权,并在北方绝大部分的学校、公共交通工具、餐馆以及酒店里继续实施种族隔离政策。共和党人的确反对奴隶制,但作为一个政治组织,共和党人既没有直接抨击北方的等级制度,也没有替奴隶竭力争取平等的公民身份或者在权利上实现平等。只要美国西部地区没有受到奴隶制的影响,他们甚至对该制度的存在也采取了一种容忍

[①] 辉格党良知派是辉格党在马萨诸塞州的一个分支,以反对奴隶制著称。——译者

态度。实际上，很多选民担心自由黑人劳动力和黑奴会给自己的工作带来竞争，因此，共和党人的竞选策略在很大程度上就是为了迎合这部分选民的要求。很多共和党人认为从道德层面上说，奴隶制的确令人深恶痛绝。他们相信只要阻止奴隶制扩张到美国其他地区就可以使该制度最终走向灭亡。然而，与此同时，共和党实施一种令人费解的双重标准，既反对奴隶制，也反对黑人在北方和西部地区发挥任何重要作用。这种看似良性的混乱状态却无法愚弄南方白人。对南方白人而言，共和党毋庸置疑仍然是北方党，仍然致力于摧毁南方人拥有奴隶这一财产的权利。此外，南方白人还认为，阻止奴隶制的扩张就是为了达到废除奴隶制的最终目的所采取的第一步行动。在这种情况下，尽管新兴的共和党将反对奴隶制的态度低调处理，却向联邦政府提出了一个激进的政治问题。

政党重组

一无所知党的政治议程并不包含主张南北分裂，于是得到更多民众的欢迎，因此，在与共和党进行正面交锋时，该党在地方政府机构和州政府机构内都占据了大量的职位。到1855年，一无所知党成员不但已经控制了新英格兰地区大多数州的州议会，而且取代了辉格党的位置，一跃成为全国第二大党，还占据了国会60多个席位。

然而，一无所知党与共和党合作的可能性很快就变得彰明昭著。首先，两党都从同样信仰新教的农村教区拉选票，此外，大多数本土主义者都反对奴隶制，而大多数反对奴隶制的倡导者也都信奉本土主义。虽然共和党在意识到这一点时的确反应得有些迟钝，但很快就接受了本土主义的思想。其次，两党都发誓要亲手摧毁各种邪恶的阴谋诡计。一无所知党声称天主教徒和移民在天主教统治美国的阴谋中充当了帮凶的角色，对美国的政治价值和道德价值都造成了严重的威胁。共和党警告说，允许奴隶制在美国领土上不断扩张无异于给白人农场主和白人劳动者都带来了一场灾难，因为他们将不得不与奴隶劳动者进行竞争。正如南方人激烈反对废奴主义者篡夺他们主权的阴谋一样，越来越多的民众开始急不可耐地接受帝王般的教皇形象以及联合起来的不断扩张的奴隶权力。所有这些社会现象可以反映出那个时代所具有的动荡不安的特点。

1855年，一无所知党犯了一个致命的错误。前总统米勒德·菲尔莫尔是该党最具影响力的成员之一。在他的压力下，为了摆脱分裂的泥沼，该党成员在对外宣传时自称为对分裂采取中立态度的"联邦"党派。一无所知党早就想从肤浅的共和党身边抽离出来，早就想吸引更多民主党人和辉格党人加入自己的阵营，此时该党认为时机已经成熟。于是，美国党决定做一件名副其实的大事，即"在蓄奴州和自由州之间的鸿沟上架起一座桥梁"。尽管本土主义仍然是一无所知党信奉的主要原则，但该党同样推崇与奴隶制相关的"现行法律"，包括逃亡奴隶法以及《堪萨斯—内布拉斯加法案》等，还宣布奴隶制问题已经得到了解决。然而，该党政策所指出的新方向却使党内很多支持反对奴隶制的成员十分反感，他们中的大多数人都转而投向共和党的怀抱。一无所知党从此元气大伤，并且再也没有恢复过来。

政党重组也进一步削弱了辉格党和民主党的全国选区，使得政客与选民的忠诚度变得"非常难以捉摸"。甚至更让人感到危险的是，由于对地区分裂问题处理不当，老政党内部开始出现不同声音，而刚从地区性或地方性事务中衍生出来的新政党则明显经验不足。然而，不论是新政党还是老政党，二者很快都将面临一系列的民族危机。在危机面前，新老政党都应该达成某种民族共识，相互做出让步，然而，这正是这些政党所无法做到的。

堪萨斯内战

一开始堪萨斯州爆发的只是小规模冲突。从 1854 年到 1855 年，该地区的紧张局势慢慢升级。当国会要求堪萨斯州自行决定奴隶制在本州的命运时，无论是支持奴隶制还是反对奴隶制的党派都开始竞相争权夺势。如果把决定权交给生活在那片土地上的民众，就有可能会引发一片骚乱。然而，自从角力之初，那些没有希望获胜的派系就不断使民众的热情升级，并激发暴力事件。为了支持堪萨斯州反对奴隶制的几股力量，以马萨诸塞州为首的几个北方州鼓励民众移民到堪萨斯州。在这场运动的鼓动下，真正迁移到堪萨斯州的人口数字几乎可以忽略不计，因为总共不过几千人而已，然而，此举激怒了那些奴隶制的支持者。当隔壁的密苏里州将自己州的民众，也就是所谓的边境匪徒（Border Ruffians）送到了堪萨斯州的土地上后，这些奴隶制的支持者就更加怒不可遏。双方都全副武装，任何一方都毫不退缩，不肯做出丝毫让步。

那些没有获胜希望的派系打算在地方州长和州议会的选举中充分发挥自己的影响力，而且他们的工作做得的确令人刮目相看。到了 1855 年底，在一系列激烈的选举后，两个独立的政府分别以两套宪法为依据开始运作起来。一个是支持奴隶制的政府，位于勒孔普顿（Lecompton）；另一个是反对奴隶制的政府，位于托皮卡市(Topeka)。① 两个政府都声称为"人民"代言。托皮卡政府呼吁更多的民众前来定居，并希望得到更多的武器。新英格兰地区的居民积极响应，奉送了数百支步枪。为了纪念牧师亨利·沃德·比彻(Henry Ward Beecher)，世人将这些步枪称为"比彻的圣经(Beecher's Bibles)"。比彻是著名的废奴主义者，也是哈里特·比彻·斯托的兄弟。

恶毒的文字攻击迫使民众不得不诉诸武力。密苏里州的定居者中绝大部分都是贫穷的白人，他们本身也从来没有过任何蓄奴的经历，然而，北方的一些记者对这些人肆意嘲弄，将他们称为"呕吐物"，说他们只不过是南方种植园主的爪牙，而且个个生性残忍野蛮。查尔斯·B. 斯特恩斯(Charles B. Stearns)是当地为数不多的崇尚和平、属于"加里森派"的废奴主义者之一。然而，即便是斯特恩斯也开始放弃他终身坚守的和平主义，开始嘲讽诋毁密苏里人，说他们都是"野兽"，是"醉醺醺的红毛猩猩"，并声称"只要能除掉这些家伙，我必鼎力相助"。对此，斯特恩斯做了详细的解释，"当我跟这些上帝按照自己的模样创造出来的人打交道时，我永远也不会向他们开枪射击；但这些支持奴隶制的密苏里人全是来自深不见底地狱的魔鬼，就算把他们全都干掉也不会遭到任何惩罚"。对此，南方人选择以牙还牙，全面反击。"哦！那些面目狰狞的北方佬简直道貌岸然！"堪萨斯州一份支持奴隶制的报纸义愤填膺，撰写文章反驳道，"还有谁不但会用枪支代替圣经，而且还把枪支称为道德武器？……当然，如果谈到人类在欺诈、撒谎和虚伪方面所能达到的高度和深度，任何人都无法跟北方佬相提并论"。

1855 年 11 月，第一次谋杀案血腥爆发。在接下来的几年里，暴力事件接二连三。尽管相较于真正的流血事件（从 1855 年到 1858 年，大约有 52 人死亡，200 人受伤），抢劫和威胁恐吓发生的频率更高，但媒体还是很快就将该地区发生的事件称为堪萨斯内战，或称血溅堪萨斯。1856 年 5 月，几百个奴隶制的支持者聚在一起，"洗劫了"劳伦斯镇(Lawrence)。这次袭击只造成 1 人死亡，而且死亡之人还是发起进攻的奴隶制支持者之一，他的死完全是一个事故。袭击者除了摧毁两家报社，焚烧了一个旅馆，还因为"州长"支持奴隶制而破坏了其官邸的一部分建筑，但他们将绝大部分精力投入酗酒以及破坏商店和平民百姓的房屋中。即便如此，有关这些暴力事件断断续续的报道还是令民众怒火中烧。双方都对对方所采取的傲慢态度以及所使用的阴谋心怀不满。最令人担忧的是，堪萨斯州的情况表明，在奴隶制扩张的问题上，美国人愿意抛洒热血，散播仇恨。

---

① 托皮卡市是美国堪萨斯州首府，位于堪萨斯州东北部，临堪萨斯河。——译者

萨姆纳—布鲁克斯事件

对堪萨斯内战利用最充分的非查尔斯·萨姆纳（Charles Sumner）[①]莫属。萨姆纳来自马萨诸塞州，天资聪颖、举止文雅，但在反对奴隶制的问题上傲慢自大，心胸狭窄。此外，他还是共和党的缔造者之一。就在"袭击劳伦斯镇事件"发生的前一天，萨姆纳才刚刚结束了一次历时两天的参议院演说。他发表演说时慷慨激昂，滔滔不绝。在他的演说中，充斥着各种颇具侮辱性的词语，甚至用男女交媾的画面作比。萨姆纳谴责奴隶制的支持者，称他们横行霸道，指责他们犯下了"反堪萨斯州的罪行"，大肆抨击美国南部地区和奴隶制。萨姆纳还对民主党参议员史蒂芬·A. 道格拉斯、弗吉尼亚州的詹姆斯·M. 梅森（James M. Mason）以及南卡罗来纳州 60 岁高龄的安德鲁·P. 巴特勒（Andrew P. Butler）进行口头攻击。值得一提的是，巴特勒是一位心地善良、具有高度责任心的参议员，有"侠义骑士"之称。萨姆纳大肆诋毁巴特勒的声誉，称生于南卡罗来纳州的巴特勒自贬身价，因为巴特勒接受了"如妓女般下贱的奴隶制"。萨姆纳还说巴特勒就像个荡妇，"虽然在世人眼中奇丑无比……（而且）龌龊不堪，"但"他一直都认为自己是个可爱迷人的……贞洁烈女"。对于任何一位南方绅士而言，萨姆纳所使用的跨种族滥交的隐喻不但令人倍感难堪，而且堪称卑鄙无耻至极。虽然萨姆纳在发表演说时极尽讽刺谩骂之能事，但巴特勒当时并不在场，因此，萨姆纳便觉得有些意犹未尽。他继续嘲弄这位老参议员，称巴特勒有语言障碍，一说话便口水直流。来自新英格兰地区的萨姆纳讽刺道，巴特勒"说起话来不但前言不搭后语，而且满嘴跑火车……他不张嘴说话还好，只要一张嘴说话，就会错误百出……（他）随便说什么都是东拉西扯，什么都能说得面目全非"。

这种言论简直不堪入耳。即便在萨姆纳所在党派的成员看来都觉得颇为反感，难以接受。不过，跟普雷斯顿·S. 布鲁克斯（Preston S. Brooks）的激烈反应相比，其他人等愤愤不平的情绪也就不值一提。年轻的参议员布鲁克斯不但来自南卡罗来纳州，而且跟巴特勒沾亲带故。1856 年 5 月 22 日，就在萨姆纳发表演说的两天后，在参议院会议室的会议桌旁，布鲁克斯和萨姆纳发生了正面冲突。一开始，布鲁克斯谴责萨姆纳言语粗俗，对南卡罗来纳州和巴特勒所发表的

[①] 查尔斯·萨姆纳(1811—1874)，美国参议员(1852—1874 年)，外交委员会主席，美国内战时期致力于人类平等和废奴运动的政治家。——译者

言论纯属恶意诽谤。接着，布鲁克斯就举起手中的文明杖开始暴打萨姆纳。布鲁克斯原本只打算教训他一顿就算了，然而，在这一过程中，布鲁克斯越打火气越大，逐渐变得狂怒不已，进而失控，结果将萨姆纳打到丧失意识，最后把他打成了一堆血肉模糊的烂泥。

萨姆纳—布鲁克斯事件发生后，南北双方都声称自己取得了胜利。很快，北方人就给布鲁克斯冠以"暴徒"的名号。为了维护南方人和家人的荣誉，布鲁克斯也付出了代价——被迫从国会辞职。不过，南方人却将他视为要人，南方选民对布鲁克斯崇拜有加，很快就再次推选他出任参议员。反观萨姆纳反而成了言论自由和反对奴隶制事业的殉道者。"暴力行动在华盛顿的大街小巷随处可见。"，威廉·柯伦·布赖恩特（William Cullen Bryant）在《纽约晚邮报》（*New York Evening Post*）上撰文写道。布赖恩特既是诗人也是该报纸的编辑，因为这一事件而变得义愤填膺。"如今暴力行为已经出现在参议院的会议室里……简单说来，暴力行为非但已经成为当今时代所遵循的规则和秩序，而且已经将北方人逼上了绝路。如果自由州的人民对此无动于衷，与奴隶主的侮慢张狂相比没有任何差别，那么这一阴谋必将大获全胜。" 45 岁的萨姆纳遭到这顿暴打后，不但身体从此落下了残疾，而且精神上也遭到了沉重的打击。直到两年半后，他的身影才再次出现在参议院。

波塔沃托米大屠杀

反对奴隶制的事业也许曾经站在道德的制高点上，不论这一制高点先前到底有多高，就在萨姆纳遭到殴打的两天后，从道义上来说该事业便已经丧失了原来的优势。现在，让我们再来看看堪萨斯州的情况。刚从康涅狄格州迁居过来的约翰·布朗得知袭击劳伦斯镇的事件后，不由得怒火中烧，决定以自己的方式进行复仇。这位 56 岁的废奴主义者自视为上帝派来的复仇先知，率领七人小分队对生活在波塔沃托米河边的支持实施奴隶制的几户人家发起了耸人听闻的暴行。布朗小分队的主要成员是他自己的几个儿子。这伙人打死了 5 个奴隶制的支持者，不但将他们的脑袋一劈为二，而且还将死者碎尸。

在古巴实施的外交政策

皮尔斯政府似乎认为所发生的一切并不足以让南北双方从此不再相互信

任，从1853年到1855年，该政府在外交政策方面犯了一连串的错误，使南北之间的关系变得更加紧张。尽管前总统泰勒和菲尔莫尔都曾经阻止领土的进一步扩张，富兰克林·皮尔斯却与他们不同。在天命论观点的影响下，皮尔斯将西半球视为美国的新边疆。在他的幻想中，"年轻美国"运动所推崇的错位理想主义以及一些南方人想要向海外拓展奴隶制的愿望都敦促他采取行动。例如，1854年南方成立了金环骑士团（Knights of the Golden Circle）组织，鼓吹要建立一个伟大的奴隶帝国。该奴隶帝国将以古巴为中心，将美国南部、墨西哥、中美洲及加勒比海等地区全部涵盖在内，形成一个横扫一切的"金环"。皮尔斯也认为首先要收购的重点地区就是古巴，而当时古巴是西班牙的殖民地。1853年9月，经过西班牙政府的批准，古巴政府宣布短期内将终止在该岛进行的非洲奴隶贸易，并解放绝大部分的奴隶人口。在这种情况下，皮尔斯认为实施自己的计划变得更加迫在眉睫。

实行"非洲化"的政策一公布，早已经准备就绪的计划便开始紧锣密鼓地实施起来。该计划主要是打着海盗探险活动的旗号以实现占领古巴的目的。美国的"海盗（filibusters）"一词来自西班牙语"filibustero"（意为海盗），英语中还有一个别称"海盗（freebooter）"。美国的海盗主要由雇佣兵组成。自从19世纪40年代以来，这些雇佣兵就鼓吹要将几个拉丁美洲的国家据为己有。这些人中最臭名昭著的海盗就是约翰·A.奎特曼（John A. Quitman）。皮尔斯曾经鼓动奎特曼率领一支军事远征军前往古巴，支持古巴革命。此举与墨西哥战争前美国在加利福尼亚州的做法如出一辙。说起来有点矛盾，很明显古巴人解放奴隶的很大程度上就是为了建立一支黑人军队，这样就可以使诸如奎特曼之类的美国探险家们知难而退。奎特曼曾经担任过密西西比州的州长一职，联邦政府也曾经因为他早期制订的海盗计划而对他提起诉讼。尽管奎特曼仍然准备采取行动，然而，几经拖延和犹豫，皮尔斯最终还是在1854年春明确表示他不再支持海盗探险活动。

《奥斯坦德宣言》

皮尔斯总统之所以改变心意是因为当时的局势不但发生了改变，而且变得极端复杂。古巴政府实施的解放黑奴政策无异于对美国政府提出了挑衅。紧接着在1854年2月，古巴人又在哈瓦那（Havana）附近截获了一艘美国商船。最终，西班牙政府向美国道歉，并支付了赔偿金。然而，这一事件发生的时间恰逢美国国会因为《堪萨斯—内布拉斯加法案》而沸反盈天地争论不休的时候。在这种情况下,皮尔斯认为,出资购买西属古巴岛也许会更方便、更安全,然而,西班牙政府对于美国政府的提议根本不予理睬。面对着不断恶化的外交危机,皮尔斯政府在1854年10月下令,命令美国驻英、法、西三国的外长(大使)前往比利时的奥斯坦德开会,共同商讨行动计划。

会后发表的《奥斯坦德宣言》在美国引发了政治骚动。该宣言认为,"对于当今的美利坚合众国而言,古巴与美国任何一个组成部分一样不可或缺"。《奥斯坦德宣言》还谴责了古巴政府最近所采取的行动,称这些行动对美国的"国内安全"构成了一大威胁。因此,外长们总结道,在这种情况下,"不论从法律角度出发,还是考虑到人民以及上帝的意愿",美国都有充分的理由占领古巴。当原本秘而不宣的《奥斯坦德宣言》在1855年3月被公之于众时,对于皮尔斯而言这一时机的选择可以说是糟糕至极。《纽约论坛报》(New York Tribune)撰文抨击该宣言为"土匪宣言"(Manifesto of the Brigands),是为了"攫取、掠夺、谋杀"所寻找的赤裸裸的借口,没有丝毫掩饰,而且"其目的就是大发战争财并剥削奴隶的辛苦劳作以获取财富"。国内的舆论一致认为,曾经在19世纪40年代盛行一时的天命论以及"年轻美国"运动到了19世纪50年代中期就已经销声匿迹了。与1848年的情况相比,越来越多的北方人都开始对领土扩张产生敌意。因为领土的不断扩张就意味着奴隶制的不断扩张。对天命论的推崇也已经失去了民众所赋予的爱国主义魅力。

让民众产生担忧情绪的还有外交关系问题。尽管绝大部分美国公民,不论是南方人还是北方人都曾经支持过向太平洋沿岸发动进攻的行为,然而,他们还是将《奥斯坦德宣言》、海盗探险行动以及金环骑士团都视为支持奴隶制的权力部门制定的阴谋的外在表现。美国将领土扩张到拉丁美洲及加勒比海地区后是否会有更多的商机呢?不论对于挣扎求生的吞火者和奴隶主而言,还是对于大多数美国商人及投资者而言,这样的前景都可以说还是一种雾里看花的状态。此外,普通的北方民众也不会轻易相信这一美妙的前景,而反对奴隶制的民众更不会对这样的承诺买账。当时间走到1856年5月时,民众的怀疑情绪似乎得到了证实:田纳西州的威廉·沃克(William Walker)在尼加拉瓜(Nicaragua)建立了一个海盗政府,而皮尔斯总统竟然承认了该政府的合法性。1860年,洪都拉斯(Honduras)的一支行刑队结束了这个冒险家的中美洲计划后,该政权很快便土崩瓦解。

1856年的大选

除了在外交政策上犯下弥天大错,皮尔斯在堪萨斯州问题上的态度也颇具争议,而民主党甚至都不愿意重新提名皮尔斯为本党的大选候选人,因此,他在1856年大选中连任总统的梦想实际上已经落空。民主党转而提名宾夕法尼亚州的政客詹姆斯·布坎南。布坎南是个退伍老兵,也是上届民主党的总统候选人之一。在过去40年的时间里,布坎南一直活跃在政界,先后担任过众议员、参议员、内阁成员以及外交官。人们称他是一个"具有南方人节操的北方人"。因此,布坎南似乎成为维持党内团结的最佳人选。尽管布坎南曾任皮尔斯政府驻英国大使,而且是《奥斯坦德宣言》的执笔人之一,但在民主党中几乎没有人在意这一事实。他们似乎更愿意看到的事实是:尽管在公共事务中纵横驰骋了40载,布坎南却一直远离各种政治旋涡,一直充当着一个安抚劝解各方力量冲突的角色。据一位参议员透露,"即便是面对着密友,对于一些颇具争议的问题他也不轻易表达自己的见解。如果不得不发表自己的观点,他便字斟句酌,谨小慎微地选择字眼,表现得几乎有些过于缩手缩脚"。

共和党人在大选年对《奥斯坦德宣言》和《堪萨斯—内布拉斯加法案》进行了暴风骤雨般的猛烈抨击,然而,布坎南不但幸免于难,而且险中取胜。不过,即便是在乏善可陈的领域,他竟然也一直表现得异乎寻常的不堪一击。在民众普选中,布坎南只得到了45%的选票,这一结果是自1824年以来最低的输赢比数。米勒德·菲尔莫尔代表一无所知党参选(他还得到了辉格党的支持),获得了22%的选票。共和党人将自己的希望寄托在英勇无畏的军人兼探险家约翰·C. 弗里蒙特(John C. Frémont)身上。虽然这位"开拓者"从来没有担任过任何政府部门的公职,没有任何牢不可破的信仰,也缺乏政治手腕,然而,弗里蒙特还是让美国人震惊,因为在美国的北部州里,除了5个州,他在其余各州总共获得了高达33%的选票。还有一个事实同样让人难以忘怀,即在整个大选过程中,关于他是个天主教徒的谣言甚嚣尘上,但他一直采取了隐忍的态度。

共和党的新战略

共和党人从这次大选中总结出来一条宝贵的经验:只要不再过分强调反对奴隶制的立场,而是更广泛地探讨各种问题就可以讨得选民的欢心,长此以往,共和党就可以成为实力最强的北方党派。于是,在接下来的四年里,共和党人便全面贯彻执行这一行动方针。他们重新修改了一条反对移民的宣传口号,将移民划分为头脑清醒、勤劳肯干的新教徒移民(例如德国人和斯堪的纳维亚人)和所谓的无知懒惰的天主教徒移民,后者主要来自爱尔兰。在这一点上,共和党人与本土主义者以及自由土地党成员达成了共识。共和党竞选纲领的核心主张仍然是反对奴隶制的扩张,不过,为了将废奴主义者中的强硬派(大部分共和党人并不是彻底的废奴主义者)、"反对奴隶制"的民众以及有可能会在西部地区定居的民众吸引过来,共和党便对竞选纲领的措辞做出了一定的修改。那些"反对奴隶制"的民众实际上只希望奴隶制在美国境内绝迹,而那些可能会在西部定居的民众则希望将包括黑奴和自由黑人在内的所有黑人全都赶出"自由的"国度。共和党实际上继承的是辉格党北派的衣钵,因此也欢迎女性积极分子加入该党。与民主党的女党员截然不同的是,共和党的女党员在1856年的大选活动中,在公共演说中发挥了令人瞩目的作用。很多北方女性除了对政治权利提出了要求,还将反对奴隶制的问题视为与其同等重要的问题,因此都前赴后继地加入了共和党。此外,此次大选的总统候选人约翰·C.弗里蒙特是个颇具影响力的人物,他的夫人杰西·弗里蒙特(Jessie Frémont)在大选中的表现也非常活跃。北方女性都亲切地称她为"我们的杰西"。很多北方女性之所以选择加入共和党,其中部分原因也是受到了杰西的影响。

对拥护奴隶制度派的攻击

共和党人意识到上述人群有一个共同点,那就是对南方奴隶主由来已久的畏惧、怀疑以及日益增长的仇恨之情。当然,多年以来,南北双方在很多问题上的利益争执一直相持不下。例如,在十九世纪二三十年代,关税问题远比奴隶制问题重要得多。当时,民众一直认为《密苏里妥协案》早已经一次性地解决了有关奴隶制的所有问题。甚至直到十九世纪五十年代中期,反对奴隶制及奴隶制扩张的问题只得到有限的支持。相反,共和党不得不强调南方政权所造成的有害影响。于是,该党指出,他们并不是反对整个南部地区,而是反对拥护奴隶制度派,反对傲慢无礼、愚昧无知、颓废堕落的奴隶主,以及那些坚持将奴隶制这一不治之症向西部扩张的政客。共和党人认为,一旦堪萨斯州的北方人口呈现出上升趋势,那么就会像在俄亥俄州和宾夕法尼亚州一样,奴隶制将会轻而易举地被宣布为合法。拥护奴隶制度派横行霸道、作威作福的时间已经太久,再也不能容忍这些家伙继续给自由民、自由劳动力和自由的土地制造任何威胁。共和党这一战略的制定堪称一绝。

德雷德·史考特

关于奴隶制的拥护者一直都在筹划着各种阴谋的说法并不新颖。即便各党派都曾经大肆攻击这一状况,但若就抨击的猛烈程度而言,都无法跟共和党相提并论,而且共和党很快就宣布自己已经掌握了更多对方实施阴谋的证据。就在此时,布坎南发表了就职演说。在他的就职演说中,布坎南谴责了共和党对奴隶制焦虑不安的情绪,并承认人民对全国领土享有的主权。两天后,最高法院宣布了对德雷德·史考特案件的裁决。史考特是密苏里州的一个奴隶,"身材不高却招人喜爱"。早在十几年前,当购买他的奴隶主死后,他就在联邦法院提起诉讼,以期获得自由身份。史考特坚持认为,当他还在伊利诺伊州和威斯康辛州与主人一起生活时,他就已经是个自由人。历时多年的诉讼程序使很多人卷入其中,包括史考特已故主人的遗孀、前奴隶主一家人、史考特的太太(她也在法庭起诉要求获得自由身份)以及支持斯科特的辩护律师。最终,这位反对奴隶制的辩护律师于1856年将史考特的案件提交最高法院审理。最高法院的审理人员总共由9位大法官构成,7个人是民主党人,而这7个人中有6个是南方人。最终,美国最高法院宣布了裁决结果,称非裔美国人不是美国公民,史考特甚至连上诉到联邦法院的权利都没有。首席大法官罗杰·托尼(Roger Taney)以前就是马里兰州的奴隶主。按照托尼的话说,黑人"没有任何权利,不值得白人尊重"。根据少数服从多数的裁决方法法庭得出了庭审结论:在任何情况下,奴隶在自由州暂时居住并不意味着就此获得了人身自由,也并不意味着奴隶主因此就被剥夺了对奴隶的财产权。面对这样的裁决,最高法院的其他几位成员嘀咕了几句题外话:若这一裁决合情合理,那就意味着为了从地理概念上限制奴隶制扩张所签署的《密苏里妥协案》以及国会为此所做出的种种努力实际上已经全都违背了美国宪法的相关规定。要是这几位成员没有坚持自己的观点,那么这一切很可能很快就会尘埃落定,而且根本就不会引起公众的注意。因为如果按照这一思路推理,任何一位美国公民都有权携带自己的财产进入美国任何地区,不管这财产到底是奴隶还是一头骡子。托尼主张,"美国宪法明确规定了对奴隶的财产所有权,而且宪法从来没有授予国会任何凌驾于奴隶财产之上的权利。此外,宪法对奴隶财产的保护与对任何其他财产的保护程度别无二致"。

共和党人因此而高呼"阴谋",并指控最高法院和总统狼狈为奸,因为总统在就职演说中曾隐晦地承诺奴隶制问题很快将会"最终得到迅速解决"。对于总统布坎南而言,如果想要继续维持《密苏里妥协案》所划定的分界线,那就意味着很难在堪萨斯州继续维护竞选气氛。实际上,民众一直对此颇有微词,认为最高法院所做出的裁决其实就是为了使国会和联邦政府无法再干涉奴隶制。从这一角度来看,大法官们所期待的结果应该是:一旦奴隶制得以稳固下来,南方人就会像托尼一样自动发起解放黑奴运动,或者通过开拓殖民地最终达到改革黑奴制度的目的。尽管如此,在喧哗躁动的19世纪50年代,更具有说服力的似乎是表面现象而不是既定的事实或善良的意图。

在北方人看来,政治腐败的狂潮似乎已经席卷了美国各地,如今甚至连最高法院也难逃腐坏变质的命运。因为最高法院除了剥夺了国会的部分权利,还不断指控共和党人,甚至接二连三地发布各种警告,声称各种阴谋离成功仅有一步之遥。共和党发现使用法律手段或者借助宪法阻止奴隶制的进程似乎已经行不通,于是该党转而从道德层面上表达自己的愤怒之情。威廉·柯伦·布赖恩特提出,"(国旗)的底色应该改成黑色,旗子上的图案应该是鞭子和脚镣",不论颜色和图案都是羞耻、奴役和屈辱的象征。"如果根据宪法奴隶被认定为奴隶主的私有财产,"北方的一份报纸撰文指出,"那么,不管奴隶主选择在任何地方蓄养奴隶……无论是地方法律还是各州法律都无权阻止奴隶主对其私有财产的处置权。"另外一位北方人士发出警告说,"届时整个国家都应该做好准备,共同见证在美国护卫舰枪炮的保护下",运奴船将随船货物卸到普利茅斯石(Plymouth Rock)上,目睹接二连三在波士顿举行的奴隶拍卖会。

堪萨斯州的政局与勒孔普顿的论战

整个国家在为波士顿可能出现奴隶拍卖会这一问题深感担忧之前,首先要解决的是堪萨斯州的奴隶制问题,因为《密苏里妥协案》在该州规定的分界线一直是个争而未决的问题。1857年11月,奴隶制的支持者在勒孔普顿召开了立宪大会。尽管反对奴隶制的民众拒绝承认该大会的合法性,但与会者还是编纂完成了一项州立宪法并希望得到议会批准。不幸的是,该法案变成了一份舞弊法案,因为堪萨斯州的民众竟然对该法案没有否决权。在12月举行的全民公投中,民众只有两个选择:一个是接受该宪法所规定的实施奴隶制不受地区限制的条款,另一个是接受该宪法所规定的在有限地区实施奴隶制的规定。第二个选择意味着在奴隶制已经存在的地区，奴隶（及其子女）仍然继续保持其奴隶的身份。双方似乎都没有注意到当时只有大约100个奴隶生活在堪萨斯州。

结果，由于《勒孔普顿宪法》所引发的政治斗争一直持续到第二年夏天。民主党在国会里保持的地区平衡状态原本就摇摇欲坠，如今更是因为这场政治斗争而彻底失衡。布坎南选择支持《勒孔普顿宪法》，希望借此解决堪萨斯州的争端并恢复国家的和谐局面，不过，他的这一选择并不明智。布坎南与以史蒂芬·A.道格拉斯为代表的国会领导者就此问题争吵不休。道格拉斯认为，编纂宪法这样明显的欺诈行为也让他深感痛心，并指责该宪法嘲弄了人民主权精神，违背了"自由政府的基本原则"。与此同时，道格拉斯认为自己在民主党北派中重新站稳脚跟的时机已经成熟，于是，便开始瞅准时机挑战布坎南在民主党的领导地位。经过国会的多次辩论及大量的幕后操作后，布坎南和他的支持者争取到了一个机会。堪萨斯州的民众开始对整个宪法进行表决，结果反对奴隶制的民众占据了大多数，以11300票对1788票否决了该宪法。堪萨斯州的民众非但没有接受奴隶制，反而做出决定，将加入联邦的时间推迟到1861年。

由《勒孔普顿宪法》所引发的这出闹剧不但使布坎南失去了民主党内部很多北方人的支持，而且还给共和党提供了一个在1858年大选中煽动选民情绪的话题。在很多地区，当地事件仍然占据着绝对优势，政党间的很多竞争都聚焦于关税和土地改革问题，然而，跟命运多舛的堪萨斯宪法相比，任何一个争议事件的影响范围都不会如此广泛。共和党人瞅准时机，乘虚直入。1858年，民主党北派在众议院失去了21个席位。接着，12位"反《勒孔普顿宪法》"的民主党人投票表决反对总统的政策，结果导致布坎南政府失去了对众议院的有效控制。民主党在美国南部地区仍然保持强势的发展势头，南派党员中有69人入选众议院，并在参议院占据了多数党席位，然而，这样的结果使该党南北派之间的分裂更加明显，大大削弱了全国民众对该党的支持。

1857年恐慌

经济危机使大选的气氛变得更加紧张。1857年8月，俄亥俄州人寿保险及信托公司（Ohio Life Insurance and Trust Company）的纽约分部宣布破产，引发了"1857年恐慌"，于是，一系列的问题便由此产生。造成恐慌问题的罪魁祸首是各方对土地和铁路的投机炒作，这也是19世纪引发金融危机最常见的原因。结果，股市暴跌，各大银行、企业纷纷破产，物价不断上涨，而民众也随之失去了工作。几个新成立的工会关门倒闭，导致刚刚起步的全国性的劳工运动也折翼巢中。费城的一位人士评论道，"整个社会如同遭遇了梦魇，数以万计的平民百姓失去工作。为了一口食物而发起的暴乱让人触目惊心。……接下来的半年里事态将如何发展？我们不得而知"。

在这样一个各群体彼此猜忌、政治上充满敌意的时代，与很多其他事情一样，有些美国人顺理成章地认为，经济大萧条之所以出现，完全是地方性阴谋作祟的结果。具体来说，南方人指责北方人，认为经济崩溃是北方人的贪婪和令人憎恶的关税所导致。只要美国南部地区仍然与北方的金融家、北方的商人以及保护北方制造业的关税政策保持联系，南方就"永远是北方的奴隶"。实际上，美国东北部和西北部地区的经济遭受的影响最严重，由此激发出新一轮宗教复兴运动，这些宗教运动的绝大部分发生在城市里。于是，一些共和党人软化了自己对关税的立场。相较于北方的经济发展，南方农业生产恢复的速度明显更快，于是南方人扬扬得意地指出自己经济体制以及生活方式具有极大的优越性。奴隶制的支持者对北方人大肆嘲弄，称其虽然倡导自由劳动力体系，该体系中的工人却在忍饥挨饿，缺衣少穿。此外，他们坚称，在此种情况下，工人的生存状况实际上还远远比不上南方的奴隶。

地方气氛日趋紧张

然而，即便是经济发展出现的萧条局面也无法分散民众对尚未解决的新增领土问题的注意力。公开辩论与以往相比变得更加言过其实、尖锐过激，萨姆纳遭到暴打、波塔沃托米河边生活的农民惨遭肢解，这两种行为堪称暴力至极，但双方唇枪舌剑、针锋相对的言语暴力与之相比有过之而无不及。双方都害怕对方拥有统治权；但同时双方也都相信对方一定会不遗余力地争取得到统治权。"根据宪法规定，南方虽然已经享有了相当多的权利，但依然对现状感到不满。"伊利诺伊州的一份报纸撰文评论道，"南方想要得到更多。他们最想要的就是绝对意义上的最高地位，除此之外，别无所求。……共和党人代表的是自由的利益，出于自卫，共和党人一直都为形势所迫，不得不奋起抵制；因此，南北双方之间的竞争还将继续下去，直到一方或另一方最终得到无可争议的最高地位。"从南方人的角度来看，他们担心"污秽下流、极端狂热的废奴主义者会无视权力和正义的约束，篡夺政府的控制权，破坏美国的平衡局面，肆意蹂躏践踏神圣的宪法所赋予的种种保障，令其蒙羞"。

威廉·H. 西沃德和无法遏制的冲突

多年来，废奴主义者和吞火者曾经就这类话题进行过探讨，不过一直处于轻描淡写、浅尝辄止的状态，因此这类话题从来没有进入立法大厅或者成为主流政治文化的一部分。来自纽约的辉格党参议员威廉·H. 西沃德在 1850 年国会辩论期间宣布："所有在立法方面做出的妥协行为从根本上来说都是错误的，从本质上来说都是邪恶的。"不过，与参加纳什维尔大会（Nashville Convention）的那些分裂分子相比，他同样没有得到在座政客的支持。当他在同一次演讲中呼吁制定"一部比宪法效力更高的法律"时，在座的政客们一想到面临的前景可能是用道德的权威力量掩盖政治问题，或者将道德制裁置于宪法及依据宪法制定的法律之上时，都不由得连连退缩。然而，当原本在地方层面上保持平衡的辉格党与民主党让位给牢固的地方政治联盟——共和党与南方人占主导的民主党时，一切就都发生了改变。福音派的对抗方式开始占据主导地位。有关领土的辩论转化为"正确"或"错误"的问题，双方达成妥协或共识的机会也烟消云散。

到了 1858 年，西沃德已经转而投入了共和党的怀抱。因此，对于该党的大部分党员来说，他抨击奴隶制的言论似乎还是完全可以接受的。西沃德意识到，美国前所未有的领土扩张及国家经济体制已经使南北双方的价值观处于对立面，于是，西沃德在 1858 年 10 月发出警告说，"南北双方之间的冲突"在所难免。"这是一场反对力量和坚持力量之间的无法遏制的冲突，"来自纽约的西沃德宣称，"这就意味着，美利坚合众国要不了多久就必须而且将要面临两种命运：要么全面转型为一个蓄奴国，要么全面转型为一个拥有自由劳动力的国家。""无法遏制的冲突"这一说辞虽然耸人听闻，但从此成为美国历史上的常用词汇。

林肯的崛起

亚伯拉罕·林肯原来也是辉格党人，后来加入了共和党。从 1858 年到 1859 年，就在南北双方唇枪舌剑的辩论进入白热化状态时，林肯突然出现在美国的政治舞台上。从 1834 年到 1841 年，林肯在伊利诺伊州的立法机构任职。从 1847 年到 1849 年，他担任联邦国会议员。1849 年后，林肯退出政坛，建立了以盈利为目的的律师事务所。在此期间，林肯结识了大量的公司客户，其中包括伊利诺伊州中央铁路公司（Illinois Central Railroad）。林肯一跃成为一位德高望重的社会成员,不过,他依然保留着政治上的雄心壮志,而且越来越关注奴隶制的扩张问题。《堪萨斯—内布拉斯加法案》的颁布以及自命不凡的共和党很快就吸引他重回政坛。1856年,林肯在助力弗里蒙特的大选时,凭借自己顽强的工作作风给共和党的领导集团留下了深刻的印象。在西沃德的引导下,林肯认为奴隶制与其说是一个严格的政治问题,还不如说是一个道德问题,因此也认为南北双方达成妥协的可能性已经大为降低。1856年7月,林肯在一次演说中强调南北双方在奴隶制的问题上已经陷入僵局。打破僵局的唯一方法就是双方中必须有一方宣布投降。那么,到底哪一方应该投降呢?"对于这个问题……只有一个答案,"林肯宣称,"错误的一方必须投降。"至于哪一方是他口中错误的一方,这位身材瘦削的律师给出了明确的答复。

两年后,1858年6月,林肯在伊利诺伊州共和党大会上发言时,引述《圣经》以强化自己提出的道德论证。在直接引述圣马可(St. Mark)的言论时,林肯拖着长声吟诵道:"一座从内部就一分为二的房子根本无法保持直立状态。"面对着"一半国土蓄奴,一半国土自由"的状况,美利坚民族不可能一直就这样容忍下去。林肯解释道:"正如我不希望房倒屋塌一样,我也不希望整个国家就此土崩瓦解。我心中所愿的是国家的分裂局面能够就此打住,不要再继续恶化。整个国家要么从此开始全面蓄奴,要么从此全部走向自由,别无其他。"同年夏天的晚些时候,当林肯与史蒂芬·A.道格拉斯为了争夺参议员席位而进行正面论战时,林肯发表的演说更加铿锵有力、掷地有声。在双方进行的一系列著名论战中,面对着令人望而生畏的"小巨人",林肯仍然坚持认为,"从道德、社会和政治等几个角度来看,奴隶制都是完全错误的"。道格拉斯最终赢得了选举,但林肯也就此声名远扬,成为共和党冉冉升起的一颗新星。

然而,不论政客们的政治热情有多么慷慨激昂,也不论辩论的手法有多么玄妙高深,自从1854年以来,所有政客不管是在政治大会的约束下还是在国家法律的束缚下,都竭尽全力地想要表明自己对奴隶制的不同态度。到了1859年,随着经济危机的结束,堪萨斯州的问题陷入了短暂的僵局,民众似乎都因为局势得到暂时缓解甚至有些心存感激。喜欢采取行动的人们却产生了一种绝望情绪。"当今时代如此沉闷乏味,我们似乎只是沿着世界冰冷的表面匍匐前进,"1859年初,林肯开办的律师事务所的合伙人威廉·赫恩登(William Herndon)如此抱怨道,"这世上似乎没有什么东西可以让我们充满活力——让我们兴高采烈——让我们激情勃发,像火一样燃烧起来。"南北双方之间以及政党之间的气氛或许会变得更加紧张,然而,但凡有些理性的民众都不会相信国家所面临的政治混乱局面会导致整个国家分崩离析，更把这种局面会引发战争的言论当作无稽之谈。

1860年民主党大会

当约翰·布朗率领着小分队骑马赶到哈珀斯费里并发动袭击时，不管对于反对奴隶制的民众而言，还是对于吞火者而言，一切开始发生改变。在美国南部地区，有关分裂的言论很快就开始重新传播。19世纪50年代，有些南方人经历了当时政治的动荡局面，因此曾经都非常信任联邦政府。现如今，就连这些人也开始对政局的走向做出预测：为了确保南部地区的安全和繁荣，南北分裂或许是唯一的解决方案。1860年4月，当全体民主党成员在南卡罗来纳州查尔斯顿举行大会时，原来的目的只是选举民主党的总统候选人，但当全体与会者展开热烈讨论时却变换了主题。尽管南派代表知道民主党北派代表会反对自己的提案，但南派代表仍然提出，民主党应该支持联邦政府制定一项法律以保障奴隶制在蓄奴州继续存在下去。史蒂芬·A.道格拉斯所担心的就是南派的这一举动。他一直希望自己能够成为民主党的总统候选人，因此早在几个月前他就对南派成员提出警告，称制定支持奴隶制的政治纲领将意味着失去北方民众的宝贵选票。在民主党大会上，俄亥俄州的乔治·A.皮尤(George A. Pugh)对南派的代表发出了类似的警告："南方各州的绅士们，你们误会了我们——你们根本没有搞清楚我们的意思——我们是不会那么做的。"

皮尤没有说错。大会投票不但否决了支持奴隶制的政治纲领，也否决了具有明显分裂特征的政党路线。看到这样的结果后，在亚拉巴马州代表的领导下，来自8个蓄奴州的代表直接离开了会场。由于他们的中途退席，拥有投票权的代表人数不足以进行下面的议程，民主党决定6个星期后在巴尔的摩继续召开民主党的全国大会。紧接着，在巴尔的摩举行的民主党大会上，南派和北派之间就哪个南部州可以获准继续参加巴尔的摩大会产生了严重分歧，结果另外6个蓄奴州及加利福尼亚州和俄勒冈州纷纷加入了之前退席州的行列，这几个州联合起来单独召开大会。在会上，他们通过了支持奴隶制的政治纲领，并提名肯塔基州的约翰·C.布雷肯里奇(John C. Breckinridge)为自己的政党领袖。布雷肯里奇时任布坎南的副总统一职。民主党北派见状惊讶得目瞪口呆，立刻采取行动，提名道格拉斯为总统候选人。民主党举行的两次大会实现了辉格党、一无所知党以及共和党心中所愿：在民主党人的手中，唯一可以理直气壮地声称自己是"国家党"的政党已经荡然无存了。

美国南部地区的分离主义者得知这一消息后无不欢欣鼓舞。在所有吞火者中,亚拉巴马州的威廉·L.扬西(William L. Yancey)是最招摇高调的一个。他声称自己的目标并不是为了在全国大选中获胜,而是为了不让道格拉斯赢得大选。他解释说,一旦共和党获胜,国家必定走向分裂,独立的南方国家也将应运而生。正如南卡罗来纳州的一位编辑所说:"我们根本就不在乎什么全国大会或者什么新总统的选举,因为我们知道,南部地区实现安全的关键一定不在联邦政府方面。我们认为这也是南部地区绝大多数民众的心声。"实际上,绝大多数南方人并非如他所想,但原本在《1850年妥协案》后似乎已经被人们完全忘却的吞火者因此死灰复燃了。

共和党大会

与此同时,共和党人在芝加哥也召开了洋溢着喜庆气氛的全国大会。实际上,共和党人举行会议的时间非常尴尬。当时恰逢民主党第一次全国大会刚宣布休会、第二次全国大会还没有召开之时。民主党第二次全国大会其实是两场大会,这两场大会的召开使总统大选活动复杂到了史无前例的程度。然而,民主党人却驾轻就熟,处理得妥帖细致。目睹着民主党人对本党所造成的巨大破坏,共和党人自然喜不自胜,也希望道格拉斯能够成为民主党最终的总统候选人。为了吸引大失所望的民主党北派人士以及其他处于摇摆状态的选民,共和党人继续低调处理本党反对奴隶制的竞选口号。不过,他们的政治纲领却仍然明确反对奴隶制的扩张。政治纲领上大胆地写道:"只要国会、国家立法机构或任何个人授权美国任何地区合法实施奴隶制,我们就不会承认其权威统治。"该政纲还谴责了约翰·布朗的袭击事件,称其为严重的犯罪行为,肯定了现有各州有权"掌控其内部各政治机构的运行",主张实施保护性关税,为自耕农提供廉价的西部土地,计划修建一条横贯美国大陆的铁路以及授予外国移民公民身份等。

在挑选总统候选人方面,共和党也采取了同样温和的手段。共和党原本有两大热门候选人,一个是西沃德,另一个是萨蒙·P.蔡斯。西沃德心直口快,直言不讳,但这会疏远党外选民,蔡斯则是一位反对奴隶制的激进分子,这一点众所周知。共和党放弃了这两大热门人选,提名了所有人心目中的备选人员:亚伯拉罕·林肯。林肯之所以能够入选,有两个因素发挥了辅助作用,一是因为共和党大会召开的地点正是他所在的伊利诺伊州,二是因为他的支持者们不但挤满了芝加哥会议厅,而且一直都在坚持不懈地为他获得提名做着各种游说工作。不过,真正起到主导作用的是另外两个重要原因:一是林肯在反对奴隶制的问题上态度并不激进;二是他作为"西部"人的身份可以在中西部各州击败道格拉斯,获得关键性选票。林肯给民众的印象一直是个平易近人、白手起家的普通人形象,这一点也吸引了很多代表。实际上,这位看似朴实的"劈木人"不但是公司的法律顾问,而且是个经验丰富、雄心勃勃的政客,他头脑敏锐、分析能力极强。

立宪联邦党

第三个政党加入总统大选的竞争中后进一步分散了选票,共和党由此而变得信心大增。1860年初,一无所知党分离出来的一部分党员以及民主党和辉格党的温和派组建了新党派——立宪联邦党,这些党员大多来自边境各州。他们谴责两大政党中的极端分子,呼吁实现国家和谐。立宪联邦党成员坚称,在所有参选的候选人中,只有他们才承诺使用折中妥协的手段。他们的队伍中包括了一些虽然上了年纪但声名显赫的人物,例如:温菲尔德·司各特、肯塔基州的约翰·J. 克里坦登(John J. Crittenden)、密苏里州的爱德华·贝茨(Edward Bates)以及得克萨斯州的山姆·休斯敦(Sam Houston)等。然而,他们选择了前辉格党成员约翰·贝尔(John Bell)作为本党的总统候选人。贝尔来自田纳西州,本身毫无特色,政绩平平,根本没有机会当选总统。

地方竞选活动

地方竞选活动是一种很怪异的竞选活动。自从19世纪20年代以来,举行这种竞选活动就如同过节一样,经常伴有大规模的群众集会、游行、政治演说、佩戴竞选徽章以及烧烤活动等,因此,美国普通民众都逐渐开始期待竞选活动的开始。然而,细观这些新政党的构成,令人感到不可思议的是,各个政党实际上都处于一种支离破碎、不成体系的状态,绝大部分是在地方层面上各自为营。共和党与民主党北派的道格拉斯在美国北部地区争论得面红耳赤,而民主党南派的布雷肯里奇则与立宪联邦党争抢得你死我活。只有道格拉斯为了掀起一场全国范围的竞选运动,曾经前往布雷肯里奇辖下的区域开展过几次短暂的拉票活动。道格拉斯也是唯一经常公开亮相的总统候选人。相比之下,林肯只做过一次公开演说。

同样，竞选广告宣传也不成体系。只有贝尔和道格拉斯认为，强调竞选或许可以决定联邦命运走向这一主题对于拉选票颇为有利。林肯依然故我。就像他在19世纪50年代的所作所为一样，对于这种可能性做淡化处理：南部地区的分裂威胁只不过是虚张声势。林肯将这种情况称为"欺诈言行"，并认为"只能用'愚蠢'二字加以形容"。布雷肯里奇也毫无二致，同样低调处理南北分裂的可能性，而选择在竞选中强调南部地区对联邦政府的忠诚。不过，各方对奴隶制的立场却都做了澄清，但即便这样也于事无补。民主党南派坚持认为国会应该对南方实施的奴隶制给予保护；道格拉斯坚持人民主权论；共和党人则承诺要使整个国家成为"自由的沃土"。

南方的情绪

1860年的夏天异常炎热。弥漫在美国南部地区的猜忌、恐惧和愤怒的狂潮酝酿着、翻腾着，一触即发。此外，南方白人对于约翰·布朗的袭击事件记忆犹新，一想到林肯可能赢得大选，他们就不由得浑身颤抖。绝大部分南方白人并不希望脱离联邦，而且几乎没有人愿意建立一个独立的南方共和国，然而，他们却越来越感觉南方地区日渐衰弱的政治影响可能会让他们沦为现有联邦国家的二等公民，而共和党的胜利会威胁到他们的经济发展、生活方式和人身安全。南方白人从报纸上得知，林肯主张的"黑人共和党"意味着他们将会被"一群自由州所包围……民众在自由幸福的社会里享受着完美的自由状态……财富日益增长……而他们自己就这样被卷入其中"。一旦共和党掌控了联邦政府，其成员必定会随之蜂拥而入，那么，"奴隶制必定会逐渐走向灭亡"。

在南方人看来，危险无处不在。整个夏季南部地区干旱无雨，造成了农作物减产，进而出现了粮食短缺问题，而且从亚拉巴马州燃起的森林大火一直蔓延到了得克萨斯州。这场大火很有可能是含磷火柴的自燃导致，因为这种新发明的火柴缺乏安全阻燃剂的成分。即便如此，当时的南方人还是认定这是由北方废奴主义者精心策划的一场阴谋。这些废奴主义者来到南方就是为了挑起奴隶起义。因此，为了保障社会安全，南方人组建了巡逻队，还组建了民兵和"一分钟人(Minute Men)"①组织。但凡是可疑人物，即便没有马上遭到殴打袭击，至少每

---

① 一分钟人是美国独立战争时期马萨诸塞州的特殊民兵组织，成员从美国各地民兵中挑选。顾名思义，他们具有高机动性、快速部署的能力。他们是第一批参加美国独立战争的组织之一，成员占了整个民兵组织的1/4。大部分成员比较年轻，成了早期革命响应者网络的一部分。——译者

天都会遭受各种威胁。所谓的可疑人物主要包括来自北方的小商贩、教师及自由黑人等。"如今已经到了将这些家伙消灭干净的时候了",亚拉巴马州蒙哥马利(Montgomery)出版的一份报纸上撰文写道:"我们不妨开展一场地毯式搜查,将这些人一个个揪出来——让他们暴露在阳光下——接下来我们就用绳子解决一切。"

北方的敌人残酷无情且无法和解,一直在那里虎视眈眈。这一观点在南方人中间变得越来越普遍,因此,南方白人打破了阶级界限,变得异常团结。他们认为废奴主义者即将开展猛攻,而且可能会采取任何可能的方式。实际上,没有蓄养奴隶的南方白人不会因此而遭受任何财产损失或丧失任何利益。然而,这些人还是被告知,如果林肯及其领导下的共和党控制了联邦政府,那么,所有美国公民便都将陷入水深火热之中。"奴隶财产是美国南方地区所有财产的基础,"10月,《查尔斯顿水星报》(Charleston Mercury)撰文坚称,"当奴隶这种财产的安全无法得到保障时,其他所有财产都不再具有稳定性。银行业、股票、债券等必将受到波及。胆小的民众会将其全部出售,离开南方。到时候,困惑、猜忌和压力必将成为南方人的主导情绪。"

此外,生活在奴隶聚居地区的白人就会感到焦虑不安,担心奴隶会发动起义,害怕白人女性因此会遭到强奸,白人儿童遭到屠杀。更重要的是,奴隶主和非奴隶主都害怕种族制度的瓦解,因为在这种制度下,即便是最穷困的白人也具有一定的社会地位。他们担心这一制度瓦解后白人的社会地位会因此降低,而黑人公民将根据共和党的纲领要求得到平等的地位,这种场面将会让他们倍感难堪。有些南方人甚至认为,来自北方的挑战或多或少地威胁了他们自由掌控自己世界的能力,包括对家庭成员及雇工控制等。

选举结果

不管是南方选民还是北方选民都意识到这次大选利害攸关,因为从政治、经济、社会及种族等几个角度来看,整个国家的未来仍然处在一种悬而未决的状态。1860年11月,超过八成的美国选民走向了投票站,这一比例在美国选举历史上属于第二高。林肯获得的选票还不到总票数的40%,但他和共和党在北方获得了压倒性的总选票,赢得了大选。共和党最强大的支持来自北方各州的上层社会,这一阶层的民众更愿意接受共和党反对奴隶制的竞选宣传。有一点非常引人瞩目:从传统角度来看,美国北方偏南地区一向都是民主党的铁杆支持区域，而林肯竟然在该地区获得了一半选票。虽然道格拉斯在密苏里州的得票率最高，但在北方各州获得的总票数居于第二位，而且赢得的普选总票数也居于第二位。贝尔在弗吉尼亚州、肯塔基州和田纳西州等三地赢得了最高票选，而布雷肯里奇则横扫南方其他各州。即便有一位候选人能够获得蓄奴州的所有选票，考虑到人口比例的平衡，他也很难在严格的地方选举中获胜。林肯获得了180张选举人票，而他的对手一共只获得了123张选举人票。

在接下来的3个月里，面对林肯大选获胜的结果，美国南方蓄奴州的反应就是陆续退出联邦。10年前，世人已经将吞火者彻底遗忘；10年后，吞火者最终走到了世人面前并取得了胜利。对于绝大部分美国人而言，南北方分裂的话题以前让人觉得不可想象，然而，现在该话题却重新引起了民众的注意，因为南方人已经对联邦政治体制失去了信心。人们以前会把新增的西部土地看作一种福祉，而今这些土地却成为所有问题的发源地，奴隶制的扩张则是各种问题的根源所在。1848年，南北方对财产这一概念的定义不同，引发矛盾造成该问题的产生。当时也被认为是国会保持政治平衡的一个方法。到了1860年，政治辩论的结果使新增领土问题升级，不但变成了一个非对即错的问题，而且变成了一个基本的道德问题。对于尚不成熟的民众而言，对该问题的探讨很容易就会被情绪所左右。对于一个不断扩张、根基尚浅的政治体制而言，该问题同样容易让人情绪失控，不太可能通过友好协商的方式加以解决。然而，即便如此，赢得大选的共和党人也并不一定打算通过战争的方式解决新增领土问题，因此，美国最终究竟如何走向内战，其原因尚有待于进一步阐释说明。

大事记

南北内战前(1787年9月—1860年11月)

1787年9月	《美利坚合众国宪法》获得通过,奴隶财产权得到保障
1808年1月	美国国会禁止进口奴隶
1820年3月	美国国会通过《密苏里妥协案》
1828年12月	约翰·C.卡尔霍恩的《南卡罗来纳州说明与抗议》发表
1831年1月	威廉·劳埃德·加里森主编的《解放者报》第一期出版
1832年11月	南卡罗来纳州拒行联邦法
1833年3月	美国国会通过《军力动员法》
1836年3月	美国国会首次通过"限制言论自由的规则"
10月	得克萨斯共和国独立
1839年11月	自由党成立
1845年3月	吞并得克萨斯共和国
7月	约翰·L.奥沙利文首次提出"天命论"的观点
1846年5月	美国对墨西哥宣战
6月	与英国协商解决俄勒冈州的边界问题
1848年1月	加利福尼亚州发现黄金
2月	与墨西哥签署《瓜达卢佩—伊达尔戈条约》,美墨战争结束
1850年6月	纳什维尔大会召开
9月	美国国会通过《1850年妥协案》
1852年3月	《汤姆叔叔的小屋》结集出版
1854年5月	美国国会通过《堪萨斯—内布拉斯加法案》
7月	共和党在密歇根州的杰克逊成立
10月	《奥斯坦德宣言》
1856年5月	"堪萨斯内战"开始;查尔斯·萨姆纳在美国参议院做了一场"反堪萨斯州"的演说,随后遭到普利斯顿·S.布鲁克斯的殴打

1857 年 3 月		美国最高法院对德雷德·史考特案做出最终裁决
1858 年 1 月		堪萨斯州的选民投票反对《勒孔普顿宪法》
	6 月	亚伯拉罕·林肯在伊利诺伊州的斯普林菲尔德做了一场主题为"一分为二的房子"的演说
	8—10 月	林肯与道格拉斯进行政治辩论
	10 月	威廉·H. 西沃德在纽约州的罗切斯特市(Rochester)做了一场主题为"无法遏制的冲突"的演说
1859 年 10 月		约翰·布朗袭击弗吉尼亚州的哈珀斯费里,同年 12 月被处以死刑
1860 年 11 月		亚伯拉罕·林肯当选美国总统

史学论文的主要观点

历史学家们从不同角度分析战争起因

正如历史"不断向前发展"一样,撰写历史的进程也在不断地向前发展。人们一遍又一遍地讲述美国内战的历史及其影响,处在不同时代的不同人群所讲述的角度也不尽相同。本书的前言部分已经对20世纪和21世纪民众对美国内战的普遍记忆做出了解释,但学者们对于内战爆发的原因、北方为何获胜,以及内战对美国的各种影响也给出了各种迥然相异的诠释。内战"历史编纂学"的各大主要"学派"对于引发内战的各种原因从各不相同的视角做出了自己的解释,主要观点请参见下文。同时,若想了解历史学家们是如何解释联邦获得的胜利以及重建成果,请分别参看第364—365页以及第465—467页。同学们也可以思考为什么每一种思想流派分别从自己的视域对同一时代做出不同的阐释。

一、民族主义者的观点(1880—1920年)

民族主义者将这场内战视为没有人期待它发生的一种"无法遏制的冲突"。奴隶制的存在是错误的,而且是造成冲突的主因。不过,任何一方或任何组织都不应该对流血牺牲负责。

二、经济决定论者的观点(1910年—20世纪30年代)

经济决定论者认为导致战争爆发的并不是奴隶制或对州权的争夺,而是南北方所实施的相互冲突的经济体制。持有这种观点的学者将内战视为"第二次美国革命"。战前,美国社会经历了激烈的社会转型和经济转型,在此过程中,"革命"便应运而生。

三、马克思主义者的观点(1910年—20世纪30年代)

马克思主义者通过强调存在于影响广泛的经济变革之下的阶级斗争,提出了一个带有倾向性的解释,即经济决定论。马克思主义者认为这场战争"不可遏制",不但是历史辩证法的一部分,而且是美国革命传统的结果。最终的冲突并不是美国南北双方之间的冲突,而是北方资本家的经济利益与南方种植园主的经济利益之间的冲突。

四、修正主义者的观点(1920—1950年)

与战争冲突是不可遏制的观点相反,修正主义者认为这场战争是"可以避免的"。他们主张,受到"超情感主义"影响的政客放大和夸张了19世纪50年代存在的地方性差异,结果导致了内战的爆发。"那一代政治极端分子犯下了弥天大错",南方、北方概莫能外,是他们将整个国家带入了一场完全没有必要发生的内战。

五、反修正主义者的观点(1950—1980年)

反修正主义者回避了战争爆发的必然性问题,而试图回归到内战不可遏制这一主题上来。他们重申奴隶制是一个道德问题,是南北双方爆发冲突的主因。因此,与先前的学派相比,反修正主义者在描述废奴主义者时表现出更大的同情心。

六、新修正主义者的观点(1960年—20世纪90年代)

新修正主义者不仅公开回归到不可遏制的冲突这一主题,而且指出造成内战的主因并不是奴隶制而是政治。煽动地方分裂的也并非奴隶制,而是奴隶主的力量。新修正主义者回避了早期从"超情感主义"的角度所做出的解释,明确指出辉格党的崩溃和地方政党的出现是真正造成国家分裂的罪魁祸首。

七、新马克思主义者的观点(1960—1980年)

为了强调奴隶制的作用,与之前的马克思主义者相比,新马克思主义者并不太关注纯粹的经济问题以及历史辩证法。相反,新马克思主义者强调奴隶主和奴隶之间关系的复杂本质,坚持认为奴隶制本身阻碍了南方的现代化进程。

八、新民族主义者的观点(1970—2000年)

新民族主义者认为,南北双方在政治、文化和经济等各方面都存在着巨大差异,因此内战的爆发难以避免。他们认为奴隶制是内战爆发的原因,然而,尽管北方人对待奴隶制问题表现出义愤填膺的一面,而且一般都被刻画为正面积极的一方,但这并不意味着奴隶制可以被当作道德问题来对待。

九、修正主义者复古派的观点(21世纪)

本书的几位作者采纳了这一学派的观点,认为内战并非不可避免,坚称美国的南方与北方并没有分裂成两种各自为营且有着明显差异的文明。在很大程度上,地方性政党的出现表明政治框架的脆弱,而这样的政治体系无法打破由奴隶制扩张所引发的政治僵局。南北双方的政治极端分子虽然并不能代表"犯下弥天大错的一代人",但任由奴隶制在政治对话中变成了一个道德问题。就这样,将双方达成妥协的可能性降到最低,直至完全消失。

第三章　南方人脱离联邦　非职业军人参战
1860年12月—1861年12月

在林肯大选获胜后就任总统的第一年里,美国历史上引发时代动荡的几次重大事件接二连三地爆发了。才不过12个月的时间,整个国家就从一个虽然存在诸多问题但统一的联邦国家分裂成两个各自为营的交战国。非职业化的陆军、海军战士匆忙参战。随着开战的枪声响起,双方战士的鲜血也随之飞溅开来。内战降临美国,而且似乎来到之后就迟迟不肯离去。美国民众一开始还在幻想,以为这场内战会历时短暂,而且几乎不会引发任何流血事件,然而内战进行了一年的光景后,所有人的梦想便都已经化为泡影。大屠杀才刚刚拉开帷幕。

南方人对林肯大选获胜的反应

绝大多数南方白人对此做出的回应都是恐惧和憎恶:他们害怕共和党人,讨厌联邦国家改变之后的模样。在亚拉巴马州的西部地区,年轻的爱尔兰移民安德鲁·亨利(Andrew Henry)大肆宣扬说:"如果一个地方性政党的远大目标并不是养活黑人……而是迫使南方白人沦落到与黑人平起平坐,那么,我们就绝不能容忍这样的政党的领导!我们无法容忍逼迫我们的妻女在死亡和满足黑人的邪恶欲望之间做出选择!我们更不能容忍我们的孩子惨遭屠杀、我们的家园被烧成灰烬、我们的国家变成荒凉之地!我们宁可万劫不复,也绝不能容忍黑人共和主义(Black Republicanism)!"

为了赢得那些非奴隶主的支持,分裂主义者经常讨论诸如州级权利、令人倍感压抑的联邦政府以及令人深恶痛绝的关税等各种话题,不过,他们难免也会重新谈到奴隶制以及北方给南方生存带来的威胁。密西西比州在为自己的分裂主张寻找理由时提到:"奴隶制是全人类最重大的物质利益——我们的立场与奴隶制的立场完全一致。"以共和党为首的联邦政府给"奴隶制带来了沉重的打击",

密西西比州的分裂主义者坚称,因此,"我们只有两个选择,如果我们不服从废除黑奴制度的法令,就只能面对联邦分裂的局面,因为联邦政府的基本原则已经完全遭到颠覆,如今其目的只是让我们走向毁灭"。很多类似的言论甚嚣尘上:如果共和党占上风,就会摧毁奴隶制,由此引发的灾难必然会吞噬所有白人。1860年12月7日,佐治亚州的著名政客约瑟夫·E. 布朗(Joseph E. Brown)非常清晰地表明了这一立场。布朗称,如果黑人在经济层面可以自由自在地与贫穷白人展开竞争的话,他们就可以直接压制白人。"一想到贫穷白人将遭受随之而来的种种痛苦,就令人感到极端不适。将他们置于与黑人相同的地位,根本毫无道理可言。"布朗坚称,"贫穷白人是优等人种,他们不但心知肚明,而且从骨子里就有这样的感觉。如果废除了奴隶制,就意味着黑人与白人实现了平等。"

南方民众一直都在讲述同样主题的恐怖故事,不过所举的例子倒是五花八门:如果遵循黑人共和党的计划,限制奴隶制的发展,那么白人必将变得穷困潦倒,法律地位日益低下;最糟糕的是,从种族角度而言白人已经遭到了禁锢。对于解放黑人一事,白人不但表现出种种焦虑之情,而且出现了刻板的性别偏见:男性黑奴原本温顺驯服、生性乐观,但一旦获得自由就会变成为"雄性黑人",变成摧毁所有白人女性和儿童德行的野蛮强奸犯。

如此咄喈切齿的种族主义言论产生了广泛的社会影响,南方一些头脑冷静者的言论可以证明这一点。亚拉巴马州塔斯卡卢萨市(Tuscaloosa)的一位编辑写道:"尽管我们与北方之间诸多的不同之处仍有可以调和的余地,但哪怕我们表达出点滴赞成南北调和的论调,就不但会被视为异端邪说,而且还会给自己带来极大危险。"北方人塞雷诺·沃森(Sereno Watson)在亚拉巴马州的黑人聚居区管理他哥哥的农场,沃森评论说,自从林肯大选获胜后,民众都开始变得"不太正常"。尽管此前所有人的政治观点都不尽相同,但现在全都已经团结起来,绝不服从林肯政府的领导。

南方腹地诸州脱离联邦

当时绝大部分反对的声音似乎一转眼都已经销声匿迹。在这样的大环境下,1860年12月20日,南卡罗来纳州宣布脱离联邦。在接下来的6个星期里,美国南方腹地盛产棉花的各州,包括密西西比州、佛罗里达州、亚拉巴马州、佐治亚州以及得克萨斯州等地相继宣布退出联邦。在商讨脱离联邦的过程中,这些州甚至派遣专员到其他蓄奴州,声称脱离联邦是保证奴隶制继续存在的唯一途径,并敦促其他各蓄奴州也如法炮制。这些政客还经常发表各种恶毒的种族主义言论。例如,1860年12月27日,亚拉巴马州的专员史蒂芬·F.黑尔(Stephen F. Hale)与肯塔基州的立法部门辩论称,林肯大选获胜实际上就等同于北方的"公开宣战",共和党的政治纲领"彻底破坏了南方人的财产,令南方的土地一片荒芜……激发了……奴隶起义,为了满足尚处在半野蛮状态的非洲人的淫欲,将南方人的妻女……置于任由他们玷污、侵犯的境地"。

1861年2月4日,这几个州的代表趁热打铁,在亚拉巴马州的蒙哥马利召开大会,共同起草了一份美利坚联盟国(Confederate States of America)宪法,并选举密西西比州的政客杰佛逊·戴维斯(Jefferson Davis)担任总统之职。戴维斯经验老到,与吞火者一派志不同道不合。南部联盟成员的想法跟很多北方人的想法不谋而合,也认为亚伯拉罕·林肯大选的获胜便意味着革命拉开帷幕,因此南部联盟成员联合起来,打算发动一场政变。

南部联盟宪法

为了反映自己的利益,美利坚联盟国改写了美国联邦宪法,甚至对脱离联邦的时间和地点都做了具体描述。南部联盟宪法几乎将联邦宪法一字不爽地原样照搬,不过不同之处在于该宪法明确提到了奴隶制,并对奴隶制加以保护。其中,第四条第二款如此写道:"每州公民应享受各州公民所有之一切特权及豁免,均有权携带自己的奴隶以及其他财产前往联盟国各州并有权做短暂停留。包括奴隶在内的财产权受到宪法保护。"与联邦宪法相比,该宪法还有一些其他的变化,包括总统及副总统的任期延长至6年,且不得连任;总统对拨款法案拥有单项否决权;禁止征收关税等。南部联盟在宪法前言部分还增加了以下语句:"祈求能够得到全能的上帝的支持和指导。"不过,他们也声称自己正在打造一个"永久性的联邦政府"。

杰佛逊·戴维斯的就职演说

1861年2月18日,美利坚联盟国总统向全体南部联盟成员发表了就职演说。戴维斯声称:"我们目前的政治地位之所以得以确立,是因为我们大胆采用了我国历史上前所未有的方式。"戴维斯坚称,南北分裂的事实表明,"美国民众普遍认同的观点是政府管理要建立在获得被统治者一致同意的基础之上;如果政府已经背离建立的初衷时,那么人民有权利按照自己的意愿改造政府或取消该政府机构"。接着,戴维斯继续解释说,脱离联邦的 7 个蓄奴州的民众"主要是农业人口。这些农民的主要收入来源依赖于向每个以制造业为主的国家出口其所需商品。我们的政策就是希望打造一个和平的环境,尽可能地采取最自由的方式进行贸易往来"。戴维斯只字不提"奴隶制"。相反,他提出,新制定的联盟宪法与"我们的父辈祖先所制定的宪法迥然相异。因为该宪法完美地解释了南方人众所周知的意愿,将南方人从南北冲突中解脱出来,使这种冲突再也不会干扰南方人对公共福利的追求"。

亚力山大·斯蒂芬斯的"奠基石演讲"

一个月后,美利坚联盟国的副总统亚力山大·斯蒂芬斯更加清晰地阐释了戴维斯的意思。斯蒂芬斯是佐治亚州人,在佐治亚州脱离联邦之前,他一直都是坚定的联邦主义者。1861 年 3 月 21 日,斯蒂芬斯在佐治亚州的萨瓦纳面对着喧嚣不已的人群发表了演说。后来,人们将这场演说称为"奠基石演讲"。在这场演说中,斯蒂芬斯对南部联盟使用何种方法使美国宪法从本质上来说变得完美无缺做出了解释。他说:"非洲的奴隶制一直就存在于我们的文明社会中,与黑奴制度相关的系列问题也一直使我们感到焦虑不安。如今,南部联盟已经平息了与之相关的所有问题,而黑人也已经找到了最合适的位置。"斯蒂芬斯明确指出,奴隶制是"最近出现的南北分裂以及目前爆发的革命的直接诱因"。他强调,美国宪法的基础虽然是种族平等的理念,但这一理念具有误导性。斯蒂芬斯宣称:"我们的新政府,所建立的基础恰恰相反;新政府的基础已经奠定,构成基础的基石是颠扑不破的真理,即黑人与白人生而不平等;服从奴隶制是黑人生存的自然条件以及正常条件,因为跟优等民族相比,他们原本就是劣等民族。"

布坎南总统对分裂的反应

亚伯拉罕·林肯虽然赢得了大选,但直到 4 个月后的 1861 年 3 月 4 日,林肯才宣誓就职。在总统人选的过渡期间,直接面对南北分裂的总统是詹姆斯·布坎南。布坎南是一个"面团般的"共和党人,容易受人左右。虽然他是北方人,但崇尚南方人的各种原则,因此,他其实非常软弱,是个政坛上的"跛脚鸭"。面对南部联盟提出的挑战,布坎南发表了一份非常清晰明了的声明。他坚称南部地区脱离联邦属于非法行为,但联邦政府没有权力强迫已经脱离联邦的各州再次回到联邦的怀抱。这一立场几乎完全剥夺了布坎南及其领导下的联邦政府可能在此事件中发挥作用的权力。在这种政治管理的真空状态下,很多政客,尤其是来自边疆各州和美国南部偏北地区各州的老政客,以及更保守的政客都争先恐后地想要达成各种妥协案,因为这样一来,不但可以促使南部联盟各州重新回归联邦的怀抱,而且可以阻止诸如阿肯色州、特拉华州、肯塔基州、马里兰州、密苏里州、北卡罗来纳州、田纳西州以及弗吉尼亚州等其他蓄奴州脱离联邦。一旦这些州脱离联邦,将会使叛乱州的实力大增。

尝试做出妥协

在那段令人绝望的日子里,各种各样的妥协建议纷纷浮出水面。这些妥协方案对南方都做出了重大让步。在所有妥协方案中,做出最大让步的当属《克里坦登妥协案》(Crittenden Compromise)。这份妥协案是根据其最主要的倡导人参议员约翰·J.克里坦登而命名的。克里坦登来自地处边疆的肯塔基州,该州边界划分得非常不合理。《克里坦登妥协案》是一份"不可修订的"修订案。该修订案再次重申了1820年《密苏里妥协案》所规定的北纬36°30′的分界线,并坚持认为该分界线以南可以实施奴隶制,但以北地区则禁止实施奴隶制。其他的妥协建议也致力于保护美国西南部地区各州实施的奴隶制,认为该制度符合宪法规定,鼓励美国人到加勒比海及拉丁美洲地区开展支持奴隶制的冒险活动,并保护自由州奴隶主的各项权利。对于北方人而言,对奴隶制度做出如此维护和支持的举动早已司空见惯,不过,南部联盟各州到底会不会因此而终止其叛乱行为却不得而知。

对于处在政局另一面的共和党而言,大多数共和党人对这样的妥协案都持有非常谨慎的态度,不过有些人的反应若更激进一些,就会显得更有敌意。在这一问题上,候任总统林肯虽然在举行就职典礼前明确拒绝发表公开声明,但面对将奴隶制扩张到其他各州的提议时却表现得立场坚定,坚决予以抵制。早在1860年12月11日,林肯给共和党的一位众议员写了一封信。当时,这位众议员正在出席众议院特别委员会会议,与会者讨论的是针对这些分裂主义者是否还有可行的补救措施。林肯在信中写道:"我们绝不接受任何有关奴隶制扩张的妥协案。一旦我们接受了妥协案,他们会马上占据优势,我们就会丧失所有的劳动力,而且要不了多久我们就将前功尽弃……我们将会变得一无所有。既然这场斗争不可避免,那么现在开始总比以后要好。"

将很多方面综合起来就可以发现林肯是个主张务实的保守派政客。他坚信,如果共和党人放弃了自己坚定的信念——即决不允许奴隶制扩张到新的土地上——就将失去存在的理由,就会变成普通政党中的一员,再也没有能力阻止奴隶主的势力。分裂主义者正打算通过威胁并采用政治极端主义的方式拿回他们在投票站所失去的那些选票。这些人已经彻底改变了正常的政治游戏,因此,正如此前几代北方政客的所作所为一样,林肯也不愿意就此退回到过去。最终,所有试图找到一个新的地方性妥协案的努力都失败了。中间立场瓦解后,美国政局发生了彻底的改变。亚伯拉罕·林肯对此一直都很有先见之明。他在早年就曾经提到"一座从内部就一分为二的房子根本无法保持直立状态"。或者,从密西西比分裂宣言中我们也可以窥见一二,"在联邦国家里,等待我们的命运是我们将被彻底征服……我们如果不能忍受降格、没落……就必须脱离联邦"。

南部偏北地区推迟脱离联邦的步伐

在脱离联邦的南方各州中,并非所有民众都是分裂主义者。同时,在那些尚未脱离联邦的蓄奴州里,很多民众对于是否要脱离联邦仍然举棋不定,因为他们认为南部偏北地区的主要经济利益与其说与南部联盟各州有关,还不如说与联邦的关系更为密切;相信南部分裂主义者之所以制造出各种阴谋就是为了引发南方选民的恐慌情绪;感到南部几个蓄奴州脱离联邦是一种群体性错觉所导致的结果;觉得南方人出于不可理喻的恐惧心理故意误解北方人的意图;感觉共和党或许有能力阻止内战的爆发。各种让人头脑冷静的声音的确延缓了南部偏北地区脱离联邦的步伐,然而,大多数南方人依然坚信,联邦政府一定会确保蓄奴州可以独立采取涉及奴隶制的各种行动,而不会强迫这些州按照联邦路线行事。

林肯发表第一次就职演说

1861年3月4日,亚伯拉罕·林肯发表了就职演说。在这份字斟句酌的就职演说里,林肯所针对的听众主体是南方的温和派。林肯承诺,他所领导的联邦政府不会干涉蓄奴州的奴隶制,其中包括为了实现这一目的而主动提出制定一份宪法修正案,并承诺继续实施《逃亡奴隶法》。林肯为了缓和南方人的恐惧情绪,在措辞上对面临的诸多问题进行淡化处理。《逃亡奴隶法》曾经引发大量慷慷慨激昂的相互指责及流血事件。在谈及该法时,林肯语气温和地说道:"对于这些法律条款到底是应该由联邦权威部门实施还是由各州的权力部门实施一直存在着不同意见;但有一点不容置疑,这样的差异其实也并不是什么非常重要的问题。"林肯在描述分裂问题时只是简单地说道:"在我国,一部分地区认为奴隶制本身没有任何过错,应该加以扩张;另一部分地区则认为奴隶制大错特错,绝对不应该扩张。"接着,他又补充道:"这是唯一引发实质性争议的问题。"林肯在过去经常说错误的一方应该服从正确的一方。共和党一向反对奴隶制扩张并希望该制度能彻底灭亡。林肯当然认为共和党就站在正义的一方,然而,当他面对着一个分崩离析的国家第一次发表自己的就职演说时,他有意低调处理了国家分裂的弥天大错。很明显,林肯相当了解自己作为总统的职责和责任并按此行事,然而,他个人却还挣扎在分裂所带来的种种影响中。

接着,林肯进一步提出自己的理由,称分裂的"本质是无政府状态",认为联邦就像一个"永久性"合同,各州并没有权力撕毁该合同,并坚称他将要在联邦政府治下的各州内执行联邦法律。他的这部分演说内容针对的是共和党的听众。对于林肯表现出来的民族主义的坚定性,共和党人大为赞赏。与此同时,林肯承诺不会激发流血事件,但他并没有明确他将通过其他何种手段在南部联盟各州执行联邦法律。相反,林肯将未来发起行动的责任转移到南方人的肩上。"南方同胞们,我知道你们心存不满,如今内战这一重大问题的主导权并不在我们的控制之下,而在你们的掌控之中。联邦政府不会对你们实施打击。倘若你们自己不是内战的发起者,就不会有任何战争之虞。"实际上,林肯已经将自己的执行权力交给了这些愤愤不平的民众。一旦战争的狂潮席卷整个国家,那么这些民众将会成为最终的发起者,而不是林肯。

林肯的演说看上去自相矛盾,实际上却显示出一种律师的精明,旨在安抚整个国家。然而,如果仔细研究就会发现,新总统在情感上更加倾向于一些特定的南方人。林肯相信,这些南方人与他一样,对联邦充满了热爱,只不过暂时被那些组织精良、主张革命的少数分裂主义分子给湮没了。"我们是朋友,不是敌人。我们一定不要彼此为敌,"林肯总结道,"虽然我们会感情冲动,但千万不要反目成仇。在这片广袤的国土上,从每个战场到每个爱国志士的坟冢,从每颗跳动的心到每个温暖的家庭,不论是故去的还是活着的每个人都拥有同样美好的回忆,齐心协力奏响了团结的大和弦。我们善良的天性必将再次令团结的和弦再次响起,令联邦团结的大合唱响彻云霄。"

未来既充满了未知数也充满了危险,而这未来便是无法预测的内战。面对着这样的未来,与北方其他很多政客别无二致,林肯所表达出来的也是自己一厢情愿的想法。一旦发生某种形式的流血事件,他所领导的联邦政府也将不得不做出反应,因此林肯自己也无法预知南方其他的蓄奴州将会选择哪一条出路。万一内战爆发,那些反分裂主义者又将何去何从,对此他也不得而知。然而,经过反反复复的沉思默想,再加上乐观主义的精神,对于林肯而言找到线索似乎也没什么难度。从根本上来说,林肯误解了那些坚定不移的联邦主义者的心意,因为实际上这些人并非无条件地效忠联邦,他们的效忠是有条件的,即林肯在打击南方、保卫联邦时不诉诸武力。

萨姆特堡危机

林肯在执政之初所面对的就是布坎南政府遗留下来的一大问题,该问题也是内战问题的核心所在,即是否继续给南部沿海的两个军事堡垒提供补给?在这两个军事堡垒中,位于查尔斯顿港的萨姆特堡更加重要,而查尔斯顿就位于脱离联邦最激进的南方州的入海口。美利坚联盟国不但早已经沿着海港摆放了一圈加农炮,而且切断了驻扎在那里的小股联邦卫戍部队的军需供给。林肯在发表就职演说时曾经坚称要在联邦政府控制的所有区域内执行联邦法律,如果林肯真的言出必行,他就将不得不针对这种局面采取一定的措施,然而,他不愿意因此受到鼓动和诱惑,不愿意由自己打响内战的第一枪。

林肯在宣誓就职后不久就与弗吉尼亚州的联邦主义者探讨是否有可能通过放弃萨姆特堡以换取弗吉尼亚州的承诺——不脱离联邦。新任国务卿威廉·H.西沃德是林肯原来在政界的竞争对手。西沃德向林肯提出建议,如果与欧洲发动战争,不但可以使整个联邦实现团结统一,而且可以解决目前面临的所有危机。与此同时,西沃德还暗地里向南部联盟的外交使者保证,联邦政府将会从萨姆特堡撤军。同年3月底,面对着联邦政府举棋不定迟迟不作为的态度,共和党的各大报纸以及北方的公众舆论已经忍无可忍,所表现出来的态度在政府的反衬下显得愈发坚决果断。在南部沿海的这两个军事堡垒中,位于佛罗里达州彭萨科拉(Pensacola)皮肯斯堡(Fort Pickens)的地理面积更小,因此更容易遭到袭击。然而,当联邦政府军事上的无能及官僚主义的作风使加强皮肯斯堡的防御计划无法实施时,林肯提议先解决南卡罗来纳州的问题。林肯最终采取的权宜之计是继续给萨姆特堡提供补给,但主要提供食物等非军用物资。联邦舰队也将开往查尔斯顿港,但其目的并不是挑起战争。

第三章 南方人脱离联邦 非职业军人参战

萨姆特堡问题也如一块巨石一样压在美利坚联盟国总统杰佛逊·戴维斯的心头。联邦政府官员的身影不断出现在查尔斯顿港,对尚处在羽翼未丰的联盟国的合法性而言无疑是一大挑战。2月,南部联盟临时国会提出,包括萨姆特堡在内的所有军事堡垒都应该"要么通过谈判,要么通过武力手段"收归己有。南部联盟的一些领导者认为,如果在查尔斯顿展示联盟的武装力量,将会有助于促使南部偏北地区加入南部联盟。危机持续的时机越长,越没有合理的解决方案,南方人,甚至在已经脱离联邦的南部腹地的南方人都有可能会改变想法。戴维斯知道他必须马上采取行动。

4月9日,除了国务卿罗伯特·图姆斯(Robert Toombs)①仍然坚持己见,全体内阁成员几乎一致支持戴维斯的决定。于是,戴维斯给盟军司令皮埃尔·古斯塔夫·图坦特·博雷加德(Pierre Gustave Toutant Beauregard)下达命令,让他给驻扎在萨姆特堡的联邦指挥官少校罗伯特·安德森(Robert Anderson)发布最后通牒,要求安德森必须马上率军撤出该堡。来自肯塔基州的安德森自己也是个奴隶主,当然也不想战争爆发。因此,他同意"如果在4月15日中午前没有收到联邦政府发布的任何指令,或者没有收到任何额外的补给",那么,他将在那天中午向南部联盟投降。实际上,博雷加德已经得知那些额外的补给正在运来的路上。4月12日凌晨,南军开始轮番轰炸萨姆特堡。34个小时后,安德森领导下的卫戍部队全线溃败,不过,安德森虽败犹荣,因为弹药虽然全部打光,但其手下无一人死亡,堪称奇迹。最后,安德森率部投降。

林肯对萨姆特堡第一枪的回应

尽管在道德层面上,林肯已经从南部率先挑起内战的举动中获得了一定的优势,但他仍然不得不面对一个重要问题——到底应该如何应对。当时国会正处于休会期间,于是林肯发表了一系列总统宣言。首先,"为了维护联邦国家的荣誉和完整,为了使联邦国家持久存在,为了使民权政府永存",特别是"为了重新夺回南部联盟从联邦手中抢走的所有军事堡垒、土地和财产",他要求尚未脱离联邦的各州州长要"相互支持、相互促进、相互援助",联合派遣由7.5万人组成的民兵部队,提供90天的军事援助。此外,林肯还发布了一份"总统令",下令

---

① 罗伯特·图姆斯(1810—1885),美国政治人物、民主党人,曾任州、联邦众议院和参议院议员、内战时期的美利坚联盟国将领、国务卿和战争部长。——译者

将所有不愿意效忠联邦国家的民众驱散遣返。几天后,林肯宣布对南方港口实施海上封锁。林肯认为,采取了这样一系列的措施后,再加上动用了相对来说的一小部分人力(实际上,这一数字是常规部队的 5 倍),经过短时间的运作就可以压制住南方叛乱。然而,很明显他的看法显得有些目光短浅。此外,如果林肯认为热爱和平的南方联邦主义者对此会采取袖手旁观,或者为了联邦荣誉而战的态度,那么,8 个蓄奴州中有一半将会用事实证明他的观点大错特错。

南部偏北地区脱离联邦

林肯此前想当然地认为南方人持有联邦主义思想,但实际上,南部偏北地区的很多民众在心存偏见的情况下所采取的是一种观望态度。如果说这些民众原本对南方的忠诚还有些摇摆不定的话,当他们目睹林肯面对南部联盟的炮火攻击号召采用武力反击时,就已经下定了决心。4 月 17 日,弗吉尼亚州召开大会,与会代表投票赞成脱离联邦。阿肯色州、北卡罗来纳州和田纳西州也纷纷如法炮制。以上 4 州脱离联邦后所造成的影响绝对不容小觑。新成立的美利坚联盟国的工业基础虽然薄弱,但弗吉尼亚州和田纳西州为其提供了主要的工业原料,此外,其农畜产品和粮食生产对新国家来说也具有极为重大的意义。这 4 个蓄奴州加入美利坚联盟国后,南方白人的总人口也翻了一番。当然,就人口总数而言,联邦总人口为 2 000 万,人口基数比仅 800 万人口(再加上 400 万奴隶人口)的南部联盟多出很多,不过,如果没有这 4 个州人力、物力的加盟,南方根本没有实力跟北方进行武力抗衡。

早在 1776 年,弗吉尼亚州的地位就相当重要。如今,该州的地位也并不曾有丝毫降低。从地理、人口、财富及其领导地位而言,弗吉尼亚州一直发挥着举足轻重的作用。美利坚联盟国承认了弗吉尼亚州这个老自治领的象征意义后,马上就把首都从死气沉沉、遥远偏僻的亚拉巴马州的蒙哥马利迁到了弗吉尼亚州的大城市里士满。里士满人口稠密,交通便捷,铁路、水运畅通。南部联盟总统杰佛逊·戴维斯携夫人瓦里纳(Varina)及 3 个未成年的孩子在一座有灰泥外墙的大厦里定居下来,这座大厦离议会大厦只有几个街区之遥。南方议会大厦外面矗立着一座美国独立战争英雄的雕像,他就是土生土长的弗吉尼亚州人乔治·华盛顿。

很多弗吉尼亚人、田纳西人以及其他来自美国南部偏北地区的民众在脱离联邦时都表现得激情昂扬,甚至有些欢天喜地。然而,还有一些人在脱离联邦时并不是因为他们心存美国民族主义精神，相反，更多的是出于对当地的忠诚之心，因此，这些人在脱离联邦时并非心甘情愿、毫无怨言。狂热的分裂分子走在民众的前面，而今，勉为其难步入其后尘的南方人（不管怎么说，绝大部分南方人都有此心理，或者至少在一段时间内曾心存此念）也加入了这一事业。

美国南部的联邦主义

不过，在美国南部的一些地区，奴隶制并非根深蒂固，其重要性也正在逐渐降低。那么，联邦主义者和分裂主义者之间在这些地区存在的分歧和对抗就更加势均力敌。特拉华州、肯塔基州、马里兰州以及密苏里州都是蓄奴州，但仍然没有脱离联邦。实际上，在内战之初，从战略角度而言，马里兰州、密苏里州和肯塔基州等3个州的地位绝对不容小觑。因此，为了将这几个州继续保留在联邦体制里，林肯在采取任何废除奴隶制的措施时都非常谨小慎微、步伐缓慢。换句话说，也许联邦主义在其他蓄奴州都有些弄虚作假的味道，但在这些边疆蓄奴州里则显得意义重大。

联邦主义在几乎没有蓄奴的地区或自由州的势头非常强劲。这些地区包括弗吉尼亚州的西部地区、田纳西州的东部地区，以及以佐治亚州和亚拉巴马州为代表的南方腹地各州的山区农村。在上述地区，当坚持所谓的"南方"这一抽象概念的热情逐渐消退后，联邦主义精神就会再次出现，而这种精神便会促成当地人对南部联盟管辖下的邻州及南军发起游击战。反之，联盟主义情感也会促使很多密苏里人和肯塔基人举起武器，打击信奉联邦主义的邻州，打击坚守该州的北军。在即将到来的波澜壮阔的内战中，这样的游击战将会展现出最野蛮惨烈、最灭绝人性的一面。

美国民众与武装力量

然而，1861年春，几乎没有任何一个美国人能够预料到这场内战将会发展到何种血腥暴力、令人毛骨悚然的地步，而且对于这场战争双方都准备不足。美国人的尚武好战与生俱来，因此对于做好军事准备工作胸有成竹，却也一直不愿意在和平时期出资组建一支庞大的军队。主要是因为军队里固有的等级制度和下级服从上级的制度似乎与崇尚自由、崇尚道德的共和国的伟大理想背道而驰。正是基于这一原因，位于纽约州西点（West Point）的美国陆军学院（United

States Military Academy，下文简称"西点军校"）甚至也一直不断遭到美国精英人士的诟病。

美国民众对于军队一直存在的一种复杂情感就是坚信南方人比北方人更加尚武、更加暴力，而且这是南方人与生俱来的特质。在很多人看来，奴隶制的长期存在及南方地广人稀的边疆环境意味着南方白人男性轻轻松松地就可以学会捍卫家园、荣誉和财产的技能。由于远离城市化及制造业的恶劣影响，南方人坚信他们在农村环境下培养出来的男子气概足以使他们成为合格的军人，而这种男子气概便具有"尚武好战"的浓郁特色。相比之下，北方人，尤其是那些来自正处在工业化进程中的美国东北部地区的北方人，其刚毅之气则受到颇多"限制"。于是，民众便毫不费力地得出结论，这样的男人生性软弱，缺乏爱国主义价值观，缺乏独立性，更缺乏勇气，而这些对于任何一个真正的战士而言都是至关重要的必备条件。

然而，就像有关分裂主义的种种言论言过其实一样，有关南北方男子气概所存在的差异也遭遇到无限夸大。原因在于民众与其说关注客观现实，还不如说更加看重各种观点所表述的意义。实际上，美国的南部和北部都有军事学院；全国的民兵期刊都在北方出版；从1820年到1860年，西点军校的毕业生绝大多数来自北方；南方军官与北方军官在军队里的服役时间一般无二。暴力尚武的南方人形象之所以出现完全是北方人痛恨奴隶制所制造出来的产物。当然，北方也不乏崇尚暴力、野蛮的民众：反对废除奴隶制的愤怒暴民、日益走高的城市犯罪率、在肮脏危险的血汗工厂里辛苦劳作的移民，这些都表明北方社会并非更具有怜悯之心，也并非更加宽容大度。与南方的农民相比，虽然不能说北方的农民更勤劳、更艰辛，但至少可以说南北方的农民在辛苦劳作方面所付出的努力别无二致。夜晚为了安全，他们也会将从不离身的火枪放在斗篷上，以备不时之需；也很早就学会了开枪射击和贴身肉搏的技巧。

然而，这些扭曲的观点却让美国的男女老少相信战争才是唯一的选择。北方报纸刊登的卡通漫画所勾勒出的南方人无不长相野蛮，脸上一副渴望战争的表情。南方的插画家们在描绘北方人时则无不面色苍白，穿着一身极不合体的军装，而且竟然连步枪的枪管和枪柄都分不清，更不知道如何开枪。弗吉尼亚州的一份报纸曾预言："面对北方的贱人，南方人可以以一敌五。"当萨姆特堡事件发生后，纽约州的一个律师在他的日记里写道，大多数北方人都属于"热爱和平之人，与南方那些……习惯于随身携带匕首和左轮手枪的家伙相比有着天壤之别。"有着好战尚武名声的南方人在战场上遭遇声称热爱和平的北方人时将会是何种场面呢？双方都在紧张不安的期待中默默等待，都想看看这些被民众广泛接受的观点是否属实。

南北方备战

林肯在 1861 年 4 月 15 日颁布的征兵令使南北方分别实现了团结统一。尚武好战的男子气概也因此而风行一时。全国年轻人无不群情振奋，斗志昂扬，无不争先恐后地投入一生中最伟大的冒险活动中。所有男性，不论长幼，都感受到了参战的冲动；所有女性，不分年龄，都鼓励自己的丈夫、父亲和儿子参战。男人们身穿款式各异、五颜六色的军装，口若悬河地发表演说；女人们要么缝制军旗，要么列队站立在小镇街道的两旁，为当地的军队欢呼喝彩。

在美国北部，各州之间展开竞争，争先恐后地响应林肯招募 7.5 万名志愿兵的号召，不过几个星期的时间，招募人数就轻松地突破了规定数字。哈佛大学教授乔治·蒂克纳（George Ticknor）回忆称："此前，我从不晓得民众激情勃发时到底会是何种情景。过去，我的确经常目睹民众迸发出来的度假热情，此外，对于民众在 1812 年至 1815 年战争期间所表现出来的焦虑不安情绪我依然记忆犹新，但这些都无法跟现在民众的似火热情相提并论。"

林肯的征兵令在美国南方也发挥了同样的作用，新成立的美利坚联盟国也因此而团结起来。南方民众热情勃发，很快就组建了南方军团。他们给自己的军团起了诸如"格雷森超胆侠（Grayson's Daredevils）"或"蒙哥马利国防军（Montgomery Fencibles）"等名称。战士们同样身穿五花八门的军装，手持各式各样的武器。为了保护脖颈免遭太阳炙烤，有些军团的战士便头戴英式带遮阳布的军帽；有的战士则身穿颜色亮丽的轻步兵军装。来自各地的参观者源源不断地涌入匆忙搭建起来的军营，而志愿兵则开始学习各种基本技能。女人们聚集在公共会堂、演讲厅或教堂里，一起缝制军装、制作军旗。这些身为母亲、女儿、妻子、姐妹的女人们都迫不及待地想要让新战士吃好、得到良好的保护，便拿出亲手烘焙的馅饼蛋糕和亲手制作的便鞋、雨伞免费送给战士们。弗吉尼亚州的一位女士认为那些日子就是"战争中最盛大的日子"。女人们满面笑容，有的手举国旗，有的挥舞着手帕，面带稚气的战士兴致勃勃，为街边拍照的人们摆出各种姿势。当时，英国记者爱德华·戴西（Edward Dicey）正在美国北方游历。这种炽热的尚武精神给他留下了难以磨灭的印象。戴西在日记中写道："我记得北方的一位女士跟我说，直到一年前，即便她曾经认识军队里的一些人士，但她一个战士的名字也记不住。可现在,仅在她的亲朋好友中就总共有 60 人参战。她的例子绝非特例。"

平民参军

尽管充满激情的尚武精神席卷美国大地,但平民过渡到战士这一身份的变化并不那样容易让人接受。不论是南方人还是北方人,已经做好准备全面接受军队纪律和指令的人可以说寥寥无几,而大部分的早期志愿兵仍然固守着民主个人主义精神不放。来自弗吉尼亚州的新兵伦道夫·绍特韦尔(Randolph Shotwell)评论道:"在战争的初始阶段,我们衣着得体,干净整洁。每支连队都专门配备货运马车,装载战士们额外多带的行李。我们还可以换洗衣服,携带必要的卫生用品。因此,男人们虽然以公民的身份当兵,却仍可以保留自己的个性。他们自愿在一段时间内忍受种种艰辛和危险,但他们永远不会忘记自己既是公民也是绅士的双重身份。"满腔热忱的沃伦·戈斯(Warren Goss)报名参加了马萨诸塞州第二炮兵部队。他回忆了自己第一天参加军事训练的情景。当时,疲惫不堪的戈斯感觉训练乏味无趣,于是满脸无辜地跟军士级教练员提出建议:"我们干脆不要再做这么愚蠢的训练了,不如我们去杂货店买点东西吧。"教练员勃然大怒,转过身来面对着陆军下士下令:"把这个家伙给我带到一边去,狠狠练练他!"与大多数新兵一般无二,戈斯和绍特韦尔很快就了解到,实际的战士生活与当初自己天真幼稚的想法大相径庭。战争持续的时间越长,对于他们而言想要保持自己骄傲的个性、讲究平等主义就会变得越难。

志愿兵

在 1861 年参军的志愿兵中,绝大多数都是年轻的白人单身男性,没有任何作战经验。尽管在北军中有大量在国外出生的战士(占总人数的 1/4)以及来自各行各业的男性,但绝大部分战士是在美国土生土长的农民。最后,南北双方都不得不仰仗一些来自美国原住民的战士,甚至不得不依赖一些乔装成男性参战的女人。1863 年,当《解放黑人奴隶宣言》(Emancipation Proclamation)公布后,北军集结了将近 18 万名非裔美国人参战。至内战结束时,总共大约 300 万名来自各行各业的美国人在军队服役。

陆军组织结构

南北双方的陆军都是由三部分组成：步兵、炮兵和骑兵。在理想情况下，三个兵种应该齐心协力，共同打击敌人。拿破仑·波拿巴（Napoleon Bonaparte）既是法国皇帝也是将军统帅，是19世纪的军人竞相效仿的对象。拿破仑的战术基本上就是首先利用炮兵力量削弱对手的实力；接着调动步兵确保主战场；最后派出骑兵，发起决定性的最后一击。大部分参与内战的战士都属于步兵编制。步兵志愿兵的团按照人数和州别组建而成，每个团约10个队，每个连队100人。当然，随着时间的推移以及战争的消耗，人数一直在不断减少。战士们投票选出自己的连队领导者（即上尉和中尉）。接着，连队军官再投票选出团级军官（即上校、中校和少校）。州长直接给这些团级军官发放委任状，当然，政治任命也并不罕见。

部队身份

在连和团里，部队身份、自尊和团结的情感显得尤其重要。一般情况下，同一个连队的战士都是同乡，他们之间或者是家人亲戚，或者是毕生的朋友，或者至少也都是熟人。每天共同经历的军旅生活以及真刀实枪的战役的考验将这些男人紧密地联系到了一起，使他们的关系变得更加密切。对于那些吃住都在一起的战友，情况更是如此。北军中的一个陆军下士将与他同住一个帐篷里的战友称为"我的家人"。来自南卡罗来纳州的一个战士不希望被调动到其他连队。在解释原因时他如此说道："我以我的连队为荣，而且难以割舍我的那些挚友，我可不愿意跟他们就此分离。"来自康涅狄格州的一个战士强调："每个真正的军人都百分百信赖自己的连队。他已经做好准备，随时都要向别人表明，任何一个营、旅、师、军与他们相比，在回顾过去时都不可能像他们这样气宇轩昂，在谈及行军路程时也不可能像他们这样跋涉得如此之远，在打仗时更不可能像他们这样英勇无畏。"

在连和团之上的军事单位就变得更加繁冗复杂，而且不太具有个人色彩。三到四个团组成一个旅，由一位准将统帅。两到五个旅组成一个师，由一位少将统帅。内战中最大的军事单位就是军，通常是由两个或两个以上的师构成，在联邦政府一方由一位少将统领，在南部联盟一方由一位中将统领。两个或两个以上的军组成兵团。除了少数例外情况，一般说来，南部联盟以地区名命名军队，北方联邦政府则都是以水域的名称命名军队。例如,联邦政府有波托马克兵团(Army of the Potomac)、俄亥俄兵团(Army of the Ohio)以及坎伯兰兵团(Army of the Cumberland)等;南部联盟则拥有北弗吉尼亚兵团(Army of Northern Virginia)以及田纳西兵团(Army of Tennessee)等。对于同一场战役,南北双方也会赋予不同的名称,基本上也是遵循着同样的原则。为什么会出现这种情况我们不得而知,但内战结束后,前南部联盟成员 D. H. 希尔(D. H. Hill)曾暗示说,"北军战士大多来自城市、城镇和村庄",因此,"战场附近的一些自然景物会给他们留下深刻的印象,于是他们就会用自然景物给战役命名。相反,南方的战士绝大部分来自农村,因此,战场附近的一些人造物体反而会给他们留下难以磨灭的印象"。

炮兵

在美国内战中,只有大约5%的战士属于炮兵编制。内战刚刚打响时,一个炮兵连通常是由4—6门大炮以及80—156名将士组成。大多数孤军奋战的炮兵连最后都合并成为炮兵营,由一个指挥官统帅,并分配到一个指定的步兵旅、步兵团或步兵营。到了内战后期,军队允许炮兵从步兵军一级的编制中独立出来,委派单独的炮兵将领,并让他们单独采取行动。不过此时的炮兵军官经常会发现步兵军官的地位居于自己之上。曼宁大炮操作起来费时费力,不过,一般说来,炮兵在战争中的伤亡率比步兵低。尽管多门大炮同时发射炮弹的理想很难实现,不过,如果考虑到大炮在打消敌人士气方面所发挥的震慑作用,那么,在很多大规模的战役中,炮兵的参与就显得至关重要。在步兵发生正面冲突之前先采用大炮轰炸是一种司空见惯的做法,而且在保护防御工事时使用大炮也具有重大意义。

骑兵

在美国内战中,与野战炮兵别无二致,骑兵的战术潜力也从来没有得到全面发挥。在大多数情况下,骑兵主要是充当陆军部队的"眼睛和耳朵",在敌军一方做一些侦察工作或者负责收集情报。在北军中,有14%的战士是骑兵,而在南军中,骑兵人数占了陆军战士总数的20%。在一些偶然的情况下,骑兵凭借其自身实力也可以发挥出令人瞩目的作用。有些骑兵在战场上就像是骑马的步兵，骑着高头大马参战，下马后像步兵一样冲锋陷阵，浴血厮杀。不过，维持、供养一支骑兵的代价很高昂；仅就战马本身而言，其价格就十分昂贵，更不用说还需要配套的马鞍、马蹄铁，以及骑兵需要的手枪、军刀和马靴。南部联盟的骑兵自带战马，不过，这也会导致一些问题的发生。例如，富有的骑兵战士会不受约束地出去给战马寻找饲料、寻找新战马或者干脆自说自话地打道回府。因而，内战期间大部分骑兵单位的规模都很小、力量也很分散，其实力的发挥也受到了限制。只调动骑兵力量参战在内战中非常罕见，而且到了内战的最后一年，骑兵突袭的事件经常发生在后方而不是作战前线。然而，很多传奇故事的主角总是和骑兵有关，例如，有些骑兵指挥官像J. E. B. 斯图尔特（J. E. B. Stuart）、内森·贝德福德·福雷斯特（Nathan Bedford Forrest）、①菲利普·谢里登（Phillip Sheridan）、②乔治·A. 卡斯特（George A. Custer）③以及约翰·布福德（John Buford）等都变得声名大振。他们风流倜傥，让敌人闻风丧胆，他们的传奇故事更是源远流长。尤其值得一提的是谢里登，他发现如果骑兵训练有素、武器配备得当，那么在战争中就可以发挥出巨大的作用，不过谢里登并不是以骑兵的身份闻名于世。

入伍的各种动机

不过，当时到底是什么原因使众多美国男子对当兵入伍一事趋之若鹜呢？几十年来，这一问题一直令历史学家们百思不得其解。绝大多数学者都认为可以从两方面考虑男性选择入伍的原因，一方面是意识形态的原因，一方面是实际原因，而这两方面有时候也会发生转移和改变。一名男子选择参军的原因并不一定就是他决定留在前线冲锋陷阵并坚持下去的原因。1861年，当第一波参军热潮席卷整个美国时，情况就是如此。这些早期的志愿兵之所以选择入伍是因为他们感觉自己有服兵役的责任和义务；有的人对联邦有着强烈的情感，或者就

---

① 内森·贝德福德·福雷斯特，美国田纳西州的牛仔、奴隶主，美国内战爆发后，这个没进过西点军校、没读过一本军事书的人拉起了一支骑兵队伍为南方而战，成为南方少有的骑兵名将，他曾在皮特堡屠杀了300名黑人战俘，战后出任三K党的头目，美国电影《阿甘正传》的主角就是为纪念他而命名的。——译者
② 菲利普·谢里登(1831—1888)，美国陆军职业军官，美国内战时期联邦军将领，著名骑兵将领，战后为四星上将。他因迅速被提拔为少将而与尤利西斯·S. 格兰特共事而知名。谢里登对美国内战后期联邦军取胜有十分重要的贡献。——译者
③ 乔治·A. 卡斯特，美国历史上最著名、最杰出的骑兵军官之一。绰号"晨星之子"，是美国历史上的传奇人物，生于俄亥俄州。西点军校1861届学生。以骁勇闻名，著有自传《我的平原生涯》。——译者

南方人而言，他们对家乡州或家乡也有着浓得化不开的感情。1861年，美国男性还没来得及意识到即将遭遇的种种艰难困苦就已经被当时席卷全国的参军热情所深深感染，迫不及待地想要从戎。让他们焦虑不安的事情只有一个：他们生怕在自己还没有抵达前线，战争就已经宣告结束。

美国的革命传统激励着南北双方的士兵英勇奋战。南方人相信他们和当年的开国元勋们一般无二，正在从暴政的禁锢中挣脱出来，即便这所谓的暴政只是表面上看起来如此。北方人相信他们正在捍卫联邦国家的统一，而这个联邦国家同样也是由那批开国元勋们当年不惜付出生命的代价打造出来的。对于南部联盟而言，保家卫国是参军的一大强烈动机，尤其是当北军正在"侵略"他们刚刚成立不久的国家时，这一动机就更加强烈。此外，为了证明自己的男子气概，再加上诸如责任感、爱国主义以及保卫家园等很多其他因素综合到一起，这些都激励着普通男性民众当兵入伍。当然，也有一些人选择入伍是因为感受到了公民身份的压力以及同辈人所施加的压力，毕竟留在后方令人倍感难堪。金钱在诱惑男性参军方面也发挥了一定的作用，尤其是在北方，联邦政府提供的补贴会更高一些。在联邦的步兵和炮兵部队担任二等兵，每月可以得到11美元的补贴，骑兵补贴为12美元。到了1861年8月，这笔补贴增加到了13美元；1864年5月又提高到了16美元。内战刚刚打响时，南部联盟炮兵和步兵的补贴一样，都是11美元，而骑兵的补贴是12美元。到了1864年，南方军队所有兵种每月的补贴一律增加7美元。

奴隶制应该是引发内战的潜在原因，令人感到奇怪的是，大部分自愿参加内战的战士却不是为了奴隶制而战。可以肯定的是，南军士兵坚信他们将要保护的是自己的"生活方式"并打退令人痛恨的北方佬的进攻，但从本质上来说，他们却不是出于保护奴隶制的目的而选择当兵入伍。同样，对于北军的白人士兵，尤其是1861年入伍的那些白人士兵而言，虽然他们相信自己面对的是对自由劳动经济产生威胁的"奴隶主集团"，但没有一个人对解放黑奴的理念表现出丝毫热情，更不用说什么实现种族平等。从内战一开始，在北方联邦内部就有真正的废奴主义者，不过，这些人一直都属于少数派，甚至当这场内战转化为废除奴隶制的战争时，情况依然如此。

士兵的动机

然而，战争永远不可能自然而然发生，战争也不是什么超自然的事件。战争与和平一般无二,都是一种蓄意的人为过程。不论是那些处在权力顶峰的达官显贵,还是那些在最底层挣扎求生的平民百姓,都心甘情愿地选择参与内战。原因何在?为什么那些普通士兵,那些面对着各种难以克服的艰难困苦、令人畏惧的危险状况的男性会自愿选择将战争进行到底?参与内战的士兵们到底是在为何而战?这些问题就与为什么美国男性会选择当兵的问题一样,令历史学家们困惑不已。尤其对于最近那些持有怀疑论的学者而言,当现代战争令他们大失所望时,他们便愈发难以找到这些问题的答案。那么,意识形态在这中间有没有发挥什么作用呢?如果真的发挥了作用,那么,到底是什么样的意识形态呢?如果说没有发挥丝毫作用的话,那么,这些士兵又会有什么其他的参战动机呢?到底是什么因素使他们"心甘情愿地参战"呢?

研究这些问题的很多著名学者都坚持,各种各样的动机——有的是意识形态方面的,有的则不然——综合起来后共同发挥了作用,帮助士兵们熬过长达几个星期甚至几个月的军事训练,忍受肮脏污秽、疾病肆虐且无聊之极的营地生活,加入仿佛无穷无尽的一场又一场的战役,在战场上不断面临受伤甚至死亡的威胁。士兵们在参军时既有实际原因,也受到了意识形态方面的影响。同样,士兵们选择留下来面对战争的恐惧也出于这两方面的原因。他们将其称为"见识大象(seeing the elephant)"①,这种说法在 19 世纪意味着面对最令人望而生畏的怪物。对于很多人而言,"加入伟大的事业"仍然是一个强大的动力。南军士兵意志坚决,想要保卫家园,维持自己的生活方式。对于大多数北军士兵而言,他们意图拯救整个联邦,而且越来越多的人打算废除奴隶制。尽管对于南北双方来说,自由具有不同的含义,但对于自由的热爱同样激励着双方的士兵。南部联盟将自由定义为脱离暴政统治和自由实施"奴隶制";北方联邦则认为自由就是免受残暴的奴隶主集团的统治,打击分裂主义者,令他们无法摧毁"神圣的"联邦。

责任和荣誉这两个固有的抽象概念也发挥了作用。为了确保自由制度长久存在下去,为了保障个人权利不受侵犯,为了确保他们眼中最理想的政府形式长存于世,北方人认为必须保留联邦政府,因此,他们觉得自己有责任为自己、更为子孙后代捍卫联邦政府。密苏里州的一个军官坚称:"我要对我的国家负责,更要对子孙后代负责。为了保卫联邦政府,我将竭尽所能。我真不敢想象如果联邦政府遭到颠覆,我们的子孙后代将会面临何种命运。"亚伯拉罕·林肯也坚信

---

① 意为开眼界,见世面。——译者

联邦政府不但堪称世界上最佳的政府模式,而且是人类最后的希望。其存在不但是为了传播民主制度,而且是为了传播民族道义上的责任,更是为了传播国际道义上的责任。

南军士兵感觉自己有责任驱逐北方的入侵者,"如今,考虑到我们国家所处的境况,"弗吉尼亚州的一个士兵在鼓励堂弟入伍时如此说,"所有人,不论男女老少,只要能够理解自由和附属主义(Vassalism)的区别,就有责任为赶走敌人贡献自己的一份力量,而且……不论发生什么情况,都要全力以赴、毫无保留。"大多数参与叛乱的士兵都相信,在实现美国的个人理想、实现地方独立以及各州独立的理想时,只有他们最真心实意,因为当面对着一个步步紧逼、阴谋破坏的联邦主权时,只有他们站了出来。

在19世纪50年代以及60年代初,到达征兵年龄的年轻人也感觉有责任在战争中证明自己的实力。回顾过去,尤其是在独立革命时期,大多数美国男性致力于展现出个人主义精神和一代人的英雄气概。为了一项伟大的事业牺牲生命似乎让他们感觉与英勇无畏的祖先们靠得更近一些。从某种程度说,他们做出的选择可谓男性的终极冒险,他们无所畏惧地放弃一切,哪怕其初衷仅仅是心血来潮。

不论对于南部联盟而言,还是对于北方联邦来说,荣誉高于一切。当然,这句话在南北方通常具有不同的含义。对于南方白人而言,荣誉意味着热切关注一个人的公众声誉、充分尊重其社会等级和种族等级、坚守大众广为接受的行为规范。荣誉也促使南方男子应征入伍,尤其对于上流社会的成员来说,如果落在别人后面不但会使自己在公众面前颜面无光,而且会令家族蒙羞,因此他们都争先恐后地当兵入伍。在北方人眼中,荣誉更多与个人联系在一起,而不是与他人联系在一起,因此,强调的更多的是个人的自我约束以及遵纪守法。两种形式的荣誉不但都激励着男性加入军队组织,而且使他们都自愿长期服役。此外,对荣誉的追求还让男性宁愿选择在战场上光荣负伤或战死疆场,也不愿意颜面扫地地苟且偷生。"生活是美好的,"密西西比州的一个中士在给妹妹的信中写道,"不过,如果让我在慷慨赴死、从容就义与苟延残喘的屈辱生活中选择,我宁可选择前者。我宁可战死疆场也不愿意老死家中,因为作为一个南方人,只要还活在世上,这种名声就会终生相伴、如影相随。"

在荣誉的驱使下,参与内战的士兵们更感到责无旁贷,迫不及待地想要在战场上表现出勇气胆识,证明自己的男子气概。士兵们对于自己在两军交战中保持冷静的情绪都感到非常痛苦,新兵更是如此。来自康涅狄格州的一个二等兵在一次战役后记下了自己的感想,而大多数士兵对此也感同身受。"我必须承认,那些仿佛来自地狱的子弹所发出的尖啸声令人感到毛骨悚然,这声音几乎让我灵魂出窍。不过,我并没有打算逃跑。对于自己尽职尽责的战斗表现,我非常满意。如果命中注定我将再赴战场,我也绝不会选择畏缩逃避。"

参与内战的士兵之所以选择冲锋陷阵还是因为那些让他们感觉难以抗拒的人际关系,尤其是和战友之间的关系。共同经历各种艰难险阻的男人之间建立了牢不可破的友谊。当他们面对战争的考验时,这种关系就变得更加坚不可摧。有时这种"小团体的凝聚力"所铸造出来的亲密战友情是其他男性所无法理解的。内战期间,战士们一般会选择与家人、朋友以及家乡的童年伙伴一起应征入伍。他们在军旅生活中同甘苦、共患难,因此拥有相同的情感经历,而这加深了他们彼此之间的战友情。士兵们关心的是家乡百姓将会如何看待他们。他们迫不及待地想知道家人尤其是妻子和情人会如何评判他们的军旅生活。如果他们的一个"兄弟"在战场中倒下,那么,替死去的兄弟报仇就成为他们在战场上浴血杀敌的另一个重要原因了。

宗教信仰从中也发挥了不可或缺的作用。南北双方所发表的爱国主义言论不但富含各种宗教隐喻,而且都提到了基督教的勇士。宗教在军营里的复兴也鼓舞了士兵的士气,让他们变得坚毅果敢,并促使他们为了"上帝的神圣事业"浴血奋战。正如林肯所指出的,南北双方的士兵都在向同一个基督教上帝祷告。不过,当时的美国人对生与死以及忍受苦难的理解方式与现代人不同。当时的民众更愿意从宗教的角度理解死亡,并认为即便是死亡也需要有一种仪式相伴,包括最后的礼拜式、宗教祈祷以及体面的葬礼等。即便是在监狱里,士兵们在赴死前仍然追求这样的仪式。

在军队的各个阶层中蔓延的还有一种宿命论的思想,即将自己的生命交由上帝主宰。在一次战役后,来自爱荷华州的一个士兵坦承:"步枪子弹的呼啸声是一种令人不安的独特声响,弹壳爆裂的刺耳尖啸声会令人出于本能而拼命躲闪。不过,我认为每个士兵都坚信自己不会被子弹击中……有一个事实让人不能置之不理,当一个士兵被子弹击中时,他都会不由自主地尖叫'哦,上帝啊!'或者用他自己的母语呼叫造物主,概莫能外。"南部联盟的一个军官在科林斯战役(Battle of Corinth)中冲锋陷阵之前如此说:"我把我的生命献给上帝,我愿意为我的战友赴死。"我们可以将这种信念称为心境平和,或者这仅仅是一种幻象。不论我们赋予这种信念以何种名称,只要再辅以年轻人所独有的刀枪不入的感觉,就足以让士兵们接受情愿战死沙场或身负重伤的信念。"我注意到耳边传来子弹呼啸而过的刺耳声音,"一个退伍老兵如此写道,"但并没有感到自己被子弹打中。"

在士兵们下定决心参战之前,还有一些其他原因也或多或少地对他们产生了影响。当士兵们了解到军队的各种规则和纪律后,再加上很多人目睹了行刑队对抓回来的逃兵所实施的复杂的枪决仪式后,害怕遭到军法处置的心理也成为另一种强制力,促使他们继续留在军队中服役。当然,在战争中,手持军刀或手枪的军官们就站在士兵们的身后,随时准备就地处决逃兵,这也是他们留在军队中的一个原因。

虽然表面上看起来有些矛盾,但士兵们在面对英勇无畏、鼓舞人心的军官时所展现出来的忠诚之心也足以让他们或者坚守阵地,或者冲锋陷阵,哪怕面对死亡也在所不惜。在战争中,"酒壮怂人胆",酒精所带来的匹夫之勇也令很多战士变得血气方刚。有些士兵在目睹亲朋好友战死沙场或者听说了敌人的种种暴行后,对他们而言,对敌人的刻骨仇恨就成为一种驱动力。北方联邦的一个陆军中尉解释道:"在冲锋陷阵的那一刻,他对敌人充满了满腔仇恨。当他看到战友们在自己身边一个个倒下时,占据他全部思想的就只剩下野蛮的报复和杀戮。在那一刻,凡是跟他作对的都不再是凡人,而是妖魔鬼怪,而他唯一能做的就是毫不留情地杀、杀、杀!"

随着战争的不断推进,士兵们应征入伍的动机,尤其是意识形态方面的动机是否随着时间的推移也不再发挥任何作用呢?历史学家们对这一问题产生了争议。有些学者认为事实的确如此,士兵和平民之间的距离越来越远。由于经历了战争中的重重险境,士兵们的幻想已经破灭,而且心生怨恨、痛苦不堪,相反,平民对战争这一抽象概念则采取了热情支持的态度,而且热度还一直居高不下。不过,还有些学者认为从1861年到1865年,士兵们应征入伍的动机一直未变,尤其对于那些在1861年到1862年应征入伍的早期志愿兵而言,情况更是如此。这些历史学家们坚称参加内战的士兵们克服了战争所带来的恐惧,坚定不移地履行自己的职责。他们中的大多数人对于坚韧不拔这一品质的推崇几乎到了疯狂的地步。当他们面对可能会马革裹尸的危险时,他们就会像职业军人一样变得坚强无比。他们共同坚守的信念只有他们自己才懂。无论是家乡那些心慈手软的平民百姓,还是政客,亦或是军队里的高级军官,这些人永远都不会弄清楚他们所坚守的信念。因此,面对着士兵们所建立的兄弟情、战友情,这些人根本无法融入士兵们。乍一看,这两种观点似乎都是无可指摘。的确有些士兵表示不论发生什么,都愿意为内战捐躯疆场,而且即便他们经历了各种严峻考验,也能立刻恢复如初。然而,也有一些士兵或者由于战争而变得忧郁沮丧、精神萎靡,或者疾病缠身,或者思乡心切,最后甚至变得万念俱灰。还有一些士兵由于无法适应环境而令自己的情绪也随之变化无常。第一天可能还精神振奋、信心百倍,第二天可能就变得情绪低落、萎靡不振。当然,愿意倾听士兵心声的受众也各不相同。例如,丈夫或许更愿意向妻子而不是向年迈的父亲表达出自己的思乡之情,反之亦然。如果我们把一名北方联邦执勤老兵的日记与战俘在南部联盟监狱里所写下的日记相比,就会发现后者所写的内容显得更加意志消沉。士兵们原来的职业、教育背景、年龄、所处的阶层,甚至在军中的级别、种族和民族都会影响到个人通信往来中的语气和内容。

家乡传来的消息也会影响士兵们作战的动机。好消息或者心爱之人带来的安慰之词都会起到鼓舞士气、消除恐惧的作用。相反,坏消息则让士兵们感到焦虑不安、心烦意乱。有关疾病、死亡、财政问题或者厌战情绪的消息会让南北双方的士兵们感到孤独无助甚至产生幻灭的情绪。当家庭成员在成百上千英里外的家乡遭受苦难和折磨时,士兵们又怎么能忠贞不渝地保家卫国?19世纪有关责任和荣誉的理念要求男性保护家人、养活家人,然而,战争要求他们既要忠于家庭,更要忠于祖国。亚拉巴马州的约翰·W.科顿(John W. Cotton)在遥远的田纳西州服役。得知小女儿夭折的消息后,科顿痛苦地用文字表达自己的情绪。"我自己现在也麻烦缠身,因此似乎也无法写出更多的语句来安慰你们。得知孩子们都得了麻疹后,我简直痛不欲生。在没有孩子以前,我从来都不知道家庭可以给一个男人带来这么大的乐趣,"科顿坦承,"我真想马上就回家跟你们团聚,一想到这我就满心欢喜,但我知道我跟其他人一样要为国家而战。就算我真的回到了家乡,我也不能做片刻停留。既然如此,我就只能尽我所能默默承受这一切。"

平民百姓与战争

有些平民百姓反对战争,有些则只关心与自己肤色相同的人或者只想着从中渔利。这些人的行为和态度让一些志愿兵感到灰心丧气。弗雷德里克·佩蒂特(Frederick Pettit)给生活在宾夕法尼亚州西部的家人写了一封信,信中称美国政府的那些批评家们"对前线战士几乎没有任何同情心。在他们看来,战士们就应该为政府卖命,就应该饱受战争的摧残。如果我们中有足够多的人有机会回到家乡,那么整个国家的政局就会发生翻天覆地的变化"。几个月后,佩蒂特又一次重申了他和战友们对于国内和平倡导者的看法:"为了家乡人民的权利,为了国家的利益,我们一直饱受着难以言说的苦难,但我们甘愿冒着生命的危险。那些同情南方的家伙却怡然自得地在后方安享和平和舒适的生活。"一个来自康涅狄格州的战士义愤填膺地谴责北方的和平民主党员(Peace Democrats),①希望"有一部分战士驻守后方,这样就可以把那里的叛徒赶尽杀绝"。1862年夏,半岛会战(Peninsula Campaign)结束后,查尔斯·哈维·布鲁斯特(Charles Harvey Brewster)就开始质疑,尚武精神曾经在家乡马萨诸塞州风行一时,令人激情澎湃,可如今这种精神跑到哪里去了呢?他不禁质问道:"那些看似英勇无畏的家伙曾经声称'需要我们的时候,我们随叫随到!'可现在他们都去哪里了呢?我们奔赴前线时,曾经有成千上万的人做出过类似的承诺。可现在他们怎么都不前赴后继地跟上来呢?难道他们不知道现在正是需要他们的时候吗?"布鲁斯特在给母亲的信中如此写道:"如今,我们要么在树林里穿行,要么在沼泽里跋涉,这种情形根本不能与在家的时候相比,而且没有半点乐趣可言。如此之多的民众曾经许下诺言说'只要真正需要他们的时候',他们就会随叫随到,我对他们这种行为丝毫没有感到惊讶。我只是在想,这1.5万人是不是已经从马萨诸塞州出发了呢?是不是已经走到半路了呢?也许这些人根本不知道此刻就是最需要他们的时候。"

实际上,有些地区的平民百姓似乎对战争采取了充耳不闻的态度,尤其是生活在美国北部地区的一些普通百姓更是如此。当纽约州的玛丽亚·达利(Maria Daly)目睹"在国家尚处于不幸之中的情况下,民众是如何消费"时,感到惊愕。"艺术家们称他们从来没有像现在这样忙……每个娱乐场所也都人满为患。"科妮莉亚·杰伊(Cornelia Jay)是前首席大法官约翰·杰伊(John Jay)的孙女,1862年12月31日,身在纽约市的她也注意到了类似的场景,"人们似乎对于战争无动于衷,而且他们实际上对于一切与公共事务有关的问题都采取了视而不见的态度。"北方的各大报纸经常撰文批驳那些大发战争财的商人和企业家。威廉·柯伦·布赖恩特对于有些人展现在世人面前的"奢侈""豪华"的生活进行了口诛笔伐。"美国人到底在什么时候做了什么生意才会表现得如此虚荣浮躁?才会展示出如此毫无意义的豪华奢侈的生活?"他质问道,"更重要的是,当整个国家正处在战争中时,他们对自己的所作所为又能做出何种解释呢?在过去的两三年里,有的人已经赚取了大笔财富,但这不能成为他们过上骄奢淫逸生活的

---

① 和平民主党员指主张与南部联盟各州妥协以结束内战的北方民主党员。——译者

借口。"

在美利坚联盟国,对于平民百姓的麻木不仁和自私自利也有颇多指责之声。尤其在战争接近尾声,精英女性将精力集中在毫无意义的狂欢活动上时,民众便将抨击的矛头指向了她们。罗伯特·E. 李认为自己的几个女儿应该关注战争,因此当女儿们去参加各种晚会时,他便经常对她们进行指责批评。此外,当罗伯特·E. 李发现平民百姓的倦怠情绪开始影响到自己旗下的军队时,他便开始批评自己的手下:"军官的态度如果太自私自利……他们便无法承担起指导和约束手下士兵的责任。"1863 年,罗伯特·E. 李在给杰佛逊·戴维斯的一封信中如此写道:如果想要在战争中取胜,那么就非常有必要树立军官的榜样。这样一来,军官们不但会受到职责的束缚,而且会受到营地和手下士兵的约束。这虽然会使他们产生不满情绪,却至少可以避免他们相互之间毫无顾忌的你来我往、推杯换盏的行为发生。"

对战争的期待

1861 年春,不管出于何种动机,南北双方的士兵都迫不及待地想要"见识大象"。对于那些从来没有参与过战争的新兵而言,这便意味着他们即将直面战争所带来的危险。年轻的田纳西人詹姆斯·库珀(James Cooper)忘不了即将参军时自己激动不安的情绪:"在入伍之前,我高度兴奋、狂热不已,激动到几乎难以自持,生怕我还没来得及上战场,战争就已经结束了。"

渴望战争早日爆发的并不仅仅只有士兵。北方各大报纸的头版头条都是"攻克里士满"之类的字眼。南部联盟国会即将于 7 月 20 日在里士满召开大会,北方的政客们则敦促联邦政府在此之前采取军事行动。面对着横渡波托马克河(Potomac River)大举入侵的南军人数越来越多,林肯也迫不及待地想要采取应对行动。对于林肯而言,终止叛乱当然至关重要,但他还面临着更多亟待解决的问题:马里兰州威胁要脱离联邦,林肯也需要一支军队保护北方联邦的首都。就这些问题,林肯咨询了他的首席军事顾问温菲尔德·斯科特。1786 年生于弗吉尼亚州的斯科特一生戎马生涯,征战南北。他参加过 1812 年美英战争,1847 年他率占领军(Army of Occupation)直捣墨西哥城,大获全胜。斯科特身材高大魁梧,脾气暴躁,人称"老顽固(Old Fuss and Feathers)"。尽管生于南方,但斯科特对联邦的忠诚绝对不容置疑。"在联邦旗帜的引导下,我已经为祖国效力了 50 多年,"他宣布,"哪怕是我的家乡对祖国发动进攻,我也将举起武器,捍卫祖国！"

蟒蛇计划

斯科特并不希望北方将士们在南方的大地上抛洒热血，因此他提出建议，对所有叛乱州实施一场大规模的围攻，这样就可以最终将南部联盟消灭殆尽。不过，在北军受到良好的军事训练和得到精良的武器配备之前，斯科特对于发起一场大规模的陆路战役仍然显得有些犹豫不决。此外，他还担心华盛顿特区的安全。因此，斯科特建议除在南部沿海地区实施海上封锁外，还要在各大河流沿岸，尤其在密西西比河沿岸展示北方的武装力量。根据斯科特的设想，为了降低南部联盟运输货物和发动战争的能力，北方联邦将派遣大约由 6 万名士兵乘坐炮艇沿着密西西比河顺流而下。在海军和陆军的联合打击下，南部联盟就会像一座遭到围困的城市一样最终缴械投降，这样，在相对几乎没有人员损失的情况下就可以结束战争。然而，到 1861 年夏，北方民众和各大媒体都反对斯科特的计划。他们大声呼吁，要求进行一场真刀实枪的战争，一场你死我活的决战。各大报纸对斯科特的计划大肆嘲讽，戏称该计划是"蟒蛇计划"，因为这个计划就像是一条蟒蛇慢慢地缠住敌人并最终令其窒息而死。联邦政府的战略思路马上就转向了拿破仑主张的毁灭战略，即打赢一场轰轰烈烈并具有决战意义的陆面战。

战场的划分

想通过发动一场一次性的、具有决定意义的战争就打败南部联盟的最大障碍是南部地区拥有的广阔无垠的土地。实际上，可以在地图上将内战分成三大战场：东部战场（Eastern Theater）主要包括弗吉尼亚州、西弗吉尼亚州、宾夕法尼亚州和马里兰州；西部战场（Western Theater）主要涵盖介于阿巴拉契亚山脉（Appalachian Mountains）和密西西比河之间的地区，包括肯塔基州、田纳西州、佐治亚州、亚拉巴马州和密西西比州；跨密西西比河战场（Trans-Mississippi Theater）主要包括阿肯色州、密苏里州、得克萨斯州、印第安人领地，以及密西西比河以西路易斯安那州的部分土地。当然，有时候这样的地理划分也会出现变化。例如，有个地区可能归北卡罗来纳州、南卡罗来纳州和佛罗里达州 3 州共有；或者对该地区发起的远征袭击可能涉及海军和陆军联合作战，那么该地区就会经历同样数量的海战和陆战。在这种情况下，这个地区应该归属哪个战场呢？

历史学家们也对不同战场对内战结果所产生的重要影响产生了激烈的争论。有些历史学家认为决定内战输赢的关键地区是在东部战场;还有些历史学家认为西部战场才是最关键的战场。实际上,每个战场都有其独一无二的历史,而且从某种程度上说,每个战场所面对的敌人各不相同。来自墨西哥湾沿岸各州的中西部和南部的士兵主要在西部战场浴血奋战;来自东北部和南部偏北地区的士兵主要在东部战场作战。

欧文·麦克道尔

北军东线之所以迅速获胜就是因为联邦政府选择欧文·麦克道尔担任统帅。麦克道尔出生在俄亥俄州,毕业于美国军事学院。1861年春的麦克道尔已经42岁,蓝色双眸,络腮胡子,身材壮硕,精力充沛,烟酒不沾且有些不苟言笑。他曾经在墨西哥战争中担任参谋一职,也曾经在西点军校讲授用兵学等课程,但他从来没有率领如此大规模的军队参战的经历。麦克道尔虽然脾气有些暴躁,疾言厉色且孤芳自赏,但高层中有很多人都愿意与之为友,包括财政部部长萨蒙·波特兰·蔡斯以及战争部部长西蒙·卡梅隆(Simon Cameron)等。1861年5月底,麦克道尔担任准将,负责指挥东北弗吉尼亚军区(Department of Northeastern Virginia),主要任务就是保护华盛顿特区,消灭首都南面的南军。

南部联盟的军事领导者

南部联盟也在寻找军事领导人,寻找合适的战略。随着弗吉尼亚州、北卡罗来纳州、阿肯色州以及田纳西州等相继脱离联邦,大批曾经在西点军校受训的军官纷纷表示要效力于刚成立的美利坚联盟国。弗吉尼亚人罗伯特·E.李、托马斯·乔纳森·杰克逊(Thomas Jonathan Jackson)以及约瑟夫·E.约翰斯顿(Joseph E. Johnston)都希望在南军中一展身手。斯科特一直认为罗伯特·E.李是美国常规部队中最有才干的军官,因此,斯科特打算让他指挥整个北军,但罗伯特·E.李却婉言谢绝。如今,罗伯特·E.李在南部联盟担任少将职位,并负责指挥弗吉尼亚州所有的武装力量。37岁的杰克逊为了加入南部联盟,辞去了位于列克星敦的(Lexington)弗吉尼亚军事学院(Virginia Military Institute)教官一职。杰克逊的第一项任务就是在哈珀斯费里训练志愿兵。杰克逊过去在弗吉尼亚军事学院带过的老生一直都认为他脾气古怪到不可理喻的地步,因此给他起了诸如"傻汤姆(Tom Fool)"①和"老蓝光(Old Blue Light)"②之类的外号。由于他在训练那些缺乏纪律性的新兵时毫不留情,这些新兵就认为他是个极端古板严苛但又虔信宗教的教官。一开始新兵对他的感觉基本上都是憎恨和敬畏交织,不过到最后,敬畏之情都会占据上风,而憎恨之情就烟消云散了。

弗吉尼亚人约瑟夫·E.约翰斯顿身材矮小,身形并不健壮,但也同样毕业于西点军校。他和罗伯特·E.李一样都将从军作为自己的职业生涯,在军衔上也实现了一步步的提升。后来,约翰斯顿升任陆军准将并担任美国陆军军需部主任。到1861年南北双方之间敌对情绪大爆发时,约翰斯顿在美国陆军中的军衔仅次于塞缪尔·库珀(Samuel Cooper),成为军衔第二高的军官。虽然他得到承诺说在南军中他还将保持原有的军衔,不过,从一开始约翰斯顿对这个问题就非常敏感。

战略的选择

在寻求控制南部地区、打击南军方面,很明显北方联邦在战略选择上面临的挑战更大。相对来说,南部联盟进攻的目标就少了很多。北方联邦在军事基础设施以及政府机构建设等方面已经初具规模,因此,在人力、物资供给、工业发展等方面都占据了一定的优势。然而,南军的指挥官更加熟悉地形、内部通信,而且能够与大部分平民百姓保持友好的关系,因此,在这几方面受益颇多。1861年,美国战争部甚至连一份详尽的南方地图都没有。

1861年4月29日,就在南部联盟攻陷萨姆特堡的两个星期后,戴维斯总统发表了演说。在演说中,戴维斯重申了早前他在就职典礼上所发表的言论,即南部联盟渴望和平。戴维斯宣布:"在全人类面前,我们严正声明,我们的确愿意不惜任何代价获取和平,但是我们不会抛弃荣誉和独立。此前我们还与联邦政府结盟,因此,我们也不会采取任何形式做出征服联邦政府、扩大美利坚联盟国地盘或向联邦政府做出让步之类的事。"他明确说:"我们唯一的要求就是联邦政府不要插手我们的内部事务。"不过,戴维斯在表达这样的观点时多少显得有些虚伪,因为他一直期待着将密苏里州、肯塔基州、马里兰州等蓄奴州,以及美国西南部的土地收归美利坚联盟国的领土范围内。南军将这些地区看作联盟国领土的

---

① 汤姆是托马斯的昵称。——译者
② 据说,"石墙"手下的战士在每次战役爆发前都发现杰克逊的双眼会发射出摄人心魄的蓝光。——译者

自然延伸。就像林肯认为联邦主义者对大部分南方地区有一种潜在的同情心一样，戴维斯也相信边疆各州对分裂主义怀有一种支持的态度。戴维斯自己也毕业于西点军校，而且曾经参加过墨西哥战争，他还把乔治·华盛顿视为最敬仰的军事家。戴维斯认为只要采用消耗战的策略就会彻底瓦解北军，那么南部联盟只需要再坚持一下就可以大功告成，因此他相信自己已经占据了天时和地利，而且历史也会证明他的正确性。然而，戴维斯不得不面临一个华盛顿不会面对的政治障碍：在一个建立在州权基础上的国家里，面对11个州各种各样的需求，戴维斯不得不小心谨慎地从中找到平衡点。在这一点上，他甚至比华盛顿在处理13个殖民地关系时所采取的态度还要谨小慎微。实际上，华盛顿已经将大片土地以及很多重要的职位，包括纽约市以及当时的首都费城在内都交给了英国人。戴维斯却不可能采取如此重大的让步措施。尽管在保护面积广阔的南部联盟时既缺乏人力，也缺乏物力，但戴维斯仍然想保有一切。

布尔伦河战役

到了1861年6月中旬，南北双方在弗吉尼亚州境内以及该州以北地区已经集结了成千上万的兵力，严阵以待。南军当时的总兵力有2.2万人，在攻克萨姆特堡的英雄皮埃尔·G. T. 博雷加德的领导下，驻扎在马纳萨斯（Manassas Junction）。马纳萨斯当时是一个重要铁路枢纽，位于华盛顿特区西南部，距离华盛顿只有25英里。约瑟夫·E. 约翰斯顿率领着另外1万名南军士兵驻扎在离温切斯特镇（Winchester）较近的谢南多厄河谷（Shenandoah Valley）。两支军队的驻扎地点之间有铁路贯通，因此你来我往只需要几个小时的车程。戴维斯建议借助便捷的铁路交通将这两股力量合二为一，就可以打退北军针对马纳萨斯发起的进攻。与此同时，北军也召集了3.5万人的军队。在麦克道尔的领导下，这支队伍驻扎在弗吉尼亚州的森特维尔（Centreville）。另外一支由1.8万人组成的队伍在经验丰富的罗伯特·帕特森（Robert Patterson）将军的领导下驻扎在哈珀斯费里。帕特森也是一位职业军官，只比斯科特小6岁，曾经参加过1812年美英战争。

对于麦克道尔即将对南军发起的进攻，贝蒂·杜瓦尔（Bettie Duval）和罗斯·格里诺（Rose Greenhow）等两个女性间谍早已经搜集了大量的情报。此外，北方的各大报纸也对此给予了公开报道。因而，对于麦克道尔的到来，南军早已经做好了充分的准备。7月18日，在詹姆斯·朗斯特里特（James

Longstreet)和具伯·T.尔利(Jubal T. Early)的率领下,南军在布莱克本斯福德(Blackburn's Ford)与麦克道尔率领的进攻旅相遇,并将其逼得节节后退。与此同时,约翰斯顿也接到命令称"如果行得通",将其部队调往东部实施支援。1861年7月19日,趁着罗伯特·帕特森不防备,约瑟夫·E.约翰斯顿的手下神不知鬼不觉地登上了前往马纳萨斯的列车。马纳萨斯位于东部,距离温切斯特镇只有34英里。当时火车行进的速度非常缓慢,而且一次只能运输一部分士兵。有些战士甚至在火车车厢里度过了48小时。然而,他们的到来不但彻底改变了战争的局面,而且为铁路战树立了一个从战略、战术运用角度都堪称经典的范例。

1861年7月21日,星期日上午,在马纳萨斯地势平缓的农田里,战斗打响了。各种军衔、各个等级的将士们身穿五颜六色、款式各异的军装,有时甚至都无法分清敌友。威斯康辛州第二步兵团(The Second Wisconsin Infantry Regiment)和纽约州第八步兵团(The Eighth New York Infantry Regiment)的士兵都身穿灰色军装,而南军的几个高级军官还穿着蓝色的联邦陆军制服。南北方的士兵们笨手笨脚地手持步枪,在努力搞清楚各种尚不熟悉的指令的同时,还要竭尽全力保持冷静。子弹和炮弹横飞,不论是双方士兵还是战场上的树木都难逃支离破碎的命运。战场上浓烟滚滚,各种声响震耳欲聋,大地似乎也跟着震颤。空气灼热,令人窒息,到处弥漫着燃烧的树木和烧焦的尸体的刺鼻气味。士兵们感到胆战心惊、情绪激动,同时口干舌燥。对于绝大多数士兵而言,真正的战争与他们原来的设想截然不同,与他们原本的生活相比更是有着天渊之别。

让这些士兵感到措手不及的并不仅仅是战场上那惊天动地的喧嚣嘈杂。更重要的是,双方军队都没有给他们提供充足的食物和水,更不用说必要的医疗设施和医护人员。似乎从来就没有人想到这一点:两支军队在进行了一场大规模的冲突后,势必会有人受伤,甚至会有人死亡。指挥者发布命令时通常是一时兴起,执行起来却繁冗复杂,而下属军官的直接操作也经常是敷衍草率。雪上加霜的是,作战地图错误百出。北军总司令根据这份地图对作战距离和战场地形的估计都出现了严重偏差。

无数士兵陷入了这场战争的旋涡之中,人人都不得不面对混乱、暴力和死亡。其中之一就是杰克逊上校。到这一天战役结束的时候,人们会赋予他一个令他声名远扬的外号。关于这件事到底是如何发生的有各种各样不同的版本,不过,大多数人都认同以下这个版本。为了恢复自己部下的战斗士气和信心,南军伯纳德·毕(Bernard Bee)将军站在亨利山(Henry Hill)的后坡上,指着杰克逊上校所率领的弗吉尼亚旅,声嘶力竭地大喊:"看,杰克逊像石墙一样屹立在那里!到弗吉尼亚旅的后面集合!"话音未落,毕将军中弹倒地而亡。不过,"石墙杰克逊"的传奇故事从此流传下来。

平民百姓也卷入这场混战中。一大群联邦国会议员和参议员携带家眷从华盛顿乘坐着装饰华丽的马车启程南下,专门来观看在星期日爆发的这场战役。这群人带着装满食材的野餐篮,举着双筒望远镜,聚集在离杀戮现场不远的小山上。英国记者威廉·霍华德·罗素(William Howard Russell)就站在离这群平民不远的地方。当时,他身边有一个女人正透过看歌剧用的小型双筒望远镜向远处眺望。罗素无意之间听到这个女人说:"这个场面太壮观了!哦,天呐!这种景象简直一级棒!我觉得明天这个时候我们就可以打进里士满。"还有些人胆子更大,走到离战场更近的边缘地带观战,其中包括来自马萨诸塞州的一个国会议员。但他被南军士兵俘虏了。南部联盟当地的平民百姓也在战场附近,不过,他们并不是为了观战,而是为了打听战场上亲朋好友的状况,更是为了保护自己的家园和财产。不管出于何种原因,平民百姓竟然盘亘在战场附近的这种情况表明,面对着全面展开的可怕的战争,美国民众根本就毫无概念,毫无准备。

听到战争开始的消息后,杰佛逊·戴维斯立刻从里士满出发,赶到了战场,迫不及待地想要重新发挥自己作为军事指挥官的角色和作用。戴维斯不顾几个参谋的善意恳求,骑着高头大马就冲上了战场。当他偶遇一些军心涣散、行将撤退的士兵时,戴维斯激动地大声宣布:"我是总统戴维斯!跟我冲啊!"

直到 7 月 21 日下午 3 点,当时的局势似乎才真正确定下来:北军将在这场布尔伦河战役中赢得决定性的胜利。麦克道尔率领的军队已经成功地打退南军,占领了一些重要的战略高地,不过,在此期间杰克逊一直在顽强抵抗,尤其在经过短暂的战场间歇后,南军的增援部队及时赶到,结果,战场的整体局势很快扭转。没过多久,北军就开始全面撤退。虽然有的北军士兵在撤退时井然有序,但大多数士兵由于缺乏作战经验,再加上心中惶恐不安,且早已经精疲力尽,从而表现得惊慌失措。这些士兵担心南军会乘胜追击,便开始盲目地朝着华盛顿特区的方向仓皇逃窜。英国一份报纸的通讯员威廉·罗素(William Russell)目睹了这种混乱不堪的状况。"骑在骡子或马背上逃命的步兵惊魂未定,挽具在慌乱中掉下来就挂在脚蹬子下,而那些骡子和马也与它们的主人一样早已经吓得魂飞魄散;黑人仆人和主人挤在同一匹坐骑上;救护车里挤满了没有受伤的战士;所有马车上也都塞满了人。实际上,那些马车的前后左右全都是在步行撤退的士兵，因此马车的行进速度极为缓慢。伴随着撤退士兵的尖叫声和谩骂声，马车终于碾压出一条路前进的道路。为了腾出空间容纳更多的士兵，一路上车上的人不断将马车上原来装载的货物丢到路上，而且每次停下来时都近乎于声嘶力竭般地尖声询问：'车里全都是骑兵！你们要上车吗？'"疲于奔命的士兵们很快就跟同样惴惴不安的观战者会合，但结果只不过令这种杂乱无章的局面更加混乱不堪。

布尔伦河战役的影响

布尔伦河战役令北方人感到心惊肉跳。南部联盟将该战役称为马纳萨斯战役。在西半球有记载的战役中，这场战役是最血腥残酷的一场。由于交战双方的战场离两个首都都近在咫尺，这场战役的意义便显得更加重大。虽然北军一方的死伤人数及被俘人数不到3 000，但该战役造成的心理重创远远超过流血牺牲以及身体上遭受的痛苦。对于南北方人民间原本就存在着刻板印象：北方人性情温和、软弱无能；南方人却精力充沛、身强力壮。如今，这一观点又得到了强有力的佐证。战争结束后不久，关于反政府武装野蛮行径的种种谣言就开始甚嚣尘上。北方各大报纸刊登的文章大多描述了南军士兵对北方战俘直接实行割喉处决，或者将受伤的北军士兵当作人肉靶子练习枪法。1861年8月17日，《哈珀周刊》(*Harper's Weekly*)刊登了一幅令人不安的插画。画面上显示的是南军举起刺刀直接刺穿手无寸铁的北军伤兵的身体。《纽约时报》(*New York Times*)撰文义愤填膺地宣布："南方人的性格特点就是自吹自擂、爱慕虚荣、行事莽撞、蛮横急躁、背信弃义、奸诈狡猾、胆小懦弱而且睚眦必报。"

对于南部联盟的民众而言，布尔伦河战役的胜利使他们更加坚信自己在军事实力上比北方人要高出一截。与北军相比，南军损失的兵力在1 000人左右。在讨论是否乘胜追击四散奔逃的北军这一问题上，戴维斯、博雷加德和约翰斯顿三者之间爆发了激烈的争论。实际上，考虑到南军本身军心涣散、组织混乱的情况，乘胜追击几乎是完全不可能实现的事情。不过，南方的胜利表明，不论是领导才能还是士兵素质，南方的确都比北方更胜一筹。

北军的惨败使北方人无法享受战争所带来的快感，因为大多数人已经意识到这场战争并不是一场充满浪漫主义色彩的玩笑之举。布尔伦河战役结束后的第二天，国会向北方联邦各州发布征兵令，征兵总数为50万人，服役期限最短6个月，最长不超过3年。很明显，对于战争而言，服役期限仅为3个月的志愿兵远远不能满足要求。陆军上校威廉·T.谢尔曼（William T. Sherman）认为布尔伦河战役只是"一场持久战的开始"。谢尔曼希望自己的观点是错误的，希望南方人"将来能够看到反对联邦政府的行为不但有失公允，而且大错特错，因为联邦政府是迄今为止人类打造出来的最合适的政府，且该政府温和如父"。但对于一些北方人而言，落败的感觉让他们无法承受。7月22日，纽约州的玛丽亚·达利在日记中写道："自从昨天在报纸上看到这则令人胆战心惊且倍感羞耻的消息后，我就感觉心情抑郁。在我的一生中，从来没有这么糟糕的感觉。首战失败使这场战争还得再打上一年，如果不是三年的话。此外，还会令那些欧洲大国有理由考虑认可美利坚联盟国的相关事宜，也许那些国家会认为最佳对策就是认可美利坚联盟国的合法性。"北军溃败后，即将担任林肯政府战争部部长的埃德温·M.斯坦顿（Edwin M. Stanton）给前总统布坎南写了一封信，信中将这场战役称为"令人毛骨悚然的灾难"。他预测，华盛顿将沦入敌手。"全军覆没，士气大跌，狼狈逃窜——这就是我们所经历的一切。甚至直到现在我都在怀疑，如果南军大举入侵（华盛顿特区），我们是否有能力进行有效的抵抗。"[95]

乔治·麦克莱伦执掌帅印

　　林肯想要撤换陆军司令。由于双方军队都驻扎在离马纳萨斯不远的战场附近，温菲尔德·斯科特就建议林肯启用乔治·麦克莱伦，取代麦克道尔。7月27日，总统采纳了斯科特的建议。1861年的夏天，北方的军事地平线堪称黯淡无光，而麦克莱伦可以说是其中寥寥可数的亮点之一。麦克莱伦出生在宾夕法尼亚州，毕业于西点军校，曾经参与过墨西哥战争并获得勋章。不过，他在1857年退役，从事土木工程事业并取得成功。麦克莱伦身材虽然不高，但相貌俊朗，智慧超群，而且公开反对共和党。1861年，年仅34岁的麦克莱伦看上去是一位颇有发展前途的军事将领。战争刚刚打响时，他住在辛辛那提市（Cincinnati）。当俄亥俄州的州长威廉·丹尼森（William Dennison）任命他担任该州志愿兵的少将时，麦克莱伦便欣然应允。

　　就在麦克莱伦担任正规部队少将职位后不久，便开始指挥整个俄亥俄军区（Department of the Ohio），控制范围还包括弗吉尼亚州的西部地区。从传统角度来看，该地区并没有蓄奴的历史，而且公开独立于弗吉尼亚州的其他地区。俄亥俄河以及巴尔的摩和俄亥俄铁路这两条重要的交通大动脉都位于弗吉尼亚州的西北部地区，因此该地区便具有重要的战略意义。若能掌控对该地区的主动权便能确保形成一个缓冲地带,这样一来,不但俄亥俄州的东部地区和宾夕法尼亚州的西部地区有了安全保障,而且包括谢南多厄河谷在内的地区,甚至就连肯塔基州的东部地区在内也都可以变成无虞之地。1861 年 6 月,麦克莱伦指挥着由 2 万名士兵组成的大军开进了弗吉尼亚州的西部地区。一个月过后,麦克莱伦就已经使该地区成为支持北方联邦的地区。这次战役,包括 6 月 3 日在腓立比(Phillipi)、7 月 10 日在劳雷尔山(Laurel Hill)、7 月 11 日在里奇山(Rich Mountain)、7 月 12 日在卡里克斯福特(Carrick's Ford)等地进行的几次战役,规模都不太大,付出的代价也不高。麦克莱伦除了参与腓立比那场小型战役,其他几次战役可以说都没有真正发挥什么作用。然而,麦克莱伦把所有战役的胜利果实全都揽到自己身上,于是引发了北方民众的关注。7 月 16 日,麦克莱伦对手下将士发表了一次充满夸夸其谈、居功自傲的庆功演说:"将士们!我对你们满怀信心,而且相信你们对我也同样信任。请不要忘记,遵守军纪和服从军令与英勇无畏同等重要,都是我们应该具备的素质。"

麦克莱伦首要的任务是加强华盛顿特区内部及周边地区的防卫,并给士气低落的部队提供更好的组织管理和军事培训。对于如何打造并维持陆军部队的相关事宜,麦克莱伦颇有思路和才干。事实证明,他的确具有高超的行政管理才能,因此,很快就赢得了将士们的喜爱。不过,他却公开与温菲尔德·斯科特、战争部部长埃德温·M. 斯坦顿以及财政部部长萨蒙·波特兰·蔡斯等人发生争执。对于林肯提出的以调解为主的战争政策,麦克莱伦表示完全支持,当然他赞成的理由与林肯的初衷存在着显著差异。林肯的政策旨在避免破坏平民百姓的财产,避免平民百姓因为战争而流离失所。麦克莱伦是民主党人,因此在政治观点上并不反对奴隶制,而且他也不希望看到南方遭到过度的惩罚。林肯希望有"小拿破仑(The Young Napoleon)"之称的麦克莱伦能够推动北方战事的顺利发展。1861 年 11 月 1 日,在麦克莱伦的秘密推动下,林肯半强迫地命令温菲尔德·斯科特退休后,任命麦克莱伦出任美国陆军总司令之职。

西弗吉尼亚战役

1861 年的夏末秋初,麦克莱伦为了肩负起更加重大的责任,离开弗吉尼亚州西部地区前往华盛顿,不过,随着北军的不断深入,零星的战役在弗吉尼亚西部地区一直未曾终止。那些生活在山区的联邦主义者始终打算在政治上与脱离联邦的弗吉尼亚州其他地区实现分离,并脱离美利坚联盟国,于是便在惠灵

(Wheeling)自行组建了政府,并计划建立一个新州。

面对弗吉尼亚州西北部日益恶化的局势,杰佛逊·戴维斯忧心忡忡,于是在7月底派遣罗伯特·E.李以"协调员"的身份到该地区进行巡回检查,并希望罗伯特·E.李能够重新恢复该地区的军事秩序。然而,最初罗伯特·E.李自己对此行的目的也不甚明确,而且对于是否要卷入亨利·怀思(Henry Wise)和约翰·B.弗洛伊德(John B. Floyd)这两位政治统帅之间的宿仇中去这一问题,也一直举棋不定。罗伯特·E.李发现士兵们体弱多病、饥肠辘辘,而这里的天气又潮湿不堪,因此,如果想发动一场进攻并收复失地,可以说条件一点都不理想。不过,罗伯特·E.李还是打算打响自己在内战中的第一役。9月10日,罗伯特·E.李率领大军冒着寒冷潮湿的天气,穿过变化多端的地形,开始朝着目的地挺进。在接下来的5天里,罗伯特·E.李率军努力继续向前推进,但他手下的将士们很快就感到疲惫不堪,进而出现了士气消沉的现象,他所发布的各项命令也被简单应付。罗伯特·E.李最后决定在9月15日撤军。这当中爆发了一场齐特山战役(Battle of Cheat Mountain),虽然规模很小,但结果让人大失所望。9月17日,罗伯特·E.李在写给夫人的信中称:"对于导致整个计划失败的意外事件,我深感遗憾,简直无地自容。无论使用何种语言都无法表达出我内心的悔恨之情。"随后,罗伯特·E.李率领军队与敌人在维尔山(Sewell Mountain)交锋,依然功亏一篑。10月底,罗伯特·E.李率军撤回里士满后,民众开始怀疑他是否真的具备战地指挥官的能力。1863年,西弗吉尼亚州(West Virginia)成立。但此后,美利坚联盟国在内战结束前一直在该州进行艰苦的游击战。

《波托马克河的河边寂静无声》

除了在弗吉尼亚州西部地区进行的这几场寥寥可数的战役,东部战场的军事行动似乎已经陷入停顿状态。在这一片安静中,1861年10月21日在鲍斯布拉夫(Ball's Bluff)所爆发的一场战役当属例外。在这场"令人倍感凄凉忧郁的灾难"中,南军将一支北军直接赶进了波托马克河,导致北军死伤人数超过900。殒命沙场的人员中包括林肯的朋友、来自俄勒冈州的参议员爱德华·贝克(Edward Baker)上校。为此,美国国会设立了一个战争管理委员会(Committee on the Conduct of War),调查这次惨败的原因。该委员会享有广泛的调查权,因此直到内战结束前,该委员会在北方政界发挥的作用一直颇具争议。

在鲍斯布拉夫战役结束的6个星期后,埃塞尔·琳恩·比尔斯(Ethel Lynn

Beers)在《哈珀周刊》上发表了一首诗,名字是《哨兵》(The Picket Guard)。这首诗描述了普通士兵在这场波澜壮阔的战争中所感受到的孤独寂寞和寂寂无名。后来,有人给这首诗配乐后编成一首歌曲,并更名为《波托马克河的河边寂静无声》。报社记者在描述弗吉尼亚州北部地区的局势时,这首歌的歌名就又多次被用作报纸头条消息的大标题。因此,这首歌很快就在波托马克河两岸的军队中传唱开来,成为士兵们的最爱:

> 波托马克河的河边寂静无声,
> 偶尔有一个孤独的执勤哨兵
> 沿着河边来回走动,
> 藏身于灌木丛中的步兵朝着他开枪。
> 他应声倒地,一动不动。
>
> 这根本无足轻重——偶尔死掉的一两个二等兵
> 不会出现在战争的新闻里,
> 反正死的又不是将领——
> 只不过是一个大兵,
> 独自一人,呻吟着等待死神的降临。

南部联盟的外交

同时,由于南军在马纳萨斯和鲍斯布拉夫两次战役中获得了令人瞠目结舌的压倒性胜利,因此,南部联盟便认为自己在争取外国援助方面已经获得了绝佳的机会。如果以英、法为代表的欧洲强国承认美利坚联盟国是一个合法的独立国家,那么北方人就可能被迫放弃试图恢复联邦的努力。不幸的是,南部联盟在处理外交事务时接连出现失误,严重损害了自己发动一场持久战的能力。而这一系列的错误始于戴维斯。即使在南北双方的敌对情绪爆发之前,戴维斯竟然将希望得到外国承认这样重大的任务委托给了一些根本没有能力胜任的人员。1861年2月,戴维斯派遣一个由3名成员组成的委员会前往欧洲。这3个人分别是亚拉巴马州的吞火者威廉·L.扬西、动辄长篇大论的安布罗斯·达德利·曼(Ambrose Dudley Mann)以及路易斯安那州的法官皮埃尔·罗斯特(Pierre

Rost），而最后这位法官之所以入选就是因为他会说法语。至于国务卿，戴维斯选择了佐治亚州的律师、前联邦国会参议员罗伯特·图姆斯。图姆斯曾经在州政府和联邦政府混迹多年，经验丰富，但在外交事务上毫无经验。特别欧洲委员会打算要求英国、法国、俄国以及比利时等国政府同意美利坚联盟国"加入独立国家的大家庭。要求这些国家本着友好的态度承认并认可美利坚联盟国，因为该国人民有能力建立自治政府，有能力保持独立"。

然而，对于是否要卷入美国内部危机这一问题，欧洲国家的态度非常小心谨慎。至1861年夏，整个事件仍然毫无进展，图姆斯和扬西对自己所肩负的任务也都感到无聊和沮丧，便递交了辞呈。图姆斯的继任者是来自弗吉尼亚州的罗伯特·M. T. 亨特（Robert M. T. Hunter）。但与其他人一样，亨特也没有能力推动事态的发展。他在这一职位上只做到了1862年3月，便辞职前往南部联盟的国会就职。路易斯安那州的朱达·P. 本杰明（Judah P. Benjamin）就职第三任也是最后一任国务卿。相较于前两任国务卿，本杰明拥有更多的外交经验，但在处事方面不够圆滑机敏，因此在处理欧洲国家承认美利坚联盟国的问题上同样是不成功的。

实际上，即便美利坚联盟国的国务院里有一个经验丰富的外交官主宰大局，其外交策略却仍然不够成熟而且错误百出。美国内战爆发前，棉花是南方主要的农产品。南部联盟的大多数领导者都希望通过使用棉花禁运的手段强迫以英国为代表的世界主要大国支持自己发动内战。根据南部联盟政客的推断，切断了美国南部的棉花供给后，英国的那些棉纺织厂理所当然就不能正常运转。因为世界各国都不得不承认，质量最高且供应量最大的非美国南方棉花莫属。

南部联盟政府从来没有正式官方批准棉花禁运，而且并非所有人都相信采用这一手段就可以逼迫欧洲人就范。实际上，本杰明曾经建议政府在内战之初尽可能多地向欧洲国家出售棉花，这样不但可以与欧洲建立信用基础，而且可以得到必要的战争物资。不过，南部联盟绝大多数的领导者认为内战顶多几个月就会结束，因此对于本杰明的建议置若罔闻。从1861年夏到1862年春，南方叛乱地区的农场主和商人自愿地开始停止棉花的出口转运。棉花生产的速度明显减缓，与此同时，成千上万包棉花储存在南方的仓库里，原封未动。至1861年春，欧洲国家大都收到了从美国南部运抵的棉花。实际上，英国仓库里存放的棉花已经出现了剩余。到了1862年年中，这些剩余的棉花原料基本上用完，但由于英、法两国的纺织品生产转而使用印度、土耳其和埃及的棉花作为原材料，因此美国南部棉花的供给总量虽然减少却于大局而言已无关痛痒。虽然南部联盟的领导者意识到了自己所犯下的错误,却为时已晚。棉花外交成了一大败笔。

欧洲国家是否愿意与北方联邦站到同一个阵营里?尤其是英国是否愿意与北方联邦为伍?南部联盟在这个问题上也出现了判断上的失误。南方人将自己刻画为自由斗士,而将北方人描画成专横的统治者。南方人对奴隶制问题进行低调处理,认为欧洲人对自己争取独立的斗争将会采取同情态度。因此,美利坚联盟国不仅将外交使节派往法国、俄国、比利时和英国等几国,还派往西班牙、梵蒂冈以及墨西哥的各个自治领。尽管从表面上看,似乎英国的上流社会公开表示支持南部联盟,然而,英国国民的态度莫衷一是。英国一些精英人士赞成美利坚联盟国的举动,认为这场内战有可能会阻止美国经济实力和影响的不断扩张。此外,这些精英人士还担心处在底层的社会成员会因此而对自己施加压力,所以很愿意看到民主制度的实验从其内部开始瓦解。英国的各大媒体也都大张旗鼓地表明自己支持美利坚联盟国的立场,尤其是总部设在伦敦的两大著名报纸《泰晤士报》(Times)和《伦敦标准报》(Standard)更是如此。对于美国南方的士绅阶层而言,如果能和英国的上流社会拉上关系便会觉得脸上有光,这一现象在南方非常普遍。不过,这种关系却并不像南部联盟所想象得那样密切。英国大多数贵族对于美国南方的态度很矛盾,在是否让英国卷入美国内战一事上一直犹豫不决,还担心万一美国南北方产生分裂,可能会使西半球的局势变得愈发不稳定。在平民百姓中,工人、商人以及工厂主在面对北方联邦政府和南部联盟这两个选择时,明显都更倾向于前者。他们认为,北方联邦政府进步民主,而南部联盟则贵族气息十足。因此他们都希望自己的国家也能像北方联邦这个领头羊一样走上同样发展的道路。一段时间过后,南部联盟才意识到无论是英国政府,还是英国民众都不是自己的天然盟友。

美利坚合众国及其外交策略

1861年,当英国与美利坚合众国之间的关系开始恶化时,美利坚联盟国有理由对此感到欢欣鼓舞。英国人对林肯新政府以及美国内战所造成的恶劣影响一直持有怀疑态度。2月,在林肯总统宣誓就职之前,英国外交大臣约翰·罗素(John Russell)勋爵就对美国发出了严正警告,称如果北方联邦政府在镇压南方叛乱的过程中干扰了与英国的贸易往来,其后果将会非常严重,其中就包括英国有可能会承认美利坚联盟国的独立。林肯的就职典礼并没有将英国人的担忧一扫而光,尤其当北方联邦政府宣布对南方实施海上封锁并通过《莫里尔关税法》

(Morrill Tariff)后,英国人更是忧心如焚,因为该法案对进口货物征收双倍关税。南卡罗来纳州的一个种植园主推断:"最近,美利坚合众国对于欧洲制造商生产的很多货物征收高额关税,这种做法几乎无异于禁止进口欧洲货物。而美利坚联盟国则根据原有的标准降低了关税,甚至还在考虑再次降低关税。这种情况表明:我们所能提供的原料对于他们的商业和制造业的繁荣发展至关重要,而且我们是他们唯一的供应商——我们给他们生产的产品提供市场,条件比以往任何时候都要优越。"

联邦政府的国务卿威廉·H. 西沃德使欧洲人与美国人的关系进一步疏远。作为一名政客,西沃德头脑敏锐、经验丰富而且见多识广,不过可悲的是,他并不擅长于变通。1860 年,由于没有得到共和党总统候选人提名,他感到大失所望。因此,当他成为林肯内阁的一名成员时,便下定决心要维护自己的权利,甚至不惜付出发动一场对外战争的代价。在萨姆特堡战役开火前的几个星期里,南北双方之间的气氛日趋紧张。在这种情况下,西沃德仍然坚持如果对外发动一场战争便可以使国家实现南北统一,进而解除危机四伏的局面的观点。实际上,联邦政府当时正面临着针对门罗主义(Monroe Doctrine)①的种种挑战:西班牙先是在 3 月入侵圣多明各(Santo Domingo),接着法国人也打算如法炮制,入侵海地(Haiti)。1861 年 4 月 1 日,西沃德催促林肯要求西班牙和法国对他们在加勒比海地区所采取的行动做出解释。同时,西沃德向林肯建议,如果这两个国家的解释不尽如人意,那么,林肯作为总统应该"召集国会,向西、法两国宣战"。林肯并没有听取国务卿的建议,但西沃德尚武好战的名声开始广泛传播开来。

英国、法国甚至俄国当时似乎都表现出愿意承认南方独立的迹象。法、俄两国驻联邦政府的外交公使都已经向本国政府建议公开与南部联盟建立外交关系。罗素勋爵分别在 5 月 3 日和 9 日采用非官方的方式接见了南部联盟的几位特使。接着,英国维多利亚女王(Queen Victoria)在 1861 年 5 月 14 日发表了一份公告,宣布承认美利坚合众国处于交战状态,并宣布了英国的中立立场。西班牙和法国等其他欧洲国家很快也如法炮制。此举表明,欧洲各国已经朝着承认美利坚联盟国独立的方向迈出了一大步。南军在 7 月的布尔伦河战役中大获全胜,这使南部联盟更加坚信这场战役决不会历时太久,因此,在整个 1861 年,南部联盟一直都信心十足,认为欧洲各国一定会承认美利坚联盟国,甚至会对内战

---

① 门罗主义发表于 1823 年,表明美利坚合众国当时的观点,即欧洲列强不应再殖民美洲,或涉足美国与墨西哥等美洲国家之主权相关事务。而对于欧洲各国之间的争端,或欧洲各国与其美洲殖民地之间的战事,美国保持中立。相关战事若发生于美洲,美国将视之为具有敌意之行为。——译者

实施武力干涉。这一切必将发生,只不过是时间早晚而已。

林肯派往英国的公使查尔斯·弗朗西斯·亚当斯(Charles Francis Adams)①在舒缓英国人的紧张情绪方面发挥了很大的作用。亚当斯抵达伦敦的时间与英国女王发表公告的日子是同一天。当时,西沃德对亚当斯下达了严苛的指令,称如果英国人继续干涉美国内政,联邦政府将终止与英国的一切关系往来。为了应对西沃德对英国磨刀霍霍的态度,林肯挑选了亚当斯,而亚当斯应该说是最佳人选。亚当斯出身名门,其父亲和祖父都曾经担任美国总统,而亚当斯自己不但思想成熟、明智审慎,而且深谙英国政界的种种细节和内幕。因此,亚当斯努力重新恢复美利坚合众国与英国之间的关系,并说服罗素勋爵不再与南部联盟特使举行任何官方或非官方的会晤。1861年11月,当"特伦特号"事件(Trent Affair)突然爆发时,亚当斯的外交技巧再一次面临考验,但至少在当年的整个夏季及秋初时分,英国以及欧洲其他各国都对美国内战采取了观望态度。

南部联盟的海军

与此同时,南部联盟正忙着筹备发展南军的另一个重要部分:海军。美国内战将证明不论是在陆地还是在水上所采取的军事行动都具有极强的相互依赖性。水路对于交通、通信以及对战略要地的掌控等多方面都具有举足轻重的意义。美利坚联盟国拥有3 500多海里长的海岸线,189个港口。此外,南部地区还有绵延不绝的内陆水域和适合航运的大河。1 000多海里长的密西西比河是南部联盟的生命线,由北向南从位于边疆的肯塔基州和密西西比州流过位于美国南方腹地三角洲地带的各州,最终流进墨西哥湾。交通方面发生的变革,尤其是众所周知的蒸汽船和装甲船的发明使水路航道成为战争中的必争之地。

尽管如此,戴维斯却一直都不怎么推崇海军建设。戴维斯并没有意识到海上力量的重要性,他认为南方以发展农业生产为主,根本不可能给一支令人望而生畏的舰队配备合适的海军人选。更重要的是,一开始戴维斯就坚信内战马上就会结束,因此,他只是沿用了过去人们惯常采用的做法:给武装民船发放私掠许可证,允许他们袭击北方商船。4月17日,就在林肯首次发出征兵令的两天后,戴维斯做出了这项颇具争议的决定,结果反而促使北方联邦政府采取了海上

---

① 查尔斯·弗朗西斯·亚当斯,美国政治家、外交官,亚当斯家族成员,约翰·亚当斯之孙,约翰·昆西·亚当斯的次子,曾任美国驻英国大使。——译者

封锁政策。发放私掠许可证原本是为了将武装民船与海盗船区分开,使武装民船的船员成为南部联盟的代理人。很久以前,国际法就允许武装民船掳获商船的行为,包括将截获的商船和货物交给友好的港口军事法庭或保持中立的港口军事法庭,并由该法庭做出财物归属的最终裁决。不过,并非所有的武装民船都会遵守这一规则。为此,欧洲各国在1856年签署了一个名为《巴黎宣言》(Declaration of Paris)的条约,禁止武装民船掳获商船的行为再次发生。然而,美利坚合众国并没有签署这一条约,因此,武装民船掳获商船一事仍然是一个颇具争议的国际问题。1861年6月1日,面对着美国南北双方分别运来的劫掠商船和货物,英国采取措施,关闭港口并禁止劫掠财物进入港口。在这种情况下,北方联邦突然寻求重启《巴黎宣言》相关条款的谈判。南部联盟的武装民船威胁到北方贸易的发展,这一点在内战初期表现得尤为明显。结果,海上运输的保险费不断上涨,而英国货轮在运输货物时则比美国北方轮船开出更低的价格。

尽管戴维斯对于发展海军没有丝毫兴趣,但他还是任命一位坚决要求组建海军的人士担任海军部部长:史蒂芬·罗素·马洛里(Stephen Russell Mallory)。年近五旬的马洛里生于佛罗里达州,是个温和派的民主党人,曾经担任联邦参议员,并任参议院海军事务委员会(Senate Committee on Naval Affairs)主席。马洛里足智多谋,富有创见。南部联盟的海军能够从无到有地创建起来,马洛里发挥了不可或缺的作用。从外表上看,马洛里相貌平平。与他同时代的人大多认为他是个脸膛通红、五短身材的"多血症患者",喜欢"最高档次的生活方式"。因此,无论是大众、媒体,还是大多数的海军军官,似乎都不太喜欢马洛里。于是,马洛里几乎是单枪匹马将整个部门运营起来,既担任首席管理者和首席海军战略专家,又担任海上行动和沿海作战的监督员。因此,在马洛里锲而不舍的努力下,南部联盟拥有了一支海军,虽然这支海军尚不能与北方联邦政府的海军相提并论,但也将水上运输和海上作战中所有可能得到的最新发明成果全都吸收到自身的发展过程中来。

对于马洛里而言,担任南部联盟海军部部长一职面临的最大挑战就是筹集资金,因为无论是购买军舰还是对军舰进行日常维护都需要大笔资金。很快马洛里就意识到为了获得财政支持,自己将不得不与陆军部产生竞争。与海军相比,陆军很容易就可以得到广大民众的支持和更多政客的帮助。即便是杰佛逊·戴维斯在里士满的总统府也只能得到有限的资金支持。大多数身强力壮的男子,包括那些曾经有过海上经历的人在内,都不愿意加入海军,而宁可选择在陆军服役。将陆军士兵吸引到海军服役的计划以失败告终:陆军军官接到调令后都采取了置之不理的态度，而在从陆军调动到海军的士兵中，开小差的人数一直居高不下。1864年，南部联盟海军的人数达到了峰值，但在海军和海军陆战队服役的战士和军官总数仍然不到6 000人。

海军新技术

美国内战时期，工业革命所带来的种种变化可以从陆军中得到反映，在海军中亦然。在整个19世纪50年代，船舶制造业和武器制造业等两方面都有了长足的发展。蒸汽机、装甲舰以及对水下战争所做的不断探索都是19世纪中期出现的技术发展的典范。各种新发明、新创造同样影响了海军战略计划的制订。尽管与北方联邦相比，南部联盟在工业发展和技术进步方面明显滞后，但南部联盟海军依靠新科技克服了自身存在的很多弱点，不但颇具创新性，而且灵活多变。南部联盟对水雷、鱼雷快艇、潜水艇以及铁甲舰等先进技术都进行了尝试和检测。当然，并非所有实验都大功告成，有些实验，比如潜水艇对于艇上成员而言就如同一座水下坟墓。不过，马洛里仍然相信像装甲船、线膛炮以及水下战争等新技术完全可以缓解南部联盟的不利局势。英、法两国早就开始了有关铁甲舰的实验。所谓铁甲舰是指外层覆有铁板并装有金属撞角的木质军舰。马洛里具有强烈的进取意识，认为这些铁甲舰的作用不应该仅限于保护南部沿海地区，他还打算使用这种军舰摧毁北方联邦以木舰为主的海军力量。南部联盟的国会批准了他的提议，并拨款200万美元用于购买欧洲生产的铁甲舰。马洛里派遣少尉詹姆斯·H.诺斯(James H. North)担任特使到海外采买铁甲舰。当生性刻板的诺斯两手空空地回国时，马洛里便改变了战略计划：如果在国外无法买到铁甲舰，那为何不在国内自行打造？问题是：在哪里实施该计划呢？

南军攻陷了位于弗吉尼亚州诺福克(Norfolk)附近的戈斯波特海军造船厂(Gosport Navy Yard)后，马洛里的问题便迎刃而解。弗吉尼亚州脱离联邦后将该造船厂交给南部联盟管理。戈斯波特海军造船厂是美国规模最大、现代化程度最高的造船厂，储存着大量的武器、弹药和各种船只。4月20日晚，就在整座造船厂被弗吉尼亚州民兵组织攻陷之际，北军指挥官下令放火焚烧造船厂，并将所有船只凿穿。熊熊烈火将夜空照得如同白昼一般，生活在诺福克市区和周边地区的居民见到此情此景无不大惊失色。纽约一家报纸的编辑霍勒斯·格里利(Horace Greeley)同样感到惊骇无比，他认为放火焚烧造船厂的行为是"最可耻、最懦弱、最具有灾难性的行动，玷污了整个美国海军历史"。实际上，造船厂并没有被这把大火烧得一干二净,南军竭尽全力很快就将所有能挽救的财产从废墟中抢救出来。

从戈斯波特海军造船厂的废墟中抢救出来的军舰包括一艘具有5年历史的蒸汽护卫舰"梅里马克号"(Merrimack)。当时,这艘船正停靠在干船坞等待维修,结果却遭到了北军的焚烧和破坏。弗吉尼亚州的民兵将这艘船从大火中抢救出来时,发现整个船体和发动机竟然完好无损。于是,南部联盟海军在1861年6月将这艘护卫舰改造为一艘铁甲舰。该铁甲舰的船头部位配备了装甲炮塔,里面可以容纳十挺重机枪和一个金属撞角。这艘紧凑型半潜式装甲舰被重新命名为"弗吉尼亚号"(CSS Virginia),并成为美国历史上第一艘铁甲舰。船身两侧倾斜,这样当炮弹袭来时就会从船舷表面反弹回去。实际上,除了装甲炮塔,该船的绝大部分船体都在水面下。至于装甲舰到底能给联邦海军造成何种破坏,时间将会证明一切。

南部联盟海军面临的问题

马洛里虽然拥有了铁甲舰,但要想打造一支强大的海军,美利坚联盟国还缺乏很多必要因素。尤其是,南部联盟严重缺乏诸如铁匠、冶炼工人和机械师等熟练工人,而这些人在建设和维护一支舰队方面发挥着至关重要的作用。尽管南方盛产木材、松节油和铁等原材料,但将这些原料运输到沿海港口困难重重,而且陆军也需要铁原料。因此,马洛里若想打造一支正规海军部队,发展支持海军发展的工业生产必将面对重重的限制和束缚。此外,南部联盟的海军与南方陆军别无二致,同样受到州权的束缚。内战刚刚打响时,大多数南方州都纷纷组建了自己的海军部队。南部联盟海军原本应该将每个州的海军力量纳入麾下,然而由于各州控制权和中央控制权之间的矛盾一直都没有完全得到解决,因此这一想法仍属于纸上谈兵的范畴。另外一个亟待解决的问题就是找到称职能干的海军指挥官。虽然有些军官在1861年从联邦海军叛逃到了南方,但训练有素的军官数字仍然出现了大量缺口。1861年3月16日,南部联盟国会批准在里士满建立一所海军学院。实际上,该学院一直到1863年才真正落成。

马洛里一直坚持不懈地想从欧洲各国那里得到帮助。除了派遣中尉诺斯奔赴海外采买,他还派遣中尉詹姆斯·邓伍迪·布洛克(James Dunwoody Bullock)前往英国购买巡洋舰。布洛克做事有条不紊,是位个人能力很强的海军军官。很快他就意识到相较于购买巡洋舰,自己动手打造实际上更加切实可行。为了得到私人投资者和英国造船公司的支持,布洛克采取了承诺保守秘密、改名换姓以及伪造文件等手段,因为根据法律规定,英国的造船公司不得参与打造铁甲舰的相关事宜。一直到大功告成后,布洛克才将这一切公之于众。很快,南部联盟就拥有了在欧洲打造的新战舰,不过,官方则对外宣称只是从欧洲借用而已。

拉斐尔·塞姆斯(Raphael Semmes)是最终得以指挥这些欧洲新战舰的军官之一。35岁的塞姆斯是个经验丰富的老海军。他迫切希望以军官的身份在南部联盟的战舰上大显身手。到了1861年7月,塞姆斯终于如愿以偿,得到了一艘紧凑型半潜式战舰"萨姆特号"(CSS Sumter)。接着,他便指挥手下拦截了8艘北方联邦的商船,这些商船上满载着价值昂贵的蔗糖。当然他的大胆举动也招致了危险。在6艘联邦战舰的追击下,"萨姆特号"逃到直布罗陀海峡(Strait of Gibraltar)时不但引擎负担过重,而且出现了船体漏水的问题。然而,到了第二年夏天,塞姆斯又开始在另一艘英国特意为南部联盟刚刚建造完成的紧凑型半潜式装甲舰——"亚拉巴马号"(CSS Alabama)上发号施令。

北方联邦的海军

北方联邦也在不断扩大自己的海军实力,研究包括开发装甲舰在内的新技术。尽管北方联邦在人力和战舰的数量上已经占有明显优势,不过在这两方面仍然有长足的发展空间。尤其当林肯总统在1861年4月19日宣布对叛乱的南部各州实施海上封锁政策时,大力发展海军便显得尤为重要。起初,戴维斯宣布武装民船可以劫掠商船。直到两天后林肯才小心谨慎地公开表态。林肯一开始打算关闭南方的所有港口,但又考虑到如果这么做,英国会关注此举的负面影响,甚至会代表南方出手干涉,因此,林肯选择了对南方实施海上封锁政策。实际上,这一做法也存在着一定的危险性。首先就涉及是否合法的问题:既然美利坚合众国不承认美利坚联盟国的合法性,那么又怎么能封锁本国自己的海岸线呢?其次北方联邦海军又将如何在漫长的南方海岸线实施国际法认可的"有效"封锁呢?

1861年,联邦海军理论上虽说拥有90艘战舰,但其中40艘是蒸汽船,50艘是帆船。问题是大部分帆船已经破旧不堪,很多蒸汽船也早已经不适合参战。如果在和平年代,这支海军的力量还可以用"精良"二字形容,但到了战争时期便显得软弱无力。有一点不容忽视,在这场战争中,联邦海军即将面临的敌军总数是法国总人口的 5 倍,而且对方拥有数千英里长的海岸线、内河及支流,在这种情况下,联邦海军就愈发显得孱弱不堪。此外,北方还需要有大量的水手。联邦陆军中很多人离队后直接参加了南部联盟的陆军部队。与之相比,脱离联邦海军转而投奔南方海军的人数就少了很多。尽管如此,联邦海军在招募新兵时也不得不与陆军抢夺兵源,毕竟海军的吸引力比陆军小了很多,因此,志愿加入海军的人数就更少。在那些仍在服役的水手中,大部分人都曾经接受过进行深水军事行动的训练,但相比之下,在滨海地区开展军事行动就显得经验不足。此外,很多高级别的军事管理者年事已高,并不适合继续担任现役军官之职。位于马里兰州首府安纳波利斯(Annapolis)的美国海军学院(U. S. Naval Academy)也很容易成为南部联盟的打击目标。更糟糕的是,联邦海军部队驻扎在世界各地,有些甚至远在日本和东印度群岛。要想把这些海外军事力量召回到美国本土,少则需要几周,多则需要几个月。

吉迪恩·威尔斯

注重实际、精明强干的吉迪恩·威尔斯担任林肯政府的海军部部长。当他成为林肯内阁成员之一时已经 58 岁。威尔斯以前是民主党人,曾经在康涅狄格州的一家报社里做过编辑,后来又当过邮政局长。除了在墨西哥战争中短期担任过海军军需品管理局(Naval Bureau of Provisions and Clothing)局长之职,他在海军事务上几乎没有任何经验。幸运的是,威尔斯得到了一个经验丰富的海军老兵古斯塔夫·V. 福克斯(Gustavus V. Fox)的鼎力支持。事实证明,身为管理者的福克斯出类拔萃、精力充沛。在担任海军部长助理期间,他在加强舰队建设、制订远征计划等方面发挥了重要作用。

很快,威尔斯和福克斯就开始做出重大改革。才华横溢的船舶设计专家约翰·埃里克森(John Ericsson)、小查尔斯·埃利特(Charles Ellet, Jr.)以及塞缪尔·普克(Samuel Pook)等都参与造船计划,并对数百艘军舰进行改造,使其适合战争要求。据估计,至 1865 年,联邦海军已经将 600 多艘各种各样的军舰投入战场。虽然南部联盟在打造装甲舰方面领先一步,但北方联邦也开始开发这项新技术。1861 年 6 月,在温菲尔德·斯科特的直接指导下,军需部(Quartermaster Department)开始打造一支适合在内河流域采取行动的铁甲炮舰舰队,对此,海军提供了大量的人力、物力支持。至 10 月中旬,北方联邦已经打造出第一艘紧凑型半潜式装甲舰"圣路易斯号"(St. Louis)。很快,越来越多的战舰相继问世，到内战结束前，战舰总数已经达到 65 艘，其中除了包括埃里克森在 1862 年初设计制造的"监督者号"（USS Monitor），还包括由埃利特设计的军舰所组成的舰队。1862 年春，埃利特对一批行驶速度快捷的蒸汽船进行改造，安装上了金属撞角，并组成了一支舰队。由安德鲁·赫尔·富特（Andrew Hull Foote）指挥的海军中队主要在西部河流区域活动，该中队拥有 7 艘最新打造的装甲炮舰。在西部战场的战役中，当海陆两军联合采取行动时，这 7 艘战舰被投入战场，开创了内战史上的先河。

联邦海军的发展

据估计，1861 年的联邦海军只有 7 600 人左右，但到了 1865 年，该数字急剧增长。如果将官兵数字放在一起统计，总人数已经超过了 11.8 万人。与联邦陆军战士一样，参加内战的海军士兵绝大多数也是年轻的白人男性，作战经验非常有限。不过，参加陆军的士兵大多来自同一个州或同一个地区，而海军士兵的来源则呈现多样化的特点。在联邦陆军中，75％的士兵是本土美国人，而海军中的本土美国人只占 55％，有 20％的士兵出生于爱尔兰。在相当长的时间里，具有不同成长背景、来自不同民族和种族的水手共同生活在极度狭窄的空间里，而且几乎处在与世隔绝的状态下。船上的生活方式与陆地上的截然不同。种族主义和种族偏见在参与内战的海军中非常盛行，这与陆军中存在的情形基本上大同小异。大多数军舰上都出现了种族隔离的问题，黑人士兵非但不允许发射炮弹，甚至还会遭受战友的殴打或者其他方式的歧视。然而，人力短缺，而且操纵军舰需要士兵之间齐心协力的亲密合作，因此具有不同背景的士兵被迫合作共事。与黑人陆军士兵相比，黑人海军士兵在待遇上、军需品的供给上以及医疗护理等方面享有与白人海军士兵平等的权利。实际上，与陆军相比，联邦海军的食物供给更新鲜，供给量也更充足，享受的医疗护理也更加细致入微，而且一般战死沙场及感染疾病的概率也更低。大多数士兵将加入海军称为"文明参军"，认为与陆军士兵的军营生活及艰苦的陆地行军相比，甲板上的生活没有那么繁重艰巨，而且死亡的概率也大为降低。

招募新水手所遭遇的问题

在吸引新兵入伍方面，联邦海军明显遭遇了困境。为此，联邦海军做出种种尝试，包括提高待遇标准，在招募军官时刻意强调有可能会让他们分享从南军中夺得的"战利品"，但问题是这种承诺几乎从来就没有兑现过。驻扎在河边的很多水手充分利用自己的优势，从南方平民手中抢夺了价值昂贵的棉花后，就拿出去再次售卖。有些人之所以选择加入海军是为了避免被招募到陆军部队里，还有些人本身就是从陆军中被征调到海军的。因此，吉迪恩·威尔斯在1862年7月抱怨道："一般说来，这些家伙（指的是从陆军中征调过来的士兵）的品质都不大好，在海军中也起不了什么作用。"当内战进入尾声时，北方联邦的海军出现了人手极度短缺的状况，甚至将俘获的南军俘虏补充到海军的队伍中去。在各种原因的共同作用下，北方联邦很难招募到精明能干的新兵。尽管大规模的海上战争寥寥无几，不过一旦发生，相较于陆面战，海战所导致的伤亡率会更高。因为当战舰沉没时，船上的船员也会落水。水手们最害怕的是锅炉爆炸或者敌人布设的水雷爆炸，因为这会导致人员的大批死亡，而且几乎没有逃生的机会。内战期间所爆发的海战也无法给海军们提供展现自己的英勇无畏气概的机会。当然，海战中也会出现高潮迭起、凸显英雄气概的大决战，但参与内战的普通水手很少有机会分享战争的胜利果实。绝大部分军功都划归到军舰指挥官的头上或者划归到战舰本身。

与陆军相比，尽管海军的食物供给充足而且危险性相对较低，但海上的日常生活条件仍然比较艰难。木质战舰和铁甲舰的船舱里闷热潮湿、空间狭小且老鼠猖獗。为了实施对南部联盟的海上封锁，联邦海军配备了大量的人力，但执行这项任务特别单调乏味：水手们除了常规的军事训练和射击训练，一整天都在擦洗甲板或者做些与船只维修相关的工作。在业余时间里，水手们唱歌、喝酒、给家人写信、赌博、祈祷，不断抱怨在海上度过的漫长时光。几个月后，水手们会感到越来越孤独、压抑。全船水手互殴的现象也司空见惯，水手自己将这种现象称为"嬉笑打闹"，甚至有时候几艘军舰的船员会一起发动一场全方位的哗变。

直到1862年8月，艰苦的海上生活才稍稍得以缓解，水手们每天可以饮用两杯威士忌，于是海军便吸引了更多酗酒者的加入。等到海军打算采取措施禁止这一做法时，违禁贩卖酒品的贸易早已经蓬勃发展起来，最初官方制定的限量供应制度已经形同虚设。一个名叫詹姆斯·艾格（James Eggo）的水手创作了一首诗——《杰克·莱特林的挽歌》（"Jack Ratlin's Lament"）。诗中刻画了很多联邦海军战士内心蕴含的种种委屈和积怨。

> 我只想说，痛彻心扉的悲哀让人无法承受，

他们昧良心的发明就是罪魁祸首，
这种做法绝不能再纵横游走。
你知道吗？我们狂饮着威士忌，日复一日，困乏不堪，
却又手舞足蹈、放浪形骸且心满意足，
可我们健康的体魄却踪迹皆无。
然而，那些该死的家伙，虽主张废除饮酒制却又欲壑难填，
酒品限量供应已经终止，
走私禁运的酒精却仍然让他们心有不甘；
我知道，他们会对我的忠告置若罔闻，
但是，我还要说，水手纵情于烈酒，
便如同将黑鬼赶回海地，或让他们堕入地狱。

早期海战

联邦海军采取的第一次进攻性远征是一次联合行动，即调动陆军和海军的力量，该行动的打击目标是北卡罗来纳州沿海的哈特勒斯湾（Hatteras Inlet）。在联邦政府对南方实施海上封锁的计划中，该海湾是个被遗忘的角落，因此成为南部联盟从事走私偷运的人员和武装民船避难的天堂。1861年8月26日，海军上将赛拉斯·H. 斯特林厄姆（Silas H. Stringham）率领7艘战舰，从弗吉尼亚州的汉普顿锚地（Hampton Roads）起航出征。联邦海军在武器配置上占据着绝对优势。3天后，面对联邦海军密集的海上轰炸，南部联盟两座驻守海湾的军事堡垒失守，670人沦为俘虏，联邦海军还缴获了35门加农炮。这次海战充分展示了海军大炮碾压陆军炮火的强大实力。联邦海军不但清除了在海峡里抛锚的北卡罗来纳州武装民船，而且肃清了在那里从事走私偷运的人员，并且差一点就在该州的东海岸引发民众恐慌。

6个星期后，联邦海军在南卡罗来纳州的罗亚尔港（Port Royal）又取得了一场引人注目的胜利。1861年10月下旬，海军舰队司令塞缪尔·F. 杜邦（Samuel F. du Pont）率领由75艘舰艇、1.2万名步兵和600名海军组成的舰队从汉普顿锚地出发，开往南卡罗来纳州沿海。11月7日上午，杜邦指挥以蒸汽机为动力的炮艇攻打驻守罗亚尔港及海峡地区的两个军事堡垒。时间才过中午，南部联盟就放弃了这个堪称东部沿海地区最优质的天然良港。相对来说，罗亚尔港海

战造成人员伤亡的数字微乎其微——联邦海军有 31 人受伤，南部联盟也只有 66 名伤员。然而，这场胜利却给北方联邦提供了一个可以休整军队、补充给养的重要供给站，不但可以继续对南部沿海地区实施海岸封锁计划，而且如果想要对其他沿海城市发动袭击，便可以将此地作为一个重要的战略基地。

"特伦特号"事件

大约就在同一时间，一个国际事件重新燃起了南军期待英国出手干涉的希望。1861 年 11 月 8 日，海军上尉查尔斯·威尔克斯（Charles Wilkes）指挥"圣哈辛托号"（San Jacinto）联邦军舰在古巴的哈瓦那附近拦截了英国的"特伦特号"邮船。当时威尔克斯正在追击南部联盟的两个专员。据说，这两个专员已经登上了英国的邮船。威尔克斯一意孤行，全力以赴意欲将他们擒获。他先下令朝着"特伦特号"的船头开了两枪后，便派遣一支武装小分队登船搜查。果不其然，威尔克斯在船上发现了这两个人：詹姆斯·M. 梅森和约翰·斯莱德尔（John Slidell），其中斯莱德尔的妻子和 4 个孩子也在这艘船上。在南方政界，这两个人长期以来一直声名显赫且实力雄厚。此番正打算前往伦敦、巴黎取代南部联盟派往欧洲的委员会成员威廉·L. 扬西，以寻求英、法两国对美利坚联盟国的承认。负责登船搜索的联邦海军小分队举着刺刀，将梅森和斯莱德尔带下"特伦特号"后，才允许该邮船继续航行。随后，"圣哈辛托号"向北行驶，于 11 月 24 日抵达波士顿港。梅森和斯莱德尔后来被囚禁在沃伦堡（Fort Warren）。

尽管威尔克斯的作为完全没有得到官方的授权，尽管他的行动与英国人令人痛恨的强行征用的做法几乎如出一辙，然而，他还是在一夜之间就成了北方联邦的英雄人物，而且不管怎么说，捕获南部联盟两位专员这一事件的确极大地振奋了北军的士气。甚至林肯都因为这一事件而心情愉悦，并没有因为威尔克斯的不当行为而对其加以指责。国会对威尔克斯大加赞赏，众议院通过了一项决议，将威尔克斯"勇敢、机敏的爱国行为"昭告天下。然而，大洋彼岸的英国人要求立即释放两名俘虏，并声称进入备战状态。英国的一份报纸谴责林肯"优柔寡断、头脑混乱"，指责西沃德"煽风点火"，故意在"整个欧洲引发一场口水战，引诱美国人毫无理由地妄自尊大，其所率领的舰队毫无战斗力，所谓的军队也混乱不堪、支离破碎，竟然以为自己在陆地上可以与法国势均力敌，在海上可以与英国一较高下，简直就是痴心妄想。英国派遣了由大约 3 000 人组成的军队开赴加拿大，同时一支海军舰队也已经准备就绪。在接下来的几个星期里，所有人都变得焦虑不安。很明显,虽然梅森和斯莱德尔并没有直接参与英国的行动,但相较于美利坚联盟国,他们似乎率先得到了欧洲强国的承认,而他们的被捕或许会成为欧洲国家对美国北方联邦宣战的一个导火索。

最终,大西洋两岸人们的头脑都逐渐开始冷静下来。在这场混乱中,英国亲王艾伯特(Albert)暴毙,而他在英国政府中一直主张谨慎行事。英国虽在加拿大驻扎了兵力,但如果增强兵力,则代价高昂。此外,联邦海陆两军所形成的威慑不但长期存在,而且令人畏惧。虽然国务卿西沃德在挑起与英国的紧张关系方面颇有手段,但现在也想寻求一种和平的解决方案。在英国一名议会成员的建议下,西沃德提出释放俘虏,在并不承认自己有任何过错行为的同时,赞扬英国人坚持国际法条款的做法。该建议缓和了当时的紧张局势。梅森和斯莱德尔在获释后不久就安然无恙地开启了前往伦敦的行程。由此,英美两国都松了一口气。然而,对于南部联盟而言,"特伦特号"事件表明,任何一个欧洲国家都有可能会出手干涉美国南北方之间的冲突。

当1861年接近尾声时,纽约的律师乔治·坦普顿·斯特朗(George Templeton Strong)在日记中回顾了过去的12个月:"1861年就像个可怜巴巴的老家伙一样,终于熬过去了。这一年麻烦百出、灾难频频,令人悲观绝望。如果不是因为1862年实际上也好不到哪去,我真应该庆幸1861年终于结束了。"斯特朗的判断是正确的。内战才刚刚拉开帷幕,要想避免战争暴力和破坏的影响,尚需要再等3年。

第四章　确定作战范围
1861—1862 年

各大报纸都将威尔逊溪(Wilson's Creek)战役称为"美洲大陆上迄今最艰苦卓绝的一场战役"。该战役的一位参与者甚至坚称"自滑铁卢战役以来，本战役堪称是最激烈、最危险的一场"。从普通士兵的视角来看，这场战役无疑是"一场高水准的对决"。多年后，一个士兵在回忆这场战役时仍然将其视为"美国内战中最棘手、最血腥的战役之一"。1861 年 8 月的美国人打开报纸时无不面面相觑：威尔逊溪到底在哪里？北军中，死伤和失踪的士兵总计约 1300 人，南部联盟也有 1230 人遭到了同样的命运。这一数字占了联合作战兵力的 25%，因此，就其规模而言，这场战役成为 19 世纪伤亡最惨重的战役之一。

威尔逊溪蜿蜒曲折，流经位于密苏里州西南部的斯普林菲尔德镇(Springfield)。绝大多数生死攸关的战役都发生在偏僻闭塞、名不见经传的地点，这场战役也不例外。在 1861 年 4 月的华盛顿或里士满，没有一个人会预料到这场战役的爆发。就这场意料之外的战役而言，最令人瞠目结舌的莫过于不断蔓延的战线。最终，这场战役竟然发展到了西部地区，而几乎西部各州，甚至包括位于俄亥俄河以北地区的各州都难逃其暴力的影响，都遭受了血光之灾。同样值得一提的是，美国内战除了所造成破坏的范围和程度令人咋舌，还彻底颠覆了美国生活的整体结构。不管从任何角度来看，美国生活的整体结构都处在摇摇欲坠的状态，无论是政府官僚机构还是任何社会组织都无法对其加以掌控。美国社会与那些欧洲强国的社会迥然相异：该社会根本无法适应战争的存在。因此，从平民百姓的日常生活，到政府的组织机构、所实施经济和外交政策，再到对科技发展的种种猜想，一直到民众对于内战爆发原因的理解等，可以说美国社会的方方面面都发生了翻天覆地的变化。平民百姓真正的日常生活与他们对战争爆发后的生活方式所做出的种种猜想之间存在着天差地别。

西部边疆地区的战略措施

从 1861 年到 1862 年，马里兰州和弗吉尼亚州是美国内战的主要战场。不过，从军事角度而言，内战所波及的范围远远超过民众最初的料想。北方联邦集中兵力大举入侵，南部联盟也已经做好了自我防卫的准备。不过，南北方兵力正面遭遇的地点不但地处南北两个首都的附近区域，而且几乎辐射到了南北方全境。内战之初，南北之间的冲突大多发生在诸如肯塔基州、田纳西州以及密苏里州等蓄奴州的边疆地区，因为对于南北双方而言，只要能够掌握这 3 个州的主动权就意味着占据了一定的优势。其中，密苏里州和肯塔基州当时并没有脱离联邦，而在上述 3 个州中，分裂主义者和联邦主义者之间存在着严重的分歧。如果想要考察内战结果，明确阐释随后数年内战的军事、政治、经济、外交等方面的目标和选择，应该说还为时尚早。

内战初期，双方在边疆地区实施的边境战略并不复杂。联邦军队充分展示出自己的实力，目的就是让南军相信从联邦分裂出去的行为简直愚不可及，发动内战的做法更是徒劳无益。不过，联邦军队也接到命令，要求他们尊重所有公民的个人权利和财产权利（包括奴隶）。北方联邦希望通过这样的克制行为说服叛乱分子能够迷途知返，悄无声息地回归到联邦的大家庭里。就南部联盟的军队而言，虽然处在被动地位，但也早已经在边疆地区建立了一条防御警戒线，并将兵力集结在田纳西州、肯塔基州和密苏里州等重要战略基地。

密苏里州的战役

一切似乎看上去都那么平和宁静，双方又都显得那么彬彬有礼，但实际上这种情况并没有持续多久。甚至在这些战略措施还没有全面实施之前，密苏里州的局势就已经开始恶化。密苏里州的工农业都很发达。在美国爆发分裂危机时，密苏里州虽然并没有宣布脱离联邦，但很多民众的效忠之心其实都已经处在待价而沽的状态。林肯发布了征兵令后，支持美利坚联盟国的情绪便开始在密苏里州发酵。如果说当时民众的情绪还没有发展到支持脱离联邦的地步，那至少可以说他们已经下定决心保持中立的态度。尽管州长克雷泵·杰克森（Claiborne Jackson）和州议会都支持以上观点，但密苏里州的分裂主义者和反分裂主义者都已经开始招兵买马，分别组建自己的军队。

北方联邦军队的 1 个常规营和 4 个联邦志愿兵团联合起来，浩浩荡荡地组成了一支 1 万人的大军。1861 年 5 月 10 日，这支军队在圣路易斯迫使支持南部联盟的一支只有 700 人的民兵部队投降。这一事件发生后，密苏里州想要保持中立的梦想破灭了。在接下来的一天里，骚乱和流血事件不断发生，暴民不断朝着北军投掷石头和土块。这种状况简直与几个星期前暴民对路过巴尔的摩的马萨诸塞团发动袭击的场景如出一辙。北军士兵开枪还击，结果造成 20 多个平民百姓死亡。至此，局势已经全面失控。在当年的春、夏两季，叛乱分子成群结队，基本上都采用游击战的形式袭击附近的联邦主义者，同时破坏铁路、拆毁电话线。

德国移民成为叛乱分子袭击的主要目标，原因有二：一是在这些移民中，大多数是联邦主义者；二是因为在圣路易斯驻扎的北军中有很多士兵都来自德国。至 1860 年，包括德国人和爱尔兰人在内的密苏里州外来人口数字已经远远超过该州本土出生的居民人口数字，而且绝大部分外来人口都生活在圣路易斯。本土主义者的仇恨情绪日益高涨。原本民众就认为德国兵"滥饮啤酒，整天酩酊大醉不算，满嘴还都是一股德国泡菜味"。如今，又有谣言称，德国兵在骚乱期间滥杀无辜。这一谣言对于公众态度也产生了不良影响，使民众对"嗜血的荷兰人"和林肯政府都产生了敌对情绪。一个义愤填膺的女性在她的日记中吐露心声，"想想吧！德国人就是一群乌合之众，德国兵全都是社会渣滓，不是来自下等酒吧就是来自低级夜总会⋯⋯圣路易斯市绝大多数家庭里的男性都应该被视为罪犯并绳之于法"。

爱荷华州和堪萨斯州的反应

密苏里州所遭遇的境况也使爱荷华州和堪萨斯州等两个邻州卷入了战局。惊慌失措的联邦主义者纷纷把这两个州当作避难所，因此当地人也涌到两州边境打算捍卫本州的边疆地区。游击队在整个南部边疆地区不断发动袭击，爱荷华人也意识到了潜在的危险——一场实打实的军事入侵行动即将爆发。因此，为了支援北军力量，爱荷华州的民兵组织偶尔也会潜入密苏里州境内。然而，这一切与堪萨斯州民众的反应相比简直不堪一提。堪萨斯州在 1861 年 1 月加入了美利坚合众国。在过去的 5 年里，反对奴隶制的堪萨斯州民众早就已经习惯了各种流血事件，因此将这场内战视为"两种文明体制为了掌控北美大陆"而进行的一场斗争。如今他们很高兴地看到这个问题"可以通过战争的方式得到解决"。

当时，很多堪萨斯州人有"主张废除奴隶制的游击队员（jayhawker）"之称，不过，很快这种称呼就有了劫掠者或抢劫犯的含义。他们认为保卫堪萨斯州的最佳方案就是让密苏里人"在自己家里有事可做"。自从 1860 年底起，以詹姆斯·莱恩（James Lane）、詹姆斯·蒙哥马利（James Montgomery）以及查尔斯·R. 詹尼森（Charles R. Jennison）等为代表的军事领袖为了解放奴隶对密苏里州发起的袭击从未终止过。南军游击队为了实施报复偶尔也会对堪萨斯州发动攻击，不过，多数情况下随之而来的混乱局面就会吞噬整个密苏里州。越来越多的堪萨斯州人跨越边界进入密苏里州，而南部联盟游击队却仍然盘亘在密苏里州的中部和西部地区，因此，堪萨斯州人在两州边界地区发起的殴打、抢劫和伏击等行动早已经变成了司空见惯的事情。相比之下，东部战场的民众对于战争到底意味着什么却几乎一无所知。

密苏里州的分裂

支持南部联盟的密苏里州议会也加入了这场混乱。密苏里州的前州长、墨西哥战争的英雄斯特林·普赖斯（Sterling Price）经议会批准组建了一支"密苏里州警卫队"。时年 52 岁的普赖斯满头白发，高大壮硕，重达 250 磅。不过，他的性格非常和蔼可亲，手下的将士都亲昵地称他为"老爸"。普赖斯身形挺拔，不怒而威，人人都对他尊重敬仰。在跨密西西比战场上，他将成为重要的核心人物之一。从各个方面看，北方联邦陆军上将纳撒尼尔·里昂（Nathaniel Lyon）与普赖斯形成了鲜明的对比。里昂是自由土地党的激进派成员，也是职业军人。他曾经负责指挥北军在圣路易斯市实施"大屠杀"。如今，他统领着北军在密苏里州的全部军事力量。如果说密苏里人原本还心存保持中立的想法，那么到了6 月 11 日他们的这个梦想便彻底化成泡影。里昂在这一天对南军宣战："我宁可亲眼看到……密苏里州的男女老少全都长眠地下，也不愿意让该州在任何情况下拥有向联邦政府效忠的权利，哪怕只享受一秒钟效忠的权利也绝对不行！"

在接下来的几个星期里，里昂对南军实施了一系列精准的闪电战，控制了密苏里州的首府杰佛逊市（Jefferson City），迫使普赖斯率军不断向南撤退，一直退到了斯普林菲尔德。虽然普赖斯忙不迭地想要组建一支有效的武装力量，但发现自己心有余力不足，因为杰佛逊·戴维斯根本就不愿意派遣南军部队支援密苏里州。戴维斯坚持认为，根据法律规定，他不能派遣南部联盟的军队进入一个未退出联邦的州。此外,戴维斯还听说普赖斯和密苏里州州长杰克森有计划在6月与北军进行武装停火谈判,因此对密苏里人就愈发不信任。

不过,最终戴维斯还是松了口,派遣本·麦卡洛克(Ben McCulloch)率领一支由5 700人的军队从阿肯色州出发前往密苏里州实施增援。得克萨斯骑兵出身的麦卡洛克虽然上了年纪,但性格坚韧不拔且能言善辩。他任命普赖斯做自己的副总指挥,将密苏里州警卫队的9 000人兵力与自己率领的由得克萨斯人、路易斯安那人以及阿肯色人组成的军队会合,向斯普林菲尔德进发。8月10日,这支南军与里昂率领的军队在威尔逊溪狭路相逢。南军将这个作战地点称为橡树山(Oak Hills)。里昂在打击南军时仅调动了5 400人的兵力,除了自己的常规部队,还有一部分来自堪萨斯州和爱荷华州的志愿兵。经过5个小时的拉锯战后,交战双方都精疲力尽,最终南军获胜。

这是美国内战打响以来的第二大战役,虽然还不能说是另一场"滑铁卢",但的确与布尔伦河战役有很多相似之处。士兵们绝大多数是农民,受到的军事训练非常有限。麦卡洛克认为普赖斯手下的密苏里州警卫队成员"组织涣散""纪律松懈",而且"武器落后"。有些北军士兵穿着统一的灰色军装,但其余成千上万名将士,尤其是南军士兵都只是一副在农场干活时的打扮。南军虽然取得了胜利,但他们与马纳萨斯战役中的将士们一样早已经精疲力竭、混乱不堪,根本没有力气乘胜追击逃跑的敌军。当时的里昂堪称是西部战场最有能力的联邦统帅。就在双方酣战之际,英勇无畏的里昂正打算将自己的手下集结起来重振雄风,不幸的是一颗子弹穿胸而过,给他造成了致命伤。在这场战役中,普赖斯也同样负伤,不过伤势不像里昂的那样严重。在他得知里昂的命运之前,普赖斯还曾经与自己的一个手下军官半开玩笑地抱怨说:"这世道真不公平,要是我像里昂的身形那么瘦削,那家伙朝我开枪时就不会伤我一分一毫。"

在接下来的几个月里,南军在密苏里州一直保持着优势。北军溃不成形,一路向东北方向撤退。当北军撤退到密苏里州东南部城市罗拉(Rolla)后,麦卡洛克才率军返回阿肯色州,不过,为了捍卫南部联盟对该州的所有权,"老爸"普赖斯仍然驻守在原地。前共和党总统候选人约翰·C.弗里蒙特将军在圣路易斯指挥北方联邦的西线部队。弗里蒙特得知北军大败的消息后,针对着南军游击队持续不断的威胁做出回应,宣布实施戒严令。接着,他又宣布解放南军手下的所有黑奴。不过,一向小心谨慎的林肯很快就宣布弗里蒙特发布的命令无效,并最终解除了弗里蒙特的总指挥之职。普赖斯攻下了密苏里州的列克星敦并在那里盘踞了一段时间后,同年10月在娜秀镇(Neosho)重组部队。与此同时,杰克森州长以及州议会中那些持有分裂主义观点的余党通过了脱离联邦的条例。而北方联邦早已经在杰佛逊市设立了崇尚联邦主义的新州议会并任命了新州长，因此杰克森之流的举动似乎有些虚张声势的意味。不过，11月7日，当南军在密苏里州东南角的贝尔蒙（Belmont）再次斩获胜利时，惊慌失措的情绪便开始笼罩北方联邦全境。芝加哥的一份报纸撰文承认："我方军队遭遇惨败。叛军兴高采烈，意气风发，而我军即便不能说是灰心丧气，也至少是情绪低落。"

肯塔基州的战事发展

密苏里州发生的系列事件影响到了有"蓝草之州"之称的肯塔基州。亚伯拉罕·林肯和杰佛逊·戴维斯都是肯塔基州人，因此对这两位总统而言，掌控该州显然已经成了一种个人荣耀。当然，他们两人也都极其重视该州的战略价值。俄亥俄河流经肯塔基州北部的边界地区，给南北双方提供了一个缓冲地带，使双方都无法直接攻入对方腹地。田纳西州的制造业与食品加工业在南部联盟占有非常重要的地位。如果肯塔基州落入北方联邦手中，就意味着田纳西州也将失去所有保护，面临岌岌可危的命运。如果南军控制了该州，就可以将军队驻扎在此，那么辛辛那提市、印第安纳波利斯（Indianapolis），甚至芝加哥市都会因此而唾手可得。林肯宣布："我认为丢掉肯塔基州就几乎意味着满盘皆输。如果肯塔基州失守，我们就无法掌控密苏里州，甚至依据我的个人观点，就连马里兰州也将失控。"不过，肯塔基州与密苏里州一样尚未脱离联邦，很多当地居民也与密苏里人一样希望保持中立，不允许来自南北任何一方的"侵略者"进入本州境内。

戴维斯总统发现很有必要在肯塔基州立即采取行动，于是便命令南军从9月初开始进驻该州位于密西西比河沿岸的哥伦布市（Columbus）。南军西线部队的总司令是艾伯特·西德尼·约翰斯顿（Albert Sidney Johnston）将军，大多数人都认为这位肯塔基州本地人是南方最精明能干的军事将领。戴维斯命令约翰斯顿在鲍灵格林（Bowling Green）建立指挥部。这一举措使约翰斯顿实现了对路易斯维尔和纳什维尔铁路（Louisville and Nashville Railroad）的控制权。这位当时只有35岁的战场老将手下只有4万名将士，却要捍卫这条从阿巴拉契亚山脉一直延伸到密西西比河的铁路线，因为该线路对南军而言至关重要。

西部河流的重要性

约翰斯顿在肯塔基州南部地区打造防御线时，北军也在紧锣密鼓地排兵布阵，准备占据该州最具战略价值的地点——各大河流。驻扎在帕迪尤卡（Paducah）①和史密斯兰（Smithland）的北军已经控制了俄亥俄河的下游地区。如果北军可以进而控制住密西西比河、坎伯兰河（Cumberland River）以及田纳西河（Tennessee River），那么就可以从水路长驱而入，直捣南部联盟的腹地。密西西比河流经肯塔基州的西部边界，直接汇入墨西哥湾。坎伯兰河向南流经肯塔基州的绝大部分地区，接着蜿蜒向东穿过田纳西州的纳什维尔。田纳西河从亚拉巴马州的弗洛伦斯（Florence）向北流经肯塔基州，在帕迪尤卡汇入俄亥俄河。从1861年底起，北方联邦在西部战场的战略目标之一就是控制这几条大河以及其他几条主要河道，采用的战略措施是先集中兵力攻陷驻扎在河流沿岸的南部联盟堡垒，然后调集全副武装的海军力量在这些水域上巡逻把守。北军的第一批打击目标就是亨利堡（Fort Henry）和唐纳尔逊堡（Fort Donelson）。这两个堡垒位于田纳西河的北岸，分别保卫着田纳西河和坎伯兰河。

亨利堡和唐纳尔逊堡

攻克亨利堡和唐纳尔逊堡的重任落到了39岁的陆军上将尤利西斯·S.格兰特（Ulysses S. Grant）的肩上。格兰特毕业于西点军校，曾经参加过墨西哥战争，1854年退役后回乡经营农场。不过，他的农场经营不善，此后又投资经营了几家小型企业，结果也都打了水漂。内战打响后，格兰特再次参军入伍。在贝尔蒙战役中，南军打败的正是格兰特领导的军队，而且有谣言称失败原因主要是格兰特酗酒乃至贻误军机。于是，格兰特一心想要弥补自己的过错，因此对于攻打亨利堡和唐纳尔逊堡的命令欣然接受。56岁的舰队司令安德鲁·赫尔·富特生于康涅狄格州，是个地道的北方人。富特沉默内敛，对奴隶制和威士忌都恨之入骨。在此次行动中，他与格兰特联合作战。为了支援格兰特的陆军部队，富特调集了7艘以蒸汽机作为动力的炮艇，其中有4艘是铁甲舰。这一军事行动涉

---

① 美国肯塔基州西部城市、河港。临俄亥俄河，在田纳西河与俄亥俄河汇合点下游。帕迪尤卡之名来自当地印第安酋长之名，意为"野生的葡萄"。1821年白人开始在此定居，1856年建市。——译者

及海陆两军联合采取行动。在西部战场,采取海陆两军联合行动的作战方式非常具有代表性,因为当时很多具有重大战略意义的战役发生在河流附近地区。

在攻打第一个战略目标亨利堡时,格兰特不费吹灰之力就大获全胜。亨利堡和唐纳尔逊堡同属于泥土夯制的防御工事,是由奴隶和南军士兵合力建造。不过,1862年2月6日,当格兰特率领1.5万人攻打亨利堡时遭遇了困难。当时,亨利堡尚未完全竣工,而且经过洪水的冲刷后其主体结构已经遭到了严重破坏,而格兰特领导的步兵在如此泥泞不堪的战场上几乎寸步难行。幸运的是,富特率领的炮艇对该堡垒进行了长达90分钟的轰炸后,只有100人组成的南军卫戍部队不得不缴械投降,并交出了仅剩的15挺重机枪。格兰特率领的陆军则一弹未发。富特因此而得意扬扬,派出一支舰队小分队向南航行150英里后进入了亚拉巴马州北部地区。一路上,海军炮手炸毁了一座铁路桥,重创了反制者的一些炮艇,抢夺了大量的军用物资。成百上千的平民百姓吓得失魂落魄,一见到战舰接近就立刻四散奔逃。不过,北方联邦的报纸强调很多赞成联邦主义的平民百姓涌到河边,不但大声欢呼喝彩,而且都"满怀热情地对着联邦星条旗挥手致意。这一点不容置疑"。北军已经以令人难以置信的方式深入美利坚联盟国的腹地。

2月12日,当联邦战舰返回亨利堡后,格兰特下令军队向东挺进,直奔唐纳尔逊堡。当时格兰特的军队已经获得了增援,总兵力增加到2.7万人。军队在陆上行军10英里,而富特的舰队向北驶入俄亥俄河后,再从那里驶入坎伯兰河。与亨利堡相比,唐纳尔逊堡更加难以攻克。在重机枪的强大火力下,富特的舰队遭受重创。在那里驻守的2.1万名南军步兵轻而易举地就击退了格兰特最初发起的地面战。当初约翰斯顿决定放弃鲍灵格林时便把步兵派往唐纳尔逊堡,因此使驻守在该堡的步兵人数大大增加。接着,天气开始变得异常寒冷。一场暴风雪袭击了该地区,夜晚的气温降到了华氏10度(约-12.2℃)。南北双方的士兵都饱受其苦,对于暴露在野外的北军而言尤甚,因为当北军从亨利堡出发时,天气还很温暖,而大多数战士都把毯子和厚重的冬装丢在亨利堡,并没有随身携带。

2月15日,围攻战进行到了第三天时,南军出其不意地发动了一场突袭,在格兰特打造的长达5英里的薄弱战线上打开了一个突破口。南军陆军上将约翰·B. 弗洛伊德原来当过律师,干过种植园主,还曾经担任过弗吉尼亚州的州长之职,如今在唐纳尔逊堡担任高级指挥官。弗洛伊德原本可以充分利用围困线上的这一突破口将手下的卫戍部队撤退到70英里外的纳什维尔,不过,他与手下的两位高级军官陆军上将吉迪恩·皮洛(Gideon Pillow)和西蒙·B.巴克纳(Simon B. Buckner)就此事争执不下，结果错失良机。当北军恢复其战线时，南军似乎就必然面临投降的命运。弗洛伊德在弗吉尼亚州西部地区时，曾经是罗伯特·E.李的下属，但他一直与罗伯特·E.李关系不睦，经常发生口角。皮洛既是律师也是政客，担心万一被俘后就可能在劫难逃。于是，他们两人便率领着几千人乘坐唯一的内河运输船渡过坎伯兰河逃往了安全地带。上校内森·贝德福德·福瑞斯特则率领着卫戍部队中的骑兵团逃往安全地区。

在这种情形下，巴克纳迫不得已率部投降。巴克纳出生在肯塔基州，毕业于西点军校，和格兰特是军中旧友。如果巴克纳曾经期待格兰特能够念旧情对自己宽大慈悲，那么他一定会大失所望，因为格兰特要求他立即"无条件"投降。在亨利堡战役中，富特也曾经如此坚决要求南军无条件投降，但北方联邦的各大报纸却"夸大了"唐纳尔逊堡的胜利，称这次战役将近1.5万名盟军士兵一网打尽，还缴获了2万杆火枪、65门大炮以及成千匹战马。各大报纸还拿格兰特名字的起首字母(U, S, G)大做文章，将他称为"迫使敌人无条件投降的格兰特将军(Unconditional Surrender Grant)"。

北方联邦在中心地区的收益

尽管南部联盟在其他各条战线上都获得了胜利，但北方联邦所取得的胜利还是让美利坚联盟国大惊失色。不但肯塔基州全州沦陷(2月20日，南军从哥伦布市撤军)，而且似乎在一夜之间，田纳西州的西部和中部地区就已经失去了所有的保护，甚至就连密西西比州的北部地区、亚拉巴马州和佐治亚州也都已经沦为对手的案上鱼肉。北军已经深入南部联盟腹地，而那里不但农业发达，盛产各种矿产资源和工业资源，而且还有颇具战略价值的铁路。对于意欲挺进南部联盟地区的北军而言，西部铁路干线和各大河流一样举足轻重。如今，北军不但对孟菲斯和纳什维尔的机械加工厂、铸造厂、兵工厂、火药制造厂以及其他军事装备制造业造成威胁，甚至有可能在短时间内就会对蒙哥马利、亚特兰大(Atlanta)以及梅肯(Macon)等城市带来危险。

在田纳西州的纳什维尔，很多民众惊慌失措，四散奔逃。州长艾沙姆·哈里斯(Isham Harris)率领州议会成员仓皇逃往孟菲斯。南军没有做出任何反抗举动就放弃了西部战场的第二大城市、田纳西州的州府所在地纳什维尔。该战场第一大城市是新奥尔良。北军除了占领了纳什维尔，还占领了一个重要的铁路枢纽、一个陆军军火库、两个火药制造厂以及其他几十家工厂。在这几十家工厂中，很多都是以生产加农炮、火枪、雷管、马鞍、军刀和军装等军需品为主。值得一提的是，由于南军放弃的是农业生产高度发达的田纳西州中部地区，因此，南部联盟实际上就相当于损失了成千上万吨粮食和数以万计的家畜。颇具讽刺意味的是，只有对联邦政府最忠诚的田纳西州东部地区仍处在南部联盟的控制之下。

远西地区的战争

随着战火在南部偏北地区蔓延开来，南部联盟政府认为如果有必要的话，打算让战火愈烧愈烈。一方面，南军渴望掌握从1848年墨西哥战争中所获得的领土。同时，加利福尼亚州、内华达州以及科罗拉多州的金矿也在向南部联盟频频招手。如果南部联盟能够占据哪怕只有一小部分太平洋沿岸的领土，他们就可以打造出一个具有真正意义的强大国家，而原本战线就已经过长的联邦海军封锁线会因此而变得更加力不从心。这群老海盗还在梦想着在中美洲以及加勒比海地区进行领土扩张。南卡罗来纳州的一份报纸撰文称，如果没有"清教徒或魔鬼"阻挠他们，所有"墨西哥湾附近的国家"都会变成南部联盟版图的组成部分。1861年初，佐治亚州的一份报纸就曾经预言称："到时候，世界上最傲慢的国家都会来到美利坚联盟国的圣坛前崇拜、示好。"

不过，如果墨西哥和古巴想要成为其成员，还需要耐心等待，因为美利坚联盟国第一个"帝国主义的"扩张目标是"盛产黄金的美国西部地区"。大多数生活在新墨西哥州、犹他州和科罗拉多州等地的平民百姓都表达出愿意加入南部联盟的意愿。科罗拉多州只有一小部分人持有分裂主义思想。虽然这类人总共只有7500人左右，但很快就被调动起来，而且还叫嚣着要占领位于科罗拉多州南部地区的北方联邦军事堡垒。摩门教徒控制了整个犹他州。摩门教徒虽然并不热衷于加入南军，但也并不支持联邦政府。在美利坚众国，摩门教徒长期以来一直就是遭受迫害的对象，而且一直都感觉被所有人排斥。尤其当联邦政府在1857年派遣一支军事远征军进入犹他州，镇压所谓的摩门教徒叛乱后，摩门教徒的这种感觉更加强烈。最终，耶稣基督后期圣徒教会（后称摩门教）(The Church of Jesus Christ of Latter-Day Saints)对南北双方的政府都不买账。摩门教的领袖人物布里格姆·杨(Brigham Young)发表声明称："对于奴隶制，我既不赞成也不主张废除。正如我痛恨地狱之门一样，我反对他们的一些原则，更厌恶他们的某些行为。"

几乎没有人会怀疑南部联盟对新墨西哥州的同情态度，至少该州南部地区民众的观点大致如此。这部分领土与加利福尼亚州南部地区接壤，因此更显得意义重大。对于是否加入美利坚联盟国，位于圣达菲（Santa Fe）的新墨西哥州州议会一直举棋不定，没有做出决断。在这种情况下，支持分裂主义的势力就在 1861 年 3 月召开大会，宣誓效忠于南军政府。同年 8 月，上校约翰·R. 贝勒（John R. Baylor）率领着 350 名得克萨斯人赶到。分裂主义势力备受鼓舞，打算将该州南部地区并入亚利桑那独立的领土范围内。

不过，征服远西地区并非易事。远西地区地域辽阔，而且当地的印第安土著居民心怀敌意，对北方联邦和南部联盟的军事力量都构成了威胁。联邦政府无法保护得克萨斯州居民免受印第安部落的劫掠，因此，该州的大多数居民都投票要求加入美利坚联盟国。1861 年的联邦政府低估了该地区的战略意义，结果导致绝大部分在西部建立的堡垒中，有的被迫交给南部联盟，有的则直接废弃不管。此后，这一局面便开始急剧恶化。由于联邦政府没有出兵干预，西部的印第安人部落备受鼓舞，为了劫掠马、牛、羊等家畜，便开始对大面积毫无防御的牧场发动袭击，尤其针对隶属于南部联盟亚利桑那州和得克萨斯州所发起的袭击更为严重。在过去 30 年的时间里，白人殖民者对印第安人的土地不断巧取豪夺，而且不断骚扰印第安人的生活。如今，既然这些白人同室操戈，印第安人当然要趁机采取报复行动。他们袭击小股士兵、抢劫运输军需品的火车、打劫邮件。实际上，在内战刚刚爆发的最初几个月里，与北方联邦打死的南军的人数相比，印第安人打死的南军的人数更多。

新墨西哥州战役

在这样一个充满变数的时代，南军率先出手。出生于路易斯安那州的上将亨利·H. 西布利（Henry H. Sibley）时年 47 岁，虽然酗酒成性但性格刚毅。他毕业于西点军校，参加过墨西哥战争。在 19 世纪 50 年代的大部分时间里，他一直在边疆地区服役。在与平原地区印第安人交手的过程中，西布利积累了丰富的经验。他甚至从苏族棚屋中得到灵感，为手下将士设计了一种帐篷，人称西布利帐篷（Sibley Tent）。[①] 西布利成功地说服了杰佛逊·戴维斯，让戴维斯相信

---

① 西布利帐篷是西布利发明的一种能容纳 20 名骑兵及其装具的帐篷；兵士在帐篷里脚靠篝火而睡，篝火放在帐篷的中央。——译者

自己有能力确保新墨西哥州的安全。他计划将那里打造成一个稳固的根据地，并以那里为起点向西开辟通往加利福尼亚州的道路。1862年1月初，西布利率领着由近4 000个得克萨斯人组成的新墨西哥陆军(Army of New Mexico)出发，准备征服美国西南部地区。

上校爱德华·R. S. 坎比(Edward R. S. Canby)的军事生涯与西布利的职业生涯极为类似，可以说他就是西布利征服西南部地区的主要障碍。坎比当时率领3 800名北军士兵驻守在克雷格堡(Fort Craig)。该堡垒是个用风干土坯建造的防御工事，位于亚利桑那州的北部边界。坎比这支部队的核心成员是常规军，但其余绝大部分成员是来自新墨西哥州的志愿民兵。有"装备包(Kit)"之称的上校克里斯托弗·卡森(Christopher Carson)是个远近闻名的登山家和侦察兵。他所领导的军队成员跟西布利手下的士兵不相上下，都具有丰富的作战经验。在这一点上，当时在密西西比河以东地区进行殊死搏斗的新兵肯定无法跟他们相提并论。最起码，这些在西部作战的士兵都曾经跟阿帕奇族(Apache)、基奥瓦族(Kiowa)、纳瓦霍族(Navajo)以及科曼奇族(Comanche)等印第安人部落进行过零星的战争。不过，与东部战场的士兵相比，他们也同样军纪涣散、军备落后。

他们自身的这些弱点在1862年2月21日爆发的巴尔韦德战役(Battle of Val Verde)中显露无遗。在西班牙语中，巴尔韦德的意思是绿色的山谷。这场战役是远西地区最大规模的一场战役。巴尔韦德位于克雷格堡以北6英里。在这块5英里长、2英里宽的土地上长满了白杨树，树下绿草如茵，俨然一派世外桃源的风光。清晨时分，就在冰冷刺骨的里奥格兰德河河边，在没有丝毫征兆的情况下，战役打响了。双方士兵都没有统一的军装，而南军就连使用的武器也是五花八门，包括用来猎杀松鼠的老式猎枪、大砍刀以及鲍伊(Bowie)单刀猎刀等。在这场战役中，尽管炮兵也将进攻队形打开了一个大缺口，但在绝大多数情况下双方士兵都是近身肉搏。"战场上血流成河，大量战马横卧疆场，遍地都是士兵们的残肢断腿，大部分尸体身首异处。"北方联邦的一个士兵描述道，"这样的场面令人毛骨悚然，不寒而栗"。当上校汤姆·格林(Tom Green)率领得克萨斯骑兵部队将北军驱赶到克雷格堡后，这场战役的胶着局面才出现了转机。格林在19世纪30年代一直驻扎在得克萨斯州。在这场战役中，北军死伤人数为263，南部联盟的死伤人数为187。不过，北军还打死了南军将近1 000匹战马和骡子，这对不得不依靠牲畜在干旱地区行进的骑兵部队而言可以说是一个沉重的打击。

西布利向来有"行走中的威士忌酒瓶"之称。在整场战役中,西布利一直就躲在帐篷里声称自己轻度中暑,但有谣言称他其实就是饮酒过度。西布利认为坎比率领的卫戍部队已经遭到打击,不可能再对南军构成威胁。此外,自己的军事供给也出现严重不足的状况,不可能再冒险对克雷格堡实施长期的围困,因此,西布利决定率军朝着新墨西哥州进发。3月1日,西布利率军进入圣达菲,其间北军并没有出兵阻拦。4天后,又占领了阿尔伯克基(Albuquerque)。然而,从那时起,整个局势急转直下。在科罗拉多州的阿帕切山口(Apache Pass)和格洛列塔山口(Glorieta Pass)之间有一个金矿区。来自那里的北方联邦志愿兵不屈不挠,素有"派克峰的淘金者(Pike's Peakers)"①之称。3月底,在与这支志愿兵部队进行的鏖战中,西布利的军队虽然损失了大量的兵力、牲畜和物资供给,但对于西布利而言仍然可以说是赢得了一次战术上的胜利,不过完全终结了南部联盟在美国西南部打造帝国的梦想。西布利的军队所剩无几,仓皇逃窜。4月中旬,坎比的军队与派克峰的淘金者在阿尔伯克基胜利会师,并开始乘胜追击南军。

饥肠辘辘、干渴难耐的新墨西哥军队士气低落、精疲力竭。再加上北军紧随其后不断实施打击,等到这支军队狼狈不堪地逃回圣安东尼奥市(San Antonio)后,人数已经锐减到2 000人左右。新墨西哥军队一路上丢盔弃甲,在穿过沙漠地带时到处可见损毁或被焚烧的马车。此外,还可以随处见到战马和骡子的尸体、抛弃的战略装备以及大量的个人物品。"就整个新墨西哥州而言,如果抛开其地理位置的重要性,根本不值得我们为其多浪费一分钱,多洒一滴血,"气急败坏的西布利向里士满汇报时说,"(新墨西哥州)即便是作为战场,如果不考虑其军事工事的多样性,可以说不具有任何战略意义。"至此,南部联盟在远西地区的战场上已经完全丧失了主动权。此外,位于远西偏东地区的叛乱各州需要更多的人力、物力才能加强防御力量,因此,南部联盟再也没有在该地区重新占据优势。在随后的日子里,双方偶尔还会发生一些小规模冲突,不过,绝大部分的冲突与皮卡乔山口(Picacho Pass)战役大同小异。皮卡乔山口位于亚利桑那州境内。1862年4月15日,一支由不到300人组成的北军从加利福尼亚出发,在该山口将20多个南军士兵打得落花流水。这场战役堪称美国内战中位于最西边的一场"战役"。

---

① 19世纪50年代末,为了获取财富,大批男女老少纷纷前往落基山脉的前山淘金,总人数多达10万。——译者

皮里奇战役

3月7日到8日,西布利心中仍存一线希望,计划绕过阿尔伯克基对北军发动进攻,然而与此同时,在阿肯色州西北部爆发的皮里奇战役(又称麋鹿角酒馆战役)却使南部联盟掌控密苏里州的愿望落空。一个月前,普赖斯被迫从密苏里州撤退后,南部联盟政府终于意识到在密苏里州和阿肯色州等两地加强和协调军事力量的重要性,于是任命陆军上将厄尔·范·多恩(Earl Van Dorn)统率跨密西西比河战场的军队。41岁的厄尔·范·多恩英俊潇洒,毕业于西点军校。厄尔·范·多恩下定决心,打算重新掌握密苏里州的主动权。他将斯特林·普赖斯的密苏里州警卫队、本·麦卡洛克属下的军队以及陆军上将阿尔伯特·派克(Albert Pike)领导下的1 000个印第安人拼凑到一起,组成了一支总数为1.65万人的西部大军(Army of the West)。那些印第安人分别来自切罗基族、契卡索族、乔克托族以及克里克族等不同的印第安民族,而领导他们的派克出生于阿肯色州,不仅是位才华横溢的律师,也是位颇具天赋的诗人,还是位远近闻名的报纸发行商。派克主要负责处理与印第安人相关的事务。就在厄尔·范·多恩从阿肯色州的费耶特维尔(Fayetteville)出发,向密苏里州的边界行进时,联邦陆军上将塞缪尔·R.柯蒂斯(Samuel R. Curtis)也率领着由10 250人组成的西南军团(Army of the Southwest)迎面赶来,意图拦截南军行进的征程。

厄尔·范·多恩运用的策略是从背后攻打北军,然而,他手下的将士却早已疲惫不堪。在过去的3天时间里,南军士兵冒着严寒的天气长途跋涉,但食物供给短缺,因此行动就变得非常迟缓。沉默内敛的柯蒂斯毕业于西点军校,退役后成功转型为一位声名远扬的工程师,后又成为爱荷华州大名鼎鼎的政客。柯蒂斯成功地识破了厄尔·范·多恩的诡计。为了迎战南军的进攻,柯蒂斯突然命令大军掉转行军方向,直面厄尔·范·多恩。结果,厄尔·范·多恩不得不将军队一分为二。当时,柯蒂斯正驻扎在介于圣路易斯和费耶特维尔之间的巴特菲尔德斯特奇公路(Butterfield Stage Route)的老路上。普赖斯率领先遣队率先到达麋鹿角酒馆附近的军队目标,距离柯蒂斯只有3英里远。然而,麦卡洛克和派克率领的军队却落后了几英里,而且这两支队伍和普赖斯的军队中间还隔着海拔150英尺的高地——皮里奇高地。联邦炮兵部队将厄尔·范·多恩后翼部队前进的道路切断,迫使其单独参战。因此,原本应该是一场战役的局势变成了两个战场同时作战,而且该战役持续了两天时间。

3月7日，麦卡洛克战死沙场。3月8日，南军出现了弹药短缺的问题。基于这两个有利因素，北军在两个战场上都获得了胜利。据统计，柯蒂斯一方伤亡和失踪人数为1384。尽管在战役进行到第二天时，南部联盟的两支军队在麋鹿角酒馆会师，但伤亡人数已经超过2000，而且军队的组织纪律涣散，溃不成形。在接下来的两个星期里，厄尔·范·多恩率领着残兵败将沿着阿肯色河（Arkansas River）向南逃窜。到4月6日，他已经将手下的军队、武器、军备物资以及牲畜等全都转移到了密西西比州，实际上就已经将阿肯色州北部地区以及密苏里州全境放弃，等于将其直接交给北方联邦管理。见此情景，阿肯色州的南部联盟成员便开始在当地开展游击战。此后，游击战成为该州最重要的一种战争形式。后来，北方联邦政府不得不组建一支新的常规部队来对抗当地游击队的突袭。

北美原住民的作用

南部联盟麾下的切罗基族印第安人并没有跟着范·多恩狼狈逃窜，但他们在皮里奇战役战场上现身并参与了军事行动就已经表明美国内战波及的范围之广。在双方刚刚开始交火之际，切罗基族印第安人奋勇杀敌，表现得非常勇敢，但当联邦炮兵发射的炮弹在他们的队伍中间爆炸后，这些切罗基族印第安人就乱了阵脚，变得惊慌失措。不过，在临阵脱逃之前，据说有些切罗基族印第安人"高举着战斧、军刀对着几个受伤的联邦士兵乱砍一气，其行为非常令人不齿"。北方联邦政府严厉谴责这一事件，国会也对此事展开调查。据称这伙暴徒中还包括曾经参加过布尔伦河战役的"一些野蛮叛军"。虽然在皮里奇事件中的那些罪魁祸首一直没有被指证出来，但所有证据都指向了这些切罗基族印第安人，因此，所有人都开始对他们加以强烈谴责。

在美国内战期间，本土印第安人即便没有打着南部联盟的旗号，也已经对远西地区的北军造成了威胁。在亚利桑那州的最边远地区，由科奇斯（Cochise）和马库斯·柯罗拉达斯（Mangus Coloradas）共同领导的阿帕奇族印第安人给北军带来了致命的威胁，而在科罗拉多州，主要由阿拉帕霍族人（Arapaho）和夏安族人（Cheyenne）组成的各个印第安人部落也几乎给北军带来了同样的麻烦。实际上，科罗拉多州的这些印第安人部落甚至使联邦政府被迫在内布拉斯加州、堪萨斯州和科罗拉多州的平原上新建了很多军事堡垒。到1862年夏，印第安人发起的袭击向北方蔓延，明尼苏达州的苏族印第安人也发动起义。在犹他州，当地的民兵组织和北军齐心协力,再加上一系列合约的签署,不但确保了陆路邮件往来的安全畅通,而且全面牵制住了印第安人,令其无法再对北军造成威胁。

从宏观角度来看,生活在印第安人领地(Indian Territory)的5万名印第安人实际上是通过组建一个边疆州的形式扩大了美国内战的规模。这些印第安人的绝大多数都来自切罗基族、乔克托族、契卡索族、克里克族以及塞米诺尔族(Seminole)等五大文明部落(Five Civilized Tribes)。印第安人领地位于阿肯色州的最西部,领土的大致范围相当于如今的俄克拉荷马州(Oklahoma),成为堪萨斯州和得克萨斯州之间的缓冲地带。美利坚合众国和美利坚联盟国都欲求与之结盟,不过美利坚联盟国早占先机。长期以来,大部分印第安人部落对联邦政府心存不满,而且他们中的很多人早就已经采纳了"南方人"的生活方式,甚至包括实施奴隶制。为了确保与印第安人之间的友好关系,南军也快速采取行动,创立了印第安人事务局(Bureau of Indian Affairs),并任命阿尔伯特·派克担任印第安人领地的专员。派克不仅擅长多个印第安部落的语言,而且曾经在联邦最高法院为保障印第安人的权利进行过辩护。与南方白人别无二致,印第安人各部落也在分裂和战争等问题上出现了意见分歧。到1861年10月初,派克已经通过谈判与印第安人签署了很多协议,不但使印第安人的主权得到保障,而且允许他们派遣列席代表出席南部联盟的国会。作为回报,印第安人给南部联盟提供3000名士兵参战。

不过,南军一直也没能真正掌控印第安人领地。由酋长约翰·罗斯(John Ross)领导的一部分切罗基族印第安人拒绝承认美利坚联盟国的合法性。同样,由欧珀斯里亚霍拉(Opothleyahola)领导的绝大部分克里克人也持有同样的观点。在1861年11月至12月,克里克人在朗德芒廷(Round Mountain)、卡斯托塔拉萨(Chusto-Talasah)以及卡斯特那拉(Chustenahlah)等地与得克萨斯州当地军队以及南部联盟属下的印第安人发生冲突。然而,在这几场战役中,克里克人都铩羽而归,因此在1862年初,大约7000名克里克人被迫迁徙到堪萨斯州。这些克里克人推崇联邦主义,他们的遭遇令人惋惜,因为他们很多人穷困到"衣不蔽体"的地步,而且数以百计的克里克人悲惨地离开了人世。罗斯领导的切罗基族印第安人中有2000人在1862年的下半年也步入他们的后尘,沦为难民。在这2000个难民中,有很多人曾经在皮里奇战役中与南军站在同一个阵营里作战。接着,派克无法继续从南部联盟政府手中得到足够的给养提供给印第安人军队,于是辞去了专员一职。到1862年底,南部联盟控制的印第安人地区已经越来越少。

南部联盟在西部战场遭遇挫折

对于 1862 年的南部联盟而言，密西西比河以东地区的局势也不容乐观。在威尔逊溪以及巴尔韦德取得的胜利曾经令南军军心大振，但如今振奋的心情早已不复存在。北军穿越田纳西州时，在亨利堡和唐纳尔逊堡并没有做长时间的停留，仍然坚持原先制订的计划，沿着各大河流以及南军的铁路线向南部地区推进。到 1862 年 4 月，在格兰特的领导下，北军沿着田纳西河不断向南推进，几乎抵达了密西西比州的边界。由于西德尼·约翰斯顿放弃了肯塔基州和纳什维尔，因此南部联盟的广大民众便公开要求他辞职。约翰斯顿恬淡寡欲、尽职尽责，主动请辞，但总统杰佛逊·戴维斯非常欣赏他，因此对他的辞呈置之不理。"如果艾伯特·西德尼·约翰斯顿不能担任上将之职，"戴维斯对一群国会代表如此说道，"那我们还不如就此停手，因为我们就再也没有人可以胜任这一职位。"

南部联盟的新战略

尽管如此，南部联盟在西部战场还是采取了更加具有攻击性的进攻性防守战略。约翰斯顿早前的错误就是在肯塔基州的战线拉得过长，如今北军也步入了他的后尘。随着北军不断向南挺进，战线也随之越拉越长，军需补给和弹药补给的供应线就变得愈发脆弱，而北军需要进行军事防御的地理面积也相应地越来越大。南部联盟便可以充分利用这一有利时机，派遣突袭部队绕到北军的背后，打击其薄弱之处，重新收复失地。此前，艾伯特·西德尼·约翰斯顿已经在密西西比州重要的铁路枢纽科林斯（Corinth）建立了新的军事基地。如今他发现此时正是运用这一战略打败格兰特、挽回声誉的大好时机。于是，他决定从远至佛罗里达州的西部地区调兵遣将。约翰斯顿相信如果自己行动迅速，便可以趁着格兰特还没有集中兵力之前就对他实施打击，那么，就一定能将北军赶出田纳西州。约翰斯顿距离成功只差了一步。

夏伊洛战役

1862 年 4 月 6 日，破晓时分，由 4.4 万名南军组成的部队大举进攻驻扎在夏伊洛卫理公会教堂(Shiloh Methodist Church)附近的 4 万名联邦士兵,这令北军颇有猝不及防之感。该教堂位于匹兹堡蓝丁(Pittsburg Landing)附近,在科林斯东北方向约 20 英里。南军中的一个士兵回忆道:"我们齐声高吼,这种惊天动地的吼声大约是我一生中最狂野的一声嘶吼了。这一声呐喊几乎将我们原来的理智和秩序都驱赶到九霄云外。"在短短几个小时里,南军将北军节节逼退,一直将他们驱赶到田纳西河的河边。然而,在此过程中,约翰斯顿丧失了主动权。他手下的大多数将士虽然已经参战一年,但在战斗中仍然没有经历过足够的军事考验。这些士兵军纪涣散,不但缺乏组织纪律性,而且缺乏必要的军事训练。因此,虽然约翰斯顿的助手上将"格斯(Gus)"①·博雷加德制订了复杂的作战计划,但这些战士根本就没有实施军令的能力。而博雷加德自己在萨姆特堡和布尔伦河的两次战役中就已经成为享誉南部联盟的民族英雄。南军进攻的战线拉到了 4 英里长。该地区地形多变,树林茂密,灌木丛生,沟壑纵横,使南军很难保持进攻队伍的平稳推进。南军整个军团及其下属各个旅的兵力全都纠缠到一起,就像是浓密的灌木丛一样错综复杂,难分彼此。此外,北军的营地也成为一个人为障碍。直到南军打算对其加以清除时才发现绝非易事。

而对于绝大部分北军士兵而言,这也是他们所面对的第一次大型战役。叛军的炮兵部队总共调动了 62 门加农炮。在当时,这种规模在北美大陆堪称独一无二,绝无仅有。大炮轰鸣,发出的巨响让北军感到心惊胆颤、焦躁不安。为了减缓南军追击的速度,由 2500 名精兵强将组成的战队在老马路上或凹陷的路面打造出一条临时防线,终于扭转了当天的战局。绝大部分战场精英来自中西部地区。在这次战役中,北军的形势非常严峻,所坚守的阵地被称为"马蜂窝(Hornet's Nest)"。来自伊利诺伊州的一个士兵当时奉命坚守这个危险的地点。据他回忆:"这条战线简直可以说就是死亡战线。我记得当我们……开火时,首先映入我眼帘的是我们西部人常说的'一长串'身穿蓝色军装的死尸。有的人脸朝下,身体蜷缩成一团。有的人仰面朝天,面色惨白。这些人曾经都是英勇的北军士兵,在'坚守阵线'时中弹身亡。我们就坚守在这里,直到打光最后一颗子弹。"

这场战役刚刚打响时,格兰特并没有露面。北军士兵大无畏的英勇战斗给格兰特争取了足够的时间,使他能够在夜幕降临之前召集 2.5 万人的援兵并调动两艘炮艇进行增援。当天下午,约翰斯顿腿部负伤,然而他的副官无法为他的

---

① 古斯塔夫(Gustave)的昵称。——译者

伤口止血，结果约翰斯顿由于流血过多而亡。他的骤然离世使南军群龙无首，不但完全打消了南军进攻的气焰，而且使南部联盟此前所占据的优势也荡然无存。第二天是4月7日，当战火重新燃起时，经过又一轮令人精疲力竭的战役，在人数上占绝对优势的北军最终迫使南军撤退。

夏伊洛战役（又称"匹兹堡蓝丁战役"）的战线绵延长达2英里，是当时发生在南北方之间规模最大、最为血腥暴力的一场决战。实际上，即便我们用"血腥屠杀"这个词来形容这场战役也不为过。南部联盟死伤人数将近1.07万人。北方联邦虽然取得了战役的胜利，但也有1.25万人战死沙场。这一伤亡数字是此前的布尔伦河、威尔逊溪、唐纳尔逊堡以及皮里奇等几场战役死伤人数的2倍。据一位北方记者的不完全统计，仅在方圆1英亩的战场上就有200具尸体。来自爱荷华州的一个士兵感到毛骨悚然，因为他耳边传来的全都是"垂死士兵的呻吟声和伤员的尖叫声"，眼前"血流成河，走不了几步就会看到尸体和奄奄一息的士兵"。野战医院里人满为患，呈现出一片令人胆战心惊的惨状。据一名南方士兵回忆，"刚刚从士兵身体截下来的胳膊、腿、手、脚散落在各处"。受伤的士兵可怜巴巴地哀求着讨口水喝。死去士兵的尸体就停放在原处，等待着被别人埋入集体墓地。一位被选派协助埋葬尸体的印第安士兵坦承："我担心到了明天，这些尸体就会胀气，鼓起来，变得臭不可闻，面目可怖。"

夏伊洛战争不仅让很多人觉醒，让他们意识到美国内战将会是一场持久战，而且巩固了北方联邦对西部地区的控制力度。战后，上将威廉·T.谢尔曼承认，"虽然这场战役并不具有决定性意义"，但北方联邦在皮里奇、唐纳尔逊堡以及夏伊洛所取得的一个又一个胜利"给这场战争随后发生的一切事件定下基调。这一系列的胜利让我们信心百倍，却让我们过度乐观的对手灰心丧气。由此我们将在西部地区取得全面胜利，这对于整场战争的最后结果而言便具有了决定性的意义"。

北方联邦的额外收获

4月7日，驻守在大西部十号岛上的南部联盟卫戍部队投降。十号岛相当于一个碉堡，处在密西西比河的拐弯处，位于密苏里州和肯塔基州的交界地区。叛军控制密西西比河河谷地区的状况似乎大势已去。新奥尔良虽然是南部联盟最大的城市，但可悲的是，里士满政府对其疏于防范。结果，快到4月底时，新奥尔良宣布对海军中队司令、田纳西州人大卫·G.法拉格特（David

G. Farragut)投降。如今,北方联邦的炮艇在密西西比河河口地区畅行无阻,向北可直达巴吞鲁日(Baton Rouge)。孟菲斯是南部联盟第六大城市,也是其仅存的河港城市中最重要的一个。6月6日,在北方联邦一枪未发的情况下,孟菲斯宣布投降。

与此同时,博雷加德从血腥的夏伊洛战场回到了科林斯。当他发现北军乘胜追击尾随在后时,便率领军队继续南撤,一直撤退到图珀洛(Tupelo)。此时,这位将军早已经疲惫不堪。由于他一直饱受慢性咽喉炎的折磨,便认为此时在莫比尔(Mobile)寻医就诊是最佳时机。6月中旬,在没有将自己的就医计划通知杰佛逊·戴维斯的情况下,博雷加德就将自己的部队临时交由上将布雷斯顿·布拉格(Braxton Bragg)代管。这一做法是错误的。总统认为夏伊洛战役之所以功亏一篑,责任全都在博雷加德的身上。此外,戴维斯还认为博雷加德根本不应该放弃科林斯这一重要铁路枢纽。因此,戴维斯褫夺了博雷加德的兵权。如今,布拉格率领的是南部联盟西部地区规模最大的陆军,很快这支队伍就更名为田纳西军团(Army of Tennessee)。

南部联盟征兵

也许所发生的这一切都不足以引起南部联盟政府的警觉,但到1862年春,当南军的规模开始出现了大幅度缩减时,这一问题终于引起了南部联盟政府的注意。为了应对这种紧急情况,南部联盟国会积极做出反应并采取一个重大的战时举措:征兵。军队人数不断减少的原因有很多,除了战场上的伤亡以及各种疾病等因素的影响,还有原先规定的服役期到期以及逃兵等问题。过去,由于受到爱国主义热情的感染以及有关战争英勇而又浪漫的幻想的影响,大量平民百姓踊跃参军。现在,在战争中所经历的精疲力竭、苦恼不适以及血腥屠杀已经让这些人从头脑发热的冲动中冷静下来。对于在1861年参军的那些志愿兵而言,他们的服役期只有半年到一年的时间。他们中的很多人服役期已满,都想早日回到家乡。然而,在北方联邦势头强劲、正不断吞噬大片土地的情况下,数以千计的士兵退役势必削弱南军的实力。因此,南部各州的政客认为,若想拯救南部联盟,只有一条路可走:强迫男性服兵役。于是,1862年4月16日南部联盟接连公布了3个征兵法案。其中第一个法案成为法律。所有年龄在18岁至35岁(后来这一年龄限制拓展到17岁至50岁)的成年男子,只要身强力壮都必须服兵役,期限为3年。所有现役军人的服役期自动延长至3年。

这一征兵法案在美国历史上堪称首创，因此民众怨声载道。符合该法案相关规定的成年男子以及服役期自动延长的现役军人都认为自己受到了胁迫，而那些不得不为了自己所反对的事业而战的联邦主义者更是心急如焚。民众抗议的另一个目标是该草案所列举的冗长的豁免服兵役的职业清单。这些职业包括政府官员、教师、磨坊主、一些工匠，以及在矿山、铁路、纺织厂工作的劳动者等，因为这些人的工作对于战事的发展而言不可或缺。有些人从意识形态的角度入手抗议征兵法案。这些人指出，此项征兵法案的实施意味着中央政府有权篡夺各州政府的权利。一年后，当联邦政府如法炮制也开始实施征兵法案时，北方民众的反应也大同小异。绝望的气氛弥漫在美国南北大地的上空。双方都援引欧洲武装国家的先例，以一种全新但具有社会煽动特色的方式来扩大国家权利。有趣的是，与南方的征兵法案相比，北方的征兵法案更加尊重地方意愿，因为在国会划定的地区只有在征兵配额未满的情况下，才对北方民众进行征兵。

南方民众对于南方征兵法案中两项豁免条款的具体规定也是牢骚满腹，即监工条款和替代条款。根据监工条款的规定，如果一个种植园可以提供最少20个奴隶参军，就可以使一个白人男性获得豁免。制定这一条款原本的依据是认为至少需要一个白人管理数量众多的奴隶，但很多非种植园主以及从不蓄奴的农场主坚称，此项规定意味着蓄奴的种植园主和他们的男性后裔因此而得到了优待。事实上，最有可能从这项条款中获益的是监工。直到内战接近尾声时，该条款才做出修改。根据新规定，在任何情况下，该条款仅适用于由少数族裔、女性或者残疾人士所经营的种植园。不过，监工条款的确引发了社会各阶层对政府的广泛痛恨。替代条款也不例外，只不过该条款显得更加合法一些。根据该条款的规定，符合征兵条件的男性可以寻找别人，通常情况下是雇用别人来代替自己参军。因此，即便该条款的受益者到底是不是富人还很难加以界定，但至少表面上看上去是如此。

乔治·麦克莱伦

到了1862年年中，尽管南部联盟面临着种种难题，尽管北方联邦在西部战场、跨密西西比河战场以及远西地区先后取得了一连串的胜利，整个内战却依然陷于僵局。很多北方民众将这一局面归咎于上将乔治·麦克莱伦。作为一名士兵，麦克莱伦胸有成竹、精明强干而且颇有发展前途，但他担任总司令后的表现一直不尽如人意。在调兵遣将参战时，他过于小心谨慎，而且在应对任何规模的战事时，他都认为自己人手不足。他总是高估敌军规模、作战实力以及军需品的供给能力。这种态度使麦克莱伦认为自己眼前困难重重且难以克服，但实际情况并没有他想象得那样严重。

与大多数参战的职业军人别无二致，麦克莱伦同样讨厌政客干涉自己的军事计划。此外，在他看来，林肯总统总是习惯于将远远超过需求的兵力调往华盛顿开展防御工作。每当看到这样的军事调遣，麦克莱伦就感到义愤填膺。他对林肯深恶痛绝，并使用白痴甚至更加恶劣的字眼指责林肯，而且变得越来越肆无忌惮，丝毫不加掩饰。

联邦战争委员会

1862年3月，林肯授权组建战争委员会。此时，总统与总司令之间的严重冲突开始显现。该委员会在战争部部长（Secretary of War）埃德温·M.斯坦顿的领导下，由战争部下属各个局的局长组成。实际上，该委员会极大地削弱了总司令的权利，相反，却使斯坦顿和林肯对北军的军事战略拥有更加直接的话语权。随着时间的推移，事实证明该委员会的设立是形成现代总参谋部的重要的一步。不过，当时林肯的直接目标是绕开以麦克莱伦为代表的那些动作迟缓的职业将领。由于西部战场出现了大屠杀，而东部战场并没有斩获任何军事上的胜利，公众以及政界对此批评不断。林肯采取这一举措的第二个原因就是为了转移公众及政界的注意力。林肯总统逐渐意识到，只要心怀敌意的叛军政府仍然位于距离华盛顿不足100英里远的地区，即便西部战场不断取得胜利也于大局无补。实际上，东部战场也取得了一些重要的战果。例如，1861年11月，南卡罗来纳州的罗亚尔港和希尔顿黑德（Hilton Head）宣布投降；1862年4月中旬普瓦斯基堡（Fort Pulaski）也宣布投降。南部联盟原本设立这个堡垒的目的是保卫佐治亚州的重要港口萨瓦纳。然而，即便如此，也无法使民众的情绪在长时间内维持一种平和的状态。

半岛会战

麦克莱伦身高虽然只有5英尺8英寸，但身材魁梧彪悍，因此喜爱他的士兵们都亲昵地称他为"小麦克（Little Mac）"。林肯总统也认为他颇具感召力，因此愿意在攻打里士满的战役中任命麦克莱伦担任波托马克军团的统帅。该军团是北方联邦规模最大的陆军部队。因此，麦克莱伦不得不放弃早前制订的所谓的乌尔瓦纳计划（Urbana Plan），即从北部进攻里士满，因为他等候的时间太长，根本无法令该计划付诸实施。1862年春，麦克莱伦又制订了一个新的作战计划。根据该计划，麦克莱伦可以率领军队从里士满南部的半岛地区发起攻势，轻取敌军首都。这个半岛是由约克河（York River）和詹姆士河（James River）等两条河冲刷而成。1862年3月9日，"监督者号"军舰对南军的紧凑型半潜式装甲舰"弗吉尼亚号"发起进攻，并将其逼进了半岛地区的入口——汉普顿锚地。在这种情况下，麦克莱伦若实施这一大胆举措就变得更加万无一失。当"弗吉尼亚号"撤退到诺福克进行修理时，美国历史上第一次发生在铁甲战舰之间的战役为麦克莱伦扫清了前进道路上的障碍。现在，他可以安全地将陆军及军备给养通过水路运往联邦属下的门罗堡（Fort Monroe）。该堡垒距离里士满只有75英里，位于半岛南端。两个月后，好消息纷至沓来。南军先后放弃了诺福克以及戈斯波特海军造船厂，使麦克莱伦进入詹姆士河如入无人之境。由于诺福克是唯一能够让"弗吉尼亚号"停靠的港口，因此南军迫于形势，不得不将这艘令人闻风丧胆的战舰凿沉。

到4月上旬，北军动用了400艘联邦战舰和驳船陆续将10万名士兵、近1.5万头牲畜、1 200辆马车和救护车以及数以百计的加农炮运到了门罗港。麦克莱伦在人力和物资供应上占尽了优势。他甚至还有一整套野战电报系统以及第一次在战争中使用的侦察气球。虽然阻挡他攻克里士满的道路上只有1.5万名南军士兵，但麦克莱伦错失了两次攻城的机会。一开始，麦克莱伦太过小心谨慎。当时仅有1万名南军驻守在约克敦（Yorktown），他却将整整一个月的时间浪费在对这些南军的围攻上。虽然最终南军撤退，但当时由于连降大雨，道路泥泞不堪，而且河水也汹涌上涨，士兵们根本无法过河。南部联盟上将约瑟夫·E.约翰斯顿趁机调集了4.2万名南军士兵，5月31日在距离里士满仅6英里远的七松（Seven Pines）和费尔奥克斯（Fair Oaks）等两地将孤立无援的4万多名北军士兵打得落花流水。

罗伯特·E.李将军挂帅

第一轮战役不仅缓解了南军首都面临的紧张局势，而且促使杰佛逊·戴维斯做出了本次战争中最重大的一个决定。约瑟夫·E.约翰斯顿在七松战役中受了重伤。当时，罗伯特·E.李刚刚以军事顾问的身份返回首都，戴维斯总统就命令他奔赴前线,接替约翰斯顿的职位。罗伯特·E.李奉命率领的军队番号为北弗吉尼亚军团(Army of Northern Virginia),这也是他率领的第一支军队。在罗伯特·E.李的领导下,这支军队在南部联盟所有陆军部队中脱颖而出,成为最声名显赫的一支陆军部队。

杰克逊在谢南多厄河谷

罗伯特·E.李担任陆军统帅后不久就做出了一个重要决定。为了扩大军队规模,他下令将"石墙"杰克逊及其率领的1.8万人召回。当年春天,杰克逊率军一直在谢南多厄河谷开展另外一场重要军事行动。谢南多厄河谷长约165英里,从列克星敦向东北方向延伸至哈珀斯费里。对于南部联盟而言,这条河谷是一条重要的运输线,粮食、水果、牲畜等军需品都需要经由该河谷运抵目的地。此外,对于任何南军部队而言,如果有攻打马里兰州或袭击华盛顿的意图,这条河谷便是一条具有战略意义的通道。从3月到6月,杰克逊在这条河谷里指挥了一场又一场令人眼花缭乱的防御战。他率领军队迂回前进,左躲右闪,声东击西,接连打败了3个不同的北军指挥官,战胜了4倍于己的北军。与此同时,杰克逊给华盛顿所造成的威胁令林肯忧心忡忡,几近绝望。因此,林肯不得不加强首都周边的军事防御,将原本可以用在其他战场的部队调回华盛顿,以对抗杰克逊可能发起的进攻。杰克逊胜利完成了在谢南多厄河谷的使命后,便率领手下的"徒步骑兵(foot cavalry)"与罗伯特·E.李会师,共同防守南部联盟的首都。这两位军事将领的合作时间虽然不到一年,却成为一段军事传奇。

七天战役

如今,罗伯特·E.李已经做好了攻打麦克莱伦的准备工作:当北军经过重组后再次挺进里士满时,罗伯特·E.李毫不留情地在七天战役中打破了北方联邦的梦想。七天战役开始于1862年6月25日,结束于7月1日。罗伯特·E.李对北军实施了一系列的残酷打击,麦克莱伦被逼无奈只好向南。北军离里士满越来越远,一直朝着詹姆士河方向撤退。双方军队交战的地点包括梅卡尼克斯维尔(Mechanicsville)、盖恩斯米尔(Gaines's Mill)、萨维奇兵站(Savage Station)以及白橡木沼泽(White Oak Swamp)等地。不过,南军的表现也并非无懈可击。比如,一向以行动迅速著称的杰克逊部队这次却显得无精打采,令人匪夷所思。杰克逊率领的部队一直不得其所，也许是因为在谢南多厄河谷经历了多次战事后变得精疲力竭，也许是因为在相对陌生的地区犹豫迟疑。不管怎么说，罗伯特·E.李一直都未能对这片地区进行详细勘察。该地区遍地沼泽，沟壑纵横，荆棘丛生；山上则树林密布，地形极为不利。在莫尔文山战役（Malvern Hill）进行到最后一天时，罗伯特·E.李下令发起冲锋，这次无谓的冲锋造成大量士兵伤亡。当时，南军试图跨越开阔地区向山上挺进，在北军密集的炮火下，5 000多名南军士兵丧命于莫尔文山的山坡上。这一数字是七天战役伤亡总人数的1/4。在谈及这场战役时，南部联盟的一位上将如此说：“与其说这是一场战役，还不如说是一场大规模屠杀。”尽管麦克莱伦手下的几位上将极力主张北军应该趁着敌人实力衰弱之际发起反攻，但麦克莱伦已经心力交瘁。于是，在7月1日这天，他趁着夜色率领军队直接撤到了詹姆士河的河边。麦克莱伦虽然保住了部队的主要力量，但自己如同陷入困境一般，展露一副灰心丧气、局促不安的模样。

七天战役证明，经过了历时一年多的战争，南北双方的将领们除了学会如何毫不留情地大肆屠杀同胞，并没有积累到其他任何作战经验。这些战役所造成的伤亡人数令人咋舌。6月27日的战役结束后，来自路易斯安那州的一个士兵在目睹了无数扭曲变形、四肢残缺的尸体残骸后说：“有些沼泽地带的死尸堆积如山，人们可以直接踏着尸体走过沼泽。面对此情此景，任何人都会永世不忘……若想描述当时的惨状，可以说任何语言都会显得异常苍白无力。”北军一方有1 700多人死亡，8 000人受伤，6 000人失踪或被敌军俘虏。南部联盟一方虽然取得了战役的胜利，但也有3 000多人死亡，1.6万多人受伤，将近1 000人成为北军俘虏或失踪。战争部的一位雇员对当时里士满的局势评论道：“里士满总共有50座医院，很快所有医院便全都人满为患，到处都是伤员病号。无论是在我的办公室里还是在大街上，都可以看到上臂截肢不到3天的战士就开始四处走动。”即便捷报频传，但南部联盟根本无力承受这样的战果。然而，在美国内战绝大部分的时间里，南部联盟所面临的局面基本未变。尽管南军已经大幅度降低了伤亡人数，但其人员损失的比例与北军相比一直居高不下。

北方联邦的新战略

对于北方而言，尤其对于亚伯拉罕·林肯而言，七天战役堪称转折点。林肯所属共和党的激进派政客原本就要求采取更加强硬的战争政策。经过春夏两季的酝酿后,其呼声愈发高涨。半岛战役惨败后,林肯开始反思,觉得这些激进派政客的主张或许是正确的。他决定终止前一年实施的"柔性战略",面对强大的敌人打算发动一场毫不留情、不屈不挠的战争。"我崇尚宽容,"林肯对一位信得过的政治顾问如此说,"总是愿意依照基督教的悔悟教义宽以待人,而且我也愿意给他人的悔悟留出足够的时间。然而,如果可能的话,我必须拯救联邦政府于水火之中……,因此,当我千方百计、不遗余力地想要赢得这场战争时,民众或许可以理解我的做法。当然,仅此一次,下不为例。"林肯之所以会改变心意更深层的原因是大失所望。他一直认为绝大多数的南方白人,尤其是南部偏北地区的白人对于联邦应该保持强烈的依恋情绪。林肯相信,假以时日,古老的爱国主义情感就会重新浮出水面,民众会起来造反,帮助推翻美利坚联盟国。因此,他命令进攻的北军面对平民百姓要尊重有加,要尽量赢得南方白人的信赖,向他们表明北方联邦既不想伤害他们,也不想在他们的土地上大肆劫掠。然而,除了弗吉尼亚州的西北部,并没有任何联邦主义者发动过任何形式的造反。相反,成百上千的平民百姓举起武器,组成游击队,通过突袭北军士兵的方式协助南部联盟的常规部队。林肯不得不承认他的安抚政策失败了。

　　林肯认为他所实施的新政策必须包括对黑奴实施某种形式的解放。为了呼吁制定一项更为强硬的战争政策,共和党中观点较为激进及精力更加充沛的政客一直坚持这一主张。根据他们的观点,解放黑奴将可以增加北方进行战争的实力。他们还不断促使林肯朝着一个他从来没有准备前行的方向高速前进,不过,到1862年夏,林肯似乎也已经没有其他选择。此外,林肯必须安抚政界不断发出的各种声音。鉴于制定更加强硬的军事政策的需求,他对于解放黑奴这一措施可以破坏南部联盟战争机器的想法已经开始深信不疑。

　　至于解放黑奴运动所产生的种种后果我们将在下一章详细探讨,在此我们将探讨林肯是如何实行其军事政策的。林肯总统最终认为他在处理东部战场问题时所试行的为期3个月的军事实验已经彻底失败,因此他决定挑选一位新的陆军司令,并由他来整合整个陆军的军事力量、制订新的战略计划。麦克莱伦将会继续统领波托马克军团。然而,由于他先是在七天战役中功败垂成,后来又推卸失败的责任,这两点都令林肯颇为反感。此外,麦克莱伦撤退到莫尔文山的一个星期后,一时头脑发热给林肯写了一封信。在信中,他谴责了联邦政府所实施的新军事政策。"无论是没收私人财产、处决政治犯,还是在各州进行领土划分,亦或是强行废除奴隶制,在当前形势下全都不能提上议程,"麦克莱伦在所谓的哈里森蓝丁(Harrison Landing)信件中对林肯如此说,"在战争尚未结束之际,个人全部财产以及非武装人员都应该受到严格保护。我们所做的一切必须从顺应开展军事行动的自然规律出发。"这封信宣告了麦克莱伦的军事生涯的结束，至少在当时情况下是如此。林肯总统提拔了西部高级将领亨利·W.哈勒克（Henry W. Halleck），任命他为总司令。林肯认为，相较于逃避战争的东部将领而言，或许那些西部将领更了解如何争取战争的胜利。

哈勒克担任总司令

林肯对45岁的哈勒克寄予了很高的期望。哈勒克毕业于西点军校，以博学多才闻名于世，人称"老智囊（Old Brains）"。他"聪明绝顶，智慧超群"，在美国内战爆发前不但出版了一本陆军战术手册，而且发表了一篇有关国际法的论文。哈勒克在加利福尼亚州经营了一家律师事务所，事务所的生意同样做得有声有色。此外，他还帮忙撰写了该州的宪法。哈勒克先后担任了密苏里军区（Department of the Missouri）和密西西比军区（Department of the Mississippi）的司令之职。尽管相较于战场指挥官而言，哈勒克更擅长于担任管理者之职，但他仍然率领着北军在西部战场上赢得了一连串的胜利。哈勒克之所以获得常胜将军的声望在很大程度上是因为他的下属，尤其是格兰特所取得的一个又一个胜利，因此，哈勒克对格兰特表现出明显的嫉妒情绪。即便如此，在接下来的战争岁月里，哈勒克在北军中一直都是一位举足轻重的高级将领，而且经常在军队和政府之间充当调解人的角色。

约翰·波普

哈勒克并非第一个在东部战场担任职位的西部将领。在哈勒克就职的一个月以前，林肯就已经任命约翰·波普担任新组建的弗吉尼亚军团的司令之职。实际上，波普堪称哈勒克在西部战场的左膀右臂，而推荐哈勒克的不是别人，正是波普。西部战场的绝大部分将领作风强硬，在打击游击队、镇压惹是生非的叛乱平民以及赢得战役胜利等方面表现出卓越的军事才能，而波普就是其中之一。波普曾经公开嘲弄看似软弱的联邦东部军队和将领。在军中就职后，波普打算将西部治军方法应用到治理东部军队中去。波普指派手下将联接里士满和拉帕汉诺克河（Rappahannock River）南部谢南多厄河谷之间的铁路切断后，允许他们有权劫掠南方农场出产的丰富农产品。此外，对于那些有间谍嫌疑或者有突袭北军嫌疑的平民,北军士兵有权不经过审判就将其处决。不幸的是,新政策的实施导致私人财产遭到了大量破坏,对非武装人员也造成了不必要的威胁。此外,新政策也迫使波普不得不采取下一步行动,要么率军深入弗吉尼亚州腹地,要么向东出兵进攻里士满。

南部联盟政府强烈谴责联邦政府的这项新政策。戴维斯总统分别指控林肯、斯坦顿、哈勒克和波普,认为他们彻底改变了"文明国度所发起的这场战争的性质,令其变成了一场不分青红皂白便大肆抢劫杀戮的战争"。戴维斯将其称为一种"野蛮战争",并警告说尽管就目前而言南部联盟军队不会参与这样的冲突,但他担心敌军所犯下的"战争罪"有可能会迫使他不得不出手应对。他给罗伯特·E.李提出建议:"(倘若)如此野蛮的行径还将继续下去,即便我们并不心甘情愿,受形势所迫我们也要根据敌军所遵循的原则应战,直到民众所发出的愤怒呼声能够迫使他们尊重举世公认的战争原则。"

第二次布尔伦河战役

波普所挑起的纷争令罗伯特·E.李大为光火,也令他忧心忡忡。因此,在7月中旬,罗伯特·E.李决定派遣"石墙"杰克逊去教训这个北军恶棍将领。1862年8月9日,雪松山战役(Battle of Cedar Mountain)爆发。在这场战役中,杰克逊虽然打败了波普的军队但并没有将其彻底粉碎。于是,当麦克莱伦在8月中旬的半岛战役中失败后,罗伯特·E.李在波普获得增援力量之前,将自己的整支军队调集起来,集中火力打击波普。罗伯特·E.李率领着大军刚一抵达,波普就率军撤退到拉帕汉诺克河的对岸。为了将波普逼入绝境并将其彻底消灭,罗伯特·E.李制订了一个大胆的计划。他将大军一分为二,指派杰克逊率领2.4万名南军士兵急行军,绕过波普的右翼部队,占领北军设在马纳萨斯的陆军补给站,进而截断波普军队撤退的去路。当波普调集军队保护自己的后方时,罗伯特·E.李则趁机率领剩余的3万名士兵出战,前后夹击,一举将其歼灭。

第二次布尔伦河战役(又称"第二次马纳萨斯战役")爆发于1862年8月28日,结束于8月30日,前后历时3天。就在前一年夏天,也是在这个战场上,双方也曾经爆发小规模冲突,但相对说来那时的损失简直不值一提。与之相比,这次战役从各个方面看都要让人感到惊心动魄。罗伯特·E.李一方的伤亡人数超过9000人,占了他所率领的军队人数的19%;而弗吉尼亚军团一方则有1.6万多人伤亡,占了该军团总人数的21%。其中,被俘虏和失踪的人数大约有

6 000人。这次战役的胜利不但标志着弗吉尼亚州北部的所有北军部队都已经被消灭殆尽,而且给罗伯特·E.李及其率领的南军部队加上了一道战无不胜的光环。实际上,对于南部联盟而言,七天战役、雪松山战役以及第二次布尔伦河战役只不过是令人沮丧的一年中寥寥可数的几个亮点而已。这几场战役全都发生在东部战场,东部战场不仅是南部联盟政府的所在地,而且是其人口、商业和工业发展的中心所在,因此,这几场战役的获胜便显得意义颇为重大。当然,南部联盟在这几场战役中所展现出来的进攻性战略也不容小觑。

安提坦战役

罗伯特·E.李此前所取得的一些胜利如今让他备受鼓舞,于是他开始采取一些更加大胆的举措。对于南部联盟所采取的进攻性防守策略,来自弗吉尼亚州的李一直都倾向于采纳其中的进攻部分。尽管罗伯特·E.李与杰佛逊·戴维斯的合作尚属愉快,但相较于总统,李明显表现得更加冲动,因此或许也更加轻敌。在李的打击下,北军节节败退。于是,李打算将战火燃烧到北方联邦的地域。考虑到南军已经大胆向肯塔基州挺进(后文将予以详述),李决定挺进联邦政府控制的另一个蓄奴州:马里兰州。

罗伯特·E.李认为袭击马里兰州有诸多好处。据他推测,实行这一战略可以在当地招募新兵充实南部联盟的军事力量,可以在即将到来的秋季将战场从弗吉尼亚州转移出去,军队可以用马里兰州农村出产的农产品补给军需,并从那里征用南军日渐匮乏的战马、骡子等军用牲畜,吸引北军从西部战场调集力量增援东部战场,对共和党在当年秋季联邦国会的选举造成不利影响,对欧洲施加外交压力,使欧洲各国承认美利坚联盟国为拥有独立主权的国家。李相信,只要赢得一场引人注目的胜利就可以达到上述所有目标,而且只要他率军出现在波托马克河的对岸就足以在整个北方地区引发大规模的恐慌。

1862年9月初,罗伯特·E.李率领大军挺进了马里兰州,然而从一开始他就遭遇了种种烦心之事。起初,驻守在哈珀斯费里的联邦卫戍部队英勇无畏。当李率军接近该地时,该卫戍部队坚守阵地,并威胁若李率军绕过此地,联邦守军便将切断其军用通信线路。迫于形势,杰克逊不得不留下来与守军周旋,以迫使其投降,而李则率领剩余兵力继续前进。接着,李手下的一个陆军参谋不慎丢失了一本手册,而该手册详细记录了整支陆军部队在这次战役中的所有行动计划。北军的一个巡逻兵原本奉命调查突然出现在马里兰州的叛军力量,却无意间捡到了这本小册子,并将其交给了上将麦克莱伦。尽管整件事听上去的确有些不可思议,但这本重要的小册子当时竟然装在一个雪茄盒子里。北军司令如获至宝,立刻采取比以往更加快捷的行动对南军进行拦截。此时,李才意识到一定是自己一方出了什么岔子,因为麦克莱伦一向谨小慎微,李对他这一特点也了如指掌,而拦截南军这种军事行动根本就不是麦克莱伦这种人能够实施的。于是,李不得不再次将手下部队一分为二,并打算从马里兰州撤退。就在那时,李得到消息,称杰克逊已经占领了哈珀斯费里,而且很快就会赶来跟他会师。于是,南军将领决定在一个叫作夏普斯堡(Sharpsburg)的小镇短暂休整。

9月17日,清晨五点半,北军步兵开始袭击李领导的南军左翼,安提坦战役(又称"夏普斯堡战役")打响。驻扎在小镇的南军总共有3.5万人,从南到北,战线拉了足有两英里长。麦克莱伦率领8.7万名北军战士对这支军队进行了反复打击,双方之间爆发的冲突非常具有历史意义。这场战役从一望无边的玉米田一直打到了牧场上,接着又转移到邓克尔教堂(Dunker Church)附近的树林里继续进行。在南军战线的中央地带,战死沙场和垂死挣扎的南军战士很快就填满了一条凹陷的道路,这条路因此而得名"血腥之路(Bloody Lane)"。李将其左翼部队布防在波托马克河边,正好与南军的主要战线形成了一个圆圈。这样排兵布阵其实很危险,因为如果联邦部队朝着左翼或右翼任何一个方向发起进攻,或突破罗伯特·E.李所设置的防线,那么,李率领的部队就将不得不朝着波托马克河的方向撤退,这实际上就等同于全军覆没。

联邦部队之所以输了这场战役,主要是因为几个军团的指挥官反应迟缓,错过了预先设定好的进攻时间。北军的整体进攻开展得参差不齐,而且一直都没有集中兵力对南军展开强有力的打击。就在战役结束后不久,一位北军军官推测说:"毋庸置疑,如果麦克莱伦的命令能够得以实施,那么这次进攻就会大获全胜,而且叛军也将会被一网打尽。"事实上,"罗伯特·E.李一直都有能力在北军发动进攻的地方集中火力进行反击"。对于北军而言,攻打南军最佳的着手点是驻扎在俯瞰安提坦溪(Antietam Creek)断崖上的南军左翼。当1.2万名北军士兵试图跨越窄桥过河时,大约有500个来自佐治亚州的南方将士与之展开殊死搏斗,双方鏖战了3个小时。身穿统一蓝色军装的北军士兵最终突破阻击,然而正当他们打算掉转行军方向,袭击缺乏防御、不堪一击的南军战线的中心地带时,上将安布罗斯·P.希尔(Ambrose P. Hill)率领着"石墙"杰克逊手下的最后一批战士从哈帕斯费里及时赶到。希尔率军粉碎了罗伯特·E.李的侧翼所面临的最后威胁,确保了李及其部队的安全。

"今天上午我所目睹的场景真让人不寒而栗。面对这样的场景,人类的任何语言都显得苍白无力,任何人都不忍心再次回想,即便是最著名的作家也无法描绘其一二",一个北军战士在 9 月 17 日的日记中如此写道。很多战士都曾经在美国内战的每一次战役后写下类似的语句,然而,当天晚上所写的那些话却讲述了一个重要的事实。经过了 12 个小时的浴血奋战后,北军死亡人数为 2100,南部联盟为 1500。3 000 多具战士的尸体散布在夏普斯堡周围的田地里。此外,北军的受伤人数为 9500,而南部联盟为 7700。这一天堪称美国内战中最血腥暴力的一天。一个战士在写给父母的信中如此描述道:"当我们趁着夜色在田地里行军时,大家都非常开心,因为我们都无法看清那令人毛骨悚然的场景。但是天呐,那味道简直能熏死人。我们中的一些人一边快步行军,一边呕吐不止。"

安提坦战役的政治影响

对于南北双方而言,这场战役应该说是打了一个平手。然而,鉴于北方联邦在人数和地形上都占有优势,而且又预先洞察了南部联盟的作战意图,北军本可以大败罗伯特·E. 李所率领的南军部队。当南军在 9 月 18 日夜向弗吉尼亚州方向撤退时,麦克莱伦却没有乘胜追击。即使在撤退时,南军都可以声称自己在精神上取得了胜利。事实证明,至少罗伯特·E. 李实现了众多目标中的一个——政治目标。在当年秋季的选举中,共和党铩羽而归。大多数民众推测至少部分原因是罗伯特·E. 李所带来的打击。民主党除赢得纽约州和新泽西州的州长职位外,在国会中还赢得了 35 个席位,而且在林肯的家乡伊利诺伊州也占据了绝对优势。如果仅将这一结果轻描淡写地视为多数党在非选举年参选时所发生的典型的一边倒现象则有失公允,或者认为绝大多数的选举胜利都发生在民主党大本营内部也有失偏颇。实际上,军事上的失利必然会导致政治上的失败。对于这一点,所有人心知肚明。俄亥俄州的一份报纸报道:"面对着这场遥无止境的战争,所有人都感到压抑沮丧。因为战争发展到目前阶段,虽然国家的各种资源正在高速消耗,但战争并没有取得任何进展。"甚至林肯也不得不承认"战场上没有胜利的消息传来,也就难怪选民会感到愤懑不满"。

《解放黑人奴隶宣言》

然而,安提坦战役实际上还造成了另外一个影响更加深远的政治结果,而且这一结果就连具有远见卓识的罗伯特·E. 李也不曾预见到。如上所述，林肯自7月起就酝酿着将废除奴隶制设立为北方联邦的一个新战争目标。林肯之所以推迟宣布这一决定仅仅是因为他想要在积极的氛围内宣布，也就是说要在北方取得一场军事胜利后宣布。当麦克莱伦出兵在马里兰州拦截罗伯特·E. 李所率领的大军时，总统与其内阁成员说，他会把北军取得的一场胜利视为"神的意志所给予的暗示……表明我们可以沿着解放黑奴的道路前进"。虽然林肯并没有得到他日思夜想的捷报佳音，但至少对他而言这是一种吉兆，足以让他感到心满意足。9月22日，林肯总统颁布了《解放黑人奴隶宣言》，并宣布在第二年元旦生效。林肯的这一举措使战争的性质发生了翻天覆地的变化。

"安提坦战役的死亡"图片展

安提坦战役还产生了一个与军事无关的结果。对北方人而言，这一结果不论在情感上还是在心理上都让他们感到毛骨悚然。在安提坦战役爆发的当天，当死亡的士兵和牲畜的尸体开始变得僵硬、膨大起来时，当人畜的残骸仍然散落在田间各处时，为当时大名鼎鼎的战地摄影师马修·布雷迪（Mathew Brady）工作的北方摄影师们就已经开始行动起来，争先恐后地赶赴战场。一个月后，生活在纽约市的布雷迪在自己的画廊里展出了这些摄影师所拍摄的摄影作品，这些照片所展现的场景令人触目惊心。此前，民众早已经习惯于观看浪漫主义的绘画作品、雕塑作品，而这些作品的主题不是胜利冲锋就是经过美化的战争。如今，当他们亲眼看到了名为"安提坦战役的死亡（Dead of Antietam）"的图片展时，不断发出惊呼，因为这次展览使北方民众第一次目睹了战争所带来的真实后果。可以说，各大报纸在每次战役结束后所刊登的冗长的伤亡名单的确使民众感到心惊肉跳。前线战士给家人所写的信件成千上万。在信件里，他们也会对战役场景进行详尽的描述，但对大屠杀的细节有意地避而不谈。即便如此，平民百姓也会感到胆战心惊。然而，如果把伤亡名单和战士家书与那些静态黑白照片上的影像相比，前两者给民众造成的恐怖心理跟后者相比简直望尘莫及。正如一位报社记者所写，这些照片如实反映了"战争的骇人真相和庄重肃穆"。他写道：

这些可怜的家伙根本无法选择面对太阳而坐，因为当镜头捕捉到他们时，他们已经扑倒在地。有的人由于疼痛双手痉挛，痛苦地攥住身边草地上的青草。有的人则伸出手去求助，却无人响应。北军士兵和南军士兵就这样肩并肩地躺在战场上。在他们眼中，战争的炮火已经逐渐黯淡下去，但他们的嘴巴大张着，仿佛还在为最后一次猛烈的冲锋大声呐喊嘶吼。然而，在最后一次冲锋中，他们的灵魂早已经飞升。在通往天堂的路上，他们的灵魂还在进行着贴身肉搏，彼此争斗不休，直到步入天堂。数不尽的弹片早已经将他们栖身的大地破坏得千疮百孔，战士们急匆匆的脚步也已经将草地践踏得体无完肤，小溪里的水几近干涸，而那水流却像是母亲脸上的泪水一样永远流淌不尽。

肯塔基州战役

那年秋天，在西部战场爆发的最后一场战役也结束得非常惨烈。到1862年夏，北军已经控制了坎伯兰山口（Cumberland Gap）。该山口是丹尼尔·布恩（Daniel Boone）①经常出没的地方，也是通往田纳西州、肯塔基州和弗吉尼亚州的大门。但南军仍然占据着主要的铁路线及查塔努加（Chattanooga）和诺克斯维尔（Knoxville）两个河港城市。当哈勒克还在西部战场担任最高统帅时，就已经命令上将唐·卡洛斯·比尔（Don Carlos Buell）出兵攻打查塔努加。一开始，比尔的进展一直很顺利。然而，到了7月，上校约翰·亨特·摩根（John Hunt Morgan）和内森·贝德福德·福瑞斯特先后在肯塔基州和田纳西州的中部地区发起了一系列的袭击，对北军的通信线路和供应线造成了严重的破坏。摩根和福瑞斯特都不是职业军人，但都是推崇"打了就跑"的游击战术天才。实际上，比尔或许仍然可以继续向查塔努加推进，但他在很多方面与麦克莱伦相似，做事谨小慎微、犹豫不决，宁可缓步前行也不愿一往无前。此外，他也并没有把南部联盟在密西西比州的新任司令布雷斯顿·布拉格放在眼里。

布雷斯顿·布拉格

45岁的布拉格毕业于西点军校，曾经参加过墨西哥战争。1856年退役后在

---

① 丹尼尔·布恩（1734—1820），肯塔基州垦荒先驱，也是美国历史上最著名的拓荒者之一。詹姆斯·芬尼莫尔·库伯曾在系列小说《皮袜子的故事》中将他作为原型，他的冒险精神曾被数百部小说用作素材。拜伦也曾在《唐·璜》中提到过此人。如果没有布恩，肯塔基州的历史将会是另外一副模样。——译者

路易斯安那州经营一座蔗糖种植园。这座种植园实际上是他新婚妻子的嫁妆。布拉格原本就和杰佛逊·戴维斯私交甚好,再加上他出色的军事经历,因此,1862年4月,戴维斯就使他成为南部联盟军队中排名第五的重要将领。布拉格一向以治军严格、铁面无私著称,因此一般说来他的手下都对他畏惧有加。不过,布拉格很快就开始着手重组田纳西军团,令战士们重振雄风。他充分利用摩根和福瑞斯特的系列袭击所造成的混乱局面,制订了救援查塔努加的作战计划。布拉格希望自己的计划能够迫使格兰特和比尔撤退到田纳西州中部地区,或者有可能的话最好撤退到肯塔基州。当时,格兰特仍然率领着6000人驻守在柯林斯,而比尔则驻守在亚拉巴马州的北部地区。于是,布拉格先派遣1.6万人防守图珀洛,接着又派遣1.6万人前去防守维克斯堡(Vicksburg)。因为只要北军沿着密西西比河南下发起任何新攻势,维克斯堡都必将首当其冲成为其袭击的第一个目标。布拉格亲自率领剩余的3.1万人经由铁路向田纳西州的东部地区进发。这种兵力部署需要采取迂回路线,取道莫比尔、蒙哥马利和亚特兰大,全程776英里。然而,布拉格率领部队只花了不到7天的时间就抵达了查塔努加。

布拉格发现整个军事计划进展得非常顺利,于是决定采取另一个大胆举措。上将埃德蒙·柯比·史密斯(Edmund Kirby Smith)受命在田纳西州东部地区指挥南军,一直迫切希望通过发动一场新的战役解放肯塔基州。毋庸置疑,他说服了布拉格,不但让布拉格相信肯塔基州人民将会因为驱逐北军的举措而欢呼雀跃(这一点他可能说得没错),还让布拉格认为当地人民欢迎在那里设立南部联盟政府(不过这一点他错了)。布拉格虽然对此不太热心,但还是采取了合作的态度,率领一部分军队挺进肯塔基州。1862年9月14日,布拉格大言不惭地发表了如下声明:"肯塔基州的全体同胞们,我已经率领南部联盟西部军团来到了你们的家园。现在,我要给你们提供一个良机,帮助你们从统治者的专制暴政中解脱出来。我们既不是征服者也不是掠夺者。我们之所以来到这里,是为了恢复你们的自由,把你们从残酷无情的敌人手中解救出来。"接着,他开始在法兰克福(Frankfort)着手建立南部联盟州政府,并宣布此举的目的是实施《征兵法案》(Conscription Act)。然而,当地民众对他的反应极为冷淡。那些倾向于支持美利坚联盟国的肯塔基民众早已经南下加入了南军部队。剩下来的都是骑墙派,既没有表现出追随布拉格大旗的意愿,也没有打算追随北方联邦的脚步。这些人仍然希望自己在这场战争的蹂躏中能全身而退,守住包括奴隶在内的个人财产。不过,对于布拉格的军队而言,最糟糕的莫过于那些态度坚决的联邦主义者,他们化身为游击队员,处处与挺进该州的南军部队作对。这种抵制行动正是林肯所梦寐以求的结果,而且在南部偏北地区正逐渐蔓延开来。

到10月初,除了要对付游击队的骚扰,布拉格还要处理另一个更加棘手的问题。如布拉格所愿,比尔的军队追随着他的脚步也来到了肯塔基州。不过,出乎他预料的是,比尔一下子变得凶悍好斗。面对着布拉格和柯比·史密斯广泛分散的军事力量,比尔派出了4个独立纵队分头实施打击。也就是说,由13.5万人组成的北军将打击不足5万人的南军。一支2.5万人的北军纵队快速出击,阻断了布拉格从肯塔基州中部地区撤退的后路。在这种形势下,10月8日,布拉格开始带兵攻打佩里维尔(Perryville)。在这场战役中,布拉格一方总人数为1.6万,总共损失了3100人的兵力。比尔一方损失了3700人,但还有3.2万人的军队在几小时内随时可以增援。5天后,布拉格率军撤回了田纳西州。他所发起的肯塔基州战役遭遇了惨败,这也是南部联盟最后一次尝试占领该州。此外,这次战役也是南部联盟在密西西比州所经历的第三次失败。来自皮里奇的两位南军指挥官厄尔·范·多恩和斯特林·普赖斯笨手笨脚地搞砸了军事计划,没能阻止北军对比尔的增援。结果,9月19日在艾犹卡(Iuka)及10月4日在柯林斯,南军先后分别遭遇了两次惨败。

军事影响

1862年秋的整体军事形势一直维持着这种状态,这与绝大多数美国人对战争的想象有着天壤之别。大部分美国人认为,南北之间的冲突应该历时短暂,波及的范围很窄,而且可以准确地做出解释。然而,事实恰恰相反。令人匪夷所思的是,南北之间的冲突绝大多数都发生在西部战场,而南部联盟在那里的大片土地恰好又都被北方联邦所占据。与此同时,虽然绝大多数人希望东部战场的战役可以决定战争的走势,但该战场的战事陷入了僵局。当北方人开始谈论解放黑奴并采纳更加严厉的战争政策时,另一个意想不到的变化发生了。正如路易斯安那州的一位女士所言,尽管"这样的战争太过凶残暴力,让人不忍心再次想起",然而,绝大多数南军对此的回应是"高举黑旗",意思是毫不留情、绝不手软。雪上加霜的是,这场内战似乎永无止境。10月底,纽约的一个市民评论道:"我们所进行的这场战争,其目的在于镇压叛乱,但似乎已经陷入了困境。我们既没有发动任何形式的进攻,也没有取得任何形式的胜利。"人们在军队内部也可以听到同样的哀叹。"我们这里唯一讨论的话题就是这场战争到底什么时候才会结束",来自马萨诸塞州的一个士兵如此说。他在麦克莱伦手下服役。"大家都想知道北方民众会发表何种见解，他们是否认为这场战争永远也不会终结。"南北双方似乎都没有能力取得决定性的胜利。面对此情此景，弗吉尼亚州的一位民众感到困惑不解。战役打了一场又一场，血流成河，却"没有一场堪称决定性的胜利"。

政府权力下放所造成的问题

残酷的战争带来的恐惧挥之不去，不但让平民百姓惊骇不已，而且让发动战争的南北双方的后勤部门也不堪重负、举步维艰。筹集资金、供应军粮军装、提供武器装备、负责几十万名战士的运输转移、照顾伤兵、掩埋死者、发放抚恤金等一切工作，如果仅依靠在战争开始之际所形成的地方志愿服务机构根本就无法完成，因为这种机构属于传统的权力全面下放机构。因此，必须临时建立全新的不断扩大的官方机构，这样社会各方面才可以相互协调，克服旧做法中的惰性，激励民众的情绪，使他们更加积极、更加认真地承担起自己的责任和义务。

战争的物资成本

这场战争的物资成本令人咋舌，从各个方面来看都堪称史无前例。根据经济历史学家最近的研究，1861年所消耗的直接货币成本大约为48亿美元。这一数字还不包括人员伤亡造成的长期经济后果。当年消耗的总成本合计为150亿美元。不论是在南方还是北方，军事采购不但引发了猖獗的腐败行为，而且成为牟取暴利的最佳途径。行贿受贿、索要回扣、假冒伪劣商品的生产以及与敌人进行非法贸易都给前线带来了诸多问题。就消费者投资而言，北方联邦在赢得"胜利"后，其经济一直到1879年才得以恢复，而南部联盟的经济直到1909年才恢复到战前水平。

南部联盟经济的弱点

美国近九成的工业生产能力都位于北方联邦，因此，一开始南方在经济上就不占优势。只有里士满的卓德嘉钢铁厂（Tredegar Iron Works）以及在亚拉巴马州塞尔马（Selma）匆忙投入生产的另一家铸造厂有能力生产重型铁制品，而且这两个工厂迫于形势只能生产大炮而不是铁轨。相反，北方的钢铁厂有足够的生产能力,既能制造大炮也能生产铁轨。南方的铁轨破烂不堪,若要维修只能挪用铁路支线上的铁轨。为了满足前线战士的需求,南部联盟只能通过三种方式获得所需物资:截获北方联邦的战争物资;在北方联邦的黑市里通过交易得到物资;在欧洲购买军需品后,冒着不断增加的风险和成本,穿过北方联邦越收越紧的封锁线将货物运输到南方。对于这场相对说来技术含量较低的美国内战而言,南方所生产的火药和子弹足以满足战争的需求,但在通常情况下,军需品的质量却参差不齐,诸如肥皂之类的日用品则日渐稀少,而成品鞋几乎绝迹。

南方的财政基础也摇摇欲坠。南方政府征收赋税的能力非常有限。此外,国内资本短缺,再加上欧洲各国对于是否在这场令人绝望的赌博中投资一直表现得犹豫不决,因此,债券销售几乎绝迹。南方政府决定从出版印刷业中寻找出路,结果却导致通货膨胀失控,物价不断飞涨,平民百姓痛苦不堪。到美国内战结束时,用黄金价格进行折算的话,南部联盟的1美元只能购买价值2美分的黄金。当内战进行到一半,农民在交易时就已经不再接受南部联盟的货币。为了应对这一情况,南部联盟政府便开始没收货物,从而激起了农民的仇恨情绪。1863年初,当商人将主要商品的价格抬升到普通百姓无法承受的程度时,愤怒的妇女们在几个城镇里同时发动食物暴乱。为了解决财政危机,南方政府采取了很多应急手段,然而没有一个真正奏效。令人匪夷所思的是,南部联盟的民族精神却并没有因此而迅速瓦解。尽管后方越来越暗无天日,但南军仍然保持着骄傲和士气。尽管脱离联邦后他们不得不面对经济上的极度混乱,但他们仍然心甘情愿地为南部联盟发起的叛乱死而后已。

北方联邦的经济响应

北方联邦的领导者已经学会了将各种优质资源集结在一起,但这一过程发展得极不均衡,而且成效很低。首先,他们通过征收关税增加财政收入。(但在美利坚联盟国,这一做法被认定为非法。)其次,尽管各种许可证税、消费税和生产税都属于闻所未闻的税种,但联邦政府也开始一一征收。对于个人收入所得则征收累进税,不过最高的税收等级也只有微不足道的5%而已。(直到1864年南部联盟才开始征收个人所得税,税率虽然高达15%,但当地官员很少征收。)增加了花样繁多的税种后,联邦政府的财政收入从1860年的5 600万美元增加到1865年的3.34亿美元,但财政支出也在同一时段内从6 300万美元飙升到13亿美元。此外,1859年的国债只有5 900万美元,但到了1866年,则激增到27.56亿美元。在战争期间,每年的国债利息就需要支付2亿美元。该数字比1860年国家整体预算的3倍还要多。

联邦军费开支中的1/3由各种税收提供,而不足部分由债券和纸币补足。联邦政府既没有金融行业的管控权,也没有任何资源可以让财政部发行债券,因此政府就将这项任务承包给纽约市的企业家杰伊·库克(Jay Cooke)。库克所从事的国内外贸易令他富甲一方。1862年初,联邦货币美元,史称绿币(Greenback)的流通堪称一大变革,但它不能用于交易黄金,因此大量美元流到境外根据固定的汇率用于在国外购买货物。不过,与南部联盟的货币迥然相异的是,北方货币的价值基本上保持平稳状态,1美元可以购买价值33美分的黄金。即便北方经济同样出现了混乱局面,也极大地影响到了大多数工人的工资,却从来没有像南方经济那样让人感到绝望。

纸币和债券也给一系列的金融改革制造了压力,因此,直到1864年,金融改革才陆续完成。《国民银行法》(National Banking Act)规定,地方银行只有将自己的部分资产以购买政府债券的方式上交给联邦政府才可以获得经营许可证。作为回报,这些银行可以在全国范围内用国民银行纸币(National Bank Notes)兑换债券,但只能兑换债券票面价值的90%。因此,几乎没有几家银行愿意对此做出响应。到了1865年,国会开始对州立银行发行的纸币(这种纸币在战前是主要货币)征收一成的税赋,此举令纸币大幅度贬值,甚至无法与联邦美元的价值相提并论。自从安德鲁·杰克逊在19世纪30年代中期关闭了国家银行(National Bank)后,美国的投资者便开始选择州立银行和地方银行投资。如果想让这些人相信另外一个中央金融体系不但有能力给州立银行和地方银行提供现金储备,而且可以保护他们免受经济衰退的影响的确并非易事。金币是战前货币体系的主角,如今也出现了短缺问题。虽然很多人转而采用邮票充当硬通货币,但是这一做法很快就销声匿迹。

工业发展面临的挑战

在战争期间,原本就摇摇欲坠的金融"体系"变得更加风雨飘摇。南北双方尚处于发展初期的工业和尚未成熟的技术行业也面临着同样的压力。上述两个行业明显缺乏集中控制及统一发展的战略,相对说来,大多数情况下都属于各自为营、临时拼凑。铁路的发展就是一个极好的例子。鉴于绝大多数铁轨质量低劣,因此陆路运输速度缓慢、复杂笨重、费用昂贵而且存在安全隐患。各条人工运河和天然河流只要没到断流期就一直处于交通繁忙的状态，这就可以解释为什么在内战期间，诸如密西西比河、阿肯色河、田纳西河以及坎伯兰河等西部河流一直处于川流不息的状态。然而，在东部地区，从海边出发沿着内陆河逆流而上的水路交通却几乎不经过任何军事重地。几个世纪以来，马车和骡车一直被用来给部队运输补给。在内战期间，这两种交通工具仍然可以继续给绝大部分部队运输军需物资。不过，在19世纪50年代匆忙建造的全国铁路网给大批量运输人力、物力提供了光明的前景。

然而事与愿违，数不胜数的障碍大大降低了铁路系统的使用效果。例如，铁轨没有统一的标准轨距，这就意味着列车到了铁路岔路口，不但需要调节车轴，还需要调整容量。所有列车破败不堪，需要频繁修理。发动机要么不合乎规格，要么动力不够，根本无法承担起大型牵引的任务。随着内战的不断发展，技术熟练的铁路工人也日渐稀少。最令人担忧的是，虽然在战争快要接近尾声时，铁轨的原材料开始使用钢材，但此前绝大多数铁轨都是用铁作为原材料制成的。由于使用时间长，加上气候严寒，铁轨很快就已经变得锈蚀不堪。因此，显示存在铁路的战时地图有可能就会误导官兵，因为多数情况下铁路线根本无法使用。

在美国南方地区，虽然铁路的总里程数只相当于北方的一半，但类似的问题显得特别严重。可以说与铁路建设相关的任何原材料对于南部联盟来说都处于短缺状态。受到这一限制，南部联盟在大多数情况下不能指望铁路运输发挥任何作用。实际上，有些历史学家坚称，南部联盟军队的粮食供给及军备补给所出现的短缺问题与其说是因为铁路系统过于老旧而无法将物资运输到位，还不如说是因为根本就没有物资可供运输。而且，南部联盟还经常为了防止北军使用自己的铁路而故意将其损毁。另外，以佐治亚州为代表的几个南方州为本州军队截留南部联盟军用物资。相较于肆意践踏北方联邦的权利，各州肆意践踏南部联盟权利的频率实际上更高。

与南方相比，北方的生产力更胜一筹，因此不但有能力维护保养北方的铁路系统，而且在需要的情况下还可以修复南方的铁路线。不过，纽约市和华盛顿之间的交通瓶颈却扼住了这条东北地区重要走廊的咽喉。即便规划了双轨运输，但由于进展缓慢，也毫无效率可言。直到1862年，美国军用铁路公司（United States Military Railroad）体系获颁许可证经营夺取的叛军铁路后，这一切才发生重大改观。内战快要接近尾声时，美国军用铁路公司总共管理了419个机车引擎、6 330辆列车以及长达2 105英里的铁路，令人惊叹。这些铁路线至关重要，不但贯穿边境各州，而且直达北军即将作战的战场。这一举措表明，一旦人们把财产视为公共财产而不是私有财产时，即便是战时社会主义也有实现的可能。

从政治角度而言，虽然这一做法侵犯了私有财产的神圣性，但由于其打击目标是敌人的财产，因此仍然处在可以接受的范围之内。不过，联邦政府从来都没有考虑过对公路交通实施政府的全面监管，也没有打算将之收归国有，所以公路运输仍然保持着相对的独立性，而且以营利为主。北方的铁路运输却没有享受此种待遇，因为铁路运营公司听取了战争部部长斯坦顿的建议，自愿与政府合作，实现铁轨生产的标准化（这一点南部联盟从来就没能实现），优先考虑军需品的运输，并同意以合理的价格提供给政府使用。美国战时社会主义及中央集权管理直到20世纪才得以全面实现。

北方工业

事实证明，美国内战对北方工业化的总体影响很难确切地加以衡量。目前，在经济历史学家中的共识是：大量增加的军费开支和物资采购无法弥补市场以及经济混乱所带来的损失，因此，这场战争或多或少地降低了工业发展的速度。生铁的生产基本保持稳定，羊毛制品的生产和手表行业与以前相比发展的势头更加强劲。但总体上看，工业发展相对而言还是遭到了破坏。然而，农业发展是一个例外。劳动力的短缺反而加速了农业生产机械化的速度。农用机械设备的生产呈现出不断增长的态势：从1849年到1859年，增长率为110%，从1859年到1869年，增长率为140%。在接下来的10年里，农用设备生产的增长率才回落到95%。对农用设备生产的资金投入从1860年到1870年增长了300%。美国中西部地区的劳动生产率在19世纪50年代的增长率为8%，到了19世纪60年代就已经增长到了13%。尽管在军工生产过程中优先考虑的是通胀和市场驱动而不是监管问题，但在内战期间，北方民众的生活水平仍然处于上升状态，从未出现过限额供应商品的状况。

在随后的几章里，我们将探讨北方联邦和南部联盟的其他地区为了提高诸如士兵的医疗护理等战争机器的效率所做出的种种努力，其基本模式与前文相同。为了给前所未有的挑战寻找解决方法，尽管这些方法并没有经过任何形式的检验，但中央政府还将继续实施权力下放，并将依赖民众自发的热情以抵消军事和政治等官僚机构的临时起意和杂乱无章所带来的恶劣影响。无论是南方还是北方，只要能够更有效地调动和维持这种热情就将占据优势。然而，双方很快就意识到战神生性残酷,在他面前,南北双方尚不成熟的理想主义根本没有容身之地。处在南北分裂国家的美国人民各自为营,各自追随着自己的那杆大旗。原本推动他们投身战争的天真幻想和浪漫主义早就已经被他们抛到了九霄云外。这场战争已经进行了一年之久,但结束时间仍然遥遥无期,面对着战争所带来的种种痛苦,虽然令人窒息,但美国人民因此变得坚忍淡泊、冷酷无情。这一变化汹涌猛烈,其影响却又如此深远,从此以后美国人民再也没有恢复初心。

第五章　废除奴隶制，直面自由

奴隶制是美国内战爆发的内在原因：当南方人声称为南方诸州争取宪法规定的州权时，其实他们脑子里经常想到的州权就是继续实施奴隶制。阻止奴隶制的继续扩张既是共和党的核心目标，也是北方所独有的政治运动。然而，分裂主义者认为这一主张是朝着彻底破坏其独特政治体制的方向迈出的第一步。共和党人不承认他们所实施的战略隐含着解放黑奴的意味，虽然表达时有些言不由衷，但在别人听来也是掷地有声。随着战争时间的不断延长，废除奴隶制的问题就变得愈发突出。当共和党领导下的联邦政府宣布参战，开始打击因为奴隶制问题而脱离联邦的南方诸州时，联邦主义的隐含意义基本上就已经变成在就奴隶制问题不对南方做出妥协的情况下，如何才能使美国实现南北统一，并巩固这个他们原本打算削弱的政治体制。

共和党对待黑人的矛盾态度

然而，即便共和党人认为奴隶制邪恶无比，而且最终必将令其毁灭，但这并不意味着他们随后将采取行动为非裔美国人争取平等的社会地位或者实现种族公平。在这些问题上，如果说共和党人没有采取漠不关心甚至敌对的态度，但至少可以说他们的态度是矛盾的。相较于南方数以百万计的黑人，北方的黑人虽然为数不多，但南北双方对黑人的仇视和畏惧在恶毒程度上不分伯仲。这是一种"隐性的种族主义"，持有这种态度的很多白人都认为黑人是一个龌龊劣质的民族，因此都尽量避免与黑人直接接触。战前，即使在共和党选票迅速攀升的很多州里，白人选民也拒绝接受大量的黑人选票。在几个所谓的自由州，法律规定禁止自由黑人进入该州或在该州定居，虽然这样的法律几乎没有真正实施。其他形式的公共歧视，如在学校和公共交通工具上的种族隔离现象，同样有增无减。个人偏见在很多方面削弱了黑人可能拥有的公平机会。共和党人并不关心能否在与白人平等的基础上考虑黑人的公民身份问题。实际上，他们只是反对奴隶制的扩张，或者表达得更加含糊一些，只是反对奴隶制的道德立场。

当共和党在1861年开始执政时，对于终止奴隶制并没有制定出一个条理分明的战略。实际上，一开始他们坚决否认该党的真正意图是废除奴隶制。联邦政府所采取的措施与废除奴隶制有着密切的联系。相比之下，内战本身所存在的危急情况与该制度的废除也密不可分。内战中所存在的一些情况包括：对南部联盟成员的愤懑不满、国会内部和民间的废奴主义者所施加的压力、黑人面对南北分裂以及白人之间的战争所创造的机会做出的反应等。在一个早已经赢弱不堪的国家里，战争的发展变化存在着诸多变数，很多新的参与者前仆后继，不断加入其中。在一个复杂的具有辩证色彩的政治背景下，解放黑奴得以再次提上日程。只不过在这一过程中，面对着事态的发展，联邦国会以及林肯政府的反应却经常是杂乱无章、迟疑不决、模棱两可的。事态最终向完全废除奴隶制的方向发展，只不过直到1865年内战结束后，《宪法第十三条修正案》(Thirteenth Amendment)才获得正式批准。

不管北方联邦的信仰中是否真的具有种族矛盾的特点，但只要战争还将继续进行下去，那么，废除奴隶制以及恢复黑奴自由就必将成为其核心问题。南部联盟始终坚称实行奴隶制是其主要权利。北方联邦与之相比也别无二致，在制定政治、经济以及外交政策时也必先考虑这两个核心问题。到底应该以何种方式雇用黑人当兵或务农？这些黑奴在战后的生活中又将应该承担起何种法律角色和社会角色？对于南北双方的权威部门而言，这两个问题都是他们不得不回答的问题。此外，如今的情况与奴隶制鼎盛时期的情况已经大不相同。鉴于白人的权力机构正处于分裂状态，再加上战争所提供的大量机遇，黑人在决定自己未来命运走向时发挥了更加积极的作用，同时对南北方政府将要做出的选择也产生了深刻的影响。

林肯对奴隶制的态度

林肯对于奴隶制的直观感受就是该制度"极不公正"。他在1854年的演说中第一次提出了这一观点。1858年，在他与道格拉斯之间进行的著名论战中，林肯再一次重新表明了自己的态度。然而，同样出于直觉，林肯相信黑人永远不可能实现与白人完全平等。他还认为自己缺乏在联邦内部废除奴隶制的权威，因为宪法本身所存在的局限性使总统没有办法采取单方面行动宣布奴隶制非法。上文的联邦内部是指北方联邦的四个蓄奴州,包括密苏里州、肯塔基州、马里兰州以及特拉华州。从政治角度而言,林肯竭尽所能,目的就是使这几个蓄奴州仍然保留在联邦内,因为他深知这几个州的支持对自己获得成功至关重要。尤其值得一提的是,林肯相信一旦与肯塔基州的关系疏远或者该州脱离联邦,那么在这场战争中他就将功亏一篑。因此,不论他对奴隶制采取何种态度,林肯面对边境各州的奴隶主都采取了妥协手段,因为这些奴隶主实力雄厚,他们既可以助联邦政府一臂之力,也可以令其遭受重大打击。为了终止奴隶制,林肯对奴隶主采取了一系列的补偿措施以期获得他们的长期支持。为此,他和奴隶主之间一直争执不下。直到 1864 年,他们才找到一条可以说不论对白人还是对黑人而言都属于上佳选择的解决方案:非裔美国人移民海外,比如迁移到拉丁美洲。

至于白人的偏见,林肯总体上持有一种宿命论的保守主义思想。他从来没有公开认可白人优越主义,但接受美国白人对黑人存在着根深蒂固的偏见的事实,而且认为自己对于改变这一事实无能为力。实际上,他知道,他不得不接受白人的信仰。林肯自己也清楚,他所持有的针对种族关系的观点对于黑人而言有百害而无一利。因此,对于任何解放黑奴的计划,他一直都持有一种不信任态度。林肯无法想象黑人成为美利坚合众国正式公民的场景。对于眼下所存在的种族问题他拊膺切齿。1862 年 8 月 14 日,林肯在白宫接见了非裔美国人的领袖,这次会见也因此而引起了公众的注意。林肯难以遏制住心中的怒火,他甚至指责奴隶就是这场内战的诱因。他对这些黑人领袖说道:"我们白人正在自相残杀……而你们这些家伙虽然就生活在我们中间却置身事外。"

一位重要的黑人领袖对此指责提出异议。弗雷德里克·道格拉斯回应说,林肯的意思是盗马贼之所以犯下盗马罪是因为有马匹存在。5 个月前,道格拉斯在纽约州罗切斯特市发表演讲时说,他曾经敦促总统和联邦国会将废除奴隶制作为联邦政府参战的主要目标。废奴运动在内战的第一年已经赢得了大量新的支持者,如今,道格拉斯的雄辩演讲成为这次运动的高潮。道格拉斯宣称,解放黑奴已经成为"全民族的迫切需求。我们正在经历一场声势浩大的冲突,万事万物的发展都在朝着一个方向努力,废除奴隶制的大业与拯救整个国家的命运已经合二为一。现如今,为了解放黑奴而战的人们就是在为了拯救国家、拯救整个自由制度而战;为了保存奴隶制而战的人们就是在与整个国家为敌,就是为了推崇奴隶主的寡头政治"。道格拉斯最后说:"在我看来,只有全面解放黑奴才能为实现永久和平奠定基础……如果任由奴隶制继续存在于叛乱诸州,那就无异于埋下了背信弃义的叛国隐患。假以时日,我们还将被迫面对着一大批蠢蠢欲动的叛国者和反政府败类。"

林肯的思想原本就自相矛盾，因此，宿命论的保守主义并非其思想的全部内容。面对着这些问题，他的内心也一直处在挣扎之中。不论他自己的思想曾经如何，在经历漫长而又残酷的战争以及由此而衍生出来的复杂政治变革后，林肯思想的天秤开始向解放黑奴的方向倾斜。林肯自己虽然不能算是真正意义上的激进分子，但他与国会里那些本党的激进分子交往甚密，而这些人的思想比他的更加雄心勃勃。这些激进分子坚称在联邦内保留奴隶制没有任何意义，这一问题必须加以解决。可见，虽然有些人认为只要南北方在政治上实现妥协就可以实现统一，但是相较于这些人，共和党的激进分子在了解战争基本逻辑的速度方面明显更胜一筹。更为重要的是，不管林肯的心理矛盾、思想动摇发展到何种程度，他却仍然以更积极的态度对待战争，因为这场战争即便没有推动他以及他领导的联邦政府实现种族正义，但至少将其立场逐渐推向了解放黑奴的一方。

当战争开始打响时，虽然几乎所有共和党人都认为联邦政府的首要任务应该是废除奴隶制，但林肯相信政府的首要任务应该是努力恢复并保留联邦制，而不是结束奴隶制。战场上的大部分士兵赞成威廉·里德（William Reed）的观点。里德在给爱荷华州的一个朋友的信中写道："我与所有人一般无二，全力支持联邦政府。然而，尽管我知道奴隶制可能会毁灭我们的政府，但若让我为黑人流血牺牲，我却心有不甘。"一开始，为了顺应公众情绪，尤其是为了安抚肯塔基州的那些蓄奴的联邦主义者，在共和党的支持下，林肯采取的行动一直都非常谨慎。

飞向自由

几乎与此同时，战争和黑奴对自由的反应彻底改变了奴隶制的政治结构。虽然林肯对此敷衍了事，虽然共和党人对帮助黑人寻求种族正义的态度始终处于一种不愠不火的状态，但黑奴把林肯当选总统以及内战的爆发看作上帝赐予的神启。为了前往自己的"应许之地"，也就是心目中的福地乐土，黑奴纷纷从奴隶主身旁逃跑，逃离家园，重新上演了一出以他们自己为主角的《出埃及记》。内战期间，多达50万名黑奴陆续移居美国北部地区。尽管北方当局并没有马上招募他们入伍，但黑奴的大规模北迁有助于削弱南部联盟的实力，加强了北方联邦的力量。

与林肯相比，其他政界人士都希望联邦政府在解放黑奴的道路上步子迈得更大一些。他们中的一些人是政治将领,因此有更多的采取行动的机会。1861年5月24日,就在萨姆特堡战役结束的5个星期后,当北军占领了南部联盟治下弗吉尼亚州的一部分地方时,门罗堡成百个黑奴逃离种植园,前往联邦部队的营地。联邦部队上将本杰明·F. 巴特勒(Benjamin F. Butler)负责这次远征,宣称这些逃亡奴隶是"战争的违禁品",并让他们投入战争。1861年7月他宣布:"在镇压叛乱的过程中,对于任何被用来对抗我方武装力量的东西,我方都要将其没收充公,我方要没收全部财产,而这些奴隶财产是联邦国家财产的一部分,他们不但是这场战争的诱因,而且为控诉这场战争提供了依据。"对于任何黑人而言,将自己视为一种物化了的财产并不是一件能让他们能引以为荣的事情,不过,巴特勒通过这种方式对黑人的主动性做出了回应。这表明他意识到,南部联盟在奴隶财产上的丝毫损耗都可以让北方联邦获益。至少巴特勒手下的一些人支持他的观点。马里兰州的一个奴隶主声称,他手下的一些奴隶逃到了白人军团。当奴隶主打算把这些逃亡奴隶抓回来时,军团里的士兵对着他大喊大叫:"开枪打死他,拿刺刀戳死他,杀了他,把他赶出去,他这个家伙不但拐卖黑人,还走私黑人。"他们边大声叫喊着,边朝着奴隶主投掷石块,将他从营地里赶了出去。结果,他一个黑奴也没能带走。

杂乱无章的联邦政策

不过,北方联邦其他的将领却将逃亡奴隶归还其原来的主人。事实上,北方联邦并没有制定统一的政策,而是仅凭当地的指挥官一时的兴致。因此,在一年多的时间里,这种杂乱无章的局面一直没有得到解决。1861年8月6日,国会通过了《第一充公法案》(First Confiscation Act)。该法案规定,如果南部联盟曾经将逃亡奴隶征用为军事力量,或该奴隶主曾经对南部联盟的战事发展做出过贡献,即便奴隶主请求索回其奴隶,该请求也将被视为无效。因此,不论是赞成还是反对这项法案都变得很困难。该法案并没有给北方联邦军官提供任何指导,相反却似乎强制要求北方联邦境内蓄奴州的奴隶主要忠诚。

主张废奴主义的联邦官员

上将约翰·C. 弗里蒙特是个具有英雄气概的探险家,1856年共和党总统候选人。弗里蒙特非常注重自己的独立立场。1861年8月30日,他在自己所指挥的密苏里军区内部宣布实施戒严令,解放了所有背弃联邦的奴隶主的奴隶。密苏里州境内的游击战在该州制造了极大的混乱,应该说这种局面和弗里蒙特做出这一决定的初衷有着不小的关系。不过,弗里蒙特的目的与巴特勒一样。弗里蒙特宣称:"无论是谁,只要举起武器反对联邦政府,只要证明他们在战场上与敌人站在同一条战线上并发挥了积极作用,那么,他们的不动产和私人财产,都应该充公,收归联邦所有。如果他们曾经蓄养奴隶,那么这些奴隶也就相应地获得了自由。"实际上他特指的是密苏里州的那些游击队员。林肯言辞委婉地要求弗里蒙特遵守《第一充公法案》的相关规定并对自己做出的声明从此绝口不提,但弗里蒙特对此断然拒绝。于是,林肯对他下了最后通牒,但他依然不为所动,最终林肯在11月2日解除了弗里蒙特的职位。然而,弗里蒙特已经将这个人所共知的秘密公之于众,因为他明白无误地将当时看似极端的方法大声宣布出来,并将其置于政治议程之内。实际上,弗里蒙特已经使内战潜在的反对奴隶制的情绪日渐高涨起来。废奴主义者,尤其是黑人废奴主义者联合起来要求恢复弗里蒙特的职位,同时谴责林肯行动迟缓,对林肯批评的声音也越来越高。

1861年12月,战争部长西蒙·卡梅隆在年度报告中建议解放黑奴并武装黑人。林肯收回了这份报告,拒绝采纳这一建议,随即将卡梅隆调任为美国驻俄国公使。据说卡梅隆之所以被解除职位是因为出现了管理腐败问题,但大多数人认为真正的原因实际上与他在奴隶制问题上所采取的立场有关。1861年11月,联邦将军大卫·亨特(David Hunter)率领海军攻下了南卡罗来纳州沿海的海群岛后,便开始负责该群岛的指挥管理工作。亨特也坚决反对奴隶制。1862年春,亨特采取行动,再次加快了解放黑奴的进程。奴隶主在逃离海群岛时并没有将黑奴带走,于是亨特提出武装这批黑奴,但战争部对他的提议却置之不理。1862年5月9日,亨特不再期待战争部发布指令,自行将这批黑奴武装起来。他给亚伯拉罕·林肯写了一封信,这封信后来被发表在反对奴隶制的报纸上。在信中,他告诉林肯,他的实验"非常成功,甚至堪称完美。(自由黑人)头脑清醒、驯服顺从、全神贯注、热情似火,展现出来的是一种伟大的能力,这种能力仿佛天生的一般,他们完全可以肩负起北军战士的所有责任。他们勇往直前,精神饱满,随时等候奔赴战场,采取军事行动时完全服从指挥"。在接下来的一个月里,当亨特宣布南卡罗来纳州、佐治亚州以及弗罗里达州的黑奴获得自由时,林肯宣布亨特的命令无效,而战争部既不给他组建的黑人部队提供武器装备,也不提供军费支持。由此,亨特充满主见的实验功亏一篑。然而,这位北军地方指挥官再次提出反对奴隶制的政策并提出组建黑人部队,不由得让人陷入思考。同年夏天,路易斯安那州和堪萨斯州的军事指挥官也如法炮制。在很大程度上,他们的举动无疑是对自由黑人所施加的压力做出的回应,因为很多黑人都热切希望举起武器,为了解放同胞而战。

1862 年:联邦战争目标的深化

1862 年 4 月初,夏伊洛战役爆发;6 月底,半岛战役血腥惨败;这两场战役的惨烈程度都给北方联邦带来了巨大的冲击。随着战争的不断深入发展,占领南部联盟地域的北军发现不管是留在家乡消极对抗联邦法规的白人平民,还是潜入密林作战的白人游击队员,一般都是背信弃义的敌人,黑人则看上去似乎对联邦实现自身的战争目标越来越能够起到辅助作用。很多北军部队都意识到白人青年面对战争带来的屠杀所做出的反应多半是抵制征兵,因此,北军对黑人潜力发挥的可能性反而更加信赖。北方人想要惩罚南方人的愿望以及打算利用黑人实现这一愿望的想法变得愈发强烈。黑人军团不但会参与内战,而且对于曾经蓄养这些黑奴的奴隶主而言,只要黑奴现身战场就会让他们感到奇耻大辱,南方政界也会因此而被搅得天翻地覆。在北方各州的州议会以及联邦国会里,反对奴隶主的行动愈演愈烈。不管采取这些行动所表达的是不是议员的意图,至少这些行动本身一直都带有废奴主义的意味。与此同时,随着麦克莱伦的继任者约翰·波普在弗吉尼亚州颁布一系列严苛的新政策,北军士兵开始愈发频繁地袭击劫掠南部联盟平民的财产。波普是共和党人,与国会中的激进派交往甚密。

国会解放奴隶的措施

1862 年 3 月 13 日,联邦国会发布命令,禁止联邦士兵将逃亡奴隶交还给其原来的奴隶主。4 月 16 日,国会废除了哥伦比亚特区(District of Columbia)的奴隶制,这是国会为了解放黑奴所采取的第一次行动。紧接着到了 6 月 19 日,国会通过法案,在美国西部地区禁止实行奴隶制。然而,林肯总统对这些行动采取了保留意见,并对其加以限制。4 月 10 日,国会批准了林肯的计划,宣布不论在哪个州,只要奴隶主愿意逐步解放奴隶都会得到财政补偿。根据哥伦比亚特区的解放奴隶法案,奴隶主每解放一个奴隶就可以得到 300 美元的补偿款;设立专项基金,用于支付在美国境外为这些曾经为奴的黑人建立殖民地的全部费用。

在内战期间,英属洪都拉斯、巴拿马和利比里亚都被视为建立殖民地的目的地,而在海地将会发生一场悲惨的实验。很明显,林肯想要通过精心打造这一法案为解放黑奴的行动设立一个范本。

林肯和逐步解放政策

林肯制订的计划包括逐步解放黑奴、对奴隶主的财产加以补偿以及将黑人放逐出境等。虽然国会对此表示赞同和支持,但该计划也遭遇了越来越大的阻力。林肯尝试做出温和变革,但这一尝试不切实际,而且不太可能实现。他的变革虽然没有遭到废奴主义者的抵制,但遭到联邦蓄奴州保守派国会议员的反对。1862年7月12日,林肯将这群国会议员召集到白宫,要求他们立即接受自己的计划,并颇有远见地警告说奴隶制是一种非传统的生活方式,"只要双方产生摩擦——哪怕只是战争中的一件小事都会令奴隶制不复存在"。7月14日,这群国会议员拒绝了林肯的提议。奴隶制这一特殊的政治体制虽然饱受战争的侵蚀却仍然保留了下来,而林肯的计划也化为泡影。此时此刻,鉴于公众和国会对废除奴隶制行动所施加的压力,再加上林肯也意识到自己一直以来施以援手的那些人却在暗地里破坏自己的首选计划,于是林肯不得不重新考虑制定新的政治策略。

《第二充公法案》

与此同时,联邦国会继续大力向前推进废奴运动。7月17日,国会通过了《第二充公法案》。该法案允许联邦政府没收反政府者的所有财产;禁止武装力量里的任何成员将逃亡奴隶交还奴隶主;为了打击南部联盟,总统得到国会授权,可以以任何他认为合适的方式雇用黑人。这一法案终结了不同政治派别的军官在逃亡奴隶的问题上模棱两可的态度以及不断变化的临时政策。同一天,国会通过了《民兵法案》(Militia Act)。该法案为解决征用黑人军团以及恢复参军奴隶的自由身份等问题开辟了道路。这些法案的颁布距离大卫·亨特首次尝试招募自由黑人入伍的实验失败只有4个月的时间。8月底,新奥尔良的几支黑人民兵部队宣誓加入北军服役。大卫·亨特最终也获得许可开始在海群岛上招募黑人战士。

林肯在政治方面一向精明强干。虽然他对国会采取的这些举措没有表示异议,但在他签署这些法案之前仍然要求国会在财产充公的实施方法上做出适当的让步。林肯意识到在激进派先发制人之前,自己在解放黑奴的过程中必须继续发挥总统的掌控权。此外,林肯也清楚,在制定更加严厉的以打击南军为目的的军事政策时,他可以将财产充公以及解放奴隶等两项政策包括进来。因此,国会的提议正中他的下怀。

《解放黑人奴隶宣言》

美国内战的形势愈发严峻,而越来越多的黑人已开始投身战争。在这种大背景下,林肯在7月22日起草了一份自由宣言,意在恢复联邦政府管理下的黑奴的自由身份。当他将这份行政命令交由内阁成员讨论时,威廉·H.西沃德劝说林肯推迟颁布该宣言的时间,最好选择在北军取得一次大规模的胜利后再将其公之于众。这样一来,该宣言的颁布就不会看上去像是在艰难卓绝的战争期间所采取的一种绝望举动。1862年8月22日,林肯就在这个关键时刻给《纽约论坛报》(New York Tribune)的著名编辑霍勒斯·格里利(Horace Greeley)写了一封信。林肯在信中写道:"在这场战争中,我的最高目标是拯救联邦国家,而不是拯救或毁灭奴隶制度。倘若不必解放任何奴隶也可以拯救整个国家,我当然乐于为之;倘若必须解放所有奴隶才能拯救整个国家,我也乐于为之;倘若需要解放一部分奴隶并保留一部分黑人的奴隶身份才能拯救整个国家,我亦乐于为之。"林肯接着又补充道,他之所以有这样一个提议并不是因为他的"个人愿望想要解放全国各地的所有黑奴",而是因为他要履行"官方职责"才有此观点。林肯的这番言论是针对广泛的公众舆论,因为当时大部分民众对于解放黑奴仍然持有反对甚至敌对的态度。在这份即将颁布的引人注目的宣言里,林肯表达了一种保守主义的思想,同时他也向废奴主义者表明态度,他与废奴主义者站在同一条战线上。

9月17日,安提坦战役爆发。该战役虽然并不具有决定性意义,但是同样血腥暴力。在这场战役结束后,南军开始向南方撤退。对于西沃德和林肯而言,这场战役来得非常及时。于是,林肯总统在9月22日公布了《解放黑人奴隶宣言(草案)》(Preliminary Emancipation Proclamation),并宣布第二年元旦为解放日。

人们或许会以为,凭借着林肯雄辩的文笔,这份具有历史意义的宣言应该具有撼动人心的力量。然而,该宣言读起来却更像是律师拟定的一份合同,不但措辞隐晦而且平淡无味。从一开始,林肯就在宣言里再次重申他会补偿奴隶主的损失,逐步解放奴隶以及为黑人开拓殖民地等措施。当时他可能已经知道这些保守的建议根本就不可能得以实施,但他还是在重申了这些建议后宣布到1863年1月1日,"凡在当地人民尚在反抗美利坚合众国的任何一州之内……为人占有而做奴隶的人们都应在那时及以后永远获得自由"。林肯继续写道:"当他们或他们之中的任何人为自己的自由而做任何努力时,政府不做任何压制他们的行为。"根据该宣言的规定,不属于联邦政府管辖范围之内的奴隶将会获得自由,而北方联邦境内蓄奴州的奴隶制却丝毫没有受到影响,因此,致力于反对奴隶制的民众虽然对该宣言的发表心存疑虑,但还是表现出欢迎的态度。就林肯而言,他认为自己作为总统,宪法已经赋予自己可以在美国境内发生叛乱的地区恢复奴隶的自由身份的权利。然而,在他认为在没有军事意义的地区并没有必要实施此种权威。

对《解放黑人奴隶宣言》的普遍欢迎

不过,《解放黑人奴隶宣言》的措辞虽然具有律师的语言风格,但实际上堪称一个政策上的巨大转变。这一点绝对不容忽视。即便从一开始,该宣言只是在纸面上宣布解放绝大多数奴隶,然而,这一步既然迈出便不容逆转。1863年1月1日,在北方的各大城市以及南方被北军占领的地区,获得自由的奴隶举行了盛大的游行庆典。"在那时及以后永远获得自由"——这句话掷地有声,在整个宣言中都堪称点睛之笔。人们高唱着《王国正在到来》(*Kingdom Coming*)以及《禧年》(*Year of Jubilee*)等歌曲。在波士顿音乐厅举行的庆祝活动中,拉尔夫·沃尔多·爱默生(Ralph Waldo Emerson)[①]吟唱了一首赞美诗。其中包括以下几句:

> 我撕毁了你的契约,剥夺了你的奴隶主身份。
> 我打开了奴隶身上的枷锁:
> 从今以后,他的双手、他的心都将获得自由:
> 就像海浪无拘无束,就像风一样自由。

---

① 拉尔夫·沃尔多·爱默生(1803—1882),生于波士顿。美国思想家、文学家、诗人。爱默生是确立美国文化精神的代表人物。美国前总统林肯称他为"美国的孔子""美国文明之父"。1836年出版处女作《论自然》。他文学上的贡献主要在散文和诗歌方面。——译者

与此同时,波士顿的黑人在特里蒙特寺(Tremont Temple)欢庆自己的节日。弗雷德里克·道格拉斯宣布黑暗的奴隶制度已经成为昨天,随之而来的是"玫瑰色的曙光,是新的自由真理"。参加集会的人群和他一起用低沉的嗓音唱起了一首古老的圣歌:"吹起你的号角,吹响吧!嘹亮的铃鼓声响彻黑暗的埃及海上空,耶和华已经旗开得胜,他的子民获得了重生。"在美国北方及北军占领的南方地区,黑人用各种各样的方式庆祝《解放黑人奴隶宣言》的颁布。同一天,林肯宣布了一项轰轰烈烈的计划:招募黑人入伍。大规模的征兵招募工作马上就如火如荼地开展起来。

《解放黑人奴隶宣言》的影响

对于北方的民主党人而言,《解放黑人奴隶宣言》的革命意义并没有让他们从此茫然失措。实际上,与其说他们反对的是内战的主要目标——南北实现统一,还不如说他们强烈反对的是解放黑人并将黑人武装起来的事实。因此,这些民主党人决定竭尽全力令历史的潮流发生逆转。例如,1863年1月7日,民主党控制的伊利诺伊州州议会通过决议,称《解放黑人奴隶宣言》"以排山倒海之势篡夺"并"颠覆了"宪法赋予总统的权力,其目的是将这场战争变成"一场突发地、无条件地使用暴力手段解放奴隶的革命运动"。该宣言将会引发"美国南方各州社会组织内部的一场变革",无异于向奴隶发出了邀请,欢迎他们发动一场具有"残忍暴虐、丧失人性"特点的"奴隶起义"。对于林肯发表的宣言,北方一直都存在一股强大的反对势力,这股势力对于能否接受黑人享有公平正义这一理念将会产生长远的影响。

黑人应征入伍以及南部联盟的态度

《解放黑人奴隶宣言》与黑人应征入伍密切相关,而黑人入伍在很多方面对于内战又都产生了深刻的影响。对于南部联盟而言,这件事意味着如果有个政党主张愿意不惜任何代价以换取和平,而且该党还成为执政党的话,那么内战结束就只剩下一个选择,即南方必须接受废除奴隶制的政策。为了实现和平,南方人将不得不放弃自己所蓄养的奴隶以及所享受的政治独立。只不过他们坚信这种情况绝对不会发生。绝大多数的奴隶主对于保持奴隶制一直持有坚定不移的态度。因此在这个问题上他们不可能做出让步。于是,南北双方便陷入了一场漫长而血腥的斗争中。

《解放黑人奴隶宣言》在国外的影响

《解放黑人奴隶宣言》的颁布也改变了内战期间的外交格局。此前，英（英国是当时的超级大国）、法两国及欧洲大陆其他国家的许多人对美利坚联盟国持有同情态度，认为北方联邦之所以发动这场战争是为了征服那些以寻求自由为目的的饱受压迫的人民，这场战争则是一场具有帝国主义意味的征服战争。英国贵族中的许多人对于南方士绅有一定的认同感，而对推崇物质主义的北方人则心存反感，因为北方的工业实力正在超越英国。趁机浑水摸鱼、削弱美国的实力对于他们而言充满了诱惑。然而，这样的情绪从来没有在当今时代的政府中占据主导地位，一方面，英国由于鲁莽草率的冒险行为已经失去得太多，比如说在加拿大的问题上；另一方面，当时英国的中产阶级和无产阶级的舆论力量已经变得越来越重要，而且这种舆论虽然从来都没有声援过南部联盟，但在实现本国民主化的过程中，这两个阶级的成员却将共和党的政策视为一种支持性的力量来源。

然而，随着《解放黑人奴隶宣言》的颁布，有关认可南部联盟的呼声却变得几近销声匿迹。毕竟在废除奴隶贸易的问题上英国曾经处在先行者的位置。早在1834年，英国就已经在英属殖民地废除了奴隶制。这项长期改革政策所积累的道德资本意味着在某种程度上，北方联邦所进行的这场战争是为了废除奴隶制而战，并不仅仅是为了清除持不同政见者，而英国则更倾向于与崇尚自由的政党结盟。或许北方联邦在军事上取得的胜利令英国人更加确信置身事外是一种明智的选择。此外，英国人也注意到联邦陆军和海军的实力变得越来越强。在后内战时期将会出现的美帝国主义倾向在此时也已经初见端倪，而那时的美国将与英国为敌。

《解放黑人奴隶宣言》的局限性

不过，我们也不能过度强调《解放黑人奴隶宣言》这份法案个体所发挥的重要性。因为不论是在宣言发布之前还是在发布之后，北军不断袭击南方地区并占领了南方的大部分土地。越来越多的黑奴随即开始大规模地逃往北军占领的地区，为那些在内战期间主张解放奴隶的人提供了巨大的支持和动力。1865

年，弗吉尼亚州的一个难民在评论自己此前逃亡的重要意义时声称："过去，从列克星敦到加拿大有 500 英里远，但眼下只有 18 英里！因为现在纳尔逊营（Camp Nelson）就是我们的加拿大。"为了逃离北军的控制范围，玛丽·威廉姆斯·皮尤（Mary Williams Pugh）带领着家族奴隶从路易斯安那州启程前往得克萨斯州。皮尤与她母亲互通消息时说："第一天晚上，西尔威斯特（Sylvester）就不告而别——第二天晚上抵达长沼湾（Bayou B.）后，父亲最得力的 25 个手下就逃之夭夭。从第三天起，几乎所有的女人和孩子都开始蠢蠢欲动——不过，幸好这次父亲发现得及时，除了一男一女，剩下的奴隶全都给抓了回来。总体说来，父亲损失了 60 个最身强力壮的奴隶。"南部联盟政府当然也清楚大规模的奴隶逃亡可能产生的影响，但面对愈演愈烈的逃亡趋势，政府却束手无策，无能为力。

黑人难民

北方联邦对这场史无前例的人口大迁移根本没有制订任何计划。面对着刚刚获得自由的奴隶及其家人，联邦成员对他们有一种难以述说的复杂情感，同情、冷漠、敌意乃至剥削利用兼而有之。对于北方联邦所追求的伟业而言，所有黑人都极具实用价值，因此，尽管大多数联邦官员的内心仍然持有一种种族主义的态度，但也很快就意识到了黑人所蕴藏的巨大潜能。俄亥俄州的一个民主党人如此写道："我的原则是：只要是能够削弱敌人的力量我都支持。"他的意思就是，北方联邦应该让黑人"为我所用"，不管是给他们配备铁锹，还是配备火枪。1863 年 3 月 31 日，亨利·W.哈勒克在华盛顿给上将格兰特写了一封信。信中写道："每有一个黑人从敌军中逃出来，就等同于使一个白人丧失了战斗力。"军队中有一些诸如开挖防御工事、驾驶卡车等繁重的任务。如果马上将黑人投入使用，就可以使陆军士兵从这样艰苦的任务中解脱出来，而黑人女性则可以当厨师、做清洁工或者在医院里做一些烦琐的辅助工作。南部联盟做了一番简单的计算后发现，自己在劳动力方面的损失会让北方联邦直接获益。于是，南部联盟开始将大批奴隶运往遥远的南方腹地，并强征剩下的黑奴参军入伍，让他们上前线挖战壕或者做其他一些重体力活。此举对黑人而言却变成了逃跑的催化剂：只要一有机会，黑人就会逃往北方联邦。黑人举家逃亡而不是男性独自逃亡的这一事实表明——这种人口大迁移并非临时起意，而是去意决绝。

北方联邦虐待自由民

尽管北方联邦意识到逃亡奴隶给他们提供了巨大的劳动力来源,然而,他们对待黑人的态度和方法极为恶劣。当联邦军队雇用越来越多的黑人做苦力时,联邦政府却从来没有颁布任何有关黑人的工作报酬或工作条件的政策规定。联邦军队虽然对黑人实施薪酬制度,但在一般情况下,黑人总是缺衣少食,偶尔可以领取少得可怜的现金,而有时候甚至连一分钱的报酬也拿不到。那些原本打算依靠这笔收入为生的黑人家庭经常饱受苦难,痛苦不堪,因为这些黑人劳动力能领到手的报酬简直微乎其微。举个例子来说,1862年12月29日,驻扎在阿肯色州海伦娜(Helena)的3个白人军官给密苏里军区司令写信。这3个人中有一个是牧师,另外2个是军医。在信中,他们揭露了一些事实:有些黑人家庭虽然拿到了报酬,但遭到了联邦士兵的强取豪夺,甚至有时候联邦士兵会为了钱将他们赶尽杀绝,可这些违法犯罪的士兵却逍遥法外。"为了满足自己的兽欲,有些联邦士兵甚至会对黑人女性动手动脚。当那些女人的丈夫奋起保卫妻子的安全时,那些士兵竟然将黑人直接殴打致死,却丝毫没有受到法律的制裁。"大多数黑人除了一日三餐,从来没有拿到一分一毫的报酬,根本没钱养活家人,因此,大多数黑人家庭经常"都被迫处于无依无靠、忍饥挨饿的状态"。

黑人抗议联邦虐待

面对着饱受虐待的命运,有些黑人难民表达了自己的不满情绪。1865年3月9日,生活在北卡罗来纳州罗阿诺克岛(Roanoke Island)的一些黑人给林肯总统写了一封信。他们在信中抱怨称,在过去的3年里,他们非但没有拿到任何报酬,还要遭受各种形式的体罚,陆军士兵经常对着他们高举着刺刀,对他们吆五喝六、颐指气使。他们坚称,无论分配给自己何种任务,自己都愿意努力完成。不过,他们不愿意被"那些兵老爷们呼来喝去,片刻不得安生"。应征入伍并在前线担任工兵的黑人很多,但绝大多数都是有去无回。当联邦军队接受他们时,一个黑人回忆道:"他们对待我们非常恶劣,简直与原来的奴隶主没有任何分别……他们面对我们的时候就好像我们根本不是人,而是惹人生厌的野兽一样。"罗阿诺克岛上还有一些人在给战争部部长的信中写道,当饥饿的女人和孩子到当地小卖部乞讨食物时,店主就将她们赶出门外。为了一己私利,他们把原本专门拨给自由民的食物拿出来售卖。同时,白人士兵则破门而入,随意抢夺黑人饲养的家禽和他们种植的蔬菜。

黑人难民的流浪生活

在北军占领的很多南方地区,来自千家万户的黑人为了寻找工作不得不离开原本生活的种植园,结果却发现自己根本无处存身。如果这些逃亡奴隶无法得到白人的直接雇用,或者白人不愿意对他们负责的话,大多数城镇的军方权威部门会出于公共卫生安全的考虑而驱逐他们。在整个南方地区,无论是在城市边缘还是在农村地区都涌现出大量的棚户区——当然,白人难民也身居其中。难民能够得到的建筑材料非常有限,因此他们都竭尽所能,东拼西凑地搭建出简陋的小窝棚。这样的窝棚没有窗子,通风条件极差,而且潮湿污秽,结果导致各种传染病在棚户区大肆传播。

成千上万的黑人追随着北军在南方地区东奔西走。他们虽然号称是随军流动的平民,但实际上不过是流浪者而已。为了从北军士兵手中换取一些吃穿用度,这些绝望的黑人从事着最卑贱的工作,无论士兵随意给他们什么,他们也无法挑挑拣拣。然而,北军中的很多指挥官都认为即便黑人乘坐的是行李车厢也让他们无法忍受,因此想方设法要将黑人甩掉。北方报界曾经刊登过一个臭名昭著的事件。杰佛逊·C. 戴维斯(Jefferson C. Davis)是威廉·T. 谢尔曼麾下一个军团的指挥官。在1864年向海洋进军(March to the Sea)中,由于连日降雨,佐治亚河(Georgia River)河水暴涨。然而,当戴维斯率领部队安全渡过佐治亚河后,竟然下令将浮桥拆掉。当时,还有很多黑人尚在火车车厢里根本没来得及下车,便遭到南军上将约瑟夫·惠勒(Joseph Wheeler)率领的骑兵部队的袭击,结果很多黑人丧命于南军的手枪和军刀下。剩下的黑人大多数溺死在河里。当联邦当局就此事质疑时,据说戴维斯向谢尔曼汇报称,戴维斯曾经下令严禁黑人难民追随在其身后,"可这些黑人还是尾随而来,于是他只能下令拆掉浮桥。他这样做不是为了甩掉这些黑人,而是为了保留浮桥以备后用"。戴维斯向谢尔曼保证说,惠勒并没有杀死几个黑人难民。谢尔曼认为戴维斯是个可敬的白人军官,因此对他所描述的一切并没有认真核实,而是简单地认为这次遗弃黑人难民的事件不过是"无稽之谈"。至于当天到底有多少非裔美国人死于非命,一直都没有任何相关记载。

废弃土地上的实验

事实证明，不论是让黑人充实城市里的劳动力储备，还是让他们成为随军流动的平民，都可以说是令人沮丧的解决方案。为了将刚刚获得自由的奴隶组织起来，联邦官员考虑用另外两个方法处理这个问题。鉴于战前95%的黑人生活在农村地区，第一个计划是用某种方式重新恢复种植园体系，以充分利用雇佣劳动力。第二个计划是将黑人安置在他们自己租赁的土地上。当然，还存在着第三种可能性，即将前两个方案结合起来。在废弃的种植园里将黑人监管起来，将这类种植园重新命名为"政府农场"，由白人担任监工。这些实验只在为数不多的几个地方展开，尤其是在内战刚刚打响不久时北军所占领的一些地区，其中最著名的地方包括南卡罗来纳州沿海的海群岛、新奥尔良的周边地区，以及密西西比河下游沿岸的一些地区。

在某些情况下，北方人来到南方或者在退役后接管了南方种植园主——其中大部分种植园主在南部联盟军队中服役——废弃的种植园。更多的情况是，种植园主并没有放弃自己的土地，而且可能还需要黑人劳动力的劳动，但北军要对种植园进行协调管理。民众对于这些刚刚获得自由的奴隶一直持有两种截然不同的观点，采取何种观点便决定了可能采用与之相对应的措施。第一种观点更加苛刻严厉，更加愤世嫉俗。正如一个监管黑人农场的白人监工所说，这些黑人"无一不是粗俗不堪、愚昧幼稚之人"，因此，必须用一种家长式的、白人为主导的体制取代奴隶制。不过，其他白人则采纳了第二种更为有利的观点。例如，废奴主义者弗朗西斯·W.伯德（Francis W. Bird）在1863年12月24日向战争部组建的委员会证实，在租赁土地上劳作的奴隶认为能够获准在自己的那份土地上劳作无异于享受了"一种巨大的恩惠"。伯德坚称，如果想要打造出一个"忠诚而又繁荣的"黑人社会，只需要允许黑人拥有自己那份土地的所有权。

海群岛上的实验

为了在原属于南部联盟的土地上安置获得解放的黑奴，联邦政府官员尝试了很多种不同的方法，但没有任何一种方法使黑人广泛获得土地所有权。早在1862年初，联邦炮艇就已经将南部联盟军队赶出了南卡罗来纳州沿海的海群岛。于是，大批种植园主仓皇逃窜，只留下了1万名黑奴。此后在该群岛上就出现了各种混乱无序的实验。岛上除了黑奴别无他人，因此一开始奴隶们就把那些种植园主的深宅大院洗劫一空，而且经常还会再放一把火，将宅院烧成灰烬。接着，奴隶们便开始种植粮食作物以供自己食用，但再也不种棉花。因为在他们看来，种棉花就是他们遭到奴役的象征。几十个主张废除奴隶制的白人男女从新英格兰地区南下，除了辅导这些获得解放的黑奴读书、认字以及简单的算术，还向他们灌输自由劳动力的价值观，例如，守时、勤俭，并帮助他们获得土地。后来人们将这些人称为"勇士之团（Gideon's Band）"①。然而，财政部官员感觉他们可以从棉花种植中获取巨额利润，因此，他们便借口这些种植园拖欠税款而直接将这些废弃的土地强行扣押，接着再将这些土地拍卖出售。北方很多投机商和政府官员与财政部官员相互勾结，进行内幕交易，虽然不择手段但得到了大量的土地。黑人中几乎无人有能力购买土地。即便是将他们的财富全部聚在一起，购买土地对他们而言也等同于天方夜谭。

面对急转直下的局面，获得解放的黑奴并没有被动地默默接受。他们在很多地区组织了地方协会，给联邦当局施压，要求得到土地所有权。这些新生的政治组织不断发展。后来，到了战后重建时期（Reconstruction），这些组织在非裔美国人联盟（African American Union League）下属的政治俱乐部里提出了涵盖范围更加广泛的议程。从某种程度上说，获得自由的奴隶从一开始就在政治上和经济上与北方统治者关系紧张。这些自由民想要发出自己的声音，他们知道北方联邦需要他们，因此他们从一开始就使自己实现了政治化。

波士顿的一家财团总共购买了11个种植园，占地面积大约8 000英亩，派遣爱德华·菲尔布里克（Edward Philbrick）南下经营这片土地。菲尔布里克雇用了将近1 000个劳工，将这片土地划分为适合一户人家共同劳作的地块，这样每个黑人家庭就可以耕种自己的那份农田。菲尔布里克的这种做法具有浓厚的理想主义色彩。他原本期待能够借此赚得大笔利润，结果却让他大失所望。于是，到了1865年，他变卖所有土地后返回了波士顿。在黑人看来，如果他们无法拥有土地，那么出于安全感的考虑，他们便想要得到足够的现金，这样就可以脱离白人的支配独立生存。即便是面对这位心地善良的北方慈善家，他们也想要从他所实施的家长式的管理中解脱出来。

---

① Gideon，基甸，《圣经》中的犹太勇士。——译者

另一个实验：戴维斯本德半岛

密西西比州的戴维斯本德半岛（现名为"戴维斯岛"）所进行的是另一个截然不同的实验。实验地点在杰佛逊·戴维斯和他弟弟约瑟夫·戴维斯共有的大种植园。从很早以前起直至当时，戴维斯兄弟在给手下的奴隶分配任务时就一直让他们拥有相当大的独立性。此外，戴维斯兄弟还组建了奴隶法庭，允许奴隶对不良行为进行裁决并实施制裁。这一政策的实施无意中鼓励了奴隶在没有奴隶主的情况下进行自我管理。1864年北军占领了该地区后，在没有戴维斯兄弟的情况下，这些自由民从联邦政府手中租赁了种植园，继续种植棉花及其他粮食作物，并组建了自己的地方政府。他们取得了可观的利润，但这种成功的模式却没有传播开来。

路易斯安那州的劳动力关系

在路易斯安那州的水稻种植园主中，有些人是联邦主义者，其他人则是在1862年北军占领了该州后开始效忠联邦政府。当地的联邦军队基于自由民与从前的奴隶主签署的合同，努力推行一种公平的工资制度。联邦官员坚称，由于受到这些合同的限制，在没有获得主人许可的情况下，这些自由民就将只能留在土地上而不能选择擅自离开。实际上，这就相当于创造出一种劳力偿债制——这是奴隶和自由劳动者的一种混合形式。劳力偿债制这一体系与上将洛伦佐·托马斯（Lorenzo Thomas）的做法有着异曲同工之处。托马斯将位于密西西比河河谷的南部联盟种植园租借给从北方南下同时效忠北方的民众。为了快速获取利润，很多不法企业家不择手段，纷纷签署租赁合同。托马斯规定，黑人只有两条路可走：一是参军入伍，充当战场劳动力；二是签署劳工合同在种植园劳作。虽然托马斯规定了最低工资标准，但这些新兴的种植园主经常剥削手下的雇工，甚至比此前的奴隶主还要变本加厉。因此，尽管黑人雇工原本生活的种植园早已不复存在，但在他们随即搭建起来的肮脏棚户区里仍然过着痛苦不堪的生活。大多数黑人雇工对待新老板明显有一种抵触情绪。事实证明，劳力偿债制无利可图，不但让人的情绪变得极端消极沮丧，而且在多数情况下还让人的秉性变得残酷无情。

重新分配土地的方案

1865年,针对南方土地以及黑人劳动力的重新分配,北方人开展了一系列激进的实验性计划。令人惊讶的是,实施该计划的正是畏惧黑人的上将威廉·T. 谢尔曼。谢尔曼曾经千方百计地运用权力排挤自己麾下的黑人军团。尽管亚伯拉罕·林肯曾经直接下达雇用黑人的命令,但谢尔曼故意违抗。1865年1月11日,战争部部长斯坦顿抵达萨凡纳,目的就是将几个黑人军团移交给谢尔曼指挥,并敦促谢尔曼采取明智的举动以挽回此前在黑人中所造成的不良影响。在斯坦顿的强烈要求下,1月16日,谢尔曼提议将原来的土地拥有者——实际上,这些人已经逃亡——所"抛弃"的沿海土地进行重新划分,分割成平均面积为40英亩的小型地块,并将这些小型地块分配给从前的奴隶,再给他们"一份书面形式的土地所有权证书"。根据他的这份计划,生活在佐治亚州及南卡罗来纳州沿海地区的大约4万名从前的奴隶得到了土地。上将鲁弗斯·萨克斯顿(Rufus Saxton)一向主张废除奴隶制。尽管谢尔曼瞧不起萨克斯顿,但他还是任命萨克斯顿负责整个计划。对于这份《特别战地令第15号》(Special Field Orders No. 15),谢尔曼感到十分满意。根据这一命令,他不但可以摆脱自己军队中的奴隶,而且可以让南方白人感到软弱无力,再次沉重打击他们的骄傲情绪。

内战结束后,获得自由的奴隶力求能够再次分配土地,而要求得到"40英亩土地和一头骡子"就几乎变成了提出斗争要求的一种模式,也成为自由民发动斗争的一大动力。然而,总统安德鲁·约翰逊(Andrew Johnson)支持种植园主的诉求。1866年,在约翰逊的敦促下,联邦政府宣布《特别战地令第15号》只不过是内战时期实施的临时措施,随即收回土地所有权证书,并将土地归还给以前的白人土地拥有者。战后,海群岛上的黑人也被剥夺了土地所有权。对于那些在华盛顿执掌政权的人士而言,个人财产神圣不可侵犯是其社会价值观和经济价值观的基础,但这一观点不但阻碍了没收土地以及土地重新分配的进程,而且使其无法成为惩罚穷凶极恶的敌人的有效手段。

自由民局

为了理顺在土地分配及黑人劳动力等问题上的混乱局面,早在1863年联邦政府就已经开始对此进行讨论并做出响应,然而直到1865年3月国会才组建了难民、自由民及被遗弃土地管理局(Bureau of Refugees, Freedmen, and Abandoned Lands,以下简称自由民局),民众普遍将其称为自由民局。政府以前从来没有组建常设官僚机构以解决严重社会问题的传统,因此自由民局的存在也是昙花一现,没多久便销声匿迹了。内战期间,黑人劳动力谋生的方式多种多样。内战结束后,其谋生的方式主要有以下两种:一是赚取工资报酬,二是在白人的种植园里做佃农,种庄稼。自由民局在战后的主要作用就是努力确保以上述两种方式谋生的黑人能够签署一份公正的合同。这两种谋生方式不但可以让黑人获得些许生存保障,而且还可以支持白人通过实施高压——有时候实施惩罚性——控制方式产生一种具有创造性并富有成效的结果。在短短几年的时间里,在所有劳动力关系中,佃农耕作制成为主导形式,主要是因为黑人都希望在没有白人直接监管的情况下自行劳作。有趣的是,白人地主开始逐渐对这一制度的灵活性及相对说来便于掌控的特点青睐有加。于是,佃农耕作制在贫穷白人中也开始盛行起来。

联邦蓄奴州奴隶制的瓦解

《解放黑人奴隶宣言》颁布后,南部联盟各州的奴隶制出现了波动的状况。尽管《解放黑人奴隶宣言》并没有在马里兰州、密苏里州、特拉华州以及肯塔基州等蓄奴州实施,但这几个州的奴隶制也出现了土崩瓦解的局面。为了维护奴隶制,奴隶主的确做出了不懈的努力,然而,奴隶制崩溃的速度之快却让他们感到措手不及。1863年后的主要变化就是黑人应征入伍,因为当兵对黑人来说意味着自由也会随之而来。管理应征入伍的各项法律刚刚制定不久,某些条款的描述还有些含糊不清。由于军队迫切需要黑人加入,黑人便与军队合作,充分利用这些条款的规定,以对抗不肯放手的奴隶主阶级。

内战爆发前,马里兰州有将近一半的非裔美国人成为自由民,自由民的比重在蓄奴各州中居于首位。因此,奴隶主担心一旦黑人自由民应征入伍,将会导致自己手下的奴隶闻风而动,事实证明他们的担心不无道理。自从1863年6月马里兰州的大批黑人自由民开始应征入伍后,奴隶主中的联邦主义者就劝说亚伯拉罕·林肯暂缓征收黑奴当兵。然而,鉴于战争发展的局势迫切需要大量补充兵力,北方联邦的官员自10月起重新开始积极招募奴隶入伍。此外,为了确保有当兵意愿的奴隶能够安全地实现自己的梦想,军队还派出黑人战士予以协助。不过,此举却令奴隶主感到愤怒。密苏里州的情况也大同小异。在那里,四成的男性奴隶应征入伍；而肯塔基州参军的男性奴隶则占到了男性奴隶总数的六成。在大多数情况下，一旦男性奴隶参军，其家庭成员就也会开始追随军队的脚步，主要是因为奴隶主常常会报复其留守的家人。此外，留在家乡没有当兵的奴隶中，有很多人也经常不愿意劳作，除非奴隶主付给他们报酬。因此，雇主在迫切需要工人的情况下，也会无视潜在雇工的奴隶身份。

在不到两年的时间里，北方联邦蓄奴州的奴隶制已经土崩瓦解。在这些地区，奴隶制的正式废除与其说是对废奴主义者废奴情绪的积极肯定，还不如说是承认了该制度已经腐败堕落。1864年11月1日，马里兰州根据一项新制定的州立宪法，在北方联邦的蓄奴州中第一个宣布废除奴隶制。1865年1月11日，密苏里州也如法炮制。肯塔基州和特拉华州从来没有正式宣布废除奴隶制，但这两个州主要地区的奴隶制很快就销声匿迹。直到1865年12月18日，《美利坚合众国宪法》的《宪法第十三条修正案》(Thirteenth Amendment)得到国会正式批准通过后，有关废除奴隶制的所有原本模棱两可的表述才得以清晰化。此前各州在采取各种废奴措施时多半都不太愿意承认在终止奴隶制的斗争中奴隶发挥了不可或缺的作用。究其原因，一方面，军队迫切需要补充人力提供了部分帮助；另一方面，一小部分坚持不懈的废奴主义者也提供了大力支持。实际上，很多或者说绝大部分黑人属于志愿参军，自愿充当前线的劳动力或者当兵。但其他黑人则属于被迫从事军队里的各种服务工作。这些黑人还在大街上漫步时就会被直接拖去当兵；有时候到了礼拜日，就算他们还在教堂做礼拜，也难逃同样的命运；更常见的情况是，他们会被直接从家里抓壮丁，甚至来不及穿鞋，更没有时间跟家人道别。

北军中的非裔美国人

解放奴隶和应征入伍对黑人产生了巨大的影响，对白人和黑人之间的关系的影响也不容小觑。尽管白人公民对自己的公民身份早已经习以为常，但非裔美国人一参军就立刻开始寻求公民身份给自己带来的回报，而且他们中的很多人都清楚地知道在战争中受伤或死亡都可以推动黑人获得自由的进程。对于黑人的这种观点，白人中间有一小部分人表示赞成。这些人不但地位显赫且经常畅所欲言。例如，1863年3月23日，马萨诸塞州州长约翰·安德鲁(John Andrew)对他的选民乔治·A. 唐宁(George A. Downing)兴高采烈地表示"在捍卫国家荣誉方面，黑人军团与其他所有军团别无二致，享有同样的权利。他们将会成为联邦战士——与其他联邦战士相比不存在任何差别。他们将会为自己赢得无上的荣光,维护自己的种族,驱散过去的阴霾,重新打造属于自己的未来"。唐宁是一个全国闻名的黑人废奴主义者和商人。几乎所有黑人对这项征兵计划都举双手欢迎,但绝大多数白人不以为然。他们仍然认为黑人这一种族卑鄙下贱、无足轻重,原本就应该处在社会底层。自此,黑人军团成为内战这部长篇巨著中最令人心烦意乱的一章。这种战争经历对黑人而言并不是广受欢迎或凯歌高奏,而是充满了歧视鄙夷。他们要为争取点滴正义而不断斗争。到内战结束时,在北军服役的黑人陆军、海军士兵总人数超过18万,占了南北方符合征兵条件的黑人总数的20%左右。这一数字包括了3.4万名北方自由黑人,占了北方黑人总人口的15%,比例之高令人咋舌。在他们的军事生涯中,黑人战士不得不一直面对他们根本无法摆脱的歧视,并不断与之作斗争。从某种程度上说,黑人不得不打一场允许他们参战的战争。

白人军官和黑人战士

实际上,军队政策禁止黑人担任军官之职。一些自由黑人军官在路易斯安那州组建了几支黑人民兵部队,后来这几支民兵部队响应号召加入了北军。不过,等一切尘埃落定,掌控路易斯安那州军团的陆军上将纳撒尼尔·P. 班克斯(Nathaniel P. Banks)坚决要求那几个黑人军官辞职。在随后建立的所有黑人军团中,白人军官一直都执掌一切。直到1865年春,初级军官中才出现了几个黑人面孔。

在这些白人军官中,有的人是理想主义者,但更多的则可能将率领新的黑人军团视为加官进爵、薪酬翻倍的良机。还有一些情况略有不同:为了将不服从管理的下属排挤出去,白人军团的一些军官便鼓动他们恨之入骨之人到黑人军团里去碰碰运气。1863年5月,联邦陆军为了筛选和培训储备军官建立了有色人种军团管理局(Bureau of Colored Troops)。该局的主要工作是对储备军官按规定进行考核。后来,联邦陆军发现有将近一半的储备军官根本无法通过考核,便成立了有色人种军团储备军官免费军校(Free Military School for Applicants for Commands of Colored Troops)。在这所军校里,每周有多达30个军官毕业,合格率高达96%。此举可谓美国首次针对储备军官培训学校所进行的实验。

无论这些有色人种军官接受了何种培训,他们中的大多数人都抱有一种在美国白人中间普遍存在的种族歧视态度。他们中的很多人认为黑人战士像孩子一样天真幼稚。借用一个军官的话来说,黑人战士"头脑简单、温顺驯服、情感丰富的几乎到了不可思议的地步"。毋庸置疑,这个军官坚信自己的态度是一种对黑人饱含同情心的态度。还有一些军官如此写道,黑人战士很容易就会变得"好逸恶劳,而且行为举止粗心大意。他们愚不可及,行动迟缓,不知道是天性使之还是故意为之"。他们缺乏独立性及自立意识。军官的这种态度导致在对待黑人战士时通常会隐含着双重危险。当他们在对待黑人战士时,对军纪的严格要求或许可以纠正黑人战士态度上不成熟,但同时也会遏制他们发挥自己的主动性。无论从哪个方面来说,在家长式的军官眼中,黑人战士根本不具备在战场上厮杀的战士的素质。

勉为其难接受黑人军团

随着时间的推移,尽管有些军官对黑人战士不断产生同情和尊重之情,但其他军官对这些战士的偏见和歧视与日俱增。一个军官坚称,"探讨宽容对待黑人士兵根本就没有任何意义,因为他们只会得寸进尺"。还有一个军官在管理黑人军团9个月后得出结论说:"驱逐奴隶的人为什么会如此残酷无情?对这个问题我再也不会心存疑问,因为我自己也变成了其中一员。对他们我再也不会有任何慈悲心肠。"

白人战士和白人军官经常歧视黑人军团。他们经常抱怨说,和黑人军团一起并肩作战会让他们有一种"自取其辱"的感觉。他们怀疑黑人到底是否值得信赖,是否真的具备作战勇气。一个马萨诸塞州的二等兵宣称,黑人一定会临阵脱逃。如果事态的发展真的如他所料,他会乐于从背后开枪将这些黑人现场处决。他总结道:"军队对黑人的敌对情绪相当严重",这个二等兵还认为黑人就是造成这场战争的主因。《解放黑人奴隶宣言》颁布后,大多数白人战士最早给出的都是负面反应。"我们还以为是为了星条旗的荣耀而战,结果却发现是为了该死的黑鬼而战",一个二等兵在给家人的信中如此写道,而且他认为他的战友们对此观点不会有任何异议。

随着时间的推移,大多数士兵逐渐开始勉为其难地接受黑人军团存在的事实。"既然这是一场因黑人而起的战争,那就不如让黑人和白人一同作战",宾夕法尼亚州的一个二等兵总结道。很多其他白人战士也对这一观点表示赞同,认为尽管黑人军团令人生厌,但毕竟还有利用价值。

值得一提的是,历史上有很多关于黑人军团遭受虐待的记载,而记录这些虐待事实的白人士兵往往认为虐待行为令人不齿。例如,陆军上校杰姆斯·C.比彻(James C. Beecher)出身于著名的废奴主义家庭。1863年9月13日,比彻向他的上司提出抗议。由于开挖战壕、修建堡垒等工作繁重劳累,在他所率领的北卡罗莱纳州黑人军团中,已经有1/4的士兵不堪重负,疾病缠身。"此前,他们一直都是奴隶,如今,他们才刚刚开始学会做自由人。身着军装的联邦军官有绅士之称,这些所谓的绅士不但将他们视为'该死的黑鬼',而且口口声声将他们称为'该死的黑鬼',这绝对是一大错误。当这些白人军官派遣黑人士兵为白人军团从事繁重的体力劳动时,无异于再次将黑人打回到以前的生存状态,再次让他们沦为奴隶。"1864年10月20日,陆军上将詹姆斯·S.布里斯宾(James S. Brisbin)在肯塔基州指出,在整个行军过程中,黑人军团成为白人军团"讽刺嘲弄、肆意侮辱的对象",而且白人军团还对黑人进行各种各样的挑衅,例如,抢走他们的军帽或偷走他们的马匹。然而,布里斯宾有一次很高兴地看到黑人军团在面对着南军发起的冲锋时,尽管伤亡惨重但表现得异常英勇无畏,"那些冷嘲热讽的家伙……从此三缄其口"。

这些白人军团尽管从来没有为并肩作战的黑人士兵呐喊助威,但至少他们不再讥笑戏弄黑人士兵。实际上,对于许多白人军官而言,并肩作战的经历已经改变了他们对黑人军团的看法。一个持有这一观点的军官写道,这些黑人"出类拔萃",他们在战场上的表现加深了他对"黑人性格及智慧的信赖"。另一个军官坚称,他"与黑人军团之间的关系变得越来越亲密无间"。此外,他开始相信,"正如有时候人们所言,白人与黑人别无二致,同样出类拔萃"。不过,这些军官即便没有表现出过度的种族主义倾向,但他们说起话来还是那样盛气凌人,不过至少他们已经发现了黑人军团饱含人性的一面。当然,持有积极世界观的人们顺理成章地就得到好报。

白人对待黑人士兵家庭成员的态度也一样充满了歧视和偏见。尽管随军的黑人女性大多数都是黑人士兵的家眷,但当白人军官面对这些女性时,大多数白人还是认为自己可以在性方面毫无顾忌、为所欲为,部分原因是他们认为黑人具有无法隐藏的野性。显而易见,有些白人军官忽略了这样一个事实:当他们对这些黑人女性提出性要求时,实际上就已经触怒了手下的黑人士兵。不过,如果他们面对的是白人女性,可能根本就不会有这个想法。

联邦官员的歧视

　　歧视黑人的除了前线的白人官兵，还有热切招募黑人入伍的联邦政府机构。这些机构总是在最后才把武器、食物、军装等军需品分配给黑人军团。最令黑人军团感到烦恼不已的是，他们能拿到的报酬也比白人军团少很多。白人二等兵每月可以领取13美元的补助外加军装，或者相当于一套军装费用的现金——3.5美元。黑人二等兵每月只能拿到10美元，用于支付军装费用的3.5美元则被克扣。大多数黑人军团为了表示抗议而拒领补助，有时白人军官也会加入其中，共同抵制不公正的待遇。直到1864年6月15日联邦国会才通过决议，黑人士兵可以拿到与白人士兵同等数额的报酬，而且从入伍的第一天进行补发。

　　歧视现象也使黑人士兵的患病率激增。黑人军团中因病死亡的比例高达18%，比白人军团的比例高出了2.5倍。出现这种差异主要是因为军营生活环境恶劣和食物短缺匮乏。此外，黑人士兵的医疗护理条件跟白人战士相比也有着天渊之别。几乎没有白人医生愿意给黑人士兵提供医疗服务，而且几乎所有医学院校都将黑人学生拒之门外，因此黑人医生也寥寥无几。在种族隔离的黑人医院里，不但医疗设备短缺，而且就连最基本的环境整洁也无法得到保障，因此这些医院实际上已经成为名副其实的死亡集中营。

　　白人官兵普遍认为黑人没有资格上战场参加战斗，因此一直都把军营内部的各项任务分配给黑人，而且经常让他们从事繁重的体力劳动，这也是黑人士兵死亡率居高不下的另一个原因。在北军中，6%的白人士兵殒命沙场，而这一比例对于黑人士兵而言只有1.5%。这一数字对比在某种程度上表明黑人已经被排除在战场之外。面对着被编入后方梯队的这一事实，黑人士兵感到愤愤不平、压抑沮丧。这些士兵认为，如果不得不面对死亡，他们更希望战死疆场。至少在战场上他们可以展现出男子汉的胆量和魄力，可以感觉自己也为解放黑人种族做出了贡献。很多黑人士兵感到大失所望，甚至当了逃兵，实际上黑人当逃兵的比例与白人基本持平。

　　如果黑人逃兵被抓获，或者如果黑人士兵因为其他罪行而被逮捕，就更有可能被处以极刑。在所有被判处死刑的战士中，有21%是黑人士兵，而黑人士兵只占军队总人数的12%。大多数黑人士兵都因为涉嫌强奸白人妇女而被处以绞刑或处决，白人士兵却从没有因为强奸黑人妇女而被处决，甚至从来就没有因此而受到审判。此外，令人倍感震惊的是，因为兵变而被处决的北军士兵中，有

80%是黑人士兵。这种现象不仅表明黑人士兵肩负了沉重的负担,也表明白人士兵在发动兵变时更有可能故意被忽略不计。

谢尔曼的政策

尽管整个北军一直弥漫着种族歧视的氛围,但从1864年到1865年,在西部战场威廉·T.谢尔曼手下服役的黑人战士则遭受了最严重的种族仇视。俄亥俄州的参议员约翰·谢尔曼(John Sherman)对他弟弟威廉·T.谢尔曼发出警告说,如果威廉不愿意接受黑人军团,那么他的举动无异于与北方联邦战争的基本目标背道而驰。然而,陆军上将谢尔曼对此置若罔闻,仍然不断抨击将黑人武装起来的整体思路。1864年7月30日,上将谢尔曼就这一问题在他所谓的"致黑鬼的一封信"中明白无误地表达了自己的观点。在这封信中他毫无顾忌地对黑人进行了猛烈抨击,并将该信在其下属中广泛散发。很快这封信就见诸报端。谢尔曼在这封信中质问道:"黑人挡子弹时能否与白人达到同样的效果?答案是肯定的,不过,如果用沙袋挡子弹的话,其效果明显会更胜一筹……他们能否像白人一样在战场上发挥能动性……主动出击或者参与辅助侧翼部队之类的军事行动?我认为答案是否定的……黑人根本就不具备这个能力。"谢尔曼在另一封信中补充道:"对我而言,黑鬼就是黑鬼,仅此而已。不过,如果一群傻瓜白痴想要让黑鬼变得比我们还要优秀,那我就有话要说了。"

1865年1月,战争部部长斯坦顿亲自去前线慰问谢尔曼。当他乘坐轮船从华盛顿顺流而下前去拜会这位陆军上将时,顺便将分配给谢尔曼的一部分黑人军团士兵送过去。然而,谢尔曼对林肯和斯坦顿的命令故意充耳不闻,将黑人军团的全部枪支没收后,给每人发了一把铁锹。毋庸置疑,他的手下对上司的意思心知肚明,对这些黑人士兵极尽欺凌之能事,不但对军营里大多数黑人战士肆意殴打,而且两三个黑人被殴打致死。1865年初,这支黑人军团也没有获准参加穿越卡罗来纳州的大行军。与之形成鲜明对比的是,波托马克军团的陆军上将尤利西斯·S.格兰特对于黑人应征入伍一事表现出赞成和支持的态度。不过,当他的下属将黑人军团编入远离前线的劳动旅或劳动营时,格兰特同样采取了默许的态度。

林肯的政策

在黑人军团的问题上,亚伯拉罕·林肯从道德角度表现出更大的敏感性。

与其下属的绝大多数将军相比,林肯所采取的态度更加积极乐观。可以肯定的是,林肯非常擅长宣传军事实力政策。正如他在1864年9月12日给一位保守派的联邦主义者的信中所写:"凡是涉及有色人种(包括招募黑人入伍)的政策,如果该政策的实施可能会让我们无法获得有色人种的支持和帮助,我们就绝对不能听之任之……这个问题既不涉及情感也不涉及品位。该问题跟力量密切相关,甚至可以用马力和蒸汽动力做出测量和计算……保留住这份力量,我们就可以拯救整个联邦。如果将其抛诸身后,那整个联邦也就随之烟消云散。"然而,林肯也从更加理想主义的角度辩称,"与其他人种一般无二",黑人同样受到私心的驱动——这里的私心指的是获得自由的前景。林肯也完全理解黑人尊崇的荣誉感,因为他知道军事行动中的解放精神将会影响到自由民。1863年8月26日,林肯在另一封信中写道:"有这样一群黑人,他们一直都沉默不语,咬紧牙关,目光坚定,高举着刺刀随时准备蓄势待发。他们将会永远铭记,在这场帮助人类争取自由的伟大战役中,他们曾经全力以赴殊死一搏。"有些白人"心地险恶,言辞蛊惑",反对在战争中使用黑人军团。林肯坚称这些人在以后的岁月里将会因为自己的不齿行为而感到无地自容。这表明林肯具有非凡的洞察力和自我反省的能力。这种能力使他能够开明地面对废奴主义者和激进分子所提出的各种观点。甚至当林肯继续为将黑人驱逐出境的言论辩护的同时,仍然愿意接受白人中更加自由的观点。

战争中的黑人士兵

自从加入联邦军队后,黑人军团就不得不面对从未间断的种族歧视。然而,即便在入伍后的最初几个月里,黑人军团虽然训练不足,但只要获准参战,黑人士兵在几次主要战役中的表现都堪称英勇无畏。实力强大的南军盘踞在路易斯安那州哈德逊港(Port Hudson)附近时,路易斯安那州州立警卫队(Louisiana Native Guards)第一、三分队毫不畏惧,在1863年5月27日对南军发动了几次袭击。10天后,在密西西比河河边的米利肯本德(Milliken's Bend),面对着一支更大规模的南军先遣队所发起的刺刀战时,另一支黑人军团奋起抵抗,将其击退。甚至当北军部队里的白人士兵溃不成军、仓皇撤退时,这支黑人军团仍然坚守阵地。罗伯特·古尔德·萧(Robert Gould Shaw)出身于波士顿的名门望族。7月18日,萧率领着马萨诸塞州第五十四有色人种步兵团(Fifty-fourth Massachusetts Colored Infantry)对南卡罗来纳州瓦格纳堡(Fort

Wagner)的防御工事发起了猛烈进攻。尽管这次进攻功败垂成,但黑人士兵在战斗中表现得非常具有英雄气概。出于藐视和侮辱的心理,南军将战死沙场的萧与他手下的黑人士兵一起葬在一个集体墓地里。然而,对于这位年轻军官的阵亡及其最终与其他黑人战士葬在一起的结局,马萨诸塞州的大多数人,包括萧的父亲在内无不引以为豪。

这次广为人知的进攻引起了宣传媒体的极大关注,大大提升了黑人军团及其支持者的宣传价值,然而,我们不能过分夸大这次战役对调动黑人军团参战产生的巨大影响。实际上,尽管在哈德逊港和瓦格纳堡等地的战斗中黑人士兵表现出坚毅顽强的战斗力,但白人指挥官在多数情况下仍然不愿意在战争中调用黑人参战。北方联邦在制定进攻战略时也很少会将黑人置于考虑范围之内。也许最具有说服力的例子是在 1864 年 7 月 30 日爆发的克雷特(Crater)战役中,北军指挥官在调动黑人军团的关键时刻举棋不定,结果错失良机。由于在攻打弗吉尼亚州彼得斯堡(Petersburg)的战役中双方僵持不下,北军的工兵便在实力强大的南军战壕下开挖隧道。按照原计划,北军投掷炸弹破坏了南军的防御工事后,训练有素的黑人军团就将发动一场进攻。然而就在最后一刻,未经受训的白人军团却取而代之,一是因为格兰特和米德担心,万一他们把黑人士兵当作炮灰,就有可能会在政界引起轩然大波;二是因为他们对于黑人军团并不充分信任。结果当炸弹在南军中间炸出一片弹坑后,未经受训的白人战士在里面乱冲乱撞,不但没有发挥任何有效的作用,反而与随后派来增援的黑人军团纠缠在一起。结果,南军反而有了可乘之机,利用这段混乱时间将弹坑团团围住。随之而来的便是南军对北军的血腥屠杀,黑人军团的损失更加惨重。战后,北卡罗来纳州的陆军少校马修·洛夫(Matthew Love)给他的母亲写了一封信。信中写道:"战场上绝大部分都是黑人。我们先是远距离朝他们开枪射击,等我们接近他们时,我们就用刺刀捅死他们,一个不留……不管是把他们全都当场打死还是抓他们当俘虏,我们都觉得没什么分别,唯一让我们感觉不爽的是还得把这些野蛮人就地掩埋。"这次大屠杀并非意外事件。总的说来,在内战期间,虽然作战双方都会处决战俘,但除了在游击战的战场上,白人战俘一般不会遭遇处决的命运。当南军俘虏了北军黑人士兵及其白人军官后,通常是直接将他们处决,至少在相当长的时间里一直如此。除了东部战场的克雷特战役,西部战场也有好几个类似的例子。

皮洛堡大屠杀

1864年4月12日,在大名鼎鼎的陆军上将内森·贝德福德·福雷斯特(美国内战前,福雷斯特通过奴隶贸易积累了大量的财富)的领导下,南军在田纳西州皮洛堡的大地上肆意践踏,还高呼着"不许黑鬼在此驻扎!""干掉该死的黑鬼!打死他们!"之类的口号。福雷斯特下令,凡抵抗者格杀勿论。结果他的手下除了毫无顾忌地屠杀了100多个已经投降的黑人,甚至还打死了一些白人。这些反政府武装先是将受伤的非裔美国人活埋,接着就开始放火焚烧北军的帐篷,根本不管帐篷里还躺着黑人伤兵,随后又打死了4个黑人小男孩和2个黑人妇女,并将他们的尸体丢进了密西西比河。就在同年同月,出生于密苏里州、拥有良好教育背景的陆军上将约翰·S. 马默杜克(John S. Marmaduke)率领另一支南军在阿肯色州的毒泉(Poison Spring)地区打死了更多的黑人伤兵和那些试图逃跑的黑人士兵。此外,面对着已经毫无生气的黑人士兵尸体,南军麾下的乔克托族印第安人军团先是将大多数尸体的头皮割下来,接着剥下其军装,最后将其大卸八块。

随后,据可靠记载,黑人士兵高呼:"永世不忘皮洛堡战役!"黑人军团出于报复,有时便打死南军俘虏。在战争接近尾声时,黑人军团对亚拉巴马州布莱克利堡(Fort Blakely)的防御工事发动进攻,驻守在那里的南军陷入一片恐慌。据一名联邦步兵回忆,当时很多南军士兵慌不择路,跳进河里后不是溺水而亡,就是被北军开枪打死。还有一些人丢下武器投降,直接朝着北军白人军团的方向奔去,"生怕被我方黑人战士直接打死"。黑人军团"逢人就杀,见人就砍,一个活口也没留下"。在那些时刻,内战已经演化为一场种族战争,心怀恶意的士兵早就已经突破了暴力的底线。

被俘虏的黑人士兵再次沦为奴隶

有时候,南军将北军有色人种军团的白人军官处决后,便会迫使黑人士兵重新沦为奴隶。因此,黑人士兵与白人军官被俘后都面临着性命之忧,双方的战友情谊反而会更加深厚。这一后果倒是南军所始料未及的。南北双方的政府部门曾经根据欧洲惯例交换战俘,然而,南方人对北军黑人军团的恶劣反应使这一安排无法落实。此前,双方的权威部门曾经对不同级别的官兵明码标价,使用等价交换的方法交换大量战俘,有时候交换的战俘甚至数以千计。尽管被交换回来的战俘都曾经发誓再也不重蹈覆辙,但大多数人还是选择重返军队的怀抱。《解放黑人奴隶宣言》颁布后,北军开始招募黑人入伍。面对这一情况,杰佛逊·戴维斯以及南部联盟国会做出的一个直接反应就是给黑人军团里的白人军官贴上了奴隶起义教唆犯的标签。这样的军官一旦被俘,就将移交给南部联盟政府接受适当的惩罚,多数情况下意味着他们都会被施以绞刑。被俘的黑人士兵则会遭到遣返原籍的处罚,因为这就基本上意味着他们将再次沦为奴隶。南部联盟之所以采取这一措施,部分是因为害怕黑人采取报复行动。对于大部分被俘后没有被处死的白人军官而言,即将面临的便是牢狱之灾。相当数量的黑人士兵则再次沦为奴隶制的牺牲品,被南军抓获的黑人平民的命运也大抵如此。战争的阴云笼罩着这些战俘,他们的命运将会如何无人知晓。

互换战俘失败

1864年秋,在格兰特发动的莽原之役(Wilderness Campaign)中,南北之间爆发了好几次大规模的冲突,双方都出现了数以千计的俘虏。这次战役结束后,罗伯特·E. 李"为了缓解我方士兵所遭受的痛苦",建议以此前交换战俘的方法为基础实行一个换一个的战俘交换原则。格兰特立即就询问罗伯特·E. 李是否打算对黑人及白人战俘一视同仁。罗伯特·E. 李对此做出答复,称"黑人是联邦公民的财产,不能被视为个体进行交换"。不过,他后来还是将战前就是自由民的黑人交还给北方。格兰特坚称北方联邦"一定会确保其军队所有成员作为士兵应该享有的各项权利",因此单方面终止了与南部联盟的谈判。与此同时,罗伯特·E. 李下令要求所有黑人战俘深挖彼得斯堡周边的战壕。此举意味着这些黑人战俘随时有可能命丧黄泉。为了进行反击,格兰特命令南军白人战俘加固北军的防御工事。见状,罗伯特·E. 李只好在实际行动上采取了退让政策,但在基本原则上仍然毫不让步。

放弃交换战俘对南方的伤害要远远大于对北方的影响。这是因为北军士兵即便被南军俘虏,其兵力也很快可以得到补充——在通常情况下都是由黑人士兵填补空缺——相反,南部联盟的人力资源却几近枯竭。白人优越主义、南方优先政策,无不使南部联盟在实现战争目标时付出了极大的代价。应该说,格兰特是有意让北军战俘听天由命,因为这是他所策划的消耗战的组成部分,而在这场消耗战中,南军毫无胜算。格兰特的表现还体现出一种犬儒主义的特色,因为他坚称自己之所以关闭交换战俘的大门完全是南军单方面拒绝交换黑人战俘所致。面对公众的质疑，他可以让所发生的一切看上去像是坚守原则，甚至坚守理想主义的表现。实际上，他更加远大的目标却是为了阻止那些南军战俘返回南部联盟参战。为此，格兰特不惜以北军士兵的生命为代价，不管他到底是黑人还是白人。

最后到了1865年1月，南部联盟同意在交换战俘时将北军全体战俘都包括在内。当时，南北双方虽然重新开启了交换战俘之举，但交换的人数相对较少。结果，双方的战俘都不断地大批死亡，这一现象一直持续到战争结束。双方战俘都蒙受了巨大苦难，最终有5.6万名战俘死于非命。应该说这一结果至少可以被视为美国紧张的种族关系所衍生出来的副产品。在无辜死去的战俘中，绝大多数是白人。究其原因是南部联盟一直坚信北方联邦军队中的黑人自由民永远不能享有与白人平等的地位。

黑人的胜利

不管是南方还是北方的非裔美国人，都经历过颠沛流离的生活，都遭受过非人的待遇，因此都承受了巨大的痛苦，不过，他们还是感受到了解放所带来的胜利和喜悦。对于那些曾经努力奋斗的黑人而言，自由已经实现。一个曾经为奴的黑人写道："在我的一生中，最重要的东西莫过于此。我感觉自己已经翻身为人，成为一个身着戎装、荷枪实弹的战士。"还有一个名叫以利亚·马尔斯（Elijah Marrs）的黑人士兵后来回忆道，当他第一次与其他战友肩并肩立正站立接受军官点名时，"我从骨子里感受到了自由"。当内战进入后期，这些自由民依靠以前奴隶主的财产为生，加入了北军，建立了教堂，在很大程度上主宰着自己的生活。在奴隶制盛行期间这都是他们难以企及之事。

1859年10月18日，联邦政府派遣陆军上校罗伯特·E. 李率领军队到哈帕斯费里镇压约翰·布朗所领导的起义，公开从联邦政府层面对奴隶制的实施予以支持。短短6年后，1865年2月18日，一支由刚刚摆脱奴隶制的自由民组成的美利坚有色人种军团挺进南卡罗来纳州的查尔斯顿市，接受南军的投降。当时这座城市就是南方分裂主义的核心所在。种种迹象表明一场伟大的社会革命、政治革命正蓄势待发，这一点毋庸置疑。

然而，大量证据表明在美国内战期间，北军官兵及联邦的权威部门都歧视黑人。尽管从遭受奴隶制的羁绊到享受自由，黑人的身份已经发生了巨变，但种族歧视和种族偏见仍然存在。甚至当这场战争已经公然演化为反对奴隶制的战争时,北方联邦却仍然没有随之为黑人争取种族平等和种族正义做出努力。黑人竭尽全力想要向世人充分展示自己的自由。此外,他们在北方联邦中不乏支持者,而这些人也在竭尽全力帮助黑人。尽管如此,当这场双方组织有序的战争结束后,内容惨淡落寞的历史记载,对未来没有任何吉兆可言。如果我们就此认为《解放黑人奴隶宣言》的颁布以及招募黑人入伍这两件事在最终实现种族公正的道路上向前迈了一大步,那么,只能说我们虽然保持了向前看的视角,但我们的观点失之偏颇,因为不论是在内战期间还是在内战后,不论是黑人战士还是黑人平民,都遭受了极大的苦难,而这些问题并没有得到有效的解决。

黑人老兵要求得到自由

1865年1月,在田纳西州的州议会上,几位黑人领袖代表近18万名现役黑人战士请愿。他们质问道:"在公民秩序中,还有什么能够跟应征入伍相比?……既然我们已经响应联邦政府的号召加入部队服役,那我们为什么就不能站在投票箱前享有投票权、享有反对叛乱分子的权利呢?"黑人老兵经常将自己的信念公之于众,认为战争时期服过兵役使他们有权要求享有平等的机会。"我们曾经与祖国同命运。既然我们是祖国的一分子,我们也应该跟祖国一同崛起。"1865年9月,驻守在孟菲斯的一名黑人二等兵如此写道。陆军中士亨利·马克斯韦尔(Henry Maxwell)评论道:"除了弹夹,我们还想要两样东西,一个是投票箱,另一个是陪审团里的席位。"对于非裔美国人要求得到公民权一事,大多数思想进步的北方人也都做出了回应。然而,不幸的是,正如战争期间曾经展现在世人眼前的情景一样,尽管黑人竭尽全力,尽管他们的白人同盟者也做出了努力,但黑人所处的社会环境和政治环境一直对他们充满敌意。

第六章　进攻和死亡
1862年11月—1863年1月

截至1862年秋，美国内战已经进行了一年多的时间。在此期间，成千上万的战士或者战死沙场，或者重伤致残，或者由于遭受疾病的折磨而身体日渐虚弱。数以千计的家庭四分五裂，社会土崩瓦解，财富大量流失，生命遭受重创。《解放黑人奴隶宣言》的颁布改变了战争的道德基调和政治后果，然而，整个社会不论朝着哪个方向发展都无法走近和平。血腥杀戮令人触目惊心却看不到尽头。总之，《解放黑人奴隶宣言》的颁布实际上使战争的总体形势更加恶化，因为这不但意味着南部联盟为形势所迫不得不继续将战争进行下去，而且不大可能在政治上做出妥协，除非林肯在1864年的总统大选中败北。

安布罗斯·埃弗雷特·伯恩赛德执掌帅印

耸人听闻的安提坦大屠杀结束后的几个星期里，内战的战场上暂时进入了一段平静期，而林肯总统也已经受够了"小拿破仑"麦克莱伦在战场上的表现。11月7日，林肯解除了波托马克军团陆军上将乔治·B.麦克莱伦的指挥权。麦克莱伦在军队中颇受官兵的欢迎，因此总统的决定在军团中引发了恐慌情绪。大多数军官对这种来自军队之外的政治干涉心怀不满，而且他们也支持自己的指挥官，认为麦克莱伦在捍卫共和党政府方面一直都鞠躬尽瘁，全心全意。一个步兵中尉因此质问道："如果一群政治骗子对军队里各位上将的决定指指点点，对他们如何采取行动指手画脚，对何时该采取行动说三道四，那我们又怎么能取得战争的胜利？"陆军上校查尔斯·温赖特(Charles Wainwright)在日记里写道，曾经有些人因为军队存在的不足之处而不断指责麦克莱伦。但如今就连这些人也开始对林肯横加干涉感到"极为愤慨"。当麦克莱伦正式离职时，温赖特写道："我再也不想目睹这样的场景了！眼睁睁地看着他离开，众人默默无语，甚至都没有表现出唏嘘之情，但队伍中没有一个人不是泪流满面。好多士兵都潸然泪下，哭得像个孩子一样。还有的士兵一语不发，目光却一直追随着他的身影，满目哀伤，甚至可以说充满了绝望之情。"麦克莱伦发现士兵们对他如此深沉爱恋，表现得如此忠诚。或许他也可以预料到这一切，但还是有些无法自已。有些军官为了表示抗议甚至考虑过辞职，不过最终还是留了下来。对此，一位下级参谋相信，他们之所以留下来纯粹是因为"战争部部长下达了统一指令。根据该指令，如果有军官以麦克莱伦被解职一事为由辞去军官之职，那么该军团的所有军官都将被开除军籍。对于军官而言，这种下场当然非常不光彩"。

林肯任命上将安布罗斯·埃弗雷特·伯恩赛德取代麦克莱伦的职位。伯恩赛德担任军团指挥官时表现得出类拔萃，但先后两次拒绝了升职的机会。其实伯恩赛德一开始并不愿意接受这一职务分配，不过在军中同僚的督促下他最终还是履职。相较于夸夸其谈的约瑟夫·胡克(Joseph Hooker)，同僚们当然更希望伯恩赛德执掌帅印。时年38岁的伯恩赛德身材魁梧，健壮结实。虽早年谢顶，但两鬓的络腮胡子跟上唇的髭须连成一片，异常浓密。伯恩赛德出身于南卡罗来纳州的一个奴隶主家庭。他父亲解放了手下的所有奴隶后就搬到了印第安纳州定居。与乔治·麦克莱伦、乔治·E. 皮克特(George E. Pickett)以及詹姆斯·朗斯特里特等人一样，伯恩赛德也毕业于西点军校，不过，早在19世纪50年代中期伯恩赛德就已经退伍并在罗德岛州开设了一家枪支制造厂。问题是伯恩赛德并不擅长经商，在丧失了"伯恩赛德卡宾枪"的专利权后不得不宣布工厂破产倒闭。接着，他便开始替麦克莱伦在铁路上做事。美国内战爆发后，伯恩赛德帮忙组建罗德岛第一志愿兵团(First Rhode Island Volunteers)。伯恩赛德为人随和，平易近人，因此在内战初期表现得非常具有发展前途，而且林肯对他也极为欣赏。与喜欢自吹自擂、傲慢自大的麦克莱伦相比，伯恩赛德给军队带来了一股清新的谦逊之风。换言之，或许这种谦逊应该说是没有安全感的表现，甚至可以说是有据可循的不安全感。伯恩赛德履职后立刻采取行动。为了将士兵们从失去他们亲爱的"小麦克(Little Mac)"①的悲伤情绪中解脱出来，伯恩赛德对整支军队重新进行改组，编成三支"大分队"，给每支分队配备一个新的番号，并下令各个分队积极备战，准备打一场硬仗。天气逐渐转凉，通常说来，冬天一到，作战双方就会偃旗息鼓，开始进入休整期。然而，伯恩赛德感觉到了来自林肯和哈勒克、国会以及公众舆论等各方面的压力，因此，他决定在春天到来之前有所

---

① 小麦克是麦克莱伦的昵称。——译者

举动。很快,伯恩赛德就拟订了作战计划,打算取道汉诺威(Hanover)向南部联盟的首都挺进。如果进行陆路作战,这条线路是从东北方向攻打里士满的最短线路。不过,这便意味着他手下大约 12 万名将士将不得不首先横渡拉帕汉诺克河。

与此同时,罗伯特·E. 李率领着精疲力竭的南军从马里兰州南部地区撤退后就驻扎在拉帕汉诺克河的河对岸。罗伯特·E. 李原本打算将战火引燃至美国北部地区,并将马里兰州也召至南部联盟的麾下,然而,此次行动却以失败告终。罗伯特·E. 李领导下的北弗吉尼亚军团不但遭到重创,而且还极度缺乏各种军事补给。如今,军团的士兵都期待着能有几个星期的休整期,因此都表现得极为松懈,酗酒、赌博等军队中常见的恶习开始在士兵中盛行。罗伯特·E. 李手下的士兵军纪涣散、行为散漫,在返回弗吉尼亚州期间还不时抢劫平民。对此,罗伯特·E. 李早就已经忍无可忍,因此他下令禁止赌博并取消假期。虔信宗教的罗伯特·E. 李宣称,南部联盟的伟大事业要求参与者展示出"最高尚的美德和最纯洁的道德品质"。

弗雷德里克斯堡战役

11 月 19 日,伯恩赛德的部队已经运动到了拉帕汉诺克河的东岸,与弗雷德里克斯堡隔河相望。应该说伯恩赛德已经占据了有利地势,只要他行动迅速,跨越拉帕汉诺克河后就可以绕过罗伯特·E. 李旗下的军队直抵里士满,然而,该计划却在此处搁浅。天气状况变得极为恶劣,道路也崎岖不平,再加上华盛顿的官僚主义作风严重,延误了装载浮桥的列车的到达时间,而士兵们没有浮桥根本就无法过河。一直到了 11 月 25 日,运输浮桥的火车才姗姗来迟。

但罗伯特·E. 李当时已经觉察到伯恩赛德的作战计划,开始采取行动阻止北军的进程。11 月 20 日,罗伯特·E. 李给戴维斯发了一封电报,表达了自己的怀疑情绪:"我认为伯恩赛德正在弗雷德里克斯堡对岸集结全部兵力。"罗伯特·E. 李怀疑伯恩赛德打算过河,于是,他便在这个老殖民地城镇里也将自己的兵力集中到一起。实际上,罗伯特·E. 李并不打算在冬天挑起一场战役,但他下定决心要抵抗进攻。当然,他也打算重挫北军。如果弗雷德里克斯堡将成为两军决战之地,那么就让它来吧。11 月 30 日,杰克逊率领的第二军团从谢南多厄河谷赶来增援。朗斯特里特率领的第一军团也从库尔佩珀(Culpeper)赶来。据说,当时南军人数多达 7.8 万,有 300 门加农炮。虽然从作战实力角度而言,南军逊于北军,但他们占据了地理上的优势。阵地左侧是一道高高的山脊,人称梅维斯高地(Marye's Heights),而离右翼几英里远的地方就是景山(Prospect Hill),看上去易守难攻,坚不可摧。

12月11日清晨,北军工兵开始在河边上建造浮桥。藏身于屋顶或建筑物里的南军士兵在大雾的掩护下集中火力向这些工兵射击。北军的炮手试图将南军射手炸得粉身碎骨,结果却只是将城镇炸成废墟而已。城里的平民百姓早已经抛家舍业,当他们看到弗雷德里克斯堡部分地区燃起熊熊大火时胆战心惊,纷纷仓皇出逃。据有些士兵回忆,在整个内战中,这还是北军第一次故意将炮火对准南方城镇。纽约州的一个炮兵如此说道:"当军事行动进入新阶段,在对城市进行狂轰滥炸的过程中,我一直都在一旁观看,从城市里燃起的熊熊烈火及其外部状况判断……这座城市几乎被毁灭殆尽,或者说已经遭到彻底破坏。"

尽管如此,快到下午三四点钟时,北军工兵还是将浮桥搭设完毕。联邦部队下属3个团的兵力涉水跨过浮桥到达了河对岸,不但拿下该阵地后确保其安全,而且还将南军抵抗者赶出了弗雷德里克斯堡。同时,位于拉帕汉诺克河下游的一地据点也已经将浮桥搭设完毕。夜幕降临之前,北军势如破竹,大举过河,抵达了南军所处的河对岸。联邦战士排着队开进弗雷德里克斯堡,很多人竟然毫无顾忌,开始大肆劫掠。一个对这种行为颇为不齿的战士回忆道:"凡是遇到不能往肚子里填的或者不能往身上套的,他们就肆无忌惮地加以破坏,精美的油画、书籍、珠宝、女性服饰、银器以及各式各样的家具都难逃一劫。"

12月12日,伯恩赛德一直在斟酌自己所面临的各种选择,因此双方只发生了一些轻微的摩擦。伯恩赛德打算对南军整条战线发起一场全方位的进攻,然而,在几乎所有人看来,对占据地理优势的炮兵和步兵发起正面进攻非常困难,甚至无异于自取灭亡。当伯恩赛德征询纽约州一个陆军上校的意见时,这位军官大声回答:"对于这场进攻可能你已经考虑了很长时间,但如果真的发动正面进攻,这场战役无疑会成为内战中最惨烈血腥的一次大屠杀。那些高地易守难攻。如果敌人坚守阵地,我方根本就没有足够的步兵将其拿下。"

然而,伯恩赛德仍然决定,充分利用北军在人力上所占的优势,他将进攻计划做了修改后,便在12月13日下令发起总攻。伯恩赛德希望首先攻下"石墙"杰克逊所率领的南军右翼部队把守的景山,然后调整部队的行进方向,沿着山脊折回到梅维斯高地,从侧翼打击朗斯特里特下属的左翼部队。届时,驻扎在弗雷德里克斯堡的北军部队将对第二步军事行动进行增援。整个计划应该说完美无缺,然而,当攻打杰克逊的战役正进行得如火如荼时,伯恩赛德却下了一步错棋,下令由驻扎在弗雷德里克斯堡的部队单独攻打朗斯特里特部队所坚守的阵地。结果,这次进攻变成了一场大屠杀,对南部联盟而言,这场战役堪称美国内战中北军赢得最漂亮的一场胜仗。在整整一天的时间里,伯恩赛德不断下达命令,要求对南军左翼部队把守的梅维斯高地接二连三地发起正面进攻。然而,这些进攻并没有形成规模,通常每次进攻都只调动了一个团的力量而已。北军士兵们在大雾和浓烟中沿着山坡向山顶发动进攻时,无不认为自己面前只有死路一条,但他们严格执行军令,不断向前冲锋,前仆后继。南军的威廉·欧文(William Owen)是驻守山脊的华盛顿炮兵团(Washington Artillery)的一员。欧文后来回忆当时的场景时描述道,当时一拨又一拨身穿蓝色军装的联邦士兵不断涌来。"他们身着颜色醒目的军装接踵而至,似乎比以往任何时候都要意志坚决,他们想要占据这片高地。不过,我们的炮火却威力十足。全世界任何一支军队都不可能承受得住我们所发射的地狱之火。"实际上,南军密集的炮火与地狱之火相比已经不存在任何区别。

大屠杀持续了整个下午,成千的北军士兵伤亡,弗雷德里克斯堡和梅维斯高地之间的平原上尸横遍野,有的地方士兵的尸体多到已经摞在一起。山脚下的低洼路面上全都是断肢尸块,南军的子弹和炮弹把北军士兵打得身首异处甚至支离破碎。然而,联邦士兵"依然故我,意志坚决地恪守军令,尽职尽责",从未停下进攻的步伐。曾经在墨西哥战争中出生入死的一个北军士兵评论道:"我从来没有目睹过那样的战争场面,就其喧嚣程度及破坏程度而言没有一场战役能与之相提并论。"一个联邦士兵在冲锋时不幸被加农炮弹击中,一条腿被炸飞。当这个士兵应声倒地时,脑袋正好枕在自己血肉模糊的断腿上。然而,他却将自己所处的状况抛诸脑后。他怀着必胜的信念,用胳膊肘支撑起身体后,"挥舞着军帽,面对着破旧的国旗给战友们加油助威",直到最后一息。他这个姿势象征了北军士兵当天的英勇表现,但徒劳无益。

伯恩赛德似乎陷入了恐慌,但仍然不愿意制止这场大屠杀。至当天傍晚,北军已经发动了14次正面进攻,全都功亏一篑。见此情景,伯恩赛德终于决定在第二天早上再继续发动进攻,并宣布届时打头阵的将会是他自己直接率领的第九军团。或许当时他自己也有一种自愿英勇就义、欣然赴死的感觉。到了第二天,当他手下所有将领无不对该作战计划表现出强烈的抵触情绪时,伯恩赛德终于幡然悔悟,清醒过来,改变了自己的想法。幸运的是,弗雷德里克斯堡战役终于结束了。

与此同时,随着战场上夜幕降临,统计战争详细数据的人员开始行动起来,将伤员运回营地,统计死亡人数。来自缅因州的约书亚·张伯伦(Joshua Chamberlain)内战前是一位大学教授,如今已经成为战争中的勇士。12月13日夜,张伯伦也参与战事统计工作。随着夜色渐浓,战事也逐渐停歇,随之而来的寂静笼罩着整个战场,令人毛骨悚然。张伯伦对这一幕描述道:"战争的喧嚣吵闹已经销声匿迹,取而代之的是死一般的寂静,然而,在这寂静深处传来一种陌生的声音,令人不寒而栗:这声音时高时低,让人很难判断它到底是来自天堂还是出自人间。人们更无从知晓到底哪种声音来自天堂,哪种声音又出自人间。这声音听上去就像是一种怪异的腹语,因为你根本无法确定声音发出的具体位置。令人感到窒息的呻吟声仿佛来自遥远的天际,仅凭人类的感官根本无法触及。而哀嚎之声听上去又如此遥不可及,动人心魄旋即缥缈而去,仿佛由一千种不和谐的声音汇聚成一种怪诞的主旋律,神秘莫测,变幻无常,闻者无不感觉惊心动魄,不忍再听,然而,这声音又似就在耳边响起,令人感觉不可思议。"张伯伦听到了讨水喝的哀求,听到了希望得到同情的尖叫,还听到了希冀得到上帝眷顾的祈祷。为了缓解痛苦,有些士兵声嘶力竭地呼唤着亲人的名字。张伯伦还注意到"躺在战场上的战士双唇紧闭,但不断发出低沉嘶哑的声音,然而,他们因为绝望无助或者是为了保持自己的英雄形象而不愿意清楚地说出他们的痛苦"。在接下来的两天里,北军没有再采取任何行动。12月15日夜,北军悄悄地横渡拉帕汉诺克河,返回了河对岸。

北军一方的伤亡人数超过1.2万,而南军的伤亡人数却要少很多,受伤人数只有约5300,死亡人数只有600。在弗雷德里克斯堡战役中幸存的一个北方士兵给家人写了一封信,信中写道:"每场战役都是有百害而无一利,很多人在这场战役中命丧黄泉,但他们的死没有任何意义。我觉得他们已经受够了叛军的折磨。"他悲观地预测说:"我们将不得不向他们认输投降,也许越早越好。"上将蒙哥马利·梅格斯(Montgomery Meigs)是军需官,军阶较高。梅格斯写道:"疲惫不堪的情绪在潜移默化之间已经笼罩住了整个国家。信心和希望快要随风而逝,烟消云散了。"实际上,当这场战役的统计数据被公之于众时,几乎所有北方民众都义愤填膺但随即又有了一种心灰意冷的幻灭之感。林肯曾经给伯恩赛德施压,要求他采取军事行动,因此林肯也许觉得有些内疚,但更多的是感到绝望。林肯对他的一个助手说道:"如果说还有什么地方会比地狱更让人觉得难以忍受,那便是此刻我所处之境地。"当国会下令对此事进行调查时,林肯总统迫于形势不得不立刻采取行动,否决某些共和党的激进分子要求他重组内阁的建议。

弗雷德里克斯堡战役的胜利对于南部联盟而言仿佛是一场及时雨,然而,罗伯特·E.李对此却仍不满意。12月14日战役结束后,罗伯特·E.李感到大失所望,因为再没有敌人可以血溅沙场了。罗伯特·E.李在给夫人玛丽(Mary)的信中如此写道:"我……很难相信他们竟然停止进攻——毕竟他们曾大吹大擂,还曾做过精心准备,他们狼狈撤退与发动大举进攻的时间一模一样,都是在夜幕降临以后。"罗伯特·E.李知道自己的部队已经沉重地打击了敌人,但他向玛丽坦承,说他希望对敌军的打击能够再猛烈一些:"随着战事的不断发展,他们的确损失惨重,但这种状况还不足以令我感到十分满意。"罗伯特·E.李仍然希望再来一场漂亮的大胜仗——在这场战役中将敌军一劳永逸地彻底摧毁。而弗雷德里克斯堡战役的胜利只不过激发起他对南方全面获胜的渴望。

同样感到郁闷沮丧的还有伯恩赛德。尽管寒冷的冬天已经到来,他还是下决心要再次做出尝试。在一个多月的时间里,他不断思索,斟酌着下一步的行动计划,而他率领的部队则一直在河对岸按兵不动。最后,北军在1863年1月20日开始逆流而上,打算包抄罗伯特·E.李的左翼部队,开展一场更大规模的行动。不幸的是,暴雨来袭,道路泥泞不堪,北军部队也困在原处,寸步难行。到了1月23日,伯恩赛德领导下的"泥地行军(Mud March)"计划不得不宣告流产。没过多久,伯恩赛德在波托马克军团的任职也宣告结束。乔·胡克(Joe Hooker)取代了他的位置。傲慢自负的胡克之所以接受这一任职一是因为与军官队伍内部达成协议,二是因为林肯需要一位以胆识过人著称的陆军司令。然而,林肯后来才发现作为总指挥的胡克自身也存在问题。

威廉·S.罗斯克兰斯

在西部战场,南军也打算夺回被北军占领的领土,不过,此番北军得到的消息多少让人略感欣慰。在肯塔基州的佩里维尔战役后,布雷斯顿·布拉格撤退到田纳西州的东部地区;在密西西比州的北部地区,南军在艾尤卡和科林斯两场战役结束后也开始撤退。在密西西比州地区爆发的两场战役中发挥主导作用的是陆军上将威廉·S.罗斯克兰斯。这两场战役结束后,罗斯克兰斯前往田纳西州的纳什维尔接替唐·卡洛斯·比尔的指挥之职。在肯塔基州的战役中,比尔不但没能先于南军采取行动,而且在佩里维尔战役结束后也没有对布拉格领导的南军乘胜追击,因此,林肯对比尔已经丧失了信心。事实证明,同样令比尔名誉扫地的是,与麦克莱伦相比,比尔作为军队指挥官决策时过分小心谨慎而政治上又趋于保守。由于执着于并不足取的和解政策,比尔无力把握更加大胆的新的战争目标。联邦政府在1862年10月30日任命罗斯克兰斯为俄亥俄军团总司令,并很快将该军队重新命名为坎伯兰军团(Army of the Cumberland)。

罗斯克兰斯出生于俄亥俄州,毕业于西点军校,是位才华横溢的发明家和工程师。内战刚刚打响时,罗斯克兰斯在弗吉尼亚州西部地区接二连三赢得胜利,因此得到了广泛的认可和赞赏。在战役中,他胆识过人,与志愿兵部队配合默契,表现出巨大的军事魄力。罗斯克兰斯工作起来不知疲倦,而且还是一位虔诚的天主教徒。为了解决某些神学问题,他经常和参谋深入探讨,直至深夜。人们亲切地称他为"老罗塞(Old Rosey)"。不过,与"老罗塞"为敌的人也不少,其中就包括U. S. 格兰特以及埃德温·M. 斯坦顿。罗斯克兰斯颇受大众欢迎,因此,格兰特对他憎恶有加,认为他傲慢无礼,惹人生厌。罗斯克兰斯很容易情绪激动,而且脾气暴躁。在战役中,有时他兴奋过度,激动得连说话也变得结结巴巴,结果他的副官连他说什么都听不明白。对于军衔问题,他一直都很敏感,对自己的雄心抱负也从来不加以任何掩饰。陆军上将雅各布·考克斯(Jacob Cox)回忆道:"所有与他打过交道的人都深知他这个人很容易冲动。当别人触怒了他,他就火冒三丈,恶言相向;当他对别人的言行感到满意时,他就会满面笑容,和蔼可亲,甚至会亲昵地拍拍别人的肩膀或后背。"不管怎么说,在1862年秋季,对于北方联邦而言,罗斯克兰斯似乎与伯恩赛德一样众望所归,成为众人眼中可以力挽狂澜的那个人。

一开始,罗斯克兰斯便诸事不顺。为了备战,他将军队进行重组。重组工作开展两个月后他才开始采取积极的军事行动。联邦政府战争部却迫切想要见到成果。12月初,亨利·W. 哈勒克就敦促罗斯克兰斯采取行动。哈勒克警告说:"有人曾不止一次请求我另选他人出任你这支军队的指挥官。如果你在纳什维尔再多停留一星期的时间,我就不敢保证你还能继续留在这个职位上。我给你的这封信就如同一道军令,政府需要你采取行动。如果你对这一命令置若罔闻,别人就会取而代之。"对此,罗斯克兰斯回应称自己从来没有浪费一点时间,并大胆反驳说:"对于解职之类的威胁性言论,对我而言并不会产生任何影响。"

最后,到了12月底,罗斯克兰斯率领4.1万人的军队开出了纳什维尔。当时,布拉格已经将军队转移到距离纳什维尔东南不到30英里的默弗里斯伯勒(Murfreesboro),静候罗斯克兰斯的到来。刚刚丢掉了肯塔基州的布拉格早已暗中发誓,决心至少要在农业生产发达的田纳西州中部地区占据一席之地。默弗里斯伯勒是一座商业重镇,位于连接纳什维尔和查塔努加的铁路线附近。布拉格将其视为自己的军事基地。

石头河战役

12月30日,深夜,北风呼啸,寒冷刺骨。罗斯克兰斯向军队发布一项将军令,宣称"全国人民的目光都聚焦在你们身上;甚至可以说整个民族的命运走向都取决于今日一战"。他鼓励全军将士:"稳扎稳打地包围敌人,当你们距离敌人近到可以发起正面冲锋时,你们就举起刺刀,扑向他们。只要依言行事,你们一定会大获全胜。"不过,在这场战役中首先发起进攻的是布拉格。12月31日凌晨,布拉格趁着黎明前的黑暗,向罗斯克兰斯的右翼部队发起进攻。在接下来的3天里,石头河战役进行得异常残忍激烈、血腥暴力,双方伤亡总计将近2.4万人。布拉格率领的田纳西军团总人数为3.4万。在第一天的战役里,布拉格成功地粉碎了罗斯克兰斯的右翼部队,将战线不断向前推进,并最终将敌军逼退至河边。俄亥俄军团第二十四纵队(Twenty-fourth Ohio)陆军上尉阿米斯特德·T. M. 科克里尔(Armistead T. M. Cockerill)认为南军的猛烈进攻就好像"一场龙卷风,所过之处寸草不留"。该军团另一个军官坦承:"天啊!我再也不想目睹这样的场景。试想一下吧……战士们四散奔逃,但没有任何人知道到底该往哪里跑才能逃离危险。"

第二天,双方并没有发生大规模的交战。然而,到了第三天,布拉格对约翰·C. 布瑞肯里奇(John C. Breckinridge)率领的纵队下达了死命令,要求该纵队跨越各种险恶的地形,横渡冰冷刺骨的石头河,对北军的左翼部队发起进攻。与内战时期的大多数指挥官一般无二,布雷斯顿·布拉格始终坚持战前时代的信念,认为只要步兵部队斗志昂扬地发起正面进攻就可以攻陷任何防御工事。然而,就像弗雷德里克斯堡战役的伯恩赛德和莫尔文山战役的罗伯特·E. 李一样,他也犯下了致命的错误。在将近一个半小时的正面交战后,南军惊慌失措,仓皇撤退。南军中来自肯塔基州的一个战士目睹了布拉格发起的这场丧失理智的最后决战。当敌人从各个方向燃起的熊熊烈火阻断了战友们的逃亡之路时,这场面让这个战士目瞪口呆,胆战心惊。"一个又一个肯塔基人倒了下来,有些人战斗经验极为丰富,在军官中都属于骨干精英级别,然而却也永远留在了战场上。"他们之所以战死沙场都是因为南军所极力主张的"为愚昧和报复而不惜牺牲生命"。来自田纳西州的二等兵萨姆·沃特金斯(Sam Watkins)如此写道:"就如同秋天里一场飓风过后树叶纷纷飘落一般,南军接连倒地而亡。"

最终,对于双方而言,石头河战役都不能算作大获全胜,只能说是打了个平手。不过,战后,布拉格率领南军撤离了默弗里斯伯勒,并永远放弃了田纳西州中部地区。在他的军队里,有1 300多人死亡,受伤和失踪的人则有9 000人之多。这场战役结束后,粗鲁莽撞、顽固不化的布拉格不得不面对排山倒海般的批评,不仅南军的媒体对他大肆抨击,他手下的士兵也对他颇有微词。他手下的一个军官回忆道:"布拉格手下的将士没有一个对他有赞赏之词。他们都认为他没有能力,根本无法胜任将军一职。大家只把他当作一个冷酷无情的暴君。"布拉格与自己的属下发生了唇枪舌剑的争执,此举更加削弱了他的领导地位。然而,戴维斯总统仍然对布拉格信任有加,仍然让他的老朋友继续执掌帅印。

与此同时,罗斯克兰斯一方却因为这场战役遭受了重大损失,伤亡人数多达1.3万。不过,鉴于弗雷德里克斯堡战役失败在前,对北方而言,石头河战役看上去就像是大获全胜一般,至少林肯面对大众是如此宣布的。就在这场战役打响的几个星期前,中西部地区主张和平的民主党人(Peace Democrats)曾经大胆发出呼吁,要求联邦政府承认美利坚联盟国,并终止"宪法所规定的与新英格兰地区(New England)各州的关系"。如今,随着胜利消息的传来,北方的反战言论便销声匿迹,至少在一段时间内没有再次出现。林肯激动地称赞罗斯克兰斯说:"上帝保佑你!上帝与你同在!请你呵护全国人民,请你接受全国人民对你和将士们的感激之情,感谢你们卓越的作战技术,感谢你们的坚忍不拔、百折不挠的作战勇气。"

战争所造成的破坏

在弗雷德里克斯堡战役中,罗伯特·E.李大获全胜。据说当时罗伯特·E.李曾经若有所思地说:"战争如此残酷甚好,如若不然,我们有可能会痴迷于战争。"痴迷于战争? 至1862年底,不论是南方还是北方,几乎没有一个美国人会对战争表现出一丝一毫的喜爱之情。弗雷德里克斯堡战役和石头河战役堪称两场大屠杀,却几乎没有任何长期的战略意义,甚至可以说,1862年初在夏伊洛和安提坦所发生的那两场屠杀虽然规模更大,但同样没有多大的战略意义。事实证明,对于南北双方而言,指望着通过一场决定性的战役就彻底结束内战或者获得永久性的胜利可以说是一种幻想,而且这种幻想有百害而无一利。这场战争还会持续地进行下去。看上去仿佛这种惨无人道的武装冲突自己已经具备了思想意识,根本不受人类的掌控。战争似乎激发了人们隐藏很深的破坏欲,即便自身遭受疼痛和死亡,也无法让这种欲望得到满足。

暴虐的战争也给土地和环境带来了灾难性的影响。在诸如弗雷德里克斯堡之类的地区很容易就可以看到一片荒芜的景象，然而，随着战争向南部联盟诸州不断推进，南方农村的广大地区，包括大片耕地、林地、无数个农业社区和村庄都遭到了极大的破坏。为了获得做饭、取暖用的木柴，为了得到修建营房、桥梁、道路、信号塔、围桩以及其他防御工事所需要的木材，交战双方都会将整片整片的森林砍伐得一干二净。南北双方军队与环境遭到破坏这一事实都逃脱不了干系。据估计，将北军与南军都包括在内的话，双方仅仅为了点燃篝火就焚烧了40万英亩的木材。在内战期间，多达2.5万株树木被加农炮弹和子弹打得千疮百孔，甚至可以说由于"在战争中受伤"而已经死亡。然而，根据一位历史学家的说法，北军目标准确地"在某些特定地点发起战争"，而且用各种方法攻打"南部联盟的农业生态基地"。当美丽的风景因此而变得满目疮痍时，诸如"荒漠"和"荒地"之类的辞藻就被用来形容这一惨痛结果。这种"破坏"甚至延伸到解放奴隶的活动中。正如威廉·T. 谢尔曼在战争中所观察到的，"我们已经肆无忌惮地蹂躏了大地……已经迫使50万名黑人背井离乡，结果导致整个国家陷入瘫痪，因此，我们至少需要20年的时间才能将损失的国力弥补回来"。

南部地区的后方

在美国南方地区，很难避免或忽视战争造成的负面影响，尤其是在北军入侵的地区。在南部联盟，不论是在为数不多的城市地区还是在大多数农村地区，战争无不直击要害。在南方各大城市，到处都是军人、官僚以及为战争所迫而流离失所的难民，到处人满为患。通货膨胀导致各种重要商品价格飞涨。诸如肉、盐等基本食物和日用品出现了严重短缺的现象，结果民众开始食用一些他们在战前还认为是害兽的动物。在里士满以及维克斯堡，人们经常可以看到肉店高价出售剥了皮的老鼠肉及当作羊肉出售的狗肉。饥饿难耐的南方人对于猫、乌鸦、青蛙、蝗虫、蜗牛、蛇以及各种虫子也来者不拒。南部联盟的战争后勤人员约翰·B. 琼斯(John B. Jones)描述了一个极度贫困的女人和里士满的一个商人进行的一场交易。当商人对一桶面粉开价70美元时，女人尖叫道："我的天啊！价钱这么贵！我怎么买得起？我有7个孩子，我该怎么办呀？"商人讥讽道："夫人，这我可不知道。不然你就吃孩子吧。"

内战前，小农场主们颇为自鸣得意，因为他们可以独立自主、自给自足，但战争爆发后，就算是养活家人对他们而言也举步维艰。当丈夫到前线打仗，南方的白人女性便留在家中,辛勤劳作,竭力维持着农场的正常运营。种植园主也面临着劳动力短缺的问题,因为为了追求北方联邦所承诺的自由,奴隶们一批一批地逃离种植园。根据南部联盟征兵草案的规定,在拥有20个或20个以上奴隶的种植园里,可以有一个白人男性免服兵役。即便如此,南方种植园由于缺乏白人男性的监管也付出了沉重的代价。

对于南方的白人女性而言,男人们都在前线冲锋陷阵,她们的生活中便缺少了男人的身影,这一现象似乎在南部联盟的意识形态领域里提出了一个令人费解的矛盾命题。如果这场战争的爆发是为了保护家园,那么当战争让女性完全处在一个没有任何保护的状态下时,女性又该何去何从?在内战接近尾声时,女性精英们时常举办各种聚会和舞会。对她们而言,似乎这是表达自己对南部联盟政府厌恶之情的一种方式,因为南部联盟不断要求女性做出自我牺牲。大多数女性种植园主发现自己没有能力在战争中发挥任何作用后感到郁闷沮丧,因为自己不是男儿身而愤愤不平。路易斯安那州的一位女性在她的日记里潦草地写道:"哦!要是我是个男人就好了!那我就可以骑着高头大马,随心所欲地将敌人杀得片甲不留!如果军队中能有几个南方女人,那她们就可以给男人们树立榜样,让男人们知耻而后勇。"

战争也深刻地影响了家庭生活。求婚和结婚都变得匆匆忙忙,父母和孩子、丈夫和妻子之间的分离时间不但越来越长久,有时甚至就是生死一别。战争造就了大量的孤儿寡妇,由于心爱之人的离世,她们心灵上的创伤永远难以愈合。一个家庭如果失去了父亲或丈夫已经让人痛不欲生,但如果一个士兵的死亡意味着一个家庭失去了唯一的顶梁柱,那么所产生的后果更让人不敢想象。更有甚者,由于单身男性的数量越来越少,女性再婚的机会也一降再降。战争也使后方传统的性观念有所放松。由于身边没有男人伴其左右,女性便开始与路过的战士发生露水姻缘。对这些女性而言,如果放在战前的和平时期,她们无论如何也不会有这样的行为。女性为了获得迫切需要的保护、金钱或者仅仅是为了有人陪伴而向陌生人投怀送抱,有时候是自愿为之,有时候则属于迫不得已。当士兵们路过没有男人的地区时,与当地女人调情或私通就成了司空见惯之事。在阿肯色州,联邦陆军下士塞思·凯利(Seth Kelly)发现了"几个颇有姿色的女性虽然坚持分裂主义,但个个都长得令人着迷。她们身边竟然没有男人,真乃天作之合"。南部联盟骑兵部队的中士W. W. 摩西(W. W. Moses)讲了一对母女遭到两个军官色诱的故事。这家的男主人当时正在军队服役。女儿虽然只有16岁却坚信自己以后可以与情人共结连理。摩西说,她"没意识到等待她的只会是屈辱和失望。因为她根本就不知道亨利在家里早就已经有妻室了"。摩西总结道:"天啊!这场战争已经将传统的道德原则破坏到了何种地步?这场战争不但破坏了我们的健康生活,而且让我们无处寻觅甜美的希望,就连喜悦感也荡然无存。实际上,人世间更加难以寻觅的当属美德。"

"如今,我们的生活变得苦不堪言,整天担惊受怕——我们实际上就生活在巨大的危险和无尽的恐惧之中。"凯特·斯通(Kate Stone)如此写道。斯通在路易斯安那州有一座种植园,不过当时里面已经挤满了北军战士。"至于危险将以何种方式降临,我们无从知晓。我们孤独无助,无法保护自己。目前的生活让人痛苦万分,未来的日子也是一片黑暗。我们惦念至爱亲人,整日心悬两处,焦虑不安。这一切都让我们疲惫不堪。"

随着战争的延长,伤亡数字不断攀升。后方平民百姓的心头都有一个疑问,这个疑问让他们如万蚁噬心般痛苦。这场战争何时才会结束?至亲爱人何时才会回家?永无止境的战争不断产生伤员,而伤员的人数一直有增无减,于是,在接纳伤兵时北方民众变得愈发勉为其难。南方民众的反应也大同小异,面对着战争的高昂代价,他们也变得愈发焦躁不安,惶惶不可终日。发生这种状况并不是因为平民百姓对南部联盟的主张丧失信心,而是因为战争影响的范围以及造成的破坏都让他们感到惊慌害怕。有什么大业需要付出如此惊世骇俗的生命的代价呢?

为了解决这些问题,政治领袖们致力于实现国家统一,其首要任务就是在战争中赢得胜利。尽管后方民众也在遭受苦难和牺牲,然而,与赢得战争的胜利相比,维持后方的和平同样重要,甚至可以说更加重要。亚伯拉罕·林肯在费城对一群志愿担任联邦文职人员的民众说:"战争充其量可以说让人感到心惊胆战,但我们所进行的这场战争从其重要性及持久性的角度来说则是最让人感到毛骨悚然的战争之一。"据林肯估计,这场战争让北方的后方民众付出了沉重的代价,不过,也可以说实际上他同样在描述南方的状况:"很多地区的贸易发展都因为它(这场战争)遭到了彻底毁灭。这场战争破坏了平民百姓的财产和家园;令我国的国债激增,税赋暴涨,两者都达到了前所未有的高度;几乎每个家庭都有人因为战争而丧生,我们甚至可以说'天堂都已经暗无天日了'。"

士兵与后方

几乎所有士兵都渴望得到家人的消息。对于那些以前从来没有离开过家乡热土的男人们而言,思乡之痛刻骨铭心。他们从来没有到离家成百上千英里远的地方每天拿自己的生命做赌注,更没有在这么长的时间里远离故土。军队几乎不会给士兵们提供任何休假的时间,因此,士兵们都焦虑不安地等候分发邮件的点名时间,都迫不及待地想要得到来自家乡的只言片语。偶尔有的家庭成员和朋友会到前线来探亲,但邮件一直是士兵们和平民百姓之间最重要的联系方式,只不过即便信件再多也不能让士兵们感到满足。士兵们通常都会指责他们的亲朋好友和至爱家人将自己忘在脑后,因为士兵们总认为他们写来的信不够多。有些士兵会翻来覆去地把收到的家信读了又读。一旦寄出一封信,就会在日记里详细地记录下来。来自密歇根的战士乔治·亨利·尤因(George Henry Ewing)在给父母的信中写了一首诗。下面是这首诗中的几句:

> 记得经常给我写信,因为
> 信札是我们之间的纽带,
> 将两颗真挚的心灵系在一起;
> 我们的思想在书函往来中交流沟通。
> 信札让善良的灵魂感受到,
> 持久而又真实的喜悦之情。
> 假如你想让我们的友谊长存,
> 请千万不要忘记给我写信寄情。

士兵们在写给家人的信中通常描述的都是军营里的日常生活,传递在军队中服役的其他家庭成员和亲朋好友的消息,偶尔也会对战争场面进行一番刻画。不过,在大多数情况下,士兵们更加迫切地想要了解到家乡的消息以及他们可望而不可即的日常生活的细枝末节。这些为人夫、为人父者除了在信中洋洋洒洒地表达出自己的爱恋之情和慈爱之情,还会问一些诸如家里的经济状况等非常实际的问题。为人夫者则努力为自己抛家舍业、参军打仗找到更加合理的解释。马歇尔·菲利普斯(Marshall Phillips)是缅因军团第五纵队的成员。在军队里他一直全心全意地履行自己的职责并"保持英勇无畏的状态",不过,他在写给妻子戴安娜(Diana)的信中坦承:"我一躺下来就会想你,想念全家人。有时候一想到自己参军入伍,离开你和年幼的孩子们,我就怀疑自己是不是做错了选择。"

即使离家千里,很多士兵仍然想要继续保持自己在家庭中的传统角色。埃奇沃思·伯德(Edgeworth Bird)驻守在弗吉尼亚州,离自己的家乡佐治亚州的大农场有千里之遥,他给妻子萨莉(Sallie)写了无数封信。在信中,伯德指导萨莉如何收割玉米、如何养猪喂羊、如何给骡子钉铁掌。对于如何与奴隶相处之类的问题,他也给萨莉提出了很多建议,在信中写道:"你只有不辞劳苦,才能得到奴隶的爱戴,你要让他们感受到你的爱,这样你在管理他们时,他们才会心服口服。这要比监督他们、让他们出于畏惧之心服从你更加有效。"伯德渴望回到家乡,因为他相信自己在经营农场方面轻车熟路,比起萨莉在管理方面肯定更加得心应手。"如果我在家的话,我们的种植园一定会变得更加富足,因为经营种植园一直是我心之所向,是我最喜欢做的事。当然,我也可以经营得更加有声有色。"此外,为人夫者也需要抚慰妻子,鼓励她们要坚强地面对一切。"做一个坚强的女人,"来自密西西比州的一个战士给自己那无依无靠、焦虑不安的妻子加油鼓劲,他建议,"要向古往今来那些崇高的女性看齐。"

女人和战争

女人们尽其所能做到最好,但相较于战前,通常她们肩上的负担会更加沉重。除了养活家人、照看小孩,她们还不得不偿还抵押贷款、出售粮食、雇用帮工以及经营买卖等。有些女人比较幸运,家人、朋友近在咫尺,生活中需要帮助时这些人不但可以出手相助,而且可以给她们提供很多宝贵的建议。然而,更多的女人则只能通过和在外参军打仗的丈夫进行书信往来,不断咨询丈夫,让他们给家中一切事务的料理方法提出最佳建议。与在前线流血牺牲的丈夫别无二致,绝大多数女人在承担家庭重担方面一样表现得胆识过人。伊利诺伊州的一个女性农场主面对一系列可能会令她最终迫不得已将农场转手的法律问题和税赋问题,在与丈夫就这些问题进行了长达几个星期的书信往来后,这位女性农场主最终决定坚守自己的立场。她最后做出不变卖农场的决定:"我将坚守在农场里等你回来。我会竭尽全力支付购买土地的费用,还要还清其他债务。我觉得我们最终一定会苦尽甘来。"

在写给在外征战的丈夫的信中,妻子主要会描述家庭生活的种种细节、所面临的经济问题,还会书写充满了鼓励支持和爱恋之情的话语。有些女人还会在信中探讨她们最新得到的自主权。可以说,战争将这一权利强加于女性身上。玛蒂·布兰查德(Mattie Blanchard)的丈夫凯莱布(Caleb)在康涅狄格军团第十八纵队服役。玛蒂对本州的政治问题产生了浓厚的兴趣。她认为,当士兵们在前线冲锋陷阵时,州政府的官员们应该"允许士兵们的妻子行使投票权"。玛蒂在写给丈夫的信中问他是否认同这一观点。当然,并不是所有女人都像玛蒂·布兰查德这样对政治充满了热情。实际上,有些女人公开表示她们憎恨战争强加在她们身上的种种要求。北卡罗来纳州的一个女人感到自己已经是穷途末路,在写给丈夫的信中,她问丈夫是否考虑过要"重新加入联邦",问他这样做"比起将我们所有人赶尽杀绝是否要好得多"。她又补充道:"我经常幻想,如果我可以制造和平,要过多久我才能让你和我爱的所有人重新回到我身边。"

军旅生活

南北双方的士兵们很难听到来自家乡的诸如此类的伤感之词。他们需要的是来自家人和朋友的积极支持,因为军旅生活本身就已经是一种煎熬。在绝大部分时间里,服兵役与其说做的是各种可以想象的常规事务,还不如说做的是折磨人性情的、没完没了的各种事务。枯燥的军事训练和军营生活会持续几个星期甚至几个月,这期间偶尔会进行几次让人精疲力竭的急行军、参加几次小规模冲突或者偶然爆发的几场大规模战役。来自威斯康辛州的士兵鲁弗斯·R. 道斯(Rufus R. Dawes)评论道:"军旅生活堪称世界上最枯燥乏味的生活。每天都在重复做同样的事务,一遍又一遍。"南军和北军的将士们每天的日常生活过得大同小异:早上 6 点钟点名,7 点钟早餐,接下来就是 2 个小时的分班训练或分连队训练。午餐过后就又是 2 个小时的营队训练,5 点钟举行阅兵典礼,6 点钟吃晚餐,9 点钟点名,9 点半吹熄灯号。中间还可能会穿插一些拼刺刀训练或打靶训练。对于志愿兵而言,这样的训练在维持军队秩序和纪律方面发挥了重要的作用,但对于那些早就已经习惯于自立、自治的士兵而言并不受欢迎。此外,这样的训练非常枯燥乏味。"早上起来的第一件事就是训练,接着还是训练,然后仍然是训练,"来自宾夕法尼亚州的一个士兵描述道,"再往下还是训练、训练,更长时间的训练。然后仍然是训练,最后还是训练。在两次训练的间歇期,我们仍然在训练。有时候我们会停下来吃点东西,点个名。"执行警卫巡逻和纠察任务会给看上去一成不变的常规训练增加一抹亮色,至少可以暂时让士兵们抛开营地那再熟悉不过的禁锢,只不过有时候在执行任务的过程中可能会遇到危险。营地里有些任务可能与军务无关,例如劈木柴、洗衣服或做饭等——尽管很多随军流动的平民负责完成这些生活琐事。到了冬季或者需要在一段时间内驻扎在某地的话,士兵们就会重新操起战前的旧业,比如打铁、印刷或者做一些木工活等。

士兵们的业余生活丰富多彩。除了读书、写信、唱歌,他们还组织辩论社、

《圣经》研讨小组和剧社等小团体进行社团活动。为了找到消磨时间的方法,他们也会组织一些激烈的、消耗体力的运动,例如,打篮球、狩猎、钓鱼、赛马、斗鸡、摔跤,以及其他一些看似愚蠢无聊的活动。士兵们在战场上可以展现出骇人听闻的暴虐行径,但在军营里一直与人为善,对各种活动都表现出一副兴味盎然、乐此不疲的模样。面对着士兵们自娱自乐的能力,南军的一个中尉叹为观止:"比如说一开始,一个士兵先模仿母鸡发出'咯咯咯'的叫声,原本寂静无声的军营里就会发出'嘘—嘘—'的声音。紧接着其他士兵就会开始陆续加入,此起彼伏地模仿母鸡的叫声,直到整个军营听起来就像是被一只貂或者一只黄鼠狼搅闹得天翻地覆的鸡窝一样喧闹。再比如一个士兵先模仿驴叫,接着其他士兵就也会争先恐后地开始学驴叫,此时整个军团的上空就会回响起万驴同嘶的共鸣,而军营就好像变成了养驴场一样。"

打雪仗在冬季也是司空见惯的营队活动,有时候军官也会加入其中,对自己的手下发号施令,他们一本正经的样子就好像在进行一场真刀实枪的战役。1863年1月的一天,来自佛蒙特州和新泽西州的两个团在弗雷德里克斯堡附近举办了一场打雪仗的比赛,但看上去简直无异于展开了一场真刀实枪的较量。"两个团各自拉开战线,每条战线都配备一线指挥官和陆军校级军官各一名,陆军校级军官居高临下进行指挥。一声令下,雪战开始。双方士兵各自发起冲锋,同时相互抵制对方的冲锋。此外,双方还相互捉拿俘虏。满目所及的全是双方投掷到半空中的白色炮弹。无论哪一方在打雪仗的过程中占据优势,双方都会发出震耳欲聋的欢呼声。"相较于地理位置偏南的新泽西州,佛蒙特州的士兵们明显更擅长打雪仗,因此最后赢得了雪战的胜利。

当然,普通战士中也存在真正的竞争。士兵们与军官斗,位于底层的志愿兵与位于上层的士兵们斗,土生土长的士兵与外地的士兵斗,老兵与新兵斗,各州军团彼此之间也争斗不休。二等兵在军队中的地位较低,因此他们认为无论从哪个方面来说军官的待遇都要比他们好得多。军官的报酬更高,而且通常军官所分得的食物不论在质量上还是在数量上都要高出一个档次;军官的住房条件更加优越;军官不但经常休假而且假期持续的时间也更长,甚至就连从家乡来部队探亲的亲朋好友的人数都要更多。总之,一旦爆发战斗,军官不但会更安全,而且享有更多的自主权。在任何一个部队,官兵之间的不平等司空见惯,但对于那些主动参加内战的志愿兵而言,由于他们已经习惯于享受各种个人权利,便很难接受这种差异。来自密歇根州的二等兵乔治·亨利·尤因相信如果"有些高级军官……对于我们所做的军务不甚满意,他们就会自己把这项军务接过去,花上不到一周的时间就把这件事做好。这种情况并非个案，而是近乎于一种常态。对此，我们之间已经达成了共识"。如果一个军官不但决意分担普通战士的重任，而且在战斗中展现出自己英勇无畏的一面，那么他就会得到士兵的尊重和爱戴。在内战期间广受士兵爱戴的将领包括罗伯特·E. 李、杰克逊、谢尔曼以及格兰特等。作为优秀的军官，这些将领原本可以享受很多特权和福利，然而，他们却主动放弃了这一切，而是自如地应对恶劣的生活环境和各种危险，因此，他们赢得了士兵的爱戴。

各个州和各个地区之间也存在着激烈的竞争。北卡罗来纳州和弗吉尼亚州相互为敌，这一点众所周知。来自东北地区和中西部地区的两支北军也彼此憎恨。在军队里，土生土长的美国人厌恶移民；一旦黑人军队加入联邦军队后，种族主义便使联邦士兵内部产生隔阂。

虽然在军旅生活的里里外外都能感受到紧张的氛围，但毋庸置疑，军界仍然是一个阳刚气十足的世界。士兵们不但已经远离了战前的生活，而且似乎也已经与战前的自我断了往来。他们都感觉源自家庭的道德影响及来自女性的影响都已经荡然无存。因此，战士们都变得不太注重自己的道德修养，而开始沉溺于诸如酗酒、满口脏话、吸烟以及赌博等种种恶习。就像前文所提到的，在后方，平民百姓中的女性和男性士兵之间的性观念已经变得相当开放。对于参加内战的士兵们而言，嫖娼是一件稀松平常之事。驻扎在里士满、孟菲斯、华盛顿、纳什维尔等城市以及哥伦比亚特区附近的士兵出入妓院也并非罕见。不论哪里出现了驻军，那些打算通过出卖肉体赚钱的女人就会如影相随。来自南卡罗来纳州的一个战士向他妻子透露说，很多妓女都是自觉主动地来到军营揽生意，不过他向妻子保证，说他肯定能经受得住这一诱惑。"如果当时你在场，你肯定会认为整个军营中除了我，其他所有战士都没成家。"来自宾夕法尼亚州的陆军下士弗雷德里克·佩蒂特宣称战争"让男人变得更加邪恶"。"我并不是说战争剥夺了男人的生命和财产，"他在给家人的信中写道，"这种损失简直不值一提。"佩蒂特担心战争会将整个民族的道德原则破坏殆尽，"我不敢想象士兵返回家乡的那天。我们国家已经没有宗教信仰可言"。

士兵的健康状况

单调乏味的军旅生活中除了充斥着士兵的种种恶习以及人畜无害的各种消遣，剩下的便是各种疾病的侵袭令战士们无处躲闪。有时，一个军团中有一半战士同时病倒。军旅生活意味着数以百计的战士混居在一起,而他们根本就没有意识到微生物会致病,因为直到19世纪80年代有关微生物致病的理论才开始形成。饮用水遭到污染、个人卫生条件缺乏、风餐露宿、过度疲劳等各种因素都对士兵的身体健康造成了不良影响。医疗条件有限、药品缺乏更令这一状况恶化。有"士兵病"之称的腹泻、痢疾屡见不鲜(仅急性腹泻就有100万个病例),而伤寒、疟疾、黄热病、天花、肺结核以及风湿等疾病也时有发生。那些从来没有在拥挤的中小城镇和大城市里生活过的士兵对于麻疹和流行性腮腺炎等流行性疾病可以说是闻所未闻,但这些流行病在军队里也猖獗地蔓延开来。虽然在内战爆发前美国很多城市就已经开始要求市民接种天花疫苗,但出身农村的士兵们从没有机会接种疫苗。像梅毒和淋病等通过性行为传播的疾病同样困扰着士兵,对于那些驻扎在城市附近、有机会出入妓院的士兵面临的危险更大。

相较于在战争中负伤的战士,身患上述疾病的士兵就似乎显得没那么具有男子气概。同样,相较于牺牲在敌人枪口下的士兵,因病死亡就显得不那么具有英雄气概。联邦部队将军、后来的美国总统詹姆斯·加菲尔德(James Garfield)曾经如此评论说:"与疾病做斗争要比参加一场战役更让人感到惊心动魄。这是为了拯救整个联邦所必须付出的代价。天哪!因病死亡的代价竟会如此高昂!"据估计,在整个内战期间,北方联邦和南部联盟分别有22.5万人和19.4万人死于疾病,占了伤亡总人数的一半以上。战后到底有多少退伍老兵死于在战争服役期间感染的疾病,这一数字我们无从得知。当士兵们从前线退伍还乡后,又有多少妻子感染了丈夫所传染的性病,我们更是无从知晓。

从更广泛的角度看,军队内部疾病肆虐势必限制军队在战场上的表现,影响指挥官的战略决策。例如,疟疾和黄热病在美国南方地势低洼地带及沿海地区颇为盛行,因此对联邦士兵就有可能会产生毁灭性的影响。了解到这种情况后,南军的陆军指挥官就可以在有"疾病流行的季节"之称的夏、秋两季重新分配兵力,将部分兵力从北军更有可能染病的地区撤出来,调整到需要更多防守力量的地区。同样,由于北军更容易得到金鸡纳霜——有了这种药,就可以在战争中对抗由蚊子繁殖所引发的疾病——北军的指挥官有时候就会大胆入侵南方人所占据的一些地区,因为大多数南方人受到疾病的影响时就会变得毫无招架之力。

士兵们的日常饮食

食物质量低劣及食物处理不当是士兵们染病的主要原因,尤其是高发的肠道疾病的主因。来自威斯康辛州的志愿兵昌西·库克(Chauncey Cooke)参军后不久就给他的母亲写信,称训练营里的饮食简直糟糕至极。他写道:"战友们每天都因为分发下来的烂牛肉和发霉的面包叫嚣着要暴动,而这一切就发生在我们的家乡州——威斯康辛州。"一旦上了前线,士兵们最关心的事情莫过于获取食物。不论是南军还是北军,食品供给一直处于不足的状态,而且所供应的食物不但没营养、不健康,而且一点儿也不新鲜。通常烹制食物的过程都是肮脏不堪的,饥饿难耐的士兵们便经常会吃到半生不熟的肉和生玉米。这样的食物对他们的消化系统也造成了很大的伤害。南北方部队的给养都包括各种不同的肉类、面包和面粉,但不论在食物总量上还是在品种上,北军士兵一直都比南军的待遇要好上一截。包括咖啡、糖、糖浆、大豆、醋、盐、脱水蔬菜(或干菜)、干果、酱菜等在内的食物都会出现在北军部队给养的标准配置中,甚至有时候连烈酒也都保障供应。不过,士兵们在大多数情况下会从军中小贩(随着北军东奔西走的商人)手中或者家人手中获得这些额外的食物。为了使自己的饮食多样化,士兵们自己也会狩猎捕鱼、在田野里觅食、从农场主或城市居民手中购买食物,或者干脆直接从农场主那里盗窃农产品或家畜。尤其值得一提的是,觅食不仅是为了满足口腹之欲,也成为报复敌方平民百姓的一种形式。

南军士兵很难获得咖啡,因为在南北双方的部队看来,咖啡是一种价值不菲的商品。为了弥补这一不足,南北双方之间发生了大量的走私贸易,南军用烟草换取北军士兵的咖啡。为了找到一种可以替代咖啡的饮品,南军士兵和平民百姓尝试了很多种东西,包括菊苣、橡子、蒲公英根、花生、甘蔗种子、玉米,甚至包括甜菜和马铃薯的外皮等,但没有一种能够像咖啡那样让人感到完全满意。

南部联盟物资匮乏

南军所缺乏的并不仅仅是咖啡,在整个内战中,他们始终处在食物短缺的状态。这一状况的原因并不是南方缺乏食物,而是南部联盟政府无法将部队给养分配给下属部队。通货膨胀、交通不便,再加上南部联盟给养部(Confederate Subsistence Department)的工作不得力,导致真正发放到南军士兵手中的食物少之又少。成堆的补给品经常就堆放在铁路旁边的仓库里腐烂霉变。南军士兵们虽然饥肠辘辘,迫切需要这些食物,但食物如此遥不可及。南部联盟管理军粮库的主任是陆军上校卢修斯·贝林格·诺斯洛普(Lucius Bellinger Northrop),他是总统戴维斯的忠实密友。根据大多数人的描述,诺斯洛普暴躁易怒、傲慢无礼、顽固不化,完全不适合这样一份重要的工作。不过,无法给军队提供足够的给养也并非是他一个人的过错。南部联盟政府推行了一项政策,从农场主手中强征军粮,但将收购价格压得极低。这项政策从一开始就不受欢迎,因此诺斯洛普执行该政策的能力也遭到了极大的削弱。

军装

南部联盟还要竭尽全力给南军士兵们提供军装。南方的交通问题和工业发展中存在的问题并没有得到解决,这就意味着士兵们的军装也一直处在短缺状态。来自弗吉尼亚州的伦道夫·绍特韦尔痛苦地回忆了罗伯特·E. 李率领手下部队渡过波托马克河的场景。"(士兵们)无不是赤着双脚,既没有军帽可戴,也没有毯子可以御寒!一路上鱼贯前进的士兵更像是散兵游勇,走起路来全都一瘸一拐,因为他们肿胀的双脚上全都是水泡。尽管白天天气炎热,但到了夜里就冷彻心扉。由于没有毛毯可盖,也没有内衣可穿,整个晚上战士们都被冻得不停地打哆嗦。如果说他们还有一件衣服值得一提,也就只剩下那唯一的衬衣了!"即便是在同一个军团里,军装的颜色也不能统一:灰色和浅棕色;军装的质地也分为两种:棉布和羊毛;就连头上的军帽也是颜色各异。

然而,在北军一方,军装的供给不但数量充足而且款式统一。北军的标准制服是大规模生产的蓝色毛料军装。当然,也有例外的情况,比如宾夕法尼亚军团和纽约军团的军装则是颜色亮丽的轻步兵制服。大多数步兵都头戴法式军用平顶帽。不过,人们偶尔也可以看到款式各不相同的军帽,比如名扬西部的"铁旅(Iron Brigade)"统一佩戴的就是黑色高礼帽。

不管军装属于何种款式,一般大小都不太合身,而且很快就会变得污秽不堪、臭味难闻,甚至还会有大量的虱子寄生在内。来自田纳西州的二等兵萨姆·沃特金斯回忆道,他所遇到的士兵没有一个不是"浑身长满了虱子,而且我曾经亲眼看到有些士兵一直都在忙着抓虱子,这让我想起老太太忙忙碌碌织毛衣的画面。"沃特金斯解释道:"一开始,为了除掉身上的虱子,士兵们还跑到树林里躲起来,其实他们根本没有必要那么做,因为他们面前的地面上爬满了虱子。"肥皂一直处于供不应求的状态,在南军里更是如此。因此,内战时期的士兵不论是行军打仗,还是日常起居,通常都是一连好几个星期穿着同一件肮脏的衣服。如果一个士兵穿了内衣——实际上大多数士兵都没有内衣可穿——那么内衣也会变得肮脏不堪、臭不可闻。"一连几个月下来,士兵们都没有内衣可以替换,即便军装穿得时间再长,也没有机会洗一下,"来自弗吉尼亚州的一个士兵回忆道,"所以实际上军装上全都是厚厚的油泥。在烈日的炙烤下,战士们无不大汗淋漓,衣服上的油泥也会因为潮湿而软化。"

士兵们的装备

内战之初,士兵们随身携带大量的武器装备,为了应对长期作战,有经验的老兵很快就学会轻装上阵。然而,即便丢掉的不是什么生活必需品,比如他们从家里带来的雨伞、凳子、手帕、小镜子等物品,一般士兵们还是要背负着沉重的负荷。他们的背包里塞满了弹药以及精挑细选的个人物品,比如,《圣经》、日记、照片、钢笔、墨水以及信纸等。他们用来装食物补给的干粮袋闻起来令人作呕,混杂着馊面包、生肉、烟草和咖啡等各种味道。有些士兵,尤其是南军士兵在急行军时干脆直接丢掉干粮袋,把弹药和食品一股脑全都装进背包里。其他一些额外的必备品还包括子弹盒、水壶(有些士兵只背着一个锡制水杯)、皮带、橡胶垫、羊毛毯和帐篷,不过对于任何一个士兵而言,最重要的物品莫过于自己的武器。

武器装备

内战期间,步兵使用的最重要的武器就是步枪。相对来说,步枪是近代发明的一种武器。南北双方最后都有能力给自己的士兵提供充足的步枪。南部联盟主要通过以下几种方式获得武器:一是从国外购买,二是自己生产制造,三是从敌军那里缴获武器。北方联邦一开始也是从欧洲购置武器,不过新的兵工厂不断建立,原有的兵工厂不断扩大生产,完全能够保障前方士兵对武器的需求。与拿破仑军队中所使用的滑膛火枪相比,内战时期的武器在技术方面最大的进步就是增加了膛线的设计。膛线指的是沿着枪管内壁挖出的螺旋槽,这给铅质子弹施加了一个旋转的力,令其有效杀伤半径从 50 码扩大到了 400 码。

线膛枪的品牌主要有两个:一个是恩菲尔德(Enfield),另一个是斯普林菲尔德(Springfield)。恩菲尔德步枪枪身长度为 54 英寸,如果装上刺刀,总重量大约 9 磅多一点,镗孔直径(或口径)为 0.557 英寸。这种步枪为英国制造,在南军中使用的较为普遍。斯普林菲尔德步枪为美国本土制造,比恩菲尔德步枪略短、略轻,镗孔直径为 0.58 英寸。这两种步枪使用的子弹相同,最常见的是球形的

"米涅弹（minié ball）"。米涅弹的弹头为圆锥体，弹头下面一个空心底座。这种子弹是由法国的一位陆军上尉发明的，其特点是进一步提高了步枪射击的精准度和射程。当这些高速旋转的子弹接触到人类的肉体时，弹头就会撕碎肌肉和神经末梢，将骨头击得粉碎，直接穿透重要的内脏器官，进而造成大量失血。这两种膛线步枪都需要从枪口装子弹，这就意味着每发射完一颗子弹后，士兵们都不得不将刚好够一次发射的火药和一枚弹丸从枪筒的末端塞入枪膛，再将火帽装在击砧上。即便如此，步枪射程的加大无疑给战术防御提供了一个决定性的优势，尤其是当部队为了抵御袭击者开始深挖战壕、设置木头屏障或打造土质屏障后，这一优势便更加明显。

不过，大多数参加美国内战的士兵，尤其是那些在战争伊始便参与其中的士兵都努力掌握线膛枪的使用方法，充分利用其改良后增加的射程和精准度。在1863年以前，步兵团经常携带各种各样的武器，包括线膛枪、滑膛枪、手枪以及各种不同类型的弹药。此外，在内战之初，线膛枪的质量参差不齐，数量也难以保证。对于交战双方来说，尤其对于南军而言，在战役结束后打扫战场以获得更多的枪支或回收利用质量上乘的枪支都是司空见惯之事。实际上，双方政府即便已经给冲锋陷阵的士兵们配备了质量上乘的线膛枪，他们也很难充分发挥枪支应有的作用。一个技术熟练的步兵可以在一分钟之内完成三次装弹和发射的过程，但绝大多数步兵都缺乏必要的训练，因此很难精准地击中目标。当双方交战正酣时，情况更是如此。士兵们经常会忘记拉出护木内的推弹杆，或者将太多的子弹塞进枪膛导致发射失败。像枪支处置不当、枪支哑火以及精准度过低等问题的出现都使线膛枪原本在技术上所占的优势无法充分发挥出来。

学术界最近的研究表明，线膛枪在战争中真正发挥的作用比人们想象中可以发挥的作用要小得多。线膛枪的高精准度和远射程可能会让游击队员和狙击手受益匪浅，但相较于老式的滑膛枪，它要求更多的射击训练，才能发挥线膛枪的功效。线膛枪发射的子弹轨迹是抛物线形或弧形，因此，如果士兵们不能精心调准瞄准器并调低发射角度，子弹就有可能越过射击目标。尽管线膛枪的射程已经从以前的100码增加到了500码，但由于受到地形的限制，或者对自己远距离击中目标的能力心存疑虑，士兵们很明显并没有充分发挥线膛枪射程超长的特点。一份现代统计研究表明，虽然这份研究的结论也未必百分之百正确，但至少我们可以发现在实战中，线膛枪和滑膛枪的射程之差大约只有30码。

膛线的设计也使炮兵部队的武器配备产生了变化，不过这一变化非常有限。南北双方炮兵部队的标准配置都是拿破仑滑膛前装炮，也就是炮弹从炮口装填。

南部联盟生产的拿破仑炮是铁质,但北方联邦出产的则是青铜质地。这种火炮主要发射4种类型的炮弹:第一种是实心炸弹。这种炮弹虽然射程超长(最远可以达到1英里远),但对人体目标所造成的损害却最小;第二种是装药炸弹。这种炮弹可以在半空中爆炸,射程约为0.75英里;第三种是球形炮弹。这种炮弹是在一种铁质球状容器里装满玻璃珠大小的小铁球。当炸弹在半空爆炸时,射程可达800码;第四种炮弹是霰弹。这种炮弹是在一种锡质球状容器里装满巨大的铅球。跟霰弹猎枪发射子弹时的情况一模一样,这种炮弹一旦从炮口发射出去,马上就会向各个方向炸裂开来。霰弹的有效射程最远可达200码。

像镗孔直径为3英寸的军械火炮和装10磅重炮弹的帕洛特(Parrot)炮等线膛炮的射程可达400码,而且精准度更高,但在实战中的使用频率却很低。绝大多数炮兵宁愿使用拿破仑炮,因为这种火炮射程更远,而且使用的是体积更大的12磅重的实心炸弹。不管怎么说,这种新型线膛炮的产量很低:在整个美国内战期间,北方联邦总共制造了大约700门加农炮,南部联盟的产量只占其1/5左右。此外,北方联邦还生产了400万件轻型武器。

如果说南北双方的政府在生产线膛炮问题上一直拖拖拉拉,那么,北方联邦军械部在大规模生产后装线膛枪上的表现则更引人注目,因为他们更加拖泥带水。在同时代的欧洲,普鲁士的步兵部队已经配备使用"针发枪(needle guns)"——针发枪属于后装线膛枪,使用的是预先装配好的黄铜子弹——欧洲其他国家的武装力量也开始争先恐后地竞相使用。到1861年,美国设计的单发式和多发式后装线膛枪都已经通过检测,准备投入生产,然而,当时可以"七珠连发"的斯宾赛(Spencer)步枪还没有进行大规模生产,而且直到1864年才开始在联邦步兵部队中广泛使用。所谓"七珠连发"是指该步枪每分钟可以持续发射14发子弹。这与每分钟只能打出2到3发子弹的前装线膛枪形成了鲜明的对比。机枪技术也已经准备进行检测并投入生产,但在整个内战期间,这些武器一直没有发放到北军士兵手中。

新型武器装备的生产和调配所遭遇的最大障碍来自陆军上将詹姆斯·W.里普利(James W. Ripley)。里普利生于1794年,在联邦军械部担任部长一职。里普利为人诚实、工作勤奋,但他认为所有发明家无一不是轻率浮躁的自我推销者。在他任职期间,为了抵制各种与改良武器有关的新发明,里普利千方百计地动用自己的影响力,这种情况一直持续到1863年他卸职为止。里普利认为连发步枪只会浪费弹药,因此,即便有些联邦部队已经购买了这种步枪,他却仍然反对该枪在步兵部队中投入使用。从某种意义上说,里普利将技术战场上的斗争拉低到了南部联盟的水准。如果当时里普利能够改变自己的工作风格,那么北方联邦很有可能在内战刚开始不久就可以彻底打败南部联盟。

战术

在美国内战期间,战地指挥官在战场上的表现也一直都堪称顽固保守。他们不愿意或无法调整步兵部队的战术以适应经过改良的步枪的巨大射程。他们认为拿破仑首创的战术基于这样一种理念,即三个不同的兵种相互"牵制"。炮兵可以在步兵战线中炸出豁口,打乱步兵的阵型;骑兵可以灵活机动地制服炮兵;步兵组成人员紧凑的小方阵,从各个方向向骑兵开火,还可以对战马的安全造成威胁。在"突袭战"中,刺刀和军刀也被认为可以发挥奇效。不过,步枪的命中率和射程可以改变这一切,因为这使步兵比炮兵和骑兵占有更大优势,步枪的命中率高意味着面对发起进攻的敌军编队,实施防御的战士可以抢占先机,而进攻方如果仍然保持密集的队型,则必然会面临严重的伤亡。西点军校的教授丹尼斯·马汉(Dennis Mahan)笃信瑞士军事理论家安托万·亨利·约米尼(Antoine Henri Jomini)所强调的军事策略和突袭战术。美国内战爆发前,马汉曾经教育自己的学员,他认为正面冲锋实际上就是在无谓地消耗美国将士的生命。在线膛枪尚未问世之前,他就倡导充分发挥野战工事的作用。

不过,19世纪的美国军事界也一直倡导在战术上发起正面进攻。在墨西哥战争期间,正面进攻、大胆运用各种军事战略、打击侧翼力量等几种战术综合利用,经常可以战胜在数量上占绝对优势的敌军。甚至当敌人看似悠闲地守着坚不可摧的防御阵地时,也可以转败为胜。问题是,墨西哥军队一直很容易就士气低落而且领导无方。因此,在墨西哥战争中积累的战术经验使后来美国内战期间的将领产生了一种虚假的信心。在南北内战期间发动的大部分正面进攻中,通常采用的阵型就是士兵们组成密密匝匝的几长排后,一起小步奔跑着向着敌方的阵地发起冲锋。然而,这种进攻方式只证明了埋伏在战壕里的防御者在野战中的高效杀伤力而已。直到内战结束,为了防止再次经历这样的血腥屠杀,美国军队才开始正式改变其小组进攻的战术。

南北双方的主要军官都没能掌握这些简便易行的技术进步。在形同自杀的大规模进攻中,荣誉之心要求士兵们表现出不容置疑的勇气。然而,即便如此,荣誉之心阻止了对步兵战术做出合理的改变,进而使死亡率不断增长。南军似乎特别迷恋牺牲巨大、血腥暴力的正面进攻。不过,在战争中交战双方之所以没能在战术上很快做出改变还有一些实际原因。首先,在战场上很难有效掌控并指挥规模如此巨大的部队。虽然军械制造技术有了长足的发展,但通信技术的发展明显滞后,因此,当战斗发展到最激烈的时刻,很难有效协调大规模的兵力部署。在实战中,吹响军号下达指令、使用不同的旗语、敲击出不同的鼓点、大声喊出命令等方式仍然是军事将领给部队行动发出指令的常用方式。随着战场的不断扩大,原本在视线之内的指挥中心也变得遥不可及,因此,在战斗中总指挥官的命令就无法直接传达到位。于是,传令兵便骑着快马来来回回地将书面命令传达给下属部队的指挥官,但这样的指令经常会使执行者迷惑不解。下属军官见机行事便顺理成章地成为合理的举动,就如同权力下放一般。军队的指挥中心就像是一颗微型心脏,早已经无法给不断膨胀壮大的身体提供任何动力。既然如此,血腥屠杀和迷惘混乱成为美国内战的两大特点就不奇怪了。

第七章　第二战场

　　这些人展现在世人面前的形象通常说来都是衣不蔽体、面目可憎的。他们十几个人为一伙,衣着破旧邋遢、脸色阴沉严峻,每个人都配备几把左轮手枪和一把鲍伊单刀猎刀。他们一路马不停蹄,在黎明之前终于赶到了一座地处偏僻的农舍门前。住在这里的是公开声称支持联邦主义的一户人家。这伙暴徒破门而入,一把抓起正在酣睡的农夫。农夫的妻子和几个孩子在一旁歇斯底里地哭喊,大声祈求他们大发慈悲,这伙人却依然推搡着他,将他连踢带踹地推搡到院子中央。几分钟后,这伙人呼啸而去。他们并没有把农夫带走,而是将他直接吊死在他家果园的一根树杈上。这伙人的身影早已远去,但农夫的尸体还挂在那里荡来荡去。与此同时,在另外一个地方,一个随军商贩正带领着商队沿着森林中一条荒无人烟的小路蜿蜒前行。商队的目的地是北军的营地。突然,一伙人骑着高头大马从小路两旁的树林中和灌木丛中猛地冲了出来。这伙人身着统一的灰色服装,一边冲一边大声叫喊,一边不断开枪射击。拉车的骡子受到惊吓后发出刺耳的长嘶,开始四散奔逃。赶车的车夫吓得胆战心惊,从座位上一跃而起,也开始仓皇逃窜。此时,这些全副武装的家伙则开怀大笑,跳下马后便开始洗劫马车上的货物。

　　在整个南部地区,类似的场面每天都在上演。在那些北军和南军的武装力量都鞭长莫及的地区,情况更是如此。很多——或者可以说是绝大多数——南方平民百姓从来没有见过大规模的军队,没有听到过大炮的轰鸣,也没有目睹过在大型战役中才会出现的血腥屠杀。然而,他们经常成为另外一种战争的受害者,成为不断升级的暴力循环的受害者,成为各种艰难困苦的受害者。美国内战不断刷新暴虐的底线,迅速演变成一场野蛮、卑鄙的战争。在这场战争中,平民百姓跟普通的战士一般无二,也在经受着各种难以想象的恐怖。另一场战争从来都未曾停歇。没有一个人能预料到这场战争的爆发,因为这场战争并没有发生在正规战场上。

通常被称为游击战的非常规战争造成了内战局势的不断恶化,它也使后方出现几乎完全失控的混乱状态,因此致命性也最高。此外,北军也向叛乱地区的平民百姓发动战争,并掠夺他们的财产。很多持不同政见者为了抗议中央政府对个人自由及可获得的权利等方面所施加的种种限制,开始在北方和南方的很多地方制造混乱局面。数以千计的南方白人,不论是反政府武装还是联邦主义者,无一例外都成了难民,迫于经济压力及暴力威胁不得不背井离乡,四处逃难。北方和南方各地的女性也纷纷加入内战。这些女性如果没有拿起武器直接参战的话,就一定会改换一种方式发挥自己的作用:缓解同胞所遭受的各种痛苦和磨难。这也是内战中的一条战线,虽然在血腥暴力的正面战场的衬托下,这条战线显得格外苍白,但对战争的发展和结果而言该战线同样发挥了至关重要的作用。

游击战

男性——有时候也有一些女性加入其中——发动游击战的情况各不相同。游击战几乎没有任何作战规则,游击队员也几乎不会表现出丝毫的同情怜悯之心。参与游击战的人数众多,而且在很大程度上这些人根本就不具备任何作战资格。在南方的某些地区,游击战反而成了真正意义上的战争。在保护朋友、消灭敌人的过程中,游击战成为司空见惯且最行之有效的一个途径。游击战最早在一些边疆州包括密苏里州、肯塔基州、田纳西州以及弗吉尼亚州等地率先发展起来,主要是因为如果北军向南方发起进攻,这些州必然首当其冲,最先受到威胁。说到底,游击战就是"人民战争",是平民百姓对敌人入侵做出的最直接的回应。北军大举南下,其势力越深入南方腹地,这种非常规战争的规模就会变得越大。对于普通民众而言,成为游击队员也是轻而易举之事。只要有一杆枪并愿意使用它就行了。枪在南部地区随处可见,而关于持枪,南方人可以列举出一万种理由。非正规军人"在树丛里发动袭击"——换句话说,就是埋伏起来见机行事。他们突袭正规军的巡逻兵和运输给养的车队,打死敌方俘虏、破坏铁路、放火焚烧在南方河面上行驶的运输船和炮艇。

游击战争颇受普通百姓的青睐。那些生活在偏远地区以及无法直接得到南军保护的百姓更是对这一战争形式青睐有加。他们要么组建游击队,要么成为单打独斗的游击队员,因为他们相信这是保护自己、保护家人和家庭财产免受信奉联邦主义的邻居以及北军侵犯的唯一方法。他们也喜欢这种自由自在的行动方式,既不会受到军队纪律的限制,也不会受到战争规则的制约。行动自由也是非常规战争的一大特色。阿肯色州的一个士兵以前加入的是常规部队。他离开常规部队后便加入了游击队的行列。他有句话说得最好："这种战争（传统的常规战争）并不适合我。因此,我想从中脱离出来,想参加更具活力的战争。要是我想打仗,我就全力以赴,要是我无心恋战,我也可以全身而退：我想当自己一个人的将军。"

早在1861年6月,弗吉尼亚州十分残暴的一个吞火者埃德蒙·鲁芬就曾经说过："游击战已经打响。在亚历山德里亚以及汉普顿附近地区的游击战卓见成效。一些平头百姓自行决定参加斗争的方式,有的单枪匹马,有的成群结队,趁着敌人不知不觉之际发动突袭,已经打死了敌方很多哨兵和侦察兵。一般对于普通百姓而言,为了对入侵的敌人实施打击,非常有必要采用这些方式。只不过他们在力量上可能还远远比不上常规部队。"当然,鲁芬并非军人,但很多军界人士也发现了发动非常规战争的必要性。在西部战场及跨密西西比河战场,南部联盟政府调配过去的防御力量远远不能满足当地需求,因此,为了打击北军的入侵,当地指挥官便开始调动非常规部队的力量。

相比之下,北部地区却几乎没有人倡导发动类似的战争形式。不过,不管怎么说,在堪萨斯州以外的地区,以查尔斯·R.詹尼森和詹姆斯·H.莱恩为代表的领袖人物很快就将战火引燃到密苏里州。在这一问题上南北双方存在差异的原因之一就是因为北方民众意识到,相较于进攻方,游击战的形式对于防御方而言更卓有成效。此外,北方民众也知道北军将会把战火燃至叛乱各州。因此,经常发起游击战争的北方民众大多生活在爱荷华州、伊利诺伊州、印第安纳州以及俄亥俄州的中西部地区。因为在这些地区,当地人不但经常受到南方游击队的威胁,而且还不得不面对蜂拥而至的难民。这些难民是联邦主义者,他们为了躲避游击战的威胁而向北逃难。此外,相较于南部联盟政府加大力度使用游击队力量,北方联邦政府在利用游击队员的问题上持消极态度,甚至对一个满怀希望的游击队队长如此说道："联邦政府所制定的政策并不认可游击队所发动的掠夺和远征,而且公正无私的法律对此也并不支持。"

游击战的不同形式

非常规战争被当作一种军事工具加以利用,对志愿兵部队起到了一种辅助作用。然而,这只不过是游击战争的一种形式而已,而且堪称最平淡无奇的一种。在第二种形式的游击战中,分裂主义者和联邦主义者分别组建了自己的非常规部队。为了维护本地区的法律和秩序以及对敌人形成威胁,双方都发起了激烈的斗争。第二种形式的游击战争虽然打着掌控社会的旗号,但与其说是南北方之间进行的一场斗争,还不如说是邻里之间发生的一场争斗。这种类型的游击战可以视为堪萨斯内战在南方的放大版。哪些地区的平民百姓在脱离联邦的问题上产生了较大的意见分歧,或者在战争常识的问题上产生的矛盾最多,那么,在这些地区就最有可能出现这种类型的游击战。有时甚至在常规部队到来之前,游击战就已经打响;当常规部队过境后,游击战就会接连发生且持续不断;甚至在常规部队从来没有出现过的地方,游击战也会纵横肆虐。在这些地方性的冲突中,双方都认为自己才是正义的仲裁者,都认为自己的主要任务就是改变社会的混乱局面,重建秩序。双方都想通过迫使"敌人"投降或将"敌人"赶走的方式掌控整个社会局面。值得一提的是,鉴于大多数南军都把脱离联邦运动与美国独立革命相提并论,南部联盟的忠实信徒都用"托利党人"一词代指他们眼中那些信奉联邦主义的敌人,这是因为这种称呼曾经用来诅咒那些在独立革命时期对英国政府持支持态度的北美殖民者。来自佐治亚州的一个叛乱者曾经在1861年热情洋溢地写道:

> 我们将会向荷枪实弹的战士们传授作战技巧
> 有了这些技巧,胜利必将属于我们;
> 尤其是要让战士们知晓,在1776年
> 我们如何一举擒获了四散奔逃的托利党人。

双方在游击战中所下的赌注都很高,获胜方对战败方不存丝毫怜悯之心。1861年,为了破坏南军的后勤供给线,进而破坏南军部队的行动,联邦主义者组成的游击队在田纳西州的东部地区放火焚烧了该地区的铁路桥。当他们被敌方俘虏后,全部被处以绞刑。这一事件令人感到毛骨悚然,因此数以百计的联邦主义者向北逃往肯塔基州和俄亥俄州。他们担心这种"恐怖统治"会给自己带来牢狱之灾。实际上,这样的事件在内战期间层出不穷,只不过比田纳西州事件给民众带来的冲击力略小一些。1862年10月,南军游击队声称44个联邦主义者同属于一个秘密组织并与堪萨斯州的游击队狼狈为奸,因此在得克萨斯州的盖恩斯维尔(Gainesville)对这些联邦主义者处以绞刑。1864年2月,22个联邦主义者因为在逃离南军后加入了北军而被指控犯了叛国罪,在北卡罗来纳州的金斯顿(Kinston)被施以绞刑。

这种在局部地区发生的暴行绝大多数都没有发生的必要，而且都属于睚眦必报的范畴。不过，暴行之所以发生主要是因为在这种危机四伏的氛围里，长期心存个人恩怨的平民百姓都想要伺机复仇，而这种个人复仇的行为与战争政治几乎没有任何关系。复仇成为许多人心中的主要考虑因素。这样的战争形式已经成为秋后算账和拨乱反正的一个借口，主要是为了打击那些"站错队"的邻居。发动这样的战争就可以直接抢走邻居饲养的家畜，可以将邻居赶出家园，甚至就算对他们施以私刑似乎也成了合法行为。保卫家园的想法已经与报宿仇私怨的念头混为一谈。由游击队员伸张正义的形式已经在南部地区发展起来。尤其是在一些偏远地区，不论是叛乱平民还是信奉联邦主义的百姓都无法依靠军队的力量建立起合法的管理权威机构，而此时便到了游击队发挥威力的时候。

第三种形式的游击战

然而，更糟糕的是，第三种形式的游击战很快就出现了。不论是在南部联盟的游击队中，还是在北方联邦的游击队里，绝大多数游击队员认为自己对各自所追求的宏图伟业无比忠诚。他们打击的目标仅限于那些对社会和民族造成威胁的家伙。然而，随着越来越多的民众主张在没有地区差异的"黑旗"的领导下发动一场残酷无情的战争，大量对社会不满的人群，包括逃兵、拒服兵役者、盗贼、恶霸以及真正的不法分子，都利用这种非常规战争的方式大肆开展抢劫、掠夺、杀人等各种破坏活动，将公认的战争规则抛诸脑后。这些游击队经常打着北方联邦政府或南部联盟政府的旗号采取行动，实际上他们的主要意图却是利用与每一场战役相伴的混乱局面，利用日渐松弛的道德标准。他们彻底颠覆了发动非常规战争的合法性，并使游击战成了一种非法形式。对他们而言，战争变成了一场游戏，一种以猎杀他人为乐的运动。他们的暴行不但使游击战争处于完全失控的状态，而且玷污了所有游击队员的声誉。

南部偏北地区滋生了大量的亡命之徒，不过，在密西西比州、亚拉巴马州和佐治亚洲等南方内陆各州，尤其在更加偏僻闭塞的山区或者联邦主义者的势力占主导的山区，也都可以发现这类暴徒的身影。更有甚者，南北双方都加入了这类游击战的形式中，就连合法军队有时候也会做出超越底线的事情。密苏里州的一位女性描述了在詹尼森领导下的游击队对邻居家所发动的一次袭击。这次袭击的官方组织者是堪萨斯第七骑兵团（Seventh Kansas Cavalry）的上校，但实际上只是打着该团上校的旗号。真正的堪萨斯第七骑兵团上校入伍前曾在堪萨斯州从政。据这位女性描述:"一天深夜,当全家人都在熟睡之际,大门……'砰'的一声被人一脚踢开,一伙(游击队员)大喊大叫地冲进(卧室)。惊慌失措的女主人恳求他们能回避一下以便她穿戴整齐,可这伙人却对她破口大骂,命令她必须马上起床……当时壁炉里的火烧得正旺,这些恶棍就抽出壁炉里燃烧的木柴当作火把,借着火光把衣橱、梳妆台的抽屉和箱子都翻了个底朝天……接着,这些不法之徒便将注意力转移到了女人们的身上。他们一边用各种言辞侮辱她们,一边搜她们的身,想要找到些值钱的东西。与此同时,他们还哼唱着淫秽的小调,随口开着下流的玩笑……其中3个暴徒将3个女人强行带到院中,押着她们在月光下走来走去,对她们进行无比恶毒的威胁,毫不掩饰地做出各种最露骨的暗示……这样的恶劣行径持续了好几个小时后,这伙暴徒才扬长而去。"

在西部边疆也有一伙暴徒可以与詹尼森率领的游击队相提并论。这伙人的头目是威廉·C.昆特里尔(William C. Quantrill)。昆特里尔出生在俄亥俄州,当时只有二十五六岁。昆特里尔一开始是个小学教师。1859年,堪萨斯州和密苏里州的边境战争爆发后,他便参与其中。昆特里尔并没有坚定的政治信仰,他之所以最终选择站在蓄奴派的阵营里主要是因为这样他就有机会劫掠财物。昆特里尔受过教育,精通骑术,还是个神枪手,因此,他很快就因为自己出类拔萃的表现而成为整个跨密西西比河战场规模最大的南军游击队的总指挥官。

游击战的影响

战场上的任何消息都会对平民百姓的精神和心理产生巨大的影响。同样,不论哪种类型的游击战席卷了整个社会,该游击战也会对南方人产生类似的影响。而实际上平民百姓更经常见到的是三种类型游击战的结合体。对于联邦主义者和反叛者而言,无论哪一方占上风,另一方都会感觉自己已经无法掌控生命,更无法主宰战争。如果在掌控社会的斗争中失利,这种结果便意味着法律和秩序从此不复存在,正义和同情也荡然无存。战场上若传来胜利的消息,民众就会感到欢欣鼓舞,若传来失败的消息,便会感到灰心沮丧,但双方这种事关生存的直接竞争却产生了更加深远的影响。"相较于战争中大规模的军事武装力量所带来的冲击,游击战争却更让我感到胆战心惊,"1862年肯塔基州一个意志消沉的联邦主义者坦承,"游击队员神出鬼没而且非常活跃——生命、自由和财产的安全无时无刻不在遭受着威胁。"两年后,生活在阿肯色州的一位南部联盟女性坚称:"局势越来越恶劣不堪。全国各地都是成群结队的抢劫犯和谋杀犯。"她解释说,从南北方军队中跑出来的逃兵搭帮结伙,四处流窜,也不管自己原本效忠的是南方还是北方,开始变得两头兼吃。眼见社会局面行将失控,她觉得"只要能恢复和平、重建法治",可以采取任何手段,她甚至希冀北方联邦能派兵直接大举入侵南方。在这种情况下,对社会安全的强烈渴求已经大大超越了保持政治上的效忠之心。

南部联盟的官方态度

南部联盟政府对游击战的态度主要分成两种。一方面,杰佛逊·戴维斯及其幕僚在战争之初并不支持游击战,但当他们发现这种战争形式在密苏里州、肯塔基州及弗吉尼亚州西部等地区是抵制北军入侵的唯一途径时,便开始采取听之任之的态度。他们给出的理由是,为了保卫南部地区,组建成规模的常规部队、给军队提供武器装备,并进行军事训练等都需要耗费大量的时间。在此之前,游击队员可以发挥他们的宝贵作用。南部联盟的领袖们当然清楚,联邦政府认为这些游击队的存在是对"文明战争"的一种侮辱,而且游击队员的行动确实对联邦当局采取的军事行动造成了威胁,因此,联邦政府一直都对叛乱的非常规部队实施严厉的打击。在内战期间,为了保障包括铁路和水路等交通的顺畅,为了保护效忠于北方联邦的地区免受可能的突袭、埋伏和其他暴行的侵犯,北军不得不从其主战场的战斗力量中抽调出成千上万的战士从事保卫工作。对于林肯、北方各州的州长以及效忠于联邦政府的南部边疆各州州长而言,叛乱的游击队员也给他们制造了各种各样的政治问题。直到内战的最后一年,这些领导者还在担心游击战争对北方公民和南方联邦主义者所造成的威胁。

另一方面,南部联盟政府也因为自己一方游击队员的行为感到非常尴尬。对伟大的事业充满热情完全可以理解,拥有爱国激情也不失为一件好事,但南部联盟政府与游击队员的联盟关系日渐亲密后,他们便清楚地感觉到了危险。事实证明,尽管游击战颇具成效,但很难控制,而且经常会演变成违法乱纪行为。如果游击战争一直保持原有特点并持续发展下去,必然会在世界范围内制造一场国际关系的噩梦。这是因为南部联盟新政府迫切需要得到国外势力的认可,希望其他国家能够认为美利坚联盟国是个法制国家。此外,新政府还把自己塑造成一个由士绅阶层领导的、笃信基督教的共和国形象。由于游击战争的负面影响,北方联邦政府就会公开对其加以指责,称其为一群野蛮的乌合之众。同时,为了防止无知卑贱的游击队员争取政治权利,新政府也不愿意让他们享有任何权力。

《游击队管理法案》

1862年4月，就在联邦国会颁布征兵法案的几天后，南部联盟政府在没有人注意的情况下通过了《游击队管理法案》(Partisan Ranger Art)，并将其视为一种补救措施。实施该法的目的是对现有的游击队进行规范化管理，通过将游击队纳入政府的控制之下来改变其在公众心目中的形象。根据该法案的规定，总统戴维斯对所有游击队拥有独一无二的统帅权（在美国独立战争期间，partisans这个词专门用来指非常规部队里的战士；在拿破仑时代，guerrillas这个词才开始普遍使用），有权要求游击队必须在当地南军指挥官的命令下才能采取行动。南部联盟政府希望游击队员能够"跟其他士兵一样遵守同样的规章制度"，这样就可以对失控的游击战争加以有效的掌控。遗憾的是，这些尝试全都以失败告终。非常规战争所具有的独立性以及非法游击组织的不断增长使他们一直处在失控的状态。此外，《游击队管理法案》并没有采纳其他曾经成功控制游击队力量的政府的做法，并没有将南军指挥官或南部联盟政府官员安插到游击队里面去。到1864年，游击队员及常规军队血腥暴力的程度都已经达到了令人发指的地步。南部联盟政府不得不撤销了《游击队管理法案》，同时宣布不承认非常规部队的合法性。

北方联邦的反应

为了保护士兵以及忠诚的平民免受游击队的骚扰、屠杀等各种违法行为，北军采取了严厉的报复行动，结果却让局势变得更加不尽人意。早在1861年，驻扎在弗吉尼亚州西部以及密苏里州的北军指挥官下令，凡是被俘虏的游击队员都可以就地处决而不必接受审判。到1863年，北方联邦的所有军队都接到了以这样的方式处理非正规部队士兵的命令。军队军官每每谈及"猎杀"和"消灭"游击队员时，就好像他们在追踪野生动物一样，因为游击队总是在一个地方"出没"，而不是在该地据守。他们也没有把游击队员视为士兵，而是当作"恶棍""杀手"和"非人的恶魔"。

更糟糕的是——也是内战局势恶化的一个重要原因——当北军发现自己无法使叛乱的游击队员屈服时，就在抵制游击队的布告中把非游击队员的平民也包括在内。驻守在路易斯安那州的一个联邦上将抱怨道:"当地老百姓不但将这些非法之徒藏匿起来,而且还给他们提供食物……(只有)对这些老百姓也加以惩罚,才能终止这种令人恨之入骨的做法。"事实被他不幸言中。只要得到平民百姓的支持,游击队就能成功。这一推断已经得到了时间的验证。联邦政府很快就了解到了这一事实,开始让南部联盟的平民承受非常规部队行动所带来的冲击力。当游击队破坏了当地的铁路、桥梁或者电话线时,联邦政府便强迫平民为此买单:毁坏或没收他们的财产;将他们押为人质;把他们赶出家园;甚至对整个社区进行扫荡。

例如,在陆军上将威廉·T.谢尔曼于1864年开展颇具破坏力的"向海洋进军"行动的很久以前,也就是在1862年9月,游击队袭击了航行在密西西比河上的轮船,谢尔曼为了实施报复,曾经下令在田纳西州伦道夫村(Randolph)放火,将其烧成一片废墟。谢尔曼义正词严地向政府汇报道:"放火焚烧轮船事件让人忍无可忍,对此我们必须立刻加以惩罚,以儆效尤。"还有一位联邦上将在阿肯色州的霍普菲尔德(Hopefield)如法炮制。据他称,因为该地是"游击队的避难所"。联邦海军也跟风复制。1862年10月,海军上将大卫·狄克逊·波特(David Dixon Porter)向在密西西比河上巡逻的海军中队保证说:"对于那些可能给叛军提供住房的人家,将其房屋彻底摧毁并没有任何不当之处,因为这是阻止游击战发生的唯一途径。万一有无辜人员受到牵连,那也只能让他们后果自负了。"

北方联邦的新军事政策

正如前文所述,1862年年中发生的一系列重大事件在内战中具有转折意义。这些事件不仅是游击战的转折点,也是更大规模战役的转折点。在第四章和第五章,我们已经分析了随着时间的推移,林肯为了废除奴隶制所感受到的来自政界和民间的双重压力如何变得越来越大,对战争的不满情绪又如何越来越浓重。林肯在解决奴隶制问题时作风大胆,不但颁布了《解放黑人奴隶宣言》,而且允许黑人当兵入伍。他还将约翰·波普手下的军队派遣到弗吉尼亚州中部地区解决了军事难题。林肯为处理叛乱游击队员所采取的措施同样反映出他坚忍不拔的品质。内战之初,总统和联邦政府对叛乱分子都遵循一种"安抚"政策。现如今,即便在政策的实施上略显前后矛盾,但很明显总统和政府所采取的政策与之前相比也出现了天渊之别。

1862 年的春、夏两季,态度更强硬、意志更坚决甚至有些孤注一掷的林肯横空出世。林肯在 6 月底向威廉·H. 西沃德如此表示:"我希望能将这场战争进行到底,直到我们取得最后的胜利,只有当我的生命到了最后一刻,我已无力还击、我的任期已满,甚至当国会或整个国家都抛弃我时,我才会终止这场战争。"几个星期后,他向国会发表讲话时称:"那些毫无缘由发动战争的家伙应该为此付出相应的代价。很明显,民众应该对他们提出质疑。"当然,林肯偶尔也还会提到宽严相济的问题,不过在危机四伏的大背景下,言语表达上如此细微的差别很容易就变得含糊不清,而且马上就被听者忽略不计了。林肯对路易斯安那州的一位人士如此说道:"我这个人很有耐心,而且一直愿意本着基督教的教义原谅他人,因此,我愿意留出足够的时间等待别人忏悔。然而,如果可能的话,拯救政府于危难之中我也是志在必得……(此外,)大家也必须搞清楚一点,我会千方百计、竭尽所能,但我绝不会投降。"

　　在接下来的 3 年里,没收南军武装财产的数量平稳增涨,因为根据两项充公法案,这一行为完全合法。在战争中,交战双方将对方的财产没收充公是公认的做法,尤其牲畜和食品更是必抢之物。为此,南北双方都建立了各项指导方针进行调控管理。例如,军队从"忠诚的"公民手中拿走财产时要留下书面收据。不过,有时候这些规则并不能够完全得到遵守。未经任何官方授权的士兵在像强盗一样劫掠时毫无顾忌,为所欲为。毕竟,从北方人的角度看,南方人是"敌人"。在士兵眼中,仅凭这一点,他们就有充分的理由,可以无缘无故地破坏房屋、盗窃现金,并将诸如衣服、珠宝等私人财产"没收充公"。1862 年底一个联邦军官坦承:"战争可怕至极,不过,如果我们都可以冒着丢掉性命、缺胳膊少腿的危险,那么,当我们面对着敌人微不足道的财产时,又怎么会犹豫不决?"甚至像《山姆大叔,你怎么了?》(*Uncle Sam, What Ails You?*)之类的北方流行歌曲都会鼓励粗暴的对敌方式:

　　　　把他们的家畜和财产充公,
　　　　干劲十足,全部没收,
　　　　如果这样做可以拯救我们的联邦,
　　　　把他们的奴隶没收。
　　　　把一切都充公,任何东西都充公!
　　　　就连威士忌也不放过,
　　　　直到他们发现,发动叛乱

是一场事关生死的大祸。

联邦士兵的种种偏见

联邦士兵对南军有着先入为主的偏见和歧视,理解这一点非常重要。甚至在北军入侵南部地区之前,北方几十年的政治宣传已经让联邦士兵在某种程度上对南方同胞心存侮慢不屑之感。他们认为,南方人构成了一个低级、愚昧、卑鄙的种族。这些人中最恶劣的就是奴隶主。就连最没出息的北方人也具备一定的道德准则,但就算那些不是奴隶主的南方人也缺乏这一点。一个北军军官在描述阿肯色州的欧扎克山脉(Ozark Mountains)附近的山区时如此说道:"这里人烟非常稀少,只生活着一些半文明半野蛮的粗人。"还有一个北军军官如此描述道:"在这里邋里邋遢是一种普遍现象,就好像本地人早就已经达成共识,穿着体面是一件毫无意义之事。"当地人"无知、懒惰",来自于爱荷华州的一个战士如此写道,"毋庸置疑,整个地区随处可见的就是烤玉米饼和穷困潦倒的游手好闲之徒。"阿肯色人就是一群好逸恶劳、心不在焉、无所事事的家伙。他们白白占用土地,"就算是世界上最肥沃、阳光最明媚的土地落到他们手里,也只会变得黯淡无光,令人沮丧"。

同样,当北军占领了南方某一地区后,战斗人员和非战斗人员之间的界限就会变得非常模糊。"这些家伙会把他们的武器藏起来,装得就好像是友好善良的北方人一样。"一个军官抱怨道。他驻守的是一个看上去人畜无害的农村,结果当北军士兵坐在篝火边休息或在河里洗澡时,当地人却经常发起突袭。一位北方观察员在弗吉尼亚州西部目睹了分裂分子的行动后发布警告道:"他们每天都杀人,整天埋伏起来就是为了杀人,他们暗中观察我们的哨兵,瞅准时机就将他们置于死地。不论白天还是晚上,他们都会朝自己的邻居开枪,再把他们的房子付之一炬。"潜在的间谍、破坏分子、狙击手到处都是,结果令北军感觉任何人都不能信任,并认为所有叛乱分子都会给他们带来致命的威胁。就像驻守在弗吉尼亚州的一个战士所说:"从亚历山德里亚到马纳萨斯,每一座民宅里都有敌军的支持者,都藏匿着敌人的间谍。"

受到这些负面事件的影响后,再加上北军士兵原本内心就存在对南方人的敌意,因此在抢夺南部联盟平民的财物时,他们丝毫不会受到良心的谴责,也丝毫没有懊悔之情。一个联邦战士坦承,他和他的战友们乐于对所到之处进行"大肆破坏"。另一个战士也承认:"只要是联邦军队经过的地方必定会呈现出一片荒凉之色。平民百姓逃离家园后,他们留下的千百座房屋很快就被破坏殆尽;士兵们先把篱笆连根拔起,接着再付之一炬;他们把战马和骡子赶进果园,果树便随之毁于一旦;由于无人打理,田野变得一片荒芜。目之所见一片凄凉,令人痛心疾首,悲从中来。"还有一个战士如此说道:"田里的庄稼全都被付之一炬,房屋、谷仓……篱笆全都被烧成了灰烬,浓烟滚滚,沙尘漫天,几乎遮天蔽日……我们一个白人男人也没有看到,只看到女人们在大声号啕,但对此我们早已经变得充耳不闻了。"

南部联盟的暴行

当然,南军在掠夺财物和财产充公两方面也并非无所作为。与北军对待南军的方式相比,南军对待联邦主义者的方式几乎如出一辙。然而,即便是忠于南部联盟的南军也发现自己有充分的理由控诉种种暴行。当南部联盟的平民将自己饲养的猪及收获的粮食上交给身穿灰色军装的军队时,还以为对方会支付相应的费用,还以为这样一来他们的私人财产和家园或许可以不必遭到破坏,因此他们虽然也会抱怨,但还不至于沸反盈天。然而,等待他们的是南北双方军队一轮又一轮连续不断的物资强行征用充公。一个南方女人无助地看着南军将她家农场里"整座山坡的木材"砍伐殆尽却无可奈何。转眼之间,一家人就不得不开始担忧如何才能熬过即将到来的寒冬。另一个南方人目睹南军"在农村四处搜索了好长一段时间后,几乎将所有物资扫荡一空"。正如一个南方女人所言:"不论是从自己一方的劫掠中幸免于难,还是从敌人的抢夺中虎口余生,都堪称幸运之至。"

后方的持不同政见者

几乎没有人能够预料到内战中期会出现游击队员和亡命之徒所发起的报复与反报复之战,也没人能预料到会出现财产充公以及破坏财产的状况。对于处在水深火热之中的平民百姓而言,这种局面所带来的冲击令他们的意志和精神经历了严峻的考验。不仅如此,这种局面还使南北方的公众对一系列其他问题的抗议情绪愈演愈烈。南北方政府发现战争使所有的政治手段和法律措施都显得不得民心。持不同政见者和惹是生非者比比皆是,有时甚至会对后方的稳定和团结构成重大威胁。

"铜头蛇"

对北方团结造成最大威胁的莫过于所谓的"铜头蛇"。民主党中同情南方的政界成员主要集中在中西部地区。哪怕林肯政府取得一点点成绩，这些人也会表示出反对和抗议。从传统上来说，民主党人一直就对强大的中央政府统治厌恶至极。与大多数民主党人一样，这些支持南方的北方人同样抵制解放黑奴，反对使用黑人军团，批驳招募黑人战士，甚至阻碍充公叛军的财产。然而，在战争道德的问题上，民主党的主和派和主战派的观点却不尽相同。尽管民主党的主战派在如何展开这场战争的问题上与林肯的观点大相径庭，但他们仍然相信进行这场战争乃势在必行之事。与之相反的是，这些"铜头蛇"们坚持认为北方没有权力强迫南方继续留在联邦体制之内。他们声称这场战争并非正义之战，因此必须马上停止。有趣的是，北方很多人也表达出类似的信念，因为他们自己就出生在南方。内战爆发前的那几年，大量人口从南部偏北地区迁移到中西部偏南地区，而这些人就是其中的一部分。绝大多数同情南方的北方人都致力于按照政治程序做事，因此他们在国会和选举中不断轮番挑衅共和党人。然而，有些狂热分子阴谋策划，打算将关押在印第安纳州、伊利诺伊州和俄亥俄州俘虏营里的南军解救出来，他们鼓动北方人抵制征兵草案。绝大多数历史学家认为这些反战极端分子造成威胁的程度被夸大了，但林肯及共和党的州长们则认为这种威胁是真实存在的。

共和党人认为，反战示威者不仅威胁到后方的稳定，还影响了军队的士气。1862年底，北方军队在东部战场扭转局面，转败为胜，结果反而增长了"铜头蛇"们的抗议势头。北军士兵对于后方传来的恶意毁谤纷纷发出谴责之声。他们诅咒这些"亡命之徒"和"泼皮无赖"，因为就是这些家伙"使战士们产生了非常强烈的不满情绪"。使战士们怒火中烧的是，他们认为尽管自己在这场战争中正遭受着种种艰难困苦的考验，正经历着种种生死攸关的时刻，但似乎这场战争变成了一场不得民心的战争，而且联邦政府还有可能会被迫中途放弃。北军军队内部到处都在传播散发着请愿书，抨击民主党主和派，称他们为叛国者。士兵们发誓"尽管有'铜头蛇'从中作祟"，他们还是要保护整个联邦的安危。他们还威胁说等复原还乡后，他们要"让这些没有觉醒的主和派认识到真正意义的和平。即便不对他们刺刀相向，也要对他们发射联邦弹丸（子弹）"。这一事件与内战中很多小插曲和大事件别无二致,也被谱成了歌曲。《怎么回事?》(*What's the Matter?*)表达出对"铜头蛇"叛国者的厌恶之情。这首歌借用了南军的措辞,将同情南方的北方叛国者称为北方的"托利党人":

> 在我方军队的后方纵火,
> 企图到处
> 散播不满情绪;
> 这就是事实真相。
> "收回宣言;
> 撤回军队。"
> 这群托利党徒大声叫喊。
> 这就是事实真相!

林肯的反应

　　面对着"铜头蛇"及其他持不同政见者,林肯不断做出回应:首先,在马里兰州暂缓实施人身保护令(habeas corpus),[①]并将该决定的实施范围扩大到全国;其次,关闭所有反对联邦政府的报社,逮捕那些直言不讳的抗议者。在内战期间,联邦政府至少逮捕了1.4万个平民,罪名包括逃避兵役、欺诈政府、走私、怂恿当逃兵、发表叛国言论以及"背信弃义"等。以吉迪恩·威尔斯为代表的林肯内阁的一些成员以及以伊利诺伊州参议员莱曼·杜伦巴尔(Lyman Trumbull)为代表的政治同盟者都质疑联邦政府所采取的这些行动是否合法,是否有必要,是否能够体现出当权者的政治智慧。不过,对于这些明显的侵犯公民自由的行为,公众的抗议态度相对来说较为温和,尤其那些非民主党人更是如此。绝大部分被逮捕的人生活在密苏里州、马里兰州以及肯塔基州等边疆蓄奴州。不论是北方联邦还是南部联盟都谋求在这些蓄奴州获得政治控制和军事优势。甚至林肯下令关闭的绝大多数报社也隶属于密苏里州和马里兰州。实际上,林肯经常采用的抵抗行动就是关停报社。

[①] 人身保护令(拉丁文:Habeas Corpus)是在普通法下由法官签发的手令,命令将被拘押之人交送至法庭,以决定该人的拘押是否合法。人身保护令是以法律程序保障个人自由的重要手段。——译者

瓦兰迪加姆事件

林肯在打击持不同政见者所采取的所有行动中，最著名的莫过于驱逐俄亥俄州前国会议员克莱门特·L. 瓦兰迪加姆（Clement L. Vallandigham）。1862年，由于俄亥俄州的议员选举中的暗箱操作，瓦兰迪加姆没能如愿再次当选议员。就在他离开国会前，瓦兰迪加姆呼吁欧洲各国干预美国内战，并"实际承认"美利坚联盟国。他还无休止地指责"国王林肯"的专制。终于，军事法庭在1863年5月下令逮捕瓦兰迪加姆，将他捉拿归案，罪名是他同情敌人，并将他驱逐到南部联盟辖下的地区。

在对待持不同政见者的问题上，这一事件的处理可以被视为林肯对民意的最大误读。这一事件过后，就连共和党中的保守派及民主党中的主战派都对林肯进行批判。林肯一直表现得宽容大度，而且他的确是一位巧舌如簧的政客。面对大量的批评，林肯不断为自己看似严厉的政治策略巧妙地辩护。林肯反对将自己称为"国王林肯"。林肯坚称在处理诸如公民自由之类的微妙问题方面，自己一直都是在宪法的许可范围内采取各种行动，尤其是"在国内发生叛乱或外国势力入侵时，为了保护公共安全不得不依照宪法采取行动时"更是如此。针对瓦兰迪加姆事件，林肯坚持认为"煽动是非的威利（wiley agitator）"[①]虽然已经被捕、受审并被判刑，但并不是因为他反对共和党领导下的政体，而是"因为他对武装力量造成破坏。而一个民族之所以能够繁衍下去，完全依赖于其武装力量的存在和活力"。战争期间的大事件层出不穷，瓦兰迪加姆事件很快便被淹没其中。没过多久，瓦兰迪加姆就设法前往加拿大。来到了加拿大后，1863年，他在那里竞选俄亥俄州政府职位失败。一年后，当瓦兰迪加姆悄无声息地重新回到美利坚合众国时，林肯对他采取了置之不理的态度，因为林肯早就已经表明了自己的立场。在所有抨击林肯的批评者中，瓦兰迪加姆堪称最显眼，最直言不讳。通过有选择性地驱逐瓦兰迪加姆，林肯也为北方的"铜头蛇"们敲响了警钟。

北方其他地区的抗议风潮

针对联邦政府在处理征兵、解放黑人运动、招募黑人军队以及军事策略等问

---

① "煽动是非的威利"是克莱门特·L. 瓦兰迪加姆的别名。——译者

题所采取的方法，北方其他地区也出现了抗议风潮。北部地区的后方既并没有受到战争的直接影响，也并没有实施任何形式的配额供给制，因此尚属繁荣发展的状态。然而，即便如此，北方民众在政治观点上一直存在着分歧。整个民族的团结和必胜之心也随着战场上传来的消息而起起落落。甚至直到1864年总统大选时，林肯仍然在自我怀疑，不知自己是否有能力带领整个国家走向胜利。

戴维斯对抗议的反应

面对北方的抗议活动，杰佛逊·戴维斯也以类似的方式做出回应，不过这位美利坚联盟国的总统面临另一种挑战。美利坚联盟国建立之初打着维护州权的旗号，这一理念实际上已经将民族利益放到了次要位置上。然而，随着战争的发展，戴维斯开始认为自己领导下的国家只有不断加强政府集中管理才有可能继续生存。在打击持不同政见者的问题上，戴维斯与林肯一般无二，也采取了类似的行动，包括暂缓实施人身保护令、限制言论自由和出版自由、实行征兵制以及宣布戒严令等。在某些方面，戴维斯采取的措施甚至更加严苛。此外，戴维斯还征用奴隶为政府服务；为了给部队提供给养而强行征收农产品；使关键军事工业实现国有化；为了有效管理人员进出重要城镇和重点城市，实行内部通行证制度。到1863年，这些措施导致民众怨声载道，抱怨南方地区的发展模式"越来越步入林肯管理方式的后尘"。1864年，由于民众普遍对南部联盟政府所发挥的作用心存不满，戴维斯陷入困境。

比较林肯和戴维斯

戴维斯虽然头脑灵活，但与林肯相比，他明显缺乏很多娴熟的政治技巧。令戴维斯引以为豪的是，他明确知道北方各州人力资源更加丰富、更加繁荣富裕、更具发展潜力。如果美利坚联盟国想要打败北方各州就必须将所有资源进行统筹管理并集中全部力量。然而，尽管可以说他的直觉完全正确，但戴维斯似乎没有办法让南方民众都聚焦于自己的远见卓识。甚至他的很多朋友也认为他犯下了大错。慢慢地，他开始采取折中妥协的态度，外交策略也频繁出现失误；要么对人冷淡疏远，要么动辄与人唇枪舌战；做事偏颇，有失公允，而且不愿意下放手中权力。林肯充分信任自己的内阁成员，放权让他们自行管理本部门的日常事务，戴维斯则将大量的精力浪费在没有丝毫用处的小事上。面对外界的抨击，林肯可以灵活地东躲西闪,戴维斯则由于顽固执拗而不断遭到打击。面对潜在的敌手,林肯运用各种处世之道,凭借着幽默、宽容和坚强成功地将其缴械,戴维斯则天生具有疏远朋友的能力。戴维斯先后有5位战争秘书,詹姆斯·A. 塞登(James A. Seddon)是第4个成为戴维斯的秘书的人,也是所有秘书中能力最强的一位。塞登为人忠诚、低调内敛。塞登曾经抱怨说:"把我认识的所有人算上,总统堪称最难相处之人。"对此,塞登的秘书评论道:"如果总统与像塞登先生这样温和、低调的人都没法友好相处,那么可以说这世上没人能够取悦总统了。"

如果要了解戴维斯与林肯之间的种种差异,一个行之有效的方法就是回顾两人从政之前的职业生涯。林肯此前是一个律师,热爱交际,口才颇佳。他知道世间万事万物都有两面性。他相信绝大多数人脾气暴躁,因此在几乎所有主张上他都可以找到与之意见相左的例子。与其说林肯期待人们和谐相处,还不如说他更期待矛盾冲突的出现。在法庭上,林肯早就已经学会了争取得到对方的支持,学会了游说对方,甚至用甜言蜜语哄骗对方。林肯有时会列举事实,有时会插科打诨,但一直致力于最大限度地降低双方的敌对情绪。

戴维斯是西点军校培养出来的一位军事工程师,身上多少保留着一些僵化死板的特点。他做事力求精准,甚至有些不留余地。他在处理政治问题时就好像在建造一座桥梁一样:首先勘察地形地势,接着预估可能存在的困难障碍,然后衡量自己的几种解决方案,最后决定行动方针。戴维斯一旦制定了一项政策,就几乎不会做出丝毫动摇和改变。他极端自信,认为任何人最终都会领会他所制订的计划的精妙之处,都会欣赏他的远见卓识和超人智慧。在内战爆发的好几年前,后来成为他的太太的瓦里纳在首次遇到戴维斯时评价道:"在我看来,他不同凡响,不过脾气有些古怪。他在表达自己的见解时,总是想当然地认为任何人都不会持有异议。"

戴维斯糟糕的健康状况

除了性格古板,戴维斯的健康状况也不容乐观。他身体虚弱,成年之后一直疾病缠身,主要病症包括神经痛、支气管炎以及消化不良等。就连戴维斯的朋友们也都注意到,只要他身体欠佳,他就会变得愈发没有耐性,而且更倾向于与别人对着干。尽管戴维斯只比林肯大一岁,但在其总统任期内,戴维斯经常卧床不起。在这种情况下,戴维斯的内阁成员,尤其是他最信赖的顾问朱达·P. 本杰明就不得不代为履行总统的职责。第一夫人瓦里纳"如果尚不能说是……脾气急躁的话,那么至少也可以说是目中无人"。让一些人深感厌烦的是,瓦里纳还具有强烈的控制欲。在大多数情况下,她不但会限制外人与总统接触,而且自称可以代表总统发言。甚至当总统生病时,瓦里纳有时还会在官方文件上伪造总统的签名。很快人们就给她冠以"女皇"的名号。

南部联盟的各个政党

南部联盟的政党体系——或者甚至可以说南部联盟根本就缺乏一个政党体系——令戴维斯举步维艰。南部联盟成员近乎虔信宗教般地推崇维护州权后,接下来的一个狂热的政治信仰便是由两党制的政治体系引发的小规模派系之争。他们认为两党制不但已经毁掉了原来的合众国,而且导致了整个国家的分裂。为了坚决避免过去的错误,南部联盟成员打算将自己打造的新美利坚联盟国建立在各成员共同追求的目标和共同遵守的道德基础之上,这样一来,就可以使他们免受各个党派所制定的近乎于自我毁灭的种种阴谋的荼毒。然而,各成员在政治观点上存在差异在所难免,因此,当民众因为政府实施的征兵、征粮以及人身保护令等公共政策而产生争议时,他们便自动结盟为亲戴维斯和反戴维斯两个派别。于是,南部联盟政府所实施的政策而导致的民众哲学理念上的巨大差异便具有了浓厚的个人色彩,与北方人对林肯的恶言相向相比,戴维斯的遭遇有过之而无不及。

个人反对戴维斯

当颇具影响力的政党领袖将与戴维斯在政治理念上的差异转变为公开的激烈辩论时,他们对戴维斯的攻击也随即进入了白热化的状态。南方几个州的州长一开始还小心翼翼地捍卫着南部联盟政府赋予他们的权利,现在也直接挑战总统的权威。佐治亚州州长约瑟夫·E. 布朗猛烈抨击戴维斯,称戴维斯在政府里扮演了"皇帝"的角色。很明显,与"国王林肯"相比,这样的角色扮演令戴维斯摇身一变成为权力更大的独裁者。最令布朗愤怒的是征兵政策,于是他下令将所有符合征兵条件的人员全部征用为佐治亚州民兵组织成员,这样就将佐治亚州全体子民纳入自己的保护体系之中,使他们免受南部联盟征兵令的辖制。北卡罗来纳州州长泽布伦·B. 万斯(Zebulon B. Vance)不但豁免了州政府官员的兵役,而且给国会制造障碍,令其无法掌控北卡罗来纳州的工业。

在国会里，来自佐治亚州的议员罗伯特·图姆斯以吞火者的身份远近闻名，且嗜酒如命，因此早就已经被排除在南部联盟总统候选人的行列之外。不过，毫无疑问图姆斯也坚决反对权利集中化。他认为戴维斯无异于一个"欺诈成性、虚伪矫情的恶棍"。他坚决反对暂缓实施人身保护令的决定，"建议抵制，誓死抵制该项法令的实施"。最引人注目的是，面对南部联盟政府的集权化发展以及政府对公民自由的种种限制，副总统亚力山大·斯蒂芬斯感到灰心丧气，大失所望，因此在南北内战的大部分时间里，他拒绝在里士满居住生活。就其个人而言，斯蒂芬斯并不像有些人那样强烈反对戴维斯，但他对自己的个人立场也表现得毫不动摇。斯蒂芬斯在谈及戴维斯时如此说道："我心中的敌意和愤怒并不是针对他，也不是针对任何个人或群体，而是针对我们所采取的种种措施和所实施的政策，我认为这就是将我们引向专制统治的诱因。"

南方的联邦主义者

由于联邦主义者的存在，再加上南部联盟的支持者对内战或联盟政府深感不满，美利坚联盟国也一直处在一种分崩离析的状态。这些所谓的绝对联邦主义者一直都是反分裂主义运动的核心力量。据一些历史学家估计，他们的总人数大约占了南部白人人口总数的1/10。这些联邦主义者鼓励民众反对南部联盟政府，并不惜任何代价寻找终止战争的方法。在田纳西州东部地区和弗吉尼亚州西部地区，这种政治运动开展得如火如荼。然而，面对着战争所造成的人力成本和物资成本的不断攀升，很多曾经宣誓效忠的南部联盟成员心生畏惧，呼吁以一种和平的方式解决此次争端。于是，一种新型的联邦主义应运而生。这种联邦主义不再仅仅是一种意识形态，而开始讲求实用主义。它的产生与其说是出于政治上的考量，还不如说是由民众的厌战情绪滋养而成。这些联邦主义者并不反对目睹联邦实现统一。相反，与托利党人不同，他们担心的是政府所制定的解决方案或所签署的条约无法保护南方人的利益。

长期以来，历史学家对南方联邦主义者的群体身份问题，至少是南方白人联邦主义者的群体身份问题一直都感到困惑。绝大部分黑人反对南部联盟，黑奴更是如此，这似乎已经成为一个不言而喻的事实。从某种程度来说，黑人或许也可以被视为联邦主义者，然而，我们很难给白人联邦主义者贴上一个公认的标签。笼统而言，他们中的大多数人似乎生于北方，后来迁移至南部地区；以前都曾经属于辉格党；都曾经是小农场主，或者总的来说都是贫穷的小农场主。然而，考虑到各不相同的社会、经济和政治等原因，在这三种不同类型的人群中，任何一种人群的观点都可能与其他两种人群的观点恰恰相反。我们也知道那些倡导和平的人若非和平主义者，必定是在宗教信仰上持不同见解者。生活在北卡罗来纳州皮德蒙特高原（Piedmont）上的公谊会教徒以及得克萨斯州的一些德国人社区可谓绝佳的范例。那里的民众表现出自己的效忠与其说决定于政治或经济等因素，还不如说决定于文化因素。

当然，职业原因也必须纳入考虑范围，只不过有些证据本身便有其自相矛盾之处。有些历史学家相信以商人和职业人士为代表的城镇居民更有可能成为联邦主义者；另有些历史学家认为农民和种植园主才是成为联邦主义者的上佳人选。年龄也是不容忽视的一个因素。相较于南方的年轻人，那些上了年纪的南方人，比如 35 岁或 40 岁以上的平民则更有可能反对南北分裂。中年人在星条旗下生活的时间更长，因此，从情感角度而言，他们对北方联邦的依恋感更强烈。他们也许对于老美利坚合众国政府在处理国家事务的方式持有不同见解，也许甚至会憎恨国会，因为在他们看来，国会的所作所为一直都在让南方人的利益受损，然而，当他们面对着老美利坚合众国的分裂时，他们仍然深感遗憾。

反政府的南部联盟成员

接下来，还有一批抵抗者与乔·布朗、泽布伦·B. 万斯以及罗伯特·图姆斯站在同一阵营里，这些人或许可以被称为反政府的南部联盟成员。他们相信戴维斯领导的政府行动笨拙，已经将美国内战所造成的巨大代价转嫁到全体南部联盟成员身上。此外，他们还对南部联盟政府所实施的中央集权政策颇为反感，尤其痛恨征兵令和没收财产政策。他们开始变得愤懑不已，有时甚至会主动与联邦主义者结盟。不过，当任何一个由持不同见解者组成的群体主张将南北重新统一视为解决内战问题的有效途径时，他们便会立刻与之分道扬镳。反政府的南部联盟成员赞成签订停火协议，却反对投降。他们希望南部联盟政府改变政策，却不希望美利坚联盟国从此土崩瓦解。不可否认，这一界线非常微妙，但就是这条界线的存在使得联邦主义者和南部联盟反对派之间的差异变得难以界定。

这一问题之所以如此复杂，还有一个事实也不容忽视，即有时联邦主义者表达出来的也是一种自相矛盾的情感。在长达 4 年的美国内战期间，联邦主义者的军事命运和政治命运都发生了很大的改变，因此，有这样矛盾的情况出现也的确在所难免。突然有一天,他们变得非常狂热,坚信他们可以亲眼看到国家重新实现统一;几个月过去后,战争风云不断变幻,个人所处的环境也发生了改变。人还是这批人,但变得小心翼翼,认为如果联邦政府对南部地区没有做出政治承诺或提供宪法保障,联邦国家便不可能被修复如新。很多南方白人所持有的态度与其说是旗帜鲜明,还不如说是模棱两可。

南部联盟普遍存在的意见分歧

抗议政府政策的人员主要包括态度强硬的联邦主义者以及更加小心谨慎的南部联盟反政府成员。然而,即便有时候有些抗议者在当地声名显赫、颇具影响力,但其总人数在绝大部分地区也只不过占据了很小的比例。由于这些人经常担心会遭到邻居的迫害或者被南部联盟政府逮捕,他们一直非常低调。他们对北方的同情心或许会使邻居心中生疑,不过无端引发社会成员的愤怒情绪应该也属于愚蠢之举。至于到底应该信任何人,联邦主义者自己也不甚了了。在大多数情况下,只有就某些与战争有关的"敏感话题"进行多次交谈并反复试探后,这些联邦主义者彼此才会敞开心扉。弗吉尼亚州的一个联邦主义者承认,他们彼此之间"不敢相互信任"。不过,随着战争的不断发展,联邦主义者的总人数也在不断增长,而且他们的确引发了社会大动荡。

联邦主义者和南部联盟反政府成员以各种各样的方式将心中的不满情绪表达出来。很多民众——在偶尔的情况下甚至所有社会成员——公开声称他们将不再支持南部联盟政府,也将不再遵守政府制定的各项法律制度。征兵官员、税务人员以及政府其他部门的官员在与这些人直接打交道时,或者在进入反南部联盟政府地区时都冒着生命的危险。众所周知,密西西比州琼斯县(Jones County)的全体成员都强烈反对南部联盟的叛乱行径,而且实际上已经自行宣布成立独立的共和国。在该县的榜样作用下,北卡罗来纳州、田纳西州、佛罗里达州以及其他州的很多地方也都如法炮制。

持不同政见者秘密组建了一些和平组织,其中最大的几个组织位于北卡罗来纳州、田纳西州东部、亚拉巴马州北部以及阿肯色州北部。值得一提的是,从地理位置来说,那些地区地处偏僻,且地形特点多为易守难攻的丘陵以及崎岖的山地。绝大部分和平组织都抵制征兵政策,但这些组织好像也没有发起任何形式的全国统一运动。此外,南军也对很多类似的组织直接造成了破坏,有时候甚至直接将组织成员拖到监狱里关押起来。不过,至少北卡罗来纳州和佐治亚州的两个和平组织逐步发展成为政治派别。在1863年和1864年的南部联盟国会选举中,这两个派别的几个成员成功获得国会席位。

相比之下,胆识过人、英勇无畏的部分民众则选择直接为北军的军事活动出力。他们给北方联邦军队充当间谍,而且一旦北军进入他们生活的地区,他们就会给北军战士指路,给他们提供食物,照料伤员病号。当然,他们这样做也意味着对南部联盟政府的背叛,因此如果北军继续行军打仗或者被迫离开该地,经常情况下他们也不得不选择背井离乡。当民众的不满情绪发展到极致时,将近10万名南方白人——绝大多数都来自边疆州——报名加入了联邦军队的阵营。这些人大多数是在内战爆发前在南方定居的北方人。很多人在自己的家乡也都参加过反游击队组织,因此他们不但对当地的地形、地势了如指掌,而且对南军游击队可能经常出没的地区也一清二楚,对其周边人群在情感上到底支持哪一方也同样心知肚明。

198

一旦被捕,这些持不同政见者必定会受到惩罚。和平组织的成员被囚禁入狱,而给北军提供军事援助的民众则可能被施以绞刑。南部联盟政府到底逮捕并惩处了多少持不同政见者不得而知,但具体人数一定是以千作为计量单位。南部地区的白人坚持自己的荣誉感,即便这种荣誉感有言过其实之嫌,而且对个人自由也绝不放手。戴维斯领导的政府清楚地意识到了这两点,因此,与林肯政府相比,在限制公民自由方面南部联盟政府采取行动的速度要慢一拍。不过,与北部地区以及边疆各州相比,南部地区逮捕持不同政见者的原因也大同小异,多半都是指控他们背信弃义或开展了一些可疑的反政府活动。相比之下,南部联盟政府几乎没有关闭几家报社。然而,与北方政府所采取的行动相比,南方政府所之所以采取一些行动,主要是对因为内部意见不一而出现的危险做出独断的(有时是危言耸听的)评估。叛乱政府还根据《敌对外侨法案》(Enemy Aliens Act)以及《隔离法案》(Sequestration Act)的相关规定强迫民众服从自己的统治。这两项法案都在1861年8月通过。前者规定政府可以逮捕或流放民众,而后者规定政府可以没收民众的财产。

南部联盟的爱国主义

在美国南部地区似乎到处都可以看到持不同政见者的踪迹,且民众对现实也极端不满,灰心丧气。这一现象令历史学家们就南部联盟的爱国主义提出了一个彼此争论不休的问题。南方人对南部联盟政府的忠诚程度到底如何?很明显,在内战之初,南方的叛乱分子表现出非常强烈的爱国主义情绪,他们甚至从保护州权的角度出发给自己的行动寻找合理的理由,而且他们还经常提及"民族"独立的问题。不过,真正的爱国主义情感需要随着时间的推移才能慢慢高涨。从某种程度来说,这需要一个演化的过程,而有时这一过程极为缓慢。南军领袖宣布美利坚联盟国独立为国并不能使他们具有真正意义上的爱国主义情感。这就像当大陆会议(Continental Congress)在 1776 年宣布美利坚合众国成立时,爱国主义情感也几乎不存在一样。当时,宾夕法尼亚州的平民百姓仍然首先认为自己是宾夕法尼亚州人而不是美国人,同样,弗吉尼亚州民众的态度也如出一辙,纽约州也大同小异。美利坚合众国获得独立的几年后,各州才同意组建联邦政府,又过了若干年后,美利坚民族的统一身份才得以慢慢形成。

如果我们认为南部联盟成员立刻便具备这样的民族意识,或者认为他们可以轻而易举地将对美利坚合众国的忠诚之心转移到对美利坚联盟国的效忠上,那就太荒谬可笑了。甚至就连他们作为南方人的地域身份及忠诚之心也都不可能自动转化为对新国家的忠贞不渝。很明显,南方白人认为迫使他们与北方人分道扬镳的是政治利益和经济利益之争。他们甚至感觉在某种程度上与北方同胞的不同之处令他们产生了一种自豪感。然而,举一个明显的例子,绝大多数南方联邦主义者都无法想象为了争取地区利益而使整个国家一分为二。他们仍然对联邦国家恋恋不舍,而林肯认为出现这一现象是因为"无法述说的怀旧和弦曲"依然余音袅袅,甚至就连忠诚的南部联盟成员也都无法完摆脱这首怀旧和弦曲的悠长影响。

无论南部联盟的爱国主义拥有何种程度的生命力,第二战场上存在的许多其他不和谐因素都在慢慢地将其腐蚀消耗。在所有因素中,最具有破坏力的莫过于游击队之间的复杂冲突。甚至各地区对南部联盟政府的忠诚之心也无法幸免于这一来势汹汹的强大破坏力。我们或许还都记得一旦爆发游击战,战事便显得尤其惨烈,而且难以控制,但发动游击战的初衷是维护社会的法律和秩序。同样,当南部联盟社会遭到外来武装力量——也就是联邦部队——的威胁时,其成员最先想到的便是进行地方性防御。当然,南军作战的主要目的是实现国家独立,但他们中的很多人都将"国家"这一概念等同于自己生活的小圈子。绝大多数游击队组建的目的是保卫自己的社区。不论是打击北军,还是打击南方的联邦主义者,甚至是打击由逃兵组成的暴力团伙,其目的概莫能外。形形色色的南方人并不认为美国内战是在同一个国家的两个地区之间发生的冲突,甚至也并不认为这是一场州与州之间爆发的战争。相反,他们将这场战争视为一场决出胜负的最后较量,因为这将决定谁会对南部地区成千上万的社区拥有支配权。在这样的背景下,州权的概念不仅意味着南部联盟政府有权捍卫南部地区利益、抵抗华盛顿政府,而且意味着每个州都有确保自己所辖范围内的公民安全的能力。此外,州权还意味着对于任何一个新国民政府来说,测试忠诚度的主要方法就是该政府是否有能力保卫每个社区的安全。这一要求看上去有些不公平,但无论何时,只要南部联盟政府无法履行这一义务,它就将失去民众的支持。

主张州权以及对一个地方的依恋之情已经成为南方文化的代名词。不过,在这一大背景下,这两大特征却极大地阻碍了南部联盟地区爱国主义的产生和发展。有些历史学家认为,强烈的地方主义情绪并不一定与爱国主义相矛盾,实际上两者不但可以同时存在,而且可以相辅相成。从某种程度来说,这些学者的观点并没有错。然而,有一点不容忽视,如此之多的南部联盟成员在对地方性防御过分关注时,几乎每次都将爱国热情和对国家的忠诚之心无情地踩在脚下。地方主义并非在南方各地都如此盛行,然而,在大多数情况下,地方主义情绪表现得非常强烈,而且的确在某些地方风靡一时,足以让民众对统一的民族身份产生疑虑。正如1863年初,阿肯色州州长哈里斯·弗拉纳金(Harris Flanagin)对杰佛逊·戴维斯说:"士兵们之所以选择当兵入伍并不仅仅是为了保卫南部联盟,他们也是为了捍卫自己的财产,保护自己的家乡和家人。"

出于一己私利的各种考量也会侵蚀爱国主义情感。当个人安全及私人财产处在危险之中时,即便南部联盟的政界领袖和军事首脑号召民众全身心致力于南方的宏图伟业,民众也通常会充耳不闻。以制造商、农场主以及种植园主为代表的南方民众只要认为时机已到,就可以通过投机买卖和黑市交易(尤其是棉花交易)赚取利润,或者可以在公共市场收取费用,多半会将追求个人利益置于尊崇爱国主义之上。罗伯特·E.李是士绅阶层的一个成员,他经常呼吁南部联盟全体成员做出自我牺牲,并严厉指责那些牟取暴利的奸商,称与其说那些人心系国家存亡,还不如说对自己的财运更情有独钟。罗伯特·E.李承认:"南方人民的生活曾经如此轻松舒适。对我们而言,(在战争中)做出自我牺牲并付出必要的辛劳并非易事。诱导我们履行责任……必将会给我们带来不幸,令我们蒙受苦难。"

南方的难民

第二战场主要由时断时续的游击战、政府没收财产、侵犯公民自由以及社会上持不同政见者的大声疾呼等几方面构成,它给整个社会造成了极大的混乱。此外,北方军队也威胁到了南部联盟的安全。在这两个因素的作用下,整个南方地区呈现一片混乱不堪的局面,南方民众的心理也因此遭受了严重打击。结果,数十万名南方居民(确切数字不得而知)迫于无奈最终选择逃离生活了一辈子的家园。1861年,来自弗吉尼亚州的一个南军士兵说道:"很多南方人都已经背井离乡,漂泊在外。有的选择追随我方军队,有的则追随敌军的脚步而去。"在一条通往南方的马路上,"各种你想到的或想不到的……交通工具上挤满了女人和孩子……男人们有的骑马,有的徒步,人流不间断地向南涌去"。就在同一天,就在相隔只有几英里远的地方,人数相当的人潮也正不断向北方涌去。人群虽然在向北流动,但被人们抛在身后的是"冰冷的炉灶"和空空如也的村庄,再也听不到"农民在田间放歌",听不到"马车驶过时发出的嘎吱嘎吱的声响"。

联邦主义者希望在自己的家园里留守,希望等到联邦军队出现时为掌握当地的控制权进行一番抗争。他们低调隐忍,忍辱负重,但周边人施加的压力、发出的暴力威胁以及可能遭到逮捕的前景经常迫使他们不得不走上通往北方的道路。那些为公众所熟知的人物,如田纳西州的报纸发行商威廉·G.布朗洛(William G. Brownlow),由于对南部联盟政府进行了言辞指责或撰文抨击而被捕入狱。只有当获释出狱后他们才从南方脱身。当北军到来后,如果联邦军官无法确保当地民众的安全,使他们免遭游击队的影响;如果北军无法使他们摆脱南军的骚扰,或北军士兵的不当行为对他们造成骚扰,这些人就会选择逃离家园。阿肯色州的一个联邦主义者就是其中一员。他评论道:"这就好像祈祷上帝能够永世长存一样。即便无法找到安身立命之所,我也下定决心,至少要在某个和平地区找到一处避难所。"

出于报复心理,北军的士兵散播了大量捕风捉影的谣言,声称南军强奸妇女、绞死老人、烧毁农场。随着谣言的不断扩散,平民百姓似乎对谣言的真实性也不再质疑。南军中有很多人因此背井离乡,其人数比被迫离家的联邦主义者还要多。生活在边疆各州的居民人心惶惶,率先作鸟兽散。然而,1862年,随着联邦军队不断挺进南方腹地,平民百姓更大规模的四散奔逃才真正拉开了帷幕。例如,在唐纳尔逊堡投降后,纳什维尔整座城市"完全陷入瘫痪……人人都惊慌失措"。有人描述说:"人们能做的就是收拾行李,打包出逃。"南军士兵得到敌军正向自己家乡挺进的消息后,有时竟然写信给留守在家里的妻子、母亲,让她们赶紧出逃。有些难民选择暂时居住在北方联邦政府管辖范围内的亲朋好友家中,不过,绝大多数难民仍然选择寻求得到南部联盟的安全保护。有些人远离家园只是暂时为之,可能只离开几个星期或几个月而已。大多数情况下,他们之所以抛家舍业完全是因为内战中出现了动荡的局面。有些人并没有离家很远,可能只是转移到附近的树林里或者偏僻的山谷里,还有些人则选择离敌人愈远愈好。

随着敌军的大举挺进,平民百姓表现得愈发英勇无畏、有胆有识、坚持不懈、百折不挠。然而,随之而来的却是物资极度匮乏,戒严令的实施给平民百姓的生活带来了巨大的压力,再加上不得不面对的各种暴力威胁,他们迫不得已开始了颠沛流离的生活。田纳西州诺克斯维尔的一位普通女性觉得自己再也无法忍受蜂拥而至的北军士兵,内心绝望至极,便选择逃离这座城市。她解释说:"敌人将我们洗劫一空,不但把房子付诸一炬,而且女人们也难逃遭到侮辱的厄运。我曾经问过(一个联邦士兵)如果他的母亲或姐妹遭遇类似的情况,他会有何种想法。他回答说如果自己的母亲和姐妹是叛乱分子,他觉得这样的遭遇对她们而言是罪有应得。"

还有一些人原本并不愿意抛家舍业,但当联邦军队军官下令将他们的房子征用为战士营房或军队办公室时,他们只能被迫出走。北军将领经常要求他们管辖下的叛乱人员宣誓效忠北方联邦政府,如若不然便将他们从农场或当地赶走。如果北军怀疑有人从事间谍活动或者与敌人暗中勾结,便会将可疑分子驱逐出去。在新奥尔良,当一个南方女性在一个联邦士兵的送葬队伍经过时笑出了声时,上将本杰明·F.巴特勒便下令将其逐出新奥尔良。诺克斯维尔有一个名叫艾伦·豪斯(Ellen House)的年轻女子,由于她涉嫌侮辱了一位联邦军官夫人,当地的宪兵司令便下令将其驱逐。当然,北军也怀疑豪斯从事间谍活动。豪斯在日记里倾吐心声:"他们对我进行了多项指控,一直都考虑将我流放到南方,让我在那里生活一段时间。"

大规模的驱逐活动也常有发生。1864年,陆军上将威廉·T.谢尔曼下令将分裂分子和大多数联邦主义者一起赶出亚特兰大。当威廉·C.昆特里尔对堪萨斯州的劳伦斯发动袭击后,为了报复,谢尔曼的姐夫、陆军上将小托马斯·尤因(Thomas Ewing Jr.)发布命令,要求将生活在密苏里州西部4个县距离北军营地足有1英里远的叛乱平民赶出家园,而且密苏里州还是北方联邦治下的州,这在整个美国内战期间都称得上是最臭名昭著的一次驱逐行动。结果,数以千计的平民百姓步履沉重地迁移到密苏里州的南部地区以及阿肯色州,而这些人中的绝大多数是老人、妇女和儿童。北军不但步步紧逼,而且还对大部分难民趁火打劫,甚至还放火焚烧了难民留下的空置房屋。

1862年11月,联邦陆军上将安布罗斯·埃弗雷特·伯恩赛德威胁轰炸弗吉尼亚州弗雷德里克斯堡,并对当地居民采取报复行动。伯恩赛德坚称当地居民一直在给驻扎在后山的罗伯特·E. 李的南军部队提供各种生活给养和衣服,并纵容南军狙击手在城里埋伏并开枪射击联邦军队的哨兵。当地人有的徒步,有的乘坐马车、火车或者肮脏不堪的牛车仓皇而逃。通往城外的道路都人满为患。在没有任何预先通知的情况下,绝大多数人都无处可逃,因此全都涌向了附近的农村,而农村地区也因此开始变得人头攒动。来自佐治亚州的一个士兵目睹了此情此景,他感慨道:"无辜的女人和孩子似乎都已经被吓得失魂落魄,真让人于心不忍。"

无论何时,只要北军攻占了一个地区,南方叛乱分子就不得不担心当地奴隶爆发起义,这已经成为他们的心头大患。路易斯安那州的一户人家刚刚遭受了一伙武装黑人的洗劫,就听到了更加令人心惊肉跳的谣言——更恶劣残忍的事情将接连发生,于是他们决定举家出逃。该家庭的一个成员在她的日记里写道:"第二天傍晚,散居在附近各处的黑人都开始朝着哈迪森(Hardison)先生家涌来。光天化日之下他们就毫无顾忌地大肆劫掠。令母亲胆战心惊的事情莫过于此。于是,即便是丢掉全部家当,母亲也下定决心逃离家园。"

在逃亡过程中,联邦主义者以及南部联盟的难民都遭遇了无法预知的种种磨难和危险。在这些人中有的较为幸运,可以投亲靠友;有的则只能依赖慷慨的陌生人给他们提供食物和住所。很多无家可归的难民选择暂时居住在军队提供的帐篷里、山洞里或废弃的建筑物里。逃难的路上危险重重。面对恶劣的天气难民们毫无遮挡,霍乱、伤寒等各种致命性传染病不断侵袭他们的身体,游击队和抢劫者也不断对他们进行骚扰。有的地方拒绝接受大批难民,因为当地人认为自己的物资供给已经微乎其微,根本不愿意再同难民分享,于是便要求难民"到别的地方去"。由于难民的大量涌入,很多城镇、城市里人满为患,居民谴责难民,认为他们的到来导致犯罪率尤其是盗窃率激增,斥责为数不少的女性难民从事皮肉生意。在美国内战的后半期,通货膨胀愈发严重,各种物资供应都出现了短缺的状况,因此食品和住房的价格都变得极为昂贵。对于很多人而言,逃难生活中的焦虑不安是他们最沉重的心理负担。

不论是南方人还是北方人,只要他是美国人,即便他对国家的命运漠不关心,即便他对亲人的死活不管不顾,他也会经历一些情绪上的变化。南卡罗来纳州的一个难民如此说道:"战争就像一台机器,有能力毁灭一切。这台机器的主体部分是焦虑,将主体部分固定在一起的是恐慌和畏惧。我的兄弟们全都命丧黄泉了吗？我的父亲母亲幸免于难了吗？当我鼓足勇气提出这些问题时，这些问题本身就已经让我的内心痛苦不堪。"战争持续的时间越长，各种不确定因素就越让人感到无所适从。内战日复一日，但无人知晓这场战争到底会持续多久，这种未知感让民众精疲力竭。这场战争下周会结束吗？如果不能，那下个月能结束吗？明年呢？士兵们在前线浴血奋战，他们相信自己对于某些事件具有掌控力。因此，他们或多或少都有这样的情感，然而，平民百姓们只能等待和观望。如果战士们在一场战役中取胜，在短时间内民众就会感到精神振奋。然而，如果战事失败，或者有消息称邻居家的儿子阵亡，或者有谣言称敌人马上将会发动一场袭击，民众就会心灰意冷，意志消沉。美国内战期间，就算是绝望这一情感也有层次的划分。南方人随时都可能遭到北军的侵略和占领，因此与北方人相比，南方人更加灰心丧气，而最万念俱灰的莫过于南方的难民。1862年年中，南方的一个难民坦承："这场战争让所有人都感到惶惶不安。战争是否真的要打上5年才会结束？我现在可是一头雾水，一无所知。"

这些难民或许可以不必走上战场，或许可以逃避身体被子弹或弹片穿透的命运，然而，他们却在第二战场遭受了难以磨灭的精神创伤。一个来自田纳西州的难民曾经说过："能够成功出逃我就已经谢天谢地，我才不会为抛在身后的一切感到伤心难过。"不过，几乎没有几个难民能够像他这样洒脱。从来没有一位历史学家曾经尝试着对庞大的难民群体所遭受的精神创伤进行过任何形式的评估，也从来没有任何一位历史学家对难民的财产损失以及丧生的难民数字进行过统计。然而，即便没有官方记录，我们也知道这一数字非同小可。

向西部移民

当大部分白人难民纷纷逃往北部和西南部地区时，人们似乎忘记了还有一群难民正朝着西部地区前进。这一难民群由数十万人组成，除了占大多数的北方人，其中竟然还有数量惊人的南方人。他们的目的地虽然是堪萨斯州和加利福尼亚州，但全都在半路上就停下了前进的脚步，尤其在内战进行到后半段时更是如此。他们西进的原因与几十年来促使美国人向西迁移的原因大同小异，唯一的不同之处或许就是不再以已经严重变味的天命论为借口。金矿、银矿仍然在向他们招手致意。对于摩门教徒而言，犹他州仍然是黄金之地。那里廉价的农用耕地以及畜牧用地给他们提供了安全和独立的保障。一望无垠的大片空地、丰厚的工资以及大量的就业机会对于那些对战争失望沮丧的逃避兵役者和反叛者来说充满了诱惑。塞缪尔·L.克莱门斯(Samuel L. Clemens)在密苏里州民兵连里待了两个星期后就选择从南部联盟军队中出逃,后来他成为最著名的战争移民。克莱门斯先逃到了内华达州的银矿藏身,最后在加利福尼亚州安家。他在内华达州的弗吉尼亚城(Virginia City)当记者时,首次使用了马克·吐温(Mark Twain)这个笔名。

后来,马克·吐温写了一部短篇小说,名叫《一场失败战役的秘史》(The Private History of a Campaign That Failed)。这部短篇小说足以令读者潸然泪下,但更可以体现出作者对世事深刻的洞察力。在这个故事里,马克·吐温描述了自己做出逃离战争的决定的原因。他笔下的"历史"反映的是"在南部爆发叛乱的最初几个月里,数不尽的民兵营地里不断发生的违反规则的场景",马克·吐温称:"刚刚招募进来的新兵不具备任何组织纪律性;他们缺乏训练有素的领导者,没有人对他们施加任何稳定军心、鼓舞士气的影响;他们对自己所处的陌生环境一无所知;他们没有上过战场,没有任何宝贵的作战经验,甚至没有从温顺的小白兔变成战士;在这样的情况下,他们就不得不冲锋陷阵、血染沙场,而他们的身心却早已经被过度恐慌占据。"在一个月色朦胧的夜晚,马克·吐温和他的战友们发现有一个人骑着马沿着森林一条荒无人烟的小径翩然而来。他们一下子就变得不知所措,于是就朝这个人胡乱开枪射击。他们并不认识骑在马上的来人,不过,这个人还是在中枪后应声落马。然而,事后他们发现这个人既没有穿军装也没有配备武器。对马克·吐温而言,这件事对他的冲击非常大,可以说是他个人首次跟战争"迎面撞上"。自那时起,25岁的马克·吐温穷其一生也无法抹去这件事留在他脑海中的烙印。他想,也许这就是战争吧,"对于没有任何个人敌意的陌生人,你会举枪就杀;然而,如果换一个环境,当你发现这些陌生人身处困境时,你一定会伸出援手"。马克·吐温最后下定决心,认为自己"根本不适合从事这种令人心惊胆战的行当",他选择打道回府。5个月后,他便来到了内华达州。

然而,即便在美国中部的平原地区,战争也一样如期而至。1863年,威斯康辛州的一个农民打算前往加利福尼亚州。当他穿越堪萨斯州时,"一个身材颀长清瘦、穿了一身胡桃木色牛仔服的密苏里州人走上前来",问这个农民是否听说了弗吉尼亚州正在打仗的消息。后者给出了肯定的答复,因为他在途径卡尼堡(Fort Kearny)时碰巧听到有人提及这场战役。他说:"[在钱瑟勒斯维尔(Chancellorsville)发生的]这场战役非常惨烈,我方军队大败而归。"听完他的讲述后,这个密苏里州人表达了感谢之意便转身离开。不过,没过多久他又追上来自威斯康辛州的这个农民,继续问道:"打扰了,先生,不过你说的'我方军队'指的是哪支军队?"

在这场大规模向西部移民的过程中,受益最大的莫过于北方联邦政府。1862年5月,联邦国会利用南方议员缺席的大好时机,投票通过了《公地放领法》(Homestead Act)。根据该法案,任何一位美国成年公民,不论男女,只要至少在美国的土地上定居或生活满5年,就可以免费得到面积为160公顷的西部土地。共和党人实施这一法案的效果立竿见影,大批反对奴隶制的农民纷纷涌入了西部地区。几个星期后,国会中的北方议员又实现了另一个战前在南方议员的阻挠下没能达成的目标。他们投票通过修建一条铁路,将内布拉斯加领地(Nebraska Territory)(直到1867年,内布拉斯加才成为美国的一个州)的奥马哈(Omaha)和加利福尼亚州的萨克拉曼多(Sacramento)连接起来。直到1869年,第一条"横贯美洲大陆的"铁路才得以竣工,不过,国会早就已经确保建造一条"北方"铁路线将太平洋沿岸地区与芝加哥连接起来后,再与东部道岔全面贯通。

女性战士和女性间谍

大多数女性,不管她们的身份是不是难民,都意识到对付战争的最佳途径就是投身其中并促使战争获得胜利。她们中的一些人选择了一条危险的道路——直接参军。根据法律规定,陆军和海军都不得招募女兵。然而,仍然有几百个女性伪装了自己的性别后穿上了军装(很多历史学家有此看法)。在内战爆发之前,有些女性就已经取得了男性的假身份。例如,1861年,当20岁的莎拉·埃德蒙兹(Sarah Edmonds)加入密歇根第二步兵团(Second Michigan Infantry)时使用的名字是富兰克林·汤普森(Franklin Thompson)。官方一直没有发现埃德蒙兹的真实身份。1863年,埃德蒙兹选择当了逃兵离开军队后转而做了女护士。尽管军队官方后来发现了女性们所耍的这些小花招,但仍然有几个女性以士兵的身份一直转战到内战结束。

有些女性还参加了游击队或者当了间谍。与处在同等地位的男性游击队员不同,她们不经常参加实战,但在很多其他方面充分发挥了自己的作用,比如割断电报线、传递消息、暗中运输物资供给以及从事各种侦察活动等。南北双方都各有几位声名远扬的女性间谍。南部联盟赫赫有名的女性间谍有贝尔·博伊德(Belle Boyd)、罗斯·格里诺,而北方联邦大名鼎鼎的女性间谍则是波林·库什曼(Pauline Cushman)。然而,很多不太出名的女性——或者说,通常都是些籍籍无名的女性——都给当地军队指挥官提供了非常有价值的情报。这些女性出现在敌军营地里时经常都是一副人畜无害的模样,她们不是做洗衣工,就是当小商贩。有时她们也会款待占领自己城镇的敌方军官。在这些身份的掩饰下,她们时刻关注着任何有可能对自己一方有利的情报。

这些女性选择从事如此危险的工作到底出于何种动机,我们不得而知。不过有一点可以肯定,大多数女性与男性当兵的动机一般无二,都是出于爱国主义精神或者冒险精神。有些女性当兵是为了离丈夫或情人更近一些,而有些妓女选择当兵则是想继续从事自己的老本行。有些贫苦的女性,尤其是那些女性移民之所以选择当兵是为了获得军饷,从而使自己的食宿得到保障。应该说,加拿大出生的莎拉·埃德蒙兹就是其中之一。还有一些人则是为了寻求养活家人的方法,比如罗塞塔·韦克曼(Rosetta Wakeman)。罗塞塔是一个身材结实的农场女孩,来自纽约州阿夫顿(Afton)的附近地区,一直在一艘运煤驳船上做工。在加入纽约州第153步兵团时她化名为莱昂斯·韦克曼(Lyons Wakeman)。她在训练营给父母的信中写道:"我领到了152美元。"毫无疑问,听到这个消息她的父母颇为吃惊。"我希望你们能把我寄给你们的所有钱花在家里人身上,给他们买些吃的、穿的。你们不要替我攒钱,因为我如果需要钱,我自己可以挣。"韦克曼服役一年半后不幸感染了慢性腹泻,最后死在了路易斯安那州。

慈善工作

绝大多数女性都选择在后方给军队提供各种服务。内战爆发前,女人们踊跃参加各种改革活动和慈善活动。如今战争已经爆发,她们与以往一样,纷纷参加各种各样的战时组织,给在前线浴血奋战的士兵们提供帮助和安慰。1861年,北方的改革者们组建了美国卫生委员会(United States Sanitary Commission)。该组织以及后来成立的分支机构西部卫生委员会(Western Sanitary Commission)协助联邦政府在照料病号伤员方面做了大量的工作。这些志愿者组织虽然是在著名的牧师、商人以及公民领袖的领导下建立起来的,但它们之所以能够蓬勃发展下去完全离不开成千上万的女性所做出的不懈努力。这些女性大多来自美国的中产阶级和上流社会。她们制作军装、收集医疗用品并多次组织"卫生展览会(Sanitary Fairs)",为军队筹集资金总数多达几百万美元,全部用来购置毛毯、药品、救护车以及医疗船等军需品。此外,这些组织还在促进军医院、军用厨房以及军营人员的健康及环境卫生等方面起到了监督作用,具体监督范围包括合理处理垃圾、修建排水系统以及保证饮用水干净等。

美国基督教委员会(United States Christian Commission)也是一家志愿者机构。该委员会与美国卫生委员会携手合作。前者关注民众的心理健康,后者关注民众的身体健康。该委员会成员总共给联邦士兵分发了150万本《圣经》、100万本赞美诗集、3900万本宗教手册以及数不胜数的祈祷书。他们还鼓励士兵们定期给家人写信,在军营里召开祈祷会并警告士兵们不要从事不道德的娱乐活动(主要包括酗酒和赌博等)。

一位历史学家曾经暗示,这样的民间机构给保守的北方精英人士提供了平台,让他们有机会向民众大声疾呼,要求他们做出自我牺牲,号召民众将国家利益置于个人利益之上,打造"坚忍不屈"的社会氛围。实际上,美国卫生委员会所公开宣称的目标与其说是对伤兵表现出仁慈的一面,还不如说是为了让他们尽快康复以便重新回到前线作战。以联邦协会(Union League)和忠诚出版社(Loyal Publication Society)为代表的一些爱国主义组织也体现出这种严苛、自我牺牲的民族主义的特色。为了"谴责……所有背信弃义的行为",为了向士兵们和平民灌输"对联邦政府绝对的无条件忠诚"的思想,这些组织分发成千上万本宣传手册,支持联邦政府的领导。南部联盟政府想要将其所进行的"独立"斗争与美国独立战争画上等号,然而,这些爱国主义组织对叛乱和革命所发动的宣传攻势严重削弱了南部联盟政府所做出的种种努力。内战结束后,北方的精英人士成立了一系列社会科学组织,其目的就是培养类似的官僚政治、管理技术以及实现国有化等方面的情感。这种爱国主义精神一开始只出现在私营部门以及地方政府中,不过,到了19世纪末,这种精神不断发展蔓延,开始出现在联邦政府的管理过程中。

一般说来,那些生活在北方各大城市及主要城镇以外地区的女性并没有选择加入任何一个组织,而南方人也并没有建立这样的合作网。然而,不论南方还是北方,几乎每个地区都有自己的给战争提供服务的慈善组织或教会组织。以亚拉巴马州森特里奇(Center Ridge)为例,在短短一个月的时间里,当地40位女性就将422件衬衫、551条内裤、80双袜子、3副手套、6箱医疗用品、128磅木薯粉以及418美元的现金捐献给南部联盟政府。伊利诺伊州斯普林菲尔德的女性在一年之内就提供了50件衬衫、522条内裤、381双袜子、213条手帕、234条毛巾、2492条绷带以及"大量的玉米淀粉、大麦、茶叶、饼干、肥皂、罐子、果冻、酱菜、水果"等各种物品。她们通过举办慈善舞会和慈善集市等方式筹集资金。有的售卖自制馅饼、自制果酱、手工缝制的被子以及手编篮筐,有的则以购买彩票、参加抽奖等方式碰运气。为了给军队收集农产品,北方各个学校经常举办"洋葱日(onion days)"和"土豆日(potato days)"活动。

护理行业

美国内战期间,成千上万的女性从事护理行业。平民百姓对于该行业的了解比较有限,因此,其真实的发展过程如果尚不能说是让人感到目瞪口呆的话,至少可以说出乎一般人的预料。19世纪70年代前,美国本土并没有培养护理行业人员的职业学校,因为美国人还无法适应让女性从事这一行业的现象,他们仍然认为女性就应该待在家里料理家务。有些人认为让女性面对医院病房里的鲜血、排泄物以及病人裸体的做法有悖于美国传统,但爱国主义精神、恻隐之心以及发挥自己才干的决心让女性不再顾及美国历史上是否有此先例,而对公众舆论发起挑战。克拉拉·巴顿(Clara Barton)是北方最著名的护理行业志愿者之一,也是第一位在前线治疗伤员的护士。面对着批评的声音,巴顿回应称,既然"打仗对男性而言并不是什么粗俗、不合时宜的举动",那么照料伤员病号"对女性来说也并非不合时宜的举动,就也不应该遭受非议"。

在美国内战打响后的第一年,南北双方就已经开始让女性加入护理行业。美国内战爆发前,59岁的多萝西娅·迪克斯(Dorothea Dix)①就已经因为在美国很多精神病院所采取的各种改革措施而大名远扬。内战爆发后,她接到了一份委任状,让她前往华盛顿出任培养女护士的主管一职。在里士满,莎莉·L.汤普金斯(Sally L. Tompkins)与多萝西娅发挥的作用大同小异。实际上,南北双方都有很多女性在将这些忠贞的志愿者组织起来的协调工作方面发挥了积极的作用。多萝西娅将招收志愿者的年龄限制在35岁到50岁,而且只招收做"家庭主妇"的女性,因为她担心那些年轻貌美且充满魅力的女性与其说可以帮助那些男医生和男病人,还不如说会让他们意乱情迷。不过,不论是谁,只要愿意为国家出一分力,最终都可以找到他的用武之地。实际上,这也是国家对民众所提出的要求。

---

① 多萝西娅·迪克斯(1802—1887)是一名美国社会改革家。通过向美国国会以及州立法机构反映精神病患者的悲惨状况,多萝西娅促成了美国第一批精神病院的创立。虽然身体状况不佳,多萝西娅依然为患精神病的人们奋斗了约40年,并取得了令人钦佩的成就。她帮助了美国国内15个州精神病疗养院的发展,并在加拿大设立了一些精神病疗养院。多萝西娅一生旨在改善社会的行动,这使她备受尊敬。——译者

大多数护士边工作边接受培训。唯一例外的情况是由女性救济协会中心（Women's Central Relief Association）所开设的一个培训项目。该中心是美国卫生委员会的附属机构，总部位于纽约。伊丽莎白·布莱克威尔（Elizabeth Blackwell）博士是美国首位获得医学学位的女性。她亲自指导该项目的实施。实际上，对于女性而言，参与这一项目并没有要求她们必须掌握大量精湛的医疗技术。她们学会了包扎伤口，协助医生做手术，但她们把更多的时间花在了对病人进行心理安慰这一工作上。她们给病人的家属写信；当病人遭受高烧或疼痛的折磨时，她们便握住病人的手，在病人的耳边轻声安抚，鼓励濒死的战士让他们燃起活下去的希望。弗吉尼亚州的一个护士描述道："他们大声叫我……就好像是一群不断呼唤妈妈的孩子。他们对我说，要是我离开他们，他们就会放弃求生的欲望，一命归西。"

很少有女性会因为物质诱惑从事护理行业。1861年，南部联盟政府除了给护士提供食宿，开始给为数不多的一些护士支付34美元到40美元的月薪。不过，在政府设立的医院中，每家医院最多只有6个护士能够拿到这笔报酬。1862年，经北方联邦国会批准，医院除了给联邦护士提供食宿，再给她们提供40美分的日薪。然而，很多女性在从事护理工作时不取一分报酬。她们坚持认为护理工作本身就是她们应得的回报。

无论女性获得何种方式的补偿都在情理之中。在工作中，女护士除了要忍受许多医生公开表现出来的鄙视和敌意，还不得不忍受饥饿、疲劳、疾病的折磨。此外，她们还会因为经常没有足够的药品供给而感到失望沮丧。北方联邦的一个护士如此说道："除了咖啡……面包以及（咬不动的）肉，一切物资供应都被切断了。一天，我觉得自己再也无法忍受下去。我快要饿疯了，甚至感觉自己可以吃得下猫肉。晚饭后，我坐在炉火旁，精疲力尽，饥肠辘辘，脑子里一直在想，为了做好事而遭受这么多磨难是否值得？"还有一个护士承认自己在处理数不胜数的身受重伤的士兵时承受了巨大的压力。她坦承："如果只是看到这样的场景，对我而言，我并不觉得是一种折磨。但是，天啊！士兵们发出的呻吟和惨叫才真让我难以忍受。甚至每当我事后回想起来，仍然会感觉不寒而栗。"

给军属提供帮助

除了士兵们，军属是公共慈善服务的第二大目标人群。"除了在战场上冲锋陷阵的士兵，还有一个团体需要我们扶持——生活在后方的军属，"密西西比州的一位人士解释道,"为了确保我方获得胜利,如果说战士们将发挥至关重要的作用,那么,扶持后方军属、保证他们的生活舒适也同样起着举足轻重的作用。"绝大多数州都会给军属提供某种形式的援助,然而,很多穷人都表示不愿意接受,因为申请慈善资助意味着被打上了一个一贫如洗的烙印。随着时间的推移,物资供给在南部联盟各州变得越来越匮乏,而那里的救援物资只能用微不足道来形容。弗吉尼亚州的一个县便是一个典型的例子。在美国内战最后一年,该县将2万美元的信用贷款用于给当地穷人购买食品。该县将寡妇列入首批接受救助的名单,位于第二批的是那些"丈夫在南军服役的女人以及那些……生活极端贫困的女人"。不幸的是,任何一个家庭,不管人口多少,也不论贫困程度如何,最多只能领到一桶面粉。

女性就业问题

很多女性尤其是绝大多数未婚女性为了生存下去,都希望能够在工厂或办公室里找到就业机会。早在工业革命之初,女性就已经在美国东北部地区的工厂里做工。不过,如今因为大量男性奔赴前线,工厂对女性劳动力的需求量就变得更大。相反,所谓的政府女性职员却是一个全新的概念。联邦政府面临大量的劳动力缺口,尤其是战争部、财政部以及邮政部等部门,于是这些部门便开始向一些年轻女性开放成百上千个抄写员和办公室职员之类的职位。此外,林肯亲自任命几个战士的遗孀担任当地的"女性邮递员"。公众对于这些革新措施的反应不一。很多批评人士预言,男女一起工作会引发一场道德危机。公众舆论甚至指责财政部已经变成了"一个恣意狂饮、寻欢作乐的场所",于是,国会便开始对其进行调查。实际上,绝大多数女性在北方联邦的工作都富有成效,且享有良好的声誉。

在美国内战进行到一半时,南部联盟的女性面临的问题则更加严峻。与北方女性相比,南方女性几乎没有在办公室、工厂工作以及从事军需品生产的机会。因此她们的主要任务就是竭尽全力地维持处在巨大困境中的种植园和家庭农场。她们身负重任,不但需要管理奴隶,而且要负责庄稼的种植和销售,还要抚养下一代。此外,她们还不得不应对男人们出征在外的生活状态,应对外敌入侵所带来的威胁以及日渐萧条的经济形势所带来的恶劣影响。"我没有能力,无法保证农场的正常运营,也不能养活一家人",佐治亚州的一个女性向南部联盟军队提出请求,希望能够批准丈夫退伍。弗吉尼亚州一位境况相同的女性向战争部恳求道:"要是你们不肯放他回家,我们家的庄稼就全完了,我们一家人就会从此开始受苦受难的命运。"

不断变化的女性地位

内战对南北方白人女性劳动力的需求到底在何种程度上改变了她们的地位和作用我们不得而知。有些职业的大门开始向她们敞开,尤其是行政和护理行业。即便到了战后,这些行业仍然继续给女性提供就业机会。而其他一些在工厂里的就业机会则因为战后男性的回归将女性重新排除在外。女性在与男性平等的基础上享有了更多旅行的自由和相互沟通的自由,这有助于打破社会偏见的限制和约束。女性开始面临更多的教育选择。战前,民众普遍接受的观念是女性除了在家庭中,至多只能在慈善事业和社会改革领域继续发挥自己的作用,但如今女性可发挥作用的领域远远超越了民众普遍认知的范畴。实际上,那些因为内战而失去丈夫、父亲的女性在大多数情况下都别无选择,只能走上自给自足这条道路,且变得更加世俗。19 世纪 80 年代末,克拉拉·巴顿宣称:"与和平年代的……缓慢发展相比,这场战争至少让女性提前 50 年到达目前的历史地位。"朱丽亚·沃德·豪(Julia Ward Howe)的话语代表了大多数女性的心声。她宣称内战的经历已经令她不可能"再回归到 50 年代围着灶台转的生活方式"。

然而,真正实质性的变化速度非常缓慢。社会早就已经接受了女性在战争期间所扮演的全新的公共角色。不过,传统观念认为一旦战争这一非比寻常的状况结束后,女性就应该重新回归战前的家庭环境。尽管有些女性心存反叛意识,但大多数女性同样渴望回归战前的世界,似乎只有这样一切才会井然有序,她们才可以享受稳定而又质朴的生活。不过,具有反叛意识的女性充分利用自己的战时经历,重申战前的要求,希望享有更加广泛的社会权利和政治权利,尤其希望享有选举权。与其他地区的美国人相比,包括女性在内的南方白人仍然显得更加保守。正如一个女性所阐释的,女性的"工作"就是"改良和提升整个社会";她的"任务与其说与知识有关,还不如说与道德有关;与其说与政治生活有关,还不如说与家庭生活有关"。不过,女性在社会、政治、经济、文化等方面所感受到的限制已经不可能像战前那样严格。此外,在最私人的领域,南部战争与其他战争别无二致,也放松了要求女性在性生活方面端庄得体的传统束缚,使很多女性有机会探索在和平年代对她们而言堪称禁忌的领域。

不变的一面

还有一点同样不容忽视,即尽管整个社会似乎都处在动荡不安的状态,血腥屠杀也随处可见,但在美国内战期间,很多民众的日常生活与他们在1860年的日常生活相比几乎没有发生任何变化。人们仍然需要想方设法谋生,仍然需要经营农场、工厂,继续做生意、从事贸易往来。对于北方人而言,将战争隔离在生活之外或多或少还更容易一些。然而,不论是南方人还是北方人,甚至包括那些有亲朋好友在内战中浴血奋战的人们,对他们而言,如果没有找到逃避战争危机的娱乐消遣方式,就都不可能真正发挥自己的作用。正如士兵们会抽出时间进行游戏活动或钓鱼一样,南北双方的民众也会走进剧院或马戏团娱乐,上学接受教育、举办生日晚会、举行婚庆典礼以及建设自己的家园。

有些南方民众并没有遭受游击队的折磨,也没有经受过战争的洗礼。因此,当他们为了养活家人,为了让餐桌上一直可以摆放着面包之类的食物而辛勤劳作时,他们有时甚至会忘记美国内战的存在。让我们看看生活在南卡罗来纳州皮德蒙特高原上的一个40岁农民的心中所想吧。1864年10月,他在日记中写道:"我遇到了件麻烦事。我请人帮忙把整块地的玉米都收割完了,却发现没办法把玉米运回家。"通常说来,他家养的牛可以完成这项农活,可如今的问题是牛丢了。他继续写道:"我真担心我家的牛闯进了别人家的玉米地,要是再把豌豆给吃了就更糟糕了。这几头牛太淘气。"与其说他关注美利坚联盟国所面临的命运,还不如说他更关心家庭成员和奴隶的健康状况、印花布的价格波动以及将收割的庄稼运到市场上销售所面临的麻烦。11月的天气日渐寒冷,再加上连降大雨,他便开始担心该如何播种小麦,该如何保持理智的头脑:"田地里一片泥泞,根本无法播种小麦,这段时间以来我一直都在忙着剥光玉米壳,剥下玉米粒,好运到磨坊去磨成玉米面。我一直都在努力干活,好养活全家人。可今天一早起来我就觉得不舒服。因为下雨孩子们也只能待在家里无所事事。他们几个一直吵吵闹闹,家里乱得一团糟,而我感觉今后全家人将不得不面对种种考验。我觉得这一天过得痛苦不堪,我快受不了了。我甚至能感觉到一根根皱纹正爬上我的脸庞,感到我的满头黑发正渐渐变得灰白。"

从1861年到1865年,这几年看上去似乎还有很多仗要打。

第八章　无果的一年
1863 年

　　1863 年 1 月初，两种截然相反的报道占据了南北方各大报纸的头版位置。两则报道虽然各不相同，但又有些似曾相识。南部联盟西线主力部队——田纳西军团——再次撤退，只不过这次是从石头河撤离。与此同时，民众才刚刚开始理解罗伯特·E. 李在弗雷德里克斯堡战役中获胜的重要意义。这种报道简直成了老生常谈：北军在西部地区获胜，南军在东部战场获得了掌控权。1862 年底，南军已经在西部战场取得了一些胜利。他们摧毁了北军设在密西西比州霍利斯普林斯（Holly Springs）的一个补给仓库，并击退了尤利西斯·S. 格兰特对弗雷德里克斯堡发起的进攻。然而，南军采取的果敢的措施并没有收复一片失地，而且对整个北方联邦的战争机器也没有造成多大的破坏。1863 年元旦，南军重新攻下了得克萨斯州加尔维斯敦（Galveston），解放了唯一被北军占领的地区。然而，民众对跨密西西比战场的关注程度却越来越低。

　　不过，一个敏锐的观察者却仍然可以注意到新局面与过去相比出现了细微的差别。首先，布雷斯顿·布拉格在小石城战役中并没有彻底失败。他的手下对此心知肚明。"我一辈子都没搞明白，为什么在给予他们沉重打击后，布拉格竟然选择撤出了默弗里斯伯勒。"南军中的一个二等兵在给家人的信中如此写道。对此，他百思不得其解。还有一个人宣称："毫无疑问，北方佬遭到了痛击……多数人都觉得从默弗里斯伯勒撤退根本没有任何道理可言。"可以肯定的是，这场战役交战的双方势均力敌，难分高下。布拉格在组织撤退时井然有序，而且与威廉·S. 罗斯克兰斯一方相比，布拉格一方的伤亡人数更少。因此，罗斯克兰斯根本就不知道自己到底"赢在哪里"。当然，他的军队仍然不具备对布拉格乘胜追击的条件。可以说，在安提坦战役结束后，罗伯特·E. 李以及乔治·麦克莱伦的情况与眼下比有很多共同之处：虽然罗伯特·E. 李已经率领军队撤出了马里兰州，但不论是北弗吉尼亚军团，还是南部联盟政府，亦或是南部的叛乱百姓，没有一个人认为这是一场失败。不过，布拉格享有的声望与奴隶主罗伯特·E. 李相比却有着天壤之别。在撤退过程中，布拉格手下的一个上将如此评论道："当他经过时，没有人向他欢呼致意。我们服从军令，但不会唯唯诺诺、战战兢兢。我们前进，但不是希冀着能赢得荣誉和声望；我们撤退时行动缓慢，因为我们心存不满却仍装作若无其事。"

这种令人费解的模式是1863年内战的特点。在美国内战开始的最初几个月里，这种情况就已经初露端倪。当时南部联盟政府似乎占据了军事优势。只不过当南军在从跨密西西比战场到弗吉尼亚州的每条战线上都遭遇了重创并开始全面撤退时，这一局面便告一段落。到了1863年年中，北军在葛底斯堡和维克斯堡战役中先后取得了两次重大胜利。自那时起，美利坚联盟国便失去了赢得国外力量干涉的最后一个良机，而公众对南方政府的抗议浪潮也开始变得势不可挡。然而，这些原因并不足以令南部联盟全面溃败。北方联邦政府继续面对深刻的内部分裂局面。尽管林肯就战争的性质问题已经发表了他最著名的演说——葛底斯堡演说，但他仍然在孜孜以求一位称职的指挥官。南北双方的大后方仍然不得不面对南北内战所带来的身体上的苦楚和情感上的折磨。因此，战争的结束似乎仍然遥遥无期。

南部联盟的士气

几乎所有事件，不论是政治事件还是军事事件，似乎都隐藏着某种令人困惑的因素。最恰当例子莫过于罗伯特·E. 李在弗雷德里克斯堡一战中所取得的压倒性的胜利。南军的这场战役打得易如反掌，堪称"内战中最轻而易举、手到擒来的胜利"，后来南军的一个军官如此评价说。如果布拉格手下的将士们因此而心灰意冷，罗伯特·E. 李的手下就会变得过度自信，这便危险了。"我军似乎有点得意忘形。"詹姆斯·朗斯特里特坦承。他在整支军队中堪称最注重现实、最具有良知之人。"我们的将士似乎认为无论北方佬何时到来，无论来到哪里，他们都可以轻而易举地痛击这些北方佬。"弗吉尼亚州的一个士兵深表赞同。他宣布："我军士气高涨，对于自己的坚强勇敢，我们信心满满；对于各位将领的战略战术，我们信任有加。失败二字对我们而言简直就像天方夜谭。"还有一个南军士兵预言："等我们在春天遭遇（波托马克军团），作战结果可想而知。我们让他们品尝的（除了）失败和灾难别无其他，一直以来他们从没有赢得一次胜利。如今，他们也别再心存幻想了。"甚至现在罗伯特·E. 李也认为自己的军队已经"战无不胜"。

这种心态非常危险。罗伯特·E.李率军据守在拉帕汉诺克河河边——南军的一个士兵将这条河戏谑地称为大胆的马克(Dare Mark)，而北军只有越过这条河才会对里士满造成威胁——似乎已经做得非常完美，然而，联邦军队却仍然在北岸虎视眈眈，而林肯则希望能在来年春天重新打响争夺拉帕汉诺克河之战。此外，林肯也希望能有一位更具进攻意识的将领取代伯恩赛德统帅大军，因此，1863年1月底，他任命有"好战的乔(Fighting Joe)"之称的约瑟夫·胡克担任波托马克军团的统帅。

约瑟夫·胡克

胡克出生在马萨诸塞州，当时已经48岁却还是个单身汉。他身材高大，沙色头发，胡子刮得干干净净，长着一双蓝灰色的眼睛。他名声不佳，人们都认为他不但整日酗酒成性（并非完全属实），而且招蜂引蝶（这一点倒名副其实），还夸夸其谈。胡克毕业于西点军校，在墨西哥战争中曾经获得勋章。当北军在第一次布尔伦河战役中遭遇惨败后，他对林肯说如果当时自己参战，一定能赢得那场战役的胜利。他还对林肯吹嘘道："总统先生，与你所任命的任何一位征战沙场的将领相比"，他都要"技高一筹"。胡克这种胸有成竹的作风颇受林肯的青睐。于是，林肯任命胡克担任上将之职。胡克虽然举止傲慢，但作战表现很英勇无畏，而且他还使用在别人看来奇特的方式为自己赢得了胆识过人的声望。1862年，当半岛战役还在进行之中时，一份报纸在头版头条的标题上犯了个小错，遗漏了"好战的"和"乔·胡克"之间的标点符号，就这样"好战的乔"一词便应运而生。自此，这个称呼就沿用下来。

林肯相信这位狂妄自负、自高自大的上将可以给波托马克军团的将士们灌输一种高度自信的精神。林肯给胡克写了一封信，通知他得到了提升。在信中，林肯赞扬胡克英勇无畏，战术高超，满怀信心。不过，总统也对胡克明确表示，他已经听到谣言称胡克曾经发表声明说，"军队和政府都需要一位独裁者"。对于上将而言，这样的言论应该说颇为危险。"当然，我让你掌控军队并不是出于这个原因，尽管你发表了这样的言论，我对你还是委以重任。"在这封信的末尾，林肯直截了当地提出警告，"切忌鲁莽行事，要鼓足干劲，保持高度警惕地勇往直前，期待你捷报频传。"

林肯虽然直言不讳，但语气中充满了慈爱之情，足以让胡克引以为戒。因此，一开始胡克颇为重视林肯的告诫。在接下来的3个月里，他处处小心谨慎，训练自己的手下认真备战。他对自己的部队进行改编,将其重新编成7个步兵军团,配备各不相同的徽章。接着,他将所有骑兵合并到一起,组成一个单独的骑兵军团。胡克坚持不懈地训练手下的将士们,同时使用改善伙食和实施休假制度等手段鼓舞他们的士气。来自佛蒙特州的一个二等兵说:"只有服役将近两年的战士才有资格享受休假的福利。"胡克下令让外科医生改善军营里的卫生条件后,每天因病告假的士兵人数明显越来越少。整个部队的环境很快就变得整洁有序,为迎接战役的到来做好了准备。胡克手下的士兵总人数为13.4万,他认为这支队伍是"世界上最优秀的军队"。

胡克为钱瑟勒斯维尔战役制订作战计划

到4月底,为了摧毁北弗吉尼亚军团,胡克制订了一个颇为大胆的战略计划。根据该计划,胡克手下1/3的将士将交由上将约翰·塞奇威克(John Sedgwick)指挥,继续在弗雷德里克斯堡与罗伯特·E. 李的军队隔河对峙。另外1/3的将士逆流而上,从上游横渡拉帕汉诺克河后从西向朝着罗伯特·E. 李的左翼部队和后翼部队挺进。剩下的1/3力量留在原地等候调遣,一旦战争打响后,随时可以增援前面两支力量。此外,胡克模仿著名的斯图尔特袭击麦克莱伦之战,将由1.2万人组成的骑兵军团交由上将乔治·斯通曼(George Stoneman)统领,主要任务是机动破坏南军的通信线路和物资供应路线。胡克认为自己的计划完美无缺,并预言:"敌军要么狼狈不堪地东逃西窜,要么就必须改变原来的防御状态,在我们的地盘上跟我们打一场硬仗,那么迎接他们的便只有毁灭。"胡克进一步说道:"愿上帝对罗伯特·E. 李将军存恻隐之心,因为我对他早已是铁石心肠。"

罗伯特·E. 李的问题

当胡克还在为这场横扫一切的进攻紧锣密鼓地做准备时,罗伯特·E. 李却不得不面对成堆的问题。李所领导的军队虽然因为在弗雷德里克斯堡战役中取胜而群情振奋,然而,由于物资供应部门和军需部门工作效率低下,将士们无一不面临着食品、药品、军毯和鞋子等各种物资的短缺问题。尽管屡屡有人提及应该派遣一支先遣队以加强维克斯堡的防御,而且这种提法的呼声越来越强烈,但罗伯特·E. 李仍然努力想要将整支军队集中在一起。然而,到了2月,罗伯特·E. 李还是将军队一分为二，不过他并没有将军队派往密西西比州，相反，他派遣詹姆斯·朗斯特里特军团南下奔赴弗吉尼亚州的萨福克，因为北军威胁将要沿着半岛北上从而威胁里士满的安全。此外，朗斯特里特还将在弗吉尼亚州东南部地区的富庶农场替南军征收军粮。为了夺取萨福克，朗斯特里特做出了一定程度的努力，但最终在距离罗伯特·E. 李率领的其余部队只有数英里远的地方，朗斯特里特陷入了北军的包围。罗伯特·E. 李当时仍然驻守在弗雷德里克斯堡，总兵力有5万多人。

罗伯特·E. 李大胆做出回应

4月下旬，胡克开始对驻扎在弗雷德里克斯堡的南军实施包抄。战局完全按照胡克的计划按部就班地发展起来。到4月30日夜，根据"好战的乔"的命令，7.5万人的部队渡过拉帕汉诺克河，准备发动进攻。5月1日，钱瑟勒斯维尔战役爆发。该战役前后断断续续打了5天，一直到5日才结束。该战役在方圆几十英里的土地上打响，且战场多半位于丛林密布的地区。这场战役完全出乎罗伯特·E. 李的意料，而且双方力量对比悬殊，因此，罗伯特·E. 李不得不明知不可为而为之。李将1.1万人留在弗雷德里克斯堡迎战塞奇威克，自己则亲自率领余下的4.2万人迎战胡克。就像第二次布尔伦河战役重现一样，罗伯特·E. 李再一次完全无视军事大忌，面对数量众多的强敌，竟然将自己原本人数就处于劣势的军队一分为二。显然，罗伯特·E. 李的反应令胡克目瞪口呆。结果，胡克放弃原来的进攻计划，转而采取防御战术。

接下来，当罗伯特·E. 李从骑兵团处得知联邦右翼部队处在"毫无防护"的状态——也就是完全暴露在外，没有任何防护措施——他便决定再赌一把。罗伯特·E. 李将常规的军事战略战术原则全部抛诸脑后，再次将手下军队一分为二，命令心腹爱将"石墙"杰克逊率领2.8万名战士，携带108门大炮，急速行军12英里，越过地形复杂的荒原地带，突破敌军前线，直捣胡克实力相对虚弱的右翼部队。尽管斯通曼领导的骑兵部队也发起了攻势，但事实证明这样的进攻在很大程度上徒劳无益。结果，骑兵部队的能力缺失使联邦步兵显得更易受到攻击。5月2日，时近傍晚，坚守联邦部队右翼的德意志第十一兵团（German XI Corps）绝大部分将士都处在休闲放松的状态，有的在准备晚餐，有的在抽烟斗。然而就在此时，杰克逊率领着一众经验丰富的老兵杀进树林。相较于第一次布尔伦河战役，北军的这次失败更加惨烈。北军的一个军官称北军士兵"惊慌失措到不可名状,四处仓皇逃窜"。南部联盟陆军少校大卫·格雷格·麦金托什(David Gregg McIntosh)后来回忆道:"这绝对是一场突袭战。灌木丛里滑膛枪发射出来的子弹如同晴天霹雳一般让人猝不及防……紧接着,身着灰色军装的士兵们组成一道人墙,从树林里一路厮杀出来,排山倒海,他们所过之处如同发生了雪崩,势如破竹,令人无力抵抗。"

杰克逊之死

夜幕很快降临,一轮满月挂在空中。不过,杰克逊仍然打算继续战斗下去,他带领手下的参谋前往位于双方战线之间的森林地带去侦察敌人的阵地。但就在当时,双方的散兵游勇之间发生了交火,结果杰克逊和他的手下被困在中间。杰克逊身中三弹,其中两颗子弹击中了他的左臂。于是,随行人员将他送到平民家中养伤。不幸的是,就在左臂截肢后,杰克逊又患上了肺炎。5月10日,杰克逊捐躯疆场。南部联盟第一个真正的战争英雄就这样陨落了。刚得知杰克逊受伤的消息时,罗伯特·E.李说:"他的左膀截肢,而我失去了右臂。"实际上,直到美国内战结束,损失了杰克逊这员上将一直令南部联盟成员无法释怀。因为很多叛军认为如果杰克逊仍然活在世上,南方的好运就可以得到保障。

钱瑟勒斯维尔之战又如火如荼地进行了2天。在此期间,两军士兵之间爆发了一次又一次的冲突。5月3日,南军的一枚炮弹击中了胡克当作指挥部的那所民房,一块弹片也击中了胡克,胡克因此受伤,几乎不省人事。在那天剩下的时间里,胡克的一个下属代替他指挥整支军队。激烈的战斗仍在继续。5月3—4日,为了击退北军在弗雷德里克斯堡的突破,罗伯特·E.李不得不第三次将手下军队一分为二。弗雷德里克斯堡距离罗伯特·E.李的后翼部队只有12英里。然而,胡克已经成为一个"被鞭打的人"。5月5日深夜到6日的凌晨时分,他下令军队撤退到拉帕汉诺克河对岸,很多人对此感到困惑不解,甚至非常反感。一位高级官员说道:"所有人感觉我军此番撤退是一种耻辱,令人忍无可忍。不过,每次大家议论后,最终都会说'要是小麦克在这儿,我们就不会以这种方式离开战场'。"

钱瑟勒斯维尔战役的后果

罗伯特·E.李赢得了钱瑟勒斯维尔战役的胜利,这也是他在与波托马克军团的正面交锋中第二次赢得胜利。然而，与弗雷德里克斯堡战役一般无二，这场战役也没有任何持久的战略意义。在这场战役中，罗伯特·E.李采取了大胆的战略举措，战胜了数量几倍于自己的敌军，因此，历史学家经常认为该战役是"罗伯特·E.李的杰作"。然而，为了赢得钱瑟勒斯维尔战役的胜利，南部联盟也付出了高昂的代价。北弗吉尼亚军团的伤亡比例高达22％，而波托马克军团的伤亡比例只有13％。令人惊讶的是，这场战役却让南军变得愈发大胆妄为，这种情形非常危险。在这场战役中，南部联盟一方损失惨重，其中12个旅长伤亡，就连杰克逊也马革裹尸。然而，最后的胜利增强了罗伯特·E.李的信心。他认为自己手下的军队所向披靡，攻无不克，战无不胜，完全有实力打败敌人。如今他不断公开表现出对敌军的轻蔑，甚至完全低估了敌人的实力。然而，钱瑟勒斯维尔战役将会成为他在美国内战中赢得的最后一场意义重大、干净利落的胜利。在拉帕汉诺克河边逐渐形成的过度自负将会令他铤而走险：再度对北方发起进攻。

正如他在安提坦战役所希望的那样，罗伯特·E.李仍然相信一场决定性的胜利能够结束美国内战，确保南部联盟的独立，因此他让里士满政府相信很有必要再次对北方发动新一轮攻势。从1863年2月起，罗伯特·E.李就一直在酝酿着一个雄心勃勃的战略计划。该计划的打击目标是宾夕法尼亚州，因为该州物资储备丰富，粮食供应充足。对北方发起这样的进攻不但可以促进北方和平运动的发展，而且增大了外国政府承认南部联盟政府的可能性。罗伯特·E.李原本希望这场战役能够在5月打响，但胡克发起的进攻以及随后爆发的钱瑟勒斯维尔战役改变了一切。如今，既然胡克已经大败而归，罗伯特·E.李一方弹药充足，军马齐备，随时可以整军待发，于是，李开始采取行动。

葛底斯堡战役的开始

6月9日，当北军的侦察力量发现了罗伯特·E.李旗下军队驻扎的地理位置后，双方在弗吉尼亚州的布兰迪车站（Brandy Station）爆发了一次大规模的骑兵战役。罗伯特·E.李只能再次推迟发动进攻的时间。然而，6月15日，罗伯特·E.李的先遣部队已经渡过波托马克河后进入了马里兰州。6月25日，进入了宾夕法尼亚州。与此同时，胡克一直都在追踪南军的行动，小心翼翼地命令自己的部队接近罗伯特·E.李的进攻部队。不过，由于最近在钱瑟勒斯维尔战役中被对方轻易打败，胡克有些犹豫不决，似乎不愿意与诡计多端的"灰狐狸

(Gray Fox)"再次发生正面冲突。胡克还就军事战略等其他问题公开与联邦总司令亨利·哈勒克以及战争部部长埃德温·M. 斯坦顿等人发生了唇枪舌剑。这些做法使他在华盛顿更加不得人心。胡克跟哈勒克发生争执后愤而提出辞职。当时,林肯对"好战的乔"早已经丧失信心,便接受了他的辞呈,任命乔治·戈登·米德(George Gordon Meade)担任上将之职。

乔治·戈登·米德

有"老海龟(Old Snapping Turtle)"之称的米德毕业于西点军校,参加过墨西哥战争。在他的军旅生涯中,他一步步地从旅长升职为军团司令。米德聪颖、勤奋,可以熟练运用各种战术,有战术家之称。不过,他脾气火暴,格兰特评论说:"有时候米德很难控制住自己的暴脾气。"幸好,米德不善于玩弄权术。长期以来林肯一直苦于应对麦克莱伦和胡克,因此米德的这一特点倒让林肯颇为满意。米德在履职的几天后就将在葛底斯堡这座熙熙攘攘的集镇里与罗伯特·E. 李的军队正面交锋。

葛底斯堡战役

葛底斯堡原本不应该是这场战争的爆发地。不过,为了寻找给养,同时为了查找北军的蛛丝马迹,南军上将亨利·赫思(Henry Heth)在7月1日率领部队误打误撞地闯进葛底斯堡。巧的是,上将约翰·布福德率领着骑兵先遣队正好在该地侦察,为联邦大部队的大举进攻打头阵。在联邦步兵赶到之前,布福德的部队与南军先后发生了几次冲突。到当天傍晚,南军已经将北军逼得节节后退,直到退出了城镇;随后,北军便决定驻扎在位于城镇东南方向的连绵起伏的群山里。

7月2日上午,南北双方的都将自己的军队聚集到了葛底斯堡:北军总人数为8.8万,而南军总人数为7.5万。南军骑兵部队指挥官J. E. B. 斯图尔特一门心思要完成的就是重现围困麦克莱伦军队的壮举,同时缓解在布兰迪车站遭遇突袭时的尴尬,于是,为了对北军实施包围之势,他开始采取联合打击行动和侦察任务,结果却发现自己与大部队完全失联。因此,就在战役刚刚爆发的关键时刻,罗伯特·E. 李发现自己的处境简直与钱瑟勒斯维尔战役中的胡克一样,完全丧失骑兵这一"耳目"的指引。结果,在第一天的战役中,自始至终罗伯特·

E. 李根本无从知晓自己面对的部队到底实力如何，在敌军的领土上发生这种情形可以说是险象环生，危如累卵。

7月2日，北军沿着卡普山（Culp's Hill）右侧山麓拉开战线，向南绕过墓地岭（Cemetery Hill），沿着墓地山脊（Cemetery Ridge），向大小圆顶山（Big and Little Round Top）方向延伸，形成军队的左翼战线。这条战线的形状就像一个长长的大鱼钩。罗伯特·E. 李下令同时向北军左右两翼部队发起进攻，不过，直到傍晚时分这场战役才真正打响。南军左翼部队的领导者是上将理查德·S. 尤厄尔（Richard S. Ewell）。尤厄尔的旗下是原来杰克逊军团的一半力量，然而，尤厄尔在卡普山附近举棋不定，从而酿成大错。南军右翼力量的领导者是朗斯特里特。围攻萨福克失利后，朗斯特里特率军与罗伯特·E. 李的大部队会合。此番为了发起进攻，他重新整编了自己的军队。与此同时，北军同样也麻烦缠身。上将丹尼尔·希克尔斯（Daniel Sickles）在没有接到任何军令的情况下擅自行动，率军进入桃园寻找军事高地。这一行动使北军的战线出现了漏洞，完全暴露在敌军的火力之下。

7月2日爆发的一些战事堪称美国内战中最惨烈的战事。在桃园、麦田以及小圆顶山等地爆发的战役里，伤亡非常惨重。当天傍晚时分，明尼苏达第一军团（First Minnesota）总人数为262，但在反击敌军发起的一次冲锋中就有215个战士血染沙场。亚拉巴马军团和得克萨斯军团一次又一次地沿着小圆顶山的陡峭山坡发起进攻。士兵们英勇无畏，但由于精疲力竭，再加上伤亡严重，不得不从战场上撤退。在陆军上校约书亚·张伯伦（Joshua Chamberlain）的领导下，缅因州第十二步兵军团（Twentieth Maine Infantry）铤而走险，发动了一场刺刀冲锋战，最后终于将敌军打退。亚拉巴马州第十五军团的上校威廉·奥茨（William Oates）在回忆这场大屠杀时说道："当时，我方伤亡人数接近一半，而剩下的一半兵力仍然在战场上厮杀。牺牲的战士简直可以说是尸横遍野，血流成河，岩石的凹陷处形成了一片片血洼。英勇无畏的战士们倒在了战场上，殷红的鲜血浸透了大地。"

第二天，7月3日，罗伯特·E. 李再次发动进攻，但遭到朗斯特里特的强烈反对，他坚持认为南军应该撤退，在米德的部队和华盛顿之间找到一个更好的防御地点。一开始，罗伯特·E. 李打算再次对卡普山和小圆顶山发起进攻。不过，当北军反守为攻，当天上午开始对卡普山下驻扎的叛军阵地发动进攻时，李改变了作战思路。他决定发起一场正面袭击，而这也正是米德最不愿意看到的：因为北军战线的核心位置就是墓地山脊。陆军上将乔治·E. 皮克特旗下的军队虽然没有什么作战经验,却在战役的前两天打头阵,如今也要带头发起进攻。步兵指挥部下属的其他步兵军团总兵力大约有 1.35 万人,奉命与皮克特旗下的弗吉尼亚军团会合,并在该军团发起进攻时,实施炮火封锁掩护。下午 1 点左右,南军率先开火。

与此同时,米德沉着冷静,因为这都在他预料之中。米德此前曾认真考虑过撤军,然而,就在前一天晚上,米德和他手下的将领举行了军事会议并就此事讨论后最终决定留下来应战。米德猜想罗伯特·E. 李可能把自己的指挥部当作袭击目标,因此他加强了阵地的防御,下令手下将领为即将到来的大战做好准备。

下午 3 点左右,南军的 11 支步兵旅迈着整齐的步伐沿着神学院山脊(Seminary Ridge)和墓地山脊之间的田野大踏步行军。虽然地势稍有起伏,但队形纹丝不乱。当天的天气非常炎热,但潮湿难耐。空气中弥漫着呛人口鼻的浓烟以及尸体和死马所散发出来的腐臭味道。

里士满的各大报纸事前大肆渲染皮克特所发起的进攻,凸显了他率领的弗吉尼亚军团所发挥的作用,然而,这场进攻却是一场灾难。尽管后来各种传说都讲到了这次进攻,但事实证明,罗伯特·E. 李犯下了弥天大错。只有一小部分南军士兵孤注一掷,在墓地山脊突破了北军的防线,不过很快他们就命丧黄泉。罗伯特·E. 李严重地低估了敌人的实力,对自己军队的实力也出现了判断错误。乔治·米德既不是乔·胡克、乔治·麦克莱伦,也不是安布罗斯·埃弗雷特·伯恩赛德。米德并没有惊慌失措,相反他坚守阵地,正面迎接罗伯特·E. 李的进攻。

葛底斯堡战役的结果

随着进攻行动土崩瓦解,幸存的南军士兵步履蹒跚地向后方撤退。此后不久,罗伯特·E. 李至少对两位军官提到他自己犯下的大错是此次战事大败的原因。葛底斯堡战役结束的几个星期后,罗伯特·E. 李在官方报告中坦承:"我对他们的要求过高。"回顾这次战役,与伯恩赛德针对梅维斯高地所发起的徒劳无益的进攻相比,这次进攻简直可谓大同小异。南部联盟的各大报纸、政界、平民百姓甚至一些军官都对此次战役颇有微词。见此情景,罗伯特·E. 李要求总统戴维斯撤去自己的职位,另请他人取而代之。戴维斯断然拒绝,回复道:"如果你要求我找个更合适的指挥人选,找个更得军心之人,或者找个对国家的命运走势更加深思熟虑之人，那么请你缄口不言吧。"

7月4日，双方士兵席地而坐，彼此遥遥相望。有的包扎伤口，有的掩埋死者。人们都在默默地等待战斗的到来，然而，战斗并没有如期而至。到了傍晚时分，大雨倾盆，疲惫不堪的士兵们都被淋得浑身湿透。罗伯特·E.李向南撤军，渡过波托马克河后撤到了弗吉尼亚州。米德手下的军队同样疲惫不堪，伤痕累累，因此并没有乘胜追击。

历史学家、诗人、小说家在回顾这段历史时，都认为葛底斯堡战役在美国内战中是一个"具有决定意义的转折点"。回想过去，很多人认为对于南部联盟而言，这次战役标志着其终结命运的开始。即便在当时，罗伯特·E.李发起的这场进攻的失败，但也使头脑清醒的北方人被胜利冲昏了头脑。终于，美国内战东部战场的战事开始向着对北方联邦有利的方向发展。纽约市的一个律师热情洋溢地说道："这次胜利的价值不可估量。费城、巴尔的摩、华盛顿都已经转危为安。试想，如果此次战役失败，这3座城市必将遭受重创。我们将南军逐出北方领土，打败了南方的精锐部队。自此，罗伯特·E.李战无不胜的神话已经烟消云散。"

这场规模巨大的战役历时3天，伤亡人员数字超过5万。其中，北军伤亡2.3万人，而南军的伤亡则高达2.8万人。对南部联盟而言，皮克特发起的进攻成为具有象征意义的"巅峰之战"，成为体现南方白人英勇无畏、舍生取义精神的绝佳典范。对北方联盟而言，与其说这是一次具有决定意义的胜利，还不如说是一次防御战的胜利。内战已经持续了21个月之久。如果罗伯特·E.李赢得了这场战役的胜利，那么，内战会就此戛然而止吗？美利坚联盟国会就此宣布独立吗？如果我们仔细观察北方的政治形势和西部战场的各大战事，就会发现对于这两个问题我们不可能给出肯定的回答。

如果南部联盟在葛底斯堡战役中取胜，主张和平的民主党人必定会火冒三丈，对共和党人的批评也只会变本加厉；而南部联盟也会因此而增大最终获胜的信心。不过，林肯到底会不会做好认输的准备我们却不得而知。此外，罗伯特·E.李的军队已经遭到重创，但即便手下遭受了重大的人员伤亡，迫于压力，罗伯特·E.李仍然有可能继续采取大胆的攻势。如果李想获得决定性的胜利，那么他必须首先彻底摧毁米德的军队。然而，李到底有没有能力将其彻底摧毁却令人怀疑。7月最初几天爆发的葛底斯堡战役与西部战场的战事发展密不可分，因此，接下来我们就要看看西部战场又发生了什么。

维克斯堡战役

即便布雷斯顿·布拉格被迫撤离了田纳西州，不过，对于交战的南北双方而言，维克斯堡却仍然是西部战场的重中之重。如果拿下了维克斯堡，北军就可以进一步拿下整个密西西比河流域。这样一来，南军就将只能占有路易斯安那州的哈德逊港（Port Hudson）。该港口位于维克斯堡以南120英里处。亚伯拉罕·林肯对于维克斯堡在西部战场的重要意义心知肚明。林肯宣布："只要我们攻下维克斯堡，整个国家就是我们的了。如果维克斯堡不能成为我们的囊中之物，这场战争就不可能结束。"

大卫·法拉格特曾经率领海军炮艇试图攻下南军设在新奥尔良的要塞。然而，这座河滨城市熙熙攘攘，居民人口多达5 000人，不但地理位置险要，盘踞在高高的断崖之上，而且还有重机枪的严防死守。因此，与其说这是座城市，还不如说更像另一座唐纳尔逊堡。法拉格特不但遭遇了南军最难以应对的装甲舰之一"阿肯色号"，还碰巧赶上了密西西比河的低水位期。到1862年7月，海军似乎处处受阻。

就在此刻，尤利西斯·S.格兰特开始执掌帅印。那年夏天，格兰特一直都在苦思冥想，想找到如何才能以最佳的方式接近南军的堡垒。甚至在他还没有权力实施该计划之前，他就已经开始思考这个问题。直到10月25日，布拉格开始从肯塔基州撤退，艾尤卡和科林斯已经转危为安后，格兰特才开始接管田纳西军区的帅印，开始按照自己的意愿采取军事行动。在接下来的几个月里，格兰特试图从北部和东部逼近维克斯堡，但都无果而终。相反，南军的骑兵部队和游击队却切断了他的长途通信线路和物资供应线路。格兰特的心腹爱将威廉·T.谢尔曼沿着亚祖河（Yazoo River）顺流而下，沿着河边的沼泽地继续向南军挺进，结果却被困在契卡索断崖（Chickasaw Bluffs）上动弹不得。这个断崖是位于维克斯堡北部高原上的一块平地。1863年初，格兰特将手下将士调集到亚祖河西岸，进入路易斯安那州境内，决定采用海陆两军联合作战的方式，就像攻克亨利堡和唐纳尔逊堡一样拿下维克斯堡。

在接下来的3个月里，格兰特旗下的田纳西军团不断从亚祖河西岸发起进攻，试图攻下这条有着"南部联盟的直布罗陀海峡（Gibraltar）"之称的运河，未果。格兰特先后实施了4个各不相同的土木工程计划，每个计划的目标都是为了更加方便地从水路调动海陆两军的兵力，或者帮助部队跨越沼泽地和河口地区进入指定阵地。这样，等大部队就位后，就可以从南北两个方向同时对维克斯堡发起进攻。不幸的是，这几个计划都以失败告终。有的观察者认为，格兰特之所以将这些计划命名为"实验"，是因为他从来就没指望着这些计划能大功告成。因为他的目的只是"消磨时间"。这些计划的实施不但可以让他手下"百无聊赖的"4万名将士在冬闲时间有事可做，而且"总的说来，可以分散敌人……以及民众的注意力"。同时，他为春季战役做了大量的食品、医药、弹药和其他物资储备。

从1863年3月底起，北军开始修路。这条路的起点是位于米利肯本德的军队大本营，一路朝南，一直抵达距离维克斯堡南部25英里的密西西比河沿岸。在筑路过程中，北军士兵尽可能寻找坚实的路基，但绝大部分路基只能建在沼泽地区，因此路面下都铺设枕木（这种道路由于其路基的独特设计也因此得名"灯芯绒路"）。筑路工程艰苦卓绝，前后历时4个星期，道路全长70英里。然而，到了4月底，格兰特已经将2.4万名将士调集到大海湾（Grand Gulf）对面。因此，帮助这些将士渡河的重任就落到了海军上将大卫·狄克逊·波特（David Dixon Porter）的肩上。50岁的波特是个经验丰富的老海军。他为人精明强干，在政治上也野心勃勃。在此前的2个星期里，他曾经2次率领手下的部分船只经受住了维克斯堡守军枪林弹雨的考验，与疲惫不堪的步兵部队胜利会师。舰队的船只的确遭受了打击，但南军的大炮只击沉了一艘运输船。在10艘护航炮舰的保护下，12艘运输船和驳船最终在这次短途航行中幸免于难，如今便可以将陆军部队的士兵运输过河。

格里尔森的袭击

接下来发生的这场战役堪称美国内战中最错综复杂、作战技术却又堪称最高超的海陆联合作战行动。南军一方怀疑河对岸的北军可能正打算采取什么军事行动，但他们根本猜不透这些军事行动到底有何目的。有人认为北军向南行军或许就是打算撤退，而北方接下来又采取了两次声东击西的军事行动，结果更让南军迷惑不解。由于绝大部分部队计划在维克斯堡以南渡河，因此谢尔曼率领2.3万人的大军从北部向维克斯堡佯装发起攻势。此外，格兰特命令上校本杰明·H. 格里尔森（Benjamin H. Grierson）率领骑兵部队发起一连串的袭击。内战前，格里尔森曾在中西部地区当过一段时间的音乐教师，后又开始经商。在连续的袭击行动中，格里尔森发挥了卓尔不凡的领导作用。自4月17日至5月

2日,在密西西比河沿岸从田纳西州的拉格兰奇(LaGrange)到路易斯安那州的巴吞鲁日长达600英里的战线上,格里尔森手下1 700位将士步步为营,节节取胜。他们总共俘虏了500个南军士兵,1 000匹战马和骡子,3 000套武器(每套都包括一支步枪、一把刺刀、一个弹药带及一个弹药箱)。他们还打死或打伤100个南军士兵,切断电话线并破坏了50多英里长的铁轨。

然而,在格兰特的全盘计划中,最大胆的莫过于手下将士全部过河后所实施的那部分计划。格兰特打算在5月1日下令军队发动进攻,因此很明显,他的下一步计划就是拿下大海湾后进军维克斯堡。直到此时南军才意识到自己的处境已经变得岌岌可危,于是撤出了大海湾,事态的发展对格兰特来说变得更加有利。而吉布森港(Port Gibson)附近一支规模较小的南军卫戍部队则直接缴械投降。不过,格兰特可不想直面维克斯堡边上那令人生畏的断崖。另外,密西西比州的首府杰克逊市位于维克斯堡以东,两者之间的距离只有35英里。一想到一旦自己向维克斯堡发动攻势,南军的增援力量就会从杰克逊市出兵偷袭自己的后翼部队,格兰特就不想给敌人留下可乘之机。于是,出乎所有人预料的是,格兰特并没有率兵直取维克斯堡,而是向杰克逊市发起了进攻。他甚至懒得建立一条水上运输供给线,而是直接在敌军占领的土地上纵横驰骋。这一行动极为大胆,也的确使整场战役变得更加富有戏剧性,但做到了险中取胜。到5月14日,格兰特已经拿下了杰克逊市,并将其守军打得四散奔逃。

彭伯顿的困境

截至当时,南军维克斯堡守军陆军上将约翰·C.彭伯顿(John C. Pemberton)如坐云雾,已经彻底糊涂了。彭伯顿,49岁,虽然出生在宾夕法尼亚州,但娶了一位南方女性做夫人。他毕业于西点军校,是个经受了墨西哥战争考验的老兵。彭伯顿知道自己沿河建立的阵地牢不可破,除了绵延几十英里长的壕沟,城东侧还有大片的炮兵阵地。然而,彭伯顿却错误地认为格兰特率军过河只不过是又一次为了突袭而采取的掩护行动。即便已经得知真相后,彭伯顿却仍然拒绝了约瑟夫·E.约翰斯顿的增援请求,既没有派兵出城,也没有与约翰斯顿兵合一处共同打击格兰特,而当时的约翰斯顿驻守在杰克逊市,手下可供调遣的兵力只有6 000人。根据彭伯顿事后的解释,他得到了戴维斯总统的命令,该命令要求他不惜任何代价守住维克斯堡;增援约翰斯顿的计划则明显违背了总统的命令。可见,与其说彭伯顿是个军事指挥官,还不如说他是个行政管理者。他的优柔寡断最终使他只采取了部分行动。5月12日,他命令下属的部分驻军从维克斯堡出发增援杰克逊市的驻军,但在半路上又止步不前。

围攻战

5月16日,格兰特对彭伯顿发动进攻,这便是冠军山(Champion's Hill)战役。这场战役在维克斯堡东面18英里处爆发。在这场战役中,在彭伯顿指挥的2.5万人中有4 000人战死沙场。此外,彭伯顿一方还损失了27门大炮。而北军一方则只损失了2 500人。虽然北军乘胜追击,但让南军成了漏网之鱼。这些南军重新逃回维克斯堡。在接下来的一个星期里,格兰特曾不顾危险对维克斯堡发动了两次血腥进攻,但均功亏一篑。于是,格兰特决定调集兵力对驻守在该堡垒的3万名南军实行包围战。到6月中旬,他已经在长达12英里的防御工事里部署了7.7万人的兵力。这些防御工事将敌人的战线团团围住,甚至有的地方离敌军只有600码远。不过,处在包围圈中心的除了彭伯顿及其手下将士,还有惶惶不可终日的维克斯堡百姓。在接下来的46天里,北军200多门大炮再加上波特旗下的炮艇不分昼夜地对这些平民百姓以及守军进行了轮番轰炸。大多数平民百姓选择逃离家园,转移到沿着河崖开凿的洞穴里。黑人劳动力挖洞穴的生意做得风生水起。每挖一个洞穴,他们就可以得到30到50美元的报酬。在将近7个星期的时间里,北军士兵基本上能够做到轮流工作,劳逸结合,因为当一半充当劳工的士兵忙于开挖战壕时,剩下的一半战士就可以或睡觉,或放松休息。相比之下,南军战士则因此而精疲力竭,因为就兵力而言,他们只有北方的一半,于是,只能全员一直保持高度警戒的状态。

维克斯堡城里很快就出现了粮食和饮用水短缺的问题。到6月底,南军士兵每天只能领到一小把米和豌豆作为食物,平民百姓的境遇则更加凄惨,甚至无以为计。很多人为了满足口腹之需,只能以老鼠和流浪猫为食。此外,各种疾病开始在士兵和平民中间蔓延。大部分人得的都是痢疾、腹泻、疟疾之类的病症。每天都有几十人因此丧生。士兵死后,"裹张毯子权且当作裹尸布",被埋葬在长长的战壕里。即便如此,城里的棺材制造商却仍然无法满足普通民众对棺材的需求。

与此同时,大炮的隆隆声不绝于耳。一个经历过这场灾难的女人回忆说:"我们每天都过着心惊肉跳的日子,只能藏在山洞里不敢出来半步。耳边传来的都是炮弹爆炸的巨大轰响,从未间断。我唯一能做的就是不断祈祷。我知道自己随时都会面临死亡,因此我努力做好迎接死亡的准备。"在围城战的最初几天里,大多数人都不以为然,甚至有些目空一切。然而,北军的轰炸持续不断,再加上面临着断粮的威胁,而且没有人知道这场战役究竟何时才会结束,因此,绝大多数南军士兵的精神变得萎靡不振。当然,他们仍然抱有一线希望,期待着约翰斯顿能够率军赶来,打破围城的僵局。实际上,到7月初,约翰斯顿的确在首府杰克逊市重新集结了3.2万人的兵力。然而,他是否会率军袭击格兰特的后翼部队令人生疑,毕竟他的兵力与格兰特的相差甚远,难及其项背。

维克斯堡战役的影响

7月3日,大局已定。当格兰特将其战线不断推进,离敌军只有不到100码的距离时,彭伯顿便知道大势已去。第二天,他宣布投降。然而,当时彭伯顿并不知道,就在那一时刻,罗伯特·E.李率领大军正冒着大雨、蹚着泥泞从宾夕法尼亚州撤军南下。此刻,对于北方联邦而言,维克斯堡战役在美国内战中的实际战略价值与葛底斯堡战役相比几乎别无二致,同样颇具争议。一年多前,北军攻下了新奥尔良和孟菲斯后便掌握了进入密西西比河的控制权。不过,直到内战结束后,南军游击队对河上交通运输的威胁才得以解除。然而,彭伯顿在独立日宣布投降以及罗伯特·E.李的大举撤退对南方民众的心理造成的巨大影响是无法估量的。这两次战役的胜利碰巧都赶上了独立日,因此,不论南方还是北方,都认为这具有神圣色彩而大肆庆贺。不过,这两次胜利似乎都标志着上帝对南部联盟所追求的独立大业的不满。哈德逊港位于巴吞鲁日以北25英里处。该港口曾经规模宏大,但现如今成了一座孤立无援的河滨要塞。7月9日,驻守哈德逊港的南军宣布投降。这一事件与此前的胜利形成了极大的反差。因此,南部联盟接连遭受了两次沉重的打击,自此再也没有恢复元气。

与此同时,西部战场的战况令南部联盟的总体局面雪上加霜。与南方人相比,北方联邦的后方民众对于葛底斯堡战役"胜利"的性质看得更加透彻。相比之下,南方普通民众与在战场上厮杀的南军士兵别无二致,都发现这场战役虽然已经结束,但结果让人感觉一头雾水。然而,南军无法避开维克斯堡投降的时间。"我认为1863年7月4日将会与1776年7月4日一样共同载入我国史册。"在得知维克斯堡战役胜利的消息后,一个北方女性欣喜异常地说道。北卡罗来纳州的一个南军虽然心情悲痛,但也不得不表示赞同:"维克斯堡驻军竟然在7月4日宣布投降。如果换作我,我宁可等到5号再宣布投降也不迟。这样就不会因为投降事件而令国庆日蒙羞了。"

南部联盟的外交政策

  南部联盟一直期待着能够得到欧洲各国的外交认可，然而，至1863年7月，所有希望都已经化为泡影。南部联盟派往英国、法国和墨西哥的外交使节和外交人员一直都在向各方劝诱、哀求，虽然不遗余力，却徒劳无功。法国皇帝拿破仑三世（Napoleon III）希望利用墨西哥政局上出现的分裂局面，便在同年1月派兵入侵墨西哥并建立了一个傀儡政权。显而易见，此举给南部联盟带来了一个突破口。拿破仑认为美利坚联盟国一直都在向贝尼托·华雷斯（Benito Juarez）领导的墨西哥合法政府示好，因此，南部联盟就为在北美洲重新崛起的法兰西帝国和尊崇门罗主义的美利坚合众国之间提供了一个方便的缓冲带。戴维斯政府也在1月结束了与弗雷德里克·厄兰格（Frederick Erlanger）的谈判，获得了1 450万美元的贷款。厄兰格是一家总部设在德国的法国银行的董事长。巧的是，他还是法国皇帝的一个朋友。南部联盟以南方特产棉花作为抵押品从厄兰格处得到了这笔贷款。这样一来，南部联盟除了能从欧洲购买所需的军用物资和海军军需品，还有足够的资金可以维持到当年年底。不过，尽管法国在1862年11月提议与英、俄两国联合起来对北美大陆进行有限的干涉，但这两国断然拒绝，于是拿破仑认为最明智的做法应该是对美利坚联盟国采取推诿搪塞的态度，然后让英国率先采取下一步行动。

  巧的是，美利坚联盟国与英国之间原本就存在问题。英国的贸易商和制造商与南部联盟之间的生意做得风生水起，不亦乐乎。这些人早已经通过做军用物资生意赚取了大笔财富，主要的军用物资包括步枪、弹药等，当然也包括最特别的一种物资——打造"亚拉巴马号"等快速袭击舰。南部联盟还与一家英国公司——莱尔德船厂（Lairds）签订合同，要求对方代为制造2艘威力强大的装甲舰。然而，尽管南部联盟认为这样的商业往来颇有益处，但如果美利坚联盟国想要得到世人认可并认为其存在合法，却仍然需要得到英国政府的支持。不幸的是，维多利亚女王及其大臣正因为其他国际事务感到焦头烂额，因此对于美国南部联盟而言，得到英国的认可已经变得扑朔迷离，更不用说期待英国政府出手干涉了。英国不得不先把警惕的目光投向自己的后院，因为意大利、波兰以及德国等国家都已经牢骚满腹，对国际政治表达出了不满情绪。在美国内战之初，对于英国这个当时世界上海军军事实力最强大的国家而言，尽管打破美国北方联邦在海上设立的封锁线简直可以说是不必费吹灰之力,但英国政府不愿意出手相助。不过,出于自身利益的考虑,英国认为对这个不论从国际政治还是军事角度来说都尚属先例的事件发起挑战并非明智之举,因为毕竟有时候这一事件尚具有一定的利用价值。

除此以外,让英国人的良知备感困扰的还有奴隶制问题。在大部分英国政客和商人看来,林肯攻于心计,对奴隶制的攻击非但显得不情不愿,而且相关政策的制定也姗姗来迟,因此他们没有对林肯所采取的措施留下深刻印象。然而,《解放黑人奴隶宣言》的颁布却在英国工人阶级中赢得了广泛的支持,他们将美国视为民主改革的典范。"与以前所取得的所有胜利相比,亦或与我们所有外交往来相比,《解放黑人奴隶宣言》对我们来说可以发挥的作用简直无法比拟。"亨利·亚当斯(Henry Adams)如此评价道。亚当斯是大不列颠美国事务部部长的秘书,也是该部长之子。"英国的公众舆论……理所当然地受到了极大的震动。我们可以发现,不论是在各种会议上,还是在针对林肯总统的各种讲话里,亦或是派遣到我国的各类代表团以及各类常务委员会等,大家都在热火朝天地讨论着这个话题,纷纷表达自己的观点。对于我国的上流社会而言,该宣言的颁布与所有其他轰轰烈烈的人民运动相比别无二致,都令他们心中颇感不悦。因为该宣言实施的基础在于劳动力阶层的自发行动,而该宣言对共和主义的同情心理则显得颇为鄙夷。"一个星期后,他又补充道,"民众反对奴隶制的情绪比我们预想的要强烈得多,而且他们早就已经置我国政客于不顾了。"

即便19世纪的英国政坛将"公众舆论"的力量视为一种全新的概念,但这一力量并不足以最终决定政府政策的走向。不过,帕默斯顿(Palmerston)①政府却早已经习惯于这样一种信念,认为如果南军无法果断证明其军队的实力,那么,英国政府不可能——或者说也不敢——贸然支持美利坚联盟国。1863年7月,支持南部联盟的议员约翰·A. 罗巴克(John A. Roebuck)提出了一项动议,试图推动英国政府承认美利坚联盟国这一事态的发展。此前,南部联盟对英国出手干涉还存有一线希望,但此事一出,所有希望化为泡影。罗巴克希望影响议会的决定,于是他承诺说对于英国提出的任何倡议,法国都会鼎力支持。罗巴克还说在他与法国皇帝的非官方会晤中,拿破仑三世已经对法国的立场做出了保证。实际上,罗巴克的确与拿破仑有一面之缘。不过,拿破仑虽然曾经对这一提法表示过支持,但他作为法国皇帝行事一直都非常小心谨慎,而且很明显当时他已经

---

① 帕默斯顿(1784—1865),英国政治家、首相(1855—1865年)、自由党创建人之一。——译者

改变了心意。因此,当英国议会在就此动议进行投票表决而法国的官方说法却没有如期而至时,即便是罗巴克所在的保守党成员也没有表现出支持之意。这个小插曲令英国政界发生了一阵骚动,却令亨利·亚当斯颇感欣慰。亚当斯解释说:"(罗巴克)已经成功地将公众的注意力从英国是否应该干涉美国内战的问题上引开。相反,公众关注的问题变成了他和法国皇帝是否诚实守信,英国议会和法国皇帝是否还尚存几分尊严,英国政府部门和法国皇帝是否还有荣誉可言等诸如此类的涉及细枝末节的小问题……罗巴克先生此举给我们带来的好处比我们任何一个朋友都要更胜一筹。"

亨利·霍策(Henry Hotze)是南部联盟驻英国的首席说客。在得知葛底斯堡战役和维克斯堡战役失败的消息之前,他就曾经绝望地预言:"如今看来,外交手段已经毫无用武之地。所有人都热切盼望罗伯特·E. 李能够大获全胜,这样美利坚联盟国才能得到英国的承认。"然而,南部联盟在7月却两战两败。消息传来,一切似乎都已经尘埃落定。亨利·亚当斯欣喜若狂地说道:"我想给波托马克军团一个大大的拥抱,我想要一力承办盛宴,邀请参加维克斯堡战役的全体将士前来大快朵颐,直到他们全都喝到酩酊大醉。我真想自己也打上一架,将对手打得连连求饶。"当时南军的外交局面开始变得日益恶化。朱达·P. 本杰明回忆了约翰·梅森在1863年8月的举动,当时的梅森在与英国的外交关系中发挥了重要作用。9月,查尔斯·弗朗西斯·亚当斯对战争威胁做出了回应,英国政府扣留了莱尔德船厂为南部联盟生产的2艘装甲舰。当时这2艘军舰几乎已经完工。查尔斯的儿子亨利·亚当斯将这一行动称为"外交上的胜利",相当于"又打了一场维克斯堡战役"。当内战进行到最后一年时,南部联盟仍然断断续续地提出了一些外交倡议,甚至直到1865年还承诺说只要英国承认美利坚联盟国的合法地位,南部联盟就会废除奴隶制。然而,一切为时已晚。

南部联盟的后方

南部联盟的后方在1863年春夏两季的发展势头也不容乐观。先是在城市里出现了"面包暴乱"。通货膨胀、囤积居奇、层层投机早就已经造成了物资短缺、饿殍遍野,而且有愈演愈烈之势。3月底,在佐治亚州、北卡罗来纳州以及亚拉巴马州的一些城镇里,凄苦无助的平民百姓走上街头表示抗议。4月1日,一群趁火打劫者在弗吉尼亚州匹兹堡市的大街小巷大肆劫掠。几个星期以来,南部联盟首都里士满的工人阶级和中产阶级女性面对着食物短缺以及价格飙升一直威胁着要发起大规模抗议。2日,抗议活动大爆发。上午9点,人群聚集在弗吉尼亚州州长约翰·莱彻(John Letcher)的官邸前大声疾呼,要求得到面包等食物。然而,民众的要求并没有得到满足。于是,抗议的人群便浩浩荡荡地前往该市的商业区继续示威。参加示威的男女老少人数迅速增长,当时已经有将近1000人,而真正的麻烦也一触即发。示威民众转瞬变成了暴民,先后洗劫了大约20家店铺。该市市长约瑟夫·梅奥(Joseph Mayo)威胁调动武装部队实施报复,但正在劫掠兴头上的民众对此置之不理,结果,70多人因此锒铛入狱。

上午11点多,人群逐渐散去。然而,这并不是因为政府高压措施的震慑,而是因为民众已经精疲力尽。里士满参与暴乱的民众既包括一贫如洗的平民,也包括中产阶级公民(和一些奴隶主),但绝大多数似乎都是穷苦的白人女性。在这些人中,到底有多少人的丈夫或父亲在军队里服役我们不得而知;两周前,里士满的军械实验室发生爆炸,造成60个女性工作者死亡。而示威者中又有多少人与这些无辜死去的女性是亲朋好友,我们也无从知晓。不论当时的情况如何,1863年春天的暴乱反映了城市男女工人所面临的令人绝望的处境。1864年春,类似的小规模暴乱再次上演。与林肯在北方所面临的"铜头蛇"骚动相比,突然出现的一系列暴动对南部联盟政府所造成的威胁并不特别严重,但也造成了足够恶劣的影响,而且这还仅仅是开端而已。南部联盟的平民百姓对政府已经渐渐丧失信任。

1863年的选举活动

1863年的夏、秋两季,南部联盟举行了系列选举,结果却进一步证实了民意的大幅度下挫。南方民众的投票选举结果令近四成的国会议员出局。在新当选的代表中,大多数都曾经公开以"崇尚和平"的候选人身份参加选举。很多新国会议员——2/3强——此前都表现出反对南北分裂的情绪。尽管在战争爆发之初,几乎所有人都曾经主张以武力解决争端,然而,在接下来的岁月里,南方在军事上接二连三遭遇失败,经济发展也出现了萧条的局面,再加上政府实施了中央集权化政策,这些都使民众重新估量整个局势。同样,几乎每个州的州议会都在1863年增加了主张反对分裂主义的州议员的席位,多个州的州长职位也换了新人。鉴于北方政局的特点,南方选举活动的意义也变得重大起来。早在初春时分,在南方几个市所进行的选举中,民众就已经注意到民主党人不断发出反对内战、反对解放黑奴的言论。这些高谈阔论明显具有颠覆政府的色彩,因此民众对此反应强烈。葛底斯堡战役和维克斯堡战役激发了民众强烈的爱国热情,而这种热情又促成了这一萌芽的复兴。于是,共和党人从1862年选举失败的阴影中涅槃重生。以联邦协会和忠诚出版社为代表的爱国主义政治组织虽然从官方角度来说并没有与共和党发生任何关联,但通过支持该党的立法计划及战争目标、发行该党的竞选文献等手段推动共和党竞选大业的蓬勃发展。因此,林肯所代表的共和党在伊利诺伊州、爱荷华州、明尼苏达州、宾夕法尼亚州、纽约州、威斯康辛州以及马里兰州等地获得了大量议会席位。1863年夏,南军骑兵领袖约翰·亨特·摩根在没有接到上级军令的情况下,擅自在俄亥俄州和印第安纳州发动了大胆的袭击行动。不久后,北军俘虏了摩根及其绝大部分手下,并将他们投入监狱。因此,出人意料的是,共和党在这两个州也获得了良好的选民基础。

不过,普通民众对南方选举的意义却不甚明了。民众都希望能有所改变,但改变的最终目标是什么无人知晓。甚至绝大多数"主张和平"的候选人和"联邦主义者"都不赞成南部联盟向北方投降。与其说这些人"反对南部联盟",还不如说他们"反对南部联盟政府"。与其说他们反对南方的独立大业,还不如说他们更反对杰佛逊·戴维斯为了应对战争所采取的种种措施。只有为数不多的候选人主张恢复"原来的联邦"。绝大多数人都赞成通过谈判手段实现和平。有的候选人称只有当奴隶制继续存在下去,并且在否认联邦此前所采取的报复行动的情况下才会同意重新加入联邦。还有的人则认为"和平"仍然意味着南方获得某种形式的独立。大多数南部联盟的死忠分子都已经逃离了北军占绝对优势的阿肯色州、路易斯安那州、密西西比州以及田纳西州等地,根本无法参与投票,因此,选举结果并不明朗。实际上,林肯政府早就已经在通往"战后重建时期"的道路上迈出了试探性的一步:充分利用难民大批迁徙的状况,在上述各州建立了支持北方联邦的政府。

除此之外,民众对杰佛逊·戴维斯的个人仇恨也愈演愈烈。从很多角度来看,南方选举实际上是民众对戴维斯的领导能力丧失信心后所进行的选举。6年的总统生涯从政治角度保护了戴维斯,但很明显大多数选民都将南部联盟出现的诸多问题归咎于政府实施的政策上,而这些政策又与戴维斯的行政管理脱不开干系。征兵、强行征用物资、征收赋税、对公民自由加以种种限制、经济上的通货膨胀、外交政策失败等一系列政府政策给民众套上了厚重的枷锁,令人窒息。南方民众认为,卸掉这些枷锁的唯一途径就是撵走那些担任总统走狗的政客。戴维斯的公众形象一如既往地令人生厌。与林肯相比,戴维斯根本无法摆脱其固有的冷漠、固执、狭隘的名声,实际上,这种名声对他而言可以说是实至名归。相反,林肯则为人随和、长袖善舞,且在政治上也显得更加精明强干,因此他的个人形象便不似戴维斯那样强硬顽固。此外,林肯所享有的良好声誉令民众亲切地将他称为"亚伯叔叔(Uncle Abe)"或"国父亚伯拉罕(Father Abraham)"。

北方人的情绪

没有任何迹象表明林肯及其顾问团可以停下前进的步伐,选择沐浴明媚的阳光恣意嬉戏。面对南部联盟的内部混乱和军事挫败,北方民众也曾经欣喜若狂,然而,越来越多的人意识到米德所取得的胜利并不具有决定性意义,因此很快他们内心的喜悦便消失殆尽。对于北方民众而言,他们无法将和平视为触机便发之事,而只能将其作为向上帝祷告的内容。1863年,诗人艾米莉·狄金森(Emily Dickinson)在看到了位于新英格兰地区家乡的盛大的露天演出后如此写道:

> 有很多次我都幻想和平已经来到身旁
> 但实际上和平还在遥远的地方——
> 就像那些可怜的人儿——以为自己已经看到了陆地
> 实际上他们还在海中央——

北方的征兵情况

征兵既是在实现和平的道路上新出现的最大障碍,也是北方联邦实现团结的一大威胁。1863年3月,当北方民众应征入伍的情绪变得消沉时,国会便仿照南部联盟的做法投票通过了征兵法案,并宣布该法案于同年7月生效。尽管征兵法案令南方人情绪激动,但在北方,该法案起初并没有像政治问题或选举问题那样引发民众的激动情绪。实际上,北方那些游手好闲之徒发现自己成了"军队中的一员"后,自己所处的境况反而成为几首幽默歌曲所吟唱的主题。不过,对于那些年龄介于20岁到45岁身强力壮的北方男子而言,征兵法案却并非玩笑之举。他们与南方军人一般无二,也发现了征兵法案所体现出来的等级偏见。

与南方的征兵法案相比,北方的征兵法案并没有豁免某些职业人士的兵役,不过符合征兵条件者可以通过两种途径免服兵役:第一个方法是在证明自己有家人需要养活的情况下可以找人代服兵役(这种方法与南方一样);第二个方法却让人感到愤怒——只需交给政府 300 美元即可以免除兵役,这笔钱相当于一个熟练劳动者一年的收入。北方数以千计的中产阶级和上流社会的成员就是通过这种方式免除了兵役,其中包括威廉·詹姆斯(William James)和约翰·D. 洛克菲勒(John D. Rockefeller)。

北方的抗议活动

北方找人代服兵役的规定与南部联盟"用 20 个黑人代服兵役"的条款规定如出一辙。因此在民主党的媒体宣传中就出现了大量"富人发动战争,穷人扛枪打仗"的报道。没过多久,暴力抗议活动爆发。有些宪兵纠察人员在奉命依法征兵时遭枪击身亡,他们的家人遭到威胁,财产遭到破坏。北方男子中有 16 万多人拒绝服役,占应征入伍总人数的 1/5。在已经服役的战士中有数以千计的人最终当了逃兵。为了"逃避"征兵法案的束缚,大多数人选择背井离乡。大约多达 3 万个美国人最终选择定居加拿大,完全脱离了联邦法律的管辖范围。为什么有如此之多的北方男性拒绝服役?其中原委很难一概而论。逃兵人数如此之多,因此那些逃兵也不太可能都是"穷人"。就像南方的"联邦主义者"一样,很多民主党成员或与南方有着不解之缘的民众之所以反对内战,是因为完全按照自己的信念行事。实际上,还有很多人无论如何都不会在乎战争到底会如何发展,当然他们也不希望自己在这场战争中丧生。还有相当数量的北方人与南方人一样,认为联邦政府滥用权力而怒火中烧。在 1863 年和 1864 年,北方符合征兵条件的男子中只有大约 7% 的人最终当兵入伍。换个角度来看,应征入伍者只占了联邦军队总人数的 4%,另有 9% 是代替他人入伍。相比之下,在南部联盟军队中,应征入伍者的比例则占了 10% 到 11%。

我们虽然无从知晓有钱人对支付免除兵役费的做法欢迎到何种程度,愤怒的北方工人阶级却坚信这种做法一定大受富人的青睐。在所有牢骚满腹的民众中,最引人瞩目的莫过于那些曾经申请获得公民身份的移民或者那些一贫如洗、目不识丁的移民。这些人深知自己北方的邻居具有本土主义倾向,因此他们只不过将征兵法案视为新教所实施的另一种形式的迫害。数十万移民为北方联邦的大业做出了自己的贡献,实际上,他们的人数占了军队总人数的 1/4,是非裔美国士兵总数的 2 倍。然而，移民与大多数北方人一样，都不愿意被别人告知他们必须服兵役。为了反对征兵法案，北方民众举行了抗议和抵制活动，这些活动很快就在北方各大城市、城镇——包括纽约、波士顿、芝加哥、密尔沃基以及圣保罗等地——蔓延。移民和普通劳动者在抗议人群中最引人注目。抗议者在大街小巷中大肆劫掠，焚烧征兵记录，抢劫店铺，袭击那些看上去像有钱人的人们、那些能"出得起 300 美元的人"，并与士兵和警察发生冲突。因此，联邦国会在 1864 年修订征兵法案时废除了支付免除兵役费这项规定，但并没有民众因此感到出乎预料。

然而，这些抗议活动通常都隐藏着一些不可告人的秘密。民主党的政客们，尤其是那些"铜头蛇"似乎对那些最暴力血腥的抗议活动持有支持和鼓励的态度。同样，大部分抗议活动爆发的区域是在北方民主党控制下的地区，尤其是大量移民和劳苦大众聚居的地区。有趣的是，很多抗议活动其实并不反对征兵法案的相关规定，而是反对他们认为政治制度中存在的不平等之处。在共和党努力扩大联邦政府的权力范围时，这无异于对共和党的统治提出了挑战。1863 年的春末夏初，大多数的暴力抗议活动都纷纷偃旗息鼓，销声匿迹了。有几个城市的市政府为了安抚民心，甚至替穷人支付免除兵役的费用。此后，尽管民众仍然心怀不满，但还是接受了征兵法案的相关规定。

纽约暴乱

1863 年 7 月 13—15 日，纽约市爆发了在整个北方声名远扬的"征兵暴乱"。其爆发的原因是平民对于局势心存各种错综复杂的担忧和焦虑，体力劳动者和移民构成了抗议民众的核心力量。毕竟，作为美国最大城市的纽约市也是贫困人口和移民最集中的地区。超过 40 万名纽约人租住在拥挤不堪、污秽肮脏的房屋里。据报道，仅在 1863 年，该市就有大约 20 万名病人身患原本在可控范围内的疾病，这些病人中有多达 1 万人死亡。心存不满、痛苦不堪的情绪一直笼罩着整个移民社区。然而，纽约市发生的暴乱却是一次复杂的社会事件。究其根源，体力劳动者和移民早就对市场变革、民族仇恨以及自己在政治上的无能为力所造成的社会秩序混乱心怀不满，经过近一代人的暴力抗议逐渐演变成为今日的大规模暴乱。暴乱者并没有仅仅将负责征兵的宪兵司令作为袭击目标，而是将袭击目标扩大到所有象征着政治、社会和经济权力的符号上。因此，他们打击的目标包括警察、老板、亲共和党的新闻媒介（尤其是霍勒斯·格里利担任主编的

《纽约论坛报》，因为格里利曾大力推广征兵活动）以及富豪之家等。

这场暴乱还带有浓厚的种族仇恨色彩。为了在纽约市争取技术性工作和非技术性工作的机会，贫穷的工人阶层、移民以及纽约本土居民都要与黑人展开竞争，然而，征兵法案没有将黑人涵盖在内，这自然令白人怒火中烧。纽约白人认为，自己面临的命运或许是被迫从军，但黑人趁机将工作机会悉数夺走。不仅如此，一旦解放黑奴成为战争的目标，大多数移民便认为他们将不得不为了解放南方的奴隶而战，甚至会因此牺牲生命，这些获得解放的奴隶却迁移到北方，其结果势必造成北方工人的工资下降，甚至会令工作机会也变得少之又少甚至自此消失不见。因此，暴乱者放火焚烧了有色人种孤儿院（Colored Orphan Asylum），并洗劫了黑人社区。纽约市的暴乱至少造成120人死亡，大约300人受伤。死亡人员中有11个是非裔美国人，其中6人死前曾遭受私刑，有几个人甚至惨遭肢解。联邦政府从葛底斯堡战役的前线抽出几个团的兵力才最终平息了这场暴乱。

摩根的突袭

1863年夏，南军对北方联邦发动了两场突袭。民众因为葛底斯堡战役和维克斯堡战役获胜所体会到的欢喜之情也随即烟消云散。一开始，约翰·亨特·摩根在7月8日率领由2000人组成的骑兵部队横渡俄亥俄河进入印第安纳州。在接下来的两个星期里，摩根的手下破坏铁轨、烧毁桥梁、毁坏城镇建筑、敲诈勒索钱财并大肆劫掠。总体说来，他们的所作所为完全就是平民百姓想象中的叛军匪徒的形象。一个陆军中士吹嘘道："我们打算从北方佬手中得到一切吃穿用度。就像处在水深火热中的南方人一样，我们也要让他们真切感受到战争的种种恐怖。"当摩根看上去要攻打印第安纳州首府印第安纳波利斯时，印第安纳州的所有居民无不惊慌失措、心惊胆战。实际上，摩根并没有将该州首府作为打击目标，而是率军进入俄亥俄州，向着辛辛那提市挺进，一直打到距离该市只有几英里远的地方。

最后，当联邦军队、印第安纳州的地方军队以及该州的民兵组织等几方军事力量联合起来后才将摩根大军逼入绝路，并在7月26日于俄亥俄州的西点市（West Point）将摩根生擒，同时俘虏的还有他旗下的"邪恶军团"一半以上的成员。西点市离宾夕法尼亚州的边界很近，距离伊利湖（Lake Erie）还不到100英里。这支南军中虽然只有大约400人摆脱了死亡或被俘的命运，他们却早已经破坏了价值上百万美元的北方财产,并迫使北方政府不得不重新部署成千上万的北军兵力。摩根发起的袭击进一步暴露了北方联邦的致命弱点。

洗劫劳伦斯市

然而,摩根发起的袭击与威廉·C.昆特里尔洗劫劳伦斯市的事件相比简直不值一提。8月21日,昆特里尔率领450名游击队员出其不意地袭击了堪萨斯州的劳伦斯市。在短短的几个小时里,南军就将该市的大部分地区付之一炬,几乎将该市夷为平地,抢劫或破坏的财产总价值高达150万美元,并使150个成年男子和未成年男子命丧黄泉。两年前,主张废除奴隶制的游击队员曾经对密苏里州发起突袭,而此次昆特里尔发起的突袭实际上就是一次报复行动。与摩根发起的突袭一般无二,对劳伦斯市的洗劫行动同样表明,即便当年夏天北军在战场上取得了一连串的胜利,但南军的战斗意志丝毫没有因此而消沉低落。不过,与摩根发起的突袭不同的是,至少摩根突袭还有一些战略价值,而洗劫劳伦斯市之举则纯粹是谋财害命。

劳伦斯市遭到南军大肆洗劫后,一位幸存下来的牧师回顾说:"人行道上、马路上、花园里的草地上,人们目光所及除了死尸别无他物。"商店、住房、学校以及冰淇淋店都被烧得只剩下黑乎乎的一片废墟,在接下来的好多天里还一直冒着浓烟。这位牧师惊叹道:"千家万户地窖里的火一直都还在闷烧着,没有熄灭,砖墙和石头墙……虽然仍然屹立不倒,但早已烧得光秃秃,被烟熏得黑乎乎……灰烬里仍然可以看到没有烧化的人骨。"

奇卡莫加战役

因此,尽管北方联邦在葛底斯堡战役和维克斯堡战役中连续取得胜利,但如果就此得出结论称美国内战行将结束还为时尚早,因为本年度另一场引人注目的军事行动已经拉开了帷幕。当维克斯堡还深陷重围,罗伯特·E.李才刚刚开始率领大军前往宾夕法尼亚州时,布雷斯顿·布拉格就已经开始在田纳西州重新开始撤退行动。双方在石头河战役中浴血鏖战后,不论是布拉格还是威廉·S.罗斯克兰斯,都有好几个月没有采取任何军事行动。不过,当坎伯兰军团最终决定声势浩大地缓慢前行时,布拉格却将军队撤回查塔努加市。查塔努加是南部联盟在田纳西州仅存的两个物流枢纽之一。当安布罗斯·埃弗雷特·伯恩赛德旗下的两个北军军团开始对另一个物流枢纽诺克斯维尔形成威胁后，布拉格所面临的问题就变得更加错综复杂。不论从铁路运输还是从水路运输来说，诺克斯维尔的重要性都不容小觑，而且该镇虽然位于南方，但该地区的民众在整个南方都可以说是最积极支持北方联邦的民众。如果伯恩赛德拿下诺克斯维尔，那么他既可以与罗斯克兰斯实现会师，也可以调集力量攻打布拉格的后翼部队。不论伯恩赛德采取哪个行动方案，对于布拉格来说，都无异于末日降临。

然而，罗斯克兰斯的眼睛一直紧盯着布拉格，根本就没打算与伯恩赛德里应外合。罗斯克兰斯手下军队的成员绝大部分来自中西部地区，不过也包括来自肯塔基州联邦主义者所组成的几个团。虽然这支军队在石头河战役中也取得了胜利，但将士们眼下最迫切需要的是一场毫无争议、令人刮目相看的完胜。由于布拉格不断撤退，罗斯克兰斯由此推断南军可能士气低落。布拉格原本在重要铁路枢纽查塔努加设立了物资供应站，却在 9 月 9 日将其军队撤到了远离补给站的地区。此举更令"老罗塞（Old Rosey）"对自己的推测深信不疑。不过这次他真的猜错了：对命运多舛的田纳西军团发号施令的是一群脾气暴躁、善于反咬一口的军官。之所以说该军团命运多舛是因为虽然将士们个个都骁勇善战，但该军团从来没有取得任何一场胜利。至于布拉格，他自己在为人处世方面不够圆滑机敏，因此在调动手下忠于南部联盟及各部队配合方面举步维艰，不过幸运的是，他手下的将士们早都已经做好了随时应战的准备。当罗斯克兰斯率军步步逼近时，南军顺势而动，引诱他进入预先设计好的圈套。

奇卡莫加的战斗

在佐治亚州西北部的山区林地里，有一块空地正对着奇卡莫加河（Chickamauga Creek），地势崎岖起伏。布拉格就将手下的将士沿着这块空地一字排开。（"奇卡莫加"是有着悠久历史的切罗基族印第安人的语言，人们至今都很难给出精确的翻译，不过，在神话传说中这个词的意思是"死亡之河"。）而大规模的援军也正在赶来的路上。南军的英雄人物西蒙·B. 巴克纳在唐纳尔逊堡战役中孤立无援，功亏一篑；面对伯恩赛德浩浩荡荡的大军，巴克纳寡不敌众，迫不得已在 9 月 2 将诺克斯维尔拱手让给了伯恩赛德；此后，诺克斯维尔便率领着自己的军队与布拉格会合。接着，罗布特·E. 李派遣詹姆斯·朗斯特里特率领大军增援布拉格。在整个美国内战中，这是罗伯特·E. 李唯一一次将自己手下的军团派给西部军团调遣。布拉格当然清楚为了穿越环绕奇卡莫加河的崇山峻岭，罗斯克兰斯已经将自己的军队一分为二。这一切表明，尽管北军的总兵力多达5.8万人，但由于兵力分散，根本无法跟布拉格旗下6.6万人的军队抗衡。只不过从一开始，奇卡莫加战役的战局就显得扑朔迷离。9月19日，战斗打响。但在历时2天的战役中，交战双方实际上都没有发起真正的进攻。令双方倍感惊讶的是，南军和北军之间只是发生了一些小规模的冲突。由于战线足足绵延了6英里，双方的士兵们短兵相接，就像是两只体形庞大的灰熊在枝繁叶茂的丛林里和纵横交错的灌木丛里相互搏击一样。

1863年9月20日，在北军内部，由于作战信息传达错误，再加上指挥者下达的军令已经错过了最佳战机，导致原本占据重要阵地的罗斯克兰斯右翼部队全面溃败，由此双方胶着的战局终于得以打破。接着，命运女神开始对南军表现出青睐之情。朗斯特里特在发现北军还没来得及填补战线上出现的致命缺口后便趁虚而入。实际上他在前一天晚上就已经率军抵达了战场。北军马上全线溃败，全部人马仓皇地朝着查塔努加狼狈逃窜。大军撤退的场景简直不堪入目，当时要不是陆军上将乔治·H. 托马斯（George H. Thomas）冷静地及时采取行动，可能会全军覆没。47岁的托马斯生于弗吉尼亚州，毕业于西点军校，生性沉稳，在夏伊洛、佩里维尔以及石头河等几场战役中都为最后的胜利做出了贡献。如今，为了拖延南军从位于斯诺德格拉斯山（Snodgrass Hill）的防御工事出发追击北军，托马斯率军迎战，为北军争得了4小时的宝贵时间，使北军将士能够在傍晚时分安全撤退到查塔努加。大约有500位来自俄亥俄州的步兵战士为了这次拖延行动做出了令人瞩目的贡献。这些战士中的绝大部分人都配有装有5颗子弹的新型柯尔特转轮步枪（Colt Revolving Rifle）。战士们埋伏在位于马蹄岭（Horseshoe Ridge）的阵地上或隐藏在斯诺德格拉斯山右面较低的位置上，对南军的袭击者进行了狠狠打击。然而，只有一位身高6英尺、体重200磅、身材魁梧、相貌坚毅的战士托马斯才会被人们永远铭记。由此，人们称他为"奇卡莫加磐石（Rock of Chickamauga）"。

围攻查塔努加

这场战役堪称美国内战中最血腥暴力的战斗之一。在这场战役中，交战双方的伤亡比例都高达28%。其中，北军伤亡人数为16170，而南部联盟为18545。布拉格的表现与以往相比一般无二。从战术角度来说，他是这场战役的获胜者，但他的确也贻误了很多战机。不论是在开战前的那些日子里，还是在战役进行得如火如荼的时候，他都没有把握时机，一举歼灭罗斯克兰斯，错失了彻底改变整个战争局面的良机。不过，他和手下的将领如今也将坎伯兰军团赶回了田纳西州。布拉格希望罗斯克兰斯能够撤出查塔努加，继续朝着田纳西州中部地区撤退。当罗斯克兰斯并没有按照他的意愿行事时，布拉格便下令围攻查塔努加，就好像罗斯克兰斯这次又酿成大错一般。南军对罗斯克兰斯进行双面夹击，将进出该镇的水上和陆路交通全部截断，并针对北军的后翼部队展开了一系列的骑兵突袭行动，以切断北军的通信联系，从而令其增援部队无法及时赶到。与当时格兰特对彭伯顿所施加的重压相比，布拉格在打击罗斯克兰斯方面做得还远远不到位，然而，即便如此，北军也已经陷入了困境。到10月初，北军便出现了军粮供应严重短缺的问题，开始实行军粮供应减半。

林肯见状焦虑不安，便下令增援部队赶紧开赴查塔努加。10月23日，北军的一名军人溜过了南军设立的警戒线，这件事改变了整个战局。这个人便是尤利西斯·S.格兰特。自从这位西部将领在亨利堡战役和唐纳尔逊堡战役中连续取得两次胜利后，林肯一直就对他格外关注。总统顾问团的几个成员，包括无人不晓的哈勒克在内都担心格兰特酗酒成性，因为这样的谣传从未间断，也都认为他草率鲁莽、桀骜不驯。不过，林肯看中的是格兰特能赢得战役胜利。自从在维克斯堡战役中获胜以来，格兰特连续对密西西比州和亚拉巴马州发动了一系列的骑兵突袭战，早已经牢牢控制住了整个密西西比河河谷地区。如今，他又接到林肯的命令，要求他援救受困的坎伯兰军团。格兰特率军抵达查塔努加后所做的第一个决定就是下令由托马斯取代罗斯克兰斯担任军团总司令之职。接着，格兰特批准了罗斯克兰斯手下的首席工程师所提出的获得物质供应的计划。根据设计，这条所谓的"饼干运输线（Cracker Line）"主要位于查塔努加的西部地区，南军的大炮对那里完全是鞭长莫及。到11月1日，北军运用水上运输、搭建浮桥以及马车队接力等各种方式将士兵们迫切需要的军粮陆续运进了查塔努加。随着援军慢慢到来，格兰特开始寻找一条打破僵局的途径。

卢考特山战役

1863年11月24日，约瑟夫·胡克带领波托马克军团一个师的兵力率先抵达卢考特山，开始攻打南军设立在卢考特山上的阵地。该阵地的天然军事堡垒高达1100英尺，俯瞰查塔努加的整个南部地区。南军的炮兵部队就驻扎在这里，该阵地控制了下面的山谷，包括田纳西河以及铁路附近地区在内的军事调动。然而，清晨的浓雾四处弥漫，在大雾的掩护下，胡克的军队勇往直前，沿着嶙峋的岩石表面徒手攀爬上山。不过，北军士兵一抵达山脚就发现自己非常安全。由于山势过于陡峭，当士兵们在树林和灌木丛的掩护下朝山上攀爬时，驻扎在山顶的南军炮手和步枪手根本就无法发现敌情。结果，由于南军部队戒备松懈，联邦士兵轻而易举地就拿下了该阵地。由于这一仗是在浓雾之中进行的，而且卢考特山的海拔又很高，将士们将这一仗称为"云头之战（Battle above the Clouds）"。这次战役不但沉重地打击了南军的左翼力量，而且使格兰特能够集中全部精力应对南军的东部主力部队。

传教士岭战役

第二天，11月25日，身穿蓝色军装的北军士兵如潮水般卷过查塔努加以东山谷地区，向南军设在传教士岭的战线挺进。传教士岭海拔600英尺。为了夺回诺克斯维尔，朗斯特里特奉命率军与伯恩赛德军队作战，因此，布拉格的总体兵力有所减弱。即便如此，他手下的军队仍然足以镇守这块牢固的防御阵地。布拉格将手下兵分三路：一路驻守山脚，一路埋伏在半山坡，一路坚守山顶。南军士兵向格兰特的军队猛烈开火，造成死伤无数，但北军不为所动，仍然沿着几英里长的平原地区战线缓慢而有条不紊地推进。身着蓝色军装的北军士兵攻势强硬，最终迫使第一条防线的南军节节后退，撤到了半山腰。不过，当北军士兵停下来稍事休整，等待是否继续向上顶挺进的命令时，不幸遭遇了几乎给他们带来灭顶之灾的南军疯狂的炮火袭击。为了争取险中取胜，格兰特手下的将士们奋起抵抗，反而给了南军迎头一击。

于是，传教士岭战役中最富戏剧性的一刻到来了，这一仗因此被称为"士兵之战（Soldiers' Battle）"。大多数北军士兵边向前冲锋，边大喊"为奇卡莫加而战！为奇卡莫加而战！"，下定决心一雪9月所遭遇的失败之耻。北军士兵突破了布拉格设在半山腰的第二条防线后，几乎片刻不停便直接争先恐后地向山顶发起冲锋。冲到山顶后，战士们彻底打垮了身着灰色军装的南部联盟守军。南军见大势已去，便纷纷如退潮般朝山下疯狂逃窜。对于南部联盟来说，这是他们在美国内战中所经历的最彻底的一次失败。布拉格一方死亡人数只有361，伤2160，而格兰特一方的死亡人数高达753，伤4722。然而，北军一方活捉了4000名南军战俘。

查塔努加战役的影响

陆军上将格兰特已人到中年，中等身材，相貌也并不出众。林肯获悉格兰特获胜的捷报后，对格兰特的信任又增加了几分。11月25日，林肯给他写了一封言简意赅的贺信。信中，总统并没有过渡渲染格兰特的胜利，而只是简单地写道："干得不错。"不过，林肯即将对格兰特委以重任。第二年初，林肯便任命这个俄亥俄人为联邦陆军总司令，要求他彻底击败南部联盟。查塔努加将成为一个战略基地，北军将从这里出发挺进佐治亚州，追击田纳西军团。一旦谢尔曼与驻扎在诺克斯维尔的伯恩赛德会师，到了1863年年底，诺克斯维尔便也会固若金汤。在11月29日的大规模袭击中，朗斯特里特没能攻下该城，也开始向田纳西州和弗吉尼亚州的交界处撤退。因此，朗斯特里特对于北军再也不构成威胁。在弗吉尼亚州，葛底斯堡战役结束后，罗伯特·E.李和米德便开始了新一轮的你争我夺。一直到11月8日罗伯特·E.李做出让步退回里士满后，这场拉锯战才宣告结束。那时，波托马克军团已经将拉帕汉诺克河下游地区牢牢地、永久地置于自己的掌控之下。对于南部联盟而言，当年秋季唯一的亮点出现在路易斯安那州南部地区。那里的北军打算收复得克萨斯州的领土，但由于决策失误，结果南军成功阻挠了北军前进的脚步。

葛底斯堡演说

林肯刚从葛底斯堡返回华盛顿就收到了查塔努加战役获胜的好消息。眼见如此之多的联邦士兵为了保卫北方领土流血牺牲，几个北方州的州长曾经聚在一起，打算联合起来在葛底斯堡建立一座"国家"公墓以纪念那些为国捐躯的战斗英雄们。11月19日，总统应邀在揭幕式上发表演说。赶来参加揭幕式的民众人数令人咋舌，竟然多达1.5万人。他们中的绝大多数都与即将埋葬在这座"国家"公墓里的将士们有着千丝万缕的关系，有的是英雄们的家人，包括妻子、父母、兄弟姐妹等，有的则是他们的朋友。按照日程安排，军乐团演奏了开场序曲后，当地唱诗班咏唱赞美诗，接着由当天揭幕式主要发言人爱德华·艾佛瑞特（Edward Everett）发表演讲，最后才轮到林肯发表演说。然而，事情的发展正如人们所料，总统在该场合发表的演说，即著名的《葛底斯堡演说》却完美而全面地诠释了美国内战对北方联邦的意义。

林肯总统此前几乎从来没有离开过首都华盛顿半步,而且当时有任何问题出现也只与手下的几位上将商议。因此,当林肯还在犹豫是否要前往葛底斯堡时,他考虑的还是如何才能使这个揭幕式变得更加崇高而有意义。他想到了北方联邦为了这场战争所耗费的巨大的人力、物力,想到了人民所遭受的种种苦难,想到了动荡的政治局面,想到了外交上遭遇的种种危险,想到了已经整整持续了31个月的战局。林肯还想到此前他曾经利用安提坦战役获胜的大好时机颁布了《解放黑人奴隶宣言》。于是,林肯决定紧紧抓住这次良机。他将重振北方联邦的革命事业,进一步深化战争的意义,并在道德层面上提高北方在这场战争中要实现的目标。他不想让自己的同胞认为这场战争只是在南方人和北方人之间进行的一场斗争;相反,人民必须意识到,这场战争实际上是各种原则之间的角力:是民主与专制、自由与奴隶制、平等与不平等之间的博弈。

艾佛瑞特除了曾经担任过辉格党国会议员、州长、外交使节以及国务卿等职务,还在1860年的总统大选中担任过约翰·贝尔的竞选伙伴。当时他已年近古稀,却依然是举国闻名的演说家。艾佛瑞特声音低沉地发表了长达两个小时的演说,而林肯则一直在讲坛边耐心等候。原本民众对于艾佛瑞特的长篇大论可能听后即忘,可如今他的演说却因为无意间成为总统完美"演说"的序曲而被人牢牢记住。艾佛瑞特在政界一向属于温和派,这一点众人皆知。不过,这次他认为,北方联邦在这次战争中必将获胜,因此,他不容置疑地提出了实现民族团结的诉求,并指出一旦战争结束,一定要避免出现南北双方敌对的局面。艾佛瑞特坚称:"就广大民众而言,没有人会心怀仇恨。民族情感的纽带会让我们团结起来,以一个统一的民族卓然于世,共同组成一个具有相同血缘、相同语言、相同信仰、遵守相同法律的强大社会……追求共同的民族利益和政治利益;对同一个辉煌的历史满怀同样的自豪之情……这些促使我们团结起来的纽带永远都会是我们的力量之源。相反,造成南北双方疏远的种种原因或存在于想象之中,或凭空杜撰,因此都会转瞬即逝。"

艾佛瑞特的演说结束后,观众给予了礼貌性的掌声。接着,林肯站起身来发表演说。他用了两分钟的时间总结了美国内战期间岌岌可危的种种原则。一开篇,他便提到美国是个新生国家,"致力于所有人皆生而平等的信念"。林肯强调,目前有待这场战争解决的问题是坚守这一原则的民族是否可以幸免于战争所带来的灾难。这的确是一场重建联邦的战争,但更是一场重建一个特殊类型的民主联邦的战争,是一场建立人类历史上独一无二的民主联邦的战争。除了面对在场的观众,林肯还向全国人民呼吁,要求他们平等对待所有为国捐躯的将士们，因为只有一小部分英雄能长眠于宾夕法尼亚州这块神圣的土地之下。林肯对民众如此说道："吾等生者理应献身于此辈鞠躬尽瘁之未完大业。"北方民众必须下定决心完成"此项大业"，这样才能给"自由"原则赋予新生命和新意义。

葛底斯堡演说的重要意义

北方批评家感叹林肯没有提及废除奴隶制或解放奴隶的问题，但事实是，相较于解放南方黑奴，总统所提出的战争理由则显得更加深刻。林肯已经将解放黑奴的大业与重建联邦的大业合二为一。林肯深知打造联邦大业是美国独立革命的果实，并在自治政府的管理下发展起来，因此，重建联邦大业必须成为整个国家的主要目标。他继续强调，有了美利坚民族后才形成美国各州，而不是先出现各州后才逐渐形成美利坚民族。任何一个州都无权自行决定脱离联邦，否则便违背了联邦对美国革命传统的阐释。美利坚合众国是一个单一的、不可分割的统一体。林肯在整个内战期间一直坚守这一立场。然而，如今总统赋予其另一层深意：和自治一起与生俱来的自由与个人平等不可分割。自由与平等是《独立宣言》的核心原则，全体美国人，不论是南方人还是北方人都曾经对此庄重地做出承诺。因此，为了重建联邦而进行的这场战争可以确保实现这两大理想。

哀悼仪式

不过，11月葛底斯堡举行了一系列哀悼英雄的活动。实际上，南北方社会的千家万户每天都要目睹类似的哀悼仪式，因此，从这个角度来说，葛底斯堡所举行的哀悼仪式似乎并不十分盛大。南北方的民众仿佛都裹在黑色的丧袍里。男人们佩戴着黑色的臂环，寡妇们则全身黑衣。千家万户的门窗上都挂着黑色的花环，门廊和临街店铺都悬挂着黑旗。前线战士战死沙场的消息印在一张四周镶有黑边的信笺上，装在一个同样四周镶有黑边的信封里。亲朋好友收到这样的信件便会得知他们令人心碎的死讯。这些可怕的消息，不论是通过信件传递而来，还是由政府最新张贴的阵亡名单公开宣布，都显得那样没有人情味，都令人们的身心笼罩上了一层挥之不去的阴影。沃尔特·惠特曼曾经作过一首诗，描述了一位收到了可怕信件的母亲：

一切在她眼前浮动，可她眼睛发黑，

> 只看到几个重要的字,
> 零碎的几个语句,胸前中弹
> 骑兵小规模冲突,运到医院,
> 眼下人很虚弱,但不久就会好转。
> 天哪,我可怜的孩子,他永远也不会好转……,
> 当他们站在家门口时,他已经命归黄泉,
> 唯一的儿子已经命归黄泉。

如果有可能的话,平民百姓便会长途跋涉前往战场或去医院认领自家男人的尸体。然而,能够拥有这种机会的人寥寥无几,而且尸体也不可能总是放在那里等着人们认领。在战争中,士兵可能被炸得支离破碎,还可能遭到斩首,甚至就连内脏也会被掏空,或者整张脸被毁容,根本无法辨别。"我低着头在玉米地里搜索着,在其中的一条垄沟里我发现了第一具尸体。"一位目击者如此描述,实际上,他所发现的那具尸体的死状还不太触目惊心,"死者的双臂僵直地甩在身后,双脚倔强地绷直,下巴向上扬起,五官已经失去了原本的光鲜明锐,皮肤暗灰,双眼上翻,大而无光。"绝大部分死者就地掩埋。在多数情况下,一场战役结束后死亡人数众多,因此,十几具、几十具甚至数以百计的尸体都被毫不客气地直接埋在大型公墓。正如一个南方人所说:"一堆堆尸体扔进去,就像扔进去的是一堆堆死鸡一样。"军官的尸体通常会单独埋葬,或者装在镀有锌边的棺材里,然后在棺材里装满冰块后运回家乡安葬。士兵们将这种棺材戏谑地称为"尸体冷却器"。

通常,幸存下来的亲戚朋友对于死者只保留下一段记忆,或者保存着死者零星的几件遗物当作念想,但他们从此与丈夫、父亲、儿子、兄弟天人两隔,永远无法再见。男人们就这样凭空消失了,这可以说是让他们最难以接受的一面。因此,在内战时期,美国历史上首次出现了大批民众渴望公开宣泄悲痛情绪,渴望找到某种方式分享彼此情感痛苦的现象。在美国历史上像这样全国民众共同分担悲伤的情况从来没有出现过,即便在以往的战争中也没有出现过。因此,除了人们或许能想到的利用宗教布道的形式分享痛苦,还涌现出大批反映当时民众痛苦情绪的诗歌、歌曲、戏剧以及其他文学作品。这些文学作品让人们相信,牺牲的士兵并不是毫无意义地丧命,而是出于对"家庭""家人"和"国家"的"崇高责任","庄严地"献出了自己的生命,因此士兵的灵魂一定会升入天堂,最后一点至关重要。死者的家人们强迫自己相信,尽管自家的男人已经违背了上帝的第六

条戒律，①尽管他们或许已经在军队里变得堕落，但他们牺牲时依然保持心地纯洁，并没有被战争玷污。歌曲《褪色的蓝军装》(The Faded Coat of Blue)便反映出北方家庭的这种情绪。

> 疲惫不堪的人儿，再也没有号角将你唤醒，
> 因为你高贵的灵魂就栖息在这座无名冢里！
> 我会在善良诚实的人们中间找到你，了解你，
> 那时的你将不再身穿褪色的蓝军装，而是裹在一袭白袍里。

人们或许可以从当时在美国千家万户中流传甚广的一些歌曲名字中窥到一些端倪：《妈妈，战争就要打响》(Just before the Battle, Mother)、《轻柔地、一定要轻柔地抬起匆忙赶制的棺椁》(Bear Gently, So Gently, the Roughly Made Bier)、《哦，战友们，用国旗蒙住我》(O Wrap the Flag around Me, Boys)、《在梦里妈妈吻了我》(Mother Kissed Me in My Dream)、《空椅子》(The Vacant Chair)、《给妈妈的一封信》(Write a Letter to My Mother)、《某人亲爱的》(Somebody's Darling)以及《告诉我，爸爸回来了吗？》(Tell Me, Is My Father Coming Home?)等。也许在南北方最流行的歌曲莫过于《独自悲伤流泪》(Weeping Sad and Lonely)，这首歌还有一个名字叫作《这场残酷的战争何时才能结束》(When This Cruel War Is Over)：

> 可是祖国在召唤你，亲爱的！
> 天使在为你引路；
> 民族英雄在浴血奋战，
> 而我们只能祈祷祝福。
> 勇敢地为上帝和自由搏击，
> 让全国人民看到
> 我们多么热爱星条旗，
> 因为它是自由的标记。
> 独自悲伤流泪，
> 希望和恐惧是多么徒劳！

---

① 第六条戒律：一切动物都不许杀害其他动物。——译者

等到残酷的战争结束，
祈祷我们能再次重逢！

宗教的作用

如此之多的鲜活生命不断凋零，令人感到震惊，因此民众转而求助于宗教，希望能够缓解痛苦，重新燃起希望。在战前的那些岁月里，宗教对美国人而言至关重要。如今，其重要性一如当年。饱受战争痛苦折磨的人们更愿意将宗教作为维持生存状态的重要手段。教堂举办的正式礼拜仪式、圣经诵读团体以及个人的祈祷行为都开始使民众将战争视为上帝的一种考验，从而接受了战争存在的事实。佐治亚州的一个女人如此说道："要是我们没有《圣经》，我们就会变得无所适从——只有《圣经》才能让我感到安慰。"牧师宣传说那些为了联邦大业或南部联盟大业牺牲的士兵们其实就相当于"殉道"。殉道二字带有一种不可抗拒的色彩，暗指基督徒为了民族和家庭而牺牲自己的生命。葛底斯堡战役结束后，亨利·沃德·比彻吟诵道："如今每死去一个人，就会令一千个人变得更加幸福快乐。"可悲的是，虽然国家会因此而繁荣复兴，但个人将不得不饱受苦难。正如约翰·布朗所警告的，只有用鲜血才能涤清这里曾经存在的种种过错，美国人民才能真正以这片土地为豪。南北双方都定期地宣布某些日子为全国祈祷日、斋戒日和谦卑日。在著名杂志编辑莎拉·约瑟法·黑尔（Sarah Josepha Hale）的建议下，林肯宣布感恩节为全国法定假日。

有些失去了顶梁柱的家庭在有可能面临穷困潦倒、露宿街头和食不果腹的情况下，便更希望获得精神力量的支持。南方人更是如此，因为到了1863年底，他们深知自己即将面临的就是这样可怕的命运。尽管士兵们仍然精神饱满，体格健壮，但北方联邦军队——有时候是南军——已经彻底摧毁了几十个南方社区。南方牧师想方设法安慰民众，告诉人们将侵略战争和战场上的失败视为灵魂救赎的形式，要求人们全面接受各种结果；告诉人们只有经过战火的洗礼才能确切得知南部联盟的独立是否当之无愧。牧师们言之凿凿地宣布一切最终会好起来的；人们必须接受死亡和失败，因为两者都是上帝所制订的计划的组成部分。一个密西西比人坚定不移地说道："只有经历了严峻的考验，我们的灵魂才能变得更加纯洁，因为上帝不但让我们做好应做之事，还让我们打好这场硬仗。因为南部联盟人民肩负着神圣的使命——维护上帝在天堂里至高无上的地位。"

一个南卡罗来纳州人坚称:"我相信仁慈的天父不会任由我们饱受苦难,也不会听任我们在野蛮敌人的压迫下沉沦……我相信所有这些考验都是为我们刻意准备的,这样我们的灵魂就可以得到净化,从而升华为一个崇高的民族。"

在教堂以外的地方,南方人和北方人都利用更加广泛的文化渠道宣泄自己的痛苦、困惑和愤怒。弗吉尼亚州艺术家威廉·D. 华盛顿(William D. Washington)创作了一幅著名的战争作品《安葬拉塔内》(The Burial of Latané)。该作品表现了南部联盟的文化悲哀。画面展示的场景是一群女人和孩子安葬一位血染疆场的年轻陆军军官,而女人和孩子永远是哀悼仪式上必不可少的元素,这样的画面很有寓意。这幅画之所以声名大噪是因为画家将为国捐躯的人物形象、对民族的忠诚以及基督教的不屈不挠巧妙地结合到了一起,不久这幅画被送到南部联盟的首都展出,供民众欣赏。展出所得费用全都捐给了南军。以南卡罗来纳州亨利·蒂姆罗德(Henry Timrod)为代表的南方诗人撰写诗作纪念为战争献出生命的"10 万"名战士。在《无名死者》(Unknown Dead)一诗中,蒂姆罗德触及了人们最为敏感的丧失亲人的神经,描述了一幅令人黯然神伤的画面:无人认领的士兵遗体埋葬在远离家乡的无名墓地里:

> 抬头仰望灰蒙蒙的天空,如岩石般冰冷——
> 眼前原本是战场,如今却挤满了一座座无名坟冢
> 寒冬的冷雨冲刷着墓地,
> 有的人埋在弗吉尼亚州的群山下,
> 而有的人则早已沉没于大西洋底,
> 有些人葬身于西部河滨,
> 数不尽的无名英雄早已安息。

随着战争的推进,宗教对于士兵们变得愈发重要。母亲、妻子或者心上人在给他们写信时总会督促他们要抵制住军营生活的种种诱惑,要保持灵魂的纯洁。此外,各种宗教组织和宗教协会也会向军队士兵免费发放《圣经》及各种各样的宗教文学作品。不过,直到一系列宗教复兴运动出现以后,士兵们才明显表现得像是真正听取了这些建议一样。宗教复兴运动低调地兴起于 1862 年,到了 1863—1864 年的冬天才渐进高潮。南北双方都对首次皈依基督和再次投入耶稣的怀抱颇感安慰,并表现出全面接受的状态。不过,相比之下,南方人更加坚信宗教复兴主义。一个南方人甚至发出这样的感慨:"与后方的民众相比,如今

军队在宗教信仰方面看上去更加虔诚。"当然这并不是说南方人比北方人更加虔诚。南部联盟之所以对宗教做出如此热烈的反应,原因有二:一是南方社会拥有更加雄厚的福音派教会的基础,二是南部联盟的军事状况一直都在走下坡路。宗教复兴运动在各种各样的时间和地点都曾经发生过,但规模最大且反应最激烈的运动则是发生在南军接连失败以后。

随着战败的次数越来越多,士兵们发现自己身边的老战友在日渐减少,于是他们开始重新计算自己继续生存下去的概率。士兵们担心自己此前可能太过沉迷于军队生活中的种种罪恶,包括咒骂、赌博、酗酒以及违背安息日的种种规定等。他们认为已经到了按照主的教诲纠正以往所有错误的时候。原本就笃信宗教信仰的士兵们抓住宗教复兴运动的时机重新确认他们的信仰。不过,几乎所有人在某种程度上意识到死神的脚步正越来越近。正如一个士兵所说:"生命在任何时候都不可能安然无恙,尤其在军队里,当士兵们面对着如此之多的危险时,情况更是如此。"军队军官们发现这场宗教复兴运动给军队带来了意想不到的好处。凡是虔信上帝之人,凡是满怀灵魂救赎希望之人,都会在战斗中表现得更加英勇无畏,视死如归。宗教还教导信徒尊重权威,改善了他们在军队中的组织纪律,提升了他们的道德水准。此外,宗教还向士兵们重申了他们为之奋斗的事业的重要意义。

逃兵

即便是虔信宗教,有一个问题也仍然无法找到解决办法,这个问题便是逃兵大潮。至1863年底,逃兵现象有增无减对南北双方来说都已经成为一个非常严重的问题。在这场复杂的战争中,逃兵问题是最棘手问题之一。逃兵的具体数字很难确定,但根据相对可靠的估计,北军至少有20万名逃兵,这一数字约占联邦军队总数的10%。而南军有10.4万名逃兵,该数字至少占南部军队总数的12%。在美国内战中,几乎每支军队都出现了逃兵现象。那么,到底是什么原因导致数目如此之大的士兵选择当了逃兵?这一问题本身也相对复杂。对于南北双方的士兵来说,其原因各不相同。打了败仗、撤退以及其他军事上的失利明显会刺激士兵当逃兵。健康状况不佳、身体不适、饥寒交迫、疲惫不堪也都会使士兵们无法继续忍受战争带来的种种苦楚。对于北军来说,1864年无疑是最艰难困苦的一年。对于南军而言,1865年则让他们备受煎熬。眼看即将全军溃败,有时候整个连甚至整个团的战士一起选择当逃兵。

正如前文所述，征兵计划也是逃兵现象发生的原因。根据征兵法案的规定，迫不得已应征入伍的士兵们一有机会就立刻逃走。就连替别人当兵的"替代者"也如法炮制。北方的征兵法案和征兵体系几乎就是在用丰厚的赏金鼓励人们当逃兵。对于那些首次当兵或再次入伍的士兵，联邦政府和绝大多数州政府会给予现金奖励。1862年夏天以前，这部分奖励每月都以各州补助的方式连同士兵的工资一起发放，或者在退伍时以联邦津贴的形式发放。不过，随着征兵速度的减缓，这笔费用经常在招募新兵的时候大笔发放，而这种做法必然会导致一系列问题的产生。随着征兵法案的颁布，很多城镇、县城或者州由于担心征兵体系中存在的不公正现象，对于那些积极主动入伍的男子就会给予数额越来越大的赏金，但对于应征入伍者则区别对待。正如前面所提到的，有些地区甚至提高赏金额度以雇用别人代替本地居民入伍。此举很快便催生了一种新兴群体，即所谓的为领取津贴入伍而随即开小差的人。这种人先是在一个镇或一个州主动入伍，领取了该地的赏金后就逃离军队，然后换个名字后跑到下一个地方主动入伍继续领取赏金。

社会发挥的作用

赏金制度被人钻空子表明地方社会在诱发逃兵现象方面负有不可推卸的责任，不过当地社会在其他方面所发挥的作用倒还比较明显。无论是从士兵们收到的家信中，还是从当地的各大报纸中，都可以清晰地看出当地社会对战争各不相同的支持程度。支持程度的高低决定了士兵们是继续在军队里效忠，还是直接逃跑。有的人认为一旦自己以逃兵的身份返乡后就有可能遭到邻居的冷嘲热讽；有的人则认为返乡后便会得到邻居的保护。后者与前者相比就更有可能会选择当逃兵。以北卡罗来纳州为例，当地政界领袖毫不留情地对战争横加指责（与南部联盟其他各州相比，该州的逃兵人数也最多），因此当了逃兵的士兵认为自己只会轻微受辱，不太可能因为逃离军队而遭到惩罚。一个联邦士兵认为在1863年4月，"持有同情南方人的思想"通常会在佛蒙特州军团造成逃兵现象。他痛苦地指出，相较于军队在战场上的成败，来自家乡的信件和报纸对士兵产生的影响会更加深远。这位出生于新英格兰地区的战士如此说道："你先对士兵们宣讲叛乱乃正义之举，接着让他们凝神细思自己所遭受的种种委屈，然后便大谈政府的种种不公和腐败之处。或许敌人使用武力获得完胜的确可以削弱军队的士气，但如果士兵们完全听信了你的话，那你的言谈对军队士气的负面影响要远远超过敌人对士兵施加的影响。"

家庭的作用

如果士兵们认为家庭和社会比军队将领和政客更需要他们,他们也会选择脱离军队。很多南部联盟士兵如果认为政府在保卫自己家园方面做得还不到位,就会选择离开军队参加距家乡更近的游击队。当家庭出现危机需要他们处理时,士兵们当然更愿意对这类私人请求做出回应。南北双方的士兵们无一不承受着这种压力。不过,北军势如破竹,横扫南部地区,南方的家家户户都出现了缺吃少穿、居无定所的问题,因此,南方士兵听到的都是可怜巴巴的求助声,而且这种现象随着时间的推移也变得越来越普遍。北卡罗来纳州的一个女人在给丈夫的信中如此写道:"上帝啊,爱德华,你要是再不回来,我们就全都饿死了。昨晚小埃迪的哭声把我给吵醒了……他说:'噢,妈妈,我饿疯了!'爱德华,你知道吗?露西,你最心爱的露西,她一句抱怨的话都没说过,可她却一天天地就这么瘦下去了。"这世上有几个父亲或丈夫能够受得了如此痛彻心扉的话语?

逃兵这个问题的确非常复杂,不过有一点绝对不容忽视,即并非每个"当逃兵"的男人都完全放弃了战争。很多人在一段时间之内探望家人、养活家人,然后就选择再次参军。值得注意的是,例如,冬季是逃兵的高发季节,逃兵率最高,有可能是因为这个季节双方交战的频率大幅度下降,很多非职业军人就理所当然地认为在"没仗可打"的季节里即便回趟家也无伤大雅。一个名叫约翰·洛厄里(John Lowery)的联邦士兵就在1863年的冬天当了逃兵。他跑回家乡后靠打零工养活家人。等到军队的长官找到他后,他便兴高采烈地重新回到了部队。还有一种情况是,家里实际上并没有发生任何紧急事件,只不过当士兵们思乡心切时,尤其是在圣诞节期间,他们便想要回家看看。他们自己原本就没打算从此再也不回部队,他们的家人也根本没打算让他们从此留在家乡。即便是家里陷入危机,士兵们的家人也从来没有这样的想法。弗吉尼亚州的一个女人在给丈夫的信中写道:"圣诞节就快到了,家里却每况愈下……我可不是说让你就此彻底回家,要是没把所有北方佬全都打死,你就别回来。不过,最好你能回来一阵子,把家里的事情料理一下,然后你再回去继续与北方佬决一死战。"

参加游击战也是逃兵现象增加的一个诱因。当背井离乡的南军士兵得知北军士兵正在他们的家乡大肆劫掠或威胁到家人的安全时,有时就会选择脱离军队组建游击队以保卫自己的家园。陆军上将罗伯特·E.李早在1862年就曾经因为这个问题大倒苦水。一位游击队员如此解释道:"对于那些选择当游击队员或者在游击战中浴血奋战的士兵们来说……要不是因为他们的朋友们与他们一样遭受了非人的待遇,他们有可能会自始至终都在正规军里英勇作战。他们之所以选择当游击队员是因为对他们来说这是最快捷的报复方式。"内战结束后另一个游击队员回忆道:"(北军)犯下了很多滔天罪行。他们把伤员病号从床上拖下来后当着他们家人的面就直接杀掉,简直残忍至极。放火焚烧房屋几乎成了北军的家常便饭。从一个地区的制高点往下看,目光所及的房屋无不浓烟滚滚,民众对这种场景早就已经见惯不怪了。"

  这场战争的确非常复杂。1864年已经到来,但内战仍在继续,看不到尽头。1863年,北军已经击退了南军的入侵,并且完全掌握了密西西比河流域的主动权。南部联盟的领导者如今清楚地知道国外势力不可能再出面干涉美国内战。然而,南军仍然贼心不死,心存幻想。北方民众对战争的态度出现了严重的分歧。1864年将是北方的总统大选年。如果南军可以夺回西部战场或跨密西西比战场的部分土地,如果北军没有找到更加有效的军事战略措施,如果北方公众舆论变得一蹶不振,如果民主党上台执政,那么美国历史就将呈现另一幅截然不同的画面。

第九章　消耗战
1864—1865 年

西部战场的北军势如破竹，将前进道路上的障碍一扫而光。相比之下，自葛底斯堡战役获胜后，波托马克军团一连好几个月都处于原地不动的状态，一直无所作为。与乔治·戈登·米德的谨小慎微迥然相异，东部战场的总司令尤利西斯·S.格兰特主张坚持不懈的大胆进攻。格兰特原本就是维克斯堡战役的英雄。葛底斯堡战役结束后，格兰特毋庸置疑更是名声大噪，广受欢迎，民众对他的敬仰也与日俱增。1864 年冬，国会就一份议案进行辩论。该议案提议授予格兰特中将头衔，他将成为自从华盛顿后获此殊荣的第一人。接着，亨利·W.哈勒克在 3 月 3 日连续给格兰特发了两封电报。第一封电报通知格兰特说总统已经批准了该份议案，第二封命令他返回华盛顿执掌帅印。

格兰特回到华盛顿

3 月 8 日傍晚，格兰特带着 13 岁的儿子佛瑞德（Fred）悄无声息地走到华盛顿金碧辉煌的威拉德酒店（Willard's Hotel）的前台。格兰特身材矮小，风尘仆仆，疲惫不堪，当时一身军装外面还罩着一件亚麻布的防尘罩衫。他的出现令人们根本无法把他与从西部战场凯旋的"恺撒（Caesar）"联想到一起。当前台职员说可能顶楼还有一间空房间时，格兰特认为可以接受便签下了下面几个字："格兰特携子，来自美国伊利诺伊州加利纳（Galena）"。一看到这几个字，酒店职员的态度一下子就出现了 180°的大转变，不但把宽敞明亮的蜜月套房安排给格兰特父子，而且从格兰特手中抢过行李，亲自带领这位战斗英雄上楼。对格兰特来说，从那一刻起，他在华盛顿度过的每一分钟几乎都暴露在公众的视线之内。当格兰特下楼用晚餐时，整个餐厅的人们一眼就认出了他，大家全都站起来，一遍又一遍有节奏地呼喊他的名字。格兰特备感尴尬，最后不得不站起身来，不断向周围人群鞠躬致意,结果连晚餐都没办法用完。当天晚上在白宫,人群不断欢呼。在众人的拥戴下,格兰特不得不在深红色的长毛绒沙发上站了一个小时,这样所有人就可以深情凝望着这个相貌毫不出众之人,因为大家早已经把内战胜利的全部希望寄托在他一个人的身上。

伟大的军事战略

格兰特执掌了联邦陆军的大印后,就开始为结束这场战争制订伟大的军事战略计划。格兰特对副官威廉·T.谢尔曼信任有加,并认为他最聪慧睿智,而且当格兰特乘坐火车赶赴华盛顿时,谢尔曼还曾经陪他走过其中的一段行程。因此,毋庸置疑,格兰特曾经就整改战略措施这一问题与谢尔曼进行过深入的讨论。格兰特的计划是在几个战场同时发起进攻,进而对南部联盟各地发动一场全面战争,而不仅仅是指挥波托马克军团。

内战之初,南北双方的军事将领都想效仿拿破仑的先例,打算来几场高潮对决,彻底消灭敌人后便可以结束这场纷争。因此,当布尔伦河战役爆发时,双方军队都有此意。然而,交战的结果并非是南军完胜北军,而是自此双方都开始调集更多的战争资源。第二年,罗伯特·E.李就深深懊悔自己没有在1862年的半岛战役中将麦克莱伦的军队彻底摧毁。甚至当罗伯特·E.李率军开赴葛底斯堡前线时,尽管他表现得尚属低调,但内心还是希望能来一场高潮对决。

然而,随着时间的推移,南北双方的将领们逐渐意识到,从地理上说,这场战争涉及的地域面积太广阔。因此,即便是充分利用水上运输、轮船和火车便利的交通条件,但由于战局多变、军事力量流动性大,也不可能在一个地点出现所谓的高潮对决。双方的陆军部队相对说来人数众多,而且有些军团的规模过于庞大,这都是重现拿破仑创造的高潮对决的梦想的障碍。事实上,当时双方都想打一场消耗战,其目标是不断惩戒敌人,逐渐消耗掉对方的实力。双方都没打算将对方彻底打垮,而是逐渐耗尽敌人的人力、物力,最终消灭其作战士气,令其一蹶不振。

消耗战

当格兰特开始发挥自己的主动权后,消耗战术事实上就已经成为主要的战略措施。根据他在西部战场多年的作战经验,格兰特意识到要想打败南军仅凭一场消耗战还远远不够。格兰特的这种意识与其说是他观察周边环境所得，还不如说是基于一种直觉。除了彼此消耗军事力量和军事资源，如今的内战已经演化为一些军事历史学家口中的消耗战。尽管格兰特仍然希望击垮南军以摘取胜利的果实，但他也认为如果想要赢得胜利，消耗战绝对是一条通向成功之路，按他的话说，"除此之外，别无他路"。因此，北军十有八九要做的应该是消灭敌人的经济来源，这样敌人的军队便无以为继。同样重要的是，北军还要对平民百姓发动持久的生理战和心理战，摧毁他们的抵抗意志。因此，除了军队士兵，后方的男女老少也都成为北军的作战目标。不过，北军士兵并不打算对百姓大开杀戒，而是打算借机打消南军士兵的战斗士气，因为南军后方的亲朋好友不但为他们提供各种物资供应，更是他们的精神支柱。不论是直接实施，还是间接采纳，在内战的最后一年里，格兰特和副官所实施的就是这一战争理论。

北方联邦一方的民众对残酷战争的支持热度同样有增无减。早期爆发的一些战役中北军士兵伤亡众多，历时时间长而且并没有发挥任何决定性的作用。游击队也曾经发起过不计其数的袭击，战况惨烈。这些都让北方公众舆论变得愈发强硬。南部联盟那些人再也不是什么犯了错的兄弟姐妹，他们早已经变成了魔鬼般的南军武装力量，因此除了种族灭绝的方法，可以使用任何可能的手段将南军建立的美利坚联盟国彻底毁灭。随着内战的赌注不断提高，这一战略最大的危险就产生了变化。因为实施这一战略意味着将会大量消耗北方的物力、人力，那么在彻底消灭南部联盟之前，北方联邦自己的士气就有可能先行崩溃瓦解。格兰特意识到北方民众似乎也越来越厌倦战争所导致的无休止的大屠杀，因此在北方，尤其在民主党内部，反战运动的规模变得越来越大。格兰特和他的军中同仁知道，在接下来的 8 个月里，为了让选民对共和党投出信任票，他们必须打一场具有决定意义的大胜仗。当时，正是获得共和党的许可后北军才有可能完成这一伟大任务。

格兰特取代哈勒克出任了陆军总司令后，很快就设计了一个源于消耗理论的庞大战略计划：北军至少从 5 个前线战场同时发起进攻，以尽可能快的速度渗透进南部联盟。当波托马克军团大举追杀罗伯特·E. 李率领的军队时，如今已经接替格兰特在西部战场统帅地位的谢尔曼就可以出兵向南攻打亚特兰大，打击约瑟夫·E. 约翰斯顿统帅的兵力。按计划，本杰明·F. 巴特勒从门罗堡出兵沿着詹姆士河向里士满和彼得斯堡推进，弗兰兹·西格尔（Franz Sigel）从谢南多厄河谷发起进攻，而纳撒尼尔·P. 班克斯则要从其新奥尔良军事基地出发先攻下莫比尔后，再与来自西北战场的谢尔曼大军会师。

谢尔曼和林肯马上就领会了格兰特的意图。谢尔曼阅读了格兰特撰写的战略备忘录后给格兰特发电报称："同时采取行动乃明智之举。"林肯用朴实的语言补充道："那些尚未痊愈的伤兵也可以抱住敌人的一条腿。"对于格兰特的这一作战计划林肯表示完全赞同,他还向格兰特保证说自己将一改以往焦虑不安、动辄指手画脚的毛病,因为前任东部战场的统帅没少因此而感到一头雾水。他向格兰特保证说:"至于你制订的作战计划的细枝末节,我既不知道也不打算知道。你做事机敏细致,独立自主。对此,我颇感欣慰,我既没打算束缚住你的手脚,也没打算对你强加限制。"后来,格兰特发现与林肯合作是件愉悦之事。虽然林肯也想及时了解战场信息,但总体来说他还是信守了自己的诺言,不再插手前线事务。不过,对于格兰特正在逐步展开的军事行动的政治意义,林肯还是有很多意见要表达。

红河战役

对于格兰特制定的战略措施,亚伯拉罕·林肯颇感满意。即便如此,林肯仍然决定暗中制定当年冬天即将实施的战略政策,虽然制定该政策的动机和目标都明显与新任总司令的总体计划背道而驰。因为自从1862年春天起,林肯一直就热切盼望能够占领得克萨斯州的一部分土地。到1864年初,他已经决定将海陆两军的力量联合起来沿着红河开展一次远征行动。红河斜穿路易斯安那州的北部地区。这样一来,不但可以实现他自己的目标,而且可以使北方联邦在经济、政治、外交等多个方面受益。从经济方面来说,当地产出的棉花不仅可以增加政府收入,也可以使陷入停滞的新英格兰地区的纺织工业重新焕发活力。从政治方面看,正如纽约的一份报纸撰写的评论所说,牢牢控制路易斯安那州的北部地区后,在该州建立一个忠诚的"重建"政府就会变得易如反掌。此外,"救援得克萨斯州"的行动将使成千上万遭到围困的联邦主义者获得解放。从外交方面而言,北方联邦占领了得克萨斯州后就可以阻止法国与南部联盟建立联盟关系。此前,法国在墨西哥已经建立了一个傀儡政权。

为了实现占领得克萨斯州的战略目标,总统命令陆军上将纳撒尼尔·P.班克斯率军协调,配合远征行动。来自马萨诸塞州的班克斯从军前是一位颇具影响力的政界人士。按计划,班克斯率领2.7万人的军队、一支由60艘炮舰和运输船组成的小型船队(由海军上将大卫·狄克逊·波特率领)沿着红河开赴路易斯安那州的什里夫波特(Shreveport),离墨西哥的边境咫尺之遥。与此同时,陆军上将弗雷德里克·斯蒂尔(Frederick Steele)率领由1.2万人组成的第二纵队从阿肯色州的小石城出兵南下,将与班克斯在什里夫波特会师。

不幸的是,班克斯率领的大军中有1万人将不得不从谢尔曼手下的军队中抽调出来,而这便意味动用了格兰特原本计划用于攻打佐治亚州的部分兵力。此外,这次远征行动也必将破坏格兰特制订的作战计划,因为格兰特原本打算调用班克斯率领的陆、海两军,采取联合行动攻打亚拉巴马州的港口城市莫比尔,而且攻占该港口的战略意义要远远大于占领整个得克萨斯州。这个小插曲表明,当政治需求与战争决策产生冲突时,林肯有时会偏离主航道,走上一段弯路。

1864年3月中旬红河战役爆发。这场战役历时两个月,一直持续到5月中旬才结束。为了不让棉花落到北方联邦手中,配合南军防御事务的陆军上将埃德蒙·柯比·史密斯下令放火焚烧了15万包棉花,价值超过6000万美元。当时,史密斯旗下的一支军队驻守在阿肯色州,由陆军上将斯特林·普赖斯指挥。还没等斯蒂尔率领的纵队抵达路易斯安那州,普赖斯就率军将其打退。由于红河正处在枯水期,波特率领的舰队在河面上行动迟缓,结果几乎导致全军覆没。4月8日,前总统扎卡里·泰勒之子陆军上将理查德·泰勒(Richard Taylor)在路易斯安那州的曼斯菲尔德(Mansfield)大败班克斯。第二天,在普莱森特山(Pleasant Hill)爆发的战役中,北军多少已经占了上风,但班克斯下令继续撤退。

最后,联邦海、陆两军没有一兵一卒抵达什里夫波特。在历时两个月的战役里,北军一方伤亡人数超过8000,南军损失了大约6500人的兵力。民众认为这次失败班克斯难辞其咎,而班克斯也因此被解除军职。联邦国会不但开始调查导致此次功亏一篑的原因,而且开始调查在军队里流传甚广的有关投机买卖棉花的谣言。南部联盟称,打败北军的红河战役是一场以寡敌众的难以置信的胜利。实际上,斯蒂尔的战败导致南部联盟势力在阿肯色州死灰复燃,而且北方联邦在该州的占领军也开始受到南军部队和游击队的威胁。北方联邦浪费了大量的人力、物力和时间发动了这场红河战役,然而,该战役对整个战争的进程并没有发挥任何积极作用。

北方联邦停滞不前

很快,与内战初期北军制订的那些谨小慎微的计划几乎如出一辙,格兰特所制订的庞大计划也开始变得步履蹒跚起来。巴特勒、班克斯以及西格尔等几位上将，与其说他们具备良好的军事才能，还不如说他们在政界更加游刃有余。因此，面对南军的激烈反抗，他们无不折戟沙场。如今，能够完成这一庞大计划的便只剩下谢尔曼和格兰特领导下的两支军队。

战场上的格兰特并没有像哈勒克那样直接服从华盛顿发布的各项命令，相反，他把自己的司令部与米德的放在一起。从理论上说，米德应该实施格兰特的战略计划，但在实际上，同一支部队里设置两个总指挥部是一种颇为尴尬的现象。因此，尽管格兰特依旧体贴入微，会顾及米德的感受和见解，但很快他就在波托马克军团掌控了制订战略、战术计划的主动权。

格兰特在战后的回忆录里写道，他曾经考虑过首先对罗伯特·E. 李的西翼部队发动一场闪电战，接着便沿着蓝岭山脉（Blue Ridge Mountains）向西南方向进发，然后在抵达林奇堡（Lynchburg）后就发起进攻里士满的作战行动。这个作战计划颇为大胆，与前一年他在维克斯堡战役中的战略计划相比颇有异曲同工之妙。然而，1864 年是大选年。如果只是简单直接地对已经有所防备的罗伯特·E. 李发动几场短、平、快的进攻尚在可接受范围之内，但若在大选年吃几个大败仗的话，对局势造成的危险会更大。因此，格兰特出于政治上的考虑打算谨慎行事，他的谨小慎微占了上风，于是昔日骁勇善战的战争大师便变成了一只发起直接进攻的野蛮的牛头犬。5 月 4 日，格兰特率领由大约 11.5 万人组成的庞大军队横渡拉皮丹河（Rapidan River），向罗伯特·E. 李的东翼部队发起攻势，而罗伯特·E. 李一方的总兵力只有 6.2 万到 6.5 万人。不过，罗伯特·E. 李既没有坐以待毙，等候格兰特攻打自己的侧翼部队，也没有率军找到一块开阔地以重新组织自己的武装力量，相反，5 月 5 日，罗伯特·E. 李主动出击，在荒无人烟的莽原上发动对格兰特的袭击。

莽原之役

刚一开始交战双方军队就完全变成了无头苍蝇。在枝繁叶茂的矮树林里，士兵们三五成群、跌跌撞撞、钻来钻去，由于开火时角度过低，火药燃烧后散发的黑烟四处弥漫开来，更令眼前的一切都变得模糊不清。在交火的整个过程中，双方都显得组织混乱，杂乱无章。在数不胜数的小规模进攻和撤退中，有成千上万名战士倒在了战场上。至夜幕降临前，低矮的灌木丛和高大的树林已经烧成了一片火海。没有受伤的士兵耳边传来的始终是几百个伤兵的惨叫声，直到伤兵被活活烧死。这种惨叫声令活下来的士兵终生难忘。

莽原之役进行到第二天时，双方又发动了多次组织混乱的进攻和反攻。南军仍然坚守着自己的阵地，不过，北军也并没有一败涂地。以前，一次大规模战役结束后失利的一方便会撤退，接下来就是长达几周或几个月的休战期。然而，在这场战役结束后的第二天晚上，格兰特不愿意认输，命令手下的将士们向南前进——继续向南军挺进而不是撤退。在莽原之役中，北方联邦战士死亡1.7万人，南军损失了1.1万人。不过，如果就死亡人数占军队总人数的比例而言，双方的百分比都是17%，那么可以说双方在这场战役中打了个平手。尽管莽原之役血腥残酷，但格兰特手下的将士们对总司令定下的不退反进的计划欢呼喝彩，表示支持和欢迎。

莽原之役伤亡代价巨大，即便一个身经百战的老兵也会有这样的评价。北军的一个步兵写下了他在5月5日的战斗经历："与其说我们与敌人打了一仗，还不如说是在找不到北的灌木丛里开展了一场盲目的血腥的杀人游戏，直到你死我活为止……发动进攻时，我方不可能保持在同一条战线共进退，因为我们老是被迫化整为零，分散成几支小队。我们在灌木丛里穿行时，不是脸被荆棘划出血，就是衣服被刮烂，脚底下还一直磕磕绊绊，也不知道被绊倒了多少次。"第二天，"我们前方的树林里突然火光冲天……耳边传来树木噼噼啪啪燃烧的爆裂声，大火就好像是一支军队一样，一下子就突破了我军的战线。大风裹挟着滚滚浓烟，熏得人睁不开眼睛，热浪扑面而来，令人窒息。再加上那天的天气原本就闷热难耐，更加令人感觉生不如死"。一个南军俘虏对俘获他的北军士兵说道，这场战役不同于以往任何一场战役，"根本就没有先头部队和后翼部队之分。全都乱成一锅粥！而且双方士兵简直就无异于一群狂吼乱叫的暴民"。来自北卡罗来纳州的另一个南军士兵在给妻子的信中回忆了当时地狱般的场景，他的描述非常形象，"说起来我也打过不少仗，可这一仗打得真让我开了眼界。我就眼睁睁地看着那么多死尸烧得缺胳膊少腿……我发现了一具烧焦的尸体，他的口袋里露出一张小姑娘的照片，我觉得那肯定是他闺女……我还真没遇见过让我心里这么难受的事"。

欧弗兰战役

惊魂未定的士兵们开始意识到，莽原之役只不过是新一轮长达六个星期的残酷会战的序幕。不过，虽然欧弗兰战役与以往的战役相比大不相同，但凭此一点便得出结论说该会战中出现了堪称内战期间最著名的一些实战创新似乎也值得商榷。打仗、行军、再打仗,循环往复,几乎从来不曾停止,血腥屠杀也似乎毫无止境。罗伯特·E. 李的军队实力早已不似以往那样雄厚,根本不可能发起反击,因此他很明智,一直保持防御状态,有效地击退了格兰特多次发起的猛烈攻势。在此期间,一个来自密西西比州的战士在日记中如此写道:"战斗每天都在发生,就像家常便饭。这一仗在短时间内不可能结束,我们也不再指望能放松休息,过一阵子安静的军营生活也成了幻想。如今我们也变得坚强果敢,早已经把战斗当成了日常生活的一部分。"

斯波齐尔韦尼亚战役

结束了莽原之役后,北军的下一个作战地点是位于莽原东南方向的斯波齐尔韦尼亚县。该战役于5月8日爆发,持续到5月20日,其中从5月10日到12日双方交战的情形最为激烈。原本一字拉开的南军战线向敌方凸出了一个直径大约为0.5英里的圆弧后便圈出了一个半弧形地块,该地块被称为"骡子掌(Mule Shoe)"。在石头河战役和葛底斯堡战役中,双方交战的开阔战场已经成了某种过时的交战形式。正如来自密西西比州的一个南军士兵在日记中所描述的:"每当我们停下脚步扎营,我们就开始挖洞……我们很少像(过去)那样'堂而皇之地'发起正面进攻。相反,我们不断修建防御工事,试图从侧翼打击敌人。敌人也如法炮制。"该士兵在莽原之役后的一系列战役也发表过类似的评论。

由于在战术上考虑不周,南军将炮兵部队从"骡子掌"阵地最前沿撤了下来,结果导致自己的战线更加脆弱单薄、不堪一击。5月12日上午,温菲尔德·斯科特·汉考克(Winfield Scott Hancock)旗下军团的部分兵力冲进战壕,紧接着双方士兵短兵相接,刺刀、拳头、手枪全都派上了用场。这种场景在整个内战中也寥寥无几。汉考克手下的将士们冲进了南军的战壕后仍然一往直前,却没有趁机铺开战线,北军的后续部队没法对突破敌方阵地的己方士兵给予支援。几个小时后,南军设法切断了汉考克部队的后路,并动用密集的火力将北军围困在包围圈内。北军顶住了从战壕中发起的反攻,南军士兵在交战前挖掘了这些战壕并躲避在其中的。双方在经历了令人胆战心惊的20小时激战后,战况便陷入了僵局。

第二天,后人口中的令人不寒而栗的"血角(Bloody Angle)"之战悄无声息地发生了。双方士兵都千方百计地要冲到对方的阵地里。一位联邦观察员写道:"数不清的马匹和士兵都让子弹给打成了肉酱,看上去就像是成堆的红色果冻。在成堆的行将腐烂的尸体下,受伤的战士的四肢不断抽搐、身体不断扭动……努力挣扎着想从令人毛骨悚然的尸体堆下爬出来。"南军的壕沟里堆满了士兵们的尸体,层层叠叠。一棵 22 英寸粗的橡树无声地见证了这场战役的残酷场面:在"血角"之战中,滑膛枪的密集火力竟然将这棵树拦腰打断。

笨重的内战陆军

  北方联邦陆军规模庞大、人数众多,但诸如通信设备落后以及组织不力等因素令其显得笨重不堪,而指挥中心无法监控整支部队,也无法发布指令。在整个美国内战中,情况一直没有得到改变。实际上,那些发动进攻和反攻的部队对在战场上瞬息万变的情况反应非常迟缓,士兵们在军级、师级这两个级别上就已经开始出现四分五裂的局面。不论在当时,还是在后来,在格兰特和罗伯特·E. 李旗下的陆军上将的能力参差不齐,因此双方都出现了类似的总指挥命令无法下达到位的情况。然而,也许更重要的原因是双方对于这种高强度、大规模的战争都没有经验。此外,当规模日渐扩大的战争进行到白热化状态时,双方的司令部和手下的部队之间还缺乏可靠的通信沟通手段,即"大脑"无法管辖和协调远方的"肢体"。

  当士兵们突然陷入混乱迷惘的状态时,现场指挥官便承受了巨大的压力,而他们中的很多人根本无力应对。在斯波齐尔韦尼亚战役中,陆军上将理查德·S. 尤厄尔率领军队撤退时运气不佳,碰巧跟罗伯特·E. 李相伴左右。"你们这群该死的家伙,快跑啊!快逃啊!不然北方佬该抓住你们啦!这就对了!赶紧拼命逃啊!"尤厄尔当时跟在自己军队的后面像疯子一样狂吼乱叫。相反,罗伯特·E. 李临危不惧,冷静异常,令人感觉不可思议。罗伯特·E. 李凭借一己之力稳住了整支部队后,开始怒斥尤厄尔。"你必须控制住自己;如果你自己都失控了,又怎么能控制住你的手下?要是你再这么激动,你就别干了!"几天后,罗伯特·E. 李撤除了尤厄尔的职位。当然,在罗伯特·E. 李或者格兰特看不到的地方,肯定还有更多类似的指挥官在面临危险时不但自己先行失控,而且根本无力掌控部队。

拒绝作战

  在南北内战中,南北双方的部队行动迟缓、动作笨拙,其深层原因是个别士兵甚至整个团的士兵一起拒绝执行上级的作战命令。对于那些服役期为3年的士兵来说，眼见服役期满，多达一半的士兵计划着复员还乡。如今，面对着似乎毫无尽头的血腥战争，很多士兵的本能反应是假装身患重病；不计其数的战士选择致残，朝着自己的手、胳膊或者脚开枪射击；还有很多士兵经历了战斗瘫痪症——后来这一病症被称为炮弹休克症。在开赴斯波齐尔韦尼亚的路上，一些北军老兵的服役期马上就要结束，于是他们直接拒绝执行上级军官的行军令。"（我们）早已经竭尽全力……（我们）打算到此为止了。"一个战士后来写道。5月10日，当战斗进行到白热化的程度时，来自缅因州一个军团的士兵集体畏缩不前。军团上校发布的军令"在我们这儿不起任何作用，"一个二等兵后来写道，"我们坚决拒绝走上绝路，我们再也不会被他或者任何醉醺醺的皮条客随意使唤、任意欺凌。"在后来的战斗中，一支经验丰富的马萨诸塞州军团目睹了毫无经验的马萨诸塞州士兵在冲锋陷阵时一拨又一拨地倒下，然而，当他们接到命令要求他们前往支援时，这些经验丰富的士兵竟然全部不约而同地躲到了后面。

冷港大屠杀

在斯波齐尔韦尼亚战役中，南北双方再度陷入僵局。于是，格兰特再次命令军队继续向南推进，并在6月1日抵达南军控制力量薄弱的冷港。由于当时南军的防御力量相当薄弱，如果格兰特的军队能够在第二天早晨便发动进攻，北方联邦的前景就会变得一片光明。不过，格兰特的军队已经精疲力尽，不可能在仓促之间迅速采取行动，于是，格兰特决定将进攻时间推迟一天，结果罗伯特·E.李的大批援军赶到了，并利用这段时间深挖牢固的战壕。大多数北军士兵意识到他们将要进攻的敌军实力增强了，自己将遭遇的多半是大屠杀的命运。当时的军队还没有给士兵们配备金属质地的身份识别牌，于是大多数士兵就在一张纸条上写上自己的姓名、住址等信息，然后再把纸条藏在身体的各处，希望自己死后尸体能够保持完整，这样他们的亲属在战役结束后就可以得知自己的死讯。

6月3日上午，北军发起进攻，结果，南军自弗雷德里克斯堡战役以来第一次大获全胜。北军伤亡人数高达7000，而南军一方只损失了1500人。格兰特在回忆录里承认，这次战役令他倍感遗憾，不过，他其实并没有讲出全部实情。面对如此规模的伤亡，在斯波齐尔韦尼亚战役中就曾经出现过的士兵拒绝执行军令的现象再一次在这个战场上上演。当该战役进行到某一刻时，很多士兵，也许应该说绝大多数士兵要么选择在战场上原地不动，要么就直接拒绝执行发起进攻的命令。格兰特当然清楚自己根本不可能指望手下将士直接冲进冷港,因此从战术角度来说,格兰特已经处于军事停滞状态。

这次战役结束后,由于南军狙击手的阻挠,北军卫生部队无法将受伤的战士从战场上运回来。于是,当时格兰特和罗伯特·E.李便开始了一场认真的谈判,内容涉及休战、双方举白旗作为标志从战场上各自运回伤兵和尸体以及签署适当的协议等问题。谈判双方都表现得彬彬有礼,这场完全没必要的谈判持续到6月7日晚上才结束。那时距离战斗结束已经过去了4天,因此,几乎所有伤兵已经捐躯疆场。

围攻彼得斯堡

6月12日夜,格兰特率领军队撤出冷港,继续向南挺进,打算袭击罗伯特·E.李的侧翼部队。到6月15日,北军的先头部队已经抵达了彼得斯堡,而且攻下了几个防守薄弱的南军阵地。第二天,先头部队突破了敌军的防线,但后续部队再次没能跟上进攻的步伐。南军虽然早就已经修建好了战壕,但进入战壕备战的速度非常迟缓,不过,北军发起进攻的速度更慢,因此在战术上并不占任何优势。到了6月18日下午,经过几天时断时续的血腥战斗后,格兰特叫停了他此前主张的全面进攻,主要是因为服役期将满的老兵们都拒绝执行进攻的军令。实际上,当时,在整个北军,行动迟缓导致整个军队的战斗力低下已经成为越来越普遍的现象。经过6个星期的战役后,格兰特意识到自己手下的军队不可能再服从命令前进一步。他唯一的解决方案就是转而采用围困战,围困敌人的时间越长,在政治上的影响就会越大。

在过去6个星期不屈不挠的战斗中,格兰特已经损失了6.5万人的兵力,占了总兵力的一半以上。虽然罗伯特·E.李只损失了3.6万人,但这一数字在其总兵力中占据了更大的比重。此外,北军虽有伤亡,但有新生力量不断补充进来,而南军一方后继无力。"在战斗中,罗伯特·E.李不得不与我一样竭尽全力,"格兰特在内战结束后如此评论道,"每次我对他的军队所实施的沉重打击都在不断削弱其实力。等他领导下的军队最后迫不得已撤退到里士满时,其实力已经无法与以前同日而语。这支军队曾经威胁华盛顿的安危,甚至还占领了马里兰州和宾夕法尼亚州。如今这支队伍却已经不能被冠以侵略军的名号。在摧毁南军的问题上,莽原之役所发挥的作用不容小觑。"然而,新闻媒介早前就已经将格兰特的形象描述为"屠夫(Butcher)"格兰特,如今,随着前线发生的一切不断传到后方,"屠夫"这一绰号便使用得更加广泛,而且民众也不再将他视为来自跨密西西比战场的约书亚(Joshua)。① 此时此刻,至少在北方公众看来,北军士兵比南军士兵更加疲惫不堪,精疲力尽,就连士气也有些萎靡不振了。

北方的失败主义论调

在弗吉尼亚州,悄无声息但又似乎永无终止之日的围困战取代了血腥残酷但结果并不确定的行军打仗。鉴于此,再加上北方选民逐渐对战争产生了厌倦情绪,亚伯拉罕·林肯与他信任的那些顾问的想法一样,认为林肯在即将到来的总统大选中必败无疑。林肯甚至在8月23日准备了一份秘密备忘录,内容是关于将权力移交给下届政府的相关事宜。实际上,林肯有些担忧,应该说他的担忧不无道理,即民主党政府将会在南部联盟独立的基础上求和。林肯在备忘录里写道:"无论是今天早上还是在过去的日子里,我们这届政府都很有可能不会继续连任。那么,在大选结束至新总统就职的这段时间里,我的职责就将是与当选总统密切合作以拯救北方联邦。这样,当选总统就可以在此基础上确保选举结果,否则将来他也不太可能确保选举结果的安全。"林肯并没有让内阁阅读备忘录的全部内容,相反他只是令内阁全体成员在备忘录背面签字认可。实际上,林肯后来说,他并不指望当选的民主党人会与自己合作,不过,他之所以写下那份备忘录是为了让自己问心无愧。战争已经变成了一台发动机,制约着所有政治活动。然而,不论是在战场上还是在政坛中,共和党的进展都不顺利。

与此同时,民主党内部也乌烟瘴气。曾经有一段时间,任何反对意见都很容易与失败主义和背信弃义混淆到一起,因此所有民主党人都推崇举行和平会议,反对《解放黑人奴隶宣言》。不过,当有些民主党人主张和谈之前要先签订停战协议时,另一些民主党人便开始变得犹豫不决,因为他们意识到一旦签订停战协议,战争就不太可能重新开始。除了由俄亥俄州克莱门特·法伦第格汉姆领导的少数口不择言的"铜头蛇",民主党中几乎没人主张承认南部联盟的独立地位。民主党的总统候选人乔治·麦克莱伦属于主战派。他坚决主张全面重建美利坚合众国,并主张将保留奴隶制作为重建和平的先决条件。

美国内战给北方政局带来了巨大的压力,共和党内部也因此产生分裂。大

---

① 约书亚是《旧约》记载的希伯来人的领袖。据《圣经·申命记》记载,约书亚继摩西成为以色列人的领袖,带领以色列人离开旷野进入应许之地。在他的领导下,以色列人在许多场战役中获得了辉煌的胜利。——译者

多数激进分子以及一些温和派的共和党人都认为林肯政府在战争方面所做出的努力尚谈不上全力以赴，因此对政府产生了不满情绪。就林肯而言，在他的大力推动下，共和党成功地被重新更名为国家联盟党（National Union Party）。究其原因，如此更名在很大程度上是为了将愤愤不平的民主党主战派的选民吸引过来。然而，此举却再次激怒了共和党激进分子。共和党激进分子与野心勃勃的财政部部长（Secretary of the Treasury）萨蒙·波特兰·蔡斯进行了几次接触后，还是在1864年5月的会议上提名约翰·C.弗里蒙特作为本党总统候选人，以对抗林肯和民主党总统候选人。弗里蒙特曾经是1856年首任共和党总统候选人。几个星期后，共和党常务会议提名林肯担任本党总统候选人，激进派决定在9月下旬的一天重新召开特别大会。此举表明在这个夏季的政治战场上，即便没有流血事件发生，却也让人感受到了血腥暴力一样的冲击。战争时期的政界如此容易四分五裂，就如同用另一种方式在进行战斗搏击一样。因此，亚伯拉罕·林肯有充分的理由对自己的政治未来感到忧心忡忡。

南部联盟的政治问题

杰佛逊·戴维斯也面临着日益严重的政治问题。所幸，在南部联盟，各个政治派别还没有跳出来表达不满情绪，或者说他们的不满情绪还没有形成气候。在南部联盟，国会成员、副总统亚历山大·斯蒂芬斯（Alexander Stephens）以及以佐治亚州的约瑟夫·E.布朗和北卡罗来纳州的泽布伦·B.万斯为代表的几个州长，很长时间以来都以维护州权为依据攻击南部联盟政府所实施的大部分政策，例如征兵法案及延缓实施人身保护权等。到了1864年，随着民众厌战情绪日趋高涨，南方也出现了和平倡导者，这些人与北方的和平倡导者相比别无二致。其中最著名的莫过于威廉·W.霍顿（William W. Holden）。霍顿提议北卡罗来纳州退出战争，进而退出南部联盟。事实上，这就无异于号召北卡罗来纳州单独向北方联邦投降。即便霍顿无法强制北卡罗来纳州依言行事，不过，一种中立主义思想已经在南方大部分地区流行。退出内战进而放弃南部联盟叛乱已成为民心所向。

谢尔曼攻克亚特兰大

到1864年7月，与格兰特在彼得斯堡所采取的战术相同，威廉·T.谢尔曼率领的西部大军在佐治亚州的亚特兰大也同样采取了旷日持久的围困战。亚特兰大是南部联盟的工业中心和铁路枢纽。不过,谢尔曼抵达亚特兰大所付出的代价不大,他自己一方伤亡 2.5 万人,却给南军造成了 2.8 万人的伤亡。根据战争统计数字,全部阵亡数字只"占了"格兰特旗下死亡人数的 38%。

　　谢尔曼的军队经历了 3 个月的战斗,行军总里程超过 100 英里,最后终于深入佐治亚州的腹地。格兰特对谢尔曼下达的各项命令充分说明了他所主张的消耗战的理念。这位陆军司令要求谢尔曼"积极采取行动打击约瑟夫·E. 约翰斯顿的军队,将其打到溃不成军,尽你所能打进敌方腹地,竭尽全力破坏他们的战争资源"。"战争资源"一词听起来表达抽象、概念庞大,不过,谢尔曼完全明白格兰特对自己的期许。他在给格兰特的回信中写道:"我不会让那些细枝末节的问题干扰大计的实施。按计划,我将去打垮约瑟夫·E. 约翰斯顿……进而夺取敌人的战争资源。我会时刻铭记,自始至终都会让约翰斯顿处于被动状态,让他疲于应付我军的进攻,这样他就不可能将自己的一部分兵力分化出来"去支援罗伯特·E. 李。

　　不过,谢尔曼也并没有对格兰特百分之百言听计从。为了不断深入敌军的地域,谢尔曼没有按照格兰特的常用方式直接对敌军发起进攻,而是采取迂回行动,暗中调动人马打击南军的左翼部队。唯一的正面进攻发生在 1864 年 7 月 27 日,北军对位于肯尼索山(Kennesaw Mountain)高地的南军防御工事发动袭击,这一仗无异于一场小型的冷港战役。在短短的两个小时内,谢尔曼一方就损失了 3 000 人。战役结束后,他给妻子写了一封信,信中的语气显得异常冷静。不过,这种语气能否反映他内心的真实感受,我们不得而知。在信中,谢尔曼如此写道:"我觉得死亡对我来说开始变得无足轻重,甚至几千人的死亡也无足挂齿。这种情况就像是一场晨跑一样稀松平常——我们已经变得冷酷无情、铁石心肠,其实这也未尝不是一件好事。"这一仗结束不久,谢尔曼又开始了攻打南军侧翼部队的行动,而约翰斯顿也没有再与谢尔曼正面交锋便放弃了肯尼索山。此前,谢尔曼一直铭记着尽量避免对躲在战壕里的敌军实施正面进攻,而在这一仗中他似乎已经将这一切抛诸脑后。从某种意义上说,他甚至一度产生了已经将敌军彻底击溃的幻觉。

　　约翰斯顿并没有自命不凡地对步步紧逼的敌军直接予以正面回击。相反,为了延缓谢尔曼发起的进攻,他采用了拖延战术。接着,他通过运用井然有序的撤退策略保留了自己军队的实力。然而,不论是对于南方的公众舆论来说,还是对于杰佛逊·戴维斯而言,约翰斯顿不战而退甚至将南方神圣的领土"拱手相让"的做法非但让他们心怀不满,而且使他们认为从意识形态角度来说,约翰斯顿已经令南部联盟名誉扫地。因此,戴维斯在6月17日解除了约翰斯顿的军中职位,由骁勇善战但冲动鲁莽的约翰·贝尔·胡德(John Bell Hood)接替。在接下来的9天里,胡德率军对北军的防御工事发起了3次进攻:7月20日的桃树溪战役(Peach Tree Creek)、7月22日的亚特兰大战役以及7月28日的埃兹拉教堂战役(Ezra Church)。这3次战役,南军一方损失了1.3万人左右的军事力量,但谢尔曼只损失了6 000人。面对这3次进攻,谢尔曼并没有冒险给予南军正面还击,而是在接下来的5个星期里对亚特兰大展开了轮番轰炸,似乎进入了一种持久战的状态。该战局的不确定性让北方人对整个战争愈发感到厌倦不堪。

不过,到了8月25日的夜里,谢尔曼率领手下的将士们撤出了防御工事,经过长途行军绕到了亚特兰大的南面。等到胡德发现北军的战壕变得空空如也时,他一开始还以为北军撤军了,但当他手下的一个军团在亚特兰大以南的琼斯伯勒(Jonesboro)战役中大败后,他才知晓谢尔曼军队的确切位置。为了避免被北军包围,胡德迫不得已下令炸毁了弹药库,撤出了亚特兰大。

9月2日,谢尔曼率军入驻亚特兰大后,便给华盛顿发了一封电报,语气颇为平淡:"仗打赢了,收复了亚特兰大。"仿佛在电光火石之间,北方的公众舆论便出现了大逆转,突然开始全面支持战争。谢尔曼的大获全胜实际上已经确保了林肯再次当选总统的可能性。

接着,从9月到10月,虽然骁勇善战的菲利普·谢里登在谢南多厄河谷完败具伯·T.尔利的大军,但这场胜利在北方民众看来也不过是锦上添花而已。谢里登同样采用了消耗战的战术,他手下的将士们有条不紊地将军事目标和民用目标都付之一炬,破坏了数以千计的农场以及农场里种植的庄稼。弗吉尼亚州的大粮仓因此而灰飞烟灭。在接下来的几个月里,罗伯特·E.李旗下的军队、里士满以及弗吉尼亚州其他城市的平民将会变得食不果腹。

谢尔曼的心理战

攻下亚特兰大后,谢尔曼马上就有意识地强化消耗战。为了将城里的居民赶出去并将亚特兰大改造成为一个巨大的联邦军事基地,谢尔曼起草了各种不同的计划。虽然采用这种做法是出于实现军事目标的考量,但谢尔曼知道这其实也是一场心理战,因为此举对民众的心理产生的影响更大。预料到南方民众可能的反应后,他在9月4日给华盛顿的信中写道:"如果民众对我的残酷野蛮大声疾呼,齐声抗议,那么我的回答是:战争就是战争,战争的目的并不是寻求民众的认可。如果他们想要和平,那么他们自己、他们的亲朋好友都必须亲自出手,这样才能结束战争。"

谢尔曼的这些话可不是随便说说而已。他犀利的言辞与军事进攻结合起来后无异于一场经过深思熟虑的大规模恐怖行动。谢尔曼打算消磨掉南部联盟平民百姓的意志力,这样这些人就会让南军里的男性亲属得知谢尔曼的军队已经打入了南部联盟的核心地区,而当地人民正在遭受着失败的奇耻大辱,如此一来南军士兵就会变得士气低落。

谢尔曼采取的第一个行动就是向约翰·贝尔·胡德提出双方进入为期十天的休战状态。在此期间,胡德可以接纳亚特兰大的难民进入南军战线。不出谢尔曼所料,胡德果真因此变得勃然大怒,称这一做法"前所未有……纯属处心积虑、别有用心的残酷行径"。谢尔曼对此的反应就是竭尽所能狠狠打击南方士气,就像将一把带锯齿的匕首直接插入南部联盟的心脏一样狠毒。此外,他还要将自己心中所想告知媒体。在给媒体的信件中他直言不讳地陈述了自己的意图,即为了打败南军,"我们必须做好准备直接打击他们的内心",充分利用隐藏起来的害怕畏惧心理。谢尔曼的话听起来就像是英王詹姆士一世(King James)钦定的《圣经》版本里的耶利米(Jeremiah)或以赛亚(Isaiah)一样权威十足。实际上,谢尔曼没有任何宗教信仰。他声称:"任何人在描述战争残酷程度方面都无法跟我相提并论。战争的本质就是残酷无情,任何人都不可能对战争进行美化。对于那些使我国深陷战争苦海的家伙们,我们整个民族都应该不遗余力地诅咒他们、谴责他们……既然任何人都会对抗恶劣的暴风雨,那么也不妨对战争所带来的各种艰难险阻愤而抗之……为了阻止战争……我们必须承认战争虽始于错误,却因骄傲而变得不朽。"

胡德与杰佛逊·戴维斯进行了一番商谈后达成了一致意见,胡德(和戴维斯)认为如果胡德率军北上并摧毁谢尔曼的物资供应线,便可以迫使北方人放弃亚特兰大,同时有助于北方的民主党人在即将到来的大选中占据有利地位。此举还可以对已经在密苏里州所采取的类似行动起到进一步的推动作用。9月19日,斯特林·普赖斯利用南部联盟在阿肯色州复兴的机会,率领由常规部队、民兵部队和游击队组成的军队攻入了密苏里州。他希望能够重新夺回对家乡州的控制权,这样便可给北方联邦以迎头一击。通过使用这种手段,南军或许可以开始挽救西部战场的整体战局。在佐治亚州,谢尔曼派遣由4万人组成的部队追击胡德，未果。接着，谢尔曼便召回这支部队，准备放弃这条物资供应线，转而向南挺进并发起全面进攻。

谢尔曼向海洋进军

谢尔曼充分理解敌人所遭受的被迫弃城之苦，更深知自己对敌军施加的苛刻条件令敌感到背叛之痛，但他并不为之所动，而是开始制订旨在打入南部联盟核心地区的庞大进攻计划。10月19日，他给詹姆斯·H. 威尔逊（James H. Wilson）将军写了一封信。在谈到对战争的展望时，他的措辞很严峻，甚至有些残酷。他写道："我马上就要率军深入南部联盟腹地。我打算让他们在从此时开始算的50年里时刻铭记，我曾经来过。"谢尔曼在给乔治·H. 托马斯将军的信中还补充道："此前，佐治亚州的各大报纸已经因为南军放弃该州而怨声载道，将来更会因为全面沦陷而哀号连连。"

北军统帅部的军官们当时已经明白，战争的目标已经不能与一两年前同日而语。谢尔曼强调说："我们现在采取的军事行动并不能仅仅说是属于军事范畴或战略范畴。但它将证明南部联盟不堪一击。"他继续说道，我们要让南方人明白，"战争和个人毁灭"是"同义词"。"彻底摧毁南方的铁路、房屋以及平民百姓便意味着我们切断了南军的军事供给。"随着军事行动的逐步展开，哈勒克将军对此深表满意。"我军所需要的正是你制定的作战方针，"他对谢尔曼的做法给予了极大的肯定，"此前我方一直奉行的都是宽松政策，我们早就该做出改变。"与谢尔曼一般无二，到1864年，哈勒克也早已经看透了战争的"特点"，因此哈勒克也认为如果"无法证明敌人的行为非法，尤其无法证明南方领地上的非战斗人员和妇女的行为非法"，那么，即便是北军也会无计可施。因此，只有实施"更加严苛的战争规则"，才能确保军队的"安全"。

约翰·贝尔·胡德置驻守在亚特兰大的谢尔曼于不顾，选择继续北上行军，打算重新拿回肯塔基州。在过去的两个星期里，斯特林·普赖斯经历了几场规模虽小但激烈异常的两军交锋，如今已经面临随时被赶出密苏里州的危险。实际上，这就是普赖斯即将面临的命运。不过，相较于普赖斯的军队，胡德的大军很明显对北军造成的威胁更大。谢尔曼对此的回应是委派自己最信任的陆军中尉托马斯率领旗下1/3的兵力阻截胡德。谢尔曼见眼前并无敌人重兵出现，便计划向佐治亚州滨海地区挺进，其目的不是与任何敌人交战，而是粉碎南方独立的理念并打击南军骄傲的心态。谢尔曼的军队将呈扇形贯穿佐治亚州物产丰富的农村地区，其所到之处只要发现有价值的东西便全部摧毁，从而开辟出一条60英里宽的破坏地带。

格兰特和林肯认为远离敌军的战略措施太过标新立异，于是试图让谢尔曼改变行军计划，先去追击胡德的军队。不过，谢尔曼说服了他们二人，让他们相信自己完全可以使计划成功付诸实施。为了防止格兰特和林肯在最后一刻再次干扰自己的计划，谢尔曼随即主动切断了与他们二人的通信往来，接着便率军出发向萨凡纳挺进，打算将这座城市当作圣诞礼物献给林肯。第二年春，谢尔曼的大军向北穿越了南北卡罗来纳州，将南卡罗来纳州上流社会拥有的种植园土地和大屋豪宅破坏殆尽。由于谢尔曼及其大军所采取的破坏行动，南方上流社会也开始对战争发出了抨击谴责之声。

谢尔曼的大军一路北上，穿过佐治亚州和南北卡罗来纳州。所经之处除了焚烧庄稼、篱笆，还大肆劫掠，谢尔曼手下的很多指挥官因此而瞠目结舌、感到胆战心惊。谢尔曼自己却沉迷其中，放任步兵部队的强盗行为，而士兵们发现自己可以任意胡为且不受任何限制便都对谢尔曼敬仰有加。不过，虽然面对没有任何保护的敌占区百姓，很多军队可能会趁机烧杀抢掠，但谢尔曼的军队与那些军队迥然相异，并没有将一切都毁灭殆尽。谢尔曼的手下在劫掠时一视同仁，不论富人还是穷人、白人或是黑人，一律不放过，不过他们很少烧毁那些尚有百姓居住的房屋。当然，如果该房屋的屋主是家境富裕的领袖人物则自当别论。此外，他们也几乎不会强奸或打死白人平民。然而，谢尔曼对外宣称自己的队伍无恶不作。他心里明白外界会因此认为自己是个不折不扣的疯子，而且他还知道自己臭名远扬将会更加迅速地摧毁南方人的心理防线并破坏南军的物资供应。谢尔曼的行动计划出于愤怒和厌恶的心理，但他拥有冷静直观的智慧，知道如何运用军事手段将恐惧情绪渗透到南方民众的心中。这一战略堪称凶猛而疯狂，但可以大大缩短战争的进程，因此他所领导的伟大战役具有非常复杂的道德意义。格兰特此时被困在彼得斯堡难于发声，而谢尔曼让自己的破坏性行为变得正义凛然，因此在北方的公众舆论中谢尔曼便成为胜券在握的联邦上将的典型形象。

谢尔曼率领着手下的强盗——也就是南方人口中的"抢劫犯"——不断向海边挺进，不过，人还没到，恐怖的气氛早已经先行一步。尽管佐治亚州州长约瑟夫·E. 布朗大声呼吁，全州男性应该群起而攻之，但响应者寥寥无几。因此，南部联盟只能将一些乌合之众临时拼凑在一起组成了一支骑兵，由约瑟夫·惠勒将军率领这支骑兵对谢尔曼大军做出象征性反击。心惊肉跳的平民百姓忐忑不安地等待着北军的到来,就像等待着汪达尔人(Vandal)①的大批游牧部落的到来一样。这种恐惧不单纯是心理上的恐惧,因为北军每到一处,便会对财物进行焚烧和抢劫。联邦陆军上尉 O. M. 坡(O. M. Poe)曾经在日记中写道,他手下的将士们不仅剥夺了当地人的财产,还让他们尊严扫地,这画面"让见者无不心酸难忍"。很多联邦军官都对 O. M. 坡的描述深表赞同。然而,即便是文明程度最高的联邦军官也不会对这样的狂暴行为加以阻止,部分原因是这种行为已经产生了在谢尔曼预料之中的消磨南军士气的影响。瞬间的人性爆发只会使南部百姓对北军的力量更加恐惧。例如,一天晚上,贝茜·克伦威尔(Bessie Cromwell)夫人邀请军团司令 O. O. 霍华德(O. O. Howard)喝茶聊天时,他的手下还在外面为所欲为。霍华德是所有联邦上将中最有名的基督徒。克伦威尔后来说道:"当霍华德上将坐在桌边祈求上帝的福泽时,战士们焚烧民宅时燃起的熊熊烈火早已将外面的天空映衬得一片通红。"

很多时候,即便是文明的表象也消失不见了。佐治亚州门罗县(Monroe County)的沃尔顿夫人(Mrs. Walton)记下了北方人入侵了她的家乡后所造成的破坏。沃尔顿夫人在给她女儿的信中写道:"北方佬把衣橱的两个抽屉抽出来并摔成了碎片,他们把所有东西都给抢走了,像肉、糖、咖啡、面粉、刀叉餐具、调羹……一样都没留下。他们打碎了调料瓶,把装胡椒粉的盒子抢走了……他们抢走了所有的玉米,我养的猪呀、鸡呀也没留下,他们还把我养的几只山羊给宰了……他们抢走了我唯一的那条质地精良的裙子后,就连那几条家纺布做的裙子也不放过。他们还抢走了我的鞋子、长筒袜……围巾……缝衣针、顶针、剪刀、缝衣线之类的东西。"当然,北军士兵既没有强奸她,也没殴打她,更没有将她的房子付之一炬。然而,当沃尔顿夫人在 1912 年重新回顾这段经历时,她写道:"就算到现在,只要我一说起这件事,我就气得快要爆炸。"虽然遭到肆意破坏的只是私人财产,但此举给民众心中留下了永远无法愈合的伤疤。南方民众的愤怒之情根深蒂固,从来没有完全消失过,这就可以解释为什么败局命定的思想会长久存在,为什么南方人对北方人的仇恨会历久弥新。

胡德和托马斯在田纳西州

当谢尔曼率领大军向萨凡纳挺进时,他与北方联邦各地的民众一样内心惴

---

① 汪达尔人为古代日耳曼人部落的一支,曾在罗马帝国末期入侵罗马,并以迦太基为中心,在北非建立了一系列的领地。他们的名字的含义是肆意破坏和亵渎圣物。——译者

惴不安，担心向北进军已经进入田纳西州的约翰·贝尔·胡德及其率领的3.9万名士兵。北军的乔治·托马斯在纳什维尔扎营后便将自己的6万人的军队一分为二。胡德手下的将士们对约翰·斯科菲尔德（John Schofield）领导下的两个侧翼军团发起进攻，成功地将他们赶出了纳什维尔南部的阵地。斯科菲尔德撤退到富兰克林市（Franklin）后开始掘壕防守。此时此刻，胡德迫切想要打一场硬仗，因此，11月30日，胡德决定不再打击敌人侧翼部队，相反他决定对斯科菲尔德发起一场正面进攻。在富兰克林市打响的这场战役可以说是一场灾难，胡德大军中死伤及被俘虏的总人数达到6000人，其中包括12位上将，而斯科菲尔德一方只损失了2000人。随后，胡德又从侧翼开始打击敌人，然而这次战役并没有产生任何积极作用，于是胡德便命令大军向纳什维尔行进。当时胡德军队的实力已经遭到严重削弱，只剩下了2.3万人，但他下令让手下人在托马斯装备精良的大军对面开挖壕沟，扎下营寨，静候着北军由6万人组成的大军对自己发起进攻。

纳什维尔战役

此时此刻，格兰特担心胡德会偷偷绕过纳什维尔深入肯塔基州腹地，极其希望托马斯马上发动进攻。然而，一直被同道中人称为"慢吞吞的老太太"的托马斯显得不急不慌。他给出的是手下的骑兵力量需要补充，而陆军也需要重组等诸如此类的理由。格兰特对托马斯越来越感到失望，在给托马斯的电报中格兰特一方面直接下达进攻的命令，一方面又言辞哀怨地请求托马斯出兵。格兰特在一封电报中如此写道："马上出兵袭击胡德，不要在扩大骑兵规模上浪费时间了。延误战机无异于增加了危险系数。"紧接着格兰特又发了一封电报，上面写道："为什么不立即发动进攻？……如今一个千载难逢的机会就摆在我们面前，好好利用便足以"摧毁南军。托马斯的回复是在暴风雪肆虐期间他无法发动进攻。到了12月14日，格兰特感觉自己已经忍无可忍，便派遣约翰·A.洛根（John A. Logan）携带自己的手令前去取代托马斯的统帅职位。洛根是一位政界出身的将领，具有非凡的才干。即便如此，格兰特仍然感觉焦虑不安，于是他在同一天夜里从弗吉尼亚州出发前往华盛顿，打算在整个征程的第一站亲自指挥纳什维尔战役。最后，托马斯在12月15日上午下令发动进攻。在接下来的两天里，托马斯手下的将士们绘制出了堪称美国内战中最精彩的一幅战斗画面。胡德一方又损失了6000人，而北军只损失了大约2000人。胡德剩下的军队与其说有序撤退，还不如说是仓皇逃窜。成千上万名士兵向南部腹地狼狈而逃。胡德的大军实际上已经分崩离析，而格兰特只能对最近一直让他烦恼不已的托马斯大加赞赏。

南部联盟的士气

不出北方联邦所料，北军发起的这些战役拖垮了南方的经济，消耗了南军的兵力，挫伤了南军的士气。不过，尽管南军已无退路，但南军还是展开了强大的防御战，因此从很多方面来看，我们应该强调的是南军士兵保持尊严的反抗精神，而不应该强调他们坦然接受即将到来的失败。世间的万事万物都不是预先注定按计划发生的。直到1864年8月，战争的结果依然无法预料。不过，从整体上看，正如北弗吉尼亚军团的经历所展示的，在葛底斯堡战役和维克斯堡战役后，对南部联盟而言，美国内战变成了一次漫长的考验。

从1863年到1864年的整个冬天，一场大规模的福音派教会复兴运动席卷了南军的冬季营地，不论在南部联盟的东部战场还是西部战场，南军的士兵们无不受到其强烈的影响。为了自由而战的高贵之士和基督教团体当然远非那些名誉扫地、唯利是图的北方入侵者以及他们所建立的联邦可比，因此，只要他们能荡涤自己的原罪，能再次献身上帝的神圣事业，那么最后的胜利必然会属于他们。这种大规模集体虔信上帝的浪潮无异于一场"宗教复兴运动"。当南军不仅面临着实力强大的敌人，还面对着粮食、鞋子、肥皂以及其他基本生活物资的短缺问题时，这股宗教复兴浪潮便在提高南军士气方面功勋卓著。对于那些坚守宗教信仰的南军士兵来说，尤其对于虔诚的上将罗伯特·E. 李和总统戴维斯来说，即便所有希望都化成泡影，对宗教的笃信不但会成为南军投降道路上的绊脚石，甚至还会阻碍南军产生投降的想法。

罗伯特·E. 李在公开场合仍然保持着淡定自若的神态，鼓励手下的将士们继续为南部联盟的独立大业而战，但在私下里他陷入了深深的低落和忧郁。1863年11月23日，他在给一位值得信赖的老朋友的信中如此写道："上帝认为应该对我们加以惩罚，但他终将会把我们从痛苦的折磨中解脱出来……我祈愿这一天能早日到来！与此同时，我们必须耐住性子、竭尽全力，因为无论从哪个角度来说，敌人的势力都太过强大。"罗伯特·E. 李和他手下的将士们用笃信宗教武装自己的头脑，同时以对自己的正义事业和武装力量的坚定信念作为支撑，因此无论发生什么，他们都会用钢铁般的决心直面冷对。

1864 年 5—6 月，罗伯特·E. 李率领手下的将士们怀着乐观主义精神，英勇无畏地同北军打了几场战况惨烈的硬仗。一直到斯波齐尔韦尼亚战役爆发时，一个陆军二等兵仍然坚称："只要主赐予我们力量，无论北方佬派来任何部队打击我们，我们都可以给他们以迎头痛击。"然而，南军士兵们发现所发生的一切都令他们焦虑不安。6 月初，罗伯特·E. 李在给军团指挥官安布罗斯·P. 希尔的信中写道："相较于坚守战线和坚守防御工事，我们还有很多工作必须完成。我们应该发起进攻，因为一旦让敌人把握作战的主动权，最终我们就会不得不躲进里士满的防御工事中避难，而我们面临的也将是一场围困战，那么失败就会成为早晚的事。"南军的很多士兵与罗伯特·E. 李的想法如出一辙。1864 年 7 月 16 日，来自佐治亚州的陆军上尉 F. M. 克罗克(F. M. Croker)在给妻子的信中写道："战争进行到最后，我们除了栖身于战壕里，必然要跟敌人进行殊死搏斗。"北卡罗来纳州的二等兵 J. F. 梅兹(J. F. Maides)在 9 月 23 日写道："这是有史以来最残酷的一场战争。战况非但没有一天天转好，相反随着时间的推移逐渐恶化。"

罗伯特·E. 李的军队的崩溃

随着北军围困彼得斯堡的时间越来越长，南军物资供应的情况不断恶化，罗伯特·E. 李的军队开始慢慢走向崩溃。在军需品供应极度匮乏的情况下，为了解决这一难题，就连心高气傲的罗伯特·E. 李也提议扩大与北方联邦的黑市贸易并使其实现合法化。1864 年 8 月 13 日，他在给杰佛逊·戴维斯的信中提到："大多数军官的思想过于狭隘……无法完成下达的任务，更不用说约束命令的实施。"这些军官原本应该为国家牺牲一切，可他们却还周旋于在罗伯特·E. 李看来愚不可及的各种社交活动之中。李认为，如今军队不可或缺的是高度的纪律性，也就是根深蒂固的绝对服从和服务的习惯。有了这一习惯，即便是实力再虚弱的军队也可以在大敌压境之时英勇无畏地站出来与敌人决一死战。

尽管军队的高级将领一直在鼓舞士兵的士气，南军士兵却以离开军队的方式表达出自己的不满情绪，纷纷选择当逃兵。1864 年 7 月的现役军人还有 5 万人之多，然而到了 9 月 10 日，人数就已经锐减到 3.8 万。南部联盟开始努力抓捕逃兵以及那些请假离队或私自离队的战士，同时将征兵年龄范围扩大到 17 岁到 50 岁。此外，根据征兵法案原来的规定，某些职业的从业者可以豁免服兵役，诸如铁路工人、面粉厂工人以及电报工人等。如今，根据新规定，这些人不再享受兵役豁免权。通过采取这一系列措施,至 11 月底,南军人数增加到 6.2 万人。然而,这种增长只体现在人数上,而不是作战部队主力的增长,因为绝大部分主力成员早已经静静地长眠在钱瑟勒维尔或者斯波齐尔韦尼亚之类的地方。

然而,大多数士兵还是坚持认为相较于后方,军队的战斗士气要更加高昂。"我们是应该悄无声息地投降,重新加入联邦……还是应该杀出一条血路?"1864 年 12 月,南卡罗来纳州的一个战士在给远在后方的姐姐的一封信中问道,"南方人民必须下定决心……如果我们放弃,我们整个民族就毁于一旦。但如果全力以赴,我们还会有机会。"决心与绝望开始相互博弈。

南部联盟后方的士气大跌

相对说来,这位战士所表达出来的情绪在北弗吉尼亚军团中比较具有代表性,然而,后方的绝大部分民众显得灰心丧气。战争原本就导致物资供应严重短缺,当谢里登下令焚烧谢南多厄河谷后,情况就变得更加严重。截至当时,战争已经使南方绝大部分地区出现了恶性通货膨胀以及其他形式的经济混乱状况。例如,南部联盟政府继续以远低于市场价格的方式征收粮食。1864 年夏,粮食收购的固定价格大幅度上涨,例如,面粉每蒲式耳的价格为 168 美元,比之前上涨了 28 美元。不过,尽管这样的价格看上去令人咋舌,但与里士满每蒲式耳 400 美元的价格相比仍然相差太多。如此的定价政策不但使民众产生了憎恨政府的情绪,而且使黑市交易变得更加活跃,囤积居奇、哄骗欺诈现象屡见不鲜。

南部联盟女性的烦恼

对于南部联盟的很多女性而言,战争让她们感到精神痛苦、心情沮丧。温彻斯特(Winchester)的玛丽·格里诺·李(Mary Greenhow Lee)曾经写道,无休止的战争让她"处在精神完全错乱的状态"。她的邻居科妮莉亚·麦克唐纳(Cornelia McDonald)说道:"我已经丧失了所有的抵抗力和自制力。"由于食物短缺,她本人也日渐消瘦。评论家对于无止境的战争的态度多半比较理性,但他们也注意到平民百姓,尤其是锦衣玉食的女性因为战争明显越发自私和轻浮。罗伯特·E. 李抱怨说就连他的亲生女儿也不愿意为国家做出必要的牺牲。据《里士满调查者报》(Richmond Enquirer)报道,弗吉尼亚州的上流社会崇尚"寻欢作乐,激情狂欢",此举几乎等同于"对国家的灾难漠不关心,熟视无睹,简直可耻之极"。穷苦百姓对各种盛宴深恶痛绝,因为不管是无心还是有意,举办盛宴无异于嘲笑他们正在遭受的贫穷和饥饿。

越来越多的南方女性厌倦了家乡的满目荒凉,便督促自己的丈夫不要继续打仗,赶快回家,哪怕只是回家待一段时间也好。即便是在同一封信中,这些女性也是一会儿对未来充满希望,一会儿又变得绝望至极。不过,对于在前线浴血奋战的男性来说,她们的家信就是一种来自家庭的召唤。成千上万封家信几乎表达出类似的想法:"我觉得你为这场战争付出得已经够多了""你当兵的时间这么长,怎么也该休息一下啦"以及"说实话……你必须回家"等。尽管这些女性可能原本只是想让他们暂时回趟家,帮家里渡过难关,这样也可以从战争中抽身出来休息一下,但成千上万的士兵真的就听从建议回家了。考虑到士兵们没有获批便离开部队可能并非永久性行为,因此,杰佛逊·戴维斯便不得不禁止手下的指挥官处死逃兵。不过,至今也没有可靠证据表明当时罗伯特·E. 李到底下达了多少个处决逃兵的命令。

1864 年美国大选

南部联盟的战斗士气总体上处于崩溃的状态,不过,有时候士兵们也会重新燃起希望,尤其当战场上传来任何好消息时,情况更是如此。与之形成鲜明对比的是,北方民众对战争的期待值越来越高。林肯在总统大选中原本可能面临败局,但由于谢尔曼在亚特兰大战役中大获全胜,加上北军在莫比尔湾(8月,海军上将大卫·法拉格特率领舰队赢得胜利)和谢南多厄河谷捷报频传,这些因素都使林肯在 1864 年 11 月转危为安,赢得了大选。支持约翰·C. 弗里蒙特的反林肯激进党也因此直接解散。被冠以"不惜任何代价争取和平的"民主党及其总统候选人乔治·麦克莱伦的竞选表现极为糟糕。林肯总共获得了 40 万张普选票,占总票选的 55%,并获得了除特拉华州、新泽西州和肯塔基州外的其他所有州的支持。大多数士兵都获准休假回家投票。共和党政府甚至将投票箱送到了几个州的前线。因此,林肯获得了 78% 的士兵选票,这表明北军士兵对战争的深切投入。选举结束后,共和党在参、众两院都获得了多数席位,比例分别为 41∶10 和 145∶40,这一结果令人震惊。

实际上,乔治·麦克莱伦应当看到战争即将获胜,但民主党的反战部门组织有力,完全控制了民主党人的发声平台,声称这场战争"实验"是场彻头彻尾的"失败",要求双方立即停火,并随即召开全国大会签署和平条约。为了换取麦克莱伦对他们的支持,这股和平力量也将来自俄亥俄州的联邦国会议员、直言不讳的乔治·H. 彭德尔顿(George H. Pendleton)提名为副总统候选人。麦克莱伦虽说接受了总统候选人的提名,不过他在确认函中坚称,"我们必须不惜任何代价保留联邦",而且他"不可能面对英勇无畏的士兵们对他们说他们……所做出的牺牲……已经付之东流"。不管怎么说,麦克莱伦最初是迫不得已帮助具有反战情绪的民主党人并强调未来要开展和平谈判的相关事宜。一旦麦克莱伦大选获胜,他就可能迫于压力向南方求和。部分原因是一旦他当选必然会使南部联盟重新充满活力,但会使北方联邦士气大跌。到了1865年3月,如果他可以就任总统之职而南部联盟的局势当时仍然岌岌可危的话,麦克莱伦就可以通过赢得战争将自己打造成一个民族英雄。也就是说,如果林肯没有办法获得连任,无法继续掌管政府,麦克莱伦就可以实现自己的计划。然而,当北军拿下亚特兰大后,公众舆论便开始向有利于林肯、有利于充满活力的战争政策的方向发展。不幸的是,对于麦克莱伦以及以他为代表的党派分裂分子来说,其声望却大大受损。直到内战结束了相当长的一段时间后,民众仍然认为他和民主党亲南部联盟,而且认为他们犯下了叛国罪。

南方逃兵现象日趋严重

对于所有南部联盟成员来说,亚伯拉罕·林肯再次当选总统无疑给他们以毁灭性的打击。原本南部联盟成员认为,或许自己还可以跟北方的民主党人进行和平谈判,如今不但这样的期许化为泡影,而且他们很有可能面临战争再持续4年的状况。基于这一情况,罗伯特·E. 李意识到在日益增多的逃兵中,不仅包括没有爱国主义精神的懒鬼或者一些做事拖沓的家伙,竟然还包括部队里能征善战的老兵。到1865年2月,南军总人数下降到5万,因此,李针对所有逃兵下达了一项宽大处理的命令。然而,这一命令非但没能吸引逃兵归来,反而鼓励更多的士兵逃离部队,因为他们认为逃跑的士兵只要人数众多便可以逃脱惩罚。两个月后,南方现役军人总人数降到了3.5万。

在春季爆发的战役中,如果大量北军士兵拒不服从行军令和进攻令,那么这场人们口中的胜利大逃亡(Great Skedaddle)的规模就可能会变得更大。军队总人数的一半都开始了返乡之旅,每月都有1万人左右离队。这些士兵认为既然南方独立的希望已经化为泡影,而且为了维护民族荣誉,自己在战争中已经付出了太多,因此他们在没有获批的情况下就擅自离开军队。大多数人在离开军队时或许也打算保卫遭到南军威胁的家乡,因此如今他们选择加入了游击队。实际上,北弗吉尼亚军团的投降是一次自下而上发生的行为,只不过进展的速度略微缓慢。

和平试探:汉普顿锚地会议

与此同时,南部联盟的和平倡导者不断施压,希望以和平谈判的方式结束战争。长期以来,这些和平力量主要集中在佐治亚州和北卡罗来纳州,不过,里士满的几位国会议员以及副总统亚历山大·H.斯蒂芬斯也位列其中。斯蒂芬斯当时与杰佛逊·戴维斯的关系几乎僵到了无话可说的地步。

戴维斯意识到不但南军在战场上面临危机,而且对于是否应该将这场内战继续打下去这一问题也出现了政治分歧,因此,当弗朗西斯·P.布莱尔(Francis P. Blair)爵士来到里士满后建议召开和平大会时,戴维斯深表赞同。布莱尔经验老到,是林肯顾问团的成员之一。戴维斯委派由斯蒂芬斯以及两位和平倡导者组成的代表团穿越北方联邦的战线,与林肯在弗吉尼亚州的汉普顿锚地会面。这两位和平倡导者分别是来自弗吉尼亚州的参议员 R. M. T. 亨特以及战争部长助理约翰·A. 坎贝尔(John A. Campbell)。1865 年 2 月 3 日,汉普顿锚地会议召开。在这次会议上,林肯承诺,如果南部联盟同意重新加入联邦,赞成解放黑奴并解散军队,他将保证战后不会对南军力量进行事后追责,并保证对支持解放黑奴的行动进行补偿。对于南部联盟来说,他们主张在南方独立的前提下寻求停火并进行进一步的谈判。由于双方分歧严重,无法再继续讨论下去,几个小时后该会议便无果而终。

尽管戴维斯知道这次谈判必定不会产生任何结果,但他还是冒着抹黑南部联盟大业的危险派出了 3 个和平倡导者。与此同时,戴维斯有可能认为林肯处事并不灵活机动,因此在这种情况下也不太可能对声名远扬的和平分子做出积极反应。不管怎么说,当谈判破裂后,支持继续作战的势力在南方以及戴维斯政府的核心圈子都出现了复活的现象。此外,即便士兵们在战场上临阵脱逃或缴械投降,但他们对福音派教会的虔诚信仰未曾消退半分。

南部联盟组建黑人军队的实验

南部联盟试图实现和平的愿望落空后,南方面临的问题是符合征兵条件的白人男性也越来越少,因此南军军官变得有些歇斯底里,开始抓住最后一根救命稻草——黑人士兵。长期以来,南军一直利用黑人修建各种防御工事。1864年2月27日,南部联盟国会通过了一项法律,允许南军在没有征得奴隶主同意的情况下强征黑奴入伍。然而,这项法律在现实中很少得以实施。到了1864年秋,罗伯特·E.李呼吁组建5 000人的准军事用途黑人劳工团。他甚至建议南部联盟应该给这些黑人支付某种形式的工资,不过,这一计划并没有成为法律。到12月20日,约2 000名黑人参与这项雄心勃勃的计划,然而,由于逃兵现象严重,后来只剩下了1 200人。

1864年初,田纳西州军团上将、爱尔兰移民帕特里克·克利本(Patrick Cleburne)以及几个军中同僚曾经提议将黑奴武装起来并逐渐解放黑奴。他们在请愿书上如此写道:南部联盟的后方混乱不堪。对南部联盟而言,奴隶制的存在与其说是一种福祉,还不如说是一大负担。黑奴充当"北军的间谍,无孔不入,且形成了体系",因此,给南方很多地区的白人的安全都造成了威胁。既然如此,为什么南部联盟不能充分利用奴隶制?为什么不能让"最英勇无畏的"奴隶加入这场为自由而战的战争?这样一来,不就可以增加军队日益枯竭的兵源了吗?尽管他们知道有人会唱反调,但还是总结道:"如果让我们在放弃独立和放弃奴隶制之间做出选择,我们认为每位爱国者都应该主动放弃后者——即便我们无法迫使黑人为奴,但这终究比我们自己为奴要好。"

为了争取获得奴隶主阶层的支持,杰佛逊·戴维斯将这一文件压了一段时间。然而,到了1864年11月7日,当他在给国会做年度演说时,他暗示说要将奴隶武装起来,"不论是雇用奴隶当兵入伍还是强征他们入伍,对我们来说都是一种解决问题的方法"。戴维斯甚至争辩说,尽管根据法律规定,奴隶"仅仅以财产的身份"存活于世,但奴隶"与这个国家还有另一层关系——他是生活在这个国家的人"——具有自己的人格——具有公民身份——而这正是奴隶制禁止奴隶拥有的,因此,即便当内战进行到末期,戴维斯的提议仍然引发了轩然大波,反对声不绝于耳。1865年1月8日,佐治亚州的陆军上将豪尔·科布(Howell Cobb)坚称:"如果奴隶能被打造成能征善战的好兵,那整个奴隶制体系就是错误的。"他的言论得到了绝大多数奴隶主的支持。

然而,1865年2月10日,在罗伯特·E.李个人的支持下,南部联盟国会开始讨论有关武装奴隶的议案。经过漫长而又激烈的辩论,该法案终于在3月13日得以通过。不过,戴维斯又增加了一个补充条款,即奴隶并不会因为服兵役而获得自由身份。一位历史学家认为这一条款是"官僚主义的命令"。举例来说,罗伯特·E. 李认为非裔美国男子不但"身体素质"上佳,而且"长久以来已经养成了驯服顺从的习惯"。如果想要将黑人打造成无往不利的战士,这两方面的素质应该都可以保证军纪严明。以戴维斯和李为代表的白人男性之所以能够支持武装黑人甚至解放黑奴,主要是因为他们确信白人的优越性。此外,即便黑人被武装起来或者就此获得解放,白人男性仍然可以继续对其加以控制。当然,罗伯特·E. 李和戴维斯也非常讲求实际,他们意识到北军早就已经将南方黑人纳入自己的麾下,那么自己也不妨充分利用剩下的黑人力量。

尽管大多数奴隶主和士兵都知道自己的处境日益窘迫,但他们还是对这一措施持反对态度。2月18日,北卡罗来纳州的一个士兵在给母亲的信中写道:"我之所以志愿当兵是为打造一个由自由白人组成的自由国度而战,而不是为打造一个有自由黑人存在的国度而战。"3月16日,弗吉尼亚州的一个炮兵在日记里写道:"从今天起,我们的国家开始走向衰落。"

但那时,无论该法案通过与否,都已经于事无补。奴隶主不愿意让自己的奴隶离家。在3月的最后一个星期,一支由黑人组成的连队在没有武器的情况下开始在里士满的大街上进行军事训练。在当时,在敌方的陆军、海军中,已经有将近18.6万个黑人成为全副武装的战士。奴隶们一开始在支持联邦大业、打击奴隶主的问题上的热情可以说属于一时兴起,但如今他们已经将自己的全副身心都投入进去。

罗伯特·E. 李对游击战争的否定态度

同时,当有人提及利用游击战增强南部联盟抵抗力时,罗伯特·E. 李立刻否决了这一想法。爱德华·波特·亚历山大(Edward Porter Alexander)是李手下的一个年轻有为、能力超群的炮兵长。1865年4月9日,就在内战即将结束之际,亚历山大鼓足勇气走到罗伯特·E. 李的跟前,对他讲述了自己的想法。其实,这也并不仅仅是他一个人的想法,这也是部队中其他一些年轻军官一直在考虑的问题。亚历山大建议说:"我们应该像兔子和鹧鸪一样在树林里散开,这样就可以让北军对我们束手无策。"然而,罗伯特·E. 李充分意识到游击战给南方大部分地区造成了极大破坏,因此,他向亚历山大形象地描述了游击战的残忍暴虐。"这些家伙没有定量的物资供给,因此他们随心所欲、恣意胡为。他们到处抢劫掠夺……整个国家到处是无法无天的暴徒。"而敌人的骑兵将不断追击南部联盟的游击队,"对他们进行一轮又一轮的打击"。4月20日,就在向北军投降后的 11 天，罗伯特·E. 李回到了里士满。当时，戴维斯已经孤注一掷，他下令内阁就这一问题进行投票表决。罗伯特·E. 李向戴维斯重申了自己的态度。他认为游击战"不可能给我们提供实现……独立的前景"。那些德高望重之人一直想要打造的是尊崇基督教的美利坚联盟国，而暴民根本没有能力终止有序发展的尊崇基督教的美利坚联盟国所进行的战争实验。李的意思是，宁可输掉战争，也要保持荣誉。

林肯发表第二次就职演说

既然这场战争无异于一场大屠杀，那么，北方民众凭什么认为唾手可得的军事胜利可以让他们在荣誉的王国里大败敌手？1865 年 3 月 4 日，当林肯发表第二次就职演说时，他认为自己有责任为在自己的监管下历时数年的流血牺牲找到一个恰当合理的框架加以辩解。在美国内战刚刚打响时，交战的部分理由是黑奴制度到底应该继续存在下去还是应该就此废除。如今，林肯辩称："众所周知，(奴隶制)可以说就是这次战争爆发的原因。"然而，南北双方都没有料到解放奴隶法案竟然会造就"天翻地覆的惊人结果"。林肯继续说道，南北双方都向同一个上帝祈求得到精神上的指引，不过，他仍然坚称"一个人在当面夺取他人用血汗得来的面包时竟然求助于正义的上帝，这太令人感觉不可思议"。接着林肯淋漓尽致地对南方人进行道德谴责，细数奴隶主的种种罪恶。"这场惨烈的战争（是）对那些招致罪恶的人的责罚。"在这一提法下，战争便只是对全体美国白人的惩罚。林肯将北方人也包括在这张罪恶的名单里，因为北方人在道德上的冷漠无异于与南方人阴谋串通，他们的所作所为实际上不但允许奴隶制继续存在，而且希冀这一制度能永世长存。

如果过去所发生的一切都是罪恶，那么如今全体美国人便要通过流血牺牲赎罪。因为这场流血牺牲会继续下去，"直到 250 年来奴隶无偿劳动所积聚的财富化为乌有，直到因鞭笞之罚所流的每一滴血都被刀剑之下所流的每一滴血抵消为止"。几乎可以肯定的是，当林肯用加尔文教派的信条解释这场内战的道德意义时，他根本没有意识到自己所发表的演说与约翰·布朗在 1859 年登上绞刑架时所说的话竟有如此惊人的相似之处。当时，布朗就已经预言，只有做出同样的流血牺牲，整个民族才能从奴隶制的恐怖中得到救赎和解脱。

林肯在对白人的集体罪恶做出陈述后，得出了举世闻名的结论："对任何人不怀恶意，对一切人心存宽厚……让我们继续努力完成正在从事的事业，包扎好国家的创伤,(以)最终实现公正和持久的和平。"只有足够的流血牺牲后,和平才会如期而至——而且只有上帝才知道到底流多少血才能换来和平。然而,林肯没有冒险提及刚获解放不久的非裔美国人到底如何才能融入得到救赎的国家的怀抱。很明显,当林肯发表演说时,他正考虑的问题是如何宽恕重新回到国家怀抱的南方白人,不过,当历史已经进入这样一个时代——当奴隶制的罪恶已经远远超越人类历史上的任何罪恶时,黑人的救赎与白人的宽恕在政治和社会实践中又有何意义可言呢?

南军土崩瓦解

当内战的最后一场战役终于爆发时,从军事角度来说,该战役却颇有些虎头蛇尾的味道。南部联盟一方的军队明显实战经验不足,士兵们老的老,小的小,一个个食不果腹、破衣烂衫,而北军的实力却在不断扩大。里士满的平民百姓都已经变得惊慌失措,如同惊弓之鸟。1865年3月,数不胜数的平民百姓和士兵们聚在南部联盟财政部的门口,排着长队,等着轮到自己用60美元(后来变成70美元)纸币兑换1美元银制硬币。这种硬币自从开战以来就没有再流通过。一旦里士满沦陷,运输这些硬币就将变得难上加难。不过,即便南部联盟印刷的纸币无法使用,这些硬币却可以在北方人控制的地区继续流通。任何明眼人都看得出来这一行动所隐含的可怕意义。

通货膨胀不断飙升。甚至总统杰佛逊·戴维斯都将自己家用来拉马车的马匹出售,以换取1.2万美元的纸币。一些具有爱国主义精神的商人花了240美元的硬币把这些马匹回购后又送还给了戴维斯。于是,民众便注意到了戴维斯的窘迫处境。没过多久,又有人发现美利坚联盟国第一夫人的长袍和蕾丝外衣都摆放在市中心商店的橱窗里待售。

3月25日,南军开始攻打斯特德曼堡(Fort Stedman),这标志着彼得斯堡战役进入了最后阶段。斯特德曼堡位于北军的战壕边,是北军防御最牢固的工事之一。威廉·T.谢尔曼早已经率领大军挺进了北卡罗来纳州。眼见快速移动的北军离自己越来越近,罗伯特·E.李采取了很多应对措施。李觉得自己的军队没有实力在一个地方驻守太久,因此尽管他知道手下军队的实力日渐衰弱,他还是决定主动发起进攻。南军一开始突围成功,但几个小时过后便有将近5000人的伤亡,于是开始后退。3月29日,北军主力连同上将菲利普·谢里登率领的骑兵一起对李的右翼部队实施包抄。4月1日,北军在五岔口战役(Five

Forks)中几乎将南军彻底歼灭。这一仗与纳什维尔战役相比有异曲同工之处，北军依然赢得了一边倒的具有决定意义的胜利。第二天，4月2日，格兰特下达命令，要求北军对南军发起全线进攻。在这次袭击中，北军虽然付出了4 000人伤亡的代价，但把南军赶回了他们的最后一道防线内。

里士满陷落

当天夜里，罗伯特·E.李手下的剩余力量并没有坐以待毙，而是选择向西部地区撤退。在放火焚烧了里士满的公共建筑后，南军撤离了里士满。4月3日，北军黑人骑兵部队第一批率先进入已经沦陷的南部联盟首都，亚伯拉罕·林肯紧随其后。城里的黑人兴高采烈地迎接林肯，并把他视为尘世中的弥赛亚（Messiah）。绝大部分白人却躲在家中，不曾露面。

南军在阿波马托克斯投降

罗伯特·E.李计划先命令部队急行军与约瑟夫·E.约翰斯顿领导下的南军剩余力量会师。约翰斯顿在北卡罗来纳州曾经与威廉·T.谢尔曼的先遣部队遭遇并发生正面冲突，但功败垂成。然而，由于李率领的北弗吉尼亚军团在向西撤退时行动迟缓，结果被行动迅速的北军切割成了几块。最后，到了4月8日，趁着罗伯特·E.李手下的军队士气日渐低落，谢里登率军绕到南军的后方，阻断其向国家铁路枢纽以及阿波马托克斯法院（Appomattox Court House）所在地撤退的路线。4月9日，李率军投降，当时的军队总人数只有不到2万人。格兰特提出南军在政治上要无条件投降，但从个人角度来说他提出的投降条款非常慷慨：南军从上至下一律获准假释，所有南军士兵可以骑着战马返乡，军官还可以保留自己的武器。

投降意味着什么？总体说来，南北双方即将经历何种战后重建的过程？在内战即将结束之际，对于这个核心问题，各方都显得困惑不解。

4月10日，罗伯特·E.李发表了告别演说，对手下将士们表达了感激之情并宣布解散军队。然而，他在演说里表现出来的政治立场与其说是自愿缴械投降还不如说是要负隅抵抗。尽管李迫于压力代表南军投降，但他强调说南部联盟的国民精神不应该被征服。罗伯特·E.李向自己的手下承诺说他非常钦佩"你们对国家表现出来的坚贞不渝和忠诚之心，而且这种钦佩之情将与日俱增。"

李向士兵们保证说他们的"英勇无畏和无私奉献"会亘古不灭。在最后一役中，虽然从军事角度说起来令人绝望，但他们的勇敢和奉献本不应该造成"无谓的牺牲"。罗伯特·E.李在演说时刚一张口，他的第一句话就马上在街头巷尾广泛流传："在过去4年艰苦卓绝的战争中，北弗吉尼亚军团刚毅果敢，勇气超凡。如今，面对着无论在人数上还是在物资供应上都势不可当的力量，我们迫于无奈宣布投降。"这一说法的确令南军颜面无光，但同时向南军提出了一个信念，即尽管军事上我们失败了，但即便面对着令人胆战心惊的北军战争机器，南部联盟的正义伟业从来没有消亡。仿佛就在这一句话中，实现南方独立的伟大目标就已经超越了单纯的军事上的败局。

败局命定理论的出现

就在此刻，美利坚联盟国成为不朽，而败局命定的说法也应运而生。对待失败的这种态度虽然看上去非常不切实际，但给南方人提供了足够的力量可以对未来发生的一切坦然相对。南方人也并非失去了一切，至少南方民族主义精神的精髓仍然留存。在接下来的几十年里，败局命定的思想观念愈演愈烈。当南方人抵制北方人和黑人参与管理南方事务时，这一思想从中发挥了重要作用。

约翰斯顿投降

一个星期后，民众对于南部联盟投降的意义愈发感到费解与混乱。其标志性事件发生在4月18日。当天，谢尔曼与约瑟夫·E.约翰斯顿就南军投降的相关问题开始谈判。约翰斯顿所率领的军队是南军最后一支主力部队。彼时，谢尔曼已经拿到了一份格兰特与罗伯特·E.李协商后的投降条款，可以作为此次谈判的参考，但他为了达到解散南军全部军队的目的，便与约翰斯顿就一项政治条约进行磋商。该条约规定："（南部联盟）各州政府将继续保留并延续下去……人民仍然享有各项政治权利……而且今后免受任何形式的迫害或惩罚。"谢尔曼或许没有意识到自己正在对昔日敌人做出政治上的巨大让步。究其原因，主要是谢尔曼迫不及待地想要将约翰斯顿的军队全部解散，而且他认为实现这一目标与林肯心中所念也会不谋而合。此外，谢尔曼在行为做事时完全以自己的政治原则为基础。他并不希望战争胜利给政局带来较大的波动，而且在种族和宪法问题上他的态度也趋于保守。与谢尔曼磋商有关条款的南部联盟领导人包括战争部部长(美国前副总统)约翰·C. 布雷肯里奇以及邮电部部长约翰·H. 里根(John H. Reagan)两人。至少就其重要程度来说,该条约表明即便是在签署涉及终止这场表面上看来南方属于失败方的战争条约的过程中,南方的领袖人物已经开始费尽心机地为战后的南方争取各项权利。

刺杀林肯

就在这一关键时刻,4 月 14 日,青年演员、亲南部联盟的狂热分子约翰·威尔克斯·布斯(John Wilkes Booth)在福特剧院(Ford's Theater)朝亚伯拉罕·林肯开枪射击。第二个刺客将国务卿西沃德捅伤,不过,西沃德没有性命之忧。第三个刺客原本要去刺杀副总统约翰逊,但由于酩酊大醉而没有成行。第二天,林肯不幸罹难,举国上下无不悲痛欲绝。来自田纳西州的副总统安德鲁·约翰逊宣誓接任总统之职。

林肯遇刺一事令北方人极为愤慨,但南方人对此事的态度莫衷一是。有些南方人感觉到既然自己最大的敌人已经表现出一种宽宏大量的态度,于是他们也表现出悲伤痛苦的情绪。然而,其余南方人则开始欢呼庆祝。例如,南卡罗来纳州的艾玛·勒孔特(Emma LeConte)就兴高采烈地在自己的日记里写道:"太棒啦!老亚伯拉罕·林肯遇刺身亡了!或许从理论上来说,我这么喜气洋洋的确不妥,但我此刻的心情纯粹属于情不自禁——经历了昨天的沉重和忧伤后(她得知了罗伯特·E. 李投降的消息),今天这个消息对敌人来说无异于一次沉重的打击,但对我来说像是天边的一道曙光。"佐治亚州的劳拉·肯德尔·罗杰斯(Loula Kendall Rogers)认为:"暴君林肯之死完全是万能的上帝所施加的惩罚",并对约翰·威尔克斯·布斯大加赞赏,认为"在我听说过的所有事件中,不论是真实发生的,还是虚构杜撰的,他的所作所为堪称是最大胆的行动"。

布斯虽然逃脱了绞刑的惩罚,但在他打算潜逃时,一个北军士兵在弗吉尼亚州的熊熊燃烧的一个谷仓里开枪将他打死。战后重建将会使南方白人在接下来的 10 年里重新掌权。不过,布斯代表民众打响了对战后重建的反应的第一枪,而这一枪饱含恐怖主义色彩。那些因为布斯的举动而感到欢欣鼓舞的南方女性则表现出败局命定的意识形态背后所隐藏着的种种恶意。这些恶意的源头便是南部联盟的战争经历。在接下来几章里,我们也会在南方白人的社会生活和政治生活中发现这些恶意的影子。

林肯与战后重建

直到遇刺的当天晚上，林肯一直都在不断修改着战后重建计划。按照他的个人习惯，林肯一直都在心里盘算着如何才能打好手中这些政治牌。然而，历史学家们却无从得知他心中大计的实质内容到底怎样，也并不知晓他私下里将战后重建到底规划到了何种地步。面对如何处理战败的南部联盟以及如何使不断发展的黑人解放运动具有政治意义和社会意义等一系列问题，林肯自己尚处于不甚明了的状态，而且在共和党内部也没有形成一致的意见，在整个北方地区情况则更为复杂。有的民众义愤填膺，迫切希望对南部联盟采取报复行动，有的民众则满怀热情，希望尽快结束这场罪恶累累的战争，两种思潮产生了激烈的碰撞。林肯遇刺身亡使他不但成为革命烈士，甚至成为基督教的知名人物。诡异的是林肯遇刺那天碰巧是耶稣受难日（Good Friday）。林肯受了致命伤，为北方联邦流尽了最后一滴血。林肯在前一个月所做的第二次就职演说中提到了道德战争，而他的死就好像是为了给这次演说做个注解一样，非常具有象征意义。林肯死后，虽然美国战后政治上出现了混乱局面，但他丝毫没有因此而受到影响。林肯被视为圣人，在美国已故的大人物中，林肯仍然是领军人物，他所代表的仍然是美国最美好的价值观，而美国人也希望自己的国家能够代表和拥有这种价值观。

南部联盟投降

安德鲁·约翰逊否决了谢尔曼提出的和平条约，这也是在他的总统任期内否决的第一份法案。4月26日，约瑟夫·E.约翰斯顿在和平条约上签了字。在内容上这份条约与格兰特和罗伯特·E.李所签署的合约大同小异。5月4日，陆军上将理查德·泰勒在亚拉巴马州投降，他的部队是南部联盟在密西西比河以东地区驻扎的最后一支部队。5月26日，陆军上将埃德蒙·柯比·史密斯也率领密西西比河以西的南军部队投降。为数不多的几支游击队，尤其是在肯塔基州和密苏里州较为活跃的几支游击队又坚持了一两个月的时间，但北军在当地人的帮助下，追踪到了他们的活动路线并将他们一网打尽。大多数当地人一开始对游击队表现出支持的态度，但如今认为游击队员与土匪相比一般无二。实际上，有些游击队的确如此，例如声名远扬的詹姆斯以及密苏里州的扬格兄弟

(Younger brothers)。在南部联盟的上将中,最后一个投降的是斯坦德·沃提(Stand Watie)。沃提是切罗基族印第安人部落的酋长。6月23日,他率领在切罗基、克里克、塞米诺尔(Seminole)以及欧塞奇(Osage)等地驻扎的军队投降。

与此同时,内战中最不可思议的一幕出现了——杰佛逊·戴维斯既不愿意与罗伯特·E. 李一起投降,也不愿意与约翰斯顿一起向北军低头。里士满沦陷后,戴维斯仓皇出逃,一开始他乘坐火车,接着又换为乘坐马车,因为他坚信自己有能力发动一场军事反攻,或许会借助游击队的力量实现这一目标。直到5月2日,戴维斯对跟随他一起出逃的政府和军队残余力量表示,他们现在所处的时代与美国独立革命所处的黑暗时代相比有过之无不及。他还表示,如果他可以聚集3 000名士兵,那么"当现在让民众饱受折磨的恐慌情绪消失殆尽后,这3 000人所形成的核心力量就足以让民众重新团结到一起"。这番话听起来像痴人说梦,而听到的人对此也毫无反应。不久以后,除了为数不多的几个官员,剩下的人全都悄然离去。戴维斯总统卫队的士兵们也纷纷弃他而去,有些士兵选择做了土匪。最后,到了5月10日,由150人组成的威斯康星州第一骑兵(First Wisconsin Cavalry)纵队在佐治亚州欧文维尔(Irwinville)附近与戴维斯一行人遭遇,并将其俘获。当时,戴维斯身穿雨衣,脑袋上裹着他妻子的披肩,正打算逃往附近的一片树林。北方各大报纸马上就刊登出乔装成女人的戴维斯卡通漫画形象,嘲笑他是一个不光彩的、怯懦的失败者。联邦政府将戴维斯关押在弗吉尼亚州的门罗堡。他被指控犯有叛国罪、虐待联邦战俘罪、阴谋协助刺杀林肯罪等3项罪名,不过,联邦政府没有对他进行正式审判。1867年,戴维斯获释出狱。在出狱后的大部分时间里,戴维斯一直都在撰写回忆录。除了进行自我辩护,戴维斯还在回忆录中表达愤愤不平的情绪。1889年,戴维斯去世。

新任总统安德鲁·约翰逊谈到了惩治南方的叛国者,他的这一提法得到了本党国会激进议员的支持。然而,除了在义愤填膺这一点上所有人取得了共识,至于到底应该如何打造即将到来的和平却几乎无人知晓。如果林肯还活在人世,或许可以运用他强大的政治手段巧妙地处理这一系列问题。毕竟他在内战期间曾经与激进分子通力合作,在向激进方向努力的同时还在规划一条更加中庸的政治路线。

北军解散

与此同时,北军解散的速度也非常快。5月24日,格兰特率军在华盛顿的宾夕法尼亚大街（Pennsylvania Avenue）接受大阅兵（Grand Review）；第二天，谢尔曼率军接受大阅兵（不过在举行游行活动时，黑人士兵都被排除在外）。阅兵仪式过后不久，绝大多数士兵就搭乘火车返乡。在短短的18个月里，原本拥有将近100万名战士的陆军部队总人数就已经只剩下6.5万。自从美国建国之时起，对于美国人民来说，就很难想象国家在和平时期维持一支庞大的现役军队，因为培植军队这一理念对他们来说无异于一种诅咒。如今，在绝大部分士兵都复员回家的情况下，美国人民也无法想象政府会雇用大量北方士兵到南方发挥永久占领军的作用。还有一种观念更加普遍，对于那些在华盛顿大权在握的联邦官员而言，他们中的绝大多数都没想过由联邦政府指导南方的战后重建工作。不过，精力充沛的激进派对此持有异议，而自由民局也已经就位，开始给获得自由的奴隶临时发放食品并考虑以其他形式提供帮助。获胜的北方人变得愈发茫然，对于到底该如何对待南方的白人和黑人的问题，其内部的分歧也越来越大。在联邦政府内部，就是否需要制定一项政策以促进社会变化与种族正义的议题一直都没有达成共识。原因有二：一是这种想法尚不普遍，二是政府在这方面几乎没有任何永久性的制度经验可言。内战期间虽然实施了中央集权化以及官僚化的管理方式，但在和平时期，没有人会赞成这一思想。4年的战争激情和大肆杀戮过后，人人都渴望和平，但摆在人们面前的是无数悬而未决的政治和社会问题。未知的未来更是险象环生。

大事记

1860 年 12 月—1865 年 6 月

1860 年 12 月		南卡罗来纳州退出联邦
1861 年 1—2 月		密西西比州、佛罗里达州、亚拉巴马州、佐治亚州、路易斯安那州和得克萨斯州先后退出联邦
	2 月	美利坚联盟国在亚拉巴马州的蒙哥马利成立
	4 月	萨姆特堡（南卡罗来纳州）投降；林肯呼吁志愿兵和海军对南部联盟实施封锁
	4—6 月	弗吉尼亚州、阿肯色州、北卡罗来纳州和田纳西州退出联邦
	7 月	第一次布尔伦河战役，或称马纳萨斯战役（弗吉尼亚州）
	8 月	美国国会通过《第一充公法案》；威尔逊溪战役（密苏里州）
	10 月	南部联盟分政府在密苏里州成立
	11 月	南部联盟分政府在肯塔基州成立；弗吉尼亚州西北部宣布独立
	11—12 月	"特伦特号"事件
1862 年 2 月		美国创建军用铁路；亨利堡和唐纳尔逊堡投降（田纳西州）；巴尔韦德战役（新墨西哥州）
	3 月	皮里奇战役（阿肯色州）；联邦战争委员会建立；紧凑型半潜式装甲舰"弗吉尼亚号"与"监督者号"在汉普顿锚地发生激战（弗吉尼亚州）；格洛列塔山口战役（新墨西哥州）
	3—6 月	杰克逊在谢南多厄谷的战役（弗吉尼亚州）
	4 月	夏伊洛战役（田纳西州）；南部联盟国会实施《征兵法案》，并通过了《游击队管理法案》；新奥尔良投降；麦克莱伦开始发动半岛会战（弗吉尼亚州）；华盛顿特区废除奴隶制
	5 月	美国国会通过《公地放领法》
	6—7 月	七天战役
	7 月	美国国会通过《太平洋铁路法》《莫里尔法案》以及《第二充

		公法案》
	8月	第二次布尔伦河战役，或称第二次马纳萨斯战役(弗吉尼亚州)
	9月	安提坦战役，或称夏普斯堡战役(马里兰州)；林肯发布《解放奴隶宣言》
	10月	科林斯战役(密西西比州)以及佩里维尔战役(肯塔基州)；"安提坦战役的死亡"展览在纽约开幕
	12月	弗雷德里克斯堡战役(弗吉尼亚州)；石头河战役，或称默弗里斯伯勒战役(田纳西州)打响；维克斯堡战役开始(密西西比州)
1863年	1月	石河战役结束；《解放黑人奴隶宣言》生效
	2月	联邦国会通过《国民银行法》(1864年6月再次修订)
	3月	北方联邦开始在全国范围内征兵
	3—4月	包括里士满在内的几座南部城市发生面包暴动
	5月	钱瑟勒斯维尔战役(弗吉尼亚州)；开始围困维克斯堡；克莱门特·L.法伦第格汉姆遭到"驱逐"
	6月	西弗吉尼亚州加入联邦
	7月	葛底斯堡战役(宾夕法尼亚州)；维克斯堡投降；在北方由于征兵法案引发暴乱，纽约市的暴乱最严重；罗巴克事件(英国)
	8月	昆特里尔洗劫劳伦斯市(堪萨斯州)
	9月	奇卡莫加战役(佐治亚州)
	9—11月	围攻查塔努加(田纳西州)
	11月	葛底斯堡演说；卢考特山战役与传教士岭战役(田纳西州)
	12月	林肯发表《大赦与重建宣言》
1864年	3—5月	红河战役(路易斯安那州和阿肯色州)
	4月	曼斯菲尔德战役和普莱森特山战役(路易斯安那州)；皮洛堡大屠杀(田纳西州)
	5月	北方联邦开始在弗吉尼亚州和佐治亚州部分地区实施消耗战；莽原之役和斯波齐尔韦尼亚战役(弗吉尼亚州)
	6月	冷港战役(弗吉尼亚州)和肯尼索山(佐治亚州)
	7月	克雷特战役(弗吉尼亚州)；里士满和彼得斯堡围困战开始；

276

	林肯否决《韦德—戴维斯法案》(Wade-Davis Bill)，但《韦德—戴维斯宣言》随即发表；焚烧钱伯斯堡（宾夕法尼亚州）；亚特兰大围困战及亚特兰大战役（佐治亚州）
9月	亚特兰大沦陷；普赖斯率军攻入密苏里州
11—12月	谢尔曼发动"向海洋进军"（佐治亚州）
11月	富兰克林战役（田纳西州）
12月	纳什维尔战役（田纳西州）
1865年1月	国会通过《宪法第十三条修正案》；去各州批准
2月	汉普顿锚地会议（佐治亚州）
2—3月	谢尔曼在南北卡罗来纳州发动战役
3月	林肯发表第二次就职演说；联邦国会创建自由民局
4月	北军占领彼得斯堡及撤离里士满（弗吉尼亚州）；罗伯特·E.李在阿波马托克斯投降（弗吉尼亚州）；布斯刺杀林肯（华盛顿特区）；约翰斯顿在北卡罗来纳州投降
5月	戴维斯在佐治亚州被俘；内战的最后一役在棕榈牧场爆发（得克萨斯州）
5月	联邦军队大阅兵，华盛顿特区
5—6月	南军残余力量投降

史学论文的主要观点

历史学家分析北方获胜的原因

几代历史学家对于美国内战的起因和结果一直都各执一词，众说纷纭。然而，与对内战起因和后果的评价莫衷一是不同的是，关于北方获胜的各种解释尚不能简单地按照时间顺序以思想流派进行归类。相反，我们按照历史学家研究的主题进行划分，以下便是最重要的一些主题。

一、军事力量

从这一角度解释的绝大部分原因是北方在人力、武器以及交通运输等方面明显占有数量上的优势。北方的军队规模更加庞大，工业生产能力更强，铁路运输体系使武器精良的军队行动更加灵活，因此，最终北方战胜了南部联盟。

二、军事领导能力

采取这一立场的历史学家们关注的是那些联邦将领。为了赢得战争的胜利，他们制订了高人一等的战略战术计划。随着战争逐渐从歼灭战演化成消耗战，双方对战略计划都做出了一系列必要的调整。然而，最终北方所采取的消耗战略，或者叫"全面战争"取胜。

三、经济

这一观点与其说是对南北双方的工业生产进行比较，还不如说是强调北方经济的平衡发展才是胜利的基石。在内战期间，北方经济不但得到高速发展，工业生产效率不断提高，而且北方还找到了更平衡的方法给战争提供资金援助，帮助北方与经济上的通货膨胀擦肩而过，而通货膨胀给南方造成了灾难性的影响。

四、政治

南北双方的政治和政府体系在很多方面都有共同之处，不过两者之间也存在着重要差异。在美利坚联盟国，政治矛盾很难得到解决，尤其是里士满政府在指挥战争时似乎篡夺了州权。有些学者还认为南北双方的总统在领导能力上也存在着差异，北方明显占有优势。

五、外交

与18世纪80年代英国在北美建立殖民地的情况一样，羽翼未丰的美利坚联盟国也需要在自己的独立战争中获得外国支持。英、法两国都给美国南军提供了物质援助，英国甚至承认了美国南部联盟发动叛乱的权利。然而，美国南部联盟既没有得到这两个国家对自己合法地位的承认，也没能让任何一个国家出手对内战进行干涉，因此失去了胜利的机会。

六、非常规战争

内战初期，南部联盟的游击队对常规军事行动起到了非常有价值的辅助作用。然而，随着南北双方冲突的不断加剧，游击队对于南部联盟的独立大业来说再也不是什么有价值的资产，反而变成了一大负担。由于这些游击队与联邦主义者组成的游击队多次发生地方战争，结果不但使民众认为他们纯属一群无法无天之徒，而且北军也因此采取了更加严厉的政策措施打击窝藏游击队员的南方百姓和南方社会。可见，这种非常规战争不仅削弱了南军的战斗力，也消磨了南军继续作战的决心。

七、公众士气

后方对任何战争的胜利都至关重要。因此，很多学者指出，引起公众支持战争的各种因素，对南方的影响比对北方的影响更加致命。其中的两个主要因素包括：南军在战场上接二连三遭遇失败以及非常规战争无所不在的影响。其他一些因素还包括南方的绝大部分地区遭到破坏、南部联盟的民族主义精神崩溃、奴隶制的瓦解以及民众认为上帝早已经抛弃了南部联盟大业等。

第十章　北方的政策与南方的战后重建
1863—1870 年

内战虽然已经结束了,但美利坚共和国境内上至联邦下至各州似乎仍处在一片废墟之中。在接下来的几年里,一场严重的政治危机已经蓄势待发,而北方的政治领导人还在就如何开始着手将此前脱离联邦的南方各州统一起来的问题进行激烈的讨论。当美国的行政部门和立法部门之间明争暗斗时,当顽固对抗的前南部联盟成员争夺战败的南方控制权以及对联邦国家的重新定义时,一开始必将出现很多错误和相互对抗,出现各种各样不公正的解决方案,因此南北双方都将遭受巨大的痛苦甚至是流血牺牲。

对和平的复杂反应

1865 年春,美国民众普遍认为内战已经深刻地改变了一切。南北双方刚停火不久,哈佛大学教授乔治·蒂克纳便试图解释他所经历的翻天覆地的变化。蒂克纳写道,显而易见,内战已经在"此前所发生的一切与此后有可能发生的一切之间制造了一条难以逾越的鸿沟。眼下我所生活的国家与此前我出生时的国家似乎已经不再是同一个国家"。蒂克纳并没有说错,至少从当时看来的确如此。经过 4 年战争的洗礼,美国社会已经产生了引人注目的变化,而且在接下来的 10 年里,令人震惊的矛盾冲突还将继续席卷整个国家。然而,如果从社会、经济乃至政治等领域存在的很多深刻的思想和做法等角度来考虑,美国在很多方面其实一如既往,未曾改变。一段时间过后,社会基本改革的种种承诺将逐渐销声匿迹,而在战前美国就已经根深蒂固地存在的各种态度以及各类问题也将重新出现,只不过这次换了一种新形式而已。

获胜的北方渴望和平。其工业实力以及庞大的人口曾经是北方获胜的重要支撑,然而,如今的北方民众与南方战败的平民百姓一般无二,都已经厌倦了战争。士兵们复员的速度之快表明从传统角度来说美国人痛恨在和平时期保留大规模的常规部队。成千上万名联邦士兵迫不及待地想要赶回家去，想要放弃自己的军人身份后高高兴兴地重新继续战前的生活，重操战前旧业。内战前，诸如维克斯堡、弗雷德里克斯堡、富兰克林等地名只不过是一些遥不可及而且名不见经传的小镇的名字而已，平民百姓根本没有人愿意到那些地方去走一走，看一看。如今，内战已经结束，人们更愿意回到战前那个美好的时代。然而，就是在以这几个小镇为代表的许多地方，如此之多的北军士兵要么长眠于此，要么在那里饱受战争的苦难，想要将那些地方抛诸脑后谈何容易？千千万万个失去顶梁柱的家庭，千千万万个身体严重残疾的退伍老兵都将在长时间里继续担当恐怖战争的活生生的见证。

林肯遇刺事件就发生在罗伯特·E. 李投降后的第二天，这一事件不但令人震惊，更令人难以忘怀、难以原谅。"这简直就是卑鄙无耻，惨无人道，"纽约的日记作家科妮莉亚·杰伊在听说林肯遇刺事件后如此写道，她预言，"这件事，意味着我们再也不能宽容大度下去了。"《华盛顿纪事报》(*Washington Chronicle*)也做出了类似的评论："北方民众原本认为南方民众误入歧途，对他们还心怀怜悯同情及兄弟之爱，对于南方叛乱的领导者们原本还保留着宽宏大量的气度，而且这种情感还深深植根于北方民众的心里。然而，这次邪恶的刺杀事件必然会令北方民众义愤填膺，并造成恐惧情绪的爆发，而这一件事足以毁掉北方人对南方人的各种美好的情感。"

战后审判

对约翰·威尔克斯·布斯及其同伙的审判足以证明这些预言其实已经成真。当庭受审的一共有七男一女，法庭指控他们阴谋刺杀总统以及其他各种各样的罪名。其中一个嫌犯的名字叫玛丽·苏拉特(Mary Surratt)，她是华盛顿特区一座公寓的房东，而布斯和他的几个从犯就经常在这座公寓楼里会面。给这些嫌犯定罪的是特别军事法庭而不是民事陪审团。虽然有的嫌犯被定罪是依据旁证，不过所有嫌犯均被判有罪，其中，包括苏拉特在内的4名嫌犯被判处绞刑。1865年7月7日，这几个人被行刑处死。苏拉特是联邦政府有史以来处决的第一个女性——无数摄影师和插画家都捕捉到了她软塌塌的尸体悬挂在另外3具男尸边上的画面，令人触目惊心。《哈珀周刊》描述了苏拉特登上绞刑架时步履蹒跚的样子，"脸色苍白，表情可怖"。在数以百计的围观者面前，苏拉特在行刑前并没有做出任何反抗举动，但另外3个男性嫌犯在临死的那一刻拼命挣扎。在谈到对这几个密谋者进行裁决和执行死刑的过程时，《哈珀周刊》总结道："3个月前，这场阴谋刺杀让全国人民都陷入了悲哀的低谷，如今，这段难忘的历史终于画上了句号。"

对这几名刺客的审判刚刚结束后不久，另一件饱受争议的案件便开始了，即对陆军上尉亨利·沃兹的审判。在内战行将结束之际，沃兹在安德森维尔（Andersonville）监狱担任典狱长。自从1864年2月该监狱开始接纳战俘时起，有关南军战俘在这座战俘营遭受种种残酷虐待的传说就已经在北方地区有所耳闻。不过，当该战俘营的幸存者返回家乡、骨瘦如柴的战俘照片被公之于众后，北方民众无不为战俘营恶劣的生存状况感到惊骇。北方的其他监狱，例如：纽约州的埃尔迈拉战俘营（Elmira）、俄亥俄州的约翰逊岛战俘营（Johnson's Island）以及伊利诺伊州的道格拉斯战俘营（Camp Douglas）等地，其状况也都堪忧。3万多名北军士兵（占其战俘总人数的15.5%）死在南部联盟的战俘营里，同时，将近2.6万名南军士兵（占其战俘总人数的12%）也在北方联邦的战俘营里殒命。然而，随着内战落下帷幕，南方战败，北方人与所有获胜者一样都选择对自己过往的残忍行为视而不见。

1865年5月，联邦警察局副巡长亨利·E.诺伊斯（Henry E. Noyes）将沃兹捉拿归案，并将其押解至华盛顿特区接受审判，罪名是"破坏犯人健康，残害犯人生命"。对沃兹的审判前后持续了3个月，其间共传唤了160个目击证人，其中绝大部分是前联邦监狱战俘。这些人出庭作证，证明沃兹上尉故意虐待战俘。当时沃兹的健康状况非常恶劣，在整个庭审过程中他全程都趴伏在一张沙发上，只是偶尔起身抗议那些目击证人所做的各项指控。然而，即便如此，仍然于事无补。1865年11月10日，沃兹被施以绞刑处决。据称，法庭曾暗示如果沃兹承认在谋杀战俘问题上他曾经与总统戴维斯同流合污，那么他自己便可获得赦免，但沃兹对此断然拒绝。"杰佛逊·戴维斯与安德森维尔监狱所发生的一切没有半点关系。"沃兹坚称。就在沃兹被处死之前，据说他对一个执行绞刑的军官如此说道："少校，我清楚地知道军令的确切含义——我就是因为执行军令被判处绞刑的。"

北方联邦对那些涉嫌犯有战争罪的前南部联盟成员还有其他类型的指控，不过，几乎所有被指控的罪名都与战俘有关，而且都具有明显的情感色彩，且颇受争议。1865年2月24日，海军上尉约翰·比尔（John Beall）被吊死在绞刑架上，因为他曾经在1864年企图释放关押在俄亥俄州约翰逊岛战俘营的南军战俘。另一个特别军事法庭对北卡罗来纳州索尔兹伯里监狱(Salisbury Prison)的典狱长少校约翰·吉(John Gee)进行审讯,指控他犯下了忽视罪犯请求及7项谋杀罪名。经过长达5个月的审讯,该军事法庭宣布约翰·吉无罪并将其当庭释放。然而,对游击队队长钱普·弗格森(Champ Ferguson)的审讯则认定其犯下了战争罪,因为在1864年10月,弗吉尼亚州爆发的索尔特维尔(Saltville)战役结束后的第二天早晨,弗格森不分青红皂白地下令对黑人士兵进行屠杀。1865年10月25日,美国有色人种军团的一支小分队见证了处决弗格森的全过程。

联邦政府还对杰佛逊·戴维斯、詹姆斯·A.塞登以及豪厄尔·科布等人实施逮捕并羁押,罪名是密谋刺杀林肯。然而,随着时间的推移,无论从政治角度还是从法律角度来说,将前南部联盟成员带上法庭并接受审判明显都面临着巨大困难,因此对这些人进行裁决的急迫心理慢慢地减弱了。塞登和科布在监狱里关押了几个月后便获释出狱。虽然戴维斯被起诉犯有叛国罪和密谋谋杀总统罪,但一直没有当庭受审。自此,他一直被关押在弗吉尼亚州的门罗堡。1867年5月,戴维斯也获准出狱。

总的来说,联邦政府认为促进南北双方的友好关系对自己大有裨益,而且也不想对南军逼迫过紧,以免一些北军领导者的担忧成真——南军转而进行长期的游击抵抗战。因此,联邦政府自始至终表现出最大限度的容忍和克制。然而,即便已经对前南部联盟的领导者们网开一面,北方人仍然面临着一些政治难题:到底应该如何处置前南部联盟?经过4年的残酷战争,整个国家已经变得四分五裂,很多地方都饱受战争的践踏和摧残。在这种情况下,联邦政府应该如何着手重新统一全国?

北方的痛苦

不管联邦政府如何对待南部叛乱领袖,大多数北方民众并没有打算原谅他们犯下的叛国罪。他们希望看到对这些叛国者的惩戒,希望叛国者能幡然悔悟。在这场内战中,为了维护北方联邦的利益,将近30万名北军士兵阵亡,多达27.7万名海陆军士兵受伤,并拖着他们残疾的身体返回家乡。很多退伍老兵饱受今天被称为"创伤后精神压力综合征(PTSD)"的折磨,还有很多老兵一直未能从战争给他们造成的肢体伤害中痊愈,有的人很早便告别人世。北方民众坚称,必须有人为这种大屠杀和缓慢死亡负责。他们希望政府做出保证,那些犯有叛国罪的罪犯,包括全部南军在内,都应该为自己的错误付出代价。

无数的地方社会由于受到内战的影响而变得四分五裂,战后平民百姓的直观感受以直面痛苦和报复为特点,而不是宽恕和原谅。尤其在南方的边疆州及山区,情况更是如此。因为那里的游击战早已经横行肆虐,很多冲突都进行得非常惨烈,而且经常伴有报复性的大屠杀。来自南北双方的武装团伙经常肆意碾压地方的治安部队。以密苏里州为例,以詹姆斯为首的武装团伙及其他著名的银行和铁路抢劫犯原本都是南部联盟游击队的成员。内战期间从游击队逃出去的其他老兵以及平民的人数成千上万,但他们从来没有回到自己的家乡。他们紧紧抓住怨恨和恐惧不放,期冀着能早日以牙还牙,以眼还眼。

战争,就其本身而言就使实施和解既有必要,又面临困难。在这一点上,与北方民众自相矛盾的愿望有异曲同工之处:既想要对南方实施严厉的惩罚,又想要张开双臂欢迎南方回归到联邦的怀抱。林肯曾经在发表第一次就职演说时表达出坚定的信念。他当时认为南方人并非都是反政府武装,而且有些南方人甚至愿意重新加入联邦。然而,随着时间的推移,林肯在有关南北方和解问题上的想法也发生了变化,变得越来越复杂,尤其在涉及奴隶制的问题上,情况更是如此。当他在 1862 年公布《解放黑人奴隶宣言》时,北方联邦的战争目标虽然发生了急剧的变化,但林肯希望全国重新统一的理想一直未曾改变。

林肯的百分之十计划

到 1863 年底,随着北军连续征服南部联盟的大部分土地,对于联邦政府而言,制订一个综合性计划以帮助被占领地区回归联邦体制的时机已经成熟。田纳西州和路易斯安那州的军事领袖已经在当地建立了某种近似于文官政府的管理机构,林肯并没有打算破坏北军在这两个州所取得的进展。相反,他谋求加快这一进程在其他叛乱各州的发展。1863 年 12 月 8 日,林肯颁布了《大赦与重建宣言》(Proclamation of Amnesty and Reconstruction)。这一宣言也被称为林肯的百分之十计划。这项计划不但非常具有实用性,而且非常灵活,目的是鼓励南方人早日回归联邦国家的怀抱。根据该计划,所有叛乱者只要宣誓效忠联邦并承认废除奴隶制,都可以获得彻底赦免,并可以重新恢复除奴隶所有权以外的各项公民权利。在任何一个脱离联邦的州内部,只要在 1860 年的选举中有 10％的选民愿意"效忠"联邦,那么这些人就可以组建新的州政府并可以起草新的州宪法。林肯之所以愿意在如此脆弱的基础上打造这些效忠联邦的州政府,是因为显然他想为那些对南部联盟感到沮丧和不满的民众建立一个集合点。此外，与在内战第一年一样，他仍然认为南方联邦主义者的人数足以在所有叛乱州重新恢复效忠联邦的政权统治。一旦这些州政府被认为是"真正的州政府"，那么越来越多厌倦了战争的南部联盟成员就会逐渐承认继续叛乱行径徒劳无益，从而加入联邦州政府。

当然，该计划有一些附加条件。林肯将南部联盟的高级军政官员排除在外，不允许这些人加入新成立的州政府。此外，他还要求新宪法禁止奴隶制，不过他也允许采用一些临时措施应对这些以前是奴隶的黑人，因为他们属于"无地可耕、无家可归的劳动力阶层"。林肯的计划并没有批准非裔美国人拥有宣誓效忠、选举权以及担任公职的权利。他强调，国会有权决定是否留用根据他的条款规定被派往国会的人员。林肯的想法与他自己坚定的主张不谋而合，因为他始终坚信那11个南方州并没有真正脱离联邦，而是仅仅处在一种叛乱的状态，因此，这些州完全没有必要千方百计、大费周折地回归到原来的立场。或许就眼前的情况而言，林肯的观点中最重要的一面具有明确的军事意义，即鼓励南方人放下敌意，寻求和平统一。

林肯发布《大赦与重建宣言》后，大多数北方人都喜形于色。绝大多数共和党人高度赞扬这一计划，称其为终止战争、废除奴隶制的一条途径。1863年12月11日，纽约的律师乔治·坦普顿·斯特朗在日记里赞许地写道："当今美国最受欢迎的人非亚伯叔叔莫属。反政府武装或许很快就可以见识到这位'大猩猩暴君'的坚定不移、正直诚实和远见卓识，甚至会比我们期待的还要早一些。他的突出个性和人格魅力将会在我国实现重新统一的过程中发挥至关重要的作用。"南方的联邦主义者对这一计划也大声喝彩，认为这是快速实现统一的一条途径。然而，其他人认为这计划存在诸多问题，尤其在涉及解放黑奴的相关条款以及林肯对待南军宽大仁慈的态度方面表现得更加明显。

特别值得一提的是，民主党人不断抨击总统，并认为他的重建计划不但漏洞百出，而且充满了危险。北方的民主党人由于受到铜头蛇运动的影响，内部已经四分五裂，但一直坚守宪法赋予各州的权利以及联邦政府对各州实施最小化管理的理念。尽管民主党公开指责脱离联邦的错误行径，但大多数北方民主党人认为实现重新统一的最佳方案是保留奴隶制。这样一来，既可以安抚南方人对重新统一的恐惧心理，也可以继续维持南方人所笃信的白人共和国。民主党的《纽约新闻报》(New York News)将林肯所规划的蓝图称为"皇帝的诏书"，并认为"该计划为了废除奴隶制已经到了有失公允、野蛮狂热且不切实际的地步"。

南部联盟成员也对林肯的宣言进行了猛烈攻击。北卡罗来纳州的凯瑟琳·安妮·埃德蒙斯顿（Catherine Anne Edmondston）在她的日记里猜测为什么林肯竟然会赦免南方人时，提出了一连串的问题："为什么要赦免？为什么要宽恕？难道宽恕我们就是为了让他自己名正言顺地侵略我们的土地？进而蹂躏、破坏我们的家园？上帝啊，请宽恕我们的罪过吧！"

各种有关战后重建的激进观点

到了1864年夏，林肯的政治声望降到了历史最低点，他所颁布的百分之十计划也没有取得多大进展，而且他能否连任总统也成了一个未知数。而此时共和党的激进派提出了另一套更加苛刻的方案。根据该方案，叛乱各州想要回归联邦就会变得更加艰难。林肯所在的共和党中的大多数人都认为总统一门心思想要让南方重新加入联邦，但几乎完全忽略了对前南部联盟叛军的惩罚，更没有关注到南方各州的恢复和重建工作。为了修正林肯思想中的重大缺陷，国会通过了《韦德—戴维斯法案》。该法案是在1864年7月国会休会之前由马里兰州的国会代表亨利·温特·戴维斯（Henry Winter Davis）和俄亥俄州的参议员本杰明·F. 韦德（Benjamin F. Wade）共同起草完成。该法案对林肯计划中的模糊条款质疑，并坚决主张在决定南方战后命运的问题上国会具有最高决定权。

该法案除了主张国会的权利以及政府文官对整个重建过程的控制权，还规定"不论在哪一个州，只要对美利坚合众国的军事抵抗力量被镇压后"，重建工作就应该立即展开。从那时起，由总统任命并经参议院批准的临时州长就可以开始面对所有白人男性公民宣誓就职。当宣誓的白人男性公民数字达到50％时，州长就可以组织选举，选举出代表后举行制宪会议。接下来，这些代表再次宣誓，即"绝对忠诚的誓言（Ironclad Oath）"，承诺他们从来就没有心甘情愿地支持南部叛乱。然后，他们再次举行会议，投票禁止奴隶制，废除所有南部联盟的债务，正式草拟成立"一个新的共和党形式的政府"，并制定一份新的包含有同样条款的"宪法"。在符合要求的选民中，如果绝大多数人对这一宪法表示认可，总统"在得到国会批准后"就可以承认新政府的合法性。只有到了这时候，才能开始国会代表的选举工作。与林肯的百分之十计划如出一辙，《韦德—戴维斯法案》同样禁止南部联盟高级官员担任文职工作，并禁止他们在新的州政府中拥有选举权。不过，《韦德—戴维斯法案》也规定，不论任何人，"从今往后，只要在叛乱的南部联盟或叛乱州从事任何文官或武官工作（除了那些在上校级别以下的行政办公室或军事办公室工作的军官)",都将被剥夺公民身份。尽管这份文件是由两个激进分子撰写而成,但就其本身而言仍然存在一定的局限性。最明显的一点便是没有任何有关黑人选举权的规定条款。

林肯关于战后重建的后期思想

林肯拒绝签署该项法案,并利用1864年夏季的国会休会期间行使了"搁置否决权"令该项法律自行失效。总统认为该项法案的各项规定死板僵化,并罕见地以发表公开宣言的形式表达了强烈反对的立场。林肯直接陈述道,他"对于国会竟然批准这项法案感到不可思议,因为该法案与任何一项重建计划相比都要更加刻板"。林肯担心该法案将会使联邦政府根据自己的计划在阿肯色州和路易斯安那州所建立的政府失效。林肯又补充说,语气中颇带有些讽刺挖苦的味道,如果任何州打算接受这个更加苛刻的法案,他便"准备对这些人给予行政上的支持和援助"。

虽然大多数共和党人担心民主党人会趁机利用本党内部出现的任何显而易见的嫌隙,因此都对此三缄其口,但韦德和戴维斯二人面对林肯的宣言勃然大怒并做出正式回复。在《韦德—戴维斯宣言》中,这两位国会议员指控林肯为了追求"个人野心"而藐视国会。他们宣称:"如果他想得到我们的支持,他便决不能逾越自己的行政职责范围——遵守并实行法律而不是制定法律——使用武力镇压全副武装的叛乱分子。由国会全权负责政治改组工作。"在共和党的历史上,很少会有国会议员如此猛烈地抨击本党总统的情况发生。国会虽然无法推翻林肯的否决决定,但当根据总统颁布的百分之十计划选举出来的南方代表和参议员抵达华盛顿后,国会拒绝给他们提供任何席位。

总统与国会之间原本也曾经尝试妥协,由于在黑人选举权的问题上存在争议,种种尝试便也无果而终。林肯却变得愈发支持黑人拥有有限的选举权。早在1864年3月初,总统曾经私下里对新当选的支持联邦主义的路易斯安那州州长迈克尔·哈恩(Michael Hahn)暗示说,他有意将"选举权"范围扩大,将那些最聪明的"有色人群"以及那些"曾经在我们的军队里英勇作战的"有色人种都包括进来。林肯相信,做出这样的举动将会"有助于在一些艰难的时刻到来之际,在自由的大家庭中仍然能够保留住自由这一珍宝"。他仍然坚持自己的观点。他认为同一个计划并不适用于每一个叛乱州。不过,在1865年4月11日,当他就战后重建问题发表最后的公开声明时,总统重申,他希望应该将黑人选举权授予

"那些最聪明睿智之人"和"那些为了我们的联邦大业冲锋陷阵之人"。这样的声明堪称直言不讳,不过林肯也承认"每一个州都各具特色;即便在同一个州里发生这样突然的变化也堪称重大事件;此外,整件事都属于史无前例,绝无仅有,因此仅凭单独一个僵化的计划根本无法妥善解决所有的细节问题和附属问题"。他又补充道:"或许应该在我感觉时机恰当之时……对南方民众发表一个新的宣言,也许这是我的责任。"

在重新统一国家的过程中,林肯到底会用何种方式处理种族问题我们已经无从得知。他已经做出了很大努力,并且已经取得了一定的成功,因为他促使国会通过了《宪法第十三条修正案》(Thirteenth Amendment)。当然,这里面还是有一些政治上的考量。他深知黑人选举权问题今后一定会给南方的共和党带来潜在的政治优势,国会刚刚批准了这一修正案,他随即提出建议,强化这一事实。他提出,如果奴隶主所在州认可这一做法,那么奴隶主便可以得到相应的财政补偿。不过,强烈的人道主义冲动一直都是林肯废奴倾向的核心思想。1863 年底,总统告诉国会,他认为在"镇压叛乱"的过程中,两项充公法案以及《解放奴隶宣言》发挥了重要的作用。在实现解放黑奴合法化的过程中,《宪法第十三条修正案》也发挥了同样重要的作用,因此应该将其置于联邦法院也无权干涉的地位上。然而,在任何情况下林肯都认为这些立法机构对奴隶制进行攻击在所难免,他们既是为了保证联邦国家未来的安全,也是为了确保让黑色人种享受到一些正义。正如总统在 1863 年所说:"如果我们现在抛弃他们,不仅意味着我们要放弃一个权力杠杆,而且意味着我们违背了自己的信仰,这会让人既痛苦又震惊。"

因此,关于前南部联盟的未来便出现了大量复杂的问题。最关键的问题是:在寻求解决这些问题的过程中,由谁来控制整个议事日程?1865 年 4 月 14 日,在林肯举行的最后一次内阁会议上,战争部部长埃德温·M. 斯坦顿提出,有必要对前南部联盟继续实施军事占领,但总统反驳道:"我们不可能承担管理南部所有州的州政府,但当地人民应当做这样的事——不过我觉得一开始有些州可能会做得不太尽如人意。"当天晚上,刺客射出的子弹使总统受了致命伤。对于北方联邦来说,那些涉及如何重建南方的难题便自此再也无法从总统那里得到答案了。林肯习惯性地私下思索这些问题,不过对于国会里那些激进分子,他仍然保持着一种灵活、开明的态度,而且在内战期间经常对他们的观点表示赞同。如果林肯没有遇刺身亡,南方的重建政策有可能会由总统和国会共同敲定而成。那么,相较于已知的政策,该政策是否会显得更加温和呢?南方白人对于该政策是否会更加容易接受呢？这两个问题的答案在美国历史上将永远成为未解之谜。

安德鲁·约翰逊

　　林肯遇刺身亡后,副总统安德鲁·约翰逊接任总统之职。这对于民主党人来说,甚至对于共和党党内的激进分子来说虽然有些出乎预料,但一开始他们都感到欢欣鼓舞。约翰逊来自田纳西州,是一位虔诚的联邦主义者和反种植园主者。当田纳西州脱离联邦后,在整个国会中他是唯一没有退出国会的南方参议员。1808 年,约翰逊生在一个目不识丁的酒保家庭,从来没有接受过正规的学校教育。长大成人后他做了裁缝这一行当,并在此期间掌握了基本的阅读技巧。约翰逊娶了伊莱扎(Eliza)为妻后,又从妻子那里掌握了写作技巧,并学会了用密码传递消息。由于出身贫寒,约翰逊的雄心壮志就是摆脱从前的影子。自从 21 岁起,他便开始在当地政府及州政府的办公机构里担任一系列职务。约翰逊在 1853 年和 1855 年连续两届担任田纳西州州长之职,1857 年,便入选美国联邦参议院。1862 年,为了回报这位田纳西人对联邦的忠诚之心,林肯任命约翰逊担任田纳西州军政府的州长。在 1864 年的大选中,约翰逊取代汉尼拔·哈姆林(Hannibal Hamlin)成为林肯的竞选伙伴。林肯和约翰逊共同领导国家联盟党,该党由共和党人和民主党主战派联合组成。共和党人希望两党结盟不但能够将南方联邦主义者的选票吸引过来,还可以将党派结盟扩大到南部地区。

　　众所周知,约翰逊不仅大胆捍卫反对奴隶制的白人的利益,也是一个坚定的联邦主义者。他把自己描绘成人民的儿子,"一个平民,一个机修工,对此他并不引以为耻,也不会感到害怕"。甚至当他已经成为一个大土地所有者和大奴隶主时,约翰逊仍然精心维护着这个谦虚的形象。约翰逊身高 5.8 英尺,肤色偏黑,五官阴郁,但精力充沛且无所畏惧。在内战期间,尽管他没有将妻子和几个孩子带到北方,而是留在敌占区,自己也受到刺杀的威胁,但约翰逊下定决心,抛下一切,独自前往田纳西州管理效忠联邦的州政府。无数崇拜者认为他这个人有胆有识、头脑冷静且坚守原则,无论发生什么事,都无法动摇他对理想的不懈追求。不过,很多批评家认为他过于关注琐事、过于热衷于自己的想法、偏执易怒、固执己见且顽固不化,还认为他这个人善于用夸大其词、虚张声势掩盖深藏在他内心深处的不安全感。随着他副总统任期的展开,持有这种批评观点的人便越来越多。

约翰逊在磕磕绊绊中开始了自己在联邦舞台上的表演。1865年3月,就在就职副总统的当天,约翰逊不但身体有恙,而且感到紧张不安,于是他开始了自我诊治——畅饮威士忌酒。结果,他喝得酩酊大醉。他说起话来含糊不清,信马由缰地提到了自己的农村出身:"我今天在这儿要——告诉你们;没错,我要把一切都告诉你们,我就是个平民!我以之为豪,我就是个平民!"《纽约世界报》(*New York World*)将这位副总统称为"醉醺醺的小丑"。

就连林肯也感到十分尴尬。林肯向一位对此事颇为关注的听众保证道:"我认识安德鲁·约翰逊这么多年了,那天他的确犯了个严重的口误,但你没有必要为此担忧;安迪可不是个酒鬼。"担任副总统之职当然不同于担任总统之职。很快,南方人和北方人都发现约翰逊的批评者对他的看法准确无误:安德鲁·约翰逊是一个既不能与之谋事也不可能对其加以控制的人。他是个率性而为的人,根本不在乎为此到底会付出何种政治代价或个人代价。他自以为是、刚愎自用,而且毫不掩饰自己的疾言厉色。

然而,在1865年春,当约翰逊突然登上总统宝座时,这个田纳西人令人厌烦的性格特点并没有完全为共和党人所知。相反,对于共和党人而言,尤其对于那些迫不及待地想要对南方实施严厉制裁但又一直受制于林肯慷慨的南方重建政策的激进分子而言,约翰逊出人意料地继任总统简直让他们产生了一种梦想成真的感觉。约翰逊曾经多次指责南方的反政府武装,声称叛国是一种犯罪行为,并强调说"背信弃义者必须遭到严厉的惩处"。1864年6月,他甚至提出这样的建议:"我们必须先将大型种植园没收,重新划分成小农场后,再出售给那些诚实、勤奋的人们。"激进分子本杰明·F.韦德,也就是被林肯否决的《韦德—戴维斯法案》的联合作者之一,对这位新总统的就职深感欣慰。"约翰逊,我们信任你,"他激动不已地大声宣布,"感谢老天,政府运行再也不会有任何障碍了。"

与此同时,一些北方民主党人却带着复杂的情感审视着这位新总统。目睹约翰逊对南部联盟领袖进行持续不断的口头攻击使他们感到颇为震惊,因此他们担心与南方民主党力量合二为一的愿望化为泡影,更担心激进的共和党人将会占据绝对优势。所幸,约翰逊是——或者说至少曾经是——他们中的一员。约翰逊长期致力于支持宪法赋予各州的权利并反对给予黑人选举权,因此,一些重要的北方民主党人认为既然他具有如此立场,那么,假以时日其他共和党人必定使他众叛亲离。由此,这些民主党人满怀希望地预言,称约翰逊最终必将回归到最初民主党的阵营中来。

约翰逊的重建计划

结果，新总统很快便开始实施自己的南方重建计划，速度之快令所有人瞠目结舌。由于国会的休会期一直要持续到12月，约翰逊便在1865年5月29日连续发布了两项行政公告。相较于林肯颁布的百分之十计划，他的《大赦宣言》(Proclamation of Amnesty)就显得没那么宽容，《大赦宣言》将很多人，尤其是富裕的土地所有者和奴隶主排除在大赦范围之外，而且不归还其财产。约翰逊的第二项公告将北卡罗莱纳州临时政府的控制权置于文官手中而非军方手中，并要求先制定新的州宪法再选举州级官员或联邦官员。在接下来的几个星期里，约翰逊针对6个前南部联盟所属州也发布了类似的指令。

激进分子原本对约翰逊义愤填膺地反对种植园主、大农场主的长篇大论还深感欣慰，如今却开始变得警觉起来。尽管约翰逊在内战期间发表了言辞激烈的个人主张，称叛国就是犯罪，所有叛国者都应该受到严厉惩处，然而，根据他的复原计划——他的复原计划就是重建计划，不过他个人更倾向于用"复原"二字——真正受到惩罚的人员寥寥无几。与林肯制订的计划相比，就宽容程度而言，他的计划有过之无不及。

实际上，对于南部联盟的任何人来说，只要愿意宣誓效忠联邦，约翰逊很快就对其实行大赦。甚至是那些原本没有被包括在大赦范围之内的人员，也都可以亲自向总统请求特赦。例如，那些此前违背大赦宣言之人、破坏贸易发展之人、曾经在南方军队里服役的西点军校和安纳波利斯海军学院的毕业生以及那些拥有可征税资产超过2万美元之人等。约翰逊也没有硬性规定叛乱州在制定新宪法之前必须有一定比例的公民宣誓效忠联邦，甚至没有维持林肯提出的极低的10%的比例要求。相反，约翰逊授权临时州长可以基于战前的白人选民建立效忠联邦的政府。他的确要求脱离联邦的南方各州拒绝偿还南部联盟的债务，放弃分裂立场并承认《宪法第十三条修正案》，不过他并没有硬性规定这些条件必须得到满足。

约翰逊会有如此举动是各种原因综合作用的结果。共和党保守派成员国务卿威廉·H.西沃德对雄心勃勃的新总统施加了强大的影响。他让约翰逊相信，只要向前南部联盟提出各种较为温和的条件，就可以与保守派和温和派中的绝大多数人建立合作，从而将国会中的激进分子孤立起来。约翰逊希望将北方民主党中的主战派、共和党中的温和派、边疆州的联邦主义者以及反分裂主义者联合起来，加上他自己的努力，不但可以重新实现国家的统一，而且可以打败南北方的激进分子，并确保自己在1868年总统大选中实现连任。除了约翰逊的个人政治雄心，其个人仇恨也从中发挥了一定的作用。显然他很喜欢看到这样一幅画面：奴隶主纷纷低眉顺眼地来到自己跟前，最好身后再跟着痛哭流涕的女人，祈求得到他的宽恕。

约翰逊毫不犹豫、不分青红皂白地对1.35万人发布了大赦令，其中一半人的总资产都已经达到2万美元甚至更多。为了在政治上打败激进分子，约翰逊曾经一度鼓励南方白人给精挑细选出来的一些黑人提供选举权，但很明显他对帮助自由民的问题提不起任何兴趣。

虽然约翰逊不愿意在国内公开承认，但实际上他在很多方面都与种植园主有共同之处。一旦涉及制定各种严厉的措施，所有有关惩治自己家乡的言论都变成了虚无缥缈的夸夸其谈。令北方民主党人备感欣慰的是，约翰逊也是一个老牌的托马斯·杰斐逊派的民主党人。对于对各州颐指气使、发号施令的联邦政府，他也一样感到无法接受。1865年12月，他吹嘘说："全体南方人民表达出来的愿望令人称道，因为他们表示要重新效忠联邦政府，迫切希望迅速而愉悦地回归和平状态并修复战争所带来的种种伤害。他们不但胸怀坚定的信念，而且在坚定的信念的指导下采取各种行动。"因此，他预言："地域性的仇恨肯定很快就会被民族主义精神取代。"

前南部联盟的反抗

约翰逊将自己实现政治稳定和迅速统一的愿望建立在一种假设的基础之上，他认为前南部联盟会心甘情愿地接受他为了实现这一目标所采取的一连串措施。然而，前南部联盟的反抗精神却没那么容易就烟消云散。很多南方白人仍然愿意履行南部联盟的债务，依旧情愿脱离联邦并努力将奴隶制维持下去。尽管除了密西西比州，其他南方各州最终都承认了《宪法第十三条修正案》，但这些州也都先后通过了《黑人法令》(Black Codes)。颁布该法令的目的就是确保继续在社会上和经济上控制非裔美国人。为了对黑人劳动力进行管理，联邦军队曾经实施过《职业规范》(Occupation Codes)。由于南方白人对非裔美国人充满了畏惧和偏见，便仿照《职业规范》撰写了《黑人法令》。南方各州的确将某些权利赋予了这些曾经为奴的黑人，包括拥有财产权、出庭作证权、起诉权和被起诉权以及依法婚配权等，但绝大多数条款的内容都是对黑人加以限制。根据该法令的规定，不论是谁，只要拥有 1/8 的"黑人血统"就会被定义为"黑人"；禁止黑人拥有武器，禁止黑人饮酒，禁止黑人与白人通婚。因此，该法令将战前南方存在的等级制度再次呈现在世人面前。亚拉巴马州 1866 年的刑法典规定：任何白人或黑人如若违法通婚，或"彼此以通奸或乱伦的方式"共同生活在一起，一经发现，将"判处有期徒刑 2 到 7 年，或判处在农村服 2 年以上 7 年以下的苦役"。有关流浪罪的法律规定严格禁止黑人未经允许擅自出游，并限制黑人就劳动合同内容与他人进行谈判的权利。有些州还通过法律，规定对那些无法提供身份证明和通行证的黑人实施严厉惩罚。以密西西比州为例。"自 1866 年 1 月的第二个星期一起"，任何年满 18 周岁的黑人"如果仍然没有找到合法雇用的工作、没有经营合法的生意或非法聚在一起，一经发现"，将会被"视为无业游民"，处以 50 美元的罚款，再"根据法庭裁决实施监禁"。生活在前南部联盟的非裔美国人发现自己的生活仍然受制于南方白人，并没有逃脱他们严苛、暴力的把控。

南方白人尽管战败，却还打算重掌本州的政权。1865 年的夏、秋两季，南方人公然选举前南部联盟的军官和政客出任本州政府的领导或代表本州加入联邦国会。怒火中烧的北方国会议员将这些人称为"（前）南部联盟准将 (Confederate Brigadiers)"。这群抵达华盛顿的前反政府武装人员包括 10 位前南部联盟上将、6 位前南部联盟内阁官员、58 位前南部联盟国会议员以及前南部联盟副总统亚力山大·斯蒂芬斯。在这支南方国会代表团中，虽然没有吞火者，也没有狂热的分裂分子，甚至其中的几位成员在内战期间还曾经宣扬过和平或表达过向往统一的情感，但所有人都曾经心甘情愿地尽自己所能支持南部联盟的独立大业，却没有一个人支持自由民获得权利。

重建国会

选举前南部联盟成员参政令共和党的激进派火冒三丈；就连国会中的温和派也被南方的胆大妄为吓了一跳。很明显，南方的目的就是将前南部联盟高级官员继续保留在政权体系之中。对于这些根据约翰逊的重建政策选举出来的国会议员，国会非但拒绝提供席位，而且打算按照自己的计划管理南部地区。为了在南部联盟调查具体情况，也为了对于如何开展工作给出具体建议，联邦国会组建了重建联合委员会 (Joint Committee of Fifteen on Reconstruction)。

该联合委员会由 9 位国会代表、6 位来自共和党激进派和温和派的参议员以及 3 位民主党人联合组成。委员会主任是来自缅因州的参议员威廉·皮特·

费森登（William Pitt Fessenden），他属于共和党的温和派。费森登并不赞成对南方进行惩罚或重新分配土地，但赞同激进派的观点，认为国会应该全权负责南方的重建工作。在该联合委员会中，共和党温和派的人数超过了激进派的人数，比例为7∶5，然而在日常事务中，两个阵营之间经常呈现势均力敌的局面。除了费森登，在联合委员会事务中发挥显著作用的另一位温和派成员是来自俄亥俄州的约翰·A.宾汉（John A. Bingham）。不过，来自马里兰州的雷弗迪·约翰逊（Reverdy Johnson）虽然是民主党最活跃且最具影响力的成员，却跟费森登等人站在同一个阵营里。激进派中有3位成员最活跃：性子火暴但发愤图强的宾夕法尼亚州人撒迪厄斯·史蒂文斯（Thaddeus Stevens）、纽约州的罗斯科·康克林（Roscoe Conkling）以及马萨诸塞州的乔治·S.鲍特韦尔（George S. Boutwell）。在温和派的压制下，这3个激进分子在联合委员会事务中仍然有很大的回旋余地。费森登认为绝大多数联合委员会成员"心思缜密、考虑事情面面俱到"，但他也意识到这些人早已经坚定地认为联邦应该充分保证这些叛乱州在重建过程中的安全。

1866年初，该联合委员会先后对8个非裔美国人、77个生活在南部的北方白人和57个南方人进行了访谈。其中，提供证言的南方白人包括前陆军上将罗伯特·E.李、亚力山大·斯蒂芬斯以及弗吉尼亚州的联邦主义者约翰·迈纳·博茨（John Minor Botts）等。罗伯特·E.李坦承，他认为解决自由民问题的最佳方案就是将他们驱逐出美国："我认为，对弗吉尼亚州来说，如果能将这些人直接赶走就再好不过了。这可不是我异想天开。实际上，我一直心存此念。"就在约翰逊开始颁布无条件的赦免令后，博茨陈述道，前南部联盟已经变得"大胆放肆、侮慢无礼且目中无人"。联合委员会成员虽然就总统的重建计划提出了一系列重要问题，但总会发现所得到的答复都证明该重建计划本身就是一场灾难。

1866年6月，该联合委员会发布报告，拒绝承认根据约翰逊的重建计划建立起来的州政府，并呼吁只有在满足各项新要求的前提下南方叛乱各州才将获准在联邦国会中占有席位。联合委员会强调说，"美国人民之所以征服了南军是由于政府各分支机构团结统一、通力合作，而不是由政府行政部门单独完成的"。因此，委员会得出结论："直到未来和平与安全的局面完全得到保证"，前南部联盟才有权派遣本州代表出席国会。该联合委员会还强调国会的责任是确保"在公平的基础之上代表全国各地民众的各项公民权利和各种特殊权利"，"清除叛国罪对人民的影响"并保护"效忠联邦的人民的各项权益，以免他们今后支付因支持叛乱和解放奴隶所产生的各种费用"。

撒迪厄斯·史蒂文斯及激进派的重建计划

与此同时，马萨诸塞州的参议员查尔斯·萨姆纳和在国会中领导共和党激进派的宾夕法尼亚州代表撒迪厄斯·史蒂文斯联合提出了报复性的主张，要求将战败的南方视为被征服领土。73岁的史蒂文斯先天足部畸形，为了遮盖秃顶戴了一顶不合适的红色假发，这使他看上去就像一个疯狂古怪之人，但他自己似乎还挺乐在其中。与他同时代的人都认为他粗鲁无礼、阴阳怪气、口出粗俗、脾气暴躁而且顽固不化。史蒂文斯对民主党人和奴隶制都恨之入骨。哪怕有人只是随口提到美利坚合众国应该是个白人共和国之类的言论，即便普通大众可能都有这样的想法，他也会因此而暴跳如雷。他做事不懂变通，在这方面与约翰逊和杰佛逊·戴维斯倒不相上下。南军在内战期间破坏了他经营的买卖，因此他怀恨在心。虽然他终生未婚，但有谣言说史蒂文斯长期以来一直把自己忠实的混血管家丽迪雅·史密斯(Lydia Smith)视为情妇。不过，哪怕是与国会里的任何一个成员相比，史蒂文斯都显得更加无所畏惧，而且愿意更加深入地探索和寻求美国种族秩序的替代物。他意识到如果重建计划没有引入以黑、白两个人种为基础的新政治制度，便无法撼动美国种族歧视的根基，那么，非裔美国人的生存境况就不会产生任何变化，而南北内战所激发出来的社会道德能量无论有多么强大都会被白白浪费。

1865年12月，国会刚刚召开后不久，史蒂文斯便发表了一次演说。他坚称脱离联邦及美国内战已经使南方各州"四分五裂"，不但"其原坯已经变得支离破碎"，而且还切断了南北方之间的"所有联系"。史蒂文斯主张，"被征服一方未来的发展状况，完全取决于征服一方的意愿"。国会应该担任南方重建任务的舵手，担任当地400万名曾经为奴的黑人的保护神。史蒂文斯争辩道，"如果我们将（自由民）置于以前那些奴隶主所确定的立法体系内，那我们还不如让他们终生为奴"。他还补充说："如果我们现在不趁着当权的时候完成这项伟大的任务，我们必将遭受历史和未来的诅咒和憎恶。"史蒂文斯的言论实际上代表了三类人的心理：第一类人想要借机对南方实施以牙还牙的报复；第二类人想要让南方白人"了解与自由相关的各项原则，并让他们咽下自己种下的叛乱恶果"；第三类人就是那些要求全面而安全地参与公共生活的非裔美国人。史蒂文斯发表这番言论的部分原因是受到了人道主义和道德力量的驱使。此外，他自己也是一名政客，也想确保"国家联盟党永远占据优势"。

包括史蒂文斯在内的一些激进分子也意图没收种植园主的土地并重新分配给那些获得自由的奴隶。然而，即便对于共和党的激进派而言，重新分配土地也堪称一个复杂的问题，因为他们声称捍卫私人财产拥有者的权利并一直坚信"自由劳动力和自由土地"的理念。大多数激进分子都会真心实意地想为实现种族正义做出贡献，然而，即便此前他们曾经下定决心要对那些曾经为奴的黑人所提供的无偿劳动做出补偿，给他们提供经济机会，然而，一遇到将一部分美国人的土地重新分配给其他人的问题时，他们就会踌躇不前。一旦开始实行土地充公，何时才是尽头？与言论自由和免于任意逮捕的自由一般无二，私人财产同样神圣不可侵犯。这些曾经为奴的黑人认为，在战后南方可以确保自己享有经济独立和稳定生活的重中之重便是拥有土地。然而，他们很快就会发现，这一要素即便对于共和党的激进派中的大多数人来说也显得过于激进而难以接受。

国会对抗总统

共和党的激进派大肆谈论黑人选举权、惩罚南军以及将土地重新分配给自由民等问题，这使温和派感到非常刺耳，于是他们便试图与总统约翰逊寻求某种中间立场。1866年初，伊利诺伊州参议员莱曼·杜伦巴尔提交的两份法案代表了温和派的观点，既想要尝试改变总统的重建计划，又打算遏制南方的公然挑衅，同时还意图废除具有歧视色彩的《黑人法令》。第一份法案不但延长了自由民局发挥作用的时限，并令其工作人员享有更加广泛的权利，承担起涉及黑人的法律诉讼的司法权。这份法案还规定，如果州级官员没有让曾经为奴的黑人享受"白人的公民权利"，那么自由民局的工作人员就有权对这些官员进行处罚。虽然没收南方土地并重新分配给自由民的相关条款规定遭遇彻底失败，但到了1866年2月，有关延长自由民局服务期限的法案却在参众两院毫不费力地得以通过，而且共和党人几乎无人反对。然而，令所有人大跌眼镜的是，约翰逊竟然拒绝在该份法案上签字，而且认定自由民局的存在违背了宪法的相关规定，并认为该机构并不是一个公正的机构，因此也无法代表国家的利益。约翰逊认为，有史以来这样的经济援助从来没有提供给"我们自己的人民"——这里的"人民"指的是南方白人——因此他推断说，这种法律规定的隐含意义是指自由民没有能力依靠自己的力量有所成就，那么也就意味着鼓励黑人过上一种"好逸恶劳的生活"。国会的投票结果没能改变总统对该法案的否决，于是该法案胎死腹中。

杜伦巴尔所采取的第二项措施是公布《民权法案》(Civil Rights Bill)。正如一位历史学家所说,该法案"在用法律术语解释自由的本质方面做出了尝试"。该法案规定,除了印第安人,任何人只要在美国出生就是美国公民,享有各项权利并受到联邦政府的保护,包括享有陪审团审判、担任陪审团成员、起诉和被起诉以及出庭作证等各项权利。就公民权的各种细节问题进行了大量的辩论后,参议院和众议院分别在1866年的2月2日和3月13日通过了该法案。俄亥俄州的一个州参议员在给俄亥俄州的联邦参议员约翰·谢尔曼的信中写道:"万一总统否决了《民权法案》,我觉得我们有必要跟他斗争到底。"

除了海军部部长吉迪恩·威尔斯和国务卿威廉·H.西沃德,约翰逊内阁的所有成员都敦促总统签署该项法案。出乎意料的是约翰逊不但否决了该项法案,而且抨击该法案违反了联邦政府赋予各州的权利,并认为该法案"将会令叛乱思想死灰复燃……美国正走向团结与和平,但该法案将会阻碍这一进程的发展"。他进一步谴责该法案,称其虽然给黑人提供了优惠待遇,但损害了白人的利益。约翰逊在向参议院传达自己否决的意见时这样质疑:"我们能否这样认为?他们(曾经为奴的黑人)是不是已经具备了各种必要资格,使他们能够享有美国公民的所有特权和豁免权呢?"

14天后,参众两院推翻了约翰逊的否决结果,1866年《民权法案》最终成法。该法案并没有规定联邦政府可以永远插手地方事务;只有在涉嫌违反公民权利时联邦政府才会介入。该法案既没有能解决歧视公民的私人行为的措施,也没有赋予黑人选举权。然而,该法案可被视为一个引人注目的转折点:联邦国会首次对美国公民权利做出了官方解释。该法案的实施也表明在美国历史上首次出现了遭到总统否决的一项主要立法最终得以通过的情况。

当年夏末时分,第二份自由民局法案在参众两院得以通过,但当约翰逊再次对该项立法投出否决票时,国会便再次推翻了这一结果。随着共和党人联合起来共同反对总统的局面的形成,政府两个部门之间的持续冲突便开始愈演愈烈。

《宪法第十四条修正案》

在接下来探讨的是否通过《宪法第十四条修正案》的问题上,国会和总统之间爆发了一次彻底摊牌,因为该修正案是在南方重建过程中所颁布的最具争议的一项立法。1866年6月13日,该修正案获得国会投票通过,并在1868年7月

28日获得正式批准。根据《宪法第十四条修正案》的相关规定,任何人,只要在美国出生就是美国公民,并享有明确受到联邦法律保护的各项权利;任何州"如果没有适当的法律依据,都无权剥夺任何公民享有的生命、自由或财产等方面的权利,也不得在其司法权限内剥夺任何人享有的得到法律平等保护的权利"。为了防止1866年《民权法案》被认定与宪法的相关规定相抵触,《宪法第十四条修正案》不但在条款制定上与该法案遥相呼应,而且通过认可非裔美国人公民权的方式反对最高法院在1857年"德雷德·史考特诉桑福德案"(Dred Scott v. Sanford)中所做出的裁决结果。

根据《宪法第十四条修正案》的规定,"年满21岁的男性公民,若其选举权受到公民所在州的任何限制",共和党占多数票的联邦国会就有权减少该州在国会中的代表席位。可见,该修正案也使国会获得了更广泛的政治权利。《宪法第十四条修正案》对南方将前南部联盟国会成员派往联邦国会的企图也做出了回应。这些人此前曾宣誓支持联邦宪法,但后来转而"参与反对联邦宪法的暴动或叛乱,或曾经对联邦敌人施以援手或提供慰藉"。对于这种情况,根据该修正案的相关规定,这些人将不得加入国会。最后,该修正案拒不承认南部联盟的债务,但肯定了美利坚合众国的公共债务。同时,禁止对因奴隶恢复自由而遭受经济损失的州或个人进行财政补偿,并准许国会通过适当的立法令该法案的各项规定付诸实施。

历史学家们对《宪法第十四条修正案》的看法莫衷一是。有的人认为该法案具有历史转折点的意义,因为它标志着美国进入了激进的战后重建时期;有的人认为,总统的态度顽固不化,他咄咄逼人地反对建立自由民局,反对实施1866年《民权法案》等相对温和的措施,而国会则不得不努力寻求总统和国会之间的团结统一,因此,该法案只是国会所采取的一种妥协方案;还有的人认为该法案是美国内战结束后所制定的非官方和平条约,通过禁止南方叛乱的领袖人物担任联邦民选政府的某些职位以及宣布废除南部联盟债务等方式对南方叛乱分子进行不太严厉的惩罚。该法案还试图确保此类叛乱以后不会再次发生。一位学者曾经指出,《宪法第十四条修正案》堪称"一份革命性的文件……是第一份涉及直接管理各州而非管理联邦政府的修正案"。

尽管《宪法第十四条修正案》隐含着激进主义的意味,但至少在一开始该法案并没有使联邦政府或各州政府的管理模式产生戏剧性的变化,而且没有在保护美国公民权利,尤其是保护黑人公民权利等方面迈的步子过大。最高法院就该修正案的含义进行了大量的辩论和重构,再通过做出一系列里程碑式的裁决,对该法案进行了非常狭隘的解释，令其无法确保获得法律规定的同等保护权。尽管联邦政府在近90年前就已经承诺会赋予非裔美国人公民权，但直到最高法院在1954年对布朗起诉教育委员会（Board of Education）的案件进行裁决时，联邦政府才真正开始着手恢复黑人的公民权利。数不胜数的黑人几百年来一直遭受种族歧视、种族隔离以及私刑的痛苦折磨。幸好，《宪法第十四条修正案》以及随后制定的《宪法第十五条修正案》（Fifteenth Amendment）承诺赋予黑人权利。在接下来的章节中我们将会探讨《宪法第十五条修正案》。

约翰逊总统强烈反对国会制定的《宪法第十四条修正案》。实际上，对于国会为了南方重建所采取的所有措施，总统的态度一直未曾改变，无一例外全部反对。1866年夏末，借着作巡回政治演讲（Swing Around the Circle）的时机，约翰逊前往纽约州、宾夕法尼亚州以及中西部的大部分地区，通过一场又一场的演说将自己反对国会决议的立场传达给北方民众，并支持参加当年大选的保守派候选人。尤利西斯·S.格兰特、大卫·法拉格特以及约翰逊的内阁成员陪着总统一起开启了这一旅程。这几个人原以为这次巡回演讲主要是为了向史蒂芬·A.道格拉斯致敬，但大家很快就发现其实是为了实现约翰逊的个人野心和政治目标。不论在哪个城市，约翰逊的演说内容基本上大同小异，先是向观众宣告自己的"平民"立场，接着就开始攻击他理解中的敌人，最后号召实现全国统一和白人团结。

尽管约翰逊从来没有直接将反对《宪法第十四条修正案》的立场表现出来，但他的确主张由各州掌握选举权，而且在回答质疑者提问时他也根本无法遏制自己的情绪。一次，他暗示说由他取代遇刺身亡的林肯继任总统之职乃上天注定之事。约翰逊在克利夫兰发表演说时声称，既然现在已经将南方的叛国者全部击败，他"打算开始对北方的叛国者开刀"。听到观众有节奏地高呼"绞死杰佛逊·戴维斯"时，约翰逊大声反驳："你们为什么不绞死撒迪厄斯·史蒂文斯和温德尔·菲利浦斯（Wendell Phillips）呢？"在圣路易斯市的演说现场，愤怒的观众指责约翰逊是新奥尔良爆发的血淋淋的种族暴乱的罪魁祸首。对此约翰逊火冒三丈、恼羞成怒，大声怒吼着加以驳斥："我一直被人恶意中伤！一直被人肆意诋毁！一直被人污蔑诽谤！还被人叫作叛徒犹大！……如果我是犹大，那谁是我的耶稣？难道是撒迪厄斯·史蒂文斯？"这次巡回演讲之旅遭遇了惨败。9月15日，当约翰逊回到了华盛顿时，他的公众形象一落千丈，政治上的影响力也开始遭到更多人的质疑。

1866 年大选

在 1866 年的大选季,与《宪法第十四条修正案》相比,其他问题都显得相形见绌。共和党人也纷纷站到演讲台上要求惩罚反政府武装,保护自由民。他们不但反对约翰逊而且反对整个民主党,还攻击背信弃义的"铜头蛇",认为这些在内战期间支持南方的北方人应该对战后南方的顽强抵抗和种族暴乱负责。当然,共和党人的这一观点并不完全正确。例如,印第安纳州州长奥利弗·莫顿(Oliver Morton)是共和党激进分子,他给民主党贴了个标签,认为该党"像一条公共下水道和一个令人作呕的便盆,充斥着南北方所有背信弃义的行径"。在此后的很多年里,有关民主党类似的评价和形象一直在共和党的言论中占据主导地位。"挥舞着鲜血染红的衬衫"这个短语的出处与本杰明·F. 巴特勒有关。据说,三K党(Ku Klux Klan,缩写为K.K.K)成员得知俄亥俄州的一个政客在内战结束后利用南方不稳定的局势谋利后,便将其谋杀。本杰明·F. 巴特勒手里曾挥舞着据说是该政客曾经穿过的鲜血染红的衬衫。不久以后,这个短语便与民主党在内战中背信弃义的行为及对内战负有的责任联系起来。这在操纵北方民众对内战的记忆及利用联邦士兵的自我牺牲以获取政治利益等方面堪称一种非常行之有效的方法。

1866 年,北方登记选民对总统投了反对票,但对国会投了赞成票,因此,共和党在州级选举和全国大选中都大获全胜。共和党的喉舌报纸《纽约时报》宣称人民早已经"认定,国会现在不但可以忠实地代表他们的信念和目标,而且今后也将继续维持大致相同的政策"。该报还警告说:"约翰逊此前曾多次表达抗议的情绪并多次否决国会的提案,但如今看到国会推出新的解决办法后,他一定感到满意,或者说他必须坦然接受给他投赞成票的人民所做出的裁决,而且应该充分利用这次时机在唯一可行的基础之上加速南方重建工作。他已经完全将自己的观点摆出来,但人民不愿意采纳他的想法。"

激进的重建计划

1866 年 12 月,当国会重新召开时,总统重建计划的所有痕迹都已经被清除得一干二净,国会制定的重建计划进入高速运转的状态。国会已经从约翰逊手中抢走了主动权,先后通过了《1866 年人权法案》、自由民局法案,以及《宪法第十四条修正案》等一系列法案。共和党的温和派对约翰逊的行为和思想日渐失望，转而支持本党的激进派。因此，在温和派的帮助下，共和党的激进派不但获得了领导权，而且为了遏制总统的权利，也为了在南方确立共和党的政治优势，很快就通过了一系列的法案。国会和总统之间便开始了正面冲突。

国会将政权牢牢把握在自己手中后，便开始向两个目标努力：一是重新打造南方社会，二是彻底摧毁总统约翰逊仅剩的一丝政权。国会通过制定一系列法律以实现第一个目标。后来，这一系列法律被称为《重建法案》(Reconstruction Acts)。国会的这一做法前所未有，不但大胆背离了美国传统的政治实践，而且调动了包括军事部门在内的联邦政府所有部门，在某些特定州实施重要的政治变革。1867年3月2日，第一份法案通过。前南部联盟共有11个州，该法案取消了除田纳西州外其余10个州的州政府，将这10个州重新划分为5个军管区，实行军方管制，剥夺前南部联盟领导者的公民权并实施新的指导方针。这些州将根据新的指导方针打造新宪法以保证成年人普遍拥有选举权并确保实施《宪法第十四条修正案》的相关规定。为了保证军队有权进行选民登记并监督选举进程，补充立法也迅速跟进。这样一来，南方就不可能进行"自我重建"。

为了解决在保护自由民过程中遇到的种种困难，确保黑人享有选举权，也为了击败民主党，从1867年3月22日到1868年3月11日，国会又陆续通过了3项重建法案。为了在票选中击败民主党，也为了确保各州制定的宪法得到正式批准，国会又专门制定了第四份也是最后一份法案。该法案将选民原来的居住时限要求从至少1年降低到10天，并规定只要得到多数选票便可以满足批准的基本条件，而不再强调像以往那样获得多数的有效选票。到1868年年中，在前南部联盟诸州中，除了弗吉尼亚州、得克萨斯州以及密西西比州，其余各州都达到了重新加入联邦的基本要求。佐治亚州的立法部门将本州黑人驱逐出境，因此直到1869年联邦政府才开始对该州实施军事管理。1870年，以上4州重新加入联邦。

面对着国会对自己总统职位的不断挑战，约翰逊选择决不退缩。约翰逊继续谴责国会的种种行为，并对前南部联盟成员以个人名义颁发了几十份特赦令。总统的行为及南方的公然挑衅令国会大为恼火。除了田纳西州以及肯塔基州和特拉华州等两个没有脱离联邦的前蓄奴州，南部其余各州仍然拒绝批准《宪法第十四条修正案》。面对这种情况，国会决定把握未来所有重建政策的主动权。没过多久，国会为削弱总统的权力先后通过了《任期法案》(Tenure of Office Act)和《军队拨款法案》(Army Appropriation Act)。根据《任期法案》的规定，对于那些由参议院直接任命或者由参议院批准的行政官员,未经参议院的批准,总统无权免除其行政职务。根据《军队拨款法案》的规定,总统不得对战场上作战的军队直接发号施令。约翰逊想要对这两项法案进行否决,但无法获得足够的支持,因此面对新一轮的立法挑战无计可施。第39届国会在1867年3月初顺利地通过了这一连串的法律后不久便着手召集下一次国会会议,目的就是在立法部门休会期间禁止约翰逊行使任何自由权利。

弹劾

然而,共和党人想要的并不仅仅是按照自己的意愿重建南方,他们更希望总统约翰逊下台。不过,他们可不愿意按部就班等到总统任期结束;相反,他们打算对总统进行弹劾。一开始,支持提前结束总统任期的行动只得到了为数不多的几个人支持,而且其中绝大部分都是激进派成员。然而,随着时间的推移,再加上约翰逊的不断挑衅,包括温和派在内的越来越多的共和党人开始支持这一激进行动。事实不断证明,在推翻总统的否决案和制定自己的议程等方面,国会一直都可以获得多数选票,胜券在握。《任期法案》和《军队拨款法案》的通过已经剥夺了约翰逊任免行政官员的权力及他作为军队总司令的权力,然而,总统的郁闷恼怒和丝毫不加掩饰的敌对情绪令所有共和党人怒火中烧。约翰逊继续给前南部联盟成员发放数不胜数的赦免令,并任命一批政治立场温和的官员前往南方重建地区指导工作。总统的态度无疑鼓励了南方白人的抵制情绪,这阻碍了联邦政策在南方的实施。若想终止总统日渐疯狂的行为,对其进行弹劾似乎已经成为唯一可行的方法。弹劾总统意味着在众议院对总统提出诉讼后,再在参议院进行公开审讯。如果发现总统有罪,便可以解除其总统职位。美国宪法只列出了几类可以对总统进行起诉的理由:叛国、贿赂或者"几项重罪和轻罪"。撒迪厄斯·史蒂文斯怒气冲天地说道:"我觉得我们最好(弹劾总统)举止疯狂、酗酒等类似的行为。我可不想对他说他就是个无赖,我还怕他心里受不了呢。我宁可委婉一些,就对他说自从总统就职典礼的那天起,他就宿醉未醒,之所以让他下台就是为了让他去醒醒酒。"

然而,相较于总统疯狂、酗酒甚至"无赖"的名声,国会更需要具体的理由:他们需要找出总统违背宪法规定的确凿证据。1867年12月,众议院为了起草弹劾案成立了一个委员会,但该委员会没能找到任何具有实际意义的证据对总统提起诉讼。1868年,埃德温·M.斯坦顿受到共和党激进派的影响公然反对总统,因此,约翰逊便故意无视《任期法案》的相关规定,在未经参议院批准的情况下解除了斯坦顿战争部部长之职。这件事发生后,众议院的共和党人再次出击,这次他们找到了弹劾总统的理由。一开始,约翰逊提名尤利西斯·S. 格兰特取代斯坦顿之职,但格兰特并不想充当约翰逊的傀儡。在充分考虑了自己在共和党内的政治前途后,格兰特拒绝了这一任命。接着,约翰逊又选择副官洛伦佐·托马斯(Lorenzo Thomas)接任斯坦顿的职位,共和党激进派则怂恿斯坦顿拒绝总统的任命。接下来发生的一幕颇为滑稽可笑。为了庆祝自己升职,托马斯喝得酩酊大醉后就瘫坐在斯坦顿办公室的门外。由于斯坦顿不愿意腾出办公室,托马斯就坐等秘书将该办公室清空。

约翰逊之所以故意违反《任期法案》的规定是因为他认为该法案不合宪法规定。在这个问题上,他的观点倒是完全正确的。当然,1868 年的各级法院也不可能将《任期法案》推翻。不过,令人感到不可思议的是,尽管接下来的两位共和党总统尤利西斯·S. 格兰特及詹姆斯·A. 加菲尔德都曾经抱怨该法案所作出的种种不合理限制,但一直到 1887 年该法案才被总统格罗弗·克利夫兰(Grover Cleveland)废除。克利夫兰是自詹姆斯·布坎南以来首位当选的民主党总统。

与此同时,战争部秘书升职一事无异于总统宣布摊牌,于是众议院便开始起草弹劾法案。1868 年 2 月 24 日,众议院就弹劾总统问题开始严格按照党内方针投票表决,这在美国历史上尚属首次。在这种情况下,众议院充当公诉人,参议院充当陪审团,最高法院的首席法官负责监督整个审判过程。全部由共和党人——绝大部分是激进分子——组成的 7 人委员会起草了 11 项弹劾条款,指控总统犯下"几项重罪和轻罪",包括违反《任期法案》的相关规定,阻碍《重建法案》的顺利实施,使用粗话指责国会,以及不承认联邦立法机构的合法性。

接下来长达 3 个月的审讯简直就是一场高级别的政治大秀。观看这出大戏的票子一直都供不应求。约翰逊的公诉人主要有两个:一个是病入膏肓的共和党激进分子史蒂文斯,另一个是善于慷慨激昂地发表长篇大论的本杰明·F. 巴特勒。他们两人坚称必须解除约翰逊的总统职位。史蒂文斯公开声明:"如果无法达到这一目的,我们必将永世背负骂名。我们之所以这样做不仅是出于道德层面的需求,因为我关注道德的发展,而且是出于党派的需要,因为我更在意党派的发展。"史蒂文斯的一番话既有戏谑的成分也有暴力的意味。他设想的场景是"刽子手高举斧头",描述的是"屠杀野兽"的必要性。巴特勒仍然是一副麻木不仁的样子。然而,当约翰逊的一个律师亨利·斯坦斯伯里(Henry

Stansbery)因生病要求将庭审时间延后时,巴特勒一改以往的无动于衷,断然加以拒绝。

才华横溢的纽约律师威廉·M. 埃瓦茨(William M. Evarts)和来自俄亥俄州受人尊敬的司法部部长斯坦斯伯里(为了给总统辩护,他辞去了司法部部长的职位)共同领导总统的辩护律师团。在法庭上,他们言辞中肯地质疑《任期法案》,坚称约翰逊之所以无视该法案只是为了挑战该法案是否符合宪法规定。埃瓦茨警告说,如果解除约翰逊的总统之职,总统和国会之间的权力制衡必然会遭到破坏。他还说总统并没有做过任何违法之事。最后,埃瓦茨总结道:"我认为,任何一个有理性的人,只要了解他的内心,都不会说他是邪恶之人。"尽管约翰逊非常希望亲自出庭受审,但他的整个律师团都力劝他不要在庭上露面,最终约翰逊听从了他们的劝告。可以想象,如果脾气火爆、口无遮拦的约翰逊真的与史蒂文斯和巴特勒之流当面对质,那么场面该多么富有戏剧性。尽管控方情绪激动、义愤填膺,但共和党的激进分子没能在参议院赢得足够的票数来解除总统的职位。究其原因是共和党成员内部产生了分裂。大多数共和党人都认为约翰逊个人能力的确有限而且在政治上也出现了一些失误,但不能因此就认定他犯下了"几项轻罪和重罪"。有些人担心罢免约翰逊可能会对总统职位本身造成永久性的破坏。还有些人,尤其是共和党的温和派则担心万一总统被罢免,参议院的临时总统、激进的本·韦德就会作为总统的继任者而上位。不过,绝大多数民主党人从来都不相信约翰逊真的犯下了什么值得弹劾的过错,更不必提要因此而罢免其总统职位。因此,在最后进行投票时,7名共和党参议员鼓足勇气,抛弃了本党的立场,投出了"无罪"票。于是,约翰逊最终被宣布无罪。

约翰逊最后的日子

约翰逊总统任期的最后一年过得磕磕绊绊,但他依然我行我素。1868年圣诞节,他发布了最后一份特赦令,赦免了包括杰佛逊·戴维斯和罗伯特·E. 李在内的前南部联盟所有成员。他的下一位继任者尤利西斯·S. 格兰特在举行总统就职典礼的当天,他拒绝出席。相反,约翰逊选择继续待在办公室里签署各项法案、与内阁成员磋商国家大事直至正午。他按照自己签署的协议腾出白宫后就返回了位于田纳西州的家乡。1874年,约翰逊当选联邦参议员并在政坛赢得了一定程度的拥护。然而,不久后,1875年7月31日,他在田纳西州辞世。

1868年大选

毫无疑问,安德鲁·约翰逊个人的受欢迎程度越来越低,但民主党人仍然打算将白人优越主义作为1868年大选的竞选纲领,并打算针对南方重建问题进行公民投票表决。在民主党大会上,该党成员猛烈抨击了国会制定的重建政策,认为制定重建政策之举就是"公然篡权",该政策本身"违背了宪法规定,虽打破常规,但毫无效用可言"。他们主张取消自由民局及其他所有"目的在于确保黑人至上的"立法机构。由于民主党领袖、来自俄亥俄州的国会议员乔治·H.彭德尔顿在内战期间明目张胆地担任"铜头蛇"的领袖人物,如今便很难在北方获得足够的选票,因此,该党在党内总统候选人的问题上始终无法达成一致意见。最终,民主党人决定将立场温和、意志薄弱的纽约州州长霍雷肖·西摩(Horatio Seymour)推选为本党的总统候选人。内战期间,民众对于西摩表现出来的爱国主义本来就颇有微词。当他在纽约州将发表演说的参与征兵法案暴乱的暴民称为"朋友们"时,民众对他更加不满。

就在民主党大会召开之前,密苏里州的弗兰克·布莱尔(Frank Blair)所写的一封信不但确保自己获得副总统候选人的提名,而且使大部分竞选活动围绕着自己展开。在信中,布莱尔坚称重建符合宪法规定的政府的唯一途径就是"宣布《重建法案》无效,命令军队停止对南方的强取豪夺,解散通过投机取巧的手段建立起来的南方州政府……允许白人重建自己的政府"。当西摩在纽约休息时,布莱尔则开始了全国范围的巡回演讲,然而,他的演讲让人不由得想起安德鲁·约翰逊那次灾难性的演讲经历。布莱尔声称,共和党已经将整个南方置于粗鲁野蛮的黑人的残暴控制之下,而这些粗鲁野蛮的黑人迫不及待要做的就是杀死白人男性和强奸白人女性。一旦黑人掌权,他们就会与白人杂交,改变人口构成,使人类的发展演化出现逆转。布莱尔承诺将重新建立白人政权,并暗示说为了实现这一目标,民主党政府将特许南方白人在必要的情况下实施暴力。

民主党人实际上相当于将竞选的主动权交到了共和党人的手中,因为与民主党相比,共和党仿佛突然之间成为法律与秩序的化身。共和党人辩称,很明显,如果西摩和布莱尔联合执政,必将建立"推崇刺杀和暴力的政府,而不是依法执政",此举必将引发第二轮内战。事实上,在南方的大部分地区,民主党建立的准军事机构对黑人实行的就是恐怖政策。这些机构还屠杀共和党的白人和黑人成员——仅在阿肯色州就有200多个共和党成员被杀,佐治亚州死于非命的共和党成员的人数也相当，而在路易斯安那州，共和党的死亡人数则高达1000。以路易斯安那州圣兰德里教区（St. Landry Parish）的奥珀卢瑟斯（Opelousas）为例，一伙白人暴徒捣毁了共和党在该市的报社后，便涌入附近很多种植园里打死多达200个黑人。民主党在佐治亚州和路易斯安那州的选举中获胜，因为在这两个州暴力活动最为频繁，几乎没有黑人敢前往投票站投票。

民主党的竞选活动的确发挥了作用。虽然格兰特大选获胜，但赢得的选票还不到总选票的53%，而且只赢得了全国白人选区的少部分选票。美利坚合众国仍然处于分裂状态，不仅在重建政策上存在着重大分歧，而且在种族关系上的分歧也更加严重。在这些问题上，共和党人在政治辩论中只占微弱的多数，根基不稳。

总统尤利西斯·S.格兰特

新任总统格兰特在大选期间的竞选口号是"让我们拥有和平"，这表明他希望终止由南方重建问题所引发的争执，并实现长期的稳定与繁荣。他希望实现党派团结、国家统一，不过，他也并不愿意因此而与国会发生矛盾。格兰特想要全面终止内战，并努力使剩下的南方各州迅速回到联邦的怀抱。

《宪法第十五条修正案》

然而，在交出南方重建控制权之前，国会里激进的共和党成员在黑人选举权问题上又一次获得胜利。《宪法第十五条修正案》在1869年获国会批准，并在1870年得到各州的认可。根据该法案的规定，任何美国公民，"不分种族、肤色，也无论此前处于何种服役状态"，其选举权都得到宪法的保护。自从内战局势渐缓之日起，共和党的激进分子就已经开始推动黑人选举权问题的发展。他们深知，随着《解放黑人奴隶宣言》以及《宪法第十三条修正案》的颁布，联邦宪法3/5的条款规定基本上已经处于无效状态，但南方在国会中比北方占据更多席位的可能性仍然存在。于是，激进派推断如果将选举权赋予自由民便可以一举三得：不但可以打击南方白人在华盛顿获得控制权的可能性，而且有助于打击强烈反对共和党重建政策的北方民主党人，更可以在南方扩大共和党的影响。共和党成员有充分的理由认为那些曾经为奴的黑人必然会投票支持林肯所代表的政党。激进派还将赋予黑人选举权视为使战前南方永远一蹶不振的一个关键因素。甚至格兰特也对该修正案表示支持，相信18万名自愿为北方联邦而战的黑人获得选举权乃当之无愧之事。非裔美国人也为了争取黑人选举权积极行动起来。早在1866年，弗雷德里克·道格拉斯就已经就黑人选举权问题与总统约翰逊进行过商谈，并将其视为南方重建的一个条件。

然而，非裔美国人的选举权问题并没有得到全体北方人的支持。内战结束后，在北方各州实现黑人选举权合法化的尝试曾经多次以失败告终。根据《宪法第十四条修正案》规定，任何州只要不承认全体成年男性都有选举权，就将减少该州在国会代表的席位。即便如此，国会依然不愿意对那些不允许黑人享有选举权的北方州进行惩罚。在1868年的大选中，共和党担心疏远北方白人，害怕失去重要的权力，因此在是否将自由民选举权问题定为焦点问题方面表现得犹豫不决。种族主义情绪在整个国家仍然十分浓厚，很多白人担心政治平等将会导致社会平等，更害怕发生"种族大融合"的情况。

《宪法第十五条修正案》的措辞看上去模棱两可，实际上是故意为之，主要是为了让北方白人感觉不过于咄咄逼人，而且这样也更容易获得国会批准。该修正案并没有宣布普选权，甚至没有保证自由民将会获得选举权；相反，只是阻止各州因种族、肤色或以前的服役状态剥夺人民的选举权。不过，各州仍然可以基于其他理由不允许选民投票。该修正案也对引起争议的女性选举权问题避而不谈。起初，女权的倡导者主张既然选举权不受"种族、肤色以及以前服役状态"的影响，那么也应该不受"性别"的影响。然而，令妇女参政论者大失所望的是，"性别"这个词却被遗漏，而且出于种族原因，女性选举权运动内部也很难实现意见的统一。面对男性黑人、亚洲人和移民竟然比本土出生的白人女性优先拥有选举权这一社会现实，伊丽莎白·卡迪·斯坦顿（Elizabeth Cady Stanton）进行了猛烈抨击："想想那些名叫帕特里克（Patrick）、①桑博（Sambo）②、汉斯（Hans）③或董莺（Ung Tung）的家伙吧，他们根本就不知道君主制国家和合众国之间有何不同之处。他们也从来都没有看过《独立宣言》……却在为那些名叫丽迪雅·玛丽亚·蔡尔德（Lydia Maria Child）、卢克雷蒂娅·莫特（Lucretia Mott）或范妮·肯布尔（Fanny Kemble）的美国本土人制定法律。"不论是白人女性还是黑人女性，要想获得选举权还需要再等候50年。

然而，尽管共和党激进派的措辞模棱两可，而且对于女性选举权问题避而不谈，但他们制定的修正案仍然面临着各方面的坚决反对，尤其在美国远西地区、

---

① 法国人常用名。——译者
② 非洲安哥拉、加纳、刚果、赞比亚等国人常用名。——译者
③ 德国人常用名。——译者

南部边疆以及新英格兰部分地区，反对的呼声更加猛烈，因为那里的民众既害怕黑人获得选举权，也担心移民获得投票权。该法案在前南部联盟地区反倒轻而易举地获得通过，主要是因为共和党在新成立的州立法机构里表现得非常强势。共和党规定，对于那些仍然处在军事管制法下的南方各州——包括得克萨斯州、密西西比州以及佐治亚州等州在内——而言，如果想要重新加入联邦就必须批准《宪法第十五条修正案》。通过这样的方式，共和党获得了通过该法案的足够选票。

1870年3月，就在该修正案获得批准后不久，南方白人开始着手进行反击，千方百计地阻挠黑人投票。非裔美国人不得不面对南方白人对他们随意施加的各种测试、祖父条款、①居住条件要求，要求他们上交投票税，甚至对他们暴力相向，目的就是为了让非裔美国人知难而退，全面阻止他们享有投票权。从1870年到1871年，国会通过了一系列的《强制执法法案》（Enforcement Acts），对那些阻挠黑人选举权的白人以及像三K党之类的恐怖主义组织予以惩处。然而，最高法院在1876年针对两个庭审案件——联邦政府诉里斯（Reese）等人案和联邦政府诉克鲁克尚克（Cruikshank）案——进行裁决时，认为《强制执法法案》第一法案的部分规定违背了宪法的相关规定，并主张投票权应该由各州自行处理，而不必由联邦解决。《宪法第十五条修正案》获得国会批准近100年后，一直到20世纪60年代民权运动爆发，该修正案的初衷才与《宪法第十四条修正案》的相关规定一样真正得以实现。

为了在战后迅速实现国家统一，胜利的北方州制订了一系列政治计划，但向战败南方传达出来的信息非常复杂。有些激进分子提议对南方社会采取激烈而又持久的变革手段，颇有些威胁和报复的意味。不过，对总统进行的弹劾审讯及共和党内部的分裂使以最佳方式重建南方并重新统一的美好愿景看上去扑朔迷离。美国人民很难想象一支通过占领该地以实施政治改革的常备军竟然存在于世。此外，美国人民也并没有打算为了实施长期社会改革而建立一个牢固但运营成本极高的官僚机构，相反，他们相信有限的政府便可以满足这一要求。一直到20世纪，尤其当美国进入和平时期后，美国人民才开始接受州政府在人民生活中所发挥的作用。与此同时，南方也才开始面临重建的种种考验。

---

① "祖父条款"，原来是指法律规定美国内战前，享有选举权的白人后代即使没有文化也有选举权。当初，美国南方的一些州，为了保持民主党的优势、削减非洲裔美国人的势力，在选举方面做出某些规定与限制，比如文化水平、财产。这些主要是限制黑人选民的，但是一些贫穷白人也受到了限制。在这里，祖父条款主要是限制非洲裔美国人的，它允许1867年以前有选举权的人与他们的后代继续拥有选举权，不受新法规的限制。这样，选民减少了1/3，黑人选民减少了2/3。——译者

第十一章 白人与黑人 南方重建
1865—1872年

　　1865年夏,纵观美国各地,若论有史以来面对最混乱不堪的局面的当属南方地区;纵观全美各地民众,若论有史以来面对最捉摸不定的未来的当属南方民众。不论是白人还是黑人,不论是叛乱者还是联邦主义者,任何人都有充分的理由感到焦虑不安。每个人都知道自己的世界已经发生了变化,然而,几乎没有人敢对变化的程度、所付出的代价以及变化带来的最终后果做出预测。有的人满怀希望地期待着未来;有的人则只预见到了各种艰难险阻。绝大部分人都感到困惑不解;他们心神不宁、东飘西荡,一直在观望着下一步将会发生什么。1865年5月,密苏里州一个前南部联盟成员坦承:"将来会发生什么?我茫然不知所措,实际上,我已经无计可施,只不过安静地在这里等候,直到真的有事情发生。"对于那些曾经为奴的黑人来说,如今他们已经成为自由民,获得了具有革命意义的崭新的社会地位,然而,他们所面临的情况变得更加错综复杂。一个自由民回忆道:"给人的感觉就好像你去钓鱼,结果迷了路,你便就此人间蒸发一样。"

　　美国内战已经过去好几个月后,平民百姓才搞清楚这次战争是真的结束了。当罗伯特·E.李在4月宣布投降时,绝大多数民众知道内战行将结束,但罗伯特·E.李所领导的军队只不过是南军势力中规模最大、最声名远扬的一支军队。在过去的4年里,各种谣言甚嚣尘上,各种假警报层出不穷,因此当时的整个局面看上去依然处在一种悬而未决的状态。在罗伯特·E.李率军投降的2个星期后,约瑟夫·E.约翰斯顿也在北卡罗来纳州率部队投降,此举表明内战似乎不可避免即将结束。5月10日,北军在佐治亚州的欧文斯维尔(Irwinsville)擒获杰佛逊·戴维斯,标志着南部联盟政府终于走到了穷途末路。即便如此,南军势力分散在南方各地,直到夏初时分才陆续开始承认南方败局已定。美国内战并不是在突然之间结束的,或者说也不是极富戏剧性地戛然而止的,相反,内战的终止有一个缓慢的渐进过程。有些狂热的叛乱分子想要继续以游击战的方式继续与北方作战。5月13日,最后一场有历史记录的战役在得克萨斯州的棕榈牧场打响,南部联盟获胜。对于那些顽固不化的南部联盟成员来说,残酷的现实让他们很难接受。田纳西州的一位女性哀叹道:"现实让人倍感羞辱,但事已至此,无可挽回。"

社会各方都承认战争结束后必将开展战后重建和各项调整工作,但各个群体、各大派别都纷纷制定自己的议事日程,对于如何以最佳的方法实现这一目标都有各自的一套想法。经受过战争洗礼后的南方建立了崭新的政治、社会和经济世界,但南方的白人和黑人都发现很难应对出现的各种问题。对于那些曾经为奴的黑人来说,他们不但需要战胜白人对他们的抵制,还要实现自己从解放到获得公民权的愿望。在这种情况下,黑人自由就成为最大的障碍。黑人雇员和白人雇主之间的摩擦最激烈,只不过当南北方在就前南部联盟重建问题发生政治斗争时,这种职业阶层中的紧张关系便显得微不足道、不值一提。在黑人和南方白人同盟者的鼎力支持下,共和党所代表的北方一开始取得了斗争的胜利,但胜利的成果并未能维持多久。到19世纪70年代初,前南部联盟成员仍然在重申南方白人的民族主义,而且他们最终重新掌权这一事实也意味着黑人在政治、社会、经济等方面曾经怀有的强烈愿望已经化为泡影。在本章中,我们将首先分析南方白人在内战行将结束之际的反应,接着分析南方黑人的反应,最后探讨出现这一逆转的原因。

前南部联盟成员的情绪

纵观饱经蹂躏、满目疮痍的南方大地,美国内战不但在这里打响,而且战争的残暴程度也不断升级,再加上南方民众一直认为北方佬"卑劣吝啬",因此,面对战败的直接后果,前南部联盟成员不可能继续保持一种积极乐观的心态。正如当初的夸大其词及畏惧担忧曾经将整个国家带入战争状态一样,如今在1865年的下半年,有关北方将如何对待南方的种种基于畏惧心理的假设也将对南方叛乱者和联邦主义者的行动产生影响。实际上,在战争结束后的几年里,南方民众对于北方政策的手段和目的一直都半信半疑,对于是由谁指导政策的实施——到底是国会?还是总统?——也一直都处在迷惑不清的状态。

南方的基本状况

就其本身而言，南方的自然状况和经济状况便已经令大多数白人感到心情郁闷。首都里士满的绝大部分地区已经变成了一片废墟，到处都是断壁残垣；弗吉尼亚州的弗雷德里克斯堡和匹兹堡、佐治亚州的亚特兰大和萨瓦纳、南卡罗来纳州的查尔斯顿和哥伦比亚、亚拉巴马州的塞尔玛、密西西比州的牛津以及几十个规模更小一些的城镇也千疮百孔；成千上万座南方农场和种植园更是满目疮痍。诚然，在这些饱受蹂躏的地区，有些遭到了大火焚烧，有的则遭人蓄意破坏。南军在不断撤退的过程中的确破坏了一些地区，但绝大部分地区实际上遭到了北军的严重毁坏。北军拆毁了成百上千英里长的铁轨，约占南部铁路总长度的2/3，拆除了大量的工厂和机器设备，包括马、骡子、牛、猪等在内的家畜绝大部分也都不翼而飞。北军还没收大量财产，最引人瞩目的莫过于没收了500万包棉花。当然，在内战期间，南军为了防止棉花落到北军手中，还焚毁了成千上万包棉花。

总的来说，北军在内战期间曾没收或破坏价值数百亿美元的财产，这一数字并没有把奴隶包括在内。如果换算成当今美元价格进行衡量，那些财产的价值将高达数千亿美元。对南方进行重建或用新财产取代遭到破坏的财产似乎成为穷尽一生的工作，该情况的确令人咋舌。南部联盟的货币体系很久以前就已经变得毫无价值，而那些曾经投资南部联盟债券或持有南部联盟保险单的民众也早已经倾家荡产。在南部联盟，将近26万个父亲、丈夫、兄弟在战争结束后再也没有机会与家人团聚，更多战士则遭受着战争导致的身体残疾或精神创伤。

更令人感到雪上加霜的是，恐怖和暴力开始在南方蔓延。佐治亚州的一位女性说道："除了或许可以让人们走上正道的原始本能，我们无钱可花，无法可依。"逃兵、主张废奴的游击队员、曾经当过游击队员的那些人以及逍遥法外之徒成群结队，到处游弋，威胁着要抢走平民百姓仅剩的那点财产，甚至威胁说如果有必要的话，还会夺人性命。许多老兵衣衫褴褛、饥肠辘辘，步履蹒跚地朝着家乡前进边偷盗吃穿用度，而且在某些地区马匹失窃风行一时。经历过战争洗劫的平民百姓不再尊重生命和私人财产，士兵们也早已经习惯于冒领死亡救济金，而且"随意挪用"无人照看的食物、衣服、毯子以及其他任何他们想要的物资。因此，在战后几年里，南北方的犯罪率都呈现出急剧增长的趋势。然而，由于缺乏民事法庭和运营良好的政府的保护，南方民众在"和平年代"刚刚开始的几个月里遭到了极为痛苦的对待。

种族关系

前南部联盟成员还害怕奴隶制会就此终结。他们极度鄙视黑人这一种族，因此根本无法想象如果没有奴隶制的束缚，自己将以何种方式对黑人进行控制，甚至都不愿意考虑实现种族平等的可能性。在他们看来，奴隶暴乱在内战爆发前就一直是个威胁，而且大多数南方白人都认为黑人对他们而言天生就是野蛮人。获得自由的黑人如今在北军的保护和鼓励之下，将会变得胆大妄为，可能会对他们进行大规模的盗窃、袭击和谋杀。内战期间，在北军的保护下，逃离南方的黑人数以万计。有些黑人对他们的主人百般嘲弄、万般奚落，甚至将主人家的衣服、财产席卷一空。这些黑奴或许将这样的盗窃行为视为多年来所遭受的虐待或所付出的免费劳役的补偿，然而，大多数奴隶主认为自己是正义和人道主义的化身，觉得自己因此而饱受凌辱。再加上所有黑人已经获得解放，尤其是当占领南方的北军主要是非裔美国人时，奴隶主甚至开始想象这些黑奴或许会采取更加令人难以容忍的行动。

南卡罗来纳州的一个前奴隶主设想出两种可能的未来，不过，对她而言，其中一种情况虽然发生的可能性更大，但也更令人感到胆战心惊。当年，她的一个邻居在北军步步逼近时弃家而逃，1865年6月重返家中后却发现"在他那所装饰精美、面积巨大的豪宅里生活的是他自己的奴仆。离家时他并没有带着他们同行，如今这些奴仆还像以往一样彬彬有礼、恭敬殷勤、周到细心，家里的一切看上去都那么干净整洁、一尘不染"。然而，她知道这种情况可以说是一反常态，因为她的一个外科医生邻居此前被他手下的一个奴隶谋杀而亡，而另一位朋友"在自己的谷仓里被黑奴剁成了肉酱"。面对这些截然不同的事件，她考虑了良久。鉴于她对黑人性格先入为主的印象，她总结道："黑人虽然激情勃发，但那样龌龊不堪，如同恶魔一般。然而，他们竟然在魔鬼一样的北方佬的鼓励下揭竿而起，不但参与激烈的战争，而且自此将开始享受平和、幸福的生活，有那么一瞬间，一想到这些就让人感到毛骨悚然。"

劳动力短缺

战争年代的白人在面对暴力时丝毫不曾畏缩，但如今他们发现由于缺少唯命是从的黑人工人,自己的生活变得举步维艰。如果自由并不意味着血腥屠杀,那么它肯定会威胁到民众所熟知的社会、经济以及种族关系,甚至会令其彻底崩溃。例如,南方中产阶级和上流社会的女性由于失去了奴仆而开始变得怨声载道。在现代社会里,没人伺候似乎尚不能算作一个非常严重的问题。然而,与21世纪相比,佣人在19世纪不但更加普遍,而且可以说是那个时代不可或缺的组成部分。在19世纪60年代的美国总劳动力中,有超过7%的人在美国普通家庭中担任女仆、厨师和管家,所做的都是在别人看来最艰苦繁重、最令人精疲力竭的工作。南方的某些家庭虽说也会雇用白人家仆,但绝大多数家庭和酒店一直都依赖于黑人工人所付出的劳动。刚刚获得解放的自由民战前曾经做过个人服务,但如今不愿意再次做私人家仆。在这种情况下,那些原本不习惯挥动着拖把、扫帚和擀面杖的家庭主妇便迫不得已地开始一种全新的生活方式。"人们都在做家务活,"佐治亚州的一个白人说道,他感觉自己处境凄凉,"不过,在我看来,黑人除了适合从事家务劳动,别无所长。与其让他们无所事事地随处躺卧,还不如让他们发挥所长。如果让白人将大把时间都花在打扫卫生上面,那纯粹是浪费时间,因为他们可以利用这段时间做很多其他方面的工作。"

　　成千上万名廉价且训练有素的庄家能手、工匠以及其他劳动力无不面临着严重流失的问题。这一状况可能造成的后果是整个经济面临崩溃,因此,南方白人无不感到人心惶惶。为了恢复经济发展,南方白人需要三大要素:土地、资本投入和劳动力。南方白人拥有土地(政府没收土地的谣言甚嚣尘上,但假设这些谣言纯属子虚乌有),可以从北方及外国的银行家手中借款(虽然有时候的确很难)。于是,接下来即将面临的问题便是劳动力问题。为了应对北方胜利者,南方白人所采取的几乎所有决定,无论是涉及政治、法律还是涉及金融领域,都是基于这一需求。

　　大多数人承认只有黑人人口才能提供充足的劳动力来源。有些地区不顾一切地想从欧洲和亚洲招募移民工人,但没有什么效果。南方的天气、低工资以及动荡不安的政治局面和社会未来阻碍了大多数外国人移民南方的脚步,更多此前来到南方的移民则出于各种各样的原因纷纷离开了那里。一个曾经来到弗吉尼亚州的游客表示:"瑞典人、德国人和爱尔兰人都曾经来过这里。但瑞典人不愿意吃玉米面包;为了得到宅地,德国人悄无声息地朝着西北方迁移;爱尔兰人则更倾向于选择城市里的相关职业。"美国本土白人有很多,但几乎没有人愿意工作,尤其不愿意从事那些与黑人劳动相关的职业——体力活。对于黑人工人的需求依然没有改变,而这一基本事实在打造南方人世世代代的种族关系方面也发挥了重要作用。

联邦主义者的复仇

与此同时，前南部联盟成员不得不面对南方白人联邦主义者对他们的政治和经济霸权所做出的暴力威胁和种种挑战。在内战期间，后方的联邦主义者和南军之间所爆发的冲突曾经给很多地区造成了破坏；内战结束后，双方冲突仍在继续。实际上，当南军士兵和平民难民陆续回到家园后，紧张局面也随之逐渐形成。"密西西比州的全州民众彼此之间长期以来自相残杀。"来自北方的一个观察者如此评价道。在诸如阿肯色州的地方，为了保卫家园，该州民众组建了亲北方联邦的游击队。战后，不论是亲北方联邦的游击队还是南方游击队，双方战士依然荷枪实弹、全副武装，随时准备与当地统治者作斗争。在那些联邦主义者在人数上占上风的地区，或者在受到北军保护的地区，对此前的南军进行报复已经成了家常便饭。1865年8月，田纳西州诺克斯维尔的一位女性描绘道："又有一个人遇刺身亡。今天上午，一个名叫考克斯（Cox）的南方人正在一家五金工具店铺里买东西时，一个名叫福斯特（Foster）的林肯政策支持者突然走进来一边跟他握手，一边嘘寒问暖。就在考克斯转身之际，福斯特朝着他的后背开了枪。"几天后，她在日记里写道："今天，南军和北军之间又发生了几次枪击事件。"9月初，她又写道："我们肯定是生活在恐怖时代，几乎每天都有人被枪击身亡。"

南部联盟成员大批离开南方

如果我们就此认为无情的暴力、混乱、毁灭和近乎无政府状态困扰着整个南方，那自然有误导之嫌。实际上，南方部分地区仍然保持着一派和平安定、无忧无虑的场景。然而，即便是那些生活在宁静地区的民众也无法预知他们的运气有朝一日也有用尽之时。因此，很多前南部联盟成员出于各种不同的原因纷纷逃离南方。有些人尤其是那些高级军官和政客，由于看到了杰佛逊·戴维斯的前车之鉴，都感到自己将要面临牢狱之灾甚至会被处以极刑，也纷纷出逃。有些人属于顽固分子，一想到将要在北方佬的统治下生活或者在平等的基础上与自由黑人一起生活就觉得忍无可忍，因此，在傲慢心理的驱动下也选择逃离。南方年轻人则受到了冒险心理的驱动，因为他们觉得战争结束后，家乡的生活变得枯燥乏味，了无生趣。不过，绝大部分移民对于自己是否有能力谋生持有怀疑态度,更不用提是否有能力在南方继续生活下去。田纳西州的一位人士解释道:"与所有忠诚于我们伟大事业的那些人别无二致,我现在已经一贫如洗。与他们一般无二,我已经没有任何私人财产——我的财产都被人抢走,就连我自己都是一个不断遭到别人怀疑的对象。在我的家乡,我就像一个遭到流放的家伙,一个陌生人。"一位前南部联盟海军军官认为:"即便我已经成了亡国奴,至少我也应该心怀理想,把生活继续下去。"一个得克萨斯州人哀叹道:"这个国家已经彻底陷入停摆;不但没有资金,而且没有任何贸易往来。一切都已经陷入停滞……前景一片黑暗,而且只会每况愈下。"

　　内战结束后的第一年里,逃离南方的民众数以千计,并在接下来的 10 年里发展到数以万计。为了寻找新的家园,他们走遍了世界的各个角落。他们前往英国、法国、埃及等国,足迹甚至到了亚洲和南美洲。与战前一样,对他们而言,最便捷的目的地仍然是加拿大、墨西哥以及美国西部地区。那些地区仍然在召唤着这些野心勃勃却又忐忑不安的人们。他们打算孤注一掷,前往那里的牧场、银矿和太平洋沿岸的港口谋生。如果说 19 世纪 50 年代的"淘金热"曾经促使大批美国人涌向美国西部地区,那么 19 世纪 60 年代的"得克萨斯热""墨西哥热"和"巴西热"则令他们再次背上行囊。"你们那里有没有人得了'墨西哥热'呢?"一个佐治亚州人问他在田纳西州生活的姐姐。"你有没有得到有关洪都拉斯(Honduras)的确切消息呢?"另一个南方人问道,"你们那里怎么样了? 你有什么打算吗? 加利福尼亚人有什么打算呢? 我有几个朋友在巴西发展得非常好,生活得也很惬意,我们可以从他们那里得到消息。"实际上,墨西哥及南美洲的一些国家开始招募南方人,承诺给他们提供廉价的土地。墨西哥和巴西则吸引了很多种植园主,因为那些国家仍然依赖于强制劳动体系——墨西哥实行劳役偿债制度,而巴西仍然在实行奴隶制。

　　最令人感到不可思议的是,数百名前反政府武装分子纷纷迁到北方,他们希望在无人注意的情况下到肥沃的农场和繁华的城市里去定居。这些人被称为南部联盟的"捎包客(carpetbagger)"。他们与北方的那些捎包客别无二致。这些人之所以被称为捎包客主要是因为他们在一个地区逗留的时间通常较短,只带了一只背包(这种背包相当于 19 世纪的行李箱),里面只装有为数不多的随身用品。战后,北方的捎包客也纷纷涌向南方。与那些迁移到墨西哥和南美洲的前南部联盟成员相比,向北方迁移的捎包客大多显得比较低调。前一类移民参与的大多是经过广泛宣传、合理组织的探险活动,而这些捎包客则要么形单影只、茕茕孑立,要么单个家庭偷偷出行。前往北方的捎包客有时候在北方有亲朋好友可以为他们提供帮助。不过,这两类移民的目标远大而十分一致:他们希望就此改善自己的社会地位和经济命运,因此这些人要寻找的是"重要机会"。1865年8月,一个马里兰人惊讶地发现,"纽约市遍地都是前南部联盟成员,这些人似乎只有一种观点,即南方已经化成废墟,不适合居住。他们冲到财富聚集中心纽约市,希望能够找到有利可图的工作,只不过那些雇主就是曾经不断压迫他们的人"。

白人重新调整希望

然而,尽管有些南方人满怀热情,内心骚动,但绝大多数南方白人仍然选择继续留在南方,因为他们有的一贫如洗,有的惊慌失措,有的顽固不化,因此都不可能选择到别的地方居住生活。此外,还有一件事对于理解1865年后发生的系列事件至关重要——当安德鲁·约翰逊的宽松政策暗示"重建"工作或许并没有那么糟糕时,南方很多民众便再次燃起希望。实际上,约翰逊似乎提供了一种完全由南方民众自己直接进行的内部重建策略。受到这一系列事件的鼓励,一些曾经逃离南方的白人如今重新回到南方,尤其是对那些虽然创立了新家园,但所创立的新家园离理想中的家园相差甚远的白人来说,更是如此。在联邦政府的默许和暗示下,那些曾经参与过叛乱的反政府武装充分利用总统的慷慨组建了政府,却丝毫没有表现出悔改之意。在内战结束后的最初几个月,这是对南方白人最严重的错判。北方人想要确保联邦政府所得到的胜利成果;共和党人对本党必须当权的决策心知肚明。曾经反对联邦政府的那些人似乎已经忘记了共和党人的这种情绪,或者说纯属于故意无视。然而,《黑人法令》的颁布及南部联盟领袖仍然处在统治地位上的事实不但嘲弄了北方联邦所取得的胜利,而且对共和党人在南方打造坚实政治基础的希望也造成了威胁。联邦国会发现了这一威胁后便予以一连串的反击,先是建立了联合重建委员会(Joint Committee on Reconstruction),接着在1866年大选中获得了压倒性的胜利,并在1867年通过了一系列的《重建法案》。直到此时,那些曾经参与叛乱的家伙才意识到自己对形势的估计产生了严重的偏差。

当前南部联盟成员纷纷开始重新调整政治策略时,他们却发现非裔美国人所带来的威胁日趋严重,不过,与他们原来想象的情况截然相反,这些黑人并没有带来诸如谋杀、强奸以及复仇之类的危险;相反,他们开始对白人优越主义提出了强有力的政治和经济方面的挑战。根据《宪法第十四条修正案》和《宪法第十五条修正案》的相关规定,南方黑人行动起来,开始打造一种崭新的跨种族的社会秩序。在内战刚刚结束之际,不论是南方还是北方,几乎没有白人相信会有这种情况发生。尽管政府颁布了《宪法第十三条修正案》,但绝大部分白人仍然认为美国内战的主要矛盾为是否有权脱离联邦。北方人认为,如果南方奴隶因此而获得自由也未尝不是一件好事,不过,他们几乎没有料想到非裔美国人会在实现与白人的政治地位和社会地位完全平等的问题上不遗余力。

黑人的期望和不安

在内战结束后的最初几个月里,黑人对自己政治前途的看法与奴隶主的观点没有任何差别。黑人面对着自由自然欣喜若狂,毕竟他们的"欢乐日(day o' jubilee)"终于到来,但绝大多数自由民面对如何把解放变成自由、把自由变成事实的这一难题显得有些不知所措。弗吉尼亚州一个曾经为奴的黑人回忆道:"对他们而言,这一切来得太过突然,他们还没有做好准备。想想这么一大群人吧,一直以来他们就被迫成群结队地生活在一起,几乎从来没有离开过种植园半步。如今,他们虽然一下子挣脱了身上的枷锁,但除了背上背负的行囊,在这个世界上他们可以说还是一无所有……即便他们已经迈步走在路上,却发现自己根本无处可去。"一些黑人仍然选择留在奴隶主的身边,有时候是出于忠诚,有时候却因为他们对这个未知的世界充满了恐惧。有的黑人为了测试自己是否真的获得自由,或者只是为了看看是否真的获准可以任意出行,便不假思索地选择离开。得克萨斯州的一个自由民回忆称:"他们似乎更愿意无限接近自由。他们自己也不知道可以在哪里实现这一梦想,也许是在某一个地点,也许是在某个城市里。"

然而,绝大部分曾经为奴的黑人离开家乡时并非漫无目的,通常他们直接关注的至少有两大目标:首先,他们想要重新与家人团聚。这可能意味着他们要走到隔壁的一座种植园或附近的一座难民营,但也可能意味着他们要开始一段长达几百英里的旅程。奴隶制和内战导致妻离子散、夫妻分离,而且很难得到有关家人处所的可靠信息。家庭成员有可能已经天各一方很多年。此外,也许一些自由民已经知道自己的家人可能在哪里。然而,当北军不断逼近南方时,奴隶主便将蓄养的黑奴转移到安全地区,因此这些自由民的家人实际上可能已经到了佐治亚州或得克萨斯州而不是在原来的弗吉尼亚州或密西西比州。自由民局的工作人员及北方的传教士通过写信或提供交通工具之类的方法帮自由民寻找失散的亲人,然而,很多家庭一直都没能团聚。内战结束了几十年后,为了找到失散的亲人,仍然有人在报纸上刊登寻人启事,而且只要提供信息就能获得赏金。

一个曾经为奴的黑人悲哀地回忆道:"即便已经得到自由,但绝大多数人没法跟家人团聚,因为他们无从得知亲人们到底在哪里。"

此外,数以千计的自由民如果不选择逃离家园便会选择重返家乡。这一矛盾现象正好可以反映出这些曾经为奴的黑人在情感上所经历的混乱和恐慌。不论是那些在内战期间主动离开家乡的人,还是被迫背井离乡的人,都经常会回到他们感觉最安全的地方。对于自己曾经辛勤劳作过的土地,他们仍然保留着深深的眷恋,而且很多人希望联邦政府能够将土地所有权赋予他们。在他们所熟悉的环境里仍然可以看到那些年代久远的房屋和土地,甚至还可以看到埋葬着父母和孩子的墓地。若想剪断这些情感纽带绝非易事。

同时,很多自由民心怀一种本能的逃离冲动。他们无法忍受继续生活在原来的奴隶生活区,因为那里的一切都决定了他们为奴为仆的身份。虽然他们也不愿意生活在奴隶主家的附近地区,但也几乎没有人选择到远方流浪。在北方白人的工薪阶层中,很多人担心自由民会到北方谋生,但这些自由民似乎并没有这样的冲动想法。相反,绝大多数自由民都选择回到了自己熟悉的老环境。不过,一开始,他们认为迁移在某种程度上是宣布获得个人自由和独立的一种重要手段。佛罗里达州一位观察敏锐的种植园主说道:"黑人如果不脱离原来的生活环境,似乎就无法产生已经获得自由的感觉。他们只是想确保自己有权决定何时出发以及前往何处。"甚至那些一直得到奴隶主善待的黑人和并没有心怀怨恨的黑人也都感觉自己有必要换个环境生活。正如一个奴隶向他的女主人告别时所说的:"如果留在这里原地不动,那我永远都无法体会自己已经成了自由民。"

向城市进发

了解了这样的态度,便至少可以在一定程度上解释了为什么大批自由民纷纷向城市和城镇进发这一问题,甚至也可以明白为什么那些终其一生都生活在农场和种植园里的自由民竟然也会如法炮制。就像南部联盟捐包客希望能在北方城市隐姓埋名地生活一样,这些曾经为奴的黑人也认为"自由在城市里会变得更自由"。一个南方白人宣称:"他们都想奔赴城市。土地对他们而言已经没有任何吸引力。"想要寻找工作机会的自由民在城市里可以如愿以偿。所有人都相信与农村相比,城市可以给自己提供更多的保护。北军士兵——经常情况下是由非裔美国人组成的军队——纷纷驻扎在大大小小的城市里,而军队掌控的自由民局也在那些城市里建立地方总部。一个前往南卡罗来纳州查尔斯顿游览的白人游客观察到,"完全凭借盲目的直觉",自由民便都认为他们在城市里会更有安全感,"因为城里驻扎着军队,而军队一定可以给他们提供保护"。

很明显,在城市的黑人社区里,黑人除了有安全感还感受到了友情的存在。黑人大量涌入城市反而产生了一种令人不可思议的后果:与内战前相比,战后南方城市里的种族隔离现象更加严重。由于初来乍到的黑人都选择最廉价却没人愿意居住的房子定居下来,结果,黑人"飞地"便在这里逐渐成形。在黑人社区里,他们也修建教堂、学校、政治俱乐部、慈善社团以及其他社会机构。曾经在各个农场和小型种植园里辛勤劳作过的奴隶们意外地发现,来自大种植园的庄家能手也惊讶地看到,与自己同一种族的大量黑人在白人的世界里公开追求着自己的梦想,主宰着自己的行动。这一场景进一步增强了他们的独立意识和享受个人自由的感觉。到1870年,在南方绝大部分城市里,非裔美国人的人口数字至少翻了一番。不过,对于那些无法找到满意工作的黑人和对黑人贫民窟里的生活条件心怀不满的黑人而言,城市生活的诱惑最终渐渐褪去。大多数黑人幻想破灭后重新回到了农村。不过,南方黑人的生活方式实实在在地发生了变化,白人城市居民的生活也相应地发生了改变。

寻求经济自由

对于绝大部分曾经为奴的黑人来说,尽管他们要面对到处迁移、居无定所的问题,然而他们的当务之急是要找到谋生之路。获悉解放的消息后,黑人最直接的反应就是马上停下手头的活计。"我们现在自由了,除非心甘情愿,否则我们才不工作。"路易斯安那州的一个自由民宣称。1865年3月,南卡罗来纳州一位种植园女性园主抱怨说:"庄稼地里的那些黑人……都不干活,他们要么在村子里游荡,要么就待在家里不出来。"然而,全面恢复和平及谋生的刚需使这一情况并没有持续多久就宣告结束。绝大多数曾经为奴的黑人知道若想要享有真正的自由就必须获得经济上的独立,就必须找到一种养活自己和家人的方式。联邦政府及富有同情心的北方人准备至少满足他们的直接需求并帮助他们融入未来,因此,非裔美国人实现这一目标的前景看上去还是光明的。

北方的援助

甚至在内战结束之前,自由民局、联邦协会以及教会出资赞助的北方传教士就已经在北军占领的地区建立自己的组织,分发食物、分配住所、兴建学校,并鼓励黑人重新燃起生活的希望。作为共和党的一个机构,联邦协会与内战期间在北方的操作方式别无二致,战后仍然在非裔美国人中继续发挥作用。该协会发现黑人不但热切盼望拥有选民身份而且想要参与政治活动后,便提醒他们,共和党是亚伯拉罕·林肯领导下的政党,是黑人的朋友。为了证明对黑人的友好态度,该协会不但帮助黑人兴建教堂、学校,而且要求军队和法庭保护黑人的各项权利。据一位历史学家估计,到1868年,几乎所有黑人选民都属于联邦协会或某个类似的共和党政治组织。

为了给黑人难民和白人难民提供食物和住宿,联邦国会在1865年3月批准成立了自由民局,并在同年12月扩大了其责任范围。自由民局由军队统一负责管理,其工作人员将自由的信念向黑奴以及曾经的奴隶主宣传推广。该局兴建多座自由民学校,对发生在黑、白两个人种之间的法律纠纷进行调解,通过诸如此类的方式寻求对黑人进行教育和保护。通过宣扬黑人和白人在振兴南方经济中相互依存的关系,该局希望说服雇主能"对该体系进行一场公平、公正的审判"。该局的一个工作人员解释道:"为了让自由劳动力体系获得成功,我们有必要公平对待每一个劳动力……如果让自由民享受到公正的待遇,不偏不倚的公正待遇,我们相信与他曾经为奴的时期相比,作为自由民的他工作效果必然更佳。"该局鼓励雇主和劳动力之间签订正式合同,这样双方或许都可以了解新义务和新责任的性质。在管理权威部门尚未恢复的地区,自由民局指导下的法庭努力协调这些合同的实施。

尽管联邦协会不断进行宣传,自由民局也不断举行各种活动,却仍然无法阻止谣言满天飞。据谣传,联邦政府打算没收南方叛乱者的土地并将在黑人中间对土地进行重新分配。美国内战前,白人主张"天命论"或者"要么以俄勒冈州54°40′纬线为界,要么就决战到底!"后来就演变成"40英亩土地外加一头骡子"的口号。密西西比州自由民局的一个工作人员证实说:"这一过失非同小可,这个想法不容小觑,与人类所持有的任何信仰别无二致,这个信念坚定热切,不可动摇。"当内战进行到最后一年时,为了解决难民问题,威廉·T.谢尔曼曾经将北军所占领的靠近大西洋沿岸的南部联盟土地分配给自由民。1865年初,联邦国会建立了一项制度。根据该制度,自由民及白人联邦主义者可以获准租赁或购买联邦政府没收的土地。这两项举措无疑都使该谣言变得不再是捕风捉影。内战期间,诸如佐治亚州和南卡罗来纳州沿海的海群岛、密西西比河河谷的纳齐兹区(Natchez District)以及阿肯色州的海伦娜等地都曾经在政府没收或租赁的种植园土地上为南方黑人建设家园。对于那些曾经为奴的黑人来说，既然他们已经在同一片土地上劳作了几十年、上百年，那么分配给他们一块土地就成为非常合乎情理之事。"有些人直接宣布他们应该拥有土地，就算为此将要付出血的代价，他们也在所不惜，"北卡罗莱纳州的一份报告显得更加极端，"有些人要求得到奴隶主土地的全部收成，因为那些庄稼都由他们亲手栽种。"

黑人教堂

自由民一直期待着能够从联邦政府手中得到具有实际意义的经济援助，然而无果。于是，为了巩固自己仍然脆弱的独立意识，他们便开始将新制度繁荣发展起来。无论是在城市还是在农村，每个社区的核心机构都变成了教堂。黑人很快就创造了新方法以强化自己自由民的身份：他们兴建学校、慈善机构、兄弟会、政治俱乐部甚至报社。然而，他们所兴建的教堂及教堂本身所具有的宗教信仰成为其他一切事物的情感纽带。实际上，教堂的大小建筑不仅可以用作崇拜上帝的场所，而且还可以当作学校、演讲厅、社区中心，以及政治活动的聚集地等公共场所。在开发新社区的过程中，黑人牧师成为最具有影响力的一批人。民众不仅希望这些布道者可以给予自己精神方面和道德方面的指导，也希望在政治问题及经济问题上得到他们的指引。

宗教的重要性可以通过以下情况来判断：绝大多数自由民定期前往社区教堂做礼拜。在农村地区，废弃的小窝棚、年久失修的小屋、某个人的家或者树林里任何一个有遮盖的地方或许都可以成为他们的"教堂"。他们并不需要任何花里胡哨的装饰。如果该教堂碰巧有个屋顶，那就有可能会漏水；如果有扇窗户，那就有可能没有窗玻璃。大多数教众在建造教堂时就地取材，手边有什么材料就用什么材料。几乎没有任何一个教区有全职牧师，至少在最初几年没有。即使教众们能养活自己教区的布道者，其人数也远不能做到四处传道。巡回牧师和巡回传教士一个月内在一个地方驻足一到两次传道已经成为常态。其余时间的礼拜，包括礼拜日及周中的祈祷会在内都由当地的志愿者领导教众进行。

当然，在以奴隶为主的社区里，宗教也一直发挥着重要的作用。当南部联盟陷落之时，获得自由的奴隶大声赞美上帝以表达自己的感激之情。"我一跃而起，尖叫着'荣耀属于耶稣！哈利路亚，耶稣！我自由啦！'"弗吉尼亚州的一个奴隶大声宣布。另一个奴隶欢欣鼓舞地大叫："神呐！宗教的王国现今真的有国王了！"然而，他们的宗教信仰大多属于新教的福音教派，在奴隶制盛行期间一直受到种种限制。除了为数不多的几个城市,奴隶很少会像其他教众一样在自己的教堂里崇拜上帝。一方面,白人不愿意接受自由民作为宗教全面合作伙伴的新身份;另一方面,黑人强烈表示要对教堂进行自主管理。因此,在内战结束后的短短几年里南方新教教派内部就出现了种族隔离现象。南方白人对于此种现象表现出欢迎的姿态,因为他们希望在不同种族严格隔离的环境中崇拜耶稣基督;那些曾经为奴的黑人对此也感到颇为满意,因为他们经常引用《圣经》里有关救赎和解脱的语句描述自己所获得的解放。其中,最频繁引述的莫过于犹太人逃离埃及的故事。有人问亚拉巴马州的一个黑人是否认得生活在邻近社区里的居民,这个黑人回答道:"那个社区的居民都是卫理公会教徒。"实际上,对于非裔美国人而言,黑人教堂发挥的作用近乎国家所起的功效。

黑人学校

黑人学校的重要程度仅次于教堂,或者学校也可以被视为教堂的一部分。黑人牧师在大多数情况下是整个社区里唯一识文断字之人,因此他们以世俗教师的身份发挥了至关重要的作用。很多北方白人也起到了异曲同工的作用。在这些白人中,年轻女性占了绝大多数。内战结束后,他们来到南方给自由民传授知识。除了自由民局及联邦协会所建立的政治气氛浓厚的学校,南方黑人在1865年的春、夏两季建立了多达500所独立学校。如果说曾经为奴的黑人或许将享有经济上的独立视为享有自由的最可靠的标志,那么教育完全可以排在第二位。"假如在有生之年我已经再无力做任何事,那至少我应该给子孙后代提供一个上学的机会,因为我觉得在这个世界上自由最为宝贵,而教育仅居其后。"密西西比州的一个自由民宣布。据自由民局的一个工作人员在1866年夏季的估计,大约有15万个曾经为奴的黑人及其子女接受了基础教育。这一数字包括"那些在非正规学校和安息日学校"就读的学生和"在家中自学"的广大民众。

黑人的失望情绪

然而,当黑人所期望的目标几乎都无法实现时,他们的乐观主义精神很快就变成了困惑不安。绝大多数此前离开原住地的黑人很快就重新回到原住地,而且多半都回到了原主人的身边。不过,事实证明,很多政府工作人员并非黑人期待的慈善家,有时甚至在涉及法律诉讼和合同纠纷等问题上与白人站在一个阵营里。首先,对黑人而言,不但找到一份工作变得非常困难,而且在拥挤不堪、大大小小的城市里的生活环境不仅变得逼仄也不利于健康。事实证明,他们最美好的愿望——重新分配土地也变成了一个颇具争议的问题。因为这一提法对共和党人和民主党人共同推崇的有关私人财产的基本信念提出了挑战,因此,国会根本就无法对其加以实施。此外,以现金支付周薪的形式仍然发展低迷。内战爆发前,对非熟练工人来说,每人每天基本上都能赚 1 美元。现如今在很多黑人看来,这已经成为约定俗成的日薪。"1 份活计 1 美元!1 份活计 1 美元!"他们高呼着。即便曾经为奴的黑人可能觉得收到的报酬会更少一些,但一想到用于支付木柴、食物、衣服以及住处所需的费用,他们还是希望获得解放的事实能够让自己占据有利地位并具有同白人讨价还价的余地。佐治亚州的一个自由民跟自己从前的奴隶主如此说道:"我想对你说的是,要是你愿意每个月给我 12 美元的报酬,我就还留在这里。如果你给不了,就请你另请高明,我可也要另谋高就了。"

劳动力问题

在内战结束后的最初几年里,对于南方的白人和黑人来说,工资问题和雇用问题使他们难以适应战后的环境。正如前面所说,这一状况像幽灵一样若隐若现地笼罩着各个种族的未来生活。双方都无法理解对方的物质需求和情感需求。南卡罗来纳州的一个白人如此说道:"有些人认为自由劳动力就是廉价劳动力。对于自由民来说,能够被雇用并赚取吃穿用度应该是求之不得之事。不过,我不敢苟同。他们似乎迫不及待地想要挣脱束缚的枷锁,在重新回归种植园之前,他们或多或少都会遭受痛苦的折磨。"在白人看来,自由民努力想要确保工资报酬合理表明他们不愿意承认与生俱来的从属地位。令人感到不可思议的是,很多白人认为既然他们给自由民支付报酬,那么相较于奴隶,自由民就应该对他们表现得更加屈从恭顺。当自由民最终还是选择替原来的奴隶主当劳工时,白人对自己的这一观点更加确定。实际上,很多事实也证明了他们的这一看法。自由民局密西西比州分局的一个工作人员解释道:"他们对于自由的理解是:从此可以不受任何约束;工作上可以随心所欲,想去哪里就去哪里。"白人却习惯性地将黑人对独立的向往理解为无礼和蔑视的表现。

黑人对劳动、性别角色和家庭关系的看法也一直在发生变化,这也令事情变得更加复杂。如果说黑人男性想要得到自由劳动者应得的尊重，那么黑人女性的要求也同样有过之而无不及。随着家庭成员重新团聚，奴隶婚姻在法律上得到了认可，黑人男姓的妻子也开始要求得到一定的劳动条件。很多女性劳动能手不愿意继续从事艰辛的农业劳动，至少不愿意把全部时间都投入其中。她们自己也想经营家庭、培养子女，而不是一直替别人劳作。当然，她们也不愿意自己的子女以后为陌生人卖苦力。佐治亚州的一位白人女性说道："那些自由民几乎全都将自己的女人和孩子从田间劳作中解脱出来，女人们开始忙着做家务，孩子们则开始接受学校教育。"大多数曾经为奴的黑人最终做了家仆之类的活计，而且对这份工作总体来说还比较满意，但他们还是愿意继续同雇主讨价还价，希望能够减少工作职责，缩短工作时间。相较于田间劳作，家务活实际上对人的要求更高，因为女主人与仆人之间的关系本质意味着女主人希望仆人能够保持绝对忠诚而且随叫随到。仆人的这两个职业特点在家庭以外的其他职业中却很难看到。

战后的经济现实原本就意味着白人雇主没有能力提供较高的报酬，再加上从 1866 年到 1867 年，南方很多地区都出现了干旱和农业减产之类的问题，使得这一情况日趋恶化。黑人和白人都发现自己很难适应这一情况，而黑人所面临的选择更是少得可怜。黑人已经了解到真正享有自由绝非易事，实际上他们并没有什么选择权，只能跟白人土地所有者做出妥协后再进行协商。1868 年以前，种植园主们在与黑人的协商中仍然占据足够的优势，因此他们适应发展的速度更加缓慢。这些人固执己见，在薪酬及其他问题上做出让步时设置上限，甚至可以说在某种程度上敲诈工人，因为他们认为工人们个个都属于顽固侮慢之徒。"我对着所有工人大叫，让他们'去死！'后，他们就真的走了。"一个弗吉尼亚人在描述自己断然拒绝自由民涨薪的要求时如此说道。此外，《黑人法令》也起到了限制黑人同白人讨价还价的权利的作用。

对黑人施加的暴力

共和党人相信如果按照南方白人的本意，那么这些白人永远也不可能赞成黑人享有平等的权利。当南方出现了针对自由民的暴力行为时，共和党人更认为自己的想法准确无误。在内战结束后的第一年，这样的暴力行为在绝大多数州发生的次数非常有限，但当白人对黑人提出的自由平等主张做出回应时，暴力事件发生的频率便越来越高，因为白人认为这些主张对社会秩序和社会稳定造成了严重威胁。黑人动辄被冠以"傲慢无礼"和"装腔作势"等莫须有的罪名后便遭到毒打,有时甚至因此而丢掉性命。任何一个黑人,只要有暴力对抗白人的嫌疑,例如,可能殴打或强奸白人,不论有没有正式的法律诉讼就已经等同于走上了一条绝路。1866年几个南方城市所发生的种族"暴乱"几乎毫无例外都是白人侵占了黑人社区,其中最著名的莫过于在孟菲斯和新奥尔良爆发的那两场。到1867年,暴乱行动已经蔓延到了查尔斯顿、诺福克以及亚特兰大等地。大多数暴乱的原因与其说是社会因素还不如说是政治因素,比如在新奥尔良所发生的那场暴乱。该暴乱造成了48人死亡、166人受伤。不过,白人不愿意接受黑人的公民身份却依然是大多数暴乱的重要原因。北军中的白人士兵很早就已经开始攻击黑人士兵或黑人平民,造成了双方的对峙局面。尽管如此,美国本土白人在这件事上要承担主要责任,因为他们才是攻击黑人的主要力量。

共和党在南方建立同盟

1867年通过的《重建法案》虽然剥夺了前南部联盟成员的政治权利,但是使北方的捐包客、白人联邦主义者(被称为"南赖子")以及自由民受到了鼓励,开始建立新的统治联盟。直到那时,南方情况才发生改变。不过,在接下来的3年里,该政治联盟接二连三遭遇挫折,制订的各项计划也不断流产,有时候似乎到了马上就要解体的地步。然而,最后该联盟还是让共和党在南方成为政治上的多数派。

捐包客

内战结束后的10年里,来到南方的捐包客的数量成千上万,其中绝大部分都是从北军退役的士兵或自由民局的工作人员。这些人完全痴迷于向自己敞开的经济机遇和政治机会,便决定留在南方不走了。内战爆发前,他们中的大多数人都属于中产阶级,而且受过良好的教育,所从事的行业包括农民、教师、实业家、律师、商人以及记者等。有的人品德高尚,认为这是促进种族平等、捍卫自由劳动的大好时机,认为他们还可以借机将自己眼中的北方"文明"引入落后野蛮的南方。有的人将个人经济地位的改善和政治地位的提高作为衡量成功的标准。不过,在这些捐包客中,如果尚不能说绝大多数人,那至少可以说多数人无疑还是想要实现自己的雄心壮志或理想。实际上,"捐包客"这一称呼还是前南部联盟成员给这些人的专属称呼。尽管如此,那些前南部联盟成员仍看不上这些捎包客,认为他们这些"外来户"不但不遵守基本原则而且惹人生厌。

南赖子

对于新成立的共和党联盟而言,"南赖子"显得更加重要。虽然这一称呼在由政敌率先使用时并没有什么具体的含义,但该称呼暗指那些没有道德底线、不择手段的无赖恶棍,这些人甚至就连自己的同类也会肆无忌惮地背叛,因此他们也被称为"癞皮狗""脏兮兮的绵羊""得了败血症的牛"以及"白皮肤的黑人"等。实际上,与捎包客别无二致,这些南赖子同样受到了很多因素的综合驱动:他们中的很多人相信自己行为做事完全是为了帮助战败南方获得最佳利益,不过,也有不少人认为如果想要以最快的速度恢复个人的经济状况,与共和党合作可以说是一条捷径。以前南部联盟上将詹姆斯·朗斯特里特为代表的一些南赖子很明显一直都是南军,但他们中的很多人在内战期间也一直都是联邦主义者。很多南赖子也一直都是辉格党人,因此,与北方很多前辉格党成员一样,他们接纳了共和党人并自然而然地将其视为自己的老党派的接班人。

黑人在政治上的作用

然而,在这个由三股力量构成的联盟中,南方黑人不但占的比重最大,而且发挥的作用也最大。不过,这也不是他们第一次试图坚持自己的政治主张。在1865年的夏、秋两季,自由民就曾经在前南部联盟各地的城镇乡村举办大规模的政治集会。有些自由民甚至还举行了几次州级大会。他们直接提出的要求是希望通过获得土地等主要方式确保自己在经济上享有自由。在有些大会上,尤其是在南部偏北地区举行的州级大会上,他们也宣布自由民拥有"不可剥夺的选举权"。与会代表承认他们作为"自由公民"应该肩负的职责和应该承担的责任,然而,当他们向战后新成立的白人政府提交请愿书或提出自己的诉求时,代表们也对"男子汉的尊严"提出了种种主张。

新成立的各级白人政府虽然对同盟者持有同情态度,但无视黑人的心中所愿。这种失败自然会使许多黑人感到气馁,而黑人内部自此出现四分五裂的状况也变得在所难免。相应地,他们在政治方面很快也出现了政见分歧和彼此怨恨的局面。究其根源,通常都可以追溯到几十年前社会上曾经出现的种种差异。

尤其在新奥尔良及查尔斯顿等城市地区情况更是如此。自由黑人通常都认为自己比那些曾经为奴的黑人略胜一筹，同样，在浅肤色与深肤色的民众之间、在受过教育和没受过教育的民众之间、在富人和穷人之间、在熟练工人和非熟练工人之间，以及在南方人和北方人之间，前者对后者都有一种与生俱来的优越感。

然而，如果抛开那些鸡零狗碎的争吵不谈，这些早期召开的政治大会除了产生一个备受瞩目的政治领导层，还将非裔美国人带入民主进程，带入有组织的政治活动。共和党随时准备支持他们，因此，黑人全都热情高涨地充分利用这一新的政治机遇。可惜的是，他们在政治上所占据的优势犹如昙花一现，在绝大多数州最多也不过持续了四五年的时间而已。不过，在那短暂的时光里，他们满怀希望，不断取得进步，因此他们所迸发出来的政治激进主义热情在接下来的100年里都没有重现。"就对政治问题的密切关注程度而言，没有哪个群体能够同南方的黑人相提并论。他们简直到了走火入魔的地步。"一个南方白人震惊之余如此评论道。一个亚拉巴马人断言："当今世界难度最大之事莫过于将一个黑人从投票站拉走。他一门心思要做的只有一件事，那就是投票。"

1867年后，黑人不但拥有了选举权，而且参与竞选政府职位、制定各项法律并争取得到所有曾经与他们相距甚远的各项权利。他们掀起了重新分配南方土地的运动，高喊着要求得到"40英亩土地和一头骡子"的口号，而且这次黑人相信自己将可以得偿所愿。"他们迫切希望拥有跟白人一样的机会……这也就是他们来到投票站投票的原因"，一个北方观察者在1868年的大选日突然意识到了这一层含义。这种新的政治影响力当然会让黑人感到非常兴奋和激动，但他们马上就会受到种种限制和束缚，无法挣脱。

对黑人政治角色的种种限制

尽管有相当多的捐包客和南赖子愿意公正对待盟友——非裔美国人，然而，无论是他们还是他们的北方同盟者从来都没打算任由黑人掌控整个南方。南方的民主党人虽然是他们的主要政敌，但两者有异曲同工之处，因为他们双方都认定那些曾经为奴的黑人既不聪明睿智也不具备足够的文明教养，因此黑人根本就没有能力管理政府。或许有朝一日黑人会有此能力，但现如今是白人的天下，白人利用权力获利。白人会充分利用黑人的选票，甚至会允许一定数量的黑人担任公职，但在政治上发号施令、在经济上叱咤风云却非白人莫属。捐包客和南赖子的地域影响力也开始出现分化。总的说来,捎包客在包括亚拉巴马州、密西西比州、佐治亚州、佛罗里达州以及南卡罗来纳州等南方腹地诸州声名远扬。在这几个州里,黑人不但人口众多,而且很多黑人早已经购置了种植园或开始经商,涉足种植园经济的发展。相比之下,南赖子一派则遍地开花,在南部偏北地区的影响力最大,尤其在田纳西州、北卡罗来纳州、密苏里州以及西弗吉尼亚州等地。这几个州全都以在内战期间崇尚联邦主义而闻名。

数字统计最具有说服力。南方诸州当选的州长中没有一个是黑人,其中只有3个州有3位黑人副州长(这3个州一共有6个副州长)。南卡罗来纳州堪称例外:在该州进行众议员选举的过程中,当选的黑人代表在其总代表人数中占据了大多数,且这种情况持续了长达6年之久。尽管如此,控制该州参议院的仍然是白人。密西西比州的黑人人口总数远远超过了白人人口,但在该州的州议会里,黑人只有40个席位,白人则占据了75个席位之多。在佛罗里达州,黑人占了总人口的45%,但在总共有76个席位的州议会里只占据了其中的19个席位。南方总共选出14位黑人联邦众议员,在美国参议员还没有开始普选之前的年代,其中的两位在联邦参议院争取到了两个席位。在亚拉巴马州、佐治亚州、北卡罗来纳州以及得克萨斯州等地,州政府部门的关键岗位上都看不到黑人的踪迹。不过,在地方政府层面黑人表现得更为成功,尤其在路易斯安那州、密西西比州和南卡罗来纳州等地,很多地方职位,如市长、警长、治安官、镇议员以及县长等职位上都出现了黑人的身影。黑人也会被授予像邮政局局长和收税员等一些职位,同样可以施加一定的政治影响。

鉴于黑人在几年前的社会地位,这种变化从某种角度来说可谓翻天覆地。非裔美国人正在美国大地上制定法律并实施法律。正如黑人经常挂在嘴边上的一句话:"下横轨如今成了上横轨。"显然,尽管在选举中出现的不公正操作使立法机构选区的选举结果出现了白人一边倒或黑人一边倒的完胜局面,但至少有些黑人仍然愿意为白人候选人投出赞成票。总的来说,大约有600个黑人担任立法委员。1877年前,将近有2 000个黑人在联邦政府、州政府以及地方政府的选举中获胜。当时这一局面堪称如火如荼,但也只如昙花一现,不过在美国——或者至少在南方——政治和社会的发展上也称得上是一场具有真正意义的革命。一位英国观察家对此局面颇为认同,认为这是一场"轰轰烈烈的革命"。然而,鉴于黑人在南方选举权的问题上具有举足轻重的影响(例如,捎包客只占据了南方总人口的不到2%),他们希望拥有更多的权利。

黑人的领导能力

黑人领袖不但人数众多而且能力超群,这一点不但引人注目而且不容小觑。很多黑人领袖接受过一定程度的教育。几乎所有在美国北方出生的黑人都在学校里接受过正规教育,而南方黑人,不论是黑奴还是自由黑人,都在奴隶主、自由民局的工作人员或传教士那里或多或少接受过教育。绝大多数当选管理职位的黑人都是自由黑人,不过当选州议员的黑人却多半曾经为奴。

出生在北卡罗来纳州的海拉姆·R. 雷维尔斯(Hiram R. Revels)是个自由黑人,他既是牧师也是个教育家。在内战爆发前,雷维尔斯的足迹遍布了美国南部偏北地区和中西部地区。内战期间,他曾经鼓励黑人当兵为国效力。1870年,定居在密西西比州的雷维尔斯成为美国联邦第一位黑人参议员。乔纳森·吉布斯(Jonathan Gibbs)出生于费城,毕业于达特茅斯学院(Dartmouth College),自1868年到1872年担任佛罗里达州的州务卿。他的兄弟米夫林(Mifflin)在战后的阿肯色州先后担任县总检察长和市法官,成为该州最赫赫有名的非裔美国人。詹姆斯·D. 林奇(James D. Lynch)和弗朗西斯·L. 卡多佐(Francis L. Cardozo)分别在密西西比州和南卡罗来纳州担任州务卿。他们两个人有很多共同之处:两个人都是黑白混血儿,生而自由,一开始都做过牧师和教师之职,并因此而声名远扬。两个人都是通过在教堂里提供服务或做教师的方式学会了有关政治组织方面的知识。余下的一些黑人领袖一开始分别在联邦协会、兄弟会组织以及由志愿者组成的消防队里发挥自己的政治才能。

共和党南派的分裂

各派政治利益冲突不断,政治议程复杂多变,很自然使美国共和党南派的内部产生了意见分歧。尽管在大是大非上他们能达成一致意见,但在细枝末节的问题上经常意见相左。黑人政客早前就对自己在政府公职部门及其他部门所占的比重过低怨声载道。此外,他们还对涉及何种计划才是最有利于本州经济发展的计划之类的问题非常热心,争论激烈。从1867年到1869年,当新的各州宪法制定之际,党内各派之间的分歧也愈发严重。共和党召开的特别会议被戏称为"黑棕"会议,因为在该会议上黑人和黑白混血儿所占的比重很大。特别会议宣布新政府成立,终止了此前南军匆忙建立的草台政府的统治。实际上,新制定的所有宪法都广泛借鉴了强调种族平等的《独立宣言》的相关内容。因此，女性也从中受益，因为她们也开始享有财产权和其他各种法律权利，而这些权利（如起诉离婚权）在战前根本不会得到认可。

不过，与会成员相互做出妥协仍然是需要遵守基本原则的，而有时候还不得不维持各方之间的平衡。历次大会都对教育带来的益处赞誉有加，而且几乎每个州都建立了公立学校教育体系。然而，绝大多数学校存在或显或隐的种族隔离现象。虽然每次大会都会强调经济机会平等的重要性，但没有一个大会提出过黑人梦寐以求的土地重新分配问题。此外，大会还对其他人大肆宣扬的"扯平"政策加以严格限制，例如对债务人的救济及累进税计划。

共和党南派面临的困境

随着新政府纷纷建立并开始正常运转，再加上新的共和党同盟最终形成，有关如何处理战败叛乱者的争论就成了主旋律。在这一问题上，共和党的南派成员暴露出很早以前就存在的软弱性。通常说来，白人温和派（White Centrists）就几乎等同于南赖子一派，但并非没有其他成员加入。他们对于共和党夺取政权的方式深感不安。这些温和派成员知道共和党已经控制了联邦立法机构，公开操纵选举并控制军队。有可能是因为这些温和派分子大多是南方人，因此，他们认为自己应该帮助更多的南方白人进入共和党的核心管理层并引入具有妥协特色的中间路线和政策。根据《重建法案》及《宪法第十四条修正案》的相关规定，尽管那些前南部联盟成员暂时无法参政，但根据常识不难判断他们中的顽固分子迟早会重新进入公众生活。温和派发出警告说，从长远角度来看，共和党不能故意疏远白人投票者，尤其不能疏远那些颇具威望和影响力巨大的人物。一个佐治亚人解释道："南方领袖了解南方人民，与南方人民感同身受。如果这些领袖人物不出手相助，根本不可能本着重建南方的方针政策建立共和党的分部并将其统治维持下去。"

激进派主要由掮包客构成，但也并非没有例外情况。他们对温和派的主张嗤之以鼻。为了在选举中占据多数票的优势，激进派不但依靠国会、军队，还建立跨种族的联盟。他们相信不论发生什么，黑人的选票一定会是囊中之物，因为从政治角度来说，黑人选民除了投给他们根本不会投给其他任何人。不过，激进派同时认为无论自己的盟友——南赖子有多么牢骚满腹，也不太可能给自己造成严重的威胁。激进派成员大多出生在北方，有机会得到来自联邦国会高层的各种消息,因此可以在一定范围内获得联邦任免权以及联邦馈赠。对他们而言,这就已经近乎完美。

捐包客、南赖子或自由民,到底哪一方势力才会拔得头筹? 南方各州的当地环境各不相同,因此这种权利之争在每个州的状况也都迥然相异。对于曾经反对过联邦政府的大多数州的前南部联盟成员来说,温和派的政策可以使他们相对更容易地获得选举权并在政府部门供职,而这种做法的确也使温和派在三方之争中赢得了一时的胜利,但他们的慷慨不仅激怒了共和党内部的很多成员,还失去了刚刚重新获得选举权的白人选民的支持。激进派对温和派的党派忠诚度表示质疑,并开始为共和党的未来表示担忧。得克萨斯州的一个激进分子堪称南北方走强硬路线的共和党成员的代表,他担心到了1870年共和党南派非但会变得不可救药,而且还会土崩瓦解。他声称:"共和党南派的发展速度过快。它招收的党员越多,对共和大业的发展就越不利。"

共和党南派的衰落

不出所料,共和党南派开始缓慢而稳定地走上了崩溃之路,而当地的行政管理也开始回归到地方自治,也就是说统治权开始由崇尚白人优越主义的民主党掌控。1871年,这一变化很快就在田纳西州、弗吉尼亚州、北卡罗来纳州以及佐治亚州等地率先出现,不过,直到1877年,这种管理方式的改变才席卷了整个南方地区。造成共和党统治崩溃的部分原因是联邦占领军撤离了南方。正如南卡罗来纳州的一份报纸在1868年的预言:"新宪法的制定和新政府的成立都是在武力支持下完成的,也就是说只有武力才能保证新宪法和新政府持续存在下去。"这一观点在很大程度上反映了事实真相,因为在南方重建时期的最初几年,在管理和维持社会秩序方面军队的确发挥了至关重要的作用。到1868年,除了2万名士兵,绝大多数军事力量都已经撤回北方。不过,军队所发挥的作用变得愈发不容忽视。因此,共和党统治崩溃更重要的原因在于整个国家的政治和经济气候不断发生变化。当镀金时代开始、共和党开始实施自我毁灭的各项政策时,其统治走向末路也就不足为奇了。

镀金时代

北方联邦在内战中获胜的必然结果似乎就是镀金时代的到来。这一时期之所以被称为镀金时代是因为马克·吐温和查尔斯·达德利·沃纳（Charles Dudley Warner）在 1873 年联合创作了一本同名小说。两位作者在书中表示，美国民主出现了严重错误。从外表看来，美国由于拥有财富和权利而显得富丽堂皇、熠熠生辉，就像一枚金币那样闪闪发光；然而，与所有虚幻假象一样，金光闪闪的表象下掩盖的是构成美国的基本物质，即腐烂的内核。两位作者声称，整个国家与战前时代相比变得更加肥硕贪婪。巨大的财富已经腐蚀了公众行为和公共道德，并令其败坏到前所未有的地步。

马克·吐温和沃纳都擅长创作讽刺作品，因此他们对国家所面临的危险以及堕落时代所具有的独特性的确进行了夸大。不过，他们也注意到了在联邦军队获胜之后出现的很多尚未引发争议的社会弊病。两位作者对游说活动和行贿受贿进行了猛烈抨击，因为这两种现象在华盛顿及各州首府的政界都越来越猖獗。他们揭露了政界的贪得无厌和商界的不知廉耻，揭示出南方黑人所遭到的政治压迫及社会新贵的崛起和发展。在他们的笔下，那个时代的庸俗虚荣已经变成了一种来势汹汹的疾病，就连诚实守信的民众也不可避免地受到影响。这篇小说的主人公就是一个正直诚信之人，为人心地善良、慷慨大方，但就连他也被迫卷入了充斥着各种营销术和促销手段的旋涡世界之中。他天真而又快乐地说道："我已经制订出全世界最宏伟的计划。我邀请你加入其中。我还要邀请所有曾经对我鼎力相助的朋友们加入，因为这个计划就算将我们所有人包括在内也绰绰有余。"当年南北方的掮包客争先恐后地寻找发财致富的门路。他们的出发点不就是这两位作者在小说中所刻画的主人公的精神动力吗？如今，这种精神动力正在激励并培育一个充斥着政治丑闻和政治领袖主义的时代，而且正在为大财阀和美国企业的崛起奠定基础，而这两个庞然大物将会分别在 19 世纪 80 年代和 90 年代达到鼎盛时期。

马克·吐温和沃纳在做此番论断时并非孤军奋战。很多改革家、作家以及形形色色的社会评论家纷纷表示渴望拥有廉洁的政府。他们不但哀叹美国民主的衰落，而且为这个充满了失败和发展过剩的新时代感到痛心疾首。沃尔特·惠特曼抨击了"商人阶层腐化堕落的行为"，谴责了同胞所表现出来的"内心空虚"，斥责了战后政府和社会所展示出来的"腐烂、粗俗、迷信、堕落"的本质。尽管诗人对美国内战最终结束了"民主所遭受的阵痛"感到欣慰，但他凭借诗人的直觉明显觉察到有些事情的发展仍然不对头：

> 民主就像一个上天注定的征服者，却

到处背信弃义，面露奸诈之笑，

死亡和不忠紧随其后，寸步不离。

政府权力的扩大

　　政治问题,尤其是那些在南方重建过程中揭示出来的问题都体现出权力腐败这一古老说法的真知灼见。北方联邦和共和党在内战中所取得的胜利已经使联邦政府得到了全新的、前所未有的种种特权。还在内战期间,人们就已经从国会调查委员会的实际操作及对国家金融体系和货币体系的重建中窥出端倪。此外,政府应该在调控及促进经济发展和公共福利方面发挥更加突出的作用,上述观点重新抬头,也足以充当佐证。随着脱离联邦及主张州权的观点逐渐变得声名狼藉,联邦政府在扩大其权力时所遭遇的束缚和限制也越来越少,所面临的挑战也寥寥无几,因此其权力便得到了前所未有的扩大。

　　南方各州也本着同样的精神建立了新的州政府。尽管绝大部分政府是由黑人或南方白人创建而成,但共和党政权的全体成员都对南方的价值观和种种设想,以及南方传统等诸多方面表现出无视轻蔑之意。共和党南派下定决心要保卫联邦主义的胜利果实并促进初步形成的种族平等局面的发展,因此他们不但采纳了胜利方共和党北派制定的方针政策,而且即便内战前南方对北方的统治有夸大其词之嫌,却仍然接受了北方联邦政府的管理。实际上,自 1868 年以来,很明显,联邦政府不仅代表了北方的价值观,还有权将北方的价值观强加到南方民众的身上。因此,原本共和党南派还在暗中摸索着打算重新打造南方政府,但现如今根据北派对公共责任所进行的最新界定,这件事转眼间变成了他们的分内之事。

共和党南派的各项计划弄巧成拙

　　这种思维方式不但让共和党南派在政治上不堪一击,而且加速了他们的灭亡。对于 11 个前南部联盟诸州来说,南方重建的故事便出现了 11 个不同的版本。不过,在 1867 年后,随着南方民众对《重建法案》所做出的不同反应,各州对于重建的态度更加莫衷一是。各州所面对的政治困境和经济困难各不相同,因此,为了解决这些问题,每个州都分别制定了自己的战略措施和解决方法。不过,这些战略措施和解决方法在描绘发生了什么和为什么发生之类的问题时可以发现很多相似之处,尤其在考虑回归到白人民主党人主张的地方自治方法时更是如此。

共和党温和派对于共和党南派所体现出来的北方特色愈发感到不安。他们当然明白遵守共和党各项原则的必要性,因为联邦国会不仅拥有官员任免权,而且还把持着南方经济发展的资金来源。实际上,正如得克萨斯州的一个温和派分子所说,绝大多数共和党温和派成员强烈赞同"共和党所主张的自由平等的基本原则"。不过,他们明显意识到,自己的激进派盟友仍然会继续发挥中间人的作用——联邦国会会通过激进派表达出对南方发展的支持。即便在温和派占据主导地位且发挥重要作用的亚拉巴马州、佛罗里达州、佐治亚州以及密西西比州等地,情况也大同小异。令温和派感到雪上加霜的是,他们原本希望将前南部联盟成员拉拢过来以实现南方白人占据主导地位的局面,然而这一希望化成了泡影。到1872年,温和派的很多成员对当时的局面感到心灰意冷,认为该体系已经腐败堕落,便转而加入自由派共和党人的运动中或投奔了民主党。这些情况,我们将在下一章里详细阐释。

在镀金时代的南方政治中,各项经济政策也发挥了至关重要的作用。从本质上来说,南方共和党政府急功近利,想要在短时间内实现事半功倍,但同时又付出了过于高昂的经济代价。为了让贫穷落后的南方在短期内快速达到北方的发展水平——正如有些历史学家所说,"使南方实现现代化"——南方政府推出了一系列由各州发起并由各州提供资金支持的新的发展计划。根据这些涉及方方面面的经济计划,各州将陆续兴建学校、医院、孤儿院、监狱、铁路等公共设施,应该说这些都是绝佳的想法。接下来每个州都开始行动起来。虽然兴建这些公共设施对这些州来说并非开天辟地之事,但至少都为其做出了巨额预算并切实提供了建设资金。有些州还以本州为试点,为穷人提供免费医疗服务或免费法律援助。通过制定法律以促进各种族在教育、公共交通和住房等问题上实现平等也成为这些计划的一部分。

然而,尽管各项计划在制定过程中都显得雄心勃勃,但是也暴露出两大致命弱点。其一,共和党内部并非所有派别——共和党内部很快就开始出现了派别的划分——都百分之百赞同各项计划的具体内容。抛开温和派和激进派之间的争议不谈,共和党内部的捐包客、南赖子以及自由民都摆出各自的理由对一项立法或多项立法采取支持或批评的态度。即便如此,有些反对意见仍然会令人感到不可思议。例如,当旨在促进种族融合的法律颁布时,各方之间便因此爆发了激烈的争论。其二,南方白人采取了坚决反对该项法律的态度倒也没有出乎南方民众的预料,但大多数黑人竟然也对此表现出怀疑态度。有些具有政治觉悟的黑人担心如果共和党在种族融合问题上迈的步子过大,原本脆弱的种族同盟就会分崩离析。因此,这些黑人声称尽管种族隔离的情况仍然存在,但至少眼下他们对于种族平等政策非常满意。黑人建立的教堂、学校和慈善组织已经开始非常有效地保护并促进他们的平安幸福,而且这些机构毋庸置疑完全在黑人的掌控之下。这样一来,对大多数黑人而言,在政治领域之外实现种族之间的融合似乎就变成了完全没有必要的危险举动。

南方的经济问题

对共和党的政治力量同样起到腐蚀作用的是他们为实现各项雄心勃勃的计划所付出的高昂代价。几乎每项计划的实施都耗资巨大,导致税赋也随之水涨船高,公共腐败事件与日俱增。1873年后经济发展开始出现了衰退局面。经济状况的恶化不仅使共和党南派内部产生分裂,还给民主党人提供了攻击执掌政权的共和党人的口实。共和党所制定的一些法律,包括那些影响到教育和司法行政的法律得到了民众的普遍支持,不过,绝大部分旨在将市场革命扩大到南方大大小小的城市和农场的经济发展计划使共和党人成为众矢之的。共和党人认为只有将南方的农业、矿场开发业以及工业与联邦经济相结合,才能将南部地区的金融潜力挖掘出来,才能打造出一个繁荣发展的时代,才能确保南方新领导集团的经济财富和政治财富。然而,说起来容易做起来难,因为自从内战爆发以来,南北双方的经济利益就已经出现了严重的分歧。

地区经济上存在的种种差异

对南北方相互冲突的利益进行一番简短的回顾将有助于我们理解整个问题。早在1860年,北方工业在整个联邦所占的比重比南方高出许多,而且北方很早就已经实现了机械化,因此,当时南北方的经济发展就已经出现了较大的差异。到了1870年,这种差异变得更加明显。在美国内战期间,北方对工业及工厂体系的依赖性明显增长,尤其在生产制作诸如武器、军鞋、军装等与战争相关的产品时,北方对工业的依赖性更大。此外,北方的贸易发展不但实现了现代化而且非常高效。诸多因素综合起来发挥作用,一起推动着北方经济在19世纪的

第十一章 白人与黑人 南方重建 421

最后30年里步入了朝着大企业集团和法人组织发展的时代。到19世纪70年代,内战使安德鲁·卡内基(Andrew Carnegie)、①约翰·皮尔庞特·摩根(John Pierpont Morgan)、②乔治·普曼(George Pullman)、古斯塔夫·斯威夫特(Gustavus Swift)、查尔斯·皮尔斯伯里(Charles Pillsbury)、马歇尔·菲尔德(Marshall Field)、③菲利普·阿莫(Philip Armour)以及约翰·D.洛克菲勒等人获得了可观的财富和巨大的权利,而这些人很快就使北方的经济体系发生了翻天覆地的变革,进而使整个美国的经济产生了革命性的变化。

甚至经历过内战洗礼的北方种植业也与新工业时代的发展非常合拍。粮食生产在北方农业市场中所占的比重最大,而实现机械化便是其发展成功的关键所在。多年来,赛勒斯·麦考密克(Cyrus McCormick)一直致力于为北方农民制造收割机、脱粒机、搂草机、割草机、播种机、中耕机以及打包机等各种农用机械,不过,内战期间对粮食和士兵的大量需求也使北方民众充分意识到农业发展实现机械化的潜在价值。内战刚刚爆发不久,有一次,麦考密克对伊利诺伊州的一个商人激动万分地说道:"别忘了,2万名游击队员将不得不背井离乡……在这些战士中,很多人或者说绝大部分人来自大大小小的农场。"因此,可以想象,从1861年到1864年,北方各大工厂割草机的产量至少翻了3番,总量达到7万台之多。即便是那些根本无力购买农用机械的农民也发现铸铁铧式犁之类的发明能让他们的农活变得轻松不少。然而,直到1869年,中西部地区的农民才第一次接触到铸铁铧式犁。此前,他们一直在寻找方法去除北美大草原上坚硬的草皮以利用覆盖在下面的黏土,如今马拉式"双轮单座"铸铁铧式犁便可以让农民驾驶着牲口轻松地做完这一农活。

在种植业、工业以及商业等各行业不断发生的变化不但加快了城市的发展速度,而且改变了民众的劳动观念,因此也使北方人的生活发生了进一步的变化。农场实现了机械化意味着能够提供的工作机会也变得越来越少。工业、商业和制造业的发展意味着城市越来越多,城市规模也越来越大。大量移民涌向

---

① 安德鲁·卡内基(1835—1919),美国"钢铁大王",他在美国工业史上,写下了永难磨灭的一页。他征服钢铁世界,成为美国最大钢铁制造商,衣锦还乡,跃居世界首富。而在功成名就后,他又将几乎全部的财富捐献给社会。他生前捐赠款额之巨大,足以与死后设立诺贝尔奖金的瑞典科学家、实业家诺贝尔相媲美,他成为美国人民心目中永远的英雄和个人奋斗的楷模。——译者
② 约翰·皮尔庞特·摩根(1837—1913),美国银行家,亦是一位艺术收藏家。1892年,他撮合了爱迪生通用电力公司与汤姆逊一休士顿电力公司合并成为通用电气公司。在出资成立了联邦钢铁公司后,他又陆续合并了卡内基钢铁公司及几家钢铁公司,并在1901年组成美国钢铁公司。——译者
③ 马歇尔·菲尔德(1834—1906)于19世纪中后期首先提出了"顾客就是上帝"这一影响深远的营销理念。美国内战期间创立马歇尔百货公司,如今有遍布全美的700多家门店,是人类历史上的巨富。——译者

美国也是其原因之一。在19世纪50年代末到60年代初，移民美国出现了低潮，如今移民潮又开始风起云涌地发展起来。大量的欧洲移民更愿意选择工厂里的职位而不愿意务农，因为他们中的绝大多数人来自欧洲的城市而不是农村。因此，到19世纪70年代，几乎没有北方人通过"自我雇用"的方式承担起农民或工匠的活计。全美超过2/3的人口都已经变成了"工薪阶层"。此外，其中有许多劳动力是女性。女性在内战期间开始进入劳动力市场后，几乎都可以找到赚取报酬的工作。即便对于中产阶级女性来说，工作赚钱也是一种可以接受的谋生方式。总的来说，北方工人通常变得更加自信。为了争取增加工资、缩短工时以及在更加安全的环境里工作，他们不论是在工厂、矿山还是在其他行业里工作，都会建立更多、规模更大的工会组织。使传统美国人深感不安的是，这些变化通常都伴随着巨大的社会压力，而且经常会引发暴力事件。

与此同时，有些南方人提及扩大该地区的工业基础，或至少是实现农业的"现代化"和多样化，但收效甚微。棉花、烟草、大米、蔗糖等南方传统经济作物并不适合机械化生产，但这些作物一直都在主导着南方的经济思维。人们直到内战结束的100年后才发明了颇具效力的烟草收割机。自从18世纪90年代起，轧棉机就一直是不可或缺的农用机械，然而，直到20世纪，开发采棉机并使之有效运作所遇到的机械原理上的困难才得以克服。正如一位种植园主所慨叹的那样，"棉花种植业非常棘手，一刻都不能松懈"。利用农用机械进行水稻和蔗糖种植和收割所遇到的各种问题目前尚无人能够解决。

此外，即便是有了各种农用机械，南方农民也无力承担购买它们的费用。南方农场在1870年的平均价格为1456美元，比全国农场的平均价格低了1000多美元。另外，1868年后，棉花价格出现了暴跌。到1876年，棉花价格已经从每磅43美分跌到每磅10美分。农民手中几乎没有任何流动资金，也无法获得信贷资金。战后南方陷入贫困。面对在贫瘠的土壤上生长出来的棉花和烟草，南方农民没有资金购买大量化肥，因而无法改变土壤中氮元素逐渐耗尽的状况。廉价劳动力大量过剩也使购买和开发农用机械失去了动力。因此，骡子、犁、锄头和耙子仍然是南方农民的标准农用工具。

交谷租种制和佃农制

民众都迫切希望结束战后南方经济发展停滞的局面并解决劳动力问题，然而，当种植园主和劳动力开始采用交谷租种制和佃农制等新的劳动力体制时，整个局势却出现了恶化的状况。上述两种劳动力体制适用于任何农业形式,不过在棉花种植业中使用的频率最高,因为其所产生的生产效果最佳。在交谷租种制中,工人而且在多数情况下是黑人工人与种植园主签订协议,如果种植园主给他们提供住房、农用工具、种子或者有时候提供一头骡子,他们就会负责耕种20—40英亩的土地。一般家庭棉花农场的面积大多不出其右。在交谷租种制中,农民和种植园主之间分享收成,但并不总是平均分配。参与佃农制的贫穷白人的人数要远远高于黑人。佃农可以得到些许现金、一些农用工具,但是不会对土地做出类似于交谷租种制的安排。地主提供土地、住房,以及佃农需要的任何工具和家畜。佃农可以获得出售收成后的全部利润,但需要向地主交付租金,租金数额通常是全部利润的25%—30%。同时,佃农还需要偿还地主最早付出的一些费用。这种作物留置权制度使租赁方式实现了多样化。为了满足基本的生活开销和农业劳作的基本开销,不论是白人农民还是黑人农民都可以从地主手中借钱,有时还可以向拥有土地的商人或银行家贷款,而同时他们还可以继续耕种地主的土地、收获地里的庄稼。为了保证偿还贷款及极高的利息,农民不得不将庄稼或自己拥有的任何动产作为抵押品或留置物。

这是南方种植园主和地主获得不用支付工资的农场工人的主要手段。不过,正如一位观察者所说:"地主和佃农之间经营模式非常多样化,简直数不胜数。"令绝大多数佃农和交谷租种制农民大失所望的是,这两种体系几乎毫无例外都让他们债台高筑,使他们不但经历了农作物产量过低、棉花价格下跌的困境,还成为高利息率的受害者。棉花价格过低使作物留置权制度陷入重重危机,因为佃农一旦开始负债,就几乎丧失了"脱离"债务束缚的可能性。他们梦想着能够积累足够的资金以购买属于自己的土地,然而,非但这一梦想无法付诸实施,而且他们自己也深陷贷款越多、欠债越多的恶性经济循环无法自拔。他们生活的小木屋了无生气、摇摇欲坠,反而成为南方未来经济低迷的见证。进入20世纪后,一个南方白人言之凿凿地说道:"以前站在我们面前的所有人无一不是佃农,而且我们的身份似乎也一直都是佃农。"对于黑人来说,这种制度只不过是从奴隶制向前发展了一步而已。

南方铁路——一个关键因素

大多数人一直认为,克服这些困境的长期解决方案应该是扩大南方经济市场,不过,若想达到这一目的就必须修复和重建该地区的铁路网。内战爆发前,南方的交通方式大多以水路为主,因此与北方相比,南方的铁路建设相当落后。内战爆发后,大多数南方公路要么年久失修,要么遭到了彻底破坏,其陆上交通与北方的差距也越来越大。1869年,第一条横贯北美大陆的铁路胜利竣工,这使包括南方民主党人在内的所有人都清醒地意识到,对南方来说,迎头赶上北方的发展多么有必要!——而且速度一定要快!南方人可以通过建设铁路网发展国民经济;因为修建铁路不但意味着提供了就业机会和投资渠道,而且会让全体南方人从中受益。田纳西州的一个共和党人言之凿凿地说道:"就像伴随着春天的到来,小草会发芽、树木会开花一样,只要修建了铁路网,一个自由且充满活力的合众国就会应运而生。"在强调铁路带来的政治利益时,一个北卡罗来纳州人的观点显得更加前卫。他坚称:"不论哪个党派,只要不惜成本率先完善国内铁路网体系的建设,就会在未来几十年里大权在握。"

不幸的是,对于共和党人来说,铁路建设成本的确变成了一大问题。此外,困扰共和党人的还有腐败问题。总的来说,经济若想发展,必然意味着向民众征收较高的税赋,更不用说还有那些等待实施的公共福利计划。曾经承诺的各种美好结果迟迟没有兑现,现有的州的债务却如同滚雪球一般越来越大,衣食无忧的日子似乎比以往任何时候都显得遥不可及。铁路建设计划搁浅甚至取消。公司纷纷宣布破产,导致有些州也不得不宣布破产。还有些州虽然没有宣布破产但离破产仅有一步之遥。绝大多数州都通过出售债券的方式向私营公司提供财政补助。然而,当这些公司纷纷倒闭或无法盈利时,这些州不但损失了资金,而且还丧失了信誉。

铁路建设是一项风险性极高的行业,一不小心便会满盘皆输。大多数铁路建成后的成本都远远超过其预计的建设成本。黑人更愿意从事与农业相关的工作,再加上可招募的移民人数非常有限,因此,铁路建设面临的另一个问题就是人手严重短缺。大多数公司和南方很多州对潜在的投资人的数量过于乐观,结果导致政府和公司通过出售债券的方式四处讨钱,甚至有时候不得不以极低的价格抛售债券。铁路建设速度过快也会造成粗制滥造、工程质量低下的问题,相应地便会导致铁路故障频发及维修成本过高等问题。几乎没有一条铁路像他们曾经设想的那样出现人满为患的局面。出现这样的问题主要是因为各州在委托修建铁路时所规划的路线也远远超过实际需求,才会出现这样严重的运力过剩问题。例如,佐治亚州仅在1869年到1871年就规划了37条铁路线。此外,水路运输成本更低,因此多数铁路在货物运输方面与水路相比毫无竞争力。密西西比州的种植园主如果采用水路运输,将一包棉花从纳奇兹(Natchez)运到新奥尔良只需支付75美分,但如果采用铁路运输就不得不支付高达3美元的运输费用。

腐败不但是镀金时代的标志,而且使那些原本就存在的问题进一步恶化。从依法批准铁路线路的规划到颁发铁路建设和运营的许可证,所有涉及的政界人士和发起人无不想要从中分得一杯羹。为了获得许可证,说客使用现金和礼物贿赂议员;承包商则经常收取过高的材料价格并故意提高劳动力成本。"他们大肆劫掠,不以为耻,反以为荣,"南卡罗来纳州有一位观察者识破了其中的阴谋诡计,他宣称,"他们到处行窃,就算你已经拿到确凿的证据,他们也有恃无恐。"政客们也可以从现在所谓的内幕交易中赚取大笔利润,也就是说,他们在公众对许可证和建设合同一无所知之时就开始购进股票或给相关公司投资。"我是州议会(General Assembly)成员,"路易斯安那州的一个黑人议员丝毫不加掩饰地承认说,"当然知晓州议会的下一步举措。我会随即做出相应的投资。"

南方民主党的复兴

民主党人兴高采烈地在一旁围观。他们赞成共和党设立的经济发展目标,支持铁路扩建,并与共和党人携手合作通过各项法律使这一切成为可能,但实际上颇有些表里不一、虚情假意的意味。因此,当事情没有朝着预期的目标发展时,民主党人就开始对执政党横加指责,并承诺说一旦本党当政,必将清除腐败、降低税赋,进而建立高效诚实的政府。

南方民主党人一直在寻找途径想要重新夺回政权。一开始,该党少数成员曾试图通过将黑人吸收进民主党的手段颠覆共和党温和派所制定的战略措施。民主党人一方面宣布黑人解放乃理所当然之事,并称自己早已经接受了解放给黑人带来的影响,诸如黑人享有选举权及黑人在法律上实现与白人平等之类的新政策(New Departure),或称"柔软的保护壳"。民主党人认为,与试图改变政治上的那些白人宿敌相比,在吸收黑人入党方面他们明显更有把握。然而,在大多数州的党组织中占据主导地位的是更保守的波旁民主党人(Bourbons),他们对此主张大多嗤之以鼻。这些波旁民主党人认为黑人选民不可能会相信新政策的花言巧语。就算有人相信,其人数也并不足以令选举结果产生大的变动。对他们而言,为了与共和党人把持的政权达成妥协,新政策在牺牲本党意识形态的纯洁性(以及种族纯洁性)的问题上似乎显得心甘情愿。他们声称,内战前的华盛顿特区就已经出现了中央集权化的巨大危险,如今这种情况愈演愈烈。民主党的主要任务与战前相比别无二致,仍然是将整个国家从不断发展的邪恶状况中解脱出来。就连老辉格党员亚历山大·H.斯蒂芬斯也深表赞同:"我们必须拯救整个国家于水火之中。拯救国家的唯一良方就是坚持托马斯·杰斐逊领导下的民主党所制定的方针政策,决不放弃持原来的观点和原则。"

不久后,波旁民主党人——民众逐渐将他们称为救赎者(Redeemers)——将会在党派斗争中占上风并宣称对回归到地方自治的管理方式负责。他们充分利用共和党在经济上遭遇的失败,使摇摆不定的南方白人倒向自己的阵营。此外,他们还将民众的注意力引向一系列被共和党人忽略或临时搁置一旁的问题,以此来增强自己的吸引力。河流和港口的改造都需要资金,但州议会的态度要么是置之不理,要么是直接挪作他用;涉及教育的资金原本应该专款专用,但州议会将其投入铁路建设中去打水漂;由于推广小农场的建设与实现工业化新南方的远景规划相去甚远,州议会便对土地改革问题只字不提。因此,税制改革便成为争取得到白人农民支持最重要的途径。内战爆发前,南方各州总收入的30%—60%来自征收奴隶财产税。战前大多数白人只需缴纳少量的人头税(从25美分到1美元不等),而他们的土地基本上无须上税。相反,在重建时期,共和党政府财政收入的60%依赖于土地累进税及房地产税,而且几乎所有人要依据自己的实际财产上缴这两项税费。当一场严重的经济衰退突袭美国时——1873年恐慌——原本就摇摇晃晃的南方经济框架马上就应声倒地。小农场主和小型投资商纷纷丧失了农场和财产的抵押权,宣告破产。这种状况不但在美国历史上前所未有,而且使政府财政税收基础受到了极大的破坏。这便不难理解为什么大部分南方州的关键摇摆选民——小型或中型农场的白人农场主——会选择进入或者回归民主党的阵营。

然而,如果我们仅从腐败、资金、税收以及铁路建设等几方面入手,尚不足以对共和党的统治瓦解做出完整而又全面的解释。因此,我们不能忽略影响力巨大的种族因素,而这一因素几乎影响到了南方所有的政治考量。同样,北方共和党人在政治上的失误不但误伤了本党,而且削弱了本党掌控南方事务的能力。自由派共和党人、三K党成员与获胜的救赎者一派联合起来,在1872年到1877年将重建政策的影响清除得干干净净。

第十二章　破坏南方重建

实事求是地说，对绝大多数南方人而言，不论是白人还是黑人，毫无例外都会对南方重建深感恐惧。尽管白人掌管南方共和党州政府的实权，但代表两种人种的民主、掌握独立经济权的黑人职位等各种革新理念及社会进步都对南方白人的身份识别造成了威胁。绝大多数白人对任何形式的黑人权利都采取了敌视的态度。这种敌对状况不但势头凶猛，而且持续时间较长，因此随着北方人逐渐变得灰心丧气，分裂的局面也基本形成。到1877年，南方的白人优越主义者已经将南方各州的统治权纳入囊中。然而，黑人顽强坚守自己所获得的收益，因此，只有通过频繁诉诸暴力，辅以权谋政治的策略，才能使这种政治变革得以实现。最终，在接下来的80年里，在南方称雄的并不是重建政府，而是那些自称为救赎者的家伙。他们利用这几十年的时间不断加强种族隔离，强化白人统治，有组织地歧视黑人。他们的政策在白人当权的南方变得几乎毫无争议，几乎没有受到挑战；即便没有获得整个国家的积极支持，他们的政策也被视为得到了默许。

白人优越主义的规矩

刚刚得知南部联盟在美国内战中失败的消息，路易斯安那州的民主党就宣布："我们认为政府就应该由白人组成，由白人负责并永远为白人的特殊利益服务。非洲人的后裔不能被视为美国公民，而且在任何情况下白人和其他种族之间都不可能拥有平等的地位。"奴隶制或许已经灰飞烟灭，但维持等级制度的强烈愿望仍然不曾消退，而奴隶制的缔造者也依然在坚持不懈地寻找着新制度以求再次全面控制黑人。曾任南部联盟副总统的亚历山大·H. 斯蒂芬斯坚持认为"在黑人和白人之间根本就不存在平等。从本质上说，黑色人种在包括身体、智力等很多方面都无法与白色人种相提并论。这一事实无可辩驳、颠扑不破。

因此，在处理所有涉及种族平等的问题之前必须首先接受这一事实。造物主在造物时已经分出了等级，如果我们试图令原本不平等的事物实现平等，那就无异于向自然法则提出挑战，而这样做纯属徒劳无益，白费功夫。政治家们贤明睿智、仁爱慈善且善于思考。一旦他们发现了事实真相，就一定会正确处理"。

正如斯蒂芬斯所阐释的那样，为黑人争取权利并不是南方白人要与之斗争的一种替代性的政治立场，而是这一做法违背了他们中绝大多数人所坚信的事物发展的自然规律。他们认为必须马上叫停黑人为了争取政治平等所做出的任何努力。在这个问题上他们容不得半点含糊其词：要么黑人统治白人，要么白人永远统治黑人。正如亨利·W. 格雷迪（Henry W. Grady）在1887年所坚称的那样："我们必须永远坚持……白人优越主义，必须不惜任何代价，不惜冒任何风险，坚决抵制黑色人种占据统治地位，因为只有白色人种才是优质人种，这是任何人都耳熟能详的真理。一直以来，没有人不是从骨子里就信奉这一真理，而这一真理也将会永远铭刻在我们这些盎格鲁-撒克逊人的心中，永远都会流淌在我们的血液里。"在实现了工业化的新南方，格雷迪既是亚特兰大宪法的编纂者，也是一位重要的政论家。就这样，主流的白人领袖公开表明了自己的态度，丝毫不加掩饰，丝毫没有感到难堪。此后，整个白人阶层无不将此观点奉若神明。

在奴隶制盛行的日子里，所有权制度给白人提供了保障，使他们几乎能完全控制黑人。不过，如今奴隶制已经不复存在。美利坚联盟国陷落后，黑人从社会底层重新起步。法律虽然废除了奴隶制，但有些东西并没有就此灰飞烟灭。与在社会领域和经济领域中的状况别无二致，白人在日常生活中同样排斥黑人，不愿意让他们享有平等的地位。白人控制着诸如命名规范等社会构成的基本因素。例如，当生活在南方城市里的小哈利·克鲁斯（Harry Crews）称一个黑人领袖为"琼斯先生（Mr. Jones）"时，他姑姑温柔地责备他说："不对，孩子，罗伯特（Robert）是个黑鬼。当你谈到黑人时，不能用'先生'这类敬称。不要叫他'琼斯先生'，要叫他'黑鬼琼斯'。"白人在称呼黑人时，不论黑人是年长还是年幼，一律直呼其为"伙计"，或直呼其名"乔治"或"吉姆"，将黑人女性称为"阿姨"，从来不会尊称其为"夫人"。相反，不管白人身份如何，黑人必须尊称他们为"先生""老板"或"队长"。如果黑人和白人彼此相识，他们就会在白人的姓氏前面加上"先生"二字以示尊重。他们还会将白人女性尊称为"小姐"。报纸上提到任何一个黑人，都会统一用小写字体的"黑人"二字指代他们，而不会提到他们的真实姓名。就像《哈克贝利·费恩历险记》（*Huckleberry Finn*）一书中曾经出现过的一句名言：在这次汽船事故中没有人员伤亡，只有两个黑人。白人从来不同黑人握手,到黑人家中做客时也不会摘掉礼帽以示尊重。相反,黑人见到白人必须脱帽致意。当白人迎面走过来时,黑人必须将人行道的内侧让给白人行走。如果黑人去白人家做客,从来都不被允许走正门,而必须从后门出入。如果进入豪华酒店、餐馆或者剧院,黑人就会面临极大的风险,而且黑人只能在实行种族隔离制度的学校里接受教育。然而,有种情况似乎让人感觉不可思议:黑人女性经常在白人家中负责养育白人后代并与他们亲密接触。此外,在酒吧、赛马场以及一些妓院等下层民众活跃的公共场所并没有实施种族隔离政策。不过,就白人制定的种族隔离政策而言,这些只是偶然发生的例外情况,因为该政策到了19世纪末逐步实现了正规化和合法化。

对黑人独立的畏惧心理

虽然这些规矩看上去似乎显得微不足道,甚至还有些琐碎繁杂,然而,当北卡罗来纳州的民众坚称如果对黑人"提出的独立及种族平等的主张"采取听之任之的态度必然会导致灾难发生时,大多数南方白人还是认为这一观点颇有道理。"当面对人们口中所谓的'芝麻大的小事'时,白人如果采取退避三舍的态度,那么有朝一日他们就会发现不知不觉中这些'芝麻大的小事'已经演变成了具有'雷霆之势的大事'。"一旦有人打破了白人优越主义的法典,该主义就有可能会崩溃:这种地方性的恐怖逻辑会因为口头威胁和实际行动不断得到强化。

只要黑人略微表现出"傲慢无礼"之色或不敬之意便会不断遭到白人的审查。感觉遭到冒犯的白人就会采取行动对黑人进行反击,有时会当场报复,有时会事后打击;有时是单枪匹马出手,有时又会跟朋友或暴民联手。一般说来,如果白人认为黑人色眯眯地盯着白人女性看,或者跟白人男性顶嘴,或出现其他任何违反《黑人法令》的行为,只要白人一口咬定,他们就会对黑人采取经济歧视、殴打、强制流亡或处以私刑等形式进行报复。为了加强对黑色人种的控制,通常说来,使用暴力手段或恐怖手段是白人的首选方法,而不是最后的补救方案。

私刑

白人政权对遭受私刑的黑人人数从来不做统计,再加上很多案件发生后遭到隐匿瞒报,因此,没有一位历史学家能够对私刑致死的黑人人数进行确切的统计。不过,据估计,每年至少都有成百个黑人因此丧命。很多私刑可以说是白人的私人报复行为,而且事后白人从来没有受到任何形式的惩罚。但也有很多私刑实际上已经成为公共事件,成百上千个白人就像是参加集体野餐一样聚集在对黑人实施私刑的地点,目睹白人以各种方式折磨黑人,对黑人进行阉割、火烧后再把他们绞死。接着白人把黑人尸体的某一部分当作纪念品一样带走。私刑过后,有关该次私刑的明信片马上就会成为抢手货。举行这样的仪式当然是为了向其他黑人提出警示,但同时也在白人各阶层中加强了其种族团结和种族优越感。有些白人也会被私刑处死,尤其是那些刚从欧洲迁移过来的移民以及一些共和党官员。例如,三K党的领袖内森·贝德福德·福雷斯特更愿意用私刑处死的是白人共和党领袖而不是普通的黑人男性。此外,私刑在美国的北部和西部地区也较为盛行。不过,不论是在重建时期还是在以后的日子里,南部地区白人以私刑处死黑人的事例一直都远远多于美国其他地区。

家长式管理的温柔一面

如果冒犯白人的黑人是白人的陌生人,那么对他们处以私刑便是司空见惯之事。相反,如果出身名门的白人熟知黑人,那么白人便会发挥自己所崇尚的家长作风对黑人进行保护。在法庭上,法官对被捕黑人所提出的第一个问题很可能就是"谁是你的主人?"倘若其白人主人的名号在社会上具有一定的影响力,那么与那些没有保护者的黑人相比,这个黑人嫌犯所受到的惩罚就会轻很多。在日常交往中,倘若一个黑人能给白人提供某种服务,而且能够表现出适当的尊重,白人就会在他食不果腹的时候给他提供食物——当然这一切都发生在自家的后门外。在南方的等级制度体系内,即使在最好的情况下,白人也会出于本能去贬低黑人。当然,就算这样的事件发生后,白人仍然相信对于愚昧无知的黑人来说自己永远是善良友好的化身,因为这些黑人是"他们的子民"。

囚犯出租制度

对于那些没有白人保护的黑人,因违反种族协议而遭到殴打和私刑处死则屡见不鲜。此外,还有数以千计的黑人因为犯下了小偷小摸的小过错被处以长期监禁。然而,为了避免支付实际监禁需要的成本,南方各州便将黑人囚犯租借给私人承包商,而这些承包商只需要付给州政府一定的费用并承诺代为照看黑人囚犯,便可以用铁链锁住这群黑人囚犯让他们给自己做苦工。很多白人商人通过这种方法赚取利润,但黑人囚犯被迫在任何自由工人都无法忍受的条件下艰苦劳作。在南方铁路网扩建的过程中,大部分修建铁轨的工作是由这些租借的黑人囚犯完成的。此外,他们还负责开采煤炭、排干沼泽、建设公共项目等辛苦的劳作。除了经常遭到工头的鞭打责骂,大多数黑人囚犯还遭受痢疾、枪伤、中暑、疟疾和疲惫的痛苦折磨。黑人囚犯的死亡率居高不下,年平均死亡率为15%。据报道,1870年亚拉巴马州的黑人囚犯死亡率高达41%。如果说佃农往往付出了劳动却几乎没有或者根本没有得到任何回报的话,那么,黑人囚犯则说白了就是苦工,就连奴隶制度下的奴隶所处的境况也比他们要好上一筹。毕竟,对于奴隶主而言,一个勤劳肯干的奴隶当然要比一头骡子更有价值。相反,黑人囚犯则随时可以被其他依法逮捕的黑人取而代之。只要是对黑人执法,执法力度就会加大。

政治暴力

对于白人的最高统治而言,一旦问题涉及收回不可分割的政治权利,组织集体暴力活动的形式就变得更加行之有效。大多数白人认为只要有外来暴政打算将黑人统治强加在自己身上,那么只要是出于捍卫南方的目的,无论他们采取何种行动都无可厚非。正如北卡罗来纳州的一个上流社会人士所分析的,种族间暴力行动的爆发是"由黑人优越主义导致的最直接、最自然的后果,完全顺应逻辑的发展规律。如果白人不采取任何形式的反抗就温顺地屈服于非洲人的统治,那么白人……就不应该以自己的血统为荣,也不应该以自己的人民为荣"。根据美国独立战争(和南部联盟叛乱)的优良传统,不惜任何代价反抗这样的暴政是美国人民的责任。1868年,路易斯安那州的一份报纸上发表的文章遗憾地表示,白人"为形势所逼,应该行动起来,推翻暴君,消灭在他们中间为非作歹之人"。不过,当被问及到底谁应该为此受到谴责时,该文章又断言称"当然不可能是我们南方民众,因为我们所遭受的冤屈早已经超出了我们的承受范围"。相反,"那些主张激进主义和黑人应该获得平等权利的家伙"才是真正应该遭受谴责之人。"如果一个民族被迫使出这种苛刻手段,我们可以对其表示出怜悯之情,但我们没有勇气对其进行谴责。"这些家伙认为自己响应了号召,是为了保护荣誉而战,因此自己也是受害者,但他们丝毫没有考虑过那些遭到他们打击的黑人的内心感受。

早在1866年,由于民众的感情用事,"暴乱"就开始在整个南方地区陆续爆发。实际上，这些暴乱无一不是白人暴民对黑人社区发动的袭击。1866年4月30日到5月2日，孟菲斯发生暴乱，造成46个黑人死亡，80多人受伤，但白人无一人伤亡。随后便开始了一连串的暴乱事件，其中有两起最血腥暴力的事件，它们分别是：1873年，路易斯安那州的科尔法克斯（Colfax）大屠杀使280个黑人死于非命；1874年，密西西比州维克斯堡及附近农村地区的暴乱造成600个黑人命丧黄泉。两次事件发生的模式几乎完全一样，经过大量缜密的组织后，白人一边对所有全副武装的黑人及著名的黑人领袖发动袭击，一边焚毁黑人拥有的工厂店铺。随着"暴乱"不断持续，不分青红皂白地对黑人进行抢劫和杀戮便成为司空见惯的做法。

三K党

从1866年开始，白人就开始创建组织精良的秘密民兵组织，实际上就是游击队。这种武装力量存在的方式不仅更加持久，而且自1868年大量非裔美国人开始拥有投票权后便开始不断扩张。在这些武装力量中最大名鼎鼎的莫过于三K党。该党最早发起于田纳西州，很快就在南方的大部分地区建立了分部，不过，在19世纪60年代末，以路易斯安那州白茶花骑士团（Knights of the White Camellia）为代表的其他组织也开始快速发展起来。这些组织全都属于秘密联谊会，组织成员之间除了特别的握手致意的方式，彼此还遵循特殊的礼仪标准，举行秘密会议，大多数在夜间骑行。这些组织多半在当地或附近地区建立权力机构，有时也会建立州级或在几个州的基础上建立联合权力机构。不过，对于这些白人群体来说，较大规模的组织机构既显得无足轻重也没有存在的必要。相反，所有成员都有一个至高无上的政治目标：在恢复无可争议的白人统治时，可以将威胁恐吓作为达到目的的主要手段，如果有必要的话，还可以使用暴力。

为了达到这一目的，总的来说，这些组织主要的打击目标是共和党的黑人和白人积极分子，以及黑人政治领袖和社会领袖。在大多数情况下，蒙面骑士都是在半夜三更冲进这些人的家中，将他们擒获后就举起鞭子开始暴抽他们，有时这些人迫于形势只能弃家而逃，有时蒙面骑士当场就把他们打死，有时则先折磨他们到半死不活后再夺其性命。这样耸人听闻的事件越传越广，有时只是口头上谈起与之相关的政治问题或单纯地给共和党投票都会成为这些蒙面骑士半夜突然造访的理由。甚至有时三K党会对黑人社区发起突然袭击并将整个社区的黑人杀到一个不留。规模最大的一次血腥事件爆发于1871年，地点在密西西比州的默里迪恩(Meridian)。当时,三 K 党袭击了给 3 个黑人举行听证会的当地法院,这 3 个黑人被指控煽动其他黑人参与暴力事件。三 K 党成员当场打死了其中的 2 位辩护律师、1 位法官以及 1 个白人共和党成员后便开始在城市里横冲直撞,多达 30 个黑人死于非命,当地的黑人领袖也无一幸免。

在三 K 党和类似的组织看来,任何不值一提的小事都可以成为他们发动雷霆进攻的原因。只要他们认为非裔美国人胆敢骑到自己头上,比如黑人竟然比自己穿得还漂亮考究或者说起话来比自己还头头是道,他们就会毫不犹豫地发动袭击。对于这些白人来说,黑人接受教育或拥有财产都是让他们无法容忍之事。如果有黑人曾经跟雇主顶嘴或者反抗老板对自己的毒打,这些子夜蒙面骑士也会对他们进行报复性打击。不过,三 K 党成员最关注的还是那些被指控侮辱了白人女性的黑人,该党成员如果没有将这些黑人以私刑处死的话,多半会对他们进行阉割。当情况演变成战后南方的种族分裂问题时,原本的私人问题便成为敏感的政治问题——黑人的任何主张都成为造成麻烦的源泉,而白人统治支配着日常生活的各个领域。

白线组织

然而,州权始终是所有问题的关键所在。对于白人优越主义者所从事的反革命运动而言,当其首个代表组织三 K 党昙花一现后,类似的组织很快就纷纷涌现,并成为辅助民主党的准军事组织和恐怖主义武装。例如,1875 年在密西西比州成立的白线组织和 1876 年在南卡罗来纳州成立的红衫组织(Red Shirts)。民主党与这些组织之间的合作属于非正式的,不过双方的共同目标非常明确,而且在采取大规模行动时,党内政客经常会与恐怖分子共同商议行动计划。实际上,很多时候他们就是同一批人。尤其在黑人人口众多的南方腹地,白线组织的战略便理所当然地居于主导地位。为了配合民主党所明确主张的白人优越主义的党派路线,该组织在选举前会采取大规模的暴力行动。在 1875 年的密西西比州,民主党人的参选口号是"如果能和平推进选举事宜,我们便尽力而为;如果迫于无奈,我们也会强行推进"。最严重的 3 起暴力事件分别发生在该州的亚祖县(Yazoo County)、维克斯堡以及克林顿(Clinton)等地。在这 3 个地方,白人准军事组织冲击了共和党人举办的集会,打死了几个白人和黑人共和党领袖,将剩下的共和党人赶出了密西西比州。以克林顿为例,武装白人在袭击了该地后,便开始在农村地区到处追捕黑人,见到黑人就杀。正如一个白人后来所描述的,他们向黑人开枪射击就"像是在打鸟一样"。在选举前进行出乎预料的政治谋杀、采取其他形式的恐吓行为、全副武装的白人将投票站团团围住,这些行动都取得了预期效果。通过有效使用电报等通信方式和铁路等交通运输工具,白线组织的成员有能力在全州任何地方集结准军事组织的力量,有时候甚至可以调动他们在亚拉巴马州和路易斯安那州的友军兵力。有几个县的黑人人口数字大大超过白人,黑人白人的比例甚至高达 7∶1,因此,从各地调集兵力的能力对于该组织而言必不可少。

然而,黑人抵抗的势头也非常凶猛,因此,若想阻止非裔美国人投票倒也需要大费周章。1875 年密西西比州举行的选举或许可以被视为反对政治权利所进行的组织最严密且最极端的一次运动,但在佐治亚州、南卡罗来纳州、田纳西州、路易斯安那州以及亚拉巴马州等地,类似的战术使共和党陷入低迷状态,确保民主党的救赎者一派到了 1876 年在整个南方赢得胜利。大多数白人共和党成员要么狼狈逃窜,要么从此噤若寒蝉,甚至选择加入了民主党,黑人则被剥夺了公民权,可以说在政治上遭到了阉割。救赎运动(Redemption Movement)的领导者们让公众相信他们会公开谴责暴力行动,会照顾他们所了解和尊重的黑人兄弟,然而,当白人通过其他方式重新获得权力后,当初白人所采取的淡定从容的家长式管理制度却开始呈现一副凶相毕露的邪恶嘴脸。白人权力的公众面孔通常都是一副和蔼可亲、令人安心的模样(部分原因是想要防止联邦政府再次出手干涉),但当面临新的压力时,白线运动等准军事组织和暴力行动仍然会随时就位。在南方腹地,救赎者一派干脆丢掉掩饰真正目的的长袍,公开加入参与竞选活动的民主党正统派的阵营。

波旁民主党人的政治

除了在必要的时候采取下三滥的手段,救赎者一派也摆出一副上流社会传统主义者的模样,因为这些传统主义者同时属于政府改革派。这些人主要来自南方白人的上流社会,包括种植园主、商人和律师等。美国内战爆发前,这些人中的大部分曾经是辉格党员,虽然加入南部联盟独立大业的时间都不长,但都是狂热的追随者。在弗吉尼亚州等地,为了强调在遵守党派旧的方针路线上团结一致的立场,这些核心领袖自称为保守派。不过,这样的称呼渐渐淡出了历史舞台,因为他们纷纷都变成了民主党的成员。在民主党内部,他们组成了一个小团体,自称为波旁民主人。这个名字既反映出他们的阶级地位,也代表了他们想要尽力恢复旧政权的强烈愿望。当然,恢复奴隶制除外。

　　与此同时,波旁民主党人将贫困白人也吸纳到自己的大业中来。就像举行复兴集会一样,他们举行盛大的游行和烧烤活动并在活动中大力宣传白人团结的思想和白人优越主义的理论。韦德·汉普顿(Wade Hampton)①率领着全副武装的红衫军横跨南卡罗来纳州,一路上耀武扬威。1876年10月7日,汉普顿带领民兵部队骑着高头大马进入南卡罗来纳州的萨姆特后,朝着一个讲坛走去。他们远远就看到讲坛上有一个人,身穿毫无生气的黑色长袍,被铁链捆得结结实实。正当汉普顿迈着大步向讲坛走过去时,那个看不出性别、失去自由的人影突然挣脱铁链甩开长袍,展现在众人眼前的是"一个光彩照人、身穿纯白纱裙的女子……她身材高挑,神色庄重,高昂着头,双眼就像是天空中的星辰一样闪闪发亮",在场的一个记者如此描述道,当时他看得如痴如醉。人群立刻沸腾起来。直到深夜,红衫军的骑兵仍然在黑人街区里一边纵马奔腾,一边高呼:"顺汉普顿者生,逆汉普顿者死!"为了复兴白人基督教合众国,这样的仪式的确发挥了巨大作用。此外,几乎任何手段只要对达到这一目的有所帮助都会被采纳,除了采用传道的方式,就连最暴力的手段也会被采纳。

　　在南方重建时期,一旦救赎者一派认为激进派共和党人所建立的州政府里出现了暴政和腐败问题,他们就会马上做出反应,包括削减预算、收回各州雇佣劳动力的权利,尤其是发展公立教育的权利。经济、节俭、诚实是他们的代名词。然而,战后南方各地先后涌现了大批铁路公司的债券持有人,因此,即便在大部分铁路建设已经出现资金链断裂的问题时,他们仍然坚决要求必须全额偿还铁路建设所产生的全部债务。

　　这一系列政策的实施使南方大多数普通白人大惊失色。到19世纪70年代末,政治上出现的紧张局面导致民主党内部出现分裂,并产生了派别的划分。其中有些民主党人——包括剩下的黑人选民——选择与共和党人结盟。白人优越主义仍然是维系白人社会团结的巨大的凝聚力,因此,包括救赎者在内的全体民主党白人领袖实际上都会采用白人优越主义对类似的白人党派之争发起反击并最终将其粉碎。他们坚持认为,一个人只要背叛民主党就必然会背叛整个白色人种。

---

① 韦德·汉普顿(1818—1902),美国内战时期的南方英雄,在重建时期恢复了白人在南卡罗来纳州的统治。曾任南卡罗来纳州州长和国会参议员等重要职务,汉普顿县就是为纪念他而命名的。——译者

北方的分歧

救赎者在发动反对重建政策的强大攻势时不但有能力将绝大部分的南方白人团结在自己周围,而且在反革命的斗争中也取得了胜利,因为他们充分利用了在北方两派主要力量中普遍存在的矛盾、分裂的状况和裹足不前的心理。在这两派中,一派全力支持南方重建,而另一派对共和党所提出的各项政策感到愤愤不平,经常会毫不掩饰地加以反对,而且后者在北方人口中占大多数。此外,即便是在南方军事重建的高潮时期,联邦政府也缺乏相应的制度权力,在系统实施赋予黑人公民权和选举权的相关政策时也显得优柔寡断。

联邦政府对战争早已经深恶痛绝,但仍然不习惯在和平时期保留大量的常规部队,因此,当南部联盟在阿波马托克斯正式投降后,联邦政府马上就下令让庞大的内战部队中的绝大部分战士复员还乡。到1867年底,政府在战败的南方只保留了2万人的军队。1876年,军队总人数已经锐减到6 000。同年,联邦军队中有接近一半的兵力奉命前往得克萨斯州执行保卫边境的任务。美国人除了有精简军队开支的传统,其他一些传统还包括对"常备军"深恶痛绝,不愿意求助联邦政府,更不愿意调动军队等。虽然在执行社会政策时,军队一直都被视为一个得力工具,但如果是为了保护黑人利益,或者是为了与白人平民百姓作对而调动军事力量,那么这一做法放在全美任何地方都会被民众认为是不可思议之事。在州一级和地方一级,即便是利用联邦法院的力量执行社会政策,该做法都会被认为是不得人心之举。

北方在执行重建政策时的矛盾心理

三K党横行四方制造流血事件的时间长达4年。联邦国会对此展开了细致深入的调查后,终于在1871年4月20日通过了一份反三K党法案。随后,总统格兰特和司法部部长阿莫斯·阿克曼(Amos Akerman)很快就大张旗鼓地开始实施。格兰特将骑兵部队派往暴力事件频发的北卡罗来纳州、南卡罗来纳州和密西西比州等地。阿克曼召集联邦大陪审团对3 000多个三K党成员提起诉讼。然而,只有大约600人被判有罪,而且所判刑期相对来说很短。不过,数以千计的三K党成员仓皇逃窜,夜间袭击事件也从此绝迹。联邦政府所采取的这次行动保证了在1872年大选前出现了一段相对平静的时期,也使共和党在几个州的统治继续支撑了 2 到 5 年。然而，与其说这次行动令局势发生了根本性变化，还不如说只是制造了一段平静时期，因为准军事秘密组织很快就卷土重来，而且实际上，在接下来的几年里这些秘密组织蔓延的地区更广。随着时间的推移，联邦政府已经没有精力继续对这些组织实施打击。即便对于政府的最高领导者总统格兰特来说，也开始担心调动国家军队或许会使这场斗争转变成为全方位的种族战争，甚至会演变成第二次内战。1875 年，面对着密西西比州崇尚血腥暴力的白线组织，格兰特手下以保守著称的司法部部长爱德华兹·皮尔庞特（Edwards Pierrepont）在给阿德尔伯特·埃姆斯（Adelbert Ames）的信中写道："国家对于频繁爆发的叛乱已经感到疲惫不堪。"埃姆斯是个捐包客州长，他恳求联邦政府出兵镇压当地的叛乱。格兰特对埃姆斯的要求选择沉默以对。团结一心的南方已经将北方拖垮。

在联邦政府的权力受到宪法的限制及美国崇尚不保留大规模常备军的传统等诸多因素的综合作用下，北方对于在南方社会开展种族变革的举措已经丧失信心。一方面，内战已经给民众留下了困惑矛盾的阴影。内战伊始，林肯制定的政策一直都是为了重建联邦而不是为了废除奴隶制，而且这一立场也得到了几乎所有北方白人的拥护。在北方白人众说纷纭、各持己见的情况下，这一局面堪称前所未有。不过，当林肯在 1862 年将内战的目标转移到反对奴隶制的方向上后，大多数白人对这一变化采取了激烈抵制的态度。此外，废除奴隶制是一回事，建构种族正义和黑人平等新秩序的理想是另一回事，因为这一思想非但从来没有在林肯的思想中占据主导地位，而且在为数不多的主张废奴主义的精英分子中也没有发挥主导作用。值得一提的是，这些精英分子绝大多数不是共和党人。共和党的态度模棱两可，在打造跨越种族新秩序的问题上并没有做出承诺，此举无异于暗中破坏了南方重建的进程。究其原因，一是北方白人对非裔美国人的矛盾心理，二是他们在实施针对白人同胞甚至是前南部联盟成员的社会变革时一直犹豫不决。

北方的民主党人

大多数北方白人与他们的南方兄弟一样崇尚白人优越主义。当美国内战进入高潮时，很多城市爆发了由于征兵法案的颁布引发的暴乱。实际上，超过半数的暴乱是由黑人恐惧症引发的，这一事实也证明了上述论点。此外，不论是在内战期间还是在内战结束后，民主党都可以说是毫不掩饰其种族仇恨的主流机构。

民主党这一态度形成的根源在于该党一致的、长期存在的思想基础,即保持最广泛的群众基础。民主党的基本原则包括:保护每个人的天赋人权,私人财产神圣不可侵犯,各州及各地方负责制定经济、社会和政治政策,主张有必要时刻警惕中央集权化的腐败和暴政,提倡白人种族优越主义。

民主党人始终认为废奴主义者和共和党人——民主党的一个主要发言人称他们是"一群生活在暗黑世界里的阴谋家,自称为《圣经》的代言人,整天撕心裂肺地叫喊着要获得自由"——联合起来阴谋策划了这场美国内战,并令其爆发。在某种程度上,虽然民主党人也认为南方的极端分子难辞其咎,但他们还是对北方的政敌进行了最恶毒的攻击。大多数卷入内战的民主党人或多或少是勉为其难,迫不得已才加入其中。全体民主党人都坚称他们实际上是为了保护"宪法本身和联邦"而战。正如一个民主党国会议员在 1861 年 7 月所说,内战虽然已经爆发,但北方并不是"本着压制南方各州的精神而战……也不是为了对其进行征服或镇压,更不是为了干涉南方各州的权利或阻挠现有各机构的运转",相反,其目的是维护"宪法至高无上的地位,是在保证各州权利不受任何损害的前提下继续保留联邦"。这句话所表达出来的意思再清楚不过:奴隶制根本不在讨论范围之内。

内战期间,有些北方民主党人越界,选择积极支持南部联盟,于是共和党人给所有民主党人贴上了一个背信弃义的标签,把他们称为"铜头蛇"。对大多数民主党人来说,无论他们是军界人士或非军界人士,这种定性都显得不太公正。不过,有几点毋庸置疑:绝大多数民主党人相信导致这场战争爆发的不是别人正是共和党人,坚信这场内战不应该变成以废除奴隶制为目的的战争,断定这场内战的终结可以而且应该在谈判桌边通过协商来实现,而不是在战场上一决胜负。他们为了达到这一目的尝试了各种各样的手段:建议召开包括南部联盟在内的全国和平会议,派遣北方谈判代表南下谈判,邀请英国或欧洲国家联盟从中斡旋等。不论采用何种方式,只要这场原本就没有必要进行的战争一结束,北方就会欢迎南方重新回到联邦的怀抱,而且不会对南方的地方机构做出丝毫改变。从某种角度说,这种做法意味着变相废除了《解放黑人奴隶宣言》的所有规定,而实际上《宪法第十三条修正案》于 1865 年 12 月 18 日正式获得国会批准通过后才完全取代了该宣言原本发挥的作用。

从某种程度来说,民主党人之所以采取这样的立场是因为他们痛恨对地方权力和私人财产权进行干涉,不过,这一立场倒也符合民主党人的信仰,因为他们认为美国是一个白人合众国。正如史蒂芬·A.道格拉斯在 1858 年同亚伯拉罕·林肯进行政治辩论时所说:"包括在座各位在内,没人会相信我们可以和黑人在社会地位和政治地位上平起平坐。我们所说的人民都是白人；我们的国家是个白人统治的国家，我们一定要维护种族的纯洁性，坚决不与黑人进行种族融合。"

北方民主党人不仅在内战期间坚持自己的观点，还把他们的白人优越主义带入了战后的重建时期。印第安纳州的一个县议会在1868年坚称："我们坚信政府组建的目的是为白人和他们的后世子孙谋福利。无论何时只要白人和黑人发生接触……后者的正常状况必然处在低人一等的奴役状态。"1867年，另一个民主党人在写给总统安德鲁·约翰逊的信中解释道，黑人选举权只不过是"努力将黑人和白人摆放在同一水平线上"。

北方民主党人反对南方重建

北方民主党人除了对非裔美国人心存偏见，还坚决主张地方自治，声称对联邦政府要严加限制并缩减开支，因此，他们强烈反对激进派主张的南方重建政策。不过，他们并没有提出一个新的重建政策取而代之，相反，基于对前南部联盟成员立即赦免及重新恢复前南部联盟各州在战前的地位等单纯建议，他们提出了反对意见。他们反对进行大量的军备预算，反对设立自由民局，反对包括《宪法第十四条修正案》《宪法第十五条修正案》在内的所有民权立法。按纽约州一个国会议员的话来说，北方民主党人认为这些行为都是"违反宪法规定的强取豪夺，对民选代表组成的政府、对党派来说都会造成生死攸关的影响，不仅打破了政府机关之间的相互制衡，而且违背了各州所制定的各项法律规定，是一种违背人性的对抗南方的行为"。同时，北方民主党人要么选择对三K党的种种行径视而不见，替他们找借口辩护，要么就直接否认三K党的存在。北方民主党人还将种种暴力事件的发生归咎到北方联邦或黑人身上，认为正是北方联邦和黑人试图将贻害颇深的暴政统治强加到南方人身上才会造成这一局面的发生。当然，北方民主党人选择鼎力支持救赎者一派的部分原因是救赎者本身就是南方民主党人，有朝一日这些救赎者将帮助他们重新夺回华盛顿的政权。此外，民主党的绝大部分成员都赞同白人优越主义的主张，因此对南方白人重新恢复自己统治的斗争自然都抱着全力支持的态度。

1868年总统大选

民主党的种族歧视在1868年的总统选举期间发展到了顶点。前联邦上将、前共和党人、密苏里州的弗兰克·布莱尔当时已经摇身一变成为民主党副总统候选人代表,他的言论明白无误地传达出民主党的歧视立场。布莱尔强烈反对跨种族通婚,并认为这是邪恶之举。他声称共和党所实施的政策已经令跨种族通婚在南方发展到没有任何约束的地步。因此,该政策已经使南方白人屈服于"处在野蛮状态下的黑色人种的统治,这些黑人不但都有恋物癖,而且还都崇尚一夫多妻,想要制服白人女人以满足自己放纵的肉欲"。布莱尔提议全面停止南方计划,恢复白人政府,在迫不得已的情况下可以诉诸武力。这种极端主义的思想和言论几乎可以重新引发内战,在民主党大选期间更是产生了事与愿违的后果。不过,民主党人并没有因此而彻底放弃反对重建的立场,当然,再也没有其他民主党候选人像布莱尔这样如此毫无顾忌地将自己的种族主义言论公之于众。

1868年,救赎者为了表达对民主党的支持写了一封信。从信中可以看出救赎者所采取的是全面接纳的温和态度。在民主党大会结束后不久,前联邦上将威廉·S. 罗斯克兰斯动身前往弗吉尼亚州的白硫磺泉镇(White Sulphur Springs)。罗伯特·E. 李和其他一些前南部联盟成员正在那里度假,其中有几位正在为建立保守党同盟做出努力,希望该党于1870年在弗吉尼亚州重掌政权。尽管罗伯特·E. 李宣称对政治不感兴趣,但罗斯克兰斯拿出由弗吉尼亚州保守派政客亚力山大·H. H. 斯图尔特(Alexander H. H. Stuart)起草的公开信后,还是成功地说服了罗伯特·E. 李第一个签名支持。除了罗伯特·E. 李,还有另外32个人也签名表示支持。这封公开信主要是对罗斯克兰斯提出的"反对党派之争、主张爱国主义"的倡议做出响应,并自称"代表南方民众和为国捐躯的南部联盟军队官兵"发声。

罗斯克兰斯的爱国主义主张是指当政权回归到最保守的传统南方领导人的手中后,重建、暴力、纷争就会戛然而止。斯图尔特、罗伯特·E. 李以及其他一些南方士绅都做出承诺,称他们在管理黑人的过程中不会再对黑人暴力相向或采取种族歧视的手段,而要温和与友好,采取家长式管理的方式。他们解释说:"即便南方民众有权对黑人心怀敌意或进行剥削压迫,但若就此认定南方民众真的对黑人心怀敌意或进行剥削压迫却毫无依据可言。黑人在我们中间出生长大,自打孩提时期起我们就已经习惯于同他们友好相处,善待他们。"因为南方民众需要黑人充当自己的劳动力,"就算没有其他更高尚的动机,哪怕仅仅是出于私心也会使白人"保护黑人。在有关白人统治的问题上,罗伯特·E. 李手下的那些人与北方民主党人的观点如出一辙。他们如此写道:"出于众所周知的原因,不论任何法律体系,只要该体系打算将政权交给黑人,北方民众和西部民众便会进行不屈不挠的抗议,这一点毋庸置疑。"弗兰克·布莱尔在反对黑人权利时所使用的是丝毫不加掩饰的语言,不过,他们在观点的表达上与布莱尔不同。他们声称自己反对黑人权利并非源于"敌意",即种族仇恨,而是源于一种"根深蒂固的信念",即非裔美国人缺乏"必要的智慧,因此将政治权利交给他们托管并不安全"。黑人天生具有种族的劣根性,他们"不可避免地将会成为蛊惑民心的政客的受害者。这些政客为了一己私利会将黑人引入歧途,让他们成为遭受公众严重伤害的目标"。这些南方白人领袖与北方的民主党人联合起来,打算重新恢复全体白人的选举权,将他们从"专制的暴政下解救出来"。换句话说,就是彻底根除重建政策。然后,他们将照看黑人,"本着友好善良和人道主义精神"善待黑人,不过,此举并不能看成是黑、白两个种族分享权力计划的一部分,而是由白色人种自上而下无偿施予黑色人种的一种待遇。

由救赎者和民主党人联合推出的诠释白人优越主义的版本看上去更加彬彬有礼,因此也更容易被民众接受。"不屈不挠地反对"既不能给暴力活动提供合情合理的理由,也没有对暴力活动进行谴责。他们承诺,无论采取何种手段,南方重建都将本着家长式管理的温情原则。很多北方白人和南方人都更愿意以此种方式考虑白人权力的问题,但实际上,他们已经做好准备,打算使用暴力手段重掌政权后再对劣等的黑色人种表现出友好仁慈之情。

民主党的影响力空前巨大,不但使近半数选民将赞成票投给自己,而且对共和党人产生了巨大影响。于是,共和党人迫于形势不得不与实力强大的反对党达成协议。北方主流社会对种族和政府作用的话语表达多半是由民主党人明白无误地公之于众的,因此共和党也清楚地意识到有朝一日民主党肯定会重掌政权。实际上,在1868年的大选中,民主党在北方大受欢迎的原因之一是战后公众的厌倦情绪不断攀升。各州早已经厌烦了代价高昂的南方重建所导致的似乎永远无法消除的危机感。很多人认为如今已经到了冲突停止的时刻,到了国家回归正常轨道的时刻,而民主党人正好抓住了民众的普遍心理并将其发挥到了极致。在赢得大选之前,不论是南方还是北方的民主党人都在联邦国会及大多数州政府里充分行使自己的权利。

共和党人在重建问题上步履蹒跚

即便在共和党内部,在推动重建的很多问题上该党成员之间都很难达成一致的意见。共和党的国会成员和选民本身就不曾反对奴隶制的存在。实际上，内战爆发前，他们的核心主张是联邦政府应该将整个西部地区专门向自由白人开放，因此其主要思想立场应该说既反对奴隶制又反对黑人。绝大多数共和党人对于种族之间的平等权利长期以来一直采取模棱两可的态度。《宪法第十四条修正案》的颁布标志着南方重建进入高潮，然而，该修正案在很多地方的措辞都显得含糊不清，甚至对于联邦政府到底应该用何种方式实现机会均等或实施法定诉讼程序都没有给出丝毫暗示。

此外，内战结束后，共和党人将绝大部分精力集中在发展经济和巩固本党实力上。他们支持黑人选举权的一个主要原因是支持共和党南派。不过，当他们发现几乎没有白人团结在自己的党旗之下后便意识到南方最强大的力量正在反对他们，而共和党人在南方所得到的党派支持基础可以说相当薄弱。对此，共和党人表达了遗憾之情后便开始得出结论，称他们在改造南方选民观点的问题上已经走到了穷途末路，并认为只有通过采取严厉的手段才能维护自己在该地区的权力。绝大多数共和党人意识到，如果不能打造一支势力强大、耗资巨大且不受大众欢迎的常备军，便不可能彻底消灭针对南方黑人的白人恐怖主义行径。不过，他们也担心如果采取这一举措必将削弱北方民众对自己的支持，因此他们都不愿意采取如此激进的举措。商人和选民都希望这场无休止的冲突能立刻终止，而给非裔美国人提供帮助或许真的能带来和平。

实际上，很多注重商业发展的共和党人开始认为共和党的统治阻滞了他们向南方市场进行经济渗透及使南方实现北方化的机会。1872年，著名编辑霍勒斯·格里利在《纽约论坛报》上撰文坚称"要不是因为捎包客管理不善，今日的南方应该随处可见数以百万计的北方人，在农场里创业的外国自耕农，或者在铁矿、铜矿、煤矿和大理石矿里……劳作的矿工"。

北方商业的发展

战后，北方商业蓬勃发展，而饱受蹂躏的南方的发展则更加滞后。有关这一主题将在本章后半部分详细讨论。铁路公司发展迅速。到1869年，较大规模的铁路公司不断修建跨越美洲大陆的铁路线，小型铁路公司也陆续合并组成实力雄厚的大公司，修建新的州内的铁路干线。大量农民纷纷涌向美国中部的大平原和西部沿海地区。钢铁制造业和石油开采业也繁荣发展起来。工业企业在发展过程中实现了一体化，其产业规模也急剧扩大。到1880年，约翰·D.洛克菲勒在石油加工和石油运输业占据了95％的份额，而他的公司也是新兴垄断企业中最引人注目的一个。这些大型公司雇用的新工人的数量动辄成千上万。在这些工人中，有的是外国移民，有的则是本国农民子弟，人们纷纷朝着快速发展的城市地区如潮水般涌去。恶劣的劳动实践促使工人组成工会组织、开展主张社会主义和无政府主义的运动，但同时也瓦解了新兴无产阶级的抗议浪潮。1877年爆发的一场轰轰烈烈的全国铁路大罢工导致了北方痛苦地分裂。由于担心北方本土爆发叛乱，联邦政府提高了警戒级别，相比之下倒无暇顾及处在水深火热之中的南方黑人了。

重视商业发展的共和党人

作为国家执政党的共和党致力于商业扩张，商业似野火般无序发展带来了无尽的希望，也带来了数不尽的问题，而这些似乎都将共和党人卷入其中，使其难以轻易脱身。尽管共和党人并没有打算利用政府的力量修建铁路、建造新工厂，但从本质上来说他们自始至终都投入了建设过程。例如，为了给洲际铁路的建设筹集资金，他们除了将广袤的土地划批给铁路公司，还对铁路公司实施税赋减免，并直接为其提供建设补贴。此外，大多数州政府都对债券发行做出担保，并为铁路建设和工业发展实施其他激励机制。

不出所料，各州议员和联邦议员要求从中得到回报。对于很多政客来说，商业发展就是要给政治竞选活动及政党的资金管理机构做贡献，提供巨额资金。其余政客则直接索贿，包括要求提供免费铁路通行证、运费优惠或者直接索要回扣。

格兰特政府的丑闻

在格兰特政府统治期间，发生了巨额贿赂资金卷入立法过程中的丑闻。当公众得知该丑闻时并没有觉得十分出乎预料。1869年，杰伊·古尔德（Jay Gould）[①]和吉姆·菲斯克（Jim Fisk）两个擅长恶意收购铁路的企业家决定联手垄断黄金市场。于是，他们开始逐步实施垄断计划。为了让政府无法插手黄金

[①] 杰伊·古尔德，绰号海盗大亨，现代商业的创始人，19世纪美国铁路和电报系统无可争议的巨头，"镀金时代"股票市场的操纵者。他在1869年对黄金市场的狙击导致了被称为"黑色星期五"的大恐慌。——译者

市场的交易,他们对格兰特的姐夫大肆行贿。最终等到格兰特意识到所发生的一切时,便下令财政部出售黄金,然而此举已经于事无补,结果导致公众哗然。1872年,媒体披露太平洋联合铁路公司(Union Pacific Railroad)的发起人已经建立了一家名叫动产信用公司(Crédit Mobilier)的傀儡公司,将此作为把利润转移到选定投资人的口袋的一种手段。这种欺诈性的内幕交易使很多卷入其中的国会议员赚得盆满钵满,因为在该计划刚刚开始实施之际,他们便以较低的价格大量购进了动产信用公司的股票。战争部部长威廉·贝尔纳普(William Belknap)直接向与印第安人进行贸易往来的商人索要大笔回扣。1876年,该事件被公之于众后,贝尔纳普不得不引咎辞职。众所周知,在拍卖邮局时,谁出的价格更高,谁就是最终得主。由于财政部部长的一个朋友帮助他收回了拖欠税款,财政部部长便给了他50%的佣金。此外,更糟糕的是,威士忌酒生产厂商为了少向政府缴纳消费税,便向包括格兰特的私人秘书等人大量行贿。

这些丑闻不但破坏了格兰特政府的公众形象,而且削弱了重建政策的执行力度。此外,这些丑闻也暴露了商界和共和党人之间千丝万缕的联系。使共和党更具活力的原因与其说是为黑人争取权利,还不如说是和商界之间的联系,因为共和党从黑人身上根本无利可图。大多数共和党领导人在处理业务时将眼光投向了家乡,寻求得到家乡选民的支持而不是陌生人的支持。他们感受到了一种动力,打算将自己的党派活动向职业化方向发展,这样既可以巩固本党的领导,也可以缓解商业发展带来的紧张气氛。从某种程度上说,共和党政客本身既是问题的症结所在,也是解决问题的途径。不过,从更广泛的层面上看,他们与涉及南方社会变革重大问题的政治思路背道而驰。实际上,纵观历史,政治意识具有如此活跃的表现并不常见:美国政治传统上凡是涉及官员任免权及其他特殊权利都首先倾向于国会议员的家乡州;随着反对奴隶制的激情和内战的热情逐步冷却,时局的发展也开始走向正常。

共和党自由派

颇具讽刺意味的是,很多对本党内及政府官僚机构内部的腐败行为深感厌恶的共和党人也开始对南方失去兴趣。到1872年,这些人在共和党内部形成了一个新团体——共和党自由派。这些改革派分子主要致力于推动降低关税及公务员制度的改革,并主张建立小型、高效、诚实的优良政府模式。E. L. 戈德金(E. L. Godkin)既是较大影响的杂志《民族周刊》(*The Nation*)的编辑,也是重要的共和党自由派分子。戈德金主张,"政府必须从'保护性'商业中抽身出来,不能再对商业发展提供'补贴',也不能再干涉商业的'改革'和'发展'……若想不再滋生腐败,政府就永远不能与商业发展挂钩"。

共和党自由派既害怕无产阶级不断发展,最终变得难以驾驭,又害怕蛊惑人心的政客跟自己虚与委蛇。因此,当他们注意到南方出现的暴政和腐败同他们在家乡看到的场景别无二致时,这些共和党自由派的改革分子就将这一局面归咎于南方黑人、共和党白人捎包客以及白人南赖子。正如一个共和党自由派领袖所说,若想净化北方的政治文化,整个行政部门都要做到公正无私,让受过良好教育、文雅高尚的公职人员取代那些拼命迎合商界和下层社会需求的肮脏政客。随后无论是谁都必须"接受这样一个事实:只有成为智慧和资本化身的那些社会成员才可以治理南方"。还有一个共和党自由派分子注意到如果政府交由"更加愚昧无知的社会阶层"掌控,便意味着"思想最活跃、最聪颖智慧的"那些人将会成为不公正政治的受害者。因此,救赎者既然天生就是南方的领导者,就应该恢复自己的统治权。当然,救赎者非常乐于表明他们完全赞成这一立场。通过这一路线,处在共和党前沿最活跃的社会活动家转而既反对格兰特领导下的联邦政府,也反对南方重建。他们想要改革当前的弊病,但在对待老问题时采取了听之任之的态度。

1872年大选

1872年,民主党人意识到共和党的内部分裂愈演愈烈后感到非常高兴,于是开始寻求将共和党自由派吸纳进民主党中来。为了达到这一目的,他们起草了一份纲领,聚焦政府机构臃肿所带来的种种罪恶,并将长期与民主党为敌的霍勒斯·格里利提名为本党总统候选人。格里利既是共和党昔日的激进分子,也是影响力巨大的《纽约论坛报》的编辑,属于改革派。虽然严格说来,民主党人吸纳共和党自由派时还会为他们验明正身,但实际上很多共和党自由派分子加入民主党时,其自身条件早就已经超越了该党制定的标准。不过,格兰特的声望虽然受损却依然名震四海,对共和党依旧支持的实业家仍然会提供大量的资金,内战期间民主党曾经背信弃义的感觉仍然挥之不去。这三方面的因素综合到一起后便对格里利造成了沉重的打击。大选失败后没多久格里利便因为心脏病发作突然离世。格里利不但失去了大选,也失去了爱妻,在他去世前不久他的妻子已经撒手人寰。接着,绝大多数共和党自由派又陆续退出了民主党回到了老阵营,不过此举对于缓解共和党内部的紧张局势并没有起到任何作用。这一变化产生了一系列后果,其中之一便是共和党不再将涉及南方黑人的问题列为本党优先考虑的问题。

1873 年经济衰退

1873 年美国出现了经济恐慌,在随后的 6 年里经济一直都处在非常低迷的状态。共和党内部出现的不和与无序状态使这一局面雪上加霜。总的来说,该问题的主要诱因是经济过热及投机经济的出现。此外,战后发行的铁路债券过多致使债券交易陷入困境也是该问题出现的原因。很多铁路公司由于收益不足便开始拖欠兑现债券。还有一点不容忽视,在遥远的奥地利首都维也纳,股票市场出现的恐慌促使很多欧洲人抛售他们在美国购买的债券。由此引发的连锁反应导致杰伊·库克在纽约的投资银行轰然崩溃。内战期间,库克在推销联邦战争债券时不论在国内还是国际都是数一数二的营销好手,并曾经因此赢得了巨大的声望。库克银行的倒闭引发了股票市场的全面崩盘,工人大面积失业,大量雇主也纷纷破产。

在 1874 年中期选举的关键时刻,民主党人赢得了参议院的大多数席位,并自内战以来首次控制了众议院。他们利用新得到的职务之便开始对格兰特执政期间爆发的大量丑闻展开调查。此外,他们还削减军事预算,将重建问题从政治中剥离出来。从这一点来看,格兰特已经成了一个手中没有实权的总统,而他的内阁成员原本就所剩无几的声望如今更是荡然无存。民主党人在政界的声望则越来越高。资金短缺令萧条的政治局面更加没有活力。长期以来为了应对内战,联邦政府早就减少美元的货币流通,而此举则成为经济通货紧缩的诱因。面对日益恶化的经济萧条局面,财政部决定重新发行美钞,而民主党控制下的国会通过了一项法案,打算扩大美钞的发行量。为了保护联邦国库和健全的商业发展,格兰特否决了这项法案,并呼吁回归金本位制。1875 年,国会表决同意。美国大多数平民百姓对于这种收缩货币的做法大为愤慨,西部和南部的农民更是义愤填膺。因为这一举措令他们在还清债务的道路上更加举步维艰,而商品价格不断下跌也令这一境况雪上加霜。在经济大萧条期间,棉花价格下跌 50%,南方其他农产品的价格也大幅下挫。南方重建的过程原本就波折不断,刚刚获得的一些收益也随之烟消云散。通货紧缩导致绿币党(Greenback Party)的成立。1878 年,在南部和西部地区,有 14 个绿币党成员当选国会议员。在接下来长达20年的时间里，农民也开始在政治上发声，表达自己的骚动情绪。

北方大大小小的城市里纷纷出现的大规模失业现象也引发了社会动荡。到1876年，严格说来有超过一半的铁路公司宣告破产，其资产也由官方接管。铁路公司重组后解雇了很多工人，留下来的工人工资也遭到大幅度削减，结果导致工人怒火中烧。1877年，工人难以遏制愤怒的情绪，在全国范围内不断爆发暴力罢工事件。不过，这些罢工事件都是由工人自发开始，因此组织工作也非常混乱。在这种情况下，几个州的民众反应激烈，要求调动联邦军队镇压工人罢工，与当年对镇压南方白人三K党的反应相比有着天渊之别。

随着工业资本主义的不断发展，城市和农村地区都发生了巨大的改变。如今，城乡的发展进入一个周期性的低潮期，普通民众感到一种全新的人们无法理解的客观力量掌控了一切。对很多公民来说，一种无法触摸但又破坏力十足的力量似乎正控制着货币供给和经济发展。很多中产阶级人士认为他们正处在螺旋式下降的危险之中，少数富人则正在暗中转移他们的财产。此时出现给黑人投赞成票的景象显得是一件多么古老而遥远的事情。南方的大多数选民纷纷指责所在州的共和党州政府，认为政府应该对困扰他们的所有经济问题负责。

最高法院削弱南方重建

共和党虽然下定决心而且有能力在南方实施社会变革，但处处受挫。在这种情况下，最高法院宣布的两起案件的判决结果也削弱了联邦各级法院对侵犯黑人权利者提起诉讼的权利。这两起案件分别是1873年的屠宰场案（Slaughterhouse Cases）和1876年的联邦政府诉克鲁克尚克案。将这两个案件放到一起考量可以发现，争议的焦点问题有二：第一，《宪法第十四条修正案》是否只适用于获得联邦保障的权利；第二，刑事案件被告的所有权利是否只能由各州当局或地方当局做出解释。重申州权意味着当黑人权利受到侵犯时，各州政府不能再将案件提交给联邦法院。由于南方陪审团几乎不会对侵犯黑人权利的白人做出裁决——实际上，南方当局也不可能对这样的案件提起诉讼或确保诉讼的发生——这两起案件的判决结果破坏了今后可能出现的为保护黑人所做出的努力——即便共和党曾经希望能够保护黑人权利。具有讽刺意味的是，在接下来的20年里，最高法院坚持认为根据《宪法第十四条修正案》的规定，联邦宪法同样适用于保护各公司的权利，而且在这种情况下联邦当局不得出手干涉。

救赎者东山再起

当北方白人越来越关注自己的问题时,当共和党人正因为格兰特政府持续不断的丑闻而逐步丧失道德权威时,救赎者却正在一个州一个州地赢得自己的战争。1875年,救赎者率先在弗吉尼亚州、北卡罗来纳州、田纳西州和佐治亚州等地重新夺回政权后,又在密西西比州、亚拉巴马州、得克萨斯州和阿肯色州等地扳回一局。到格兰特第二任总统任期即将结束之际,共和党的势力范围仅仅局限在佛罗里达州、南卡罗来纳州和路易斯安那州等3地。面对风起云涌的救赎者新兴政权,共和党和民主党都表现出赞同之情。

大多数主流共和党人如今认为主张意识形态政治和争取黑人权利的时代已经终结。1876年5月8日,《纽约时报》发表的一篇社论称:"十年前,北方民众团结一致,不但对自由民充满了怜悯之情而且下定决心捍卫他们的权利。"该社论断言:"如今,很多人都认为白人的权利已经遭到侵犯。"记者詹姆斯·雷德帕思(James Redpath)曾经支持并积极宣传废奴主义,如今他更加言之凿凿地宣布:"密西西比州目前陷入了令人悲哀的状况。有两种人应该为这一局面负责:一种人是多愁善感的废奴主义者,另一种人则是极其恶毒的仇视黑人的那些家伙。当局对于黑人权利的问题不断东拉西扯,黑人也想成为良好公民,却因此而丧失了大好时机。此外,黑人从来没有按照指示尽职尽责,因此他们也一直没有达到具有男子气概的高水准要求。"我们不但应该摒弃多愁善感的心理,而且"还要明白黑色人种实际上就是野蛮人,我们需要不断努力提高他们的文明程度"。

非裔美国人注意到共和党人观念的变化,意识到联邦政府对自己的帮助也越来越少,因此便认定共和党人背信弃义。1875年5月10日,路易斯安那州的一群黑人向总统格兰特请愿,要求联邦政府加大保护黑人的力度,指责共和党人与民主党人之间达成妥协后给予"白人政客更大的权利,任由他们向我们大肆劫掠,折磨我们甚至置我们于死地……与以往一样,我们还是饱受折磨,命如草芥"。那年早春时分,在纳什维尔召开的全国有色人种大会(National Colored Convention)上,与会人员私下里谈论的都是共和党人"如何欺骗他们、背叛他们、侮辱他们,让他们饱受折磨后再对他们进行大规模屠杀"。

1876 年大选

　　1875 年 5 月,格兰特宣布不再竞选第三任总统之职。在格兰特担任总统期间,各种丑闻层出不穷,他不堪其扰。尽管他在择友方面的确显得冷漠、迟钝,甚至还有些天真,但他自己一直洁身自好,从来没有任何腐败行为。来自缅因州的詹姆斯·G. 布莱恩(James G. Blaine)[①]魅力非凡,在共和党堪称最引人注目的一名政客,也是该党的总统候选人。然而,由于他与一些铁路债券的幕后交易有着千丝万缕的联系,差一点就因此身败名裂。在共和党自由派的压力下,共和党不得不采取改革立场,却还想将党内团结的局面继续维持下去。于是,共和党转而向俄亥俄州州长拉瑟福德·B. 海斯(Rutherford B. Hayes)求助。内战期间,海斯担任联邦志愿兵将军,除了做过一些改革公务员制度的宣传工作,还主张维持金本位制,并倾向与南方实现和解。海斯为人温文随和,值得信赖。或许他最大的优点就是能与本党的任何派别和平相处。

　　民主党一方的总统候选人是塞缪尔·J. 蒂尔登(Samuel J. Tilden)。蒂尔登是个收入颇丰的公司律师,大选前不久才当选纽约州州长,属于改革派。蒂尔登之所以声名鹊起是因为他在两件诉讼案件中表现得相当出色:一是他一举摧毁了腐败到令人咋舌的特威德集团(Tweed),该集团欺骗纽约市民、侵吞公款;二是他在奥尔巴尼对纽约州议会一些臭名远扬的议员提起诉讼,因为这些议员曾经蒙骗欺诈了全纽约州的纳税人。民主党人团结在这位虽然看似冷若冰霜但为人正直的候选人周围,提出的竞选口号就是反腐败。共和党人则"挥舞着鲜血染红的衬衫",继续勾勒出一幅内战时期背叛联邦政府的民主党人的生动画像。印第安纳州的上校罗伯特·英格索尔(Robert Ingersoll)对此做出猛烈抨击,他的措辞非常具有感染力。"那些脱离联邦的南方州无一不是在民主党的领导之下",他在总统大选期间所做的一次演说中掷地有声地说道,"那些企图破坏我国团结的家伙无一不是民主党人。那些热爱奴隶制胜过热爱自由的家伙也无一不是民主党人。刺死林肯的刺客还是民主党人……英勇无畏的战友们,你们身上的每一块伤疤无一不是拜民主党人所赐。"这样无可辩驳的演讲气势非凡,不但传达出理想的效果,而且有一种破釜沉舟的气概。实际上,绝大多数共和党领导

[①] 詹姆斯·G. 布莱恩(1830—1893),美国政治家。在内战结束后,美国政坛受共和党支配期间,布莱恩是共和党的领导人物之一。他任缅因州国会众议员和参议员达 20 年之久,曾是备受瞩目的众议院议长。他两度出任美国国务卿,以创建泛美会议出名。但终未能达成成为总统的夙愿。——译者

人希望自己的党派在大选中败北。

随后的总统大选出现了僵持局面。根据选民直接投票的统计结果，蒂尔登获得了 4 300 590 张选票，而海斯只获得了 4 036 298 张选票。对比之下，前者明显占据优势。同样，蒂尔登赢得了 184 张选举人票，而海斯只获得了 165 张选举人票。然而，除了俄勒冈州的 1 张选举人票，还有 19 张分散在路易斯安那州、南卡罗来纳州和佛罗里达州的选举人票悬而未决。这 3 个州地处南方腹地，是共和党领导下的最后区域。在这 3 个州，除了民主党人对潜在的黑人选民进行了暴力恐吓，两党都出现了大量的选举舞弊现象。投票结束后，两党分别把自己的统计结果提交给国会。

《1877 年妥协案》

遗憾的是，宪法对于如何解决这一问题并没有做出明确规定，再加上参众两院由共和党和民主党分别掌控，因此当没有任何实权的国会在 1876 年 12 月召开后不久便陷入了僵局。1877 年 3 月 4 日是新任总统举行就职典礼的日期，然而，国会能否在此之前找到合理的解决方案却无人知晓。在媒体和某些政客中甚至出现了一些不着边际的说法，声称内战又将打响，不过两党都不希望出现这样的结果。很明显，所有人都认为若想切实解决问题，双方必须同时做出某种妥协。

经过多次通宵达旦的会议讨论，双方终于在 1877 年 1 月 29 日达成一致意见，并将此案件提交给选举委员会裁决。该委员会由 5 名参议员、5 名众议员以及 5 名最高法院大法官组成。为了显示公平，共和党和民主党各自派出 7 名成员，最后一名成员是来自伊利诺伊州的大法官戴维·戴维斯（David Davis）。戴维斯是一名独立的共和党人，曾经在 1872 年向共和党自由派和民主党人示好。很多民主党人认为戴维斯更有可能赞成本党的主张。（实际上，根据戴维斯所发表的言论，情况恰恰相反）就在此时，伊利诺伊州议会的民主党和握有关键选票的绿币党的一些成员举行特别选举，将戴维斯选举为联邦参议员（在 1913 年《宪法第十七条修正案》通过前，联邦参议院的席位都由州议会成员组成），而戴维斯正好趁机撒手不管。在这种情况下，剩下的 4 个大法官都可以取而代之，而且这 4 个人全是共和党人。于是，选举委员会在这 4 个人中选择了最没有党派倾向的约瑟夫·P. 布拉德利（Joseph P. Bradley）。不过，布拉德利还是站在了共和党一边，将 20 张有争议的选举人票全部判给了海斯。选举委员会 8 比 7 的投票结果让民主党人大为光火，威胁要采取行动阻碍该议案的通过。如果民主党人果真依言行事就会使总统就职典礼无法按时举行。

然而，据传整个事件刚刚拉开帷幕时，两党领袖就已经在烟雾弥漫的会议室里开始秘密商谈。最后当选举委员会选定海斯为新一任总统时，这些职业政客已经敲定了几个妥协案。于是，整个问题就变成了南方白人民主党人如果接受海斯担任总统后将会得到何种补偿的问题。在这一系列会议中，最重要的一次在黑人詹姆斯·沃姆利（James Wormley）开设的酒店餐厅里举行，《沃姆利协议》（Wormley Agreement）便在这次会议结束后诞生。根据这份协议，如果反对党允许海斯举行总统就职典礼，共和党便将建议新任总统"慷慨大方地对待南方"。这就意味着所有驻守在南方的现役联邦部队都将撤回北方，而南卡罗来纳州、佛罗里达州和路易斯安那州等地都将获得"补偿"。作为回报，民主党人承诺说等到他们重获无可争议的权利后，便将自上而下对黑人权利实施家长式的保护。为了支持民主党在1868年的总统大选活动，罗斯克兰斯在写给罗伯特·E.李的信中确定了这一行动方针，而此次民主党的态度或多或少都遵循了该方针的指导思想。通过其他几次会议的商讨，民主党还表示支持利用联邦拨款在南方建设一条横跨北美大陆的铁路线、沿密西西比河建造防洪堤、增加一个南方内阁成员，以及尽量避免将联邦政府在南方的工作机会留给共和党人。民主党人同意推选共和党人詹姆斯·加菲尔德担任众议院议长。这样一来，如果共和党还有更多的丑闻爆出，加菲尔德可能就将阻止国会开展调查。两党之间达成秘密谅解后，民主党人便允许众议院代表接受选举委员会的报告结果。于是，海斯便顺理成章地入主白宫。

海斯终结重建计划

海斯刚刚举行完就职典礼就将在路易斯安那州和南卡罗来纳州议会大厦附近地区驻扎的联邦军队调回本部。上述两个州和佛罗里达州的重建政府随即土崩瓦解，海斯的声望也随之大幅度下挫，因为公众当时尚不知晓海斯和他的支持者在他宣誓就职之前就已经达成了秘密协议。海斯试图引诱南方前辉格党成员放弃与民主党的盟约，这样就可以在白人的基础上重新恢复南方的共和主义。为了执行这一南方政策，海斯任命前南部联盟成员、田纳西州的大卫·基（David Key）为内阁成员之一的邮政大臣，这一职位有权决定官员的任免。接着，大卫·基就将南方原本由共和党人担任的邮政局局长全部换成民主党成员，这样便破坏了共和党在南方的基础。海斯政府还拒绝给南方铁路建设及南方其他内部改善计划提供联邦援助，并否决了此前提出的多项议案。同时，民主党人还给加菲尔德当选众议院议长制造障碍，不但自行组织众议院，而且利用自己的控制权对共和党的腐败问题展开新一轮调查，他们还违背承诺，不再保护黑人的权利。对他们来说，海斯撤回驻扎在南方的现役联邦部队的举措相当于给南方白人民主党人颁发了一个许可证，使他们有权禁止黑人参政。在接下来的15年里，这种状况丝毫没有得到改观。

尽管在共和党总统的领导下，南方民主党人却已经实现了地方自治的最高目标，从而在南方将反对党置于自己的约束之下。就算蒂尔登赢得总统大选，就算共和党人继续与企图掌控地方权力的民主党人进行斗争，其结果也都无法与此相提并论。签署这样一份"妥协案"后，共和党基本上已经放弃了曾经赋予《宪法第十四条》《宪法第十五条修正案》具体意义的民权活动。直到80年后，联邦政府为了保护黑人权利才再次在南方部署军队。在此期间，南方的民主党保守派已经将国会大权纳入囊中，一次又一次成功地击退了联邦政府对其地方自治提出的种种挑战，部分原因就是共和党人一直抓住他们在1877年签署的协定不放。

当权的救赎者

一开始，救赎者采取举动时非常小心谨慎，也许他们仍然担心如果北方出手干涉法院事务或联邦军队卷土重来都有可能会令暴力事件升级。不过，他们的确采取了禁止非裔美国人投票的行动。早在1877年，佐治亚州就已经采用了缴纳投票税的举措，其他地区马上纷纷效仿。这一做法令黑人痛苦不堪，因为他们中的绝大多数穷困潦倒。救赎者采取的另一举措是在大选期间为不同的政治选举分别设立投票箱，箱子上表明不同的选举办公室和候选人的名字，这样一来目不识丁的黑人就无法履行选举权，因为在南方诸州黑人的文盲率一直在40%—60%。19世纪80年代末开始实施的无记名投票也降低了那些胸无点墨之人的投票率。当然，这样的措施也剥夺了一些（实际上这样的人数少之又少）贫穷白人的公民权，但操控选举体系的南方绅士们也不以为意，因为他们掌控的地方自治政权并不会支持给贫穷白人或黑人提供公立教育或福利待遇。

对于救赎者及后继的当权者来说，操控政治才是重中之重，为此他们甚至不惜以牺牲教育及其他经济发展的引擎为代价。与全国各地相比，南方的经济发展相当滞后。造成这一状况的原因较为复杂,包括劳动力受教育程度普遍过低、外来移民人数较少、城市化速度过慢,局势不稳定地区的民众害怕北方资本的注入等。不可否认,在19世纪末,磨面厂等其他工厂在某些南部偏北地区如雨后春笋般纷纷涌现,木材加工业、煤矿和铁矿开采业、船舶制造业以及罐装食品加工业也都纷纷发展起来,不过,相比之下北方绝大多数行业的发展速度更快。1860年,南方人的平均收入曾经总体略高于全国平均水平,然而,从1870年到1900年,其平均收入只占全国平均收入的51%。尽管内战对南方的影响早已烟消云散,但经济结构上存在的问题仍然令其处在相对贫困的状态。

愈演愈烈的南方贫困

大多数南方人并没有远走他乡而是选择继续留在农场里生活,而且这些农民根本没有表现出任何繁荣发展、不断创新的迹象。直到1910年,与全美各地的农场相比,南方农场的年粮食总产量极低,只有同类农场年产量的43%。在南方广袤的土地上,棉花仍然是唯一的经济作物,而且明显呈现供大于求的状况。越来越多的南方农民丧失了土地。从1880年到1900年,尽管美国北部地区实施佃农制的比率为39%,但在南部偏北各州实施佃农制的平均比率为45%,以亚拉巴马州和路易斯安那州为代表的南方腹地为58%,佐治亚州为60%,南卡罗来纳州为61%,密西西比州则高达62%。尽管南方实现了工业化并呈现繁荣发展的局面,但绝大多数的南方白人和黑人仍然是一贫如洗的佃农。

尽管非裔美国人一无所有,通常情况下目不识丁,而且白人对他们也不信任,但他们在选民中占了较大比例。在1880年的总统大选中,符合选民条件的黑人中有50%到70%的选民在南部诸州行使了自己的选举权。黑人选民的参与程度令救赎者感到极为不安,似乎有两大威胁正朝着他们袭来:一个是共和党为了支持南方黑人选民可能会继续出手干涉;另一个是万一贫穷白人将阶级意识置于种族仇恨之上,下层社会的白人和黑人就有可能会结成联盟。

救赎者的两大担心差一点就成真。1890年,来自马萨诸塞州的共和党参议员亨利·卡伯特·洛奇(Henry Cabot Lodge)推出一份提案,该提案使联邦当局有权掌控南方选举。不久,这一措施被写进《武力法案》(Force Bill),提交给共和党人控制的众议院后便得以通过。不过,随后民主党人控制的参议院投了否决票。令民主党人更感恐惧的是在19世纪80年代末90年代初崛起的平民党(Populist Party)。该党在南部和西部地区的发展势头强劲,其成员是以农民为主的普通白人。为了反对救赎者控制的民主党机器，这些愤愤不平的白人与南方黑人建立临时联盟，组建了平民党。在几个州进行的多次选举中，民主党人不但对选民进行大规模的欺诈，而且为了巩固白人之间的团结还多次组织了非常恶毒的种族主义运动。

由两个种族的平民百姓组成的平民党虽然属于美国土生土长的党派，但民主党人差一点就在该党手上遭遇失败，因此颇有不寒而栗之感。此外，民主党还担心在南方建立类似的跨种族联盟后，共和党的立法部门会再次出手支持黑人选民的选举权。于是，民主党的主要成员打算采取行动彻底剥夺黑人的公民权，永绝后患。1890年，密西西比州召开立宪大会通过《识字法》(Literacy Laws)。此后，南方其他各州也纷纷效仿。《识字法》的规定非常严格，白人登记官员对黑人进行文化水平测试时，几乎没人能过关。很多白人也面临同样的问题：如果参加此类文化水平测试不合格的话，他们也将丧失公民权。面对白人的呼声，1897年路易斯安那州首先做出回应，在随后召开的立宪大会上，该州议会规定，文化水平测试只针对那些并非1867年选民的子孙后代举行，也就是说只针对黑人举行。随后，各州也纷纷如法炮制。此外，南方绝大多数州都通过法律，规定在初选中只有白人才享有选举权。因此，一般说来，民主党就成为赢得大选的唯一政党。这些措施实施后都实现了预期效果，一方面将非裔美国人完全排除在选举活动之外，另一方面又确保了民主党的霸权地位。

种族隔离合法化

若想保护白人优越主义者免受黑人的威胁，仅在政治上系统地剥夺黑人的公民权似乎仍嫌不够。在整个南方地区，白人优越主义者通过法律使在任何公共场合所实施的种族歧视行为全部实现了合法化。传统的种族隔离措施已经不足以应对时局的变化。如今，有关种族隔离的标志随处可见，黑人若想跨越种族界限将遭到轻则罚款重则入狱的处罚。"白人女士专用"的洗手间与那些"有色女人专用"的洗手间严格区分开来。黑人若想进入剧场，必须走专用楼梯，到靠后的黑人专属楼厅就座。白人则从正门进入剧场，到正厅前排座位就座。就连水龙头也有黑人专用和白人专用的标识。在有轨电车上，黑人被迫坐在车厢的后半部分；白人则从车头前排开始坐起。如果车上的白人越来越多且前面的座位不够，黑人就要将自己的座位让给白人。乘坐火车时，非裔美国人不得乘坐头等车厢，只能被迫乘坐吸烟车厢甚至有时候不得不乘坐货物车厢。唯一的例外是照看白人婴儿的黑人保姆可以乘坐头等车厢。当然,学校也一样实行种族隔离制度,黑人学校获得资金赞助的额度要远远低于白人学校。医院经常不接纳黑人病人,不给黑人病人诊治,就连墓地也难逃种族隔离的命运。各州和各地方社会在执行这些种族隔离法律时都非常严格。不过,有一点不容忽视,即许多相同的法律规定在北方也得到广泛实施,学校、居民区和职业方面的种族歧视同样随处可见。

私刑致死案例不断增加

黑人的反抗持续不断,白人的担忧情绪便也有增无减,因此官方规定的种族隔离政策也需要不断强化执行力度。南方重建时期结束后,私刑致死的案例增长很快,呈现飙升的趋势。仅在1885年至1903年,南方记录在案的私刑致死案就有2585件,而没有记录的相关案件数量根本无法统计。1902年,密西西比州州长詹姆斯·K. 瓦达曼(James K. Vardaman)在参加竞选活动时信誓旦旦地表示,为了维持白人优越主义,如果有必要的话,"本州全体黑人都将难逃被施以私刑的命运"。大多数当选的官员都对他的这一观点啧啧称是。尤其当白人认为黑人强奸白人女性的情况呈蔓延趋势时,白人便愈发歇斯底里。1907年在美国联邦参议院里,来自南卡罗来纳州的本·蒂尔曼(Ben Tillman)暴跳如雷地大喊大叫:"我有三个女儿。不过,我可不愿意看到这样的一幕:一个女儿爬到我跟前对我讲述令她毛骨悚然的经历,说她被黑鬼夺去了贞洁。如果可以选择,我宁愿我这个女儿死于老虎、黑熊之类的野兽之口。即便如此,我也会毫不犹豫地去收拾她的残骸并将她妥善安葬。因为就算她命丧黄泉,但她至少保住了自己的贞洁之身。"蒂尔曼的一个支持者回到家后又对他的言论加以补充:"只要黑人男性……胆敢凌辱白人女性,不论法官或者陪审团有没有对这个黑人男人做出裁决,白人男性都应该毫不留情地将其打死。"平头百姓出现这种想法并不是因为蒂尔曼的言论,而是因为白人的复仇心理"与生俱来",而且被认为是正义之举。在接下来的几十年里,蒂尔曼在南方各个地区都发表过这样的言论。

艾达·B. 威尔斯领导下的反私刑运动

白人在涉及种族关系的问题上坚决主张使用武力,坚持霸权主义。由于实施私刑的白人暴民经常与执法部门有着千丝万缕的关系,因此黑人在抵制私刑的问题上遭遇到了重重困难。尽管如此,非裔美国人仍然实实在在地进行了反击。其中,艾达·B.威尔斯(Ida B. Wells)可谓其中最声名显赫的一位黑人发言人。1862年,威尔斯生在密西西比州霍利斯普林斯的一个奴隶家庭。后来就读于一所师范院校,毕业后当了教师。到了1892年,威尔斯成为《自由言论报》(Free Speech)的记者兼编辑。该报是由非裔美国人主办的一份周报,报社总部设在田纳西州的孟菲斯。1892年3月9日,一个白人商业竞争对手对当地3个杰出黑人商人发动袭击。这3个黑人便朝着白人的几个朋友开枪还击,结果这3个黑人都被处以私刑致死。此事发生后,面对蒂尔曼倡导的所谓理性对待私刑致死问题的言论,威尔斯做出如下反驳:"南方人个个都知道所谓黑人男性袭击白人女性的言论纯粹是陈词滥调的谎言,根本没有人会相信。如果南方白人再不谨言慎行,他们必将超越底线,公众情绪也必将走向反面。到那时,白人便会发现真正受损的其实是白人女性的道德名誉。"威尔斯在撰写这篇社论时人还在纽约。一伙白人暴民认为该社论内容玷污了白人女性的纯洁道德,于是马上就捣毁了《自由言论报》的编辑部。自此,威尔斯再也没有回孟菲斯。

不过,威尔斯仍然继续建立各种组织、举办各种运动反对对黑人滥施私刑。威尔斯除了编写了几本有图解说明的宣传手册并在日报上连续刊载,还在美国北方和英国各地举行巡回演讲。她坚持认为私刑猖獗的诱因并不是黑人男性强奸白人女性(而且在此她坚称就算白人女性出于自愿与黑人男性发生性关系,后者还是经常会被指控犯了强奸罪),而是黑人采取了向往独立的行动。威尔斯认为事实上白人经常将非裔美国人的自信态度扭曲地理解为另一种形式的强奸——黑人或许会爬到社会顶层,而白人将会沦为社会底层。社会秩序发生逆转对白人来说不但是一种威胁,而且让他们产生了深深的恐惧。为了保护自己免受这一情绪的影响,白人便将所有白人女性当作道德楷模加以维护,却谴责所有黑人男性,污蔑他们贪得无厌、好色淫荡。相反,威尔斯认为,南方地区出现了成千个黑白混血儿,这一现象表明对于白人男性来说,黑人女性生性淫乱、道德败坏,甚至可以说已经超越了利用道德原则进行束缚的范围。白人不断指控黑人男性频繁而野蛮地强奸白人女性,同时却不断否认强暴黑人女性的白人男性应该受到惩罚,这一行为看似自相矛盾,却使白人以此为理由从身体和精神两个方面对全体黑人进行威胁恐吓和支配操纵。通过分析性别和种族相结合后所产生的强大威力,威尔斯的言论在白人掌控的南方激发起民众巨大的仇恨。在1896年成立的全国有色人种妇女协会(National Association of Colored

Women)及1909年组建的全国有色人种促进协会（National Association for the Advancement of Colored People）上，她的观点成为提纲挈领性的指导意见。在此期间，私刑致死现象并没有降低，但黑人和少数白人抗议的声音开始不绝于耳。

不断涌现的种族歧视行为

不论是心怀仇恨、图谋报复，还是仁慈善良、宽厚如父，白人对黑人的举止行为基本上以歧视为特点。非裔美国人不得担任政府职务，不得拥有选举权，不得出庭提供不利于白人的证词，不得接受陪审团裁决，不得在饭店里就餐，不得在海边或公园里休闲。总之，无论从经济、社会，还是从教育等诸方面考虑，只要黑人享有的待遇与白人相比哪怕有一丝平等的意味，就会马上被白人剥夺得点滴不剩。不过，有些非裔美国人还是发展得非常顺利，其余人则开始大量向西部和北部地区迁移。这一人数在第一次世界大战期间达到了高潮。然而，即使在南方，黑人仍然可以经常得到北方白人慈善家的经济援助，继续建造自己的各种机构，包括中小学、大学、企业以及令人瞩目的教堂。有时，生活富足的黑人及中产阶级黑人社区会成为白人暴乱分子袭击的目标。这些白人暴徒对黑人住宅进行焚烧、对黑人大肆劫掠残杀，其残暴程度完全不亚于南方重建时期。如果说在白人看来黑人的穷困潦倒是黑人堕落的标志，那么黑人所取得的成功也同样危险，因为这表明非裔美国人有可能会变得难以掌控，凌驾于白人之上。

南方虽然实施了种族隔离制度，但居于统治地位的白人丝毫不敢懈怠，继续强化种族主义路线，在黑人的下一代中不断传播黑人种族地位合理的思想。时刻保持警惕是那个时代的重要特征：在白人看来，黑人在白人给他们设定的社会地位上并不会感到心安理得、知足常乐。在这一问题上他们似乎也没错。许多思想开明的白人对黑人的处境也颇有微词，但又担心一旦他们直言不讳地表达出异议，随之而来的便是来自社会各界的排斥和暴力威胁，这一点早就已经在他们的预料之中。因此，他们觉得就算自己以公开的方式为黑人的处境抗争也徒增无能为力之感。在当时社会的大环境下，尽管个人的善良行为会不断跨越种族主义的界限，但私人的破坏行为或安慰行为既不会改变制度结构，也不会改变任何重要方面的习惯做法。如果白人优越主义者打算采取行动，那么，即便黑人所建立的机构一直增多，也不会对白人的行动起到任何阻碍作用。由于白人手中握有象征权力的皮鞭，且可以随心所欲地利用权力，黑人所建立的机构及其创造的财富并不意味着黑人拥有了独立的"机构",白人一直在肆意破坏或摧毁黑人得之不易的种种收获。

北方默许白人优越主义行为

此外,为了支持白人控制的南方,北方白人的观点也逐渐集中到一点上,即认为黑色人种是劣等民族,且南方的种族制度完全可以接受。1884年,在南方民主党团结一致的支持下,民主党人格罗弗·克利夫兰(Grover Cleveland)最终结束了共和党在白宫的长期垄断统治。克利夫兰先将外交使团、内阁以及最高法院里的大量职位交由前南部联盟成员担任,接着便将前南部联盟的战旗还给了南方。克利夫兰将南方白人大量安插进联邦政府的行政部门和司法部门,此举表明从某种程度上说南方是民族和解的基础。实际上,前南部联盟成员在内战结束后的意识形态之战中也赢得了胜利。

1890年后,来自东欧和南欧的大量移民纷纷涌入美国,这些移民穷困潦倒,大多数笃信天主教或犹太教。面对此情此景,老一代的美国白人,不论身处南方还是北方都变得愈发焦虑不安、愤愤不平。很多自然科学家和社会科学家通常以达尔文学说为基础建立各种种族理论,并将这些理论施加到新移民和黑人身上。19世纪末20世纪初的欧洲出现了白人国家征服大多数非白人国家的社会潮流,而美国的这种仇外情绪正好与欧洲出现的这一潮流遥相呼应。在公然实施的种族歧视及有时发生的屠杀行为并没有得到许可的情况下,白人高贵的责任感便成为其行为做事的理由和依据。1898年,美国对西班牙宣战,开始加入打造帝国的竞争。西班牙是欧洲势力最弱小的国家。美国很快就摧毁了西班牙海军及驻扎在古巴的大部分军队,从其手中抢走了波多黎各和菲律宾,接着便用血腥暴力的殖民地游击战征服了菲律宾百姓。巧合的是,1898年的美国志愿兵中既有前南军军官也有前北军军官。为了维护国家军事上的辉煌,南北双方同仇敌忾,首次出现了军事力量上的融合。由此,很多人认为这是实现全国最终团结统一的最佳途径,对此现象大加赞赏。

最高法院接受种族隔离政策

就在两年前,最高法院在对普莱西诉弗格森(Plessy v. Ferguson)案做出裁决时称,南方各州按照本州法律实行种族歧视时并不会被视为违反联邦宪法。

霍默·普莱西（Homer Plessy）是一个浅肤色的黑白混血儿，他在路易斯安那州乘坐火车时，由于不愿意离开白人专用的头等车厢被指控违反了1890年种族隔离法案的相关规定，结果遭到逮捕。在起诉弗格森案的庭审中，来自密歇根州但在新英格兰地区长大的法官亨利·比林斯·布朗（Henry Billings Brown）代表除了一位法官的其他几位法官做结案陈词。布朗总结道："一项只在法律上对白人和有色人种进行区分的法规并不会破坏两个种族在法律上的平等地位。这种区分是建立在两个种族不同肤色的基础之上的，只要就肤色而言，白人和其他种族仍然有分别，那么种族间的划分就一定会继续存在下去。……毋庸置疑，制定《宪法第十四条修正案》的目标就是让两个种族在法律面前实现绝对平等，然而，就事物发展的本质而言，我们不可能废除建立在不同肤色基础上的种族划分，也不可能为了与政治平等区分开来而实施社会平等，更不可能基于双方都不甚满意的条款规定实现两个种族的融合。"尽管法官们并没有使用"分离但平等"之类的字眼，但这一原则在最高法院看来完全可以接受。法官布朗认为，普莱西相信"将两个种族强制隔离开便相当于给有色人种烙上了劣等人种的烙印"之说纯属"无稽之谈"。路易斯安那州的任何一项法律从来都没有做出过类似规定，"如果有色人种不自作主张将此种解释牵强附会在某项法律规定上"，那么该法律便不会存在。最高法院明确表示南方等级制度完全合法，并做出裁定称《宪法第十四条修正案》并不适用于各州的具体情况。自此，黑人所享有的宪法规定的各项权利再也无法得到联邦政府的保护。

法官约翰·马歇尔·哈伦（John Marshall Harlan）对此提出异议。哈伦生于肯塔基州一个声名显赫的蓄奴家庭。他对他的同事们极尽嘲讽，因为他们竟然故意对南方白人立法者的明显动机采取视而不见的态度。"火车车厢里设备'平等'这一层薄薄的伪装不可能给人们造成平等的印象，也不能对今天所做出的错误裁决起到任何弥补作用。"他写道。哈伦无法想象法庭上的其他法官竟然能昧着良心说"即便这样的州级立法对美国公民中的某一种族怀有敌意，即便实施这样的法律对该种族而言无异于一种侮辱，但该法律并不违背联邦宪法的相关规定"。尽管哈伦孤军奋战，但他仍然铿锵有力地说道："我国宪法制定的基础是不分种族、不分肤色。宪法也绝不会容忍对公民进行阶级划分。就公民权利而言，所有公民在法律面前一律平等……今日的裁决令人堪忧。该裁决不但会激发民众对有色公民已经得到认可的权利发起多少会有些残忍的攻击行为，而且……最近对宪法所做出的几条修正案都具有仁慈的善意，因此美国人民都乐于接受，但对这起案件的裁决结果通过各州分别实施法律的途径将修正案仁慈的一面一笔抹杀。"

尽管哈伦提出抗辩,但由于人单力孤,绝大多数法官还是将涉及黑人权利的民权修正案的各种规定视为一纸空文。他们所做出的裁决一直到 1954 年才被废除。最高法院为了支持南方的等级制度,对凡是与种族隔离有关的公众舆论全部给予认可。不论是在南方还是在北方,在教育、就业、住房等方面存在种族歧视的分布范围很广。1896 年最高法院做出的裁决及 1898 年爆发的"精彩的小规模战争"(西奥多·罗斯福给美西战争起的别称)标志着内战时代的终结。此外,尽管奴隶制早就已经废除,但种族间存在的不平等现象实现了合法化、常规化,因此,显然这两个事件也标志着政府最终对种族间存在的不平等现象完全接受。相反,1877 年的系列事件不具备这样重大的意义。

令人烦恼的重建时期遗产问题

对于美国众多历史学家而言,史学研究的流行时尚就是强调重建时期的进步因素,尤其是重建时期留下的《宪法第十三条修正案》《宪法第十四条修正案》《宪法第十五条修正案》这些珍贵的"遗产"。有证据表明,到了二十世纪五六十年代的民权运动时期,民众将这些修正案拿出来重新加以利用。在南方重建时期,救赎者付出了巨大的努力才打败黑人及其寥寥可数的南方白人同盟者所做出的顽强斗争。战后,南方重建计划尽管有缺陷,却仍然是一项旨在进行种族调整的不同凡响的政府实验。尽管如此,赢得这场斗争的却是救赎者以及他们的后世子孙。救赎者除了彻底破坏了南方的重建计划,在北方的默许下,甚至有时在北方的直接支持下,他们的后世子孙开始了对非裔美国人长达 80 年的剥削压迫。救赎者的主要目标就是不惜任何代价在白人统治的南方对两个种族同时推行白人优越主义。如果我们坚持强调美国内战和南方重建是为了实现种族正义而进行的连续作战,强调种族隔离制度在二十世纪五六十年代最终瓦解的事实证明美国内战也曾经做出过类似的承诺,那么我们就可能已经忽略了几十年来遭到各种有辱人格的手段或者经常是暴力相向的手段欺压的男女老少,也对因此而丧命的数百万名平民百姓采取了视而不见的态度。然而,尽管美国内战实际上真的已经成为反对奴隶制的一场战役,但我们依然要明确南北内战并非是为了实现种族正义而发起的一场圣战。北方白人摇摆不定的态度破坏了南方重建,在这一点上与南方白人所采取的坚决行动有着异曲同工之处。美国内战及其余波所带来的相互冲突的后果令美国人根本没有理由沾沾自喜。

大事记

重建时期以及战后余波（1863年12月—1896年7月）

1863年12月	亚伯拉罕·林肯宣布百分之十计划，在内战期间第一次尝试在阿肯色州和路易斯安那州开展重建计划
1864年7月	联邦国会通过《韦德—戴维斯法案》
1865年5月	南卡罗来纳州查尔斯顿第一次庆祝"纪念日（Decoration Day）"
5—7月	战败的南部联盟各州重新加入联邦，为了这些州的战后重建安德鲁·约翰逊发布一系列行政令
12月	联邦国会建立了联合重建委员会；《宪法第十三条修正案》获批
1866年4月	国会通过《民权法案》；联邦退伍军人协会（Grand Army of the Republic）在伊利诺伊州的迪凯特（Decatur）成立
4—5月	田纳西州的孟菲斯爆发种族暴乱
6月	国会通过《宪法第十四条修正案》并提交各州正式批准
7月	新奥尔良爆发种族暴乱；自由民局虽然在2月获批建立，但约翰逊对此议案做出了否决的决定，国会则最终推翻了约翰逊的否决
11月	在国会选举中，共和党获得了2/3的席位
1867年3月	国会通过第一份《重建法案》，随后的几份法案分别在同年3月、7月以及1868年3月获得通过；国会通过了《军队拨款法案》和《任期法案》
1868年2—5月	弹劾总统安德鲁·约翰逊
7月	《宪法第十四条修正案》获批
11月	尤利西斯·S.格兰特当选美国总统
1869年2月	国会通过《宪法第十五条修正案》并提交各州正式批准
9月	杰伊·古尔德和吉姆·菲斯克试图垄断黄金市场导致"黑色星期五"的发生

1870年3月		《宪法第十五条修正案》获批
	5月	国会通过第一份《三K党法案》；随后的几份法案在1871年5月通过
1871年7月		特威德集团事件在纽约曝光
1872年5月		国会通过《特赦法案》；共和党自由派运动开始
	9月	动产信用公司的丑闻曝光
1873年4月		路易斯安那州发生科尔法克斯大屠杀；美国最高法院对屠宰场案做出裁决
	9月	1873年经济恐慌开始
1875年3月		国会通过《民权法案》
	5月	威士忌集团事件曝光
1876年3月		弹劾战争部长威廉·贝尔纳普。为了避免出席庭审，贝尔纳普宣布辞职
	11月	在拉瑟福德·B.海斯和塞缪尔·J.蒂尔登之间进行的总统选举备受争议
1877年3月		国会在1月成立的选举委员会将总统之职赋予了拉瑟福德·B.海斯
	7月	全国铁路大罢工爆发
1882年1月		国会通过《彭德尔顿文官法案》(Pendleton Civil Service Act)
	6月	格罗弗·克利夫兰下令将前南部联盟战旗交还给南方，但直到1905年该命令才真正得以实施
1889年6月		南部联盟退伍军人联合会(United Confederate Veterans)在新奥尔良成立
1890年7月		众议院通过了《武力法案》，但遭到参议院的否决
1892年2月		人民党(People's Party)正式成立
1894年9月		南方之女联合会(United Daughters of the Confederacy)成立
1896年5月		美国最高法院对普莱西诉弗格森案做出裁决
	7月	全国有色人种妇女协会在华盛顿特区成立

史学论文的主要观点

历史学家及重建时期的遗产

历史学家对美国内战的成因及南部联盟失败的原因众说纷纭,对南方重建时期的评价时也莫衷一是。他们所给出的几种诠释仅仅对内战成因做出了延伸性的解释。内战结束后,最富争议的两大问题是:(1)为什么重建时期会以我们如今所看到的方式在历史上出现?(2)重建政策所取得的相对"成功"和"失败"又分别是什么?下面所列举的就是最重要的一些学派及该学派所得出的结论。

一、民族主义者的观点(1880—1920年)

民族主义者认为激进派主张的重建计划过分苛刻。这一学派尽管对奴隶制的终结持赞成态度,但也认可白人优越主义,因此将重建时期的结束视为南北方白人之间的妥协。

二、邓宁学派(或称哥伦比亚学派)(1907年—20世纪40年代)

这一学派以哥伦比亚大学历史学家威廉·邓宁(William Dunning)的名字命名。邓宁所撰写的一系列著作对随后的几代学者产生了深刻的影响。这些学者是首批对重建时期进行详细描述的历史学家。与民族主义者一派的观点相比,该学派学者更加坚信,共和党的激进派及其政治同盟(包括自由民、捐包客和南赖子在内)都应该对当时南方实施的具有灾难性的种族政策和经济政策负责。安德鲁·约翰逊对这些变化做出了抵制,因此,他们也对约翰逊的做法大加赞赏。

三、经济决定论(1920年—20世纪30年代)

经济决定论者认为南方重建是一场灾难,而北方经济利益对共和党激进派所产生的影响才促使南方重建时期出现。他们坚称北方政客之所以允许黑人享有选举权并非出于对种族平等问题的关心,而是因为他们想通过这一手段将南方经济发展的控制权牢牢把握在自己手里。

四、马克思主义学派(20世纪30年代)

马克思主义学派强调的是阶级斗争而不是地区之间的冲突。与以往的那些学派别无二致,马克思主义学派对于共和党激进派同样评价不高,不过他们是第一批对安德鲁·约翰逊提出批评意见的历史学家。他们认为南方重建是黑人和南方贫穷白人反对上流社会剥削压迫的一场斗争。

五、修正主义者的观点(20世纪40年代—1960年)

修正主义者是首批将南方重建当作全国性问题对待的学者。他们认为南方重建并不是南方的问题。与以往的学者相比,他们对纷繁复杂的经济利益的认识更加深刻。修正主义者驳斥了马克思主义学派对约翰逊的抨击,维护了他的声誉。不过,尽管他们对掮包客和南赖子的态度不一,但对黑人和南方贫穷白人都持有正面积极的态度。修正主义者探讨的核心问题是种族问题,而不是经济利益。

六、新修正主义者的观点(1960年—20世纪90年代)

新修正主义者就南方重建问题提出了一个非常具有北方特色的观点,对黑人、共和党激进派以及共和党在南方的政治联盟都采取了一种积极态度。他们普遍认为约翰逊及处在各个社会阶层的白人民主党人阻碍了实现种族平等的社会进程。与此前大多数学者的观点如出一辙,新修正主义者也认为南方重建是一大失败。因为虽然《宪法第十三条修正案》《宪法第十四条修正案》《宪法第十五条修正案》得以通过,但黑人并没有因此全面享有民权及政治权利。

七、新马克思主义学派(或称新左派)的观点(1970年—20世纪90年代)

新马克思主义学派的出现在很大程度上反映了此前马克思主义旧观点的重新回归,只不过对掮包客和南赖子的负面观点略有改观。然而,这一学派的主要目的是强调在争取种族平等的斗争中黑人所发挥的积极作用。

八、新民族主义者(1970年—20世纪90年代)

总的说来,新民族主义者强调南方重建取得了成功以及1877年后南方和谐融洽的社会氛围的快速恢复。

九、复古派的修正主义者(2000年以后)

正如本书所述,复古派的修正主义者认为联邦政府对南方重建所做出的种种承诺并没有全部实现。他们还认为黑人并没有享受到全部民权和政治权利,而且没过多久便丧失了所有权利。出于这个原因,这一学派强调的是20世纪末的"重建"时期或"战后影响"时期。对于包括约翰逊和共和党激进派在内的所有参与重建计划的派别,该学派都力图采取一种不偏不倚的观点。此外,该学派还在打造当今时代的政策时重新强调经济问题的重要性。

尾声　牢记内战，忘却内战
1865 年至今

1913 年纪念葛底斯堡战役

1913 年 7 月，为了参加纪念葛底斯堡战役 50 周年的活动，曾经在战场上浴血奋战的老兵纷纷抵达宾夕法尼亚州的葛底斯堡小镇。头发花白的老兵们身穿年轻时代的军装，虽然军装早已不合身，但他们个个神情肃穆，沿着起伏的山脊庄严地行进。他们一边走，一边眯着眼睛凝视雄伟的青铜纪念碑，一边给两旁的摄影师摆着姿势。这些老兵的妻子儿女、孙子孙女、重孙子重孙女都陪在他们身边，听他们讲述遥远的过去。刚刚问世的电影摄像机捕捉着合家团圆的场面，颗粒状胶片夸大了老兵的每一个动作，让他们看上去就像是无声电影时代的主人公一样表情夸张。

原北军和南军中的很多老兵留着长长的花白络腮胡子。他们在墓地山脊上具有传奇色彩的"树丛"附近见面时彼此握手致意，或拍拍对方的肩膀以示友好。那里是皮克特发起冲锋时到达的制高点。为了躲避夏日骄阳的炙烤，观众纷纷躲到帐篷里或树荫下。参加这次纪念活动的还有数以百计的记者及包括总统伍德罗·威尔逊（Woodrow Wilson）在内的政界名人。威尔逊向观众致辞："和平不但有益健康，而且可以治愈一切，简直妙不可言！"威尔逊是自内战爆发以来首位入选联邦行政机构的南方人。他宣布："当我们再次见到彼此时，我们是兄弟，是战友。我们不再是敌人，而是慷慨以对的朋友。战争已经离我们远去，我们也应该将彼此间的矛盾争吵抛诸脑后，但我们要永远将士兵们铭记于心，他们每个人都具有男子气概，每个人都骁勇善战，每个人都对所追求的大业无比忠诚。过去他们排兵布阵，列队整齐地彼此对抗，如今他们握手言欢，笑脸相对。"

从某种程度来说，威尔逊的话倒也没说错。绝大多数美国人，尤其引人注目的是美国白人至少公开表示已经忘记了战争所造成的种种恐怖。即便是这场内战的实际幸存者也开始清除涉及这场冲突的复杂原因和种种后果的集体记忆,开始忘却战争的痛苦、混乱、野蛮,以及政治上的模棱两可。相反,他们将战争描述为一场伟大的道德戏剧。在这出戏剧中,光荣的美国人民为了自己的信仰进行了一场英勇无畏的斗争。当人们在庆祝南北双方再次实现统一时却在很大程度上忘记了导致这场危机发生的奴隶制的作用,忘记了参与内战的黑人老兵,也忘记了那些涉及种族正义和政治平等的承诺尚未实现的事实。

战争变成神话

美国内战堪称美国历史上最血腥暴力的一场战争。然而,这场战争的残忍暴虐从何时起得到了净化?其复杂晦涩的意义从何时起便荡然无存?为什么退伍老兵、随后的几代美国人及多数历史学家齐心合力,一起创造出这一神话后,又让它深深地烙印在公众的心里?为什么历史书会删减有关奴隶制的描述?为什么历史学家在分析地方主义、南北分裂及美国内战的诱因时会认为奴隶制微不足道、无关紧要?

战争一结束美国内战的神话便开始流传。当美国人民力图搞清楚这场可怕的战争的含义时,形形色色甚至自相矛盾的诠释便开始纷纷涌现。

败局命定理论

前南部联盟成员开始在各种各样的出版物里以报纸文章、个人回忆录、战争史、诗歌和小说等形式重新开始对昙花一现的美利坚联盟国做出诠释和辩护。1865 年 4 月,罗伯特·E. 李在对手下将士做告别演说时首次提出了败局命定理论。这一理论最后发展成为几个基本原则,包括脱离联邦行为合乎宪法规定、南方的团结统一、南军士兵的英雄主义、南方白人女性的忠贞不渝,以及如孩子般的奴隶的忠心耿耿。败局命定理论的核心思想是认定导致内战爆发的原因不是奴隶制,而是坚持州权。牧师 R. C. 凯夫(R. C. Cave)在 1894 年对里士满的观众发表演说时称:"用奴隶制束缚他人并非我们的愿望,相反,在整个南方,维护黑人权利的愿望激励着全体南方人民。"在对败局命定理论进行宣传时,弗吉尼亚人表现得最活跃。因为该理论不但对他们在这场战争中所发挥的作用进行了极大的美化,而且对同为弗吉尼亚人的罗伯特·E. 李和"石墙"杰克逊大加赞赏,称他们为南方军人的楷模。

值得一提的是,罗伯特·E.李几乎已经成为耶稣基督的化身。人们认为他半人半神,他为人谦恭有礼、高贵可敬,而且天性向往和平。尽管他个人厌恶奴隶制,但为了公正崇高的南方大业,出于对南方的忠诚,他不顾一切地投入战争。既然罗伯特·E.李为人如此高尚,对政治又不感兴趣,那么,前南部联盟所追求的独立大业就一定是正义的事业。南军之所以失败是因为北军人数众多且实力雄厚,而不是因为南方民族内部有任何固有的弱点。败局命定理论的支持者也往往更加关注东部战场的战况及其领导者,但对西部战场的战役及西部军队则采取了视而不见的态度。败局命定理论的宣传者经常参加旨在反对激进派重建计划的激烈的政治斗争,站在文化斗争的前沿阵地奋力厮杀。此外,他们还将曾经参与的反对奴隶制的激烈政治斗争从自己的历史中一一清除。不过,与此同时他们也主张奴隶制曾经是一个良性发展的制度,坚称奴隶曾经都受到善待,都很幸福。在宣传败局命定理论的文学作品里经常出现的奴隶形象多半温顺驯服、愚昧无知但知恩图报。在自给自足、家长式管理的环境里,奴隶们吟唱着圣歌,欢庆各种节日。

从败局命定理论出发对美国内战所进行的诠释对于构建南方民族主义的新形式发挥了至关重要的作用。南方民族主义颇有一种桀骜不驯的味道,但充满了浓重的悲剧色彩。南方白人虽然承认在战争中功败垂成,但将失败这一结局加以充分利用,并强调这是他们付出的自我牺牲和英雄所遭受的磨难。弗吉尼亚人托马斯·纳尔逊·佩奇(Thomas Nelson Page)[①]是推崇败局命定理论最高产、最具影响力的作家之一。在一篇短篇小说里,佩奇描述了这样一幕:南军老兵步履缓慢地在街道上游行,两旁是毕恭毕敬站立的人群,男人们泪流满面,女人们低声抽泣,孩子们则号啕大哭。众人因为能有机会亲眼见到老兵而深受感动。佩奇公开声明:"当荣誉遭到质疑时,他们所代表的是做事情不计成本的精神。若取得胜利,这种精神便无限荣耀……若失败,则意义更加重大。"如此饱含情感的意象帮助南方白人赢得和平,激励着他们公然反对联邦政府制订的重建计划、阻碍黑人获得平等地位、煽动实施种族隔离政策,进而剥夺黑人的公民权。

利用败局命定理论对美国内战做出阐释本身也具有明显的矛盾。尽管该理论的支持者强调全体南军士兵的英勇果敢及南方人引以为豪的尚武精神,但他们也会庆祝南北重新实现统一,庆祝和平的到来。他们承认南部联盟战败,但不

[①] 托马斯·纳尔逊·佩奇(1853—1922),美国作家和外交家,他的作品促进了描写南方种植园的浪漫传奇小说的发展。——译者

愿意将失败归咎于自己的领导者。(詹姆斯·朗斯特里特可以说是一个罕见的例外。由于他公开谴责罗伯特·E. 李,他的老战友都对他怒目而视。在重建期间,他投入了共和党的怀抱。)在绝大多数年迈苍苍的老兵看来,南军当时已经四面楚歌,对于北方强大的实力已经无力应对,因此出于无奈被迫放下武器,但在精神上从未屈服。

尽管前南部联盟成员强调南方的团结统一,但他们中有些人仍然在确定内战真实历史的问题上争论不休。在战后的那些岁月里,南方老兵之间经常爆发激烈的"文字大战"。《南方历史协会论文集》(Southern Historical Society Papers)、《南方营》(Southern Bivouac)及《南军老兵》(Confederate Veteran)等杂志刊登的文章尤其引人瞩目。以具伯·T. 尔利、D. H. 莫里(D. H. Maury)及威廉·纳尔逊·彭德尔顿(William Nelson Pendleton)为代表的"弗吉尼亚联盟"支持罗伯特·E. 李,该组织的成员与其他州的前南部联盟成员就内战的诸多"事实"展开了言辞激烈的论战,火药味十足。曾经的那些军事指挥官们对每一次具体战役及其军事决策都有不同版本的解释,彼此互不相让。詹姆斯·朗斯特里特遭到指控,称他在葛底斯堡战役中指挥不当,结果导致南方在该战役中功亏一篑,但朗斯特里特坚决予以否认。D. H. 希尔就安提坦战役中自己是否应该对"混乱局面"负责一事与支持罗伯特·E. 李的阵营成员展开了唇枪舌剑的辩论。有些措辞激烈的批评家认为约翰·贝尔·胡德的鲁莽行为导致了田纳西军团的覆灭,胡德言辞犀利地加以驳斥。约瑟夫·E. 约翰斯顿为自己所谓的用人有眼无珠的问题也做出激烈辩护。

南部联盟退伍军人

就在这些军事指挥官们就南方的军事历史问题争论不休并打算重建史实时,很多南军老兵,尤其是那些有军衔的老兵却公开表示不愿意再回顾痛苦的过去。然而,随着时间的流逝,南军士兵都已经步入暮年或者撒手人寰,因此仍然活在世上的老兵的态度也发生了变化。老兵都愿意追忆过去,重温历史,因为在他们的生命中,那段激情燃烧的岁月似乎变得越来越至关重要。到了十九世纪八九十年代,随着败局命定错误观点的形成和发展,南部联盟各种老兵组织开始出现。来自路易斯安那州、田纳西州以及密西西比州等地的退伍军人联合起来,在 1889 年于新奥尔良成立了南部联盟退伍军人联合会。南方各地很快就开始在当地组建该联合会的分会。到二十世纪初,据估计,在所有仍然健在的南军老兵中，大约有 8 000 人是该联合会的成员。

南方之女联合会与南部联盟退伍军人之子联合会

前南军士兵在宣传败局命定理论时并非孤军作战。他们的妻子儿女也与他们齐心协力，共同创造败局命定的神话，共同改变公众对战争的记忆。19 世纪 80 年代，就在南部联盟退伍军人联合会成立不久后，新一代南方白人，尤其是白人女性在纪念内战的问题上变得非常活跃。南方之女联合会与南部联盟退伍军人之子联合会并入南部联盟退伍军人联合会后，坚持败局命定理论，竖立纪念碑，建立孤儿院和军人之家，庆祝南部邦联阵亡将士纪念日（Confederate Memorial Day），并请求南方立法机构和学校官员将他们对战争历史的理解传授给下一代。在他们给出的版本里，有关奴隶制的残忍几乎只字未提，对战败的耻辱也三缄其口。脱离联邦不再是叛国行为，而变成了争取自治和行使州权的一种实践行动。他们从白人优越主义的角度阐释内战，在坚称讲述南方过去"真实的历史"时他们也如法炮制。例如，在一本广为传播的小册子里，南方之女联合会的历史学家米尔德里德·L. 拉瑟福德（Mildred L. Rutherford）表示"南方百姓一直都迫切希望解放奴隶，一直在认真研究涉及自由的一系列问题，但北方狂热的废奴主义者喧宾夺主，越俎代庖"。拉瑟福德还声称这才是"事实真相"。

在败局命定的理论中，最常见的就是愤愤不平的反北方主义说辞。北方佬粗俗野蛮，全都是贪得无厌的物质主义者。这些人打着联邦旗号，却大行利己之道，为金钱服务。前南部联盟成员将自己描绘成一个四面楚歌的少数族裔，却对北方人横加指责，称他们应该对过去和现在所有的社会罪恶负责，包括政府腐败、工业化、城市化、女权运动的风潮，以及无论从种族主义角度还是从宗教角度都颇为可疑的移民问题等。"古老的南方"转眼之间变成了一个理想主义的乌托邦。与人心涣散、下贱恶劣的北方相比，高贵的盎格鲁-撒克逊人在南方统治着劣等人群，过着优裕雅致的社会生活。

女性与败局命定理论

在积极促进社会、种族和性别等级理念的过程中，女性发挥了主导作用。这一现象激发了历史学家极大的兴趣。在这样一个父权社会里，尤其在这样一个父权已经遭到削弱并遭遇惨败的社会里，为什么南方白人女性会公开在维持败局命定理论时充分发挥自己的影响力？有些历史学家认为南方女性，尤其是衣食无忧的那部分女性感觉在自家男人的男子气概受损的情况下有必要表现出鼎力支持的态度。还有人认为对于南部联盟遭遇的失败，南方女性比男性更激情澎湃，更愤愤不平；鉴于当代对性别代码的理解，与内敛缄默的南方男性相比，女性更愿意将自己的情感表述出来。有些历史学家注意到，女性参与纪念战争的时间几乎与女子俱乐部举行活动的时间相吻合。对于中产阶级女性的公众形象而言，女子俱乐部已经成为越来越被大众接受的重要出口。最近的一份研究表明女性纪念阵亡将士是自然而然之事，因为她们只不过把战前的惯常行为延续到战后而已。然而，有一位学者提出异议称，女性之所以会发挥这一作用主要是因为联邦政府试图抹杀前南军官兵在纪念战争时所付出的努力。与其让退伍老兵身穿旧军装列队游行，还不如让他们的妻子、女儿、母亲站出来，组织公共纪念活动，举行纪念仪式。至少这些活动看上去不具有任何威胁。不论众人给出何种版本的解释，有一点不可否认：南方白人女性在拥护败局命定理论方面的确发挥了主要作用。

北方的回忆

对于美国内战，北方人有自己的版本。历史学家最近将其称为"大获全胜的伟业"。当然，北方人不但拯救了整个联邦，而且废除了奴隶制。至于如何纪念这两大丰功伟绩，北方各地的民众一直都争执不下，群情激昂。20世纪，战后美国出现了混乱的政治局面；种族暴力频发；对黑人实施歧视性政策；大批天主教徒和犹太教徒从东欧、南欧等地纷纷涌来导致新移民浪潮的出现；这一切都让北方白人感到焦虑不安，使他们不得不低调处理奴隶制在内战中所发挥的作用，不得不赞成白人社会等级制度的理念。因此，在纪念这场战争时，北方人将其视为南北双方为了拯救联邦而进行的一场比赛，这样的处理方式即便会引发争论，其争论程度也会小很多。事实上，这也是很多北方人参加内战的主要原因。正如一位历史学家所指出的，高奏胜利凯歌的北方和内心颇为伤感的南方之间再次实现了"具有传奇色彩的统一"。

北军退伍军人

北方退伍军人在纪念战争的过程中一直表现得非常积极。他们一门心思想让未来几代人牢记自己曾经经历的一切。当南方提出败局命定理论并对内战做出解释时,他们义愤填膺,强调脱离联邦就是叛国、奴隶制就是一种灭绝人性的制度。就像南部联盟退伍军人的巨大影响力一样,北方退伍军人也在日常生活的方方面面中充分发挥自己的影响。这些退伍军人积极参政、组织游行、建立纪念碑并使阵亡战士纪念日成为一个全国性的纪念日。此外,北方老兵还积极宣传爱国主义思想,主张随时做好军事准备,还要求所有公立学校使用经过核准的历史教科书,举行升国旗仪式。1866年,联邦退伍军人协会在伊利诺伊州的迪凯特成立,比南部联盟退伍军人联合会的成立时间早了33年。在北方成立的所有退伍军人组织中,该协会的规模最大且最活跃。建立该协会的初衷主要是满足政治需求。该协会为了退伍军人的利益四处游说,成果颇丰。此外,还一直对共和党鼎力相助。直到19世纪末,该协会所发挥的作用才逐渐淡化。政府给这些退伍军人提供了大笔资金,除了用于支付养老金,还建立了孤儿院,给内战老兵及其家属提供安家费。

上将之妻

南北双方著名指挥官的妻子和遗孀们也都加入了这场争论,在捍卫自己丈夫的同时,为了让民众信服神化了的内战而不断添砖加瓦。很多将军之妻变成了"职业遗孀"。她们著书立传,在全国各地发表巡回演讲,她们的亡夫、她们自己的生活和美国内战则都充满了传奇色彩,都值得她们大加颂扬。伊丽莎白·培根·卡斯特(Elizabeth Bacon Custer)、海伦·朗斯特里特(Helen Longstreet)以及拉萨尔·科贝尔·皮克特(LaSalle Corbell Pickett)在讲述丈夫的功绩时,在场观众无不听得如痴如醉。尽管她们撰写的回忆录几乎都不能用"准确"二字加以修饰,但是几乎没有人会因此而质疑。按规定,任何人不得在公共场所与中产阶级白人女性尤其是名将之妻公开对质。

建立纪念碑

长期以来,建立纪念碑和举行公共纪念活动对于南北方民众来说一直都是纪念战争活动的核心内容。到19世纪90年代,全美各地随处可见美国内战纪念碑,整个国家的自然风光从此改观。内战爆发前,军事圣地非常罕见。甚至有一些最早的内战纪念碑采用的是墓地里最常见的石碑,上面仅仅镌刻着阵亡将士的名字。然而，到了世纪之交，制作纪念碑在南北方都变成了一门抢手的生意，以内战将士形象为素材的雕塑作品开始大规模地生产和复制。著名雕塑家奥古斯塔斯·圣·高登斯（Augustus Saint-Gaudens）和马吕斯·让·安东尼·梅西耶（Marius Jean-Antonin Mercié）在此期间创作出一批独具特色的雕塑作品。这些雕塑作品大多取材于花岗岩、大理石和黄铜，具有新古典主义的风格，经常可以引发民众对阵亡将士的缅怀和哀悼。不过，随着时代的发展，内战纪念碑对内战进行理想化和浪漫化的处理，开始大力颂扬军队将领的个人英雄主义、集体英雄主义，以及无名战士的英雄主义。一些最常见的雕像都是以一个身穿军装、荷枪实弹的士兵为主题，却对这位士兵可能向别人施加的暴力行为及他曾经遭受的种种苦难绝口不提。不论是在公园、陵园，还是在城市广场和曾经的战场，内战纪念碑随处可见，彻底改变了美国公共空间的原貌，仿佛将时间凝固在那具有传奇色彩的过去一样。雕像人物的面部并没有什么明显特征，身上的军装也只是普通款式，因此，雕像人物便成为典型美国人的标志，但不具有某一民族或种族的特征。这些雕像造价低廉，随处可以买到，而且绝大部分都是在1890年到1910年制作而成，在当地成为新民族主义的象征。类似的雕塑作品在全美各地随处可见，庄严地宣告了国家所经历的战争年代。民众竖立这些雕像并不是为了证明白人的男子气概已经日渐衰弱或者将白人进行非人性化处理，而是为了纪念白人尽责、可敬、果敢的男子气概。

非裔美国人的回忆

非裔美国人关于内战的个人回忆和集体回忆同样充满了各种冲突与矛盾，但与白人的记忆相比还有着天渊之别。有些黑人公开强调他们与北军并肩携手对内战所做出的贡献，强调重建时期联邦对他们做出的种种承诺及为他们享有公民身份所提供的种种依据。通过回顾在实施奴隶制的那几十年里他们所付出的劳动和不屈不挠的精神，以及他们在内战期间所做出的牺牲，黑人寻求社会对他们的积极肯定以对抗强加于他们身上的恶毒的种族主义。奴隶制是一种痛苦的回忆，因此对很多黑人来说最好的对策是将其抛诸脑后。还有一种观念认为奴隶制给黑人带来的种种苦难及奴隶解放给奴隶带来的种种考验不管怎么说都是黑人与众不同的命运的一部分。这一观念导致持续一个时代之久的乌托邦式泛非主义的形成。对于黑人老兵曾经提供的服务和做出的牺牲，白人老兵经常会采取肯定的态度，而且他们也欢迎黑人老兵加入联邦退伍军人协会，然而，绝大多数非裔美国人发现他们对于内战的阐释理解早已经被民众遗忘,他们在战争期间和战后所发挥的作用遭到了人为的篡改和歪曲。

当白人种族主义者所举行的纪念活动与日俱增时,非裔美国人也并非仅仅无所事事地在一旁作壁上观。实际上,在内战结束后的最初几十年里,黑人和一些北方白人为了纪念黑人解放、为了给黑人战士建立纪念碑公开而审慎地做出努力。在此过程中,他们还从自己的角度描述了历史,以确保美国人民在纪念内战时将其作为一场推翻奴隶制及为种族正义而战的斗争。在这场斗争中,非裔美国人发挥了积极的作用。例如,1865年5月1日,为了向埋葬在查尔斯顿的联邦战俘致敬,当地的非裔美国人首次组织民众庆祝"纪念日"。据估计,当时有1万名群众走上街头游行,其中绝大部分为黑人,还有一部分是白人。人群高声歌唱,大声祈祷,聆听演讲,用春天的鲜花装饰联邦士兵的坟墓。所做的都是为了向全国人民阐释战争的意义。南方黑人还组织了解放日(Emancipation Day)的庆祝活动。一般说来,庆祝活动在1月1日举行,具体活动包括举行庆祝典礼、在教堂里举行集会及聆听演说等。还有一些日子也相当重要,比如,4月3日,里士满向联邦投降;得克萨斯州的六月节(Juneteenth)即6月19日。1865年的六月节当天,联邦官员向加尔维斯敦(Galveston)的非裔美国人宣布,根据《解放黑人奴隶宣言》的规定,他们已经获得了人身自由。在黑人游行的过程中,他们会大胆地大步穿过那些一般禁止黑人出入的白人城区。黑人满怀希望,心中充满了自豪之感。他们到处发表演说,公开宣讲,这场景与约翰·布朗曾经的预言遥相呼应:战争是上帝对罪恶的奴隶制施加的惩罚。然而,其中也包含着对回忆的重要性的警告。在1878年的阵亡将士纪念日当天,年迈苍苍但依然我行我素的弗雷德里克·道格拉斯宣布:"此前结束的这场战争既有正义的一面,也有非正义的一面,因此,没有任何一种观点能让我们将其忘怀。"

然而,随着时间的流逝,不论是非裔美国人积极参与纪念内战,还是他们对纪念活动内容所做的记录都将被民众逐渐淡忘,或者至少会被绝大部分美国白人忘却。到了世纪之交,当黑人面对惊人的贫困、种族主义和暴力活动等种种问题时,他们为纪念内战所做出的努力便逐渐消失在历史的长河里。

阵亡将士纪念日

与此同时,为了纪念阵亡将士,南北方的白人开始庆祝自己的纪念日。相比之下,黑人的纪念日便黯然失色了。在北方,联邦退伍军人协会组织庆祝阵亡将士纪念日。他们鼓励联邦退伍老兵举行庆祝仪式，装饰战死疆场的战友们的坟墓。到1890年，北方各州官方都把5月30日定为法定假日。在南方，由于不同的州选定的纪念日不同，南方各地出现了各不相同的南部联盟阵亡将士纪念日。例如，北卡罗来纳州将约翰斯顿投降的4月26日定为纪念日；还有的州将杰弗逊·戴维斯的生日6月3日定为纪念日。到1916年，南方有10个州将6月3日指定为法定的南部联盟阵亡将士纪念日。当天会举行军事游行、军事演习，并装饰南军阵亡将士的坟墓。

纪念林肯

不论是在纪念美国内战的高潮时期，还是在全体美国人民的记忆中，亚伯拉罕·林肯一直都是焦点人物。林肯已经成为国民崇拜的偶像，其影响力远远超越北方其他所有著名人士，就连格兰特和谢尔曼也望尘莫及。这位以身殉国的总统已经跻身于美国最受人爱戴的政治领导人的行列，其声望比肩华盛顿和杰斐逊。与他伟大的解放奴隶者的形象相比，就连奴隶在决定自己命运时所发挥的积极作用也黯然失色。1922年，宏伟的林肯纪念堂（Lincoln Memorial）竣工。该纪念堂位于华盛顿特区国家广场（National Mall）的西侧，未来的民权领袖将这里作为民权运动的集会地点。1963年8月，小马丁·路德·金（Martin Luther King Jr.）在国家广场发表举世闻名的《我有一个梦想》（*I Have a Dream*）的演说时，就选择以林肯纪念堂为背景。

记忆政治学

在内战结束后的几十年里，林肯所在的共和党受到了记忆政治学的极大影响。南北方的政治领袖很快就意识到纪念战争有可能会对选民产生影响，于是经常利用这一点以达到预期效果。共和党"挥舞着鲜血染红的衬衫"的形象颇具说服力，他们的目的就是提醒北方人记住自己曾经做出的牺牲，提醒前南部联盟成员不要忘记自己曾经遭受的失败。为了赢得联邦退伍军人的注意，也为了赢得新的黑人选民，共和党人还经常将自己作为战争胜利者的形象与民主党人作为分裂主义者和叛国者的形象进行对比。

然而，到19世纪90年代，新一代共和党人已经厌倦了生活在解放奴隶者林肯的阴影下，也不再想为黑人争取民权，因此，他们转而选择推崇民族主义，强调工业发展和资本发展。在1896年举行的大选中,共和党删除了党纲中有关要求联邦政府使用武力确保南方黑人男性选举权的条款,试图一次性将本党的过去与现在融合在一起,不分彼此。共和党还继续将民主党人和内战相提并论,将民主党颇具潜力的总统候选人威廉·詹宁斯·布赖恩(William Jennings Bryan)贬低为主张分裂的候选人。共和党人大肆吹嘘前北军军官威廉·麦金利(William McKinley),称他为"促使国家繁荣发展、实现民族统一的高级代理人"。共和党曾以解放黑奴和为黑人争取民权为工作重点,如今该党已经开始与过去分道扬镳。

记忆政治学也延伸到了国际事务上。欧洲各国早在几个世纪前就已经争先恐后地加入打造帝国的竞争中,而美国人直到19世纪末才姗姗来迟。要想在海外获得成功,美国人必须首先保证国内的团结统一。因此,当美国在1898年发起"精彩的小规模战争"并将西班牙赶出了古巴和菲律宾时(为了征服"当地人",西班牙人发起了一场以镇压叛乱为目的的长期而又残酷的运动),看到前南军军官重新加入了美国军队志愿者的行列,全体美国人民都感到欢欣鼓舞,因为毕竟大家都是手足同胞。

20世纪中期,关于内战的记忆政治学出人预料地经历了各种波折。1936年6月,民主党总统富兰克林·德拉诺·罗斯福(Franklin Delano Roosevelt)在罗伯特·E.李纪念馆(Robert E. Lee Memorial)的揭幕仪式上面对在场观众高度赞扬罗伯特·E.李,称他是一位"伟大的领袖人物",也是一位"伟大的将军"。罗斯福宣布:"不过,我相信全美国人民都知道他的贡献绝非仅限于此。我们都坚信他是一位伟大的基督徒,也是一位伟大的美国绅士。"他的这番讲话取得了良好的政治效果。罗斯福所实施的新政(New Deal)将会彻底改变民主党的形象并吸引大批非裔美国人的选票。不容忽视的是,新政中所制定的大部分纲领都侧重于南方民主党中持有种族隔离思想的选民和国会成员的利益。虽然其中也有部分纲领有帮助黑人之意,但那也纯粹属于偶然事件。

在1948年总统竞选期间与民主党持不同政见的美国南部民主党人

12年后,也就是总统大选进行得如火如荼的1948年,在民主党党内大会上,休伯特·汉弗莱(Hubert Humphrey)发表演讲,敦促将有关民权的条款规定纳入本党政纲。闻听此言,心怀不满的南方民主党人选择直接退场,并组建了新的州权党(States' Rights Party)。州权党成员清楚地意识到此时的状况与1860

年的情况相比简直如出一辙,于是他们在伯明翰(Birmingham)召开本党大会,并推选南卡罗来纳州的斯特罗姆·瑟蒙德(Strom Thurmond)作为总统候选人。很快民众便将这些人称为"与民主党持不同政见的美国南部民主党人"。这些人挪用前南部联盟的旗帜作为自己的党派旗帜,并将宣传口号定为"种族隔离制度万岁!"。在1848年大选中,该党在包括路易斯安那州、密西西比州、亚拉巴马州和南卡罗来纳州等4个州的选举中占据优势,然而,事实证明,州权党的存在纯属昙花一现。不过,该党反对民权的斗争刚刚拉开帷幕。该党的出现标志着民主党对前南部联盟地区的掌控已经逐步走向衰落。瑟蒙德与其他党派成员如出一辙,最终都选择转换党派,成为虔诚的共和党人,并接受该党向保守主义方向发展的事实。1999年,当时已经当选共和党参议员的瑟蒙德在阵亡将士纪念日向观众发表演说时说道,不管是谁,只要声称奴隶制是内战爆发的一个原因,他都会因此而"火冒三丈"。瑟蒙德解释说美国内战是为了争夺"州权以主宰自己命运"而进行的一场战争。林肯所在的共和党如今已经得到了一位义无反顾地支持败局命定理论的成员。

战争纪念与大众文化

　　科学技术和大众文化的变化进一步影响纪念内战的整个进程。在内战期间,杂志在向前线士兵和后方平民百姓传播信息方面发挥了至关重要的作用。战后,这些杂志仍然举足轻重,而新的杂志也不断涌现,所有杂志共同的目的就是纪念这场战争。《世纪杂志》(Century Magazine)从1884年11月到1887年11月连续推出"世纪战争系列文丛",受到读者的热烈欢迎。有人估计该杂志的读者数量因此而增长到近200万。于是,该杂志的编辑在1888年决定将所有文章结集,以《南北战争和内战领袖》(Battles and Leaders of the Civil War)为标题分4册出版。编辑们在这套丛书的序言部分指出该合集将会对纪念内战产生深远的影响。丛书的编辑们解释说他们的"主要目的"是让"退伍老兵对自己的回忆"产生兴趣,也是为了教育那些"在为了联邦而战的内战结束后成长起来的"新一代美国人。他们强调这套丛书"在让曾经彼此为敌的士兵们增进了解方面发挥了巨大的作用"。丛书中的文章全部都是由名噪一时的内战参与者撰写而成,其中包括尤利西斯·S.格兰特、詹姆斯·朗斯特里特、安布罗斯·埃弗雷特·伯恩赛德以及皮埃尔·古斯塔夫·图坦特·博雷加德等人。文章的主题全都专注于狭窄的军事问题,主要包括战术、战略以及指挥才能等几个方面。当然,这些在退伍军人中都是争论的焦点,却对政治、经济、文化或种族等方面只字未提。与大多数纪念内战的方式和所采用的纪念仪式相比别无二致,《南北战争和内战领袖》这套书将重点放在大力歌颂南北双方白人士兵分享的"英雄事迹"上,但对于南北产生分裂的原因和令人不堪其扰的内战的后果及影响采取了三缄其口的态度。

电影行业出现的革新也对美国人的态度产生了影响。例如,由 D. W. 格里菲斯(D. W. Griffith)在 1915 年执导的《一个国家的诞生》(Birth of a Nation)及由大卫·O. 塞尔兹尼克(David O. Selznik)在 1939 年执导的《乱世佳人》(Gone with the Wind)都将战争历史搬上了大银幕。这两部电影看上去似乎是在利用媒体传播现实主义,但实际上在传播以战争为题材的传奇故事。从商业角度来说,这两部电影都取得了巨大成功,甚至时至今日仍然被视为经典之作。不过,影片中都弥漫着败局命定理论的诸多因素。格里菲斯导演的这部电影取材于托马斯·迪克森(Thomas Dixon)在 1905 年创作的小说《同族人》(The Clansman)。该小说所反映的种族主义情绪简直骇人听闻。小说刻画了战后南方的混乱局面,书中有很多场景描绘了黑人所面临的种种不幸,但同时也将黑人塑造成一种猥亵奸淫、随时会给别人带来危险的形象。在影片的最后一幕,三K党成员竟然被刻画成骑着高头大马前来施以援手的保护神。他们英勇无畏,誓死捍卫白人男性基督徒的荣誉,捍卫白人女性的纯洁。

《乱世佳人》根据佐治亚州女作家玛格丽特·米切尔(Margaret Mitchell)的同名小说改编而成。影片中还糅合了对战争焦虑不安的情绪、工业资本主义甚至女权主义的因素。其中的一个场景描绘了一个类似于三K党的秘密组织打算在战后将政权还给当地白人。影片中黑人的形象则显得滑稽可笑:不是无忧无虑、绝对忠诚,就是完全靠不住、自私自利。面对令人望而生畏的种种磨难,女主人公斯佳丽·奥哈拉(Scarlett O'Hara)顽强地活了下来。对全美国人来说,这一形象非常鼓舞人心,因为当时不论是南方人还是北方人都在经历着经济大萧条(Great Depression)所带来的变迁兴衰,都在与之进行着不懈的斗争。即便对于美国未来的几代人而言,当他们因为现代生活的模棱两可而备感困扰时也将不可避免地受到该影片所传达出来的情绪的感染。

内战百年纪念

内战百年纪念掀起了一股新的纪念浪潮,但也反映出民众对战争的回忆已经呈现两极分化的特点。1957年9月,总统德怀特·D.艾森豪威尔(Dwight D. Eisenhower)签署了一项法案,规定由内战百年纪念委员会(Civil War Centennial Commission)监督实施各项纪念活动。尤利西斯·S.格兰特的孙子被任命为委员会主席。颇具讽刺意味的是,他的同情心明显倾向于南方而不是北方。联邦政府鼓励各州成立自己的委员会,以便与联邦政府通力合作。尽管联邦政府努力将内战描绘成一场具有悲剧色彩但同时具有英雄主义特色并最终实现全国统一的战争,但南方的种族隔离主义者所追求的目的截然不同。南方白人正因为自己对黑人实施的歧视措施而遭到越来越多的民权运动积极分子的围攻,于是再次提出大众所熟知的败局命定理论,并打算利用内战100周年之际歌颂南部联盟的文化遗产,公然重新提出要求获得州权的主张。一开始,南方就对纪念活动表现出极大的热情。仅密西西比州一州就为庆典活动划拨专款200万美元,而弗吉尼亚州也划拨140万美元之多。

非裔美国人也逐渐把内战100周年视为纪念自己在战争中发挥作用的新契机。直到当时,南方白人已经开始全面普及败局命定的理论,甚至还赢得了北方广大民众的普遍支持。起初,对于是否利用内战百年纪念之际促进民权事业发展,民权运动的领袖们还显得犹豫不决。不过,他们很快就意识到既然种族隔离主义者打算从他们的角度诠释内战并以此来支持他们过去乃至现在的所作所为,那么黑人可以而且应该如法炮制。

按计划,1961年4月12日在查尔斯顿港将举行萨姆特堡开火100周年纪念日活动,这是最早的纪念活动之一。在这次活动上,南北双方开始摊牌。当查尔斯顿的一家酒店不允许新泽西州代表团的一个黑人女代表入住时,以新泽西州为代表的其他几个北方州便都表示拒绝出席庆典仪式。内战百年纪念委员会主席尤利西斯·S.格兰特三世表示支持种族隔离主义者,并辩称委员会没有"权力或权限"对当地酒店老板发号施令。总统约翰·F.肯尼迪(John F. Kennedy)起初对于是否应该出手干涉此事也显得有些犹豫不决。后来肯尼迪发布了一项声明称,既然委员会由联邦政府出资建立,就"应该在没有种族歧视行为的地点举行会议"。最后,双方做出妥协,会议地点重新选定在一个没有种族隔离问题的查尔斯顿海军基地举行。于是,曾经提出抗议的北方州代表团的大部分成员便同意出席该会议。然而,伊利诺伊州纪念活动委员会的秘书评论道:"在接下来的4年里我们将从头到尾纪念内战大大小小的战役,也许我们现在就应该开诚布公地挑明一切。在这个问题上我们不可能做出妥协。"

双方已经明确划出了战线。查尔斯顿事件使肯尼迪在南方种族隔离主义者心目中的公众形象大大受损。此外,这位新总统在争取民权的斗争中也不愿意发挥积极的促进作用。小马丁·路德·金请求总统肯尼迪于1962年9月22日在华盛顿举行的庆祝仪式上发表一份新的解放黑人奴隶宣言,但遭到了肯尼迪的粗暴拒绝。然而,到了1963年3月,迫于各方不断施加的压力,肯尼迪不得不发表宣言。不过,他这样做并不是迫于民权运动领袖的压力,而是迫于国际社会的压力,因为当时国际社会正密切关注声称捍卫平等与民主、反对共产主义的美国的一举一动。因此,肯尼迪在对国会发表演说时承认此前颁布的《解放黑人奴隶宣言》"只是为了确保黑人进步……的第一步"。肯尼迪坦承:"法律面前人人平等并非一直意味着待遇平等和机会平等。"后来,当格兰特三世因为查尔斯顿事件引咎辞职后,肯尼迪任命历史学家阿兰·内文斯(Alan Nevins)负责从官方角度记录内战百年纪念活动。内文斯曾公开表态支持将非裔美国人的战时活动纳入美国内战史,也希望借此机会将战争军事化的一面进行低调处理。自从他就职后,内战百年纪念委员会对战争及其影响的阐释便发生了显著的变化。

　　内战百年纪念活动进行到一半后,美国民众便开始感到兴味索然。有些人开始对纪念战争的活动展开抨击,称内战百年纪念委员会所举办的活动不但令内战变得无足轻重,而且纪念活动还出现了严重的商业化倾向。对于北方白人来说,1863年的内战充满了挫败和失意,根本不值得纪念。而此时在越南所发生的那场新的同样充满争议的战争已经抢占了整个历史舞台,因此,不论面对着何种形式的军事庆典,美国白人和黑人都已经失去兴趣。

南部联盟军旗

　　然而,内战百年纪念活动对美国民众关于内战的记忆还是产生了持久的影响。也许最引人注目的莫过于前南部联盟军旗的再次出现。在美国内战期间,这面旗帜并非美利坚联盟国的国旗,上面的图案是一个大写的"X"。尽管该旗帜看上去很像联邦的星条旗,但对于那些在内战中浴血奋战的南军士兵来说,这面星杠旗(Stars and Bars)当然是他们舍身保护的对象。很明显,P. G. T. 博勒加德想要为手下的将士寻找一个标志性的醒目符号,该符号不但可以鼓舞士气,而且要完全不同于联邦星条旗图案。此外,还要能让战士们在烟雾弥漫、喧嚣嘈杂的战场上一眼就能看到,于是,他设计出一个简单的呈对角线的十字徽图案。随着内战的不断推进,这一设计也出现了各种不同的版本,通常正方形的旗帜要比长方形的多,而且还出现了不同的颜色组合,但都在南军的上空高高飘扬。南方重建时期,在北军占领的南方地区,哪怕只是将南部联盟的军旗摆出来展示都被认为是违法行为,因此,该军旗便有了一种海盗旗的意味。

当内战百年纪念活动进入中期时,南方白人在回顾过去时想要从中找到一个具有历史意义的象征物,便将前南部联盟军旗打出来,作为彰显自己反对民权政治立场的热情宣言,于是,这面颇具争议的军旗便重新受到了民众的追捧。不过,该军旗在南方黑人和白人的心中都掀起了万千波澜。对南方白人来说,这面军旗是让他们引以为荣的历史遗产,是对州权的一种肯定;然而,对于非裔美国人而言,这面军旗让他们不但感受到了痛苦,甚至感到了威胁,因为这让他们想起奴隶制和种族主义。在黑人看来,三K党及其他仇视黑人的组织无不高举星杠旗的行为并非巧合,而是他们有意为之。此外,以佐治亚州州长莱斯特·马多克斯(Lester Maddox)为代表的白人优越主义者将捍卫前南部联盟军旗作为推崇种族隔离制度的标志,此举也实在令人堪忧。密西西比州在1894年就已经将前南部联盟军旗图案融入本州州旗的设计中;1956年,佐治亚州也如法炮制。佛罗里达州和亚拉巴马州州旗上的红色X形十字似乎也在提醒着人们前南部联盟军旗上的蓝色X形十字。在民权运动的大背景下,历史和现实似乎在南方发出的这些强大而又不稳定的抵制信号中融合到了一起。

近年来,前南部联盟军旗继续引发争议。非裔美国人已经要求移除飘扬在南方州议会大厦上的旗帜,并要求去除州旗上前南部联盟军旗的因素,结果此举令白人火冒三丈,反而促使他们下定决心要保护自己的"遗产"。从1962年到2000年,前南部联盟军旗独树一帜地飘扬在南卡罗来纳州首府哥伦比亚州议会的上空。尽管后来有人将其从议会大厦顶上取下来,但它至今仍然在议会大院里迎风招展。密西西比州人在2001年就州旗图案投票表决,最后结果为2∶1,于是州旗上继续保留前南部联盟军旗上的X形十字设计。同年,佐治亚州重新确定了一面州旗,淡化前南部联盟军旗的影响,但时至今日新设计的州旗图案仍然饱受争议。

内战150周年纪念

美国内战结束了150年后,对战争公众记忆政治意义的解释仍然继续激发着民众的情感。在内战百年纪念活动后的几十年里,每天都有美国人不断通过不同的表演方式再现战斗场面和军营生活。这些表演的绝大部分参与者是男性,当然其中也不乏妇女、儿童。人们还召开内战圆桌会议,追踪家谱,收藏相关文物、书籍和绘画作品，到曾经的内战战场上旅游观光。对于成千上万名痴迷于内战的民众来说，追踪内战已经成为一种业余爱好，他们经常带着极大的个人热情全身心投入其中。

这些内战"发烧友"或者说内战爱好者除了大量阅读战争史，有时自己也会动笔撰写相关著作。相较于分析类和学术类的著作，他们更喜欢阅读惊心动魄的战争故事与军事传记。他们会仔细研究军装的设计细节或武器设计的窍门，但对涉及内战起因或后续影响之类的问题明显没什么兴趣。很多人会通过博客、网站以及其他数字媒介分享自己对战争的兴趣和自己了解的战争知识。

内战给商业发展提供了一个繁荣的前景。事实证明，向游客开放内战各大战场及其他历史遗迹是旅游行业一个非常有利可图的发展路径。只要印有与内战相关的图像或以内战为主题，不论是书籍、流行杂志、绘画作品，还是T恤衫、棒球帽、马克杯、国际象棋、音乐光碟、电子游戏，甚至是男士领带，消费者无不趋之如鹜，争先恐后将其纳入囊中。然而，虽然几乎所有产品描绘刻画的是各大战役和战争领袖，但是丝毫看不到任何血腥之气。如果想要从这些产品中寻找政治信息，那么最常见到的无非是这样的语句："忘记过去？绝不！"或者"南方终将再次崛起"。以此可以断定相当数量的南方白人仍然下定决心想让南方叛乱精神继续存在下去。好莱坞也充分利用美国内战的这段历史赚取了巨额利润。史蒂芬·斯皮尔伯格(Stephen Spielberg)在2012年拍摄了电影《林肯》(*Lincoln*)，全球票房总收入超过2亿美元。

今天，人们对于内战的记忆仍在不断变化而且彼此间争论不休，甚至就连南方人深信不疑的败局命定理论也没有表现出丝毫的弱化趋势。最近，在非裔美国人的领导下，南方社区已经将用内森·贝德福德·福雷斯特和皮埃尔·古斯塔夫·图坦特·博雷加德的名字命名的街道、桥梁和学校更改为以马丁·路德·金和瑟古德·马歇尔(Thurgood Marshall)的名字命名。甚至对学校吉祥物和校歌也做出了改动，删去了"叛军"和"南方"等字眼。据估计，2013年，总共有6万—8万人前往葛底斯堡参加纪念内战150周年的各种活动。当时，除了重现皮克特发起的那场著名进攻，民众还举办音乐表演、图书签售会、跟团故地重游、举办演讲等活动。各路记者除了对以内战将军名字为名的民众进行大量报道，还花了大量笔墨报道以内战军事领袖命名的三明治。国家公园管理署(National Park Service)的各位官员强调他们并不想歌颂战争，相反，他们只是希望举办一场"严肃的纪念活动"以达让到民众认可阵亡将士的"胆识魄力和英雄主义"的目的。然而，当开幕式的主讲人、广受欢迎的历史学家多丽丝·科恩斯·古德温(Doris Kearns Goodwin)引述了林肯曾经提出的"自由的新生"的言论，并将其与当代的种族斗争、性别斗争以及性别平等斗争直接联系到一起，却受到了来自各方的猛烈抨击。很多人都认为她将目前的政治局势与内战的记忆混为一谈非常不合时宜，而且，此番言论也使为内战做出牺牲的退伍军人蒙羞。

纪念重建时期

美国民众对于内战的公共记忆大多经过了净化处理，去除了其中的政治化因素，而且一般民众把内战作为一场具有英雄主义色彩的"发生在兄弟手足之间的战争"加以纪念。然而，对重建时期的纪念不会充满各种溢美之词。20世纪初的历史学家们给重建时期贴上了标签，称之为"悲剧时代"或"仇恨时代"。尽管根据历史学家不同的观点，重建时期的受害者群体也略有不同，但不可否认的是内战结束后的前十年的确经常与暴政统治和各种暴力活动密不可分。南方白人认为战后的那段时光最让他们颜面扫地、羞辱难当。当时北方白人将他们的意志及曾经为奴的黑人的意志强加在南方白人身上，而在南方白人看来黑人无不懒惰无能却又猖狂自恣。以 W. E. B. 杜波依斯(W. E. B. Du Bois)[①]为代表的非裔美国人和以埃里克·方纳(Eric Foner)[②]为代表的一些自由派白人已经作出评判，认为重建时期是一个充满了非裔美国人的自我奋斗、北方人做出背叛行动的令人大失所望的时期，是一场"半途而废的革命"。

忘却内战

相较于纪念真实的战争及其令人痛苦不堪的后果，美国民众似乎更愿意选择遗忘。人们仍然不愿意提及战争使无数人成为无数孤儿寡妇，不愿意谈起那些遍体鳞伤、精神上也伤痕累累的复员军人，更不用说那些曾经为奴的黑人和他们的斗争。这些自由民不但一贫如洗，而且被剥夺了公民权，甚至不论在国内还是在国际上都遭到歧视。对于那些在内战中处在战败一方的士兵我们同样知之不多。他们中的一些人将自己痛苦的经历记录下来讲述给下一代：白人老兵为

[①] 威廉·爱得华·伯格哈特·杜波依斯(1868—1963，一译"杜波伊斯")，美裔加纳历史学家、作家、社会活动家、泛非运动创始人。——译者
[②] 埃里克·方纳是美国哥伦比亚大学德威特·克林顿历史讲座教授，当代美国最有影响力的历史学家之一，1970年发表其成名作《自由土地、自由劳力、自由人》。——译者

了申请得到养老金会向老战友或家庭成员倾诉自己的过往；20世纪30年代,当公共事业振兴署(Works Progress Administration)的职员在对黑人老兵进行采访时,他们才将自己的过去知无不言、言无不尽地说出来。这些文件记录的全是充满了失落和绝望的故事,令人心碎。不过,这些故事几乎没有提及任何涉及荣誉、勇气或"大业"之类的字眼。有些曾经为奴的黑人不愿意回忆可怕的过去,或者他们觉得即便将自己的恐怖经历描绘出来,但若在别人看来根本无法想象的话,这样做便没有任何意义。一个曾经为奴的黑人解释道:"有关这事我可以跟你讲一整天,但就算我真的对你讲了,你也根本想象不到实际情况到底有多可怕。"

对于大多数美国人来说,内战及其后果的"可怕程度"仍然让他们无法面对。那个年代令人毛骨悚然,由于受到自身局限性和重建失败的双重影响,整个国家都深陷在令人烦恼不堪的各种问题之中,找不到出路。与秉承诚实的态度和批判性的观点深入调查战争真相相比,不论在过去、现在还是未来,围绕着勇气胆识、自我牺牲和爱国主义的主题杜撰故事都显得更方便、更容易。忘却战争所暴露出来的人性阴暗面似乎已经成为更好的选择。就像一个人,如果在孩提时代经历过各种痛苦折磨,那么他步入成年后便不愿意再次提及痛处。同样,很多美国人也无法面对曾经爆发的美国内战。对于曾经经历了内战并侥幸生还的那一代人而言,亲口讲述内战真正的起因、自己所经历的真正的痛苦、分析有关种族、权利以及美国社会真实而又令人不安的各种问题绝非易事,亲口回答这样的问题更是难上加难。随后的几代美国人也不愿意面对奴隶制、南北分裂以及内战所带来的令人烦恼不安的影响。很多人已经发现如果将自己的注意力集中在有关伟大领袖的传奇故事上,集中在简单的问题以及理想的结果上,集中在各大光荣的战役以及士兵们英勇就义的事迹上,就会让人感到慰藉平静,内心便也感到了舒适和安慰。

内战持久的影响

土生土长的弗吉尼亚人伍德罗·威尔逊是种族隔离制度狂热的拥趸者。威尔逊相信当时间走到1913年时,内战所带来的一切伤痛便都已经愈合如初。可惜在这个问题上他大错特错。时至今日,尽管将内战进行神话处理的观点、对内战进行选择性的记忆和有意的遗忘掩盖了事实真相,但这些伤痛仍然像无法愈合的伤口一样在不断地感染溃烂。贫困问题和财富分配问题仍然不容忽视,对种族问题的关注也不可抛诸脑后,因为这些问题彼此之间总有千丝万缕的关系。很多美国人仍然认为美国内战和重建时期标志着种族正义之战取得了胜利,堪称历史上的一大"进步"。还有的人曾经借着对内战的阐释否认奴隶制是个问题这一命题,称在实行奴隶制时,种族歧视并没有实现制度化。只有将那些看似可靠的错误表述全部剥离,美国人民才能在面对这场可怕的战争所带来的胜利和失败时,面对用胜利和失败编织而成的复杂大网时,不但在短期内而且在未来都能坦诚地接受。

索 引

（索引中的页码为原著页码，检索时，请查本书边码）

注：页码中带有字母 f 的表示图片。

abolition. See emancipation 废奴运动（参见解放黑奴）
abolitionist movement 废奴主义运动,32—33
  in American Revolution 在美国独立革命中,19,20
  blacks in 黑人,32,33—34
  Brown (John) influencing 布朗（约翰）的影响,5
  divisions within 分裂,34—35
  on fugitive slave law 《逃亡奴隶法》,49—50
  gradualists in 渐进主义者,32,35
  on Harpers Ferry raid 袭击哈珀斯费里,5—8
  immediatists in 及时行动主义者,32—33
  political parties in 政党,35
  Quakers in 公谊会教徒,20
  resistance to 抵制,33—34
  in Union army 在联邦陆军中,142—143
  violence against 反对废奴主义运动的暴力行动,33—34
  violence by 废奴主义者发起的暴力行动,49—50
  women in 女性的作用,34—35
activism. See political activism; social reform 激进主义（参见政治激进主义；社会改革）
Adams, Charles Francis 亚当斯,查尔斯·弗朗西斯,99,225
Adams, Henry 亚当斯,亨利,224
Adams, John Quincy 亚当斯,约翰·昆西,33
Africa 非洲
  colonization of slaves in 对奴隶的殖民统治,32,140,143
  practice of slavery in 在非洲实施蓄奴制度,18
  slave trade in (See slave trade) 非洲的奴隶贸易（参见奴隶贸易）
African Americans. See blacks 非裔美国人（参见黑人）
African American Union League 非裔美国人联盟,151
age, of unionists 年龄,联邦主义者,196
Agriculture 农业
  in depression of 1873 1873年农业大萧条,342
  market revolution and 市场革命,11—13
  mechanization of 农业机械化,136,323—324,324f,325f
  planter class in 种植园主阶层,21
  sharecropping in 佃农耕种,152,325,347—348,348f
  slavery in expansion of 蓄奴制度扩张,21—23
  origins of 起源,16,17
  in southern identity 南方的身份,15—16
  tenant farming in 佃农种植业,325,347—348,348f
  yeomen in 自耕农,21—23
Akerman, Amos 阿克曼,阿莫斯,336
Alabama. See also specific battles 亚拉巴马州（参见具体的战役）
  Black Codes in 《黑人法令》,289
  secession of 脱离联邦,75
  unionism in 联邦主义,81
Alabama, CSS "亚拉巴马"号,紧凑型半潜式装甲舰,102
Albert (prince consort) 艾伯特（亲王）,106
alcohol 白酒

索引

in political party realignment 在政党重组中,55
in Union navy 在联邦海军中,105
Alexander, Edward Porter 亚历山大,爱德华·波特,268
"*All Quiet along the Potomac*" (Beers) 《波托马克河的河边寂静无声》(比尔斯),97
Alton Observer (newspaper) 《奥尔顿观察者报》(报纸),34
ambushes, in guerrilla warfare 伏击,在游击战中,185
American Anti-Slavery Society 美国反对蓄奴制度协会
　Declaration of Sentiments by 《感伤宣言》,32
American Civil War. See Civil War 美国内战(参见内战)
American Colonization Society 美国殖民协会,32
American Party. See Know-Nothing Party 美国政党
American Revolution 美国独立革命
　slavery in 蓄奴制度,18—19
　Tories in 托利党人,186
Ames, Adelbert 埃姆斯,阿德尔伯特,337
ammunition 军火弹药,179
amnesty 大赦
　for desertion 擅离职守;当逃兵,266
　granted by Johnson 格兰特授予,288,296,298
　Johnson's plan for 约翰逊的计划,288
　Lincoln's plan for 林肯的加护,283—284
Amnesty, Proclamation of (1865) 大赦,宣言(1865年),288
Amnesty and Reconstruction, Proclamation of (1863) 大赦与重建,宣言(1863年),283—284
Anaconda Plan 蟒蛇计划,90
Anderson, Robert 安德森,罗伯特,80
Andersonville prison camp 安德森维尔监狱,281
Andrew, Ethan Allen 安德鲁,伊桑·艾伦,24
Andrew, John 安德鲁,约翰,153—154
Andrews, Lucy 安德鲁斯,露西,23
annihilation, Union strategy of 毁灭,联邦战略,90
Antietam, battle of (1862) 安提坦战役(1862年),128—130,130f,145,211

Antietam campaign (1862) 安提坦战役(1862年),128—130,130f
antigovernment Confederates 反政府的南部联盟成员,197,226
antiwar protests 反战抗议,193,227—229,229f
antiwar sentiments 反战情绪
　and draft 与征兵,227—229,229f
　in 1863 elections 在1863年选举中,226—227
　in 1864 elections 在1864年选举中,254,265—266
　and Grant's grand strategy 格兰特制定的伟大的军事战略,244—245
　on home front 后方,89—90
Apache tribe 阿帕奇族印第安人部落,118
Apocalypse 世界末日,20
Appeals in Four Articles (Walker) 《四篇文章的呼吁》(沃克),33
Appomattox Court House, battle of (1865) 阿波马托克斯法院战役(1865年),270—271
Arapaho tribe 阿拉帕霍族印第安人部落,118
Arizona 亚利桑那州
　creation of territory 领土形成,115
　start of fighting in 开始参战,116—117
Arkansas. See also specific battles 阿肯色州(参见具体的战役)
　secession of 脱离联邦,81
　start of fighting in 开始参战,111f,118
　Union prejudice regarding 北方联邦的偏见,191—192
Arkansas, CSS 紧凑型半潜式装甲舰,219
Armour, Philip 阿莫,菲利普,323
army, Confederate 陆军,南部联盟,83—92. See also specific battles and soldiers (参见具体的战役和战士)
　black labor in 黑人劳动力,267
　branches of 分类,83—85
　conscription into 征兵,122
　establishment of 建立,83
　food shortages in 食物短缺,178—179
　funding for 筹资,100—101
　guerrilla warfare by 领导的游击战,185,188,268
　leadership of 领导,91
　morale of 士气,212,261—263
　motivations for serving in 当兵的各种动

机,85—89,172f
names of units 军队名称,84
organization of 组织结构,84
property confiscation by 财产充公,190,
  191—192
religious revivals in 宗教复兴,238—240,
  262
salary in 蓄奴制度,86
strategy of 战略,91—92
  attrition 消耗战策略,92,245
  Border 边疆,109,113
  climactic battle in 高潮对决,244—245
  offensive-defensive 防守进攻战术,119,
    128
surrender of 投降,270—271,303
tactics of 战术,181—182
  Fabian 费边主义(拖延主义),255
uniforms in 军装制服,83,179
unwieldiness of 笨拙,251—252
veterans of 退伍老兵,359—360
weapons of 武器,179—181
women in 女人,203—204
army, Union 陆军,北方联邦,83—92. See
  also specific battles and soldiers(参见具体
  的战役和兵种)
abolitionists in 废奴主义者,142—143
black labor in (See also black soldiers) 黑
  人劳动力(参见黑人战士)
  abuses of 滥用;虐待,149
  after emancipation 在黑奴解放后,
    147—148
  by fugitive slaves 逃跑的奴隶,143
branches of 分类,83—85
in combined operations 联合行动,105
conscription into 征兵,122,227—229
disbanding of 遣散,273—274,274f,280,
  336
dissent on home front and 后方不同政见
  的分歧,192
guerrilla warfare against 游击战反对,
  189—190
guerrilla warfare by 领导的游击战,185,
  187—188
leadership of 领导,91
Lincoln's call to arms 林肯发布征兵令,
  80—81,82
motivations for serving in 当兵的各种动
  机,85—89,172f
names of units 军队名称,84

occupation of South by 被南方人侵占
  extent in 1863 1863年的侵占程度,
    233f
  postwar 战后的,286,320,336
organization of 组织结构,84
prejudices against southerners in 对南方
  人的偏见,191—192
property confiscation by 财产充公,190
racism in 种族主义,154,155—156
salary in 蓄奴制度,86,156
slaves in 奴隶,142,153
southerners in 南方人,197
strategy of 战略,91—92
  annihilation 毁灭战略,90
  attrition 消耗战策略,245
  border 边疆,108—109
  climactic battle in 高潮对决,244—245
  Conciliatory 安抚调停,96,126,168,
    190
army, Union (continued) 陆军,北方联邦
  (续)
  emancipation in 解放,126—127,130
  exhaustion in 消耗战,245—246,257
  Grant's grand 格兰特的总体战略,
    244—245
  rivers in 河流,113
tactics of 战术,181—182
unwieldiness of 笨拙,251—252
veterans of 退伍老兵,359—360
weapons of 武器,179—181
women in 女性,203—204
army, U.S. 陆军,美国
  preparedness for war 备战,81
  in Spanish-American War 在美西战争中,
    352,365,365f
Army Appropriation Act (1867) 《军队拨款
  法案》(1867年),296
army soldiers. See soldiers 陆军士兵(参见
  士兵)
artillery 炮兵,180
artillery troops 炮兵部队
  Confederate 南部联盟,83—85
  Union 北方联邦,83—85
Askew, William S. 阿斯丘,威廉·S.,83f
Atlanta 亚特兰大
  battle of (1864) 战役(1864年),258
  refugees from 难民,200,257
Atlanta campaign (1864) 亚特兰大战役
  (1864年),255—257,256f,258f

Atlanta Constitution（newspaper）《亚特兰大宪章报》(报纸)，330
atrocities 暴行
    at Bull Run, first battle of 布尔伦河战役，第一次战役，94，95f
    against prisoners of war, trials for 战犯，审判，281—282
attrition, strategy of 消耗，战略
    in Confederate army 南部联盟军队，91，245
    in Union army 北方联邦军队，245
Aunt Phillis's Cabin（Eastman）《菲莉丝阿姨的小屋：在南方的生活》(伊斯门)，51
aversive racism 隐匿型种族主义，139

Bacon, Nathaniel 培根，纳撒尼尔，16
Baker, Edward 贝克，爱德华，97
balloons, reconnaissance 气球，侦察，123
Ball's Bluff, battle of (1861) 鲍斯布拉夫战役(1861年)，97
bank(s) 银行（金融业）
    managerial revolution in 管理方法的革命，12
    national 国家的，134
    in Panic of 1873 1873年恐慌，342
    Union 北方联邦，134
bank notes 银行纸币，134
Banks, Nathaniel P. 班克斯，纳撒尼尔·P.，247f
    on black officers 黑人军官，154
    in Grant's grand strategy 格兰特制定的伟大的军事战略，244—245
    in Red River campaign 在红河战役中，247f，246
Baptist church, on slavery 浸信会，对蓄奴制度的态度，43
Barton, Clara 巴顿，克拉拉，205，208
Bates, Edward 贝茨，爱德华，67
battalions, artillery 营，炮兵，84
batteries, artillery 连，炮兵，84
battles. See also specific battles 战役（参见具体的战役）
    first 第一次，92—95
    geographical scope of 地理范围，108
    maps of 地图，121f，124f，250f
    naming of 命名，84
    press coverage of 媒体报道，94，211
Battles and Leaders of the Civil War 《南北战争和内战领袖》，366

Baylor, John R. 贝勒，约翰·R.，116
Beall, John 比尔，约翰，281
Beauregard, Pierre Gustave Toutant 博雷加德，皮埃尔·古斯塔夫·图坦特
    in Bull Run, first battle of 布尔伦河战役，第一次战役，92，94
    and Confederate flag 南部联盟旗帜，369
    firing of 解职，119
    in Fort Sumter crisis 在萨姆特堡危机中，80
    in memory of war 纪念战争，366
    in Shiloh, battle of 夏伊洛战役，119
Bee, Bernard 毕，伯纳德，93
Beecher, Catharine 比彻，凯瑟琳，35
Beecher, Henry Ward 比彻，亨利·沃德，57，238
Beecher, James C. 比彻，詹姆斯·C.，155
Beers, Ethel Lynn 比尔斯，埃塞尔·琳恩，97
Belgium, Confederate relations with 比利时，南部联盟与之的关系，97—98
Belknap, William 贝尔纳普，威廉，341
Bell, John, in 1860 presidential election 贝尔，约翰，在1860年总统大选中，67—70
Belmont, battle of 贝尔蒙战役，112，113
Benjamin, Judah P. 本杰明，朱达·P.
    and British relations 与英国的关系，225
    Davis' illnesses and 戴维斯的疾病，195
    as secretary of state 担任国务卿，97—98
Bible, slavery in 《圣经》，蓄奴制度，36
Bingham, John A. 宾汉，约翰·A，289
Bird, Edgeworth 伯德，埃奇沃思，174
Bird, Francis W. 伯德，弗朗西斯·W.，150
Bird, Sallie 伯德，萨莉，174
Birth of a Nation（film）《一个国家的诞生》(电影)，366
bitterness, postwar 痛苦，战后的，283
Black Codes《黑人法令》
    congressional opposition to 国会反对，291
    passage of 通过，289
Blacks 黑人，147—153
    in abolitionist movement 在废奴主义运动中，32—33
    churches of 黑人教堂，312
    on Confederate flag 南部联盟的旗帜，368—369
    in convict lease system 罪犯租赁体系，333

discrimination against (See racism; white supremacy) 歧视(参见种族主义;白人优越主义)
in draft riots 征兵暴乱,228
education of 教育,150,150f,313,313f
fugitive slave law and 《逃亡奴隶法》,49—50
on Harpers Ferry raid 袭击哈珀斯费里,5
labor by 劳动力
　Confederate use of 南部联盟使用,267
　on plantations 在种植园,150—152
　in Reconstruction 在战后重建中,305—306,310—312,314—315
　Union use of 北方联邦使用,147—148
land for 土地,150—152,291,311—312
Lincoln's views of 林肯的观点,140
memory of war among 战争的纪念,363—364,367—369
naming practices for 称呼管理,331
paternalism toward 实施家长式管理制度,333,339
political organizations of 政治组织,150—151
population of, antebellum 人口,战前的,23—24
in 1868 presidential election 在1868年总统大选中,299
in Reconstruction (See Reconstruction era) 在重建期间(参见重建时期)
as refugees 作为难民,147—150,148f
Republican ambivalence toward 共和党的摇摆态度,56,139—140
in Republican Party 在共和党
　alliance of 联合,316—319
　betrayal of 背叛,344
　as slaves (See slaves) 作为奴隶(参见奴隶)
　in social hierarchy 社会等级制度,23—24
　as soldiers (See black soldiers) 作为战士(参见战士)
　Union abuses of 北方联邦滥用,148
　in Union navy 北方联邦的海军,104
　violence against (See also lynching) 暴力对抗(参见私刑)
　　political 政治中的,333—335
　　during Reconstruction 在重建过程中,315,332—335
　voting by (See suffrage) 投票(参见选举权)

white supremacist views of 白人优越主义的观点,330—331
black soldiers 黑人战士
　Confederate 南部联盟,267
　Union 北方联邦,153—161
　　in combat 在战役中,156,157—158
　　Congress on 国会,143
　　discrimination against 歧视,154,155—156
　　after Emancipation Proclamation 在《解放黑人奴隶宣言》公布后,146
　　execution of 处决,158—159
　　families of 家庭,156
　　Lincoln's policies on 林肯的政策,157
　　number of 人数,154
　　as officers 担任军官,154
　　as prisoners of war 成为战犯,158—160
　　recruitment of 招募,153
　　reenslavement of 重新被奴役,159—160
　　salary for 蓄奴制度,156
　　Sherman's resistance to 谢尔曼反对,152,156—157
　　and slavery in Union, disintegration of 北方联邦的蓄奴制度,瓦解,153
　　slaves as 奴隶当兵,142,153
　　Union views of, changes in 北方联邦的观点,变化,142,143
　　veteran 退伍老兵,161,363—364
　　war crimes against 战争罪,281—282
　　white acceptance of 白人接受,155—156
　　white officers of 白人军官,154—155,159—160
Blackwell, Elizabeth 布莱克威尔,伊丽莎白,206
Blaine, James G., in 1876 presidential election 布莱恩,詹姆斯·G.,在1876年总统大选中,344—346
Blair, Francis P., Sr. 布莱尔,弗朗西斯·P.,爵士,266
Blair, Frank, in 1868 presidential election 布莱尔,弗兰克,在1868年总统大选中,299,339
Blanchard, Caleb 布兰查德,凯莱布,174
Blanchard, Mattie 布兰查德,玛蒂,174
Bleeding Kansas 堪萨斯内战,57—58
blood sport 狩猎运动,187

索引 491

Bloody Angle 血角,251
bloody shirts 鲜血染红的衬衫,293,345,364
Bonds 债券
　Confederate 南部联盟,132
　Railroad 铁路,342
　Union 北方联邦,134—135
Boone, Daniel 布恩,丹尼尔,131
Booth, John Wilkes 布斯,约翰·威尔克斯,271,272f,281
Border Ruffians 边境匪徒,57
border South 南部边疆州
　Davis' hopes for 戴维斯的希望,91
　remaining in Union 没有脱离联邦的,81
border strategy 边疆战略,108—109,112
bossism 领袖的政党控制,321
Boston 波士顿
　abolitionist movement in, resistance to 废奴运动,抵制,33—34
　fugitive slave law in, opposition to 《逃亡奴隶法》,反对,49—50
Boston Female Anti-Slavery Society 波士顿妇女反对蓄奴制度协会,34
Botts, John Minor 博茨,约翰·迈纳,290
bounties, and desertion 赏金,逃兵,240
Bourbons 波旁民主党人,327,335—336. See also Redeemers(参见救赎者)
Boutwell, George S. 鲍特韦尔,乔治·S.,290
Boyd, Belle 博伊德,贝尔,204
Bradley, Joseph P. 布拉德利,约瑟夫·P.,346
Brady, Mathew 布雷迪,马修,131
Bragg, Braxton 布拉格,布雷斯顿
　as army commander 担任陆军司令,122,131—132
　in Chattanooga, battle of 在查塔努加战役中,231—234
　in Chickamauga, battle of 在奇卡莫加战役中,231
　in Chickamauga campaign 在奇卡莫加战役中,230—231
　in Kentucky campaign 在肯塔基州战役中,131,168
　in Missionary Ridge, battle of 在传教士岭,战役中,232—233
　in Stones River, battle of 在石头河战役中,169—171,211—212
Brandy Station, battle of (1863) 布兰迪车站战役(1863年),215,216
Brazil, ex-Confederates in 巴西,前南部联盟成员,307
bread riots (1863) 面包暴乱,225,226f
Breckinridge, John C. 布雷肯里奇,约翰·C.
　in Johnson's surrender 约翰逊投降,271
　in 1860 presidential election 在1860年总统大选中,65—70
　in Stones River, battle of 在石头河战役中,169—171
breech-loading rifles 后膛枪,181
Brewster, Charles Harvey 布鲁斯特,查尔斯·哈维,89
bribery. See also corruption 贿赂(参见腐败)
　and distrust of politicians 对政客的不信任,53
　in railroad construction 在铁路建设中,326—327
brigades, infantry 旅,步兵,84
Brisbin, James S. 布里斯宾,詹姆斯·S.,155
Britain 英国
　abolitionist movement in 废奴主义运动,34
　Confederate relations with 与南部联盟的关系,97—98,223—225,224f
　Emancipation Proclamation and 《解放黑人奴隶宣言》,146,224
　public opinion in 公众舆论,224
　slave trade in 奴隶贸易,17
　in Trent affair 在"特伦特号"事件中,105—106
　Union relations with 与北方联邦的关系,98—99,105—106
Brooks, Preston S. 布鲁克斯,普雷斯顿·S.,58—59,59f
Brown, Henry Billings 布朗,亨利·比林斯,352
Brown, John 布朗,约翰
　abolitionists on 废奴主义者的态度,5—8
　on coming war 就将到来的战争,5
　hanging of 绞刑,5,5f, 8
　Harpers Ferry raid by 袭击哈珀斯费里,1—9,66
　and Lincoln's 1865 inaugural address 林肯1865年就职演说,268—269
　martyrdom of 以身殉道,4—5

in Pottawatomie Creek massacre 波塔瓦托米河附近地区的大屠杀 4,60
trial of 审判,1,4—5,5f,7f
Brown, Joseph E. 布朗,约瑟夫·E.,75
and antigovernment sentiment 反政府情绪,197
Davis opposed by 反对戴维斯,195—196,254
and Sherman's march to the sea 谢尔曼向海洋进军,260
Brownlow, William G. 布朗洛,威廉·G.,199
Brown v. Board of Education 布朗诉教育委员会案,293
Bryan, William Jennings 布赖恩,威廉·詹宁斯,364—365
Bryant, William Cullen 布赖恩特,威廉·柯伦
on civilian attitudes toward war 平民对战争的态度,89
on Dred Scott case 对德雷德·史考特案的态度,62
on Sumner-Brooks affair 对萨姆纳—布鲁克斯事件的态度,58—59
Buchanan, James 布坎南,詹姆斯
1857 inaugural address of 1857年的就职演说,63,64
on Kansas constitution 对堪萨斯宪法的态度,62—63
in 1852 presidential election 在1852年总统大选中,48—49
in 1856 presidential election 在1856年总统大选中,61
on secession of deep South 最南端各州脱离联邦,75—76
Buckner, Simon B. 巴克纳,西蒙·B.
in Chickamauga, battle of 在奇卡莫加战役中,231
in Fort Donelson, battle of 在唐纳尔逊堡战役中,114—115
Budget 预算
for Confederate army 南部联盟陆军,100—101
for Confederate navy 南部联盟海军,100—101
Buell, Don Carlos, in Kentucky campaign 比尔,唐·卡洛斯,在肯塔基州战役中,131,168
Buford, John 布福德,约翰,85,216

Bullock, James Dunwoody 布洛克,詹姆斯·邓伍迪,102
Bull Run(Manassas) 布尔伦河战役(马萨诸塞州)
first battle of (1861) 第一次战役(1861年),92—95,92f, 95f, 212
second battle of (1862) 第二次战役(1862年),127—128
Burial of Latané, The (Washington) 《安葬拉塔内》(华盛顿),238
Burns, Anthony 伯恩斯,安东尼,50
Burnside, Ambrose E. 伯恩赛德,安布罗斯·E., 164f
as army commander 担任陆军司令
installment of 任职,164
removal of 解职,168,211
and Chickamauga campaign 与奇卡莫加战役,231
in Fredericksburg, battle of 在弗雷德里克斯堡战役中,164—168,165f, 201
in memory of war 纪念战争,366
refugees created by 造就的难民,201
bushwhacking, in guerrilla warfare 丛林游击战,在游击战中,185
Butler, Andrew P. 巴特勒,安德鲁·P., 58—59
Butler, Benjamin F. 巴特勒,本杰明·F.
fugitive slaves used by 使用逃亡奴隶,143
in Grant's grand strategy 格兰特制定的伟大的军事战略,246
in Johnson's impeachment 弹劾约翰逊,298
refugees created by 造就的难民,201
"waving the bloody shirt," "挥舞着鲜血染红的衬衫",293

Cabell, E. Carrington 卡贝尔,E.卡林顿,21
Calhoun, John C. 卡尔霍恩,约翰·卡德威尔,30f
in Compromise of 1850 《1850年妥协案》,45
death of 死亡,53
in Nullification Crisis 无效论危机,29—31
on westward expansion of slavery 有关蓄奴制度的西部扩张,44
California 加利福尼亚
acquisition of 吞并,41
gold in, discovery of 黄金,发现,37

slavery in 蓄奴制度
Compromise of 1850 on 《1850年妥协案》, 47—48
Taylor's plan for 泰勒的计划, 45—46
Cameron, Simon 卡梅隆, 西蒙, 91, 142
Campbell, John A. 坎贝尔, 约翰·A., 266
Canada, in *Trent* affair 加拿大, 在"特伦特号"事件中, 106
Canby, Edward R. S., in New Mexico campaign 坎比, 爱德华·R. S., 在新墨西哥州战役中, 116—117
canister ammunition 罐装弹药, 180
Capitol, U. S. 国会山, 美国, 42f
Cardozo, Francis L. 卡多佐, 弗朗西斯·L., 318
Caribbean 加勒比海
slave trade in 奴隶贸易, 17
U. S. attempts at expansion into 美国试图在加勒比海地区扩张, 60—61
Carnegie, Andrew 卡内基, 安德鲁, 323
carpetbaggers 投机分子
Confederate 南部联盟, 306—307
northern 北方, 307
in Republican alliance 在共和党联盟中, 316, 317, 320
Carrick's Ford 卡里克斯福特, 96
Carson, Christopher "Kit," 卡森, 克里斯托弗"装备包", 116
Cass, Lewis 卡斯, 刘易斯
in 1852 presidential election 在1852年总统大选中, 48—49
in 1848 presidential election 在1848年总统大选中, 45
casualties 受伤人员
at Antietam 在安提坦战役中, 128, 130f, 131
in Atlanta campaign 在亚特兰大战役中, 255
at Ball's Bluff 鲍斯布拉夫战役, 97
among black soldiers 在黑人战士中, 156
at Bull Run 布尔伦河战役
first battle of 第一次布尔伦河战役, 94
second battle of 第二次布尔伦河战役, 127—128
at Champion's Hill 在冠军山战役中, 222
at Chancellorsville 在钱瑟勒斯维尔战役中, 215
at Chickamauga 在奇卡莫加战役中, 231
at Cold Harbor 在冷港, 252

collection of, negotiation on 收复, 谈判, 254
from disease 疾病, 178
at Franklin 在富兰克林, 261
at Fredericksburg 在弗雷德里克斯堡战役中, 166—167
at Gettysburg 在葛底斯堡, 216—218
identification of 识别, 252
at Kennesaw Mountain 在肯尼索山战役中, 255
at Missionary Ridge 在传教士岭, 233
in navy, Union 在海军中, 北方联邦, 104—105
at Pea Ridge 在皮里奇战役中, 117—118
at Perryville 在佩里维尔战役中, 132
photos of 照片, 130f, 131
at Port Royal 在罗亚尔港, 105
among prisoners of war 在战犯中, 160, 281
in Red River campaign 在红河战役中, 246
at Seven Days' battle 在七天战役中, 125—126
at Shiloh 在夏伊洛战役中, 121
at Spotsylvania Court House 在斯波齐尔韦尼亚法院战役中, 251
at Stones River 在石头河战役中, 170
at Val Verde 在巴尔韦德, 116
at Wilderness 在莽原之役中, 248
at Wilson's Creek 在威尔逊溪战役中, 108
Catholics 天主教徒
discrimination against 歧视, 15—16
in political party realignment 在政党改组中, 55—56
cavalry, Confederate. See also specific battles 骑兵, 南部联盟(参见具体的战役)
functions of 发挥的作用, 83—84, 85
in Gettysburg, battle of 在葛底斯堡战役中, 216
cavalry, Union, 85f. See also specific battles 骑兵, 北方联邦(参见具体的战役)
functions of 发挥的作用, 83—84, 85
in Gettysburg, battle of 在葛底斯堡战役中, 216
in Vicksburg campaign 在维克斯堡战役中, 219
Cave, R. C. 凯夫, R. C., 359
Cedar Mountain, battle of (1862) 雪松山战

役(1862年),127
Census Bureau, U. S. 人口统计局,美国,12
centralization 中央集权管理
　of Confederate government 南部联盟政府
　　Davis on need for 戴维斯对此需求的态度,194,195
　　opposition to 反对,195—196
　of federal government, benefits of 联邦政府,获益,133
　of railroad system 铁路系统,135
Centrist Republicans, on Reconstruction 温和派共和党人,对重建政策的态度,320,322
Century Magazine 《世纪杂志》,366
Chamberlain, Joshua 张伯伦,约书亚,167,216
Champion's Hill, battle of (1863) 冠军山,战役(1863年),221
Chancellorsville, battle of (1863) 钱瑟勒斯维尔战役(1863年),213
charitable work 慈善工作
　for families 为千家万户,207
　by women 女人,204—205
Charleston (South Carolina) 查尔斯顿(南卡罗来纳州)
　centennial celebration at 百年庆典,367—368
　Fort Sumter crisis in 在萨姆特堡危机中,79—80
　Reconstruction in 重建,304f
Chase, Salmon P. 蔡斯,萨蒙·波特兰
　on Compromise of 1850 《1850年妥协案》,47—48
　on Harpers Ferry raid 袭击哈珀斯费里,6
　McClellan's bickering with 与麦克莱伦的争执,96
　McDowell's friendship with 与麦克道尔的友谊,91
　in 1860 presidential election 在1860年总统大选中,67
　in 1864 presidential election 在1864年总统大选中,254
Chattanooga, battle of (1863) 查塔努加战役(1863年),231—234
Cheat Mountain, battle of (1861) 齐特山战役(1861年),97
Cherokee tribe 切罗基族印第安人
　involvement in war 参战,118
　in Pea Ridge, battle of 在皮里奇战役中,117—118
　removal of 消灭,27—28
　surrender of 投降,273
Chesnut, James 切斯纳特,詹姆斯,22
Chesnut, Mary 切斯纳特,玛丽,22
Cheyenne tribe 夏安族印第安人,118
Chickamauga, battle of (1863) 奇卡莫加战役(1963年),231
Chickamauga campaign (1863) 奇卡莫加战役(1963年),230—231
Choctaw Indians 乔克托族印第安人,159
Christianity. See religion; specific denominations 基督教(参见宗教,具体的宗教派别)
churches, black 教堂,黑人,312
cities. See urban areas 城市(参见城市地区)
citizenship 公民身份
　black veterans on 黑人退伍军人,161
　in Civil Rights Act 在《民权法案》中,291—292
　in Fourteenth Amendment 在《宪法第十四条修正案》中,292—293
　in Lincoln's Ten Percent Plan 在林肯的百分之十计划中,283—284
　in Wade-Davis Bill 《韦德—戴维斯法案》,284
civilians. See also home front 平民(参见后方)
　at Bull Run, first battle of 布尔伦河战役,第一次战役,93
　dissent among 意见分歧,192—194
　in guerrilla warfare 在游击战中,189—190
　life of, lack of change in 生活,缺乏变化,209
　opinions of war among 对战争的见解,89—90
　transition into military 过渡到战士,83
civil liberties 公民自由权;民权
　in Confederacy 在南部联盟,198
　in Union 在北方联邦,193
civil rights 民权
　in Civil Rights Act 在《民权法案》中,291—292
　in Fifteenth Amendment 《宪法第十五条修正案》,300—301
　in Fourteenth Amendment 《宪法第十四条修正案》,292—293,344
　in 1948 presidential election 在1948年总统大选中,365

Supreme Court on 最该法院,343,352
Civil Rights Act (1866) 《民权法案》(1866年),291—292
civil rights movement, centennial celebration and 民权运动,百年庆典,367—368
Civil War 内战
 cause of 原因
  Republicans as 共和党人,337—338
  slavery as 奴隶,16—17,139
  states' rights as 州权,359,369
 centennial of 100周年纪念活动,367—368
 costs of 成本,133
 end of era of 时代的终结,353
 forgetting of 遗忘,370
 legacy of 遗产,353,370—371
 memory of (See memory) 纪念(参见纪念)
 mythology of 神话,359
 as race war 作为种族战争,159
 unit identity 集体身份,84
Civil War Centennial Commission 内战百年纪念委员会,367—368
Civil War synthesis 内战的构成,55
Clansman, The (Dixon) 《同族人》(迪克森),366
class. See social class 阶级(参见社会阶级)
Clay, Henry 克莱,亨利
 in Compromise of 1850 《1850年妥协案》,45,47—48
 death of 死亡,53
 in Missouri Compromise 《密苏里妥协案》,29
 in Nullification Crisis 无效论危机,31
 on Polk 对波尔克的态度,39—40
 in 1844 presidential election 1844年总统大选,45
 Whig Party led by 领导的辉格党,42
Cleburne, Patrick 克利本,帕特里克,267
Clemens, Samuel L. 克莱门斯,塞缪尔·L.,202,221
Cleveland, Grover 克利夫兰,格罗弗,352
climactic battle 高潮对决,244—245,261
clothing. See uniforms 服装(参见军装)
Cobb, Howell 柯布,豪厄尔,267,282
Cockerill, Armistead T. M. 科克里尔,阿米斯特德·T. M.,169
coffee 咖啡,178
Cold Harbor, battle of (1864) 冷港战役(1864年),252

Colfax massacre (Louisiana) 科尔法克斯大屠杀(路易斯安那州),333
colonization of slaves 对奴隶进行海外殖民,32,140,143
Colorado, start of fighting in 科罗拉多州,开始参与战争,117
Colored Orphan Asylum 有色人种孤儿院,228
Colored Troops, Bureau of 有色人种军团,管理局,155
Colored Troops, U. S. 有色人种军团,美国,281
combat paralysis 战斗麻痹,252
combined operations, Union 联合行动,北方联邦,105,113—115
communication, army, unwieldiness of, 251—252
communities, in desertion 社区,擅离职守;当逃兵,240—241
community control 社会控制
 and Confederate nationalism 南部联盟民族主义,198—199
 in guerrilla warfare 在游击战中,186—187,198—199
companies, infantry 连队,步兵,84
Compromise of 1850 《1850年妥协案》,46f,47—48
 federal fugitive slave law in 联邦《逃亡奴隶法》,47,49—50,49f
Compromise of 1877 《1877年妥协案》,346—347
conciliatory war policy, of Union 愿意和解的战争政策,北方联邦的,96,126,168,190
Conduct of the War, Committee on the 战争行为,调查委员会,97
Confederate Brigadiers 南部联盟准将,289
Confederate Memorial Day 南部邦联阵亡将士纪念日,361,364
Confederate States of America 美利坚联盟国
 antigovernment sentiment in 反政府情绪,197
 centralization of 中央集权管理
  Davis on need for 戴维斯对需求的看法,194,195
  opposition to 反对,195—196
 collapse of 崩溃,270
 constitution of 宪法,76
  dissent in 意见分歧,194—198

economy of 经济,133—134
establishment of 制定,76
finances of 财政,133—134
flag of 国旗,368—369,368f
foreign relations of 外交关系,97—98,99,105—106,223—225
Gettysburg as turning point for 作为转折点的葛底斯堡战役,218
on guerrilla warfare 对游击战的看法,188—189
home front of 大后方,171—175,225,263
military of (See army; navy) 军队(参见陆军;海军)
nationalism in 民族主义,198—199
Native American relations with 与北美土著居民的关系,118
occupation of 占据
  at end of 1863 1863年底,233f
  Postwar 战后,286,320,336
political parties in 政党,195,254
population of 人口,81
presidential election for 总统大选,76
resources of 来源,81
Stephen's "Cornerstone Speech" (1861) 斯蒂芬斯的"奠基石演讲"(1861年),77
theaters of war in 战区,90—91
unionism in 联邦主义,81,196—197
upper South joining 南部偏北地区加入,81
Vicksburg as turning point for 作为转折点的维克斯堡战役,223
Confederate Subsistence Department 南部联盟给养部,179
Confederate Veteran 南部联盟退伍老兵,360
confiscation, of property 充公,财产,190—192,304
Confiscation Act, First (1861) 《第一充公法案》(1861年),141,142
Confiscation Act, Second (1862) 《第二充公法案》(1862年),144
Congress, Confederate. See also specific laws on black soldiers 国会,南部联盟(参见有关黑人战士的特别法),267
  Davis opposed by 戴维斯反对,254
  1863 elections for 1863年选举,226—227
Congress, U. S. See also specific laws 国会,美国(参见特别法)
  abolitionists in, gag rule on 废奴主义者,限制言论自由的规则,32—33
  black congressmen in 黑人国会议员,317,318
  at Bull Run, first battle of 布尔伦河战役,第一次战役,93
  Compromise of 1850 in 《1850年妥协案》,45—46,47—48
  Confederate representation in 南部联盟代表,289,290
  elections for (See congressional elections) 选举(参见国会选举)
  on emancipation 对解放黑奴的态度,144
  Johnson's impeachment by 弹劾约翰逊,296—298,297f
  on KKK 关于三K党,336
  in 1876 presidential election 在1876年总统大选中,346
  Reconstruction plans of 重建计划,289—296
    Civil Rights Act in 《民权法案》,291—292
    committee on 委员会,289—290
    Fifteenth Amendment in 《宪法第十五条修正案》,300—301
    Fourteenth Amendment in 《宪法第十四条修正案》,292—293
    vs. Johnson's plan 对约翰逊的重建计划,289—290,291—292
    radical 激进派,289,290—291,295—293
    Wade-Davis Bill in 《韦德—戴维斯法案》,284—285
  on *Trent* affair 对"特伦特号"事件的态度,106
congressional elections 国会选举
  Confederate, of 1863, 南部联盟,1863年,226—227
  U. S. 美利坚合众国
    of 1848 1848年,45
    of 1854 1854年,53—55,54f
    of 1858 1858年,64
    of 1862 1862年,129—130
    of 1864 1864年,265
    of 1865 1865年,289
    of 1866 1866年,293
    of 1874 1874年,343
    of 1878 1878年,343
    black candidates in 黑人候选人,317,318
Congressional Reconstruction 重建国会,295—296,295f
Conkling, Roscoe 康克林,罗斯科,290

Connecticut 康涅狄格州
　　abolitionist movement in, resistance to 废奴主义运动,抵制,34
　　slavery in 蓄奴制度,21
Conscience Whigs 良心辉格党人,45
conscription 征兵
Confederate 南部联盟,122
　　desertion linked to 与之相关的擅离职守,240
　　opposition to 反对,122,227—229
　　protests and riots against 抗议和暴乱,227—229
　　Union 北方联邦,122,227—229
Conscription Act (1863) 《征兵法案》(1863年),227
conservatism 保守主义
　　fatalistic, of Lincoln 宿命论的,林肯,140
　　slavery in 蓄奴制度,21
Conservative Party, origins of 保守党,起源,335,339
Constitution, U. S. See also Fourteenth Amendment 宪法,美国(参见《宪法第十四条修正案》)
　　Fifteenth Amendment to 《宪法第十五条修正案》,300—301,353
　　impeachment in 弹劾,296—298
　　in Nullification Crisis 无效论危机,29—31
　　slavery in 蓄奴制度,19—20
　　Thirteenth Amendment to 《宪法第十三条修正案》,153,289,353
constitution(s), state 宪法,州立
　　black political role in 黑人在政治中的作用,317
　　in Johnson's Reconstruction plan 约翰逊制定的重建计划,288
　　in Lincoln's Ten Percent Plan 在林肯的百分之十计划中,283
　　in Radical Reconstruction 激进派制定的重建计划,296
　　in Wade-Davis Bill 《韦德—戴维斯法案》,284
Constitutional Convention (1787) 制宪会议(1787年),19—20,19f
Constitutional Union Party 立宪联邦党,67
contraband camps 违禁品营,148f,150f,311f
convict lease system 囚犯出租制度,333
Conway, Moncure 康威,孟科,6

Cooke, Chauncey 库克,昌西,178
Cooke, Jay 库克,杰伊,134,342—343
Cooper, James 库珀,詹姆斯,90
Cooper Union address (1860) 库伯联盟学院演说(1860年),7
Copperheads, dissent by 铜头蛇;美国内战时同情南方的北方人,意见分歧,192—193. See also Democratic Party(参见民主党)
cordon defense, in Confederate border strategy 封锁防御,南部联盟的边疆战略,109,113
corduroy roads (将树干并排横铺于湿软的地面而成的)木排路,221
Corinth, battle of (1862) 科林斯战役(1862年),132,168—169
"Cornerstone Speech" (1861), Stephens' "奠基石演讲"(1861年),斯蒂芬斯,77
corps, infantry 军团,步兵,84
corruption, political 腐败,政治中的
　　in Gilded Age 镀金时代,321
　　in Grant administration 格兰特政府,341
　　in 1876 presidential election 在1876年总统大选中,346
　　public opinion of 公众舆论,53
　　in railroad construction 铁路建设,326—327
　　in Supreme Court 最高法院,62
Cotton 棉花
　　in Confederate foreign relations 在南部联盟外交关系中的作用,97—98
　　cultivation of 种植
　　expansion of 扩张,24—26
　　mechanization of 机械化,26,347
　　sharecropping in 交谷租种制,348
　　slaves in 蓄奴制度,25f, 26
　　in Red River campaign 在红河战役中,246
Cotton, John W. 科顿,约翰·W.,89
cotton gin 轧棉机,24,324
courage, of soldiers 勇气,战士,87
court cases 法庭的案件
　　on Harpers Ferry raid 有关袭击哈珀斯费里事件,1,4—5,5f, 7f
　　on Lincoln's assassins 有关林肯遇刺,280
　　postwar 战后,281—282,283f
　　on war crimes 有关战争罪,281—282
Cox, Jacob 考克斯,雅各布,169
Cracker Line 饼干运输线,232

Crandall, Prudence 克兰德尔,普鲁登斯,34
Crater, battle of the (1864) 克雷特战役(1864年),158
Credit Mobilier 动产信用公司,341
Creek tribe 克里克印第安人部落,118
Crews, Harry 克鲁斯,哈利,331
Crittenden, John J. 克里坦登,约翰·J.,67,77
Crittenden Compromise 《克里坦登妥协案》,77
Croker, F. M. 克罗克,F. M.,263
Cromwell, Bessie 克伦威尔,贝茜,260
crop-lien system 作物留置权制度,325—326
Cruikshank, U. S. v. 联邦政府诉克鲁克尚克案,301,343
Cuba 古巴
　　emancipation in 解放,60
　　U. S. plan for acquisition of 美国计划收购古巴,60—61
cultural grief 文化的悲哀,238
cultural nationalism 文化民族主义,49
Culture 文化
　　Political 政治
　　　　definition of 定义,43
　　　　women in 女性,43—44
　　　　in political party realignment 在政党重组中,55—56
　　popular, memory of war in 大众,纪念战争,366—367
Cumberland, Army of the 坎伯兰,军团,168,230—231. See also specific battles(参见具体战争)
Cumberland Gap, in Kentucky campaign 坎伯兰山口,在肯塔基州战役中,131
Cumberland River, strategic value of 坎伯兰河,战略价值,113
currency, Confederate 货币,南部联盟,133,270,304
　　in depression of 1873 在1873年经济大萧条中,342
　　Union 北方联邦,134
Curtis, Samuel R. 柯蒂斯,塞缪尔·R.,117
Cushman, Pauline 库什曼,波林,204
Custer, Elizabeth Bacon 卡斯特,伊丽莎白·培根,362—363
Custer, George A. 卡斯特,乔治·A.,85

Daly, Maria 达利,玛丽亚,89,94

dark horse candidates 黑马候选人,39
Davis, David 戴维斯,戴维,346
Davis, Henry Winter 戴维斯,亨利·温特,284—285
Davis, Jefferson 戴维斯,杰佛逊
　　and Andersonville prison camp 安德森维尔监狱,281
　　and Atlanta campaign 在亚特兰大战役中,255,257
　　Beauregard fired by 博雷加德遭戴维斯解职,121
　　on black soldiers 对黑人战士的态度,267—268
　　on Bragg's command 对布拉格担任指挥官的态度,170
　　in Bull Run, first battle of 布尔伦河战役,第一次战役,92,94
　　career of, pre-political 生涯,从政前,195
　　dissent and 持不同政见,194
　　and 1863 elections 与1863年选举,226
　　election to presidency 当选总统之职,76
　　finances of 财政状况,270
　　flight and capture of 逃跑和被捕,273,303
　　foreign relations under 外交关系,97—98
　　in Fort Sumter crisis 在萨姆特堡危机中,79—80
　　on guerrilla warfare 对游击战的看法,188,189,268
　　health problems of 健康问题,195
　　inaugural address 就职演说,76
　　on Johnston's (Joseph) command 对约翰逊(约瑟夫)的命令,255
　　on Johnston's (Sidney) command 对约翰逊(西德尼)的命令,119
　　on Kentucky's strategic value 肯塔基州的战略价值,112
　　on Lee's command 给李下达命令,125,216
　　Lincoln compared to 与林肯比较,194—195
　　and Lincoln's assassination 与林肯遇刺时间,273,282
　　on Missouri battles 密苏里州的战役,110,112
　　move to Richmond 迁都到里士满,81
　　navy under 领导下的海军,99—101
　　pardon granted to 赋予赦免,299
　　on peace, desire for 和平,希望,91

on peace negotiations, at Hampton Roads, 和平谈判,汉普顿锚地,266—267
personal opposition to 个人反对,195—196,227,254
plantations of, freed blacks on 种植园,自由黑人,150—151
political parties and 政党,195,254
on prisoner of war exchanges 交换战犯,160
weaknesses of 缺点,194—195
in western Virginia campaign 在西弗吉尼亚州战役中,97
Davis, Jefferson C., black refugees following 戴维斯,杰佛逊.C.,黑人难民,149
Davis, Joseph, plantations of, freed blacks on 戴维斯,约瑟夫,种植园,自由黑人,152
Davis, Varina 戴维斯,瓦里纳,81,195
Davis Bend (Mississippi) 戴维斯本德半岛(密西西比州),152
Dawes, Rufus R. 道斯,鲁弗斯·R.,175
"Dead of Antietam" exhibition (1862) "安提坦战役死亡"图片展,130f,131
death. See also casualties 死亡(参见伤亡人员)
religious rituals of 宗教仪式,87—88
De Bow, J. D. B. 德鲍,詹姆斯·邓伍迪·布朗森,8
debt, national 债务,国家的,134
Declaration of Independence in abolitionist movement 废奴主义运动中的《独立宣言》,33
and slavery 蓄奴制度,18
Declaration of Sentiments 《感伤宣言》,32
Declaration of the Rights of Man,《人权宣言》19
Decoration Day 纪念日,363
deep South, secession of 南端各州,脱离联邦,76
defeatism, in 1864 elections 失败主义,1864年系列选举中,254
Delaware, disintegration of slavery in 特拉华州,蓄奴制度的瓦解,153
DeLeon, Edwin 德莱昂,埃德温,49
Democracy 民主
definition of 定义,42
Gilded Age of 镀金时代,321
political parties on 政党,42
Democratic Party 民主党
Antietam campaign and 安提坦战役, 129—130
Bourbons in 波旁民主党人,327, 335—336
in Compromise of 1877 《1877年妥协案》,346
in congressional elections 在国会选举中
of 1854 在1854年,53—55,54f
of 1866 在1866年,293
of 1874 在1874年,343
and conscription 征兵,227
1860 Convention of 1860年民主党大会,66—67
Copperheads in 铜头蛇,192—193
decline of 民主党的衰落,53—55
disenfranchisement by 剥夺公民权,348—349
Democratic Party (continued) 民主党(续)
dissent in 持不同政见,192—194
on Emancipation Proclamation 对《解放奴隶宣言》的态度,146
ideals of 理想,42,337
on Johnson (Andrew) 对约翰逊(安德鲁)的态度,287
on Kansas constitution 对堪萨斯宪法的观点,64
on Kansas-Nebraska Bill 对《堪萨斯—内布拉斯加法案》的观点,52
leadership void in 领导职位空缺,53
on Lincoln's Ten Percent Plan 关于林肯的百分之十计划,284
memory in, politics of 纪念,政治学,365
Peace Democrats in 和平民主党员,89, 192—193
platform of, slavery in 政治纲领,蓄奴制度,66
in presidential elections 在总统大选中
of 1848 在1848年,44—45
of 1852 在1852年,48—49
of 1856 在1856年,61—62
of 1860 在1860年,66—70
of 1864 在1864年,254,265—266
of 1868 在1868年,299,338—339
of 1872 在1872年,342
of 1876 在1876年,346
of 1884 在1884年,352
of 1948 在1948年,365
in Radical Reconstruction 激进派提出的重建计划,296
in Reconstruction-era South 处在重建时

期的南方, 327
  northern opinion of 北方人的观点, 337—338
  White Line movement in 白线组织, 335
  white supremacy of 白人优越主义, 330—331, 335—339
  Redeemers in (See Redeemers) 救赎者(参见救赎者)
  religion and 宗教, 43
  in 1863 state elections 在1863年州选举中, 226—227
  War Democrats in 民主党的主战派, 192, 254
  women in 女性党员, 51
  Young America movement in "年轻美国"运动, 49
Democratic-Republican Party 民主共和党, 42
Democratic Review (journal) 《民主评议》(杂志), 49
Dennison, William 丹尼森, 威廉, 95
desertion 擅离职守; 当逃兵, 240
  by black soldiers 黑人战士, 156
  clemency for 宽容, 266
  community role in 社会的作用, 240
  families' role in 家庭发挥的作用, 241—242, 265
  rates of 比率, 240, 241, 263, 266
  reasons for 原因, 240
  and soldier motivation 战士的动机, 88
diarrhea 腹泻, 177
Dicey, Edward 戴西, 爱德华, 83
Dickinson, Emily 狄金森, 艾米莉, 227
diet 饮食
  on home front 在后方, 171—172
  of soldiers 战士的, 176f, 178—179
diplomacy. See foreign relations 外交(参见外交关系)
discrimination. See prejudice; racism 歧视。参见偏见; 种族主义
disease, in soldiers 疾病, 战士, 177—178, 177f
disenfranchisement 剥夺公民权
  by Democrats 民主党人, 347, 348—349
  legislation banning 禁止剥夺公民权的法律, 300—301, 348
  legislation codifying 法律编纂, 349
  methods of 方法, 301, 349
dissent 意见分歧

  in Confederacy 在南部联盟, 194—198
  in Union 在北方联邦, 192—194
District of Columbia. See Washington, D. C. 哥伦比亚特区(参见华盛顿特区)
districts, military, in Reconstruction 区, 军事, 在重建时期, 295f, 296
divisions, infantry 师, 步兵, 84
Dix, Dorothea 迪克斯, 多萝西娅, 205—206
Dixiecrats 南部各州的民主党党员, 365
Dixon, Thomas 迪克森, 托马斯, 366
domestic servants, after war 家仆, 内战结束后, 305—306, 315
Douglas, Stephen A. 道格拉斯, 史蒂芬·A.
  in Compromise of 1850 《1850年妥协案》, 47—48
  on Kansas constitution 对于堪萨斯宪法的态度, 64
  in Kansas-Nebraska Bill 《堪萨斯—内布拉斯加法案》, 52—53
  Lincoln's debates with 与林肯之间的论战, 65—66, 338
  monument to 纪念碑, 293
  in 1852 presidential election 在1852年总统大选中, 48—49
  in 1860 presidential election 在1860年总统大选中, 66—70
  on white supremacy 对白人优越主义的态度, 338
Douglass, Frederick 道格拉斯, 弗雷德里克
  on black suffrage 关于黑人选举权的态度, 300
  Brown (John) and 布朗(约翰), 4, 6
  on emancipation 对解放黑奴的态度, 145
  on Lincoln's views of slavery 对林肯对待蓄奴制度态度的看法, 140—141
  on memory of war 纪念战争, 364
Downing, George A. 唐宁, 乔治·A., 153
draft. See conscription 征兵(参见征兵)
draft dodgers 躲避服兵役的人, 227
draft riots 征兵法案引发的暴乱, 227—229, 229f
Dred Scott v. Sanford 德雷德·史考特对战桑福德, 62—63, 63f, 292
drills, in soldier life 军事训练, 在战士生活中, 175
Du Bois, W. E. B. 杜波依斯, W. E. B., 370
Dunmore, Lord 邓莫尔, 勋爵, 18
du Pont, Samuel F. 杜邦, 塞缪尔·F., 105
duty, soldiers motivated by 责任感, 战士的

索 引 501

参战动机,86—87,89
Duval, Bettie 杜瓦尔,贝蒂,93

Early, Jubal 尔利,具伯
   in Bull Run, first battle of 布尔伦河战役,第一次战役,93
   on Lost Cause ideology 有关败局命定的理论,360
   in Valley campaigns 在峡谷战役中,257
Eastern Theater 东部战区,90
   maps of battles in 战役地图,124f,250f
Eastman, Mary 伊斯门,玛丽,51
economic depression 经济低迷,64,342—343
Economy 经济
   of Confederacy, weaknesses of 南部联盟,弱点,133—134
   costs of war in 战争令经济付出的代价,133
   of North 北方经济,14
      Postwar 战后经济,323—324,340
      slavery in 蓄奴制度,21
   Panic of 1857 in 1857年恐慌,64—65
   Panic of 1873 in 1873年恐慌,327,342—343
   postwar expansion of 战后经济的发展,340
   of Reconstruction-era South 南方重振经济的时代,304—306,323—327
      mechanization in 现代化,323—324
      poverty in 贫困,347—349,348f
      problems facing 面临的问题,304—306,323
      railroads in 铁路,326—327
      sectional differences in 地区性差异,323—324,340
   revolutions in 革命,11—13
   of Union 北方联邦,134—135
Edmonds, Amanda Virginia 埃德蒙兹,阿曼达·弗吉尼亚,8
Edmonds, Sarah 埃德蒙兹,莎拉,204
Edmondston, Catherine Anne 埃德蒙斯顿,凯瑟琳·安妮,284
Education 教育
   for free blacks 自由黑人的教育,150,150f,312—313,313f,318
   for white officers in black regiments 黑人军团中的白人军官,155
Eggo, James 艾格,詹姆斯,105

Eisenhower, Dwight D. 艾森豪威尔,德怀特·D.,367
elections. See congressional elections; presidential election; state elections 选举(参见国会选举;总统大选;全国选举)
Elk Horn Tavern, battle of. See Pea Ridge 麋鹿角酒馆战役(参见皮里奇战役)
Ellet, Charles, Jr. 埃利特,查尔斯,小 103
Ellet Ram fleet 埃利特打造的装有金属撞角的战舰组成的舰队,104
Ellis, John W. 埃利斯,约翰·W.,9
Emancipation 解放黑奴
   commemoration of 纪念仪式,363—364
   compensation to owners for 对奴隶主的补偿,143
   in Cuba 在古巴,60
   foreign reactions to 国外的反应,146,224
   by Frémont 弗里蒙特提出的,142—143
   limits on 局限性,147
   in Lincoln's Ten Percent Plan 在林肯的百分之十计划中,283—284
   Lincoln's views of, evolution of, 林肯对解放黑奴的观点,该观点的变化 140—141,144
   Republican ambivalence on 共和党摇摆不定的态度,56,139—140
   self-, by slaves 自我解放,奴隶,147,147f
   in Union states 在联邦各州,153
   in Union war strategy 联邦的战略措施,126—127,130
   in Washington, D. C. 在华盛顿特区,143
Emancipation Day 解放日,364
Emancipation Proclamation (1863) 《解放黑人奴隶宣言》,145
   black soldiers after 黑人战士,146
   foreign reactions to 国外的反应,146,224
   issuance of 颁布,130,145
   limits of 局限性,147
   northern reactions to 北方的反应,147
   southern reactions to 南方的反应,146
Emerson, Ralph Waldo 爱默生,拉尔夫·瓦尔多
   on emancipation 对解放黑奴的态度,145
   on Harpers Ferry raid 对袭击哈珀斯费里的态度,5—6
   employment 雇佣
      in depression of 1873 1873年经济大萧条,342—343
      in identity of unionists 联邦主义者的身

份,196
of women 女性
　after war 战后,323—324
　during war 战争期间,207—208
Enemy Aliens Act (1861)《敌对外侨法案》(1861年),198
Enfield rifles 恩菲尔德步枪,180
Enforcement Acts (1870—1871)《强制执法法案》(1870—1871年),301
England. See Britain 英国(参见英国)
equality 平等
　in American Revolution 在美国独立革命中,18—19
　Supreme Court on 最高法庭,352
　white supremacy rejecting 白人优越主义拒绝,330
Equiano, Olaudah 艾奎亚诺,奥拉达,17
equipment, soldier 战略装备,战士,179
Ericsson, John 埃里克森,约翰,103,104
Erlanger, Frederick 厄兰格,弗雷德里克,223
espionage. See spies 间谍(参见间谍)
ethnic issues, in political party realignment 种族问题,在政党重组中,55
Europe 欧洲
　on American identity 对美国身份的态度,12,13f
　Confederate relations with 南部联盟与欧洲的关系,97—98,223—225
　slave trade in 奴隶贸易,17
　Union relations with 北方联邦与欧洲的关系,98—99
evangelicalism 福音派的教义
　in political culture 在政治文化中,43
　of Second Great Awakening 第二次大觉醒运动,20
Everett, Edward 埃弗雷特爱德华,234
Everts, William M. 埃弗茨,威廉·M.,298
Ewell, Richard S. 尤厄尔,理查德·S.
　in Gettysburg, battle of 在葛底斯堡战役中,216
　in Spotsylvania Court House, battle of 在斯波齐尔韦尼亚县府战役中,251
Ewing, George Henry 尤因,乔治·亨利,174,176
Ewing, Thomas, Jr. 尤因,托马斯,小,201
execution 处决
　of black soldiers 黑人士兵,156,158—159

of Lincoln's assassins 林肯的刺客,280
　for war crimes 因为战争罪,281,282f
exhaustion, war of 消耗战,245—246,257
Ezra Church, battle of (1864) 埃兹拉教堂,战役(1864年),255

Fabian tactics 费边主义战术(拖延战术),255
factories, women employed at 工厂,女性雇工,207
"Faded Coat of Blue, The" (song)《褪色的蓝军装》(歌曲),237
Fair Oaks, battle of (1862) 费尔奥克斯战役(1862年),125
families 家庭
　of black freedmen, reuniting of 自由黑人,团圆,309—310
　of black soldiers 黑人战士,156
　charitable assistance for 慈善资助,207
　in desertion 擅离职守;当逃兵,241—242,266
　effects of war on 战争对家庭的影响,171—173
　on home front, experience of 后方,经历,171—173
　in soldier motivation 战事参军的动机,89
Farragut, David G. 法拉格特,大卫·G.
　and Fourteenth Amendment《宪法第十四条修正案》,293
　in New Orleans, battle of 新奥尔良战役,121
　in Vicksburg campaign 在维克斯堡战役中,218—221
Far West, start of fighting in 西部腹地,战事开始,115—118
fatalistic conservatism, of Lincoln 宿命论的保守主义,林肯的,140
federal government 联邦政府
　centralization of, benefits of 中央集权管理的,种种好处,133
　postwar expansion of power 战后权利的扩张,321—322
　Whig Party on 辉格党,42
　women employed by 雇用的女性,207,207f
feminism. See women's movement 女权主义(参见妇女运动)
Ferguson, Champ 弗格森,钱普,281
Fessenden, William Pitt 费森登,威廉·皮

索引 503

特,289
Field, Marshall 菲尔德,马歇尔,323
Fifteenth Amendment 《宪法第十五条修正案》
  legacy of 遗产,353
  passage of 通过,300—301
filibusters, in Latin America 海盗,在拉丁美洲,60,61
Fillmore, Millard 菲尔莫尔,米勒德
  in Compromise of 1850 《1850年妥协案》,47—48
  in Know-Nothing Party 在一无所知党,56
  presidency of 总统职位,47
  in 1852 presidential election 在1852年总统大选中,48—49
  in 1856 presidential election 在1856年总统大选中,61—62
films, and memory of war 电影,纪念战争,366—367
fire-eaters 吞火者
  after Harpers Ferry raid 哈珀斯费里袭击事件发生后,66
  at Nashville Convention 在纳什维尔大会上,48
fires 火战
  in Atlanta campaign 在亚特兰大战役中,288f
  in Richmond, fall of 里士满陷落,270,270f
  in Wilderness, battle of 在莽原之役中,249f,248
Fisher, Sidney George 费希尔,西德尼·乔治,44
Fisk, Jim 菲斯克,吉姆,341
Fitzhugh, George 菲茨休,乔治,36
Five Forks, battle of (1865) 五岔口战役(1865年),270
flag, Confederate 军旗,南部联盟,368—369,368f
Flanagin, Harris 哈里斯,弗拉纳金,199
Flintoff, John 弗林托夫,约翰,22
Florida 佛罗里达州
  acquisition of 收购,36
  black political candidates in 黑人政治候选人,317—318
  secession of 脱离联邦,76
Floyd, John B. 弗洛伊德,约翰·B.
  in Fort Donelson, battle of 在唐纳尔逊堡战役中,114—115

in western Virginia campaign 在西弗吉尼亚战役中,97
Foner, Eric 方纳,埃里克,370
food shortages, southern 食物短缺,南方
  in army 在军队里,178—179
  on home front 在后方,171—172,225,264
Foote, Andrew Hull 富特,安德鲁·赫尔
  in Fort Donelson, battle of 在唐纳尔逊堡战役中,113—115
  in Fort Henry, battle of 亨利堡战役,113—115
  gunboats under 炮舰,105,113
foraging 搜寻,178,190,191f
Force Act (1832) 《军力动员法》,31
Force Bill (1890) 《武力法案》(1890年),348
foreign relations 外交关系
  of Confederacy 南部联盟,97—98,99,223—225
  Emancipation Proclamation and 《解放黑人奴隶宣言》,146
  under Pierce, mistakes of 在皮尔斯政府的领导下,所犯的一连串错误,60—61
  of Union 北方联邦,98—99,105—106
Forrest, Nathan Bedford 福雷斯特,内森·贝德福德,85
  in Fort Donelson, battle of 在唐纳尔逊堡战役中115
  in Fort Pillow, battle of 在皮洛堡战役中,158,159f
  in Kentucky campaign 在肯塔基州战役中,131
  and lynchings 私刑,332
Fort Blakely, battle of (1865) 布莱克利堡战役(1865年)159
Fort Donelson, battle of (1862) 唐纳尔逊堡战役(1862年),113—115,200
Fort Henry, battle of (1862) 亨利堡战役(1862年),113—114
Fort Pillow, battle of (1864) 皮洛堡战役(1864年),158—159,159f
Fort Stedman, battle of (1865) 斯特德曼堡战役(1865年),270
Fort Wagner, battle of (1863) 瓦格纳堡战役(1863年),157—158
Fourteenth Amendment 《宪法第十四条修正案》,292—293
  legacy of 遗产,353
  ratification of 正式批准,296

Supreme Court on 最高法院的态度, 292,
  343, 352
vague language of 含糊不清的表达, 340
Fox, Gustavus V. 福克斯, 古斯塔夫·
  V. 103
fraise 障碍物, 264f
France 法国
  Confederate relations with 南部联盟和法国的关系, 97—98, 223—224, 225
  Emancipation Proclamation and 《解放黑人奴隶宣言》, 146
  Union relations with 北方联邦和法国的关系, 99
Franklin, battle of (1864) 富兰克林战役 (1864 年), 261
Franklin, Benjamin 富兰克林, 本杰明, 20
Fredericksburg, first battle of (1862) 弗雷德里克斯堡, 第一次战役 (1862 年), 164—168, 165f, 170, 201, 211
freedmen. See blacks 自由 (参见黑人)
Freedmen's Bureau 自由民局
  establishment of 建立, 152, 310
  in Reconstruction 在重建时期, 273, 291, 292, 310—312, 314f
freedom 自由
  in Civil Rights Bill 《人权法案》, 291
  of speech (See speech) 演说 (参见演说)
free labor 自由劳动力, 311
Free-Soil Party 自有土地党
  on Kansas-Nebraska Bill 《堪萨斯—内布拉斯加法案》, 52
  in 1848 presidential election 在 1848 年总统大选中, 44—50
  in 1852 presidential election 在 1852 年总统大选中, 48—49
  on prohibition 对禁酒令的态度, 55
Free Speech (newspaper) 《自由言论报》(报纸), 350
Frémont, Jessie 弗里蒙特, 杰西, 62
Frémont, John C. 弗里蒙特, 约翰·C., 152f
  emancipation by 解放, 142—143
  Lincoln's firing of 林肯令其卸任, 142
  martial law declared by 宣布戒严令, 112, 142
  in 1856 presidential election 在 1856 年总统大选中, 61—62, 66
  in 1864 presidential election 在 1864 年总统大选中, 254, 265

French Revolution 法国大革命, 18
frontal assaults 边境袭击, 181—182
fugitive slaves 逃亡奴隶
  federal law on 联邦法律
    in Compromise of 1850 《1850 年妥协案》, 47, 49—50, 49f
    in Lincoln's inaugural address 林肯的就职演说, 78—79
    opposition to 反对, 49—50, 49f
  Union treatment of 北方联邦的对待方式, 141, 143

Gadsden Purchase 加兹登购地, 51
gag rule, on abolitionists in Congress 限制言论自由的规则, 国会里的废奴主义者 33
Galveston, battle of (1863) 加尔维斯敦战役, 211
GAR. See Grand Army of the Republic 联邦退伍军人协会
Garfield, James 加菲尔德, 詹姆斯
  in Congress 在国会, 346, 347
  on disease among soldiers 对军队中的流行病的看法, 178
Garnet, Henry Highland 加尼特, 亨利·海兰德, 6
Garrison, William Lloyd 加里森, 威廉·劳埃德
  in abolitionist movement 在废除蓄奴制度的运动中, 32—33, 34—35
  on fugitive slave law 对《逃亡奴隶法》的态度, 50
  on Harpers Ferry raid 对袭击哈珀斯费里的态度, 6
  pacifism of 和平主义, 35
Gee, John 吉, 约翰, 281
Georgia. See also specific battles 佐治亚州 (参见具体的战役)
  Andersonville prison camp in 安德森维尔监狱, 281—282
  Confederate flag in 南部联盟旗帜, 368—369
  secession of 脱离联邦, 76
  unionism in 联邦主义, 81
German immigrants 德国移民, 110
gerrymandering 本党利益改划选举区分, 不公正操纵, 318
Gettysburg, battle of (1863) 葛底斯堡战役 (1863 年), 216—218, 217f, 244
  1913 commemoration of 1913 年纪念活

动, 358—359
Gettysburg Address (1863) 葛底斯堡演讲 (1863 年), 234—235, 235f
Gettysburg campaign (1863) 葛底斯堡战役 (1863 年), 215—218
Gibbs, Jonathan 吉布斯, 乔纳森, 318
Gibbs, Mifflin 吉布斯, 米夫林, 318
Gideon's Band 勇士之团, 150
Gilded Age 镀金时代, 321
Glorieta Pass, battle of (1862) 格洛列塔山口战役 (1862 年), 117
Godkin, E. L. 戈德金, E. L., 341
gold, in California 黄金, 加利福尼亚, 40
gold market, political corruption in 黄金市场, 政治腐败, 341
gold standard, in depression of 1873 金本位制, 1873 年经济萧条, 343
Gone with the Wind (film) 《乱世佳人》(电影), 366—367
Goodyear, Charles 古德伊尔, 查尔斯, 12
Gosport Navy Yard 戈斯波特海军造船厂, 101, 123
Goss, Warren 戈斯, 沃伦, 83
Gould, Jay 古尔德, 杰伊, 341
government girls 在政府部门工作的女性, 207, 207f
governors 州长
 in Johnson's Reconstruction plan 在约翰逊提出的重建计划中, 288
 in Wade-Davis Bill 《韦德—戴维斯法案》, 285
Gradualism 渐进主义者
 in abolitionist movement 在废奴主义运动中, 32, 35
 in emancipation, Lincoln on 解放黑奴, 林肯, 142
Grady, Henry W. 格雷迪, 亨利·W., 330
Grand Army of the Republic (GAR) 联邦退伍军人协会, 362—364, 364
grandfather clauses 祖父条款, 301, 349
Grant, Fred 格兰特, 弗雷德, 244
Grant, Ulysses S. 格兰特, 尤利西斯·S., 245f
 in Appomattox Court House, battle of 在阿波马托克斯法院战役中, 270—271
 as army commander, installment of 陆军司令, 任职, 221, 234
 and Atlanta campaign 在亚特兰大战役中, 255

 in Belmont, battle of 贝尔蒙战役, 113
 black soldiers under 率领的黑人战士, 157
 in Chattanooga, battle of 在查塔努加战役中, 232—234
 in Cold Harbor, battle of 在冷港战役中, 252
 Confederate strategy against 南部联盟的战略, 119
 and 1874 congressional elections 1874 年国会选举中, 343
 in Crater, battle of the 在克雷特战役中, 158
 on Fifteenth Amendment 《宪法第十五条修正案》, 300
 in Fort Donelson, battle of 在唐纳尔逊堡战役中, 113—115
 in Fort Henry, battle of 亨利堡战役, 113—114
 and Fourteenth Amendment 《宪法第十四条修正案》, 293
 as general-in-chief, appointment of 总司令, 任命, 244
 grand strategy of 伟大的军事战略, 244—245
  bogging down of 深陷, 248
  exhaustion in 消耗战, 245—246
  siege warfare in 围困战, 254
 headquarters of 司令部, 248
 and Johnson's secretary of war 约翰逊的战争部长, 297
 Lee's surrender to 李投降, 271
 on Meade 对米德的观点, 216, 248
 in memory of war 纪念战争, 366
 in Missionary Ridge, battle of 在传教士岭, 战役中, 232—234
 on Nashville, battle of 纳什维尔战役, 261
 in Overland campaign 在欧弗兰战役中, 249—252
 in Petersburg, siege of 在彼得斯堡围困战中, 253, 270
 popularity of 受欢迎程度, 244
 in 1868 presidential election 在 1868 年总统大选中, 299—300
 in 1876 presidential election 在 1876 年总统大选中, 344
 on prisoner of war exchanges 交换战俘, 160
 on Rosecrans 在罗斯克兰斯问题上, 168

scandals in administration of 管理中的丑闻,341
on Sherman's march to the sea 谢尔曼率军向海洋进发,260
in Shiloh, battle of 夏伊洛战役,120
in Vicksburg, battle of 在维克斯堡战役中,222—223
in Vicksburg campaign 在维克斯堡战役中,211,218—221
and white supremacy 白人优越主义,336—337
in Wilderness, battle of 在莽原之役中,248—249
Grant, Ulysses S., III 格兰特,尤利西斯·S.,三世,367
Gray, Thomas 格雷,托马斯,31
Great Awakening, Second 第二次大觉醒运动,20
Great Britain. See Britain 大不列颠。(参见英国)
Greeley, Horace 格里利,霍勒斯,340f
death of 死亡,342
draft riots and 征兵法案引发的暴乱,228
on Gosport Navy Yard 对戈斯波特海军造船厂大火的态度,101
Lincoln's letter to 林肯的信,145
on postwar economy 战后经济,340
in 1872 presidential election 在1872年总统大选中,342
Green, Tom 格林,汤姆,116
Greenback Party 绿币党,343
greenbacks 美元,史称"绿币",134,343
Greenhow, Rose 格里诺,罗斯,93,204
Grierson, Benjamin H., in Vicksburg campaign 格里尔森,本杰明·H.,在维克斯堡战役中,221—222
Griffith, D. W. 格里菲斯,D. W.,366
Grimké, Angelina 格里姆克,安吉丽娜,35
Grimké, Sarah 格里姆克,莎拉,35
Guadalupe Hidalgo, Treaty of (1848)《瓜达卢佩—伊达尔戈条约》(1848年),40
guerrilla warfare 游击战,184—190,185f,187f
in Arkansas 在阿肯色州,117
and bitterness after war 战后的痛苦,283
community control in 社会控制,186—187,198—199
and Confederate nationalism 与南部联盟的民族主义,198—199

Confederate position on 南部联盟的立场,188—189,268
end of 终止,273,303
extent of 程度,184—186
impact of 影响,188
in Kentucky 在肯塔基州,131
Lee's veto of 李投了否决票,268
military use of 军事用途,186,187—188
in Missouri 在密苏里州,110—112,186,187—188
in North vs. South 在北方和南方,186
outlawry in 非法行径,187—188
in Tennessee 在田纳西州,186,187f
types of 各种类型,186—188
unionism causing 联邦主义导致,81
Union response to 北方联邦的反应,189—190
in Virginia 在弗吉尼亚州,186
in West Virginia 在西弗吉尼亚州,97
women in 女性,204
gunboats 炮艇,105,113—115. See also ironclads(参见铁甲舰)

habeas corpus 人身保护权
Davis' suspension of 戴维斯暂缓实施,194,195
Lincoln's suspension of 林肯暂缓实施,193
Haiti, revolution in 海地革命,18
Hale, Sarah Josepha 黑尔,萨拉·约瑟法,238
Hale, Stephen F. 黑尔,史蒂芬·F.,76
Halleck, Henry W. 哈勒克,亨利·W.
on emancipation 对解放黑奴的态度,147
as general-in-chief 担任总司令
appointment of 任命,127
removal of 解除职务,244
Hooker's bickering with 跟胡克的争执,215
in Kentucky campaign 在肯塔基州战役中,131
and Rosecrans 与罗斯克兰斯,168
Hamilton, Alexander 汉密尔顿,亚历山大 40
Hamlin, Hannibal 哈姆林,汉尼拔,286
Hammond, James Henry 哈蒙德,詹姆斯·亨利,23—24,36
Hampton, Wade 汉普顿,韦德,336
Hampton Roads Conference (1865) 汉普顿

锚地会议(1865年),266—267
Hancock, Winfield Scott 汉考克,温菲尔德·斯科特,251
Harlan, John Marshall 哈伦,约翰·马歇尔,352—353
Harpers Ferry raid 袭击哈珀斯费里,1—9,2f,3f
　　abolitionist reaction to 废奴主义者的反应5—8
　　influence on start of war 对内战爆发的影响,1,6,66
　　military failure of 军事上的失败,3—4
　　political effects of 政治影响,6—7
　　as political victory 政治上的胜利,3—4
　　Republican Party on 共和党的态度,6—7,8,66
　　slaves in 奴隶,3—4
　　southern reaction to 南方的反应,8—9
　　trial for 审判,1,4—5,5f,7f
Harper's Weekly 《哈珀周刊》,94,97,142f,236f,281,332f
Harris, Isham 哈里斯,艾沙姆,115
Harrison Landing letter 哈里森蓝丁信件,126—127
hats, of soldiers 帽子,战士的,179
Hatteras Inlet, battle of(1861) 哈特勒斯湾战役(1861年),105
haversacks 粗帆布背包,179
Hayes, Rutherford B. 海斯,拉瑟福德·B.
　　KKK and 与三K党,334f
　　in 1876 presidential election 在1876年总统大选中,344—346
　　Reconstruction ended by 重建时期终止,346—347
Hemmings, Sally 海明斯,莎莉,19
Henry, Andrew 亨利,安德鲁,75
Herndon, William 赫恩登,威廉,66
Heth, Henry 赫思,亨利,216
Hill, A. P. 希尔,A. P.,263
Hill, Ambrose P. 希尔,安布罗斯·P.,129
Hill, D. H. 希尔,D. H.,84,360
Holden, William W. 霍顿,威廉·W.,255
holidays 假期,238,363—364
home front 后方,89—90,171—174
　　attitudes toward war in 对内战的不同态度,171—172
　　dissent on 意见分歧,192—194
　　soldiers' interactions with 与战士的来往,174
　　southern 南部地区,171—173
　　　food shortages on 食物短缺,171—172,225,264
　　　morale on 士气,263
Homer, Winslow 霍默,温斯洛,237f
home rule 地方自治
　　definition of 定义,320
　　return to 回归,320,327
homesickness, of soldiers 思乡,战士,173
Homestead Act(1862) 《公地放领法》(1862年),203
honor, soldiers motivated by 荣誉,战士参军的动机,86—87,89
Hood, John Bell 胡德,约翰·贝尔,257f
　　as army commander 担任陆军司令,255
　　in Atlanta campaign 在亚特兰大战役中,257,258f
　　in Franklin, battle of 在富兰克林战役中,261
　　in Lost Cause ideology 败局命定的理论,361
　　in Nashville, battle of 在纳什维尔战役中,261
　　in Tennessee campaign 在田纳西战役中,260,261,261
Hooker, Joseph 胡克,约瑟夫
　　as army commander 陆军司令
　　　installation of 就职,168,212
　　　removal of 卸任,215
　　on Bull Run, first battle of 布尔伦河战役,第一次战役,212
　　vs. Burnside, 163 对伯恩赛德,168
　　in Chancellorsville, battle of 在钱瑟勒斯维尔,战役中,213—215
　　in Lookout Mountain, battle of 在卢考特山,战役中,232
　　nickname of 别称,外号,212—213
Hotze, Henry 霍策,亨利,225
House, Ellen 豪斯,艾伦,201
Houston, Sam 休斯顿,山姆,67
Howard, O. O. 霍华德,O. O.,260
Howe, Julia Ward 豪,朱丽亚·沃德,208
Huckleberry Finn(Twain)《哈克贝利·费恩历险记》(吐温),331
Humphrey, Hubert 汉弗莱,休伯特,365
Hunter, David 亨特,大卫,142,144
Hunter, Robert M. T. 亨特,罗伯特·M. T.,97,266—267

Identity 身份
　American 美国人
　　Antebellum 美国内战前,14—16
　　commonalities in 共性,11—13
　　"hurry-up" attitude in "浮躁的"态度,13,13f
　　market revolution in 市场革命,11—13
　　sectionalism in 地方主义,13—14
　Northern 北方,14—15
　Southern 南方,11,15—16,199
ideology, soldiers motivated by 意识形态,战士的动机,85—89
Illinois, emancipation in, reactions to 伊利诺伊州,解放黑奴,反对,146
Illinois Central Railroad 伊利诺伊州中央铁路公司,65
Illnesses 疾病
　of Davis 戴维斯,195
　in soldiers 战士,177—178,177f
Immigrants 移民
　Antebellum 美国内战前,14—15
　in draft riots and protests 在征兵法案引发发的暴乱抗议中,227—229
　in North 在北方,14—15,227—229
　opposition to 反对,14—15
　in political party realignment 在政党的重组中,55—57
　in postwar economy 战后的经济,323
　after Reconstruction 重建时期后,352
　during Reconstruction 在重建期间,306
　in South 在南方,15,306
　white supremacy and 白人优越主义,351
impeachment, of Johnson 弹劾,约翰逊,296—298
impressment, in *Trent* affair 强行征用,在"特伦特号"事件中,106
inaugural addresses 就职演说
　Buchanan's 1857 布坎南 1857 年的就职演说,62,63
　Jefferson's 1861 杰佛逊 1861 年的就职典礼,76—77
　Lincoln's 1861 林肯 1861 年的就职演说,78—79,283
　Lincoln's 1865 林肯 1865 年的就职演说,268—269
indentured servants 签约劳工
　first slaves as 第一批奴隶,16
　slaves replacing 取代奴隶,16—17
Indian Removal Act (1830) 《印第安人迁移法》(1830 年),27
Indian Territory 印第安人领地,118
Industry 工业
　Confederate 南部联盟,133
　in depression of 1873 在 1873 年经济大萧条中,342—343
　in postwar economy 战后的经济,323—324,347
　revolutions in 工业革命,11—13
　Union 北方联邦,135—137
infantry 步兵
　Confederate 南部联盟
　　functions of 作用,83—84
　　organization of 组织结构,84
　　tactics of 战术,181—182
　Union 北方联邦
　　functions of 作用,83—84
　　organization of 组织结构,84
　　tactics of 战术,181—182
inflation, Confederate 通货膨胀,南部联盟,134
Ingersoll, Robert 英格索尔,罗伯特,345
insider trading 内幕交易,326—327
international law 国际法
　privateering in 武装民船劫掠商船的做法,100
　in *Trent* affair 在"特伦特号"事件中,106
Iowa, in Missouri conflicts 爱荷华州,在密苏里的冲突中,109—110
Irish immigrants 爱尔兰移民,15
iron, in Confederacy 钢铁行业,在美利坚联盟国,133
Ironclad Oath 忠诚的誓言,285
ironclads 铁甲舰
　Confederate 南部联盟
　　construction of 建设,101,224
　　strategy for 战略,101
　Union, construction of 北方联邦,建设,103
irregular warfare. See guerrilla warfare 非常规战(参见游击战)
irrepressible conflict 不可遏制的冲突,65
Island No. 10, battle of (1862) 十号岛战役(1862 年),121
Iuka, battle of (1862) 艾犹卡战役(1862 年),132,168—169
"*Jack Ratlin's Lament*" (Eggo) 《杰克·莱特林的挽歌》(艾格),105

Jackson, Andrew 杰克逊,安德鲁
 and abolitionist movement 废奴主义运动,33
 in Nullification Crisis 在无效论危机中,29,30,31
 Taylor (Zachary) compared to 跟泰勒(扎克里)进行比较,44
Jackson, battle of (1863) 杰克逊战役(1863年),222
Jackson, Claiborne 杰克森,克雷泵,110,112
Jackson, Thomas Jonathan "Stonewall" 杰克逊,托马斯·乔纳森,"石墙"
 in Antietam campaign 在安提坦战役中,128
 appointment to army 军中任命,91
 in Bull Run 布尔伦河战役
  first battle of 第一次战役,93
  second battle of 第二次战役,127—128
 in Cedar Mountain, battle of 在雪松山战役中,127—128
 in Chancellorsville, battle of 在钱瑟勒斯维尔战役中,213
 death of 死亡,214—215
 in Fredericksburg, battle of 在弗雷德里克斯堡战役中,164,166
 Lee's partnership with 与李搭档,125
 in Lost Cause ideology 败局命定的理论,359
 in Seven Days' battle 在七天战役中,125
 in Valley campaigns 在山谷战役中,125
James I (king of Great Britain) 詹姆斯一世(英国国王),16
James, William 詹姆斯,威廉,227
Jay, Cornelia 杰伊,科妮莉亚,89,280
jayhawkers 主张废除蓄奴制度的游击队员,110
Jefferson, Thomas, on slavery 杰佛逊,托马斯,对蓄奴制度的态度
 in Missouri Compromise 《密苏里妥协案》,29
 problems with 各种问题,32
 views of 各种见解,18,19
Jennison, Charles R., guerrilla warfare by 詹尼森,查尔斯·R.,领导的游击战,110,186,187—188
Johnson, Andrew 约翰逊,安德鲁,286—288,287f
 attempted assassination of 险些遇刺,272

 on Civil Rights Bill 对《民权法案》的态度,291—292
 death of 死亡,299
 on Fourteenth Amendment 《宪法第十四条修正案》,292—293
 impeachment of 弹劾,296—298,297f
 on peace negotiations 对和平谈判的见解,273
 political rise of 政治上的崛起,286—287
 presidency of 总统职位,272,287—288,298—299
 in 1864 presidential election 在1864年总统大选中,265f,286
 Reconstruction plan of 重建计划,288
  opposition to 反对,290—291,292—293
  vs. Radical Reconstruction 对激进派的重建计划,295—296
  white southern response to 南方白人的反应,307—309
 on traitors 对叛徒的态度,273,287,288
 vice presidency of 副总统职位,286—287
 weaknesses of 缺点,286—287
Johnson, Eliza 约翰逊,286
Johnson, Reverdy 约翰逊,雷弗迪,289
Johnston, Albert Sidney 约翰斯顿,艾伯特·西德尼
 Davis' support for 戴维斯的支持,119
 death of 死亡,119
 in Fort Donelson, battle of 在唐纳尔逊堡战役中,114—115
 headquarters of 司令部,112—113,119
 offensive-defensive strategy of 进攻性的防守策略,119
 in Shiloh, battle of 夏伊洛战役,119—121
Johnston, Joseph E. 约翰斯顿,约瑟夫·E.
 appointment to army 军中任命,91
 as army commander 陆军司令,255
 in Atlanta campaign 在亚特兰大战役中,255
 in Bull Run, first battle of 布尔伦河战役,第一次战役,92—94
 Fabian tactics of 费边主义战术(拖延战术),255
 in Kennesaw Mountain, battle of 在肯尼索山战役中,255
 in Lost Cause ideology 败局命定的理论,361
 in Peninsula campaign 在半岛会战中,123

in Seven Pines, battle of　在七松战役中, 125
    surrender by　投降, 271, 273, 303
    and Vicksburg, battle of　在维克斯堡战役中, 222, 223
Joint Committee of Fifteen on Reconstruction　重建联合委员会, 289—290
Jomini, Antoine Henri　约米尼, 安托万·亨利, 181
Jones, Charles Colcock, Jr.　琼斯, 查尔斯·科尔科克, 小, 13
Jones, John B.　琼斯, 约翰·B., 171
Jonesboro, battle of (1864)　琼斯伯勒战役(1864年), 255
Jones County (Mississippi)　琼斯县(密西西比州), 197
Juarez, Benito　华雷斯, 贝尼托, 223
Juneteenth　六月节, 364
justice, racial　正义, 种族, 353, 363

Kansas　堪萨斯
    creation of territory　领土的形成, 52
    guerrilla warfare in　在游击战中, 186
    in Missouri conflicts　在密苏里州的冲突, 109—110
    Pottawatomie Creek massacre in　波塔瓦托米河附近地区的大屠杀, 4, 60
    slavery in　蓄奴制度
        Bloody Kansas battle over　堪萨斯内战, 56—57, 58f
        in constitution　宪法, 64
Kansas-Nebraska Bill　《堪萨斯—内布拉斯加法案》, 52—53
    opposition to　反对, 52—53
    origins of　起源, 52—53
    and political party realignment　政党重组, 55—56
Keitt, Lawrence　基特, 劳伦斯, 36
Kelly, Seth　凯利, 塞思, 172
Kemble, Fanny　肯布尔, 范妮, 13
Kemper, James L.　肯珀, 詹姆斯·L., 8
Kennedy, John F.　肯尼迪, 约翰·F., 367
Kennesaw Mountain, battle of (1864)　肯尼索山战役(1864年), 255
Kentucky. See also specific battles　肯塔基州(参见具体的战役)
    rivers of　河流, 113
    slavery in, disintegration of　蓄奴制度, 瓦解, 153

    start of fighting in　战役打响, 108, 112—113
    strategic value of　战略价值, 112, 113
Kentucky campaign (1862)　肯塔基战役, 131, 168—169
Key, David　基, 大卫, 347
King, Martin Luther, Jr.　金, 马丁·路德, 小, 364, 367
KKK. See Ku Klux Klan　三K党(参见三K党)
knapsacks　背包, 179
Knights of the Golden Circle　金环骑士团, 60, 61
Knights of the White Camellia　白茶花骑士团, 334
Know-Nothing Party　一无所知党
    on Kansas-Nebraska Bill　《堪萨斯—内布拉斯加法案》, 52
    name of　名称, 56
    origins of　起源, 55—56
    platform of　平台, 56
    in political party realignment　政党重组, 55—56
    in 1856 presidential election　在1856年总统大选中, 61—62
    rise of　崛起, 55—56
Knoxville (Tennessee), refugees from　诺克斯维尔(田纳西州), 难民, 201
Ku Klux Klan (KKK)　三K党, 332—333, 334f
    activities of　活动, 334—335
    and black voting　黑人选举权, 301, 334
    Confederate flag in　南部联盟的旗号, 368f, 369
    government opposition to　政府反对, 336—337
    origins of　起源, 334

Labor　劳动
    Black　黑人
        Confederate use of　南部联盟使用, 267
        on plantations　种植园, 150—152
        in Reconstruction　重建时期, 305—306, 310—311, 314—315
        Union use of　北方联盟利用, 147—148
    shortages in　短缺
        on plantations during war　战争期间在种植园里, 171
        in Reconstruction　在重建时期, 305—

306

labor unions　工会组织
　　Antebellum　美国内战前,15
　　Panic of 1857 and　1857年恐慌,64—65
Lairds　莱尔德船厂,224,225
land(s)　土地
　　for freed blacks　提供给解放了的黑人,150—152
　　　　experiments on　实验,150—152
　　　　redistribution of　重新分配,152,291,311—312
　　western, Homestead Act on　西部,《移居法》,203
landless whites, in social hierarchy　丧失土地的白人,在社会等级制度中,23
Lane, James H.　莱恩,詹姆斯·H.,110,186
language, in American identity　语言,美国人的身份,14,16
Latin America　拉丁美洲
　　slave trade in　奴隶贸易,17
　　U. S. attempts at expansion into　美国试图扩张至,60—61
Laurel Hill　劳雷尔山,96
Lawrence, sack of　劳伦斯,解雇,230
Lecompton constitution　勒孔普顿宪法,64
LeConte, Emma　勒孔特,艾玛,272
Lee, Mary　李,玛丽,168
Lee, Mary Greenhow　李,玛丽·格里诺,263
Lee, Robert E.　李,罗伯特·E.
　　amnesty granted to　授予特赦,299
　　in Antietam, battle of　在安提坦战役中,128—129,211
　　in Antietam campaign　在安提坦战役中,128—129
　　appointment to army　任命率领陆军,91
　　at Appomattox Court House, battle of　在阿波马托克斯法院,战役中,270—271
　　as army commander　担任陆军司令,125
　　on black soldiers　对黑人战士的态度,267—268
　　in Brandy Station, battle of　在布兰迪车站战役中,215
　　in Bull Run, second battle of　布尔伦河战役,第二次战役,127—128
　　in Chancellorsville, battle of　在钱瑟勒斯维尔战役中,213—215
　　in Cheat Mountain, battle of　齐特山战役,97
　　and Chickamauga, battle of　在奇卡莫加战役中,231
　　on civilian attitudes toward war　对平民百姓对战争态度的看法,89—90,264
　　in Cold Harbor, battle of　在冷港战役中,252
　　congressional testimony by　国会的证词,289
　　crumbling of army under　陆军的崩溃,263
　　on desertion　对逃兵的态度,266
　　in Fort Stedman, battle of　在斯特德曼堡战役中,270
　　in Fredericksburg, battle of　在弗雷德里克斯堡战役中,164—168,165f,170,201,211
　　in Gettysburg, battle of　在葛底斯堡战役中,216—218
　　on guerrilla warfare　对游击战的观点,268
　　at Harpers Ferry raid　袭击哈珀斯费里,4
　　Jackson's partnership with　与杰克逊的合作,125
　　in Lost Cause ideology　败局命定的理论,359—360,360f
　　memory of, Roosevelt on　回忆,罗斯福,365
　　morale of　士气,262
　　on nationalism　对民族主义的观点,199
　　overconfidence of　过度自信,212,215
　　in Overland campaign　在欧弗兰战役中,249—252
　　in Peninsula campaign　在半岛会战中,123—125
　　in Petersburg, siege of　在彼得斯堡,围困战中,253,263,270
　　and 1868 presidential election　在1868年总统大选中,339
　　on prisoner of war exchanges　交换战俘,160
　　in Seven Days' battle　在七天战役中,125—126
　　in Spotsylvania Court House, battle of　在斯波齐尔韦尼亚县府战役中,251
　　strategy of, climactic battle in　战略,高潮对决,244—245
　　surrender by　投降,270—271,303
　　uniforms for troops of　军队的军装,179
　　in western Virginia campaign　在弗吉尼亚

州西部的战役中, 97
in Wilderness, battle of　在莽原之役中, 248—249
legislation. See specific laws　立法(参见具体的法律)
Letcher, John　莱彻, 约翰, 225
Liberal Republicans　自由派共和党人
　origins of　起源, 341—342
　in 1872 presidential election　在1872年总统大选中, 342
Liberator (newspaper)　《解放者报》(报纸), 32
liberty, soldiers motivated by　自由, 战士参军的动机, 86
Liberty Party　自由党
　establishment of　成立, 35
　in 1848 presidential election　在1848年总统大选中, 45
lice　虱子, 179
Lincoln, Abraham　林肯, 亚伯拉罕,
　assassination of　刺杀, 272, 280, 286
　on black soldiers　对黑人战士的态度, 157
　career of, pre-political　生涯, 参政前, 195
　on Chattanooga, battle of　在查塔努加战役中, 232
　commemoration of　纪念活动, 364
　on 1862 congressional elections　对1862年国会选举的态度, 130
　Davis compared to　与戴维斯做比, 194—195
　dissent and　持不同政见, 192—194
　Douglas's debates with　与道格拉斯的论战, 66, 338
　on duty　执政, 86
　on emancipation　对解放黑奴的态度
　　by Congress　国会, 143
　　gradual　渐进, 142
　　proclamation by　宣布, 130, 145
　　views of　观点, 140—141, 145
　　as war policy　战争政策, 126—127, 130
　emergence of　出现, 65—66
　foreign relations under　外交关系, 98—99
　in Fort Sumter crisis　在萨姆特堡危机中, 79—80
　on Fredericksburg, battle of　在弗雷德里克斯堡战役中, 168
　Frémont's relationship with　弗里蒙特与林肯的关系, 66, 142
　Gettysburg Address by　葛底斯堡演说,

234—235
　and Grant's command　格兰特的指挥, 232, 234, 246
　on Grant's grand strategy　对格兰特制定的伟大军事战略的态度, 246
　habeas corpus suspended by　暂缓实施人身保护令, 193
　on Harpers Ferry raid　对袭击哈珀斯费里事件的态度, 7, 8
　on home front　在后方, 173
　and Hooker's command　胡克的指挥, 212—213, 215
　inaugural addresses by　就职演说
　　of 1861　1861年就职演说, 78—79, 283
　　of 1865　1865年就职演说, 268—269
　on Johnson (Andrew)　约翰逊(安德鲁), 286, 287
　on Kentucky's strategic value　肯塔基州的战略价值, 112
　and McClellan's command　麦克莱伦的指挥, 95—96, 122—123, 125—127, 163
　McClellan's Harrison Landing letter to　麦克莱伦在哈里森蓝丁发出的信件, 125—126
　and Meade's command　米德的指挥, 215
　naval blockade declared by　宣布实施海上封锁, 80, 102
　in peace negotiations, at Hampton Roads　和平谈判中, 在汉普顿锚地, 267
　political skills of　政治技能, 194—195
　in 1860 presidential election　在1860年总统大选中, 66—70, 75—76
　in 1864 presidential election　在1864年总统大选中, 254, 255, 265—266, 265f
　and Reconstruction, northern ambivalence toward　重建, 北方的矛盾心理, 337
　Reconstruction plans of　重建计划, 272, 283—283
　on Red River campaign　在红河战役中, 246—248
　at Richmond, fall of　里士满, 陷落, 270
　on secession　对分裂的态度, 78—79
　on Sherman's march to the sea　谢尔曼率军向海洋进发, 260
　on slavery, views of　对蓄奴制度的观点, 140—141, 145
　southern response to election of　南方人对大选的反应, 75—76
　on Stones River, battle of　对石头河战役

的态度, 169—171
  on suffrage, black 选举权, 黑人 286
  Ten Percent Plan of 百分之十计划, 283—284
  on Thanksgiving holiday 感恩节假期, 238
  in Trent affair 在"特伦特号"事件中, 106
  troops called by (1861) 被叫作……的军队(1861年), 80—81, 82
  on Vicksburg campaign 对维克斯堡战役的看法, 219
  on Wade-Davis Bill 《韦德—戴维斯法案》, 284—285
  war policy of 战争政策
    conciliatory 愿意和解, 96, 126, 190
    emancipation in 解放黑奴, 126—127, 130
    hardening of 变得强硬, 190
Lincoln Memorial 林肯纪念堂, 364
literacy 识字
  and disenfranchisement 剥夺公民权, 347, 349
  rates of 识字率, 12
Literature 文学
  in abolitionist movement 在废奴主义运动中, 50—51
  in memory of war 纪念战争, 366—367
  of mourning 悼念, 237
  revolution in 文学革命, 12
  in Young America movement 在"年轻美国"运动中, 49
localism, vs. Confederate nationalism 地方主义, 对南部联盟民族主义, 198—199
local issues, in political party realignment 地方性问题, 在政党重组中, 55
Lodge, Henry Cabot 洛奇, 亨利·卡伯特, 348
Logan, John A. 洛根, 约翰·A., 261
London Times 伦敦《泰晤士报》, 98
Longstreet, Helen 朗斯特里特, 海伦, 363
Longstreet, James 朗斯特里特, 詹姆斯
  on army morale 军队士气, 212
  in Bull Run, first battle of 布尔伦河战役, 第一次战役, 93
  in Chickamauga, battle of 在奇卡莫加战役中, 231
  in Fredericksburg, battle of 在弗雷德里克斯堡战役中, 164, 166
  in Gettysburg, battle of 在葛底斯堡战役中, 216—218

  in Lost Cause ideology 败局命定的理论, 360
  in memory of war 纪念战争, 360, 366
  and Missionary Ridge, battle of 传教士岭战役, 232
  as scalawag 作为南赖子, 316
  in Suffolk, battle of 在萨福克战役中, 213
Lookout Mountain, battle of (1863) 卢考特山战役, 232
Lost Cause ideology 败局命定的理论, 359—360
  at centennial 百年庆典, 367
  in memory of war 纪念战争, 359—360, 366, 367
  origins of 起源, 271
Louisiana. See also specific battles 路易斯安那(参见具体的战役)
  black disenfranchisement in 黑人被剥夺公民权, 349
  black labor in 黑人劳动力, 152
  race riots in 种族暴乱, 333
  secession of 脱离联邦, 76
  white supremacy in 白人优越主义, 330—331
Louisiana Native Guards, black soldiers in 路易斯安那州州立警卫队, 黑人战士, 157
Louisiana Purchase 《路易斯安那购地案》, 36
  in Kansas-Nebraska Bill 《堪萨斯—内布拉斯加法案》, 52—53
  Pierce's political miscalculations about 皮尔斯在政治上的失误, 52
Louisville and Nashville Railroad 路易斯维尔和纳什维尔铁路, 113
Love, Matthew 洛夫, 马修, 158
Lovejoy, Elijah P. 洛夫乔伊, 伊莱贾·P., 34
lower class, in South 下层阶级, 南方, 23
Lowery, John 洛厄里, 约翰, 241
Loyal Publication Society 忠诚出版社, 205, 226
loyalty 忠诚
  and Confederate dissent 南部联盟持不同政见者, 197—198
  and Confederate nationalism 南部联盟的民族主义, 198—199
loyalty oaths 效忠誓言
  in Johnson's Reconstruction plan 在约翰逊的重建计划中, 288

in Lincoln's Ten Percent Plan 在林肯的百分之十计划中,283—284
in Wade-Davis Bill 《韦德—戴维斯法案》,285
Lynch, James D. 林奇,詹姆斯·D., 318
lynching(s) 私刑
　　in guerrilla warfare 在游击战中,184,186—187,187f
　　after Reconstruction 在重建时期后,350—351
　　campaign against 反对,350—351,350f
　　increase in 增加,350
　　during Reconstruction 在重建期间,332—333
Lyon, Nathaniel 里昂,纳撒尼尔
　　death of 死亡,112
　　in Missouri battles 在密苏里州的战役中,110—112
　　in Wilson's Creek, battle of 在威尔逊溪战役中,109f, 110—112

machine guns 机枪,181
Maddox, Lester 马多克斯,莱斯特,369
Madison, Dolley 麦迪逊,多莉,40
Magazines 各种杂志,12
Mahan, Dennis 马汉,丹尼斯,181
Maides, J. F. 梅兹,J. F., 263
mail. See postal service 邮件(参见邮政服务)
Mallory, Stephen Russell 马洛里,史蒂芬·罗素
　　as secretary of navy 海军部长,100
　　and shipbuilders 造船者,102
　　technology used by 运用的技术,101
Malvern Hill, battle of (1862) 莫尔文山战役(1862年),125,126
managerial revolution 管理技术革命,12
Manassas, battles of. See Bull Run 马纳萨斯战役(参见布尔伦河战役)
Manifest Destiny 天命论
　　coining of term 天命论的提出,37,49
　　decline in support for 支持率日渐下降,60
　　definition of 天命论的定义,37,40
　　in Young America movement 在美国青年运动中,49
Manly, H. 曼利,H., 36
Mann, Ambrose Dudley 曼,安布罗斯·达德利,97

Mansfield, battle of (1864), 248
manumission laws, after American Revolution 解放奴隶法,美国独立革命后,19
maps 地图
　　of Eastern Theater battles 东部战区的地图,124f, 250f
　　of South 南方地图
　　　　lack of accurate 不精确,92,93
　　　　Union occupation of (1863) 联邦军队占领(1863年),233f
　　of Western Theater battles 西部战区爆发的战役地图,121f
　　march to the sea, Sherman's 向海洋进军,谢尔曼,258—261,259f
market revolution 市场革命,11—13
Marmaduke, John S. 马默杜克,约翰·S., 159
marque, letters of 私掠,许可证,100
marriages, effects of war on 婚姻,战争的影响,172—173,174—175
Marrs, Elijah 马尔斯,以利亚,160
martialism, of South vs. North 尚武好战,南部和北部,82
martial law, in Missouri 戒严令,密苏里,112,142
Martineau, Harriet 马蒂诺,哈里特,29
Martyrdom 牺牲
　　of Brown (John) 布朗(约翰),4—7
　　religious views of 宗教观点,238—240
Maryland. See also specific battles 马里兰州(参见具体的战役)
　　slavery in 蓄奴制度
　　　　abolition of 废除,153
　　　　codification of 奴隶法典的编纂,17
　　　　disintegration of 崩溃,瓦解,153
　　　　start of fighting in 斗争的开始,128—129
Mason, James M., in Trent affair 梅森,詹姆斯·M.,在"特伦特号"事件中,105—106
Mason, John 梅森,约翰,225
Massachusetts 马萨诸塞州
　　abolitionist movement in, resistance to 废奴主义运动,抵制,34
　　fugitive slave law in, opposition to 《逃亡奴隶法》,反对,49—50
　　slavery in, laws ending 蓄奴制度,法律终结,21
Massachusetts Colored Infantry 马萨诸塞州有色人种步兵团,157
Maury, D. H. 莫里,D. H., 360

索引 515

Maxey, Virgil 麦克西,维吉尔,31
Maxwell, Henry 马克斯韦尔,亨利,161
Mayo, Joseph 梅奥,约瑟夫,225
McClellan, Ellen 麦克莱伦,艾伦,96f
McClellan, George 麦克莱伦,乔治,96f
    in Antietam, battle of 在安提坦战役中,128—129,130,211
    in Antietam campaign 在安提坦战役中,128—129,130
    as army commander 担任陆军司令
        installment of 正式就职,95—96
        removal of 解职,163—164
    conciliatory war policy of 调停和解的战争政策,96
    as general-in-chief 担任总司令
        appointment of 任命,105
        removal of 解职,126—127
        weaknesses of 弱点,123
    Harrison Landing letter by 哈里森蓝丁信件,127—128
    Lincoln's relationship with 与林肯的关系,123,126—127
    in Peninsula campaign 在半岛会战中,123,124
    in 1864 presidential election 在1864年总统大选中,254,265—266
    Richmond attacks plans of 攻打里士满的计划,123
    in Seven Days' battle 在七天战役中,125,126
McCormick, Cyrus 麦考密克,赛勒斯,323—324
McCulloch, Ben 麦卡洛克,本
    death of 死亡,117
    in Missouri battles 密苏里州的战役,110—112
    in Pea Ridge, battle of 在皮里奇战役中,117
McDonald, Cornelia 麦克唐纳,科妮莉亚,263
McDowell, Irvin 麦克道尔,欧文
    as army commander 担任陆军总司令
        installment of 正式就职,91
        replacement of 取代,95
    in Bull Run, first battle of 布尔伦河战役,第一次战役,92—94
McIntosh, David Gregg 麦金托什,大卫·格雷格,213
McKinley, William 麦金利,威廉,365

Meade, George Gordon 米德,乔治·戈登
    as army commander 担任陆军司令,215
    in Crater, battle of the 在克雷特战役中,158
    in Gettysburg, battle of 在葛底斯堡战役中,216—218,244
    in Grant's grand strategy 格兰特制定的伟大的军事战略,248
mechanization, of agriculture 机械化,农业,136,323—324,324f,325f
media. See press coverage 媒体(参见媒体报道)
medical care 医疗护理
    for soldiers 战士,177—178,177f
        Black 黑人,156
    women nurses in 女护士,205—206,206f
Meigs, Montgomery 蒙哥马利,梅格斯,168
Memminger, O. G. 梅明杰,O. G.,8
Memoirs (Grant) 《回忆录》(格兰特),248
Memorial Day 纪念日,364
memory, of Civil War 回忆,内战
    African American 非裔美国人,363—364,367—368
    at centennial 百年庆典,367—368
    Confederate battle flag in 南部联盟战旗,368—369,368f
    generals' wives in 将军之妻,362
    in 1913 Gettysburg commemoration 1913年举行的纪念葛底斯堡战役活动,358—359
    Lincoln in 林肯,364
    in Lost Cause ideology 败局命定的理论,359—360,365,366
    Modern 现代的,369—370
    monuments to 纪念碑,363,362f
    Northern 北方,362
    politics of 政治,364—365
    in popular culture 流行文化,366—367
    Southern 南方,359—360,367—368
Memphis 孟菲斯
    antilynching campaign in 反私刑运动,350—351
    battle of (1862) 战役(1862年),122
    race riots in 种族暴乱,333
Mercié, Marius-Jean-Antonin 梅西耶,马吕斯·让·安东尼,363
Meridian (Mississippi), KKK in 默里迪恩(密西西比州),三K党,334
Merrimack, USS. See *Virginia*, CSS (参

见"弗吉尼亚"号），紧凑型半潜式装甲舰82,91
Methodist church, on slavery 卫理公会教堂，对蓄奴制度的态度, 43
Mexican War (1846—1848) 墨西哥战争, 40
　　and 1848 presidential election 在1848年总统大选中, 44
　　and slavery, expansion of 蓄奴制度，扩张, 40—41
　　tactics used in 运用的战术技巧, 181
　　Young America movement on "年轻美国"运动, 49
Mexico 墨西哥
　　Confederate relations with 与南部联盟的关系, 107, 223
　　ex-Confederates in 前南部联盟成员, 306
　　French relations with 与法国的关系, 223
middle class, in South 中产阶级，南方, 23
Middle Passage 中央航路, 17—18
Migration 移民
　　during Reconstruction 在重建过程中
　　　　Black 黑人, 310
　　　　ex-Confederate 前南部联盟成员, 306—307
　　Slave 奴隶, 147f
　　　　Emancipation Proclamation and 《解放黑人奴隶宣言》, 147
　　rise in 兴起, 141
militancy 交战状态
　　in abolitionist movement 在废奴主义运动中, 32—33
　　in proslavery movement 在支持蓄奴制度的运动中, 35—36
military, Confederate. See also army; navy 军事，南部联盟（参见军队，海军）
　　civilians' transition to 平民过渡到, 83
　　establishment of 建立, 83
　　uniforms of 军装, 82
　　volunteers for, at start of war 志愿者，内战一开始, 82—83
military, Union. See also army; navy 军事，联邦（参见军队，海军）
　　civilians' transition to 平民过渡到, 83
　　Lincoln's 1861 call for troops for 林肯1861年发布征兵令, 80—81, 82
　　volunteers for, at start of war 志愿者，内战一开始, 82—83
military, U.S., preparedness for war 军事，美国，备战, 81, 91
Military Academy, U.S. 军事学院，美国,

military districts, in Reconstruction 军事区，在重建期间, 296, 295f
military strategy 军事战略
　　Confederate 南部联盟, 91
　　　　attrition 消耗战策略, 92, 245
　　　　border 边疆, 109, 113
　　　　climactic battle in 高潮对决, 244—245
　　　　offensive-defensive 防御攻势, 119, 128
　　Union 北方联邦, 91—92
　　　　annihilation 毁灭战略, 90
　　　　attrition 消耗战策略, 245
　　　　Border 边疆, 108—109
　　　　climactic battle in 战争的高潮, 244—245
　　　　conciliatory 和解调停, 96, 126, 168, 190
　　　　emancipation in 解放黑奴, 126—127, 130—131
　　　　exhaustion in 消耗战, 245—246, 257
　　　　Grant's grand 格兰特的庞大计划, 244—245
　　　　rivers in 河流, 113
　　　　siege warfare in 围攻, 90, 253
military tactics 军事战术
　　Confederate 南部联盟, 181—182
　　　　Fabian 费边主义, 255—256
　　Union 北方联邦, 181—182
Militia Act (1862) 《民兵法案》(1862年), 143
millennialism 千禧年说, 20, 32—33
Miller, Phineas 米勒，菲尼亚斯, 26
Milliken's Bend, battle of (1863) 米利肯本德战役(1863年), 157
Missionary Ridge, battle of (1863) 传教士岭战役(1863年), 232—233
Mississippi. See also specific battles 密西西比州（参见具体的战役）
　　Black Codes in 《黑人法令》, 289
　　black disenfranchisement in 剥夺黑人的公民权, 349
　　black political candidates in 黑人的政治候选人, 317
　　Confederate battle flag in 南部联盟战旗, 368—369
　　Davis Bend experiment in 在戴维斯本德进行的实验, 151
　　1875 elections in 1875年选举, 335
　　KKK in 三K党, 334
　　race riots in 种族暴乱, 333

索引　517

secession of　脱离联邦，76，78
White Line movement in　白线组织，335
Mississippi River　密西西比河
　　in Anaconda Plan　在蟒蛇计划中，90
　　strategic value of　战略价值，99，113
Missouri. See also specific battles　密苏里州（参见具体的战役）
　　in Bleeding Kansas　堪萨斯内战，57—58
　　guerrilla warfare in　游击战，110，185，187—188
　　martial law in　戒严令，112，142
　　slavery in　蓄奴制度
　　　　abolition of　废除，153
　　　　disintegration of　崩溃，153
　　start of fighting in　战役开始，108—113，112f
Missouri Compromise (1820)　《密苏里妥协案》(1820年)，28—29，28f
　　Kansas-Nebraska Bill and　《堪萨斯—内布拉斯加法案》，52
　　at Nashville Convention　在纳什维尔大会上，48
　　Supreme Court on　最高法院，63
Missouri State Guard　密苏里州警卫队，112，117
Mitchell, Margaret　米切尔，玛格丽特，366
mobocracy　暴民统治，268
Monitor, USS　"监督者"号，紧凑型半潜式装甲舰，103f
　　construction of　建造，103—104
　　and Richmond attacks plans　袭击里士满计划，123
monopolies, emergence of　垄断，出现，340
Monroe Doctrine　门罗主义，99，223
Montgomery, James　蒙哥马利，詹姆斯，110
monuments, Civil War　纪念碑，美国内战，363，362f
morale　士气
　　of Confederate army　南部联盟军队，211，261—263
　　of Confederate home front　南部联盟的后方，263
morality, of Civil War　道德观，美国内战
　　dissent regarding　有关……的意见分歧，192
　　in 1865 inaugural address　在1865年就职演说中，268
　　morbidity rates, among black soldiers　患病率，在黑人战士中，156

Morgan, J.P.　摩根，J.P.，323
Morgan, John Hunt　摩根，约翰·亨特
　　Confederate raids　南部联盟军队的袭击，229
　　and 1863 elections　与1863年选举，227
　　guerrilla warfare by　领导的游击战，131，185f
　　in Kentucky campaign　在肯塔基州的战役，131
Mormons, position on war　摩门教徒，在战争中的立场，115
Morrill Tariff　《莫里尔关税法》，99
Morton, Oliver　莫顿，奥利弗，293
Moses, W. W.　摩西，W. W.，172—173
mourning　哀悼
　　religion in　宗教，238—239
　　rituals of　仪式，236—238，237f，239f
Mule Shoe　骡子掌，251
Murfreesboro, battle of. See Stones River　默弗里斯伯勒战役（参见石头河战役）
mutiny, by black soldiers　兵变，黑人战士，156
mythology, of Civil War　神话，美国内战，359

Napoleon I (Bonaparte)　拿破仑一世（波拿巴），84
Napoleon III　拿破仑三世，223—224，225
Napoleon guns　拿破仑的枪，180—181
Nashville　纳什维尔
　　battle of (1864)　战役(1864年)，261，262f
　　Union takeover of　联邦军队攻克，115，200
Nashville Convention (1850)　纳什维尔大会(1850年)，48
Nast, Thomas　纳斯特，托马斯，144f
Nation, The (magazine)　《民族周刊》（杂志），341
National Association for the Advancement of Colored People　全国有色人种妇女协会，351
National Association of Colored Women　全国有色人种促进协会，351
National Banking Act (1864)　《国民银行法》(1864年)，134
National Era (journal)　《民族时代》（杂志），50
national government, Whig Party on　国民政府，辉格党，42

nationalism 民族主义
  Confederate 南部联盟,198—199
  cultural, in Young America movement 文化民族主义,在"年轻美国"运动中,49
  southern, Lost Cause ideology and 南方,败局命定,359
National Union Party, in 1864 国家联盟党,在1864年
  presidential election 总统选举,245,265f
Native Americans 北美土著居民
  in antebellum South 在战前的南部地区,15
  Confederate relations with 与南部联盟的关系,118
  involvement in war 卷入战争,118
  in Pea Ridge, battle of 在皮里奇战役中,117—118
  raids by 遭到袭击,116
  removal of 去除,27
  as slaves 作为奴隶,16
  surrender of 投降,273
nativist movement 本土主义运动,15
  in political party realignment 在政党的重组中,55—56
  temperance in 禁酒,55
Naval Academy, U.S. 海军学院,美国,102
naval blockade 海上封锁
  declaration of (1861) 宣言(1861年)
    in Fort Sumter crisis 在萨姆特堡危机中,80
    legality of 合法性,102
    and shortage of Union ships 联邦战舰短缺,102
  holes in 漏洞,105
  proposed in Anaconda Plan 蟒蛇计划中的建议,90
navy, Confederate 海军,南部联盟,99—102. See also specific battles(参见具体的战役)
  establishment of 建立,99—100,100f
  funding for 筹集资金,100,101
  leadership of 领导职位,100,102
  new technology in 新技术,101
  privateering in 武装民船劫掠商船的做法,100
  problems facing 面对的问题,101—102
  strategic importance of 战略上的重要意义,99
  strategy of 战略措施,101

navy, Union 海军,北方联邦,102—103. See also specific battles(参见具体的战役)
  in combined operations 联合行动,105
  growth of 发展,104
  guerrilla warfare fought by 游击战,190
  leadership of 领导职位,103—104
  recruitment for 招募新兵,102—103
    growth in 发展,104
    problems with 问题,102—103,103f,103—104
  ship shortage in 军舰短缺,102
  in Vicksburg campaign 在维克斯堡战役中,221—222
Nebraska territory, creation of 内布拉斯加领域,创造,52
needle guns 针炮,181
"negro" "黑人"
  southern definition of 南方的定义,289
  southern use of term 南方人使用的短语,331
neutralism 中立主义,255
Nevins, Alan 内文斯,阿兰,367
New Deal legislation 新政立法,365
New Departure Democrats 主张新政策的民主党人,327
New England Antislavery Society 新英格兰反对蓄奴制度协会,2
New Hampshire, slavery in 新罕布什尔州,蓄奴制度,21
New Jersey, slavery in 新泽西州,蓄奴制度 21
New Mexico. See also specific battles 新墨西哥(参见具体战争)
  slavery in 蓄奴制度
    Compromise of 1850 on 《1850年妥协案》,47
    Taylor's plan for 泰勒的计划,45
  start of fighting in 战争的开始,116—117
New Mexico, Army of 新墨西哥州,陆军,116—117
New Orleans 新奥尔良
  battle of (1862) 战役(1862年),122
  race riots in 种族暴乱,315
newspapers. See also specific papers 各大报纸(参见具体各报纸)
  abolitionist 废奴主义者,33,34
  government shutdown of 政府关闭,193,198
  number of 数量,12

索引 519

on political corruption 政治腐败,53
New York (city) 纽约(市)
　　draft riots in 征兵法令引发的暴乱,228—229,229f
　　growth of 发展,13
　　during Reconstruction 在重建期间,307,308f
　　slavery in 蓄奴制度,17
New York (state), slavery in 纽约(州),蓄奴制度,17,21
New York Evening Post 《纽约晚邮报》,59
New York Infantry, Eighth 纽约州第八军团,93
New York News 《纽约新闻报》,284
New York Times 《纽约时报》,94,295,344
New York Tribune 《纽约论坛报》,61,145,340,342
New York World 《纽约世界》,287
Nicaragua, filibusters in 尼加拉瓜,海盗,61
noncombatants. See also civilians 非武装人员(参见平民)
　　in guerrilla warfare 游击战,189—190
　　identification of 身份识别,192
North. See also Union 北方(参见联邦)
　　economy of 经济
　　　Antebellum 美国内战前,14,21
　　　postwar 战后,323—324,340
　　Emancipation Proclamation in 《解放黑人奴隶宣言》
　　　reactions to 反应,145
　　ex-Confederates migrating to 前南部联盟成员移民,306—307
　　identity of, antebellum 身份,战前,11,14—15
　　martialism of 尚武主义,83
　　memory of war in 纪念战争,361
　　public opinion in (See northern opinion) 公众舆论(参见北方公众舆论)
　　Second Great Awakening in 第二次大觉醒运动,20
　　slavery in 蓄奴制度
　　　decline of 衰落,21
　　　disintegration of 解体,153
　　　origins of 起源,17
North, James H. 诺斯,詹姆斯·H.,101
North Carolina. See also specific battles 北卡罗来纳州(参见具体战役)
　　desertion in 擅离职守;当逃兵,240
　　in Johnson's Reconstruction plan 约翰逊的重建计划,288
　　peace advocates in 倡导和平,255
　　secession of 脱离联邦,81
northern opinion 北方人的观点
　　of Harpers Ferry raid 哈珀斯费里袭击事件,6—7
　　postwar bitterness in 战后的痛苦,283
　　of Reconstruction, ambivalence in 重建,矛盾心理,336—337
　　of war 战争,89—90
　　　evolution of 变化,245
　　of white supremacy 白人优越主义,336—337,351
Northern Virginia, Army of. See also specific battles 北弗吉尼亚,军团(参见具体的战役)
　　in Antietam, battle of 在安提坦战役中,211
　　in Chancellorsville, battle of 在钱瑟勒斯维尔战役中,213—215
　　crumbling of 崩溃,263,266
　　establishment of 建立,125
　　Jackson's forces joining 杰克逊率军加入,125
　　Lee's leadership of 李将军的领导,125
　　surrender of 投降,270—271
Northrop, Lucius Bellinger 诺斯洛普,卢修斯·贝林格,179
Northwest Ordinance (1787) 《西北条例》(1787年),21
Noyes, Henry E. 诺伊斯,亨利·E.,281
Nullification Crisis 无效论危机,29—31
nurses 护士,205—206,206f

Oates, William 奥茨,威廉,216—218
oaths. See loyalty oaths 誓言(参见忠诚誓言)
offensive-defensive strategy, Confederate 进攻性的防守策略,南部联盟,119,128
officers 军官
　　black 黑人,154
　　life of 生活,176
　　white, in black regiments 白人,在黑人军团里,154—155,159—160
Ohio, Department of the 俄亥俄州,军团,95—96
Ohio Life Insurance and Trust Company 俄亥俄州人寿保险及信托公司,64
Ohio River, strategic value of 俄亥俄河,战

略价值,112,113
Olmsted, Frederick Law, on antebellum South 奥姆斯特德,弗雷德里克·劳,在战前的南方,15—16,23
Opothleyahola 欧珀斯里亚霍拉,118
Oregon Territory, acquisition of 俄勒冈的领土,购买,39,40
Ostend Manifesto 《奥斯坦德宣言》,60—61
O'Sullivan, John L. 奥沙利文,约翰·L.,37,49
O'Sullivan, Timothy 奥沙利文,蒂莫西,147f
outlawry, in guerrilla warfare 非法化,游击战,187—188
Overland campaign (1864) 欧弗兰战役(1864年),249—251
overseer clause, in conscription laws 征兵法,122
Owen, William 欧文,威廉,166

pacifism, in abolitionist movement 和平主义,在废奴运动中,35
Page, Thomas Nelson 佩奇,托马斯·纳尔逊,359
Palmerston, Lord 帕默斯顿勋爵,224f, 225
Palmito Ranch, battle of (1865) 棕榈牧场战役(1865年),303
Panic of 1857 1857年的恐慌,64
Panic of 1873 1873年恐慌,327—328,342—343
paramilitary, in White Line movement 准军事组织,白线运动,335
pardons. See amnesty 原谅(参见大赦)
Paris, Declaration of (1856) 巴黎,宣言(1856年),100
Parker, Theodore 帕克,西奥多,50
Partisan Ranger Act (1862) 《游击队管理法案》(1862年),189
partisans, in guerrilla warfare 分裂分子,在游击战中,189
paternalism 家长式管理制度
　　in 1868 presidential election 在1868年总统大选中,338—339
　　in white supremacy 白人优越主义,332—333
Patterson, Robert 帕特森,罗伯特,93
peace 和平
　　Confederate advocates for 南部联盟倡导和平,254
　　in 1863 elections 在1863年的选举中,226—227
　　in 1864 elections 在1864年的选举中,254,265—266
　　mixed responses to 反应各异,280—281
Peace Democrats 民主党的主和派
　　criticism of 批评,89
　　dissent by 意见分歧,192—193
peace negotiations 和平谈判
　　for final surrenders 为了最后的投降,273
　　at Hampton Roads Conference 在汉普顿锚地大会上,266—267
　　for Johnston's surrender 约翰斯顿的投降,271—272,273
　　for Lee's surrender 李的投降,270—271
peace societies, formation of 和平协会,形成,197
Peach Tree Creek, battle of (1864) 桃树溪战役(1864年),255
Pea Ridge, battle of (1862) 皮里奇战役(1862年),117—118
Pemberton, John C., in Vicksburg, battle of 彭伯顿,约翰·C.,在维克斯堡战役中,222
Pendleton, George H. 彭德尔顿,乔治·H.,266,299
Pendleton, William Nelson 彭德尔顿,威廉·纳尔逊,360
Peninsula campaign (1862) 半岛会战(1862年),123—125
Pennsylvania. See also specific battles 宾夕法尼亚州(参见具体的战役)
　　slavery in 蓄奴制度,21
Pennsylvania Abolition Society 宾夕法尼亚废奴协会,20
peonage, in Louisiana 苦工,在路易斯安那州,152
periodicals, memory of war in 期刊杂志,纪念战争,366
Perryville, battle of (1862) 佩里维尔战役(1862年),132,168—169
Petersburg, siege of (1864—1865) 彼得斯堡围困战,253,263,264f, 270
Pettit, Frederick 佩蒂特,弗雷德里克,89,177
Philadelphia 费城
　　growth of 发展,13
　　slavery in 蓄奴制度,17
Philbrick, Edward 菲尔布里克,爱德华,151

Philippi, battle of (1861) 腓力比战役(1861年),95
Philippines, in Spanish-American War 菲律宾,美西战争战后,352,363—365
Phillips, Diana 菲利普斯,戴安娜,174
Phillips, Marshall 菲利普斯,马歇尔,174
photographs, of Antietam casualties 照片,安提坦战役死伤人员的,130f,131
Picacho Pass, battle of (1862) 皮卡乔山口战役(1862年),117
Pickens, Fort (Florida), resupplying of 皮肯斯,堡(佛罗里达州),重新提供给养,79
"Picket Guard, The" (Beers) 《哨兵》(比尔斯),97
Pickett, George E., in Gettysburg, battle of 皮克特,乔治·E.,在葛底斯堡战役中,216,218
Pickett, LaSalle Corbell 皮克特,拉萨尔·科贝尔,363
Pickett's Charge 皮克特发起的进攻,218,358
Pierce, Franklin 皮尔斯,富兰克林
 domestic mistakes of 在国内所犯的错误,51
 foreign policy mistakes of 外交政策方面所犯的错误,60—61
 in 1852 presidential election 在1852年总统大选中,48
 in 1856 presidential election 在1856年总统大选中,61
 in Young America movement 在"年轻美国"运动中,49
Pierrepont, Edwards 皮尔庞特,爱德华兹,337
Pike, Albert 派克,阿尔伯特
 Native American relations with 北美原住民与之的关系,118
 in Pea Ridge, battle of 在皮里奇战役中,117—118
Pike's Peakers 派克峰的淘金者,117
Pillow, Gideon, in Fort Donelson, battle of 皮洛,吉迪恩,在唐纳尔逊堡战役中,114—115
Pillsbury, Charles 皮尔斯伯里,查尔斯,323
pistols 手枪,180
Pittsburg Landing, battle of. See Shiloh 匹兹堡蓝丁,战役(参见夏伊洛战役)
Plantations 种植园
 black labor on 黑人劳动,150—152
 freed blacks on, experiments with 自由黑人,实验,150—151
 labor shortages on 劳动力短缺,171
 sexual relations on 性关系,22
 women's work on 女性的作用,171,207—208
planter class 种植园主阶层
 size of 规模,21
 slavery in 蓄奴制度,21
 women of 女性,21,171
Pleasant Hill, battle of (1864) 普莱森特山战役(1864年),248
Plessy, Homer 普莱西,霍默,352—353
Plessy v. Ferguson 普莱西诉弗格森,352—353
Poe, O. M. 坡,O. M.,260
poetry, of mourning 诗歌,缅怀,236,238
Poison Spring, battle of (1864) 毒泉战役(1864年),158—159
political activism 政治激进主义
 by blacks 黑人,316—317,317f
 by women 女性,51
political culture 政治文化
 religion in 宗教,43
 women in 女性,43—44
political organizations, of freed blacks 政治组织,由自由黑人组成的,150—151
political parties. See also specific parties 政党(参加具体的党派)
 Abolitionist 废奴主义者,34
 Confederate 南部联盟,195,254
 Kansas-Nebraska Bill and 《堪萨斯—内布拉斯加法案》,52—53
 positions of 立场,42
 public distrust of 公众的不信任,53
 realignment in 1850s of 十九世纪五十年代的政党重组,53—56,61f
 sectionalism of 地方主义,42,44
 on slavery 蓄奴制度,44
 system of 体系,42—43
 and westward expansion 向西部的扩张,42—43,44
 women in 女性,51
political violence, against blacks, in Reconstruction 政治暴力,对黑人,在重建时期,333—334
politicians, public distrust of 政客,政治不信任,53
Politics 政治

Antietam campaign influencing 安提坦战役的影响, 129—130
    Harpers Ferry raid in 袭击哈珀斯费里, 6—7
    of memory of war 纪念内战, 364—365
    women's role in 女性发挥的作用, 43—44, 51
Polk, James K. 波尔克, 詹姆斯·K.
    and manifest destiny 与天命论, 40
    in Mexican War 在墨西哥战争中, 40
    in 1844 presidential election 在1844年总统大选中, 39
    in 1848 presidential election 在1848年总统大选中, 45
poll taxes 人头税, 投票税, 301, 347
Pook, Samuel 普克, 塞缪尔, 103
Pope, John 波普, 约翰
    as army commander 担任陆军司令, 127
    in Bull Run, second battle of 布尔伦河战役, 第二次战役, 127—128
    in Cedar Mountain, battle of 在雪松山, 战役中, 127
    civilian property attacked under 袭击平民财产, 143
popular culture, memory of war in 流行文化, 纪念战争, 366—367
popular sovereignty 人民主权论
    and Kansas-Nebraska Bill 《堪萨斯—内布拉斯加法案》, 52
    and slavery in westward expansion 在西部扩张中的蓄奴制度, 44, 45, 52
Populist Party, rise of 平民党, 崛起, 349
Porter, David Dixon 波特, 大卫·狄克逊
    on guerrilla warfare 游击战, 190
    in Red River campaign 在红河战役中, 247
    in Vicksburg, battle of 在维克斯堡战役中, 222
    in Vicksburg campaign 在维克斯堡战役中, 222
Port Hudson, battle of (1863) 哈德逊港战役, 154, 223
Port Royal, battle of (1861) 罗亚尔港战役 (1861年), 105
postal service 邮政服务
    and abolitionist movement 废奴运动, 33
    for soldiers 给战士提供的, 174—175
    women employed by 雇佣女性, 207
postmillennialism 千禧年后论, 20

post-traumatic stress syndrome 创伤后压力症候群, 282
Potomac, Army of the. See also specific battles 波托马克, 军团 (参见具体的战役)
    black soldiers in 黑人战士参与, 156
    under Burnside 在伯恩赛德的领导下, 163—164, 168
    in Chancellorsville, battle of 在钱瑟勒斯维尔战役中, 213—215
    disbanding of 遣散, 273, 274f
    after Gettysburg, battle of 在葛底斯堡战役结束后, 244
    under Grant 在格兰特的领导下, 248
    under Hooker 在胡克的领导下, 168, 212—213
    in Lookout Mountain, battle of 在卢考特山战役中, 232
    under McClellan 在麦克莱伦的领导下, 123, 126, 163—164
Pottawatomie Creek (Kansas), massacre at 波塔沃托米河 (堪萨斯州), 大屠杀, 4, 60
poverty, in South 穷困, 南方, 347—349, 348f
Prejudice 偏见
    against Catholics 对天主教徒的偏见, 14—15
    racial (See racism) 种族偏见 (参见种族主义)
    against southerners 对南方人的偏见, 191
premillennialism 千禧年前论, 20
Presbyterian church, on slavery 长老会教派, 对蓄奴制度的态度, 43
presidential election(s) 总统大选
    of 1844 在1844年, 39
    of 1848 在1848年, 44—45
    of 1852 在1852年, 48, 51
    of 1856 在1856年, 61—62
    of 1860 在1860年, 66—67, 69f, 75—76
    of 1864 在1864年, 254, 255, 265—266, 286
    of 1868 在1868年, 299—300, 338—339
    of 1872 在1872年, 342
    of 1876 在1876年, 344—346, 345f
    of 1880 在1880年, 348
    of 1884 在1884年, 352
    of 1896 在1896年, 364
    of 1948 在1948年, 365—366
Presidential Reconstruction 总统提出的重建计划, 291, 295

press coverage 媒体报道
　　of battles 战役,93—94,211
　　expansion of 扩张,12
　　of political corruption 政治腐败,53
Price, Sterling 普赖斯,斯特林
　　after Atlanta campaign 在亚特兰大战役结束中,257,259—260
　　in Corinth, battle of 在科林斯战役中,132
　　in Iuka, battle of 在艾犹卡战役中,132
　　Missouri State Guard under 密苏里州警卫队,112
　　in Pea Ridge, battle of 在皮里奇战役中,117
　　in Red River campaign 在红河战役中,247
　　in Wilson's Creek, battle of 在威尔逊溪战役中,112
prisoners of war 战犯
　　Confederate, in Union navy 南部联盟的,在北方联邦中,104
　　exchange policy for, collapse of 交换政策,瓦解,160
　　Union, black soldiers as 北方联邦,黑人士兵,158—160
　　war crimes against, trials for 指控战争罪,审判,281—282
prisons, convict lease system in 罪犯,囚犯出租制度,333
privateering, in Confederate navy 武装民船劫掠商船的做法,在南部联盟海军中,100
"Private History of a Campaign That Failed, The" (Twain) 《一场失败战役的秘史》(马克·吐温),202
professions, in identity of unionists 职业,联邦主义者的身份,196
prohibition, in political party 禁止,政党Realignment 重组,55
Property 财产
　　confiscation of 充公,190—192,304—305
　　in Reconstruction 重建,291,304—305
　　slaves as 做为财产的奴隶,21,44,63
prostitution 妓女行业,176—177
Protestantism, on slavery 新教,蓄奴制度,43
psychological warfare 心理战
　　in Grant's grand strategy 格兰特制定的伟大的军事战略,246
　　in Sherman's strategy 谢尔曼的战略,257

public opinion. See also northern opinion; southern opinion 公众舆论(参见北方公众舆论,南方公众舆论)
　　British, of war 英国人,舆论战,224
　　of dissent 异议,193
　　evolution of, during war 变化,战争期间,245
　　of Lincoln's Ten Percent Plan 林肯的百分之十计划,284
　　opposition to war in 反对战争,89—90
　　of political corruption 政治腐败,53
publishing industry 出版业,12
Pugh, George A. 皮尤,乔治·A.,66
Pugh, Mary Williams 皮尤,玛丽·威廉姆斯,147
Pullman, George 普曼,乔治,323
Pulsky, Theresa 帕儿斯基,特丽萨,13
Punch (magazine) 《潘趣,或称伦敦闹剧》(杂志),224f

Quakers, on slavery 公谊会教徒,对蓄奴制度的态度,20
Quantrill, William C. 昆特里尔,威廉·C.,188
Quartermaster Department 军需部,103
Quitman, John A. 奎特曼,约翰·A.,60

race relations 种族关系
　　in 1868 presidential election 在1868年总统大选中,299
　　in Reconstruction South 在南方的重建时期,305
race "riots," in Reconstruction 种族"暴乱",在重建时期,315,333—334
race war, Civil War as 种族战争,美国内战,159
racial justice 种族公正,353,371
racism. See also segregation; white supremacy 种族主义(参见种族隔离,白人优越主义)
　　Antebellum 美国内战前,35
　　　in North 北方,14
　　　in South 南方,23—24
　　aversive 令人厌恶的,139—140
　　in draft riots 在征兵法案引发的暴乱里,228
　　Lincoln's views on 林肯的观点,140
　　in 1868 presidential election 在1868年总统大选中,299
　　after Reconstruction 在重建后

Supreme Court on 最高法院的观点,
352—353
systematic 系统的,351
of Republicans 共和党成员的,139—140
scientific 科学种族主义,36
in Union army 在北方联邦陆军中,154,
155—156
in Union navy 在北方联邦海军中,104
Radical Reconstruction 激进分子的重建计划,289,290—291,295—296,300—301
Radical Republicans 共和党中的激进分子
on Fifteenth Amendment 对《宪法第十五条修正案》的态度,300—301
on Johnson(Andrew) 对约翰逊(安德鲁)的态度,287,288
in 1864 presidential election 在1864年总统大选中,245,265
in Reconstruction-era South 在重建时代的南方,320
Reconstruction plans of 重建计划,289,290—291,295—296
reunion plan of 重新统一计划,284
railroad system 铁路系统
Bourbon politics and 波旁民主党政治,335—336
in Bull Run, first battle of 布尔伦河战役,第一次战役,92—93
centralization of 中央集权管理,135
in Confederacy, problems with 在南部联盟中,存在的问题,133,135
in depression of 1873 在1873年经济大萧条中,342
Kansas-Nebraska Bill on 《堪萨斯—内布拉斯加法案》,52
in market revolution 市场革命,11—12
political corruption in 政治腐败,341
in postwar economy 战后经济,326—327,340,342
problems with 各种问题,133,135
segregation on 种族隔离,349f,349,352—353
strategic value of 战略意义,115
transcontinental 横跨大陆的,203,326
in Union 在北方联邦中,135—136
rape, and lynchings 强奸,和私刑,350—351
Rappahannock River, in Fredericksburg, battle of 拉帕汉诺克河,在弗雷德里克斯堡战役中,164—168,212
rats 老鼠,171

Reagan, John H. , in Johnson's surrender 里根,约翰·H. ,在约翰逊的投降中,271
reconciliation, Lincoln's ideas on 妥协,林肯的观点,283
reconnaissance balloons 侦查气球,123
Reconstruction Acts (1867—1868),295—296 《重建法案》(1867年—1868年)
Reconstruction era, in South 重建时代,南方
black response to 黑人的反应,309—317
churches in 教堂,312
education in 教育,313,318
finances in 财政,310
labor in 劳动力,305—306,310—311,314—315
leadership in 领导地位,318
northern assistance in 北方的协助,310—311
political activism in 政治激进主义,316—317,317f
uncertainty in 不确定性,309—310
urban migration in 城市移民,310
violence against 暴力对抗,315—316,331—335
Democratic Party in 民主党在
resurgence of 复苏,327—328
white supremacy of 白人优越主义,330—331,335—339
economy of 经济,323—327
mechanization in 机械化,323—324
problems facing 面临的问题,304—306,323
railroads in 铁路,326—327
sectional differences in 地区差异,323—324,340
memory of 纪念,369
Republican Party in 共和党,316—322
alliance created by 创造联盟,316—320
black role in 黑人的作用,316—317
decline of 衰落,320—322
divisions in 分裂,319—320,323
expansion of power by 权利的扩张,321—322
faltering by 举步维艰,340
northern influences on 北方的影响,322
self-defeating programs of 弄巧成拙的计划,322—323
white response to 白人的反响,272—273,304—309

索引　525

　　Black Codes in　《黑人法令》,289
　　　　Confederate exodus in　南部联盟成员大批撤离,306—307
　　　　economy in　经济,304—306
　　　　labor shortages in　劳动力短缺,305—306
　　　　miscalculations in　错误的估计,307—308
　　　　physical conditions of　体制,304—305
　　　　race relations in　种族关系,305
　　　　unionist revenge in　联邦主义者的复仇,306
　　　　white supremacy in　白人优越主义,307,320,330—339
　　Reconstruction policy　重建政策
　　　　Confederate defiance of　南部联盟发对,288
　　　　congressional plans for　国会的计划,289—296
　　　　　　Civil Rights Act in　《民权法案》,291—292
　　　　　　committee on　委员会,289—290
　　　　　　Fifteenth Amendment in　《宪法第十五条修正案》,300—301
　　　　　　Fourteenth Amendment in　《宪法第十四条修正案》,292—293
　　　　　　radical　激进派,289,290—291,295—296
　　　　　　Wade-Davis Bill in　《韦德—戴维斯法案》,284—285
　　　　end of, under Hayes　结束,在海斯统治期间,346—347
　　　　Johnson's plans for　约翰逊的计划,288
　　　　　　opposition to　反对,289—290,291—292
　　　　　　white southern response to　南方白人的反应,307—308
　　　　legacy of　遗产,353
　　　　Lincoln's plans for　林肯的计划
　　　　　　late thoughts on　后来的想法,273,285—286
　　　　　　secrecy of　秘密,272
　　　　　　Ten Percent Plan in　林肯的百分之十计划,283—284
　　　　northern ambivalence toward　北方犹豫不决的态度,336—337
　　　　in 1868 presidential election　在1868年总统大选中,299,338—339
　　　　Republican faltering on　共和党人的犹豫态度,340

　　　　vs. restoration　恢复,288
　　　　Supreme Court on　最高法院,343
　　Redeemers　救赎者,335—336
　　　　disenfranchisement by　剥夺公民权,347,349
　　　　legacy of　遗产,353
　　　　Liberal Republicans and　共和党自由派,342
　　　　in 1868 presidential election　在1868年总统大选中,338—339
　　　　rise of　兴起,327,344
　　Redpath, James　雷德帕思,詹姆斯,344
　　Red River campaign (1864)　红河战役(1864年),246—248,247f
　　Red Shirts　红衫组织,335,336
　　Reed, William　里德,威廉,141
　　Reese et al., U. S. V.　联邦政府诉里斯(Reese)等人案,301
　　reform. See social reform　改革(参见社会改革)
　　refugees　难民
　　　　black　黑人难民,147—149,148f
　　　　white　白人难民,199—203,200f,257
　　Refugees, Freedmen, and Abandoned Lands, Bureau of. See Freedmen's Bureau　难民,自由民,和被遗弃的土地,局(参见自由民局)
　　regiments, infantry　团,步兵,84
　　regional rivalries, among soldiers　宗教复兴,在战士中,175
　　Religion　宗教
　　　　in antebellum North　在美国内战前的北方,14—15
　　　　in antebellum South　在美国内战前的南方,15—16
　　　　in black churches　在黑人教堂里,312
　　　　discrimination based on　宗教歧视,14—15
　　　　in mourning　悼念,238—240
　　　　in political culture　政治文化,43
　　　　role during war　在内战中的作用,238—240
　　　　Second Great Awakening in　第二次大觉醒运动,20—21
　　　　slavery in　蓄奴制度,42
　　　　soldiers motivated by　受到宗教影响的战士,87,239—240,262
　　　　in women's charitable work　在女性的慈善工作中,204—205
　　religious revivals　宗教复兴,239—240,262
　　Republicanism　共和主义

definition of 定义,42
political parties on 政党,42
Republican Party 共和党
　　Antietam campaign and 安提坦战役,129—130
　　black role in 黑人的作用,316—317
　　as business party 重视商业发展的党派,340—341
　　as cause of war 战争起因,337—338
　　in Compromise of 1877 1877年妥协案,346—347
　　in congressional elections 国会选举
　　　　of 1866 1866年,293
　　　　of 1874 1874年,343
　　1860 Convention of 1860年大会,67
　　corruption in 腐败,340—341
　　dissent and 异议,192—194
　　on Dred Scott case 对德雷德·史考特案的态度,62
　　on Harpers Ferry raid 袭击哈珀斯费里,6—7,8,67
　　on Johnson (Andrew) 对约翰逊(安德鲁)的态度,287
　　Johnson's impeachment by 弹劾约翰逊,296—298
　　on Kansas constitution 对堪萨斯宪法的态度,64
　　Liberal Republicans in 共和党的自由派,341—342
　　on Lincoln's Ten Percent Plan 关于林肯的百分之十计划,284
　　memory in, politics of 纪念,政治学,364—365,366
　　new strategy of 新战略,62
　　origins of 起源,56
　　platform of 政纲,45,67,364
　　in political party realignment 在政党重组中,53—56
　　in presidential elections 在总统大选中
　　　　of 1856 在1856年,61—62
　　　　of 1860 在1860年,66—70
　　　　of 1864 在1864年,254,265—66
　　　　of 1868 在1868年,299,339
　　　　of 1872 在1872年,342
　　　　of 1876 在1876年,344—346
　　　　of 1896 在1896年,364
　　Radical (See Radical Republicans) 激进派(参见共和党激进派)
　　in Reconstruction (See under Reconstruction)

在重建时期(参见在重建时期)
　　rise of 兴起,53—56
　　on secession of deep South 对最南端各州脱离联邦的态度,78
　　on slavery 对蓄奴制度的态度
　　　　ambivalence of position 摇摆不定的立场,56,139—140
　　　　attack on slavocracy 攻击奴隶主集团,62
　　　　in platform 在政纲里,56,67
　　　　strategy for ending 终止蓄奴制度的战略,139
　　in 1863 state elections 在1863年州级选举中,226—227
　　and Union League 与联邦协会,310
　　White Line movement and 白线组织,335
　　white supremacists targeting 白人优越主义者的目标,332,334
　　women in 女性,62
restoration, vs. reconstruction 恢复与重建,288
reunion. See also Reconstruction 重新统一(参见重建)
　　Johnson's plan for 约翰逊的计划,288
　　Lincoln's Ten Percent Plan for 林肯的百分之十计划,283—284
　　map of progress in 地图上的变化,319f
　　Wade-Davis Bill on 《韦德—戴维斯法案》,285—286
Revels, Hiram R. 雷维尔斯,海拉姆·R.318
Revolutionary War. See American Revolution 独立战争(参见美国独立革命)
Rhett, Robert Barnwell 瑞德,罗伯特·巴恩韦尔,48
Rhode Island, slavery in 罗德岛州,蓄奴制度,21
rice cultivation 水稻种植
　　freed blacks in 自由黑人,152
　　limits on 局限性,24—26
　　slaves in 奴隶,24
Richmond (Virginia) 里士满(弗吉尼亚州)
　　bread riots in 面包暴乱,225,226f
　　establishment of capital in 建都,81
　　fall of 陷落,270,270f
　　Union plans for attacking 北方联邦的攻打计划,123
Rich Mountain 里奇山,96
rifles 步枪,179—181

riots 暴乱
  bread (1863) 面包暴乱（1863年）,225,226f
  draft (1863) 征兵法引发的暴乱（1863年）,227—228,229f
  "race," in Reconstruction "种族暴乱",在重建时期,316,333—334
Ripley, James W. 里普利,詹姆斯·W.,181
rivalries, among soldiers 竞争,战士之间的,175
rivers, strategic importance of 河流,战略的重要性 113
Roanoke Island (North Carolina) 洛亚诺克岛（北卡罗来纳州）,149
Rockefeller, John D. 洛克菲勒,约翰·D.,227,323,340
Roebuck, John A. 罗巴克,约翰·A.,225
Rogers, Loula Kendall 罗杰斯,劳拉·肯德尔,272
Roman Catholics. See Catholics 罗马天主教（参见天主教）
Roman Empire, slavery in 罗马帝国,蓄奴制度,18
Roosevelt, Franklin Delano 德拉诺·罗斯福,富兰克林,365
Roosevelt, Theodore 罗斯福,西奥多,353
Rosecrans, William S. 罗斯克兰斯,威廉·S.,169f
  as army commander 作为军队统帅,168—169
  in Chattanooga, battle of 在查塔努加战役中,231—232
  in Chickamauga, battle of 在奇卡莫加战役中,231
  in Chickamauga campaign 在奇卡莫加战役中,230—231
  and 1868 presidential election 在1868年总统大选中,338
  in Stones River, battle of 在石头河战役中,169—171,212
Ross, John 罗斯,约翰,118
Rost, Pierre 罗斯特,皮埃尔,97
Ruffin, Edmund 鲁芬,埃德蒙
  on guerrilla warfare 对游击战的看法,185
  at Nashville Convention 在纳什维尔大会中,48
Russell, John 罗素,约翰,98—99
Russell, William Howard, at Bull Run, first battle of 罗素,威廉·霍华德,布尔伦河战役,第一次战役,93,94
Russia 俄国
  Confederate relations with 与南部联盟的关系,97—98,223
  Union relations with 与北方联邦的关系,99
Rutherford, Mildred L. 拉瑟福德,米尔德里德·L.,361

sailors, Union 海员,北方联邦
  Black 黑人,104
  life of 生活,104—105
  recruitment of 招募新兵
    growth in 发展,104
    problems with 问题,102—103,103f,104—105
Saint-Gaudens, Augustus 高登斯,奥古斯塔斯·圣,363
salient 突出阵地,216
Saltville, battle of (1864) 索尔特维尔战役（1864年）,281
San Jacinto, USS 紧凑型半潜式装甲舰,105
Savannah (Georgia) 萨瓦娜（佐治亚州）,260
Saxton, Rufus 萨克斯顿,鲁弗斯,152
scalawags, in Republican alliance 南赖子,在共和党联盟中,316,317,320
scandals. See also corruption 丑闻（参见腐败）
  in Grant administration 格兰特政府,341
Schofield, John 斯科菲尔德,约翰,261
schools. See also education 学校（参见教育）
  Black 黑人,312,313f
  segregation of 种族隔离,349
scientific racism 科学种族主义,36
Scott, Dred 史考特,德雷德,62—63,63f,292
Scott, Winfield 斯科特,温菲尔德
  Anaconda Plan of 蟒蛇计划,90
  in Constitutional Union Party 在立宪联邦党,67
  on ironclad construction 建设铁甲舰队的观点,103
  on Lee 对李的态度,91
  as Lincoln's chief military advisor 担任林肯的首席军事顾问,90
  McClellan's bickering with 与麦克莱伦的争执,95,96

and McClellan's command 麦克莱伦的指挥, 95
  in Nullification Crisis 在无效论危机中, 31
  in 1852 presidential election 在1852年总统大选中, 48
  retirement of 退休, 96
SCV. See Sons of Confederate Veterans (参见南军战士遗孤组织)
Sea Islands experiment 海群岛实验, 150—151
secession 脱离联邦
  confederate constitution 联邦宪法, 76
  of deep South 最南端
    announcement of 宣布, 76
    Buchanan's reaction to 布坎南的反应, 77
    compromise attempts after 妥协尝试, 77
    in 1860 presidential election 在1860年总统大选中, 66—70
  of upper South 南部偏北地区
    announcement of 宣布, 81
    delay in 推迟, 78
secret ballots, in disenfranchisement 秘密投票, 剥夺公民权, 347
Sectionalism 地方主义
  American Revolution and 美国独立革命与, 18
  in Compromise of 1850 《1850年妥协案》, 47
  perceptions of 观点, 13—14
  of political parties 政党, 42, 43
  in 1848 presidential election 在1848年总统大选中, 44—45
Seddon, James A. 塞登, 詹姆斯·A., 194, 282
Sedgwick, John, in Chancellorsville 塞奇威克, 约翰, 在钱瑟勒斯维尔
  battle of 战役, 213—214
segregation, racial 隔离, 种族的
  legislation codifying 立法编纂, 349
  after Reconstruction 重建时期后, 349f, 350, 352—353
  in Reconstruction 在重建时期
    Republican programs ending 共和党终止计划, 322—323
    in urban areas 在城市地区, 310
  Supreme Court on 最高法院的态度, 293,

352—353
  in Union navy 在联邦海军中, 104
Selznik, David O. 塞尔兹尼克, 大卫·O., 366
Seminole Wars 塞米诺尔战争, 28
Semmes, Raphael 塞姆斯, 拉斐尔, 102
Seneca Falls (New York) 塞尼卡福尔斯(纽约州北部), 44
separate but equal doctrine 分离但平等原则, 352
Sequestration Act (1861) 《隔离法案》(1861年), 198
Seven Days' battle (1862) 七天战役(1862年), 125—126
Seven Pines, battle of (1862) 七松战役(1862年), 125
Seward, William H. 西沃德, 威廉·H.
  attempted assassination of 刺杀企图, 271
  on Civil Rights Bill 《人权法案》, 292
  on Emancipation Proclamation 《解放黑人奴隶宣言》, 145
  European relations under 欧洲的关系, 99
  in Fort Sumter crisis 在萨姆特堡危机中, 79, 99
  on irrepressible conflict 不可遏制的冲突, 65
  and Johnson's Reconstruction plan 约翰逊的重建计划, 288
  in 1860 presidential election 在1860年总统大选中, 67
  as secretary of state 担任国务卿, 99
  in Trent affair 在"特伦特号"事件中, 105—106
Sewell Mountain 维尔山, 97
sexually transmitted diseases 性传播疾病, 178
sexual relations 性关系
  effects of war on 战争的影响, 172—173, 176—177
  and lynchings 私刑, 350—351
  between plantation owners and slaves 种植园主和奴隶之间的性关系, 22
Seymour, Horatio, in 1868 presidential election 西摩, 霍雷肖, 在1868年总统大选中, 299
shantytowns, freed blacks in 棚户区, 自由黑人, 149
sharecropping 交谷租种制
  after war 战后, 325, 348f

during war 战争期间,152
Sharpsburg, battle of. See Antietam （参见安提坦战役）
Shaw, Robert Gould 萧,罗伯特·古尔德,157,158f
shells 炮弹,180
shell-shock 炮弹休克症,252
Shenandoah Valley 谢南多厄河谷
　campaigns in（1864） 战役（1864 年）,256—257
　strategic value of 战略价值,125
Sheppard, William L. 谢泼德,威廉·L.,176f
Sheridan, Phillip 谢里登,菲利普
　at Appomattox Court House, battle of 在阿波马托克斯法院战役中,270—271
　in cavalry 在骑兵里,85
　in Five Forks, battle of 在五岔口战役中,270
Sherman, John 谢尔曼,约翰
　on black soldiers 黑人战士,156
　and Civil Rights Bill 《民权法案》,291
Sherman, William T. 谢尔曼,威廉·T
　in Atlanta campaign 在亚特兰大战役中,255—257
　on Bull Run, first battle of 布尔伦河战役,第一次战役,94
　and freed blacks 和获得自由的黑人
　　labor by 劳动力,152
　　land for 土地,311
　　as refugees 作为难民,149
　　as soldiers 作为战士,152,156
　in Grant's grand strategy 格兰特制定的伟大的军事战略,244,245—246
　guerrilla warfare fought by 游击战,190
　Johnston's surrender to 约翰斯顿投降,271
　in Kennesaw Mountain, battle of 在肯尼索山战役中,255
　march to the sea by 向海洋进军,258—261,259f
　psychological warfare by 心理战,257
　and Red River campaign 与红河战役,246
　refugees created by 造成的难民,200,257
　on Shiloh, battle of 夏伊洛战役,120
　strategy of 战略
　　destruction in 破坏,260—261
　　exhaustion in 消耗战,256—257
　in Vicksburg campaign 在维克斯堡战役中,238
Shiloh, battle of（1862） 夏伊洛战役（1862年）,119—121,120f
ships. See also specific ships 战舰（参见具体的战舰）
　Confederate 南部联盟
　　construction of 建造,101—102
　　technological advances in 技术进步,101
　Union 北方联邦
　　construction of 建造,103—104
　　number of 数量,102
　　shortage of 短缺,102
Shotwell, Randolph 绍特韦尔,伦道夫,83,179
Sibley, Henry H. 西布利,亨利·H.
　in Glorieta Pass, battle of 在格洛列塔山口战役中,117
　in New Mexico campaign 在新墨西哥州战役中,116—117
　in Val Verde, battle of 巴尔韦德战役,116
Sibley tents 西布利,116
Sickles, Daniel 希克尔斯,丹尼尔,216
siege warfare 包围战
　in Anaconda Plan 蟒蛇计划,90
　Grant's turn to 格兰特使用,252
Sigel, Franz 西格尔,弗兰兹,246
Sioux tribe 印第安苏族部落,118
Slaughterhouse Cases 屠宰场案,343
Slavery 蓄奴制度
　in American Revolution 在美国独立革命中,18—20
　arguments defending 为奴隶主辩护的依据,35—36
　and army enlistment 陆军参军入伍,85
　as cause of war 战争的起因,16—17,139
　end of（See also emancipation） 结束（参见解放黑奴）
　　Constitution on 宪法,19—20
　　Republican strategy for 共和党的战略,139
　legislation banning 立法部门禁止蓄奴制度,21
　legislation codifying 立法部门编辑奴隶法典,17
　in Lincoln's Ten Percent Plan 在林肯的百分之十计划中,283—284
　Lincoln's views of 林肯的观点,140—141

in Lost Cause ideology 败局命定的理论,359
in memory of war 纪念战争,359,361
in North 在北方
　decline of 衰落,21
　disintegration of 瓦解,153
　origins of 起源,17
in Nullification Crisis 在无效论危机中,30—31
origins of 起源,16—17
religions on 宗教,43
Republican ambivalence toward 共和党人的摇摆心理,56,139—140
Second Great Awakening and 第二次大觉醒运动,20—21
in South 在南方
　expansion of 扩张,21—23
　origins of 起源,16—17
in West (See westward expansion) 在美国西部(参见西部扩张)
Slaves 奴隶
　colonization of 对奴隶的殖民统治,32,140,143
　fugitive (See fugitive slaves) 逃亡(参见逃往奴隶)
　in Harpers Ferry raid 袭击哈珀斯费里,2—3
　vs. indentured servants 对签约劳工,16—17
　life of 奴隶的生活,24,27f
　migration during war 战争期间的迁移,141,147
　as property 作为私人财产,21,44,63
　rebellions by 奴隶起义
　　under Bacon (Nathaniel) 培根(纳撒尼尔)领导下的,16—17
　　under Turner (Nat) 特纳(奈特)领导下的,31—32
　and white refugees 白人难民,202
　religion of 宗教,312
　as soldiers 作为战士
　　in American Revolution 在美国独立革命中,18
　　Confederate 南部联盟,267—268
　　Union 北方联邦,143,153
slave trade 奴隶贸易
　Constitution on end of 宪法终止,19
　in Cuba, end of 在古巴,终止,60
　establishment of 开展,17

westward expansion of 向西部扩张,26—27
slavocracy, Republican attack on 拥护蓄奴制度派,共和党攻击,62
Slidell, John, in Trent affair 斯莱德尔,约翰,在"特伦特号"事件中,105—106
Smalls, Robert 斯莫尔斯,罗伯特,154f
Smith, Edmund Kirby 史密斯,埃德蒙·柯比
　in Kentucky campaign 在肯塔基州战役中,131
　in Red River campaign 在红河战役中,246
　surrender of 投降,273
Smith, Gerrit 史密斯,赫里特
　in abolitionist political parties 主张废奴主义的政党,34
　Brown (John) and 布朗(约翰),6
Smith, Lydia 史密斯,丽迪雅,290
smoothbores 无膛线枪,180
snowball fights 雪球大战,175
social class 社会阶级
　Antebellum 美国内战前,14,21,23
　and conscription 征兵,227
　in North 在北方,14,227
　in South 在南方,21,23
social reform movements 社会改革运动
　political culture and 政治文化,43
　in political party realignment 在政党重组中,55
　Second Great Awakening in 第二次大觉醒运动,20—21
Society 社会
　Antebellum 美国内战前
　　Northern 北方,21
　　Southern 南方,21—23
　effects of war on 战争的影响,280—281
Society of Friends. See Quakers 公谊会(参见公谊会教徒)
soldiers. See also army 士兵(参见军队)
　Abolitionist 废奴主义者,142—143
　black (See black soldiers) 黑人(参见黑人士兵)
　combat refusal by 拒绝参战,252
　conscription of 征兵,122,227—228
　desertion by (See desertion) 当逃兵(参见擅离职守;当逃兵)
　diet of 饮食,176f,178—179
　equipment of 装备,179

home front interactions with 与后方的互动,172—173
illness and disease in 各种疾病,177—178,177f
immigrants as 作为移民,227—228
life of 生活,175—178
motivations of 动机,86—87,172f
prejudices of 偏见,191
religion influencing 宗教影响,87,239—214,262
salary of 蓄奴制度,86,156
uniforms of 制服,82,93,179
volunteering at start of war 内战之初的志愿参军者,83—84,85
weapons of 武器,179—181
women as 女性当兵,203—204
women's charitable work for 女性从事的慈善工作,204—205
Soldiers' Battle 战士之战,232
solid shot 实心炮弹,180—181
songs, of mourning 哀悼之歌,237
Sons of Confederate Veterans (SCV) 南军士兵遗孤组织,361
South. See also Confederate States of America 南部地区(参见美利坚联盟国)
  in American Revolution 在美国独立革命中,18—19
  Emancipation Proclamation in 《解放黑人奴隶宣言》
    reactions to 不同反应,146
  home front in 后方,171—173,225,263
  identity of 身份
    Antebellum 美国内战前,11,15—16
    and Confederate nationalism 南部联盟的民族主义,198
  Lost Cause ideology in 败局命定的理论,271,359—360,366,367
  martialism of 士气,尚武精神,83
  memory of war in 纪念内战,359—361,367—368
  military occupation of, postwar 军事职位,战后,286,320,336
  morale in 士气,263
  in 1860 presidential election 在1860年总统大选中,68
  public opinion in (See southern opinion) 公众舆论(参见南方公众舆论)
  Reconstruction in (See Reconstruction) 重建时期(参见重建)

religion in 宗教
  revivals in 复兴,239—240
  Second Great Awakening in 第二次大觉醒运动,21
secession of 脱离联邦
  deep 最南端,77
  upper 南部偏北地区,78,81
slavery in 蓄奴制度
  expansion of 扩张,21—23
  origins of 起源,16
social hierarchy in, antebellum 社会阶级划分,美国内战前 21—23
unionism in 联邦主义,81,196—197
Union prejudices against 北方联邦对南方的歧视,191
white refugees from 来自南方的白人难民,199—202
Southampton County (Virginia), slave 南安普敦县(弗吉尼亚州),奴隶
  rebellion in 起义,31—32
South Carolina. See also specific battles 南卡罗来纳州(参见具体战役)
  black political candidates in 黑人政治候选人,317
  Bourbon politics in 波旁民主党政治,335
  Confederate flag in 南部联盟的旗帜,369
  Fort Sumter crisis in 在萨姆特堡危机中,79—80
  in Nullification Crisis 拒行联邦法危机,29—31
  Sea Islands experiment in 海群岛试验,150—151
  secession of 脱离联邦,76
  slaves in, life of 奴隶,生活,24
South Carolina Exposition and Protest, The (Calhoun) 《南卡罗来纳州说明与抗议》(卡尔霍恩),29—30
Southern Bivouac 《南方营》,360
Southern Historical Society Papers 《南方历史协会论文集》,360
southern opinion 南方公众舆论
  black, of Reconstruction 黑人,重建时期,309
  White 白人
    of Harpers Ferry raid 有关袭击哈珀斯费里,7—8
    of Lincoln's election 有关林肯参加大选,75—76
    of Reconstruction 有关重建,272—273,

304—309
　　of war　有关战争,89
Southwest, Army of the　西南,军团,117
　　See also specific battles　（参见具体的战役）
Spain　西班牙
　　Confederate relations with　与南部联盟的关系,98
　　Union relations with　与北方联邦的关系,98
Spanish-American War（1898）　美西战争（1898年）,352,353,364—365,365f
Special Field Orders No. 15　《特别战地令第15号》,152
speech, freedom of　言论,自由
　　in abolitionist movement　在废奴主义运动中,32—33
　　in Confederacy　在南部联盟,194
　　in Union　在北方联邦,194
Spencer rifles　斯宾塞来复步枪,181
spherical case shot　球形弹丸,180
Spies　间谍
　　and refugees　与难民,200
　　for Union army　联邦军队,198
　　women as　女性当间谍,204
Spotsylvania Court House, battle of（1864）斯波齐尔韦尼亚法院战役中（1864年）,251
Springfield rifles　斯普林菲尔德步枪,180
St. Louis（Missouri）　圣路易斯（密苏里州）,110
St. Louis, USS　"圣路易斯号",紧凑型半潜式装甲舰,103,114f
Standard（newspaper）　《伦敦标准报》（报纸）,98
Stansbery, Henry　斯坦斯伯里,亨利,298
Stanton, Edwin M.　斯坦顿,埃德温·M.
　　on black soldiers under Sherman　谢尔曼领导下的黑人战士,152,156
　　on Bull Run, first battle of　布尔伦河战役,第一次战役,94—95
　　Hooker's bickering with　胡克与之发生争执,215
　　Johnson's dismissal of　约翰逊解职,296
　　McClellan's bickering with　与麦克莱伦的争执,96
　　on postwar occupation　战后职位,286
　　on railroad system　铁路系统,135
　　on Rosecrans　对罗斯克兰斯的态度,168
　　in War Board　在战争委员会里,123—125

Stanton, Elizabeth Cady　斯坦顿,伊丽莎白·卡迪,300
state, departments of　政府,部门
　　Confederate　南部联盟,97
　　Union　北方联邦,98—99
state elections　州级选举
　　of 1863　1863年,226—227
　　of 1865　在1865年,289
　　of 1866　在1866年,293
　　during Reconstruction　在重建过程中
　　black candidates in　黑人候选人,317—318
　　Redeemers in　救赎者,344
　　White Line movement and　白线组织,335
state governments　州政府
　　Bourbons in　波旁民主党人,335—336
　　Democratic Party on　民主党,42
　　in Lincoln's Ten Percent Plan　在林肯的百分之十计划中,283—284
　　in Radical Reconstruction　激进派的重建政策,295—296
　　in Wade-Davis Bill　《韦德—戴维斯法案》,284
　　white supremacy in　白人优越主义,330—331
states' rights　国家权利
　　as cause of war　战争起因,359,365
　　in Civil Rights Bill　《民权法案》,291
　　and Confederate nationalism　南部联盟的民族主义,199
　　and Confederate navy　南部联盟的海军,102
　　dissent and　持不同政见,194
　　in Nullification Crisis　在无效论危机中,29—31
　　in 1948 presidential election　在1948年总统大选中,365—366
　　Supreme Court on　最高法院,343
steam engines　蒸汽机,12
Stearns, Charles B., in Bleeding Kansas　斯特恩斯,查尔斯·B.,在堪萨斯内战中57—58
Steele, Ferdinand L.　斯蒂尔,费迪南德·L.,22
Steele, Frederick　斯蒂尔,弗雷德里克,246
Stephens, Alexander H.　斯蒂芬斯,亚力山大·H.,331f
　　congressional testimony by　国会的证词,289
　　"Cornerstone Speech"（1861）　奠基石演

索 引 533

讲,77
　Davis opposed by　反对戴维斯,195,254
　on Democratic Party　对民主党的态度,327
　elected to Congress　选举进入国会,289
　in peace negotiations　和平谈判,265—266
　on white supremacy　对白人优越主义的态度,330
Stevens, Thaddeus　史蒂文斯,撒迪厄斯,290f
　in Johnson's impeachment　弹劾约翰逊,296—298
　on Reconstruction　关于重建计划,289,290—291
stock market, Panic of 1857 in　股市,1857年的恐慌,64
Stone, Kate　斯通,凯特,172
Stoneman, George　斯通曼,乔治,213
Stones River, battle of (1862—1863)　石头河战役(1862年—1863年),169—171,170f,211—212,230
Stowe, Harriet Beecher　斯托,哈里特·比彻,50—51,50f
strategy. See military strategy　战略(参见军事战略)
Stringham, Silas H.　斯特林厄姆,赛拉斯·H.,105
Strong, George Templeton　斯特朗,乔治·坦普顿,106,284
Stuart, Alexander H. H.　斯图尔特,亚历山大·H. H.,339
Stuart, J. E. B.　斯图尔特,J. E. B.
　in cavalry　在骑兵里,85
　in Gettysburg, battle of　在葛底斯堡战役中,215
substitution　代替
　in conscription laws　征兵法,122,227
　and desertion　擅离职守;当逃兵,240
Suffolk, battle of (1863)　萨福克战役(1863年),213
suffrage　选举权
　black　黑人
　　barriers to (See disenfranchisement)　障碍(参见剥夺公民权)
　　black veterans on　黑人退伍老兵,161
　　Fifteenth Amendment on　《宪法第十五条修正案》,300—301
　　KKK and　三K党,301,334
　　Lincoln's support for　林肯的支持,285

　　in 1880 presidential election　在1880年总统大选中,348
　　in Radical Reconstruction　激进派的重建主张,295—296,291—292
　　White Line movement against　白线组织反对,335
　women's　女性,300—301
Sumner, Charles　萨姆纳,查尔斯
　on Bleeding Kansas　对堪萨斯内战的态度,58
　caning by Brooks　布鲁克斯用文明杖将其暴揍,58—59,59f
　on Reconstruction　对于重建的态度,290
Sumter, CSS　"萨姆特"号,紧凑型半潜式装甲舰,102
Sumter, Fort (South Carolina), crisis at　萨姆特,堡(南卡罗来纳州),危机79—80,80f,99
sunken road　低于地面的道路;下陷的道路,119
Supreme Court　最高法院
　on black suffrage　关于黑人的选举权,300
　on Dred Scott case　对德雷德·史考特案的态度,62—63,292
　on Fourteenth Amendment　《宪法第十四条修正案》,292,343,352
　on Missouri Compromise　《密苏里妥协案》,63
　in 1876 presidential election　在1876年总统大选中,344—346
　on segregation　关于种族隔离,293,352—353
Surratt, Mary　苏拉特,玛丽,281
surrender　投降
　final　最终的投降,273
　by Johnston　约翰斯顿的投降,271—272,273,303
　by Lee　李的投降,270—271,303
sutlers　军中小贩,178
Swift, Gustavus　斯威夫特,古斯塔夫,323
Swing Around the Circle tour　作巡回政治演讲的行程,292—293

tactics. See military tactics　战术(参见军事战术)
Tallmadge, James, Jr.　塔尔米奇,詹姆斯,小,28,29
Taney, Roger　托尼,罗杰,63
Tappan, Lewis　塔潘,路易斯,35

tariff(s) 关税,29—31
 in foreign relations of Union 北方联邦的外交关系,98
 Panic of 1857 and 1857年的恐慌,64
Tariff Act of 1833 1833年《关税法》,31
Tariff of 1828 1828年的关税,29—31
task system 任务体系,24
taxation 征税
 in Confederacy 在美利坚联盟国,133,134
 in Nullification Crisis 在无效论危机中,29—31
 at polls 在投票站,301,347
 in Reconstruction 在重建时期,327
 in Union 在北方联邦,134
Taylor, Richard 泰勒,理查德
 in Red River campaign 在红河战役中,247
 surrender of 投降,273
Taylor, Zachary 泰勒,扎克里
 compromise plan of 妥协计划,45
 death of 死亡,47
 in 1848 presidential election 在1848年总统大选中,44—45
Technology 技术
 Naval 海军的,101—102,104
 revolutions in 革命,11—12
Telegraph 电报,11,12
temperance, in political party realignment 节制,在政党重组中,55—56
tenant farming 佃农制,325,347—348,348f
Tennessee. See also specific battles 田纳西州(参见具体的战役)
 guerrilla warfare in 游击战,186,187f
 refugees in 难民,200
 secession of 脱离联邦,81
 start of fighting in 战斗打响,113—115
 unionism in 联邦主义,81,196,196f
Tennessee, Army of. See also specific battles 田纳西州,陆军(参见具体的战役)
 under Bragg 在布拉格的领导下,122,131
 in Chickamauga campaign 在奇卡莫加战役中,230—231
 under Grant 在格兰特的领导下,219
 in Stones River, battle of 在石头河战役中,169,211
 in Vicksburg campaign 在维克斯堡战役中,218
Tennessee campaign (1864) 田纳西战役(1864年),259—260,261

Tennessee River, strategic value of 田纳西河,战略价值,113
Ten Percent Plan 百分之十计划,283—284
tents, Sibley 帐篷,西布利,116
Tenure of Office Act (1867) 《任期法案》(1867年),296,297—298
territories. See westward expansion; specific territories 地区(参见西部扩张,具体的地区)
Texas. See also specific battles 得克萨斯(参见具体战争)
 annexation of 吞并,36—37
 Compromise of 1850 on borders of 《1850年妥协案》有关……的边界,47
 Native American raids in 北美原住民的袭击,116
 secession of 脱离联邦,76
 slavery in 蓄奴制度,37
Thanksgiving holiday 感恩节假期,238
theaters of war 战区,90—91
Thirteenth Amendment 《宪法第十三条修正案》
 defiance regarding 公然挑衅,288
 dissolution of slavery before 在蓄奴制度瓦解前,153
 legacy of 遗产,353
 ratification of 正式批准,289
Thomas, George H. 托马斯,乔治·H.,259
 in Chattanooga, battle of 在查塔努加战役中,232
 in Chickamauga, battle of 在奇卡莫加战役中,231
 in Nashville, battle of 在纳什维尔战役中,261
 in Tennessee campaign 在田纳西战役中,260,261
Thomas, Lorenzo 托马斯,洛伦佐,151f
 and black labor 黑人劳动力,152
 as secretary of war 担任战争部长,297
Thoreau, Henry David 梭罗,亨利·戴维,6
"three-fifths" clause "五分之三"条款
 creation of 创造,19
 and Missouri Compromise 《密苏里妥协案》,28
Thurmond, Strom 瑟蒙德,斯特罗姆,365—366,366f
Ticknor, George 蒂克纳,乔治,82,280
Tilden, Samuel J., in 1876 presidential

election 蒂尔登,塞缪尔·J.,在1876年总统选举中,345,347
Tillman, Ben 蒂尔曼,本,350
Tilton, Theodore 蒂尔顿,西奥多,5
Timrod, Henry 蒂姆罗德,亨利,238,239f
tobacco, in origins of slavery 烟草,在蓄奴制度的起源中,16,17
Tompkins, Sally L. 汤普金斯,莎莉·L.,205
Toombs, Robert 图姆斯,罗伯特
 and antigovernment sentiment 反政府情绪,197
 Davis opposed by 反对戴维斯,195
 in Fort Sumter crisis 在萨姆特堡危机中,79
 as secretary of state 担任国务卿一职,97
Tories 托利党人,186
trade, in foreign relations 贸易,在国外关系中
 of Confederacy 南部联盟,97—98,224—225
 of Union 联邦,97—98
Trail of Tears "血泪之路",27—28
Trans-Mississippi Department 跨密西西比河军团,117
Trans-Mississippi Theater 跨密西西比河战区,90—91
transportation. See also railroad system 交通(参见铁路系统)
 revolution in 革命,11
 in South vs. North 分别在南北方,13
treason, Johnson (Andrew) on 叛国,约翰逊(安德鲁)的态度,273,287,288
Treasury, Department of 财政部
 corruption at 腐败,341
 in depression of 1873 1873年经济大萧条,342
 women employed at 雇佣的女性,207,207f
Tredegar Iron Works 卓德嘉钢铁厂,133,133f
Trent affair "特伦特号"事件,105—106
Trumbull, Lyman 杜伦巴尔,莱曼
 on habeas corpus 对于人身保护令的态度,193
 on Reconstruction 对于重建的态度,291
Turner, Nat, slave rebellion led by 特纳,奈特,领导的奴隶起义,31—32
Twain, Mark. See Clemens, Samuel L. 吐温,马克(参见克莱门斯,塞缪尔·L.)
Tweed ring 特威德集团,344
Tyler, Julia Gardiner 泰勒,朱丽亚·加德纳,8

UCV. See United Confederate Veterans 南部联盟退伍军人联合会
UDC. See United Daughters of the Confederacy 南方之女联合会
"Uncle Sam's Menagerie" (cartoon) 《山姆叔叔的动物园》(动画片),283f
Uncle Tom's Cabin (Stowe) 《汤姆叔叔的小屋》(斯托著),50—51
underwater warfare 水下战,101—102
unemployment, in depression of 1873 失业,1873年经济大萧条,342
Uniforms 军装
 in Bull Run, first battle of 布尔伦河战役,第一次战役,92
 Confederate 南部联盟,82,179
 Union 北方联邦,179
Union 北方联邦
 border South in 与南方接壤,81
 defeatism in 失败主义,254
 dissent in 持不同政见,192—194
 economy of 经济,134—137
 foreign relations of 外交关系,98—99,105—106
 Gettysburg as turning point for 作为转折点的葛底斯堡战役,218
 on guerrilla warfare 对游击战的观点,188—189
 in Lost Cause ideology 败局命定的理论,359—360
 military of (See army; navy) 军事(参见陆军;海军)
 slavery in, disintegration of 蓄奴制度,瓦解,153
 Vicksburg as turning point for 作为转折点的维克斯堡战役,223
 war aims of 战争目标,143
unionists, in South 联邦主义者,在南方,81,196—197
 contradictions of 矛盾,197
 group identity of 群体身份,196
 in guerrilla warfare 在游击战中,81
 in Lincoln's Ten Percent Plan 在林肯的百分之十计划中,283—284
 as refugees 作为难民,199—202

in Republican alliance　共和党联盟, 316
revenge by, in Reconstruction era　报复, 在重建时期, 306
unconditional vs. Pragmatic　无条件的联邦主义者与实用主义的联邦主义者, 196—197
Union League　联邦协会, 205
　in 1863 elections　在 1863 年选举中, 226
　in Reconstruction　在战后重建中, 310—311
Union Pacific Railroad　太平洋联合铁路公司, 341
unions. See labor unions　工会 (参见工会组织)
United Confederate Veterans (UCV)　南部联盟退伍军人联合会, 361
United Daughters of the Confederacy (UDC)　南方之女联合会, 361
United States Christian Commission　美国基督教委员会, 204—205
United States Military Railroad (USMRR) system　美国军用铁路公司系统, 135, 136f
United States Sanitary Commission (USSC)　美国卫生委员会, 204, 205f, 206
units, army　分队, 陆军, 84
"Unknown Dead" (Timrod)　《无名死者》(蒂姆罗德), 238
upper South, secession of　南部偏北地区, 脱离联邦
　announcement of　宣言, 81
　delay in　拖延, 78
Urbana plan　乌尔瓦纳计划, 123
urban areas　城市地区
　black migration to　黑人移民, 309—310
　definition of　定义, 12
　growth of　发展, 12, 13
　immigrants in　移民, 15—16
　in postwar economy　战后经济, 323
　racial segregation in　种族隔离, 310
　in South vs. North　分别在南北方, 13
urban revolution　城市革命, 12
U. S. v. Cruikshank　联邦政府诉克鲁克尚克案, 301, 343
U. S. v. Reese et al.　联邦政府诉里斯等人案, 301
USMRR. See United States Military Railroad　美国军用铁路公司的简称 (参见美国军用铁路公司)
USSC. See United States Sanitary Commission　美国卫生委员会
Utah　犹他州
　Compromise of 1850 on slavery in　《1850年妥协案》有关犹他州的蓄奴制度, 47
　start of fighting in　斗争的开始, 116
utopian movements　乌托邦运动, 20—21

vagrancy laws　有关流浪罪的法律, 289
Vallandigham, Clement L.　瓦兰迪加姆, 克莱门特·L., 193—194, 254
Valley campaigns (1864)　河谷战役 (1864年), 257—268
Val Verde, battle of (1862)　巴尔韦德战役 (1862年), 116
Van Buren, Martin　范布伦, 马丁
　in 1848 presidential election　在 1848 年总统大选中, 44—45
　in 1852 presidential election　在 1852 年总统大选中, 48
Vance, Zebulon B.　万斯, 泽布伦·B.
　and antigovernment sentiment　反政府情绪, 197
　Davis opposed by　反对戴维斯, 195, 254
Van Dorn, Earl　多恩, 厄尔·范
　in Corinth, battle of　在科林斯战役中, 132
　in Iuka, battle of　在艾犹卡战役中, 132
　in Pea Ridge, battle of　在皮里奇战役中, 117
Vardaman, James K.　瓦达曼, 詹姆斯·K., 350
Vatican, Confederate relations with　梵蒂冈, 南部联盟与之的关系, 98
Vermont, slavery in　佛蒙特州, 蓄奴制度, 21
Veterans　退伍老兵
　Black　黑人, 160, 363—364
　Confederate　南部联盟, 359—360
　at 1913 Gettysburg commemoration　1913年纪念葛底斯堡战役, 358, 358f
　Union　北方联邦, 362
Vicksburg, battle of (1863)　维克斯堡战役 (1863 年), 211, 222—223
Vicksburg campaign (1862—1863)　维克斯堡战役 (1862—1863 年), 218—221, 220f
Victoria (queen of Great Britain)　维多利亚女王 (英国女王), 99, 224
Vietnam war　越南战争, 368
violence. See also lynching; riots　暴力行

动。参见私刑；暴乱
    against abolitionists　反对废奴主义者的暴力行动，33—34
    by abolitionists　废奴主义者发起的暴力行动，49—50
    in Bleeding Kansas　在堪萨斯内战中，57—58
    in 1868 presidential election　在1868年总统大选中，299
    during Reconstruction　在重建期间
        against blacks　反对黑人，315—316，331—335
        by unionists　联邦主义者，306
Virginia. See also specific battles　弗吉尼亚州（参见具体的战役）
    guerrilla warfare in　在游击战中，185
    Lost Cause ideology in　败局命定的理论，359
    secession of　脱离联邦，81
    slave rebellions in　奴隶起义，31—32
    slavery in　蓄奴制度
        decline of　衰落，31
        laws on　有关蓄奴制度的法律，17
    unionism in　联邦主义，81
    western, campaigns in　西部的，运动，96
Virginia, Army of. See also specific battles　弗吉尼亚州，军队（参见具体的战役）
    at Bull Run, second battle of　布尔伦河战役，第二次战役，128
    under Pope　在波普的领导下，127
Virginia, CSS　"弗吉尼亚"号，紧凑型半潜式装甲舰
    construction of　打造，101
    and Richmond attacks plans　攻打里士满计划，123
Virginia Military Institute (VMI)　弗吉尼亚军事学院，91
voting barriers. See disenfranchisement　选举权障碍（参见剥夺公民权）
voting rights. See suffrage　投票权（参见选举权）

Wade, Benjamin F.　韦德，本杰明·F.，284—285
    on Johnson (Andrew)　对约翰逊（安德鲁）的看法，287
    and Johnson's impeachment　弹劾约翰逊，296
Wade-Davis Bill (1864)　《韦德—戴维斯法案》(1864年)，285—286
Wade-Davis Manifesto　《韦德—戴维斯宣言》，285
Wainwright, Charles　温赖特，查尔斯，163—164
Wakeman, Rosetta　韦克曼，罗塞塔，204
Walker, David　沃克，大卫，33
Walker, William　沃克，威廉，61
War Board, Union, formation of　战争委员会，北方联邦，形成，123
war crimes, against prisoners of war, trials for　战争罪，战犯，审判281—282
War Democrats　民主党主战派
    vs. Peace Democrats　民主党主和派，192
    in 1864 presidential election　在1864年总统大选中，254
War Department, U.S.　战争部，美国
    preparedness for war　备战，92
    in War Board　在战争委员会里，123
Warner, Charles Dudley　沃纳，查尔斯·达德利，321
Washington, D.C.　华盛顿特区
    emancipation in　解放黑奴，143
    military protection of　军事保护，90
        under McClellan　在麦克莱伦的治理下，95
        under McDowell　在麦克道尔的治理下，91
    slavery in　蓄奴制度，47
Washington, George　华盛顿，乔治
    Confederate strategy based on　南部联盟战略计划的制定基于，91
    on slavery　蓄奴制度，18
Washington, William D.　华盛顿，威廉·D.，238
Washington Chronicle　《华盛顿纪事报》，281
Washington Monument　华盛顿纪念碑，40，41，47
waterways, strategic importance of　水域，战略重要性，99，113
Watie, Stand　沃提，斯坦德，273
Watkins, Sam　沃特金斯，萨姆，170，179
Watson, Sereno　沃森，塞雷诺，76
"waving the bloody shirt,"　"挥舞着鲜血染红的衬衫"，293
weapons　各种武器，179—181
Webster, Daniel　韦伯斯特，丹尼尔
    in Compromise of 1850　《1850年妥协案》，45

death of 死亡, 53
Webster, Noah 韦伯斯特, 诺亚, 14
"Weeping Sad and Lonely" (song) 《独自悲伤流泪》(歌曲), 238
Welles, Gideon 威尔斯, 吉迪恩
    on Civil Rights Bill 对《民权法案》的态度, 292
    on habeas corpus 对人身保护权观点, 193
    as secretary of navy 出任海军部长, 103—104
    on soldier transfers from army 对从陆军调遣战士的态度, 104
Wells, Ida B. 威尔斯, 艾达·B., 350—351, 350f
West, Army of the. See also specific battles 西部, 大军 (参见具体的战役)
    creation of 创立, 117
    in Pea Ridge, battle of 在皮里奇战役中, 117
Western Department 西部
    Confederate 南部联盟, 112
    Union 北方联邦, 112
Western Sanitary Commission 西部卫生委员会, 204
Western Theater 西部战区, 90—91
    black soldiers in 黑人士兵, 156
    Confederate setbacks in 南部联盟的挫败, 118—121
    map of battles in 作战地图, 121f
West Point. See Military Academy, U. S. 西点军校 (参见军事学院, 美国)
West Virginia, creation of state 西弗吉尼亚州, 创立, 96. See also specific battles (参见具体战役)
westward expansion 西部扩张
    change associated with 与……有关的变化, 41—42
    ex-Confederates in 前南部联盟成员, 306
    Kansas-Nebraska Bill on 《堪萨斯—内布拉斯加法案》, 52—53
    political party system and 政党制度, 42—43, 44
    refugees in 难民, 202—203, 203f
    slavery in 蓄奴制度, 26—29, 36—37
        Compromise of 1850 on 《1850年妥协案》, 47—48, 46f
        congressional emancipation and 国会宣布解放, 143
        after Mexican War 墨西哥战争结束后, 40—41
        Missouri Compromise on 《密苏里妥协案》, 28—29, 48, 63
        in 1848 presidential election 在1848年总统大选中, 44—45
        as property issue 作为财产问题, 44
        Supreme Court on 最高法庭, 62—63
    stress of 压力, 41—42
"What's the Matter?" (song) 《怎么回事?》(歌曲), 193
Wheeler, Joseph 惠勒, 约瑟夫, 149, 260
Whig Party 辉格党
    in 1854 congressional elections 在1854年国会选举中, 53—55, 54f
    decline of 衰落, 53—55
    ideals of 理想, 42
    on Kansas-Nebraska Bill 《堪萨斯—内布拉斯加法案》, 52
    leadership void in 领导职位空缺, 53
    in 1848 presidential election 在1848年总统大选中, 44—45
    in 1852 presidential election 在1852年总统大选中, 48
    religion and 宗教, 43
    scalawags from 辉格党派的南赖子, 316
    women in 女性, 51
    Young America movement on "年轻美国"运动, 49
White, Sampson 怀特, 桑普森, 6
White Line movement 白线组织, 335
white supremacy 白人优越主义
    Lincoln on 林肯的观点, 140
    organizations of 各种组织, 334—335
        after Reconstruction 在重建时期后, 349—353
            disenfranchisement in 剥夺公民权, 349—350
            lynching in 私刑, 350
            segregation in 种族隔离, 350
            Supreme Court on 最高法庭, 352—353
            systematic racism in 成体系的种族主义, 351
    during Reconstruction 在重建期间, 330—339
        black challenges to 黑人的挑战, 309
        Bourbons in 波旁民主党人, 335—336
        in home rule 地方自治, 320
        KKK in 三K党, 334—335
        lynching in 私刑致死案, 332—333

northern ambivalence toward 北方摇摆不定的态度, 336—338
paternalism in 家长式管理制度, 333
political violence in 政治暴力, 333—335
in 1868 presidential election 在1868年总统大选中, 299, 338—339
rituals of 规矩, 330—331
White Line movement in 白线组织, 335
views of blacks in 黑人的观点, 330—331
Whitman, Walt 惠特曼, 沃尔特, 236, 237f, 321
Whitney, Eli 惠特尼, 伊莱, 24
Wilderness, battle of (1864) 莽原之役 (1864年), 248—250, 249f
Wilkes, Charles 威尔克斯, 查尔斯, 105
William Quantrill 昆特里尔, 威廉·C., 230
Wilmot, David 威尔莫特, 戴维, 41
Wilmot Proviso 《威尔莫特附文》, 41, 44, 47
Wilson, James H. 威尔逊, 詹姆斯·H., 258
Wilson, Woodrow 威尔逊, 伍德罗, 358—359, 370
Wilson's Creek, battle of (1861) 威尔逊溪战役 (1861年), 108, 109f, 111—112
Wirz, Henry, trial of 沃兹, 亨利, 审判, 281—282, 282f
Wisconsin Infantry, Second 威斯康辛州步兵团, 第二, 93
Wise, Henry 怀思, 亨利, 96
Women 女性
　in abolitionist movement 在废奴主义运动中, 34—35
　black, labor by 黑人女性, 女性从事的劳动, 315
　charitable work by 从事的慈善工作, 204—205
　distress and depression in 消极和压抑, 263
　as generals' wives 作为将领的太太, 362
　in guerrilla warfare 在游击战中, 204
　on home front 在家庭方面
　　in bread riots 在面包暴乱中, 225
　　experience of 经历, 171—172, 174

　in Lost Cause ideology 败局命定的理论, 361, 362
　as nurses 当护士, 205—206, 206f
　of planter class 种植园主阶层的女性, 21, 171
　in political culture 在政治文化方面, 43
　political role of 所发挥的政治作用, 43—44, 51, 62
　in Republican Party 在共和党内, 62
　as soldiers 作为女兵, 203—204
　as spies 作为间谍, 204
　status of, changes in 女性地位的变化, 208
　suffrage for 选举权, 300—301
　in workforce 作为劳动力
　　after war 战后, 324
　　during war 在战争期间, 207—208
Women's Central Relief Association 女性救济协会中心, 206
women's club movement 女子俱乐部运动, 361
women's movement 妇女运动
　abolitionist movement and 废奴主义运动, 34—35
　origins of 起源, 34—35, 43
　and political parties 政党, 51
Wormley, James 沃姆利, 詹姆斯, 346
Wormley agreement 《沃姆利协议》, 346

xenophobia, after Reconstruction 仇外情绪, 重建后, 352

Yancey, William L. 扬西, 威廉·L.
　in foreign diplomacy 外交政策, 97
　on 1860 presidential election 在1860年总统大选中, 66
yeomen 自耕农, 22—23
Yorktown, battle of (1862) 约克敦战役 (1862年), 123
Young, Brigham 布里格姆, 杨, 115
Young America movement "年轻美国"运动, 49, 60

Zouave uniforms 轻步兵军装, 179

图书在版编目(CIP)数据

可怕的战争：美国内战及其创伤：第三版 /（加）迈克尔·费尔曼(Michael Fellman)，（美）莱斯利·J.戈登(Lesley J. Gordon)，（美）丹尼尔·E.萨瑟兰(Daniel E. Sutherland)著；刘畅译.— 上海：上海社会科学院出版社，2024

书名原文：This Terrible War：The Civil War and its Aftermath(Third Edition)

ISBN 978-7-5520-4133-0

Ⅰ.①可… Ⅱ.①迈…②莱…③丹…④刘… Ⅲ.①美国南北战争—史料 Ⅳ.①K712.43

中国国家版本馆 CIP 数据核字(2023)第 130747 号
上海市版权局著作权合同登记号：图字 09-2018-770

可怕的战争——美国内战及其创伤(第三版)

著　　者：[加]迈克尔·费尔曼
　　　　　[美]莱斯利·J.戈登
　　　　　[美]丹尼尔·E.萨瑟兰
译　　者：刘　畅
责任编辑：董汉玲　范冰玥
封面设计：陈雪莲
出版发行：上海社会科学院出版社
　　　　　上海顺昌路 622 号　邮编 200025
　　　　　电话总机 021-63315947　销售热线 021-53063735
　　　　　https://cbs.sass.org.cn　E-mail：sassp@sassp.cn
照　　排：南京前锦排版服务有限公司
印　　刷：上海盛通时代印刷有限公司
开　　本：710 毫米×1010 毫米　1/16
印　　张：35.5
字　　数：640 千
版　　次：2024 年 4 月第 1 版　2024 年 4 月第 1 次印刷

ISBN 978-7-5520-4133-0/K·697　　　　定价：148.00 元

版权所有　翻印必究

Authorized translation from the English language edition, entitled This Terrible War：The Civil War and its Aftermath, 3th Edition, ISBN 0－205－00791－0, ISBN－13：978－0－205－00791－2, by Michael Fellman, Lesley J. Gordon, Daniel E. Sutherland, published by Pearson Education, Inc, Copyright © 2015,2008,2003, by Pearson Education, Inc.

A Pearson Education Company Upper Saddle River, NJ 07458. This edition is authorized for sale and distribution in the People's Republic of China(excluding Hong Kong SAR, Macao SAR and Taiwan).

All rights reserved. No part of this book may be reproduced or transmitted in any form or by any means, electronic or mechanical, including photocopying, recording or by any information storage retrieval system, without permission from Pearson Education, Inc.

CHINESE SIMPLIFIED language edition published by Shanghai Academy of Social Sciences Press, copyright © 2023.

本书中文简体字版由培生集团授权上海社会科学院出版社有限公司出版。未经出版者书面许可，不得以任何方式复制或抄袭本书内容。本书经授权在中华人民共和国境内（不包括香港特别行政区、澳门特别行政区和台湾地区）销售和发行。

本书封面贴有 Pearson Education 激光防伪标签，无标签者不得销售。

版权所有，侵权必究。